Leitfragen Politik

Orientierungswissen · Politische Bildung

Herausgeber
Herbert Uhl

Autoren
Jürgen Feick
Katrin Hirseland
Ansgar Stich
Herbert Uhl

Ernst Klett Verlag
Stuttgart • Leipzig

1. Auflage 1 5 4 3 2 1 | 14 13 12 11 10

Herausgeber: Prof. Dr. Herbert Uhl, Kandern
Autoren: Dr. Jürgen Feick, Köln; Katrin Hirseland, Nürnberg; Ansgar Stich, Obernburg; Prof. Dr. Herbert Uhl, Kandern

Redaktion: Jürgen Patner, Hannover, in Verbindung mit der Verlagsredaktion

Satz und Grafikgestaltung: Krause Büro, Leipzig
Herstellung: Karena Klepel-Wilschky
Reproduktion: Meyle + Müller, Medien-Management, Pforzheim
Druck: Firmengruppe APPL, aprinta druck, Wemding

Printed in Germany
ISBN 978-3-12-800621-5

9 783128 006215

Vorwort

Im antiken Athen trafen sich die Freien und Gleichen der Stadt auf der „Agora“, dem großen Versammlungsplatz, um die für alle bindenden Entscheidungen durch öffentliche Beratung und Abstimmung zu treffen. Dies kann als Urform demokratischer Politik bezeichnet werden. An die Stelle dieser unmittelbaren Willensbildung ist im modernen Staat der „politische Apparat“ getreten: mit Wahlen und Abstimmungen, Institutionen und vielfältigen Akteuren, von denen abhängt, ob und wie Politik gestaltet oder blockiert wird. Zugleich hat sich Politik entgrenzt. Ihr Ort ist nicht mehr der überschaubare und in sich souveräne Stadtstaat. Selbst die großen Staaten der Gegenwart sind längst in ein Geflecht internationaler Beziehungen mit ihren Machtstrukturen und globalen Problemlagen eingebunden.
Und nicht zuletzt ist der selbstbewusste Souverän, der seiner Stimme auf der Agora Gewicht verleiht, den skeptischen Bürgerinnen und Bürgern gewichen, die sich in nicht geringer Zahl traditionellen Formen politischer Teilnahme verweigern. Doch zugleich artikuliert sich eine neue Lust auf „eigene Politik“, erkennbar in der steigenden Zahl von Bürger- und Volksentscheiden.

Struktur des Buchs

Die völlig neu gestalteten „Leitfragen Politik“ greifen diese gewandelten Bedingungen heutiger Politik auf und wollen Lust auf Politik machen:
- In **sechs großen Kapiteln** geht es um die wichtigsten Grundsätze politischer Praxis, um Akteure, Institutionen und Verfahren. Jedes Kapitel ist in einzelne Themen unterteilt.
- Jedes Thema wird durch eine **Grafik** eingeleitet und durch zwei bis sechs **Leitfragen** erschlossen. Wichtige Aspekte einer Leitfrage werden in blauem Text, der gelb unterlegt ist, zusammengefasst.
- Der Text zu den Leitfragen wird durch **Stichworte** in der Randspalte gegliedert. Wichtige Grundbegriffe können so schnell erfasst werden.
- Ein blauer Pfeil weist auf das ➤ **Glossar** hin: Dort wird ein übergreifendes sozialwissenschaftliches Begriffswissen bereitgestellt.
- Und schließlich kann das Basiswissen dieses Buches durch **aktuelle Informationen** im Internet konkretisiert und weitergeführt werden. Sie müssen dazu lediglich die ausgewiesenen Kennziffern (Online-Links) auf der Website www.klett.de eingeben.

Kontrovers

Da politische Themen keine abgeschlossenen Sachverhalte, sondern **offene Prozesse** behandeln, gehören zu einem „Orientierungswissen Politik“ immer auch Kritik und Kontroversen zu Entwicklungen in Gesellschaft, Wirtschaft und Politik. Auch diese Seite von Politik wird in den Leitfragen thematisiert.

ein Buch zum Selbstlernen

„Leitfragen Politik“ enthält keine Aufgaben, die gelöst werden sollen, keine Quellentexte, die interpretiert werden müssen. Und das Buch muss auch nicht von vorne bis hinten durchgearbeitet werden. Es ist ein Buch zum Selbstlernen, Nachschlagen, Wiederholen und dient natürlich der Vorbereitung auf einen Test, eine Klausur oder Abschlussprüfung.

1 Gesellschaft in Deutschland 11

2 Wirtschaft und Umwelt 83

3 Das politische System der Bundesrepublik Deutschland 167

5 Globalisierung – Politik jenseits der Nationalstaaten 279

6 Internationale Politik in einer globalisierten Welt: Sicherheit, Entwicklung und Frieden 317

AG Aktiengesellschaft
AKP-Staaten Staaten Afrikas, der Karibik und des Pazifiks
BAföG Bundesausbildungsförderungsgesetz
BGB Bürgerliches Gesetzbuch
BIP Bruttoinlandsprodukt
BVerfG Bundesverfassungsgericht
CDU Christlich-Demokratische Union
CSU Christlich Soziale Union
DDR Deutsche Demokratische Republik
EG Europäische Gemeinschaft
EGMR Europäischer Gerichtshof für Menschenrechte
EP Europäisches Parlament
ER Europäischer Rat
EU Europäische Union
EuGH Europäischer Gerichtshof
EuK Europäische Kommission
EVU Energieversorgungsunternehmen
EWG Europäische Wirtschaftsgemeinschaft
EZB Europäische Zentralbank
FDP Freie Demokratische Partei
G8 G8-Staaten
G20 G20-Staaten
GASP Gemeinsame Außen- und Sicherheitspolitik – der Europäischen Union
GATT General Agreement on Tariffs and Trade (Allgemeines Zoll- und Handelsabkommen)
GG Grundgesetz
GmbH Gesellschaft mit beschränkter Haftung
GSVP Gemeinsame Sicherheits- und Verteidigungspolitik – der Europäischen Union
IAEO International Atomic Energy Organization (Internationale Atomenergieorganisation)
IGH Internationaler Gerichtshof
ILO International Labor Organization (Internationale Arbeitsorganisation)
IStGH Internationaler Strafgerichtshof
IWF Internationaler Währungsfonds
KSZE Konferenz für Sicherheit und Zusammenarbeit in Europa
LDC Least Developed Countries (am wenigsten entwickelte Länder)
NATO North Atlantic Treaty Organization (Nordatlantische Vertragsorganisation; auch Nordatlantikpakt)
NGO Non-Governmental Organization (Nichtregierungsorganisation)
NPD Nationaldemokratische Partei Deutschlands
OECD Organization for Economic Co-Operation an Development (Organisation für wirtschaftliche Zusammenarbeit und Entwicklung)
OPEC Organization of Petroleum Exporting Countries (Organisation erdölexportierender Länder)
OSZE Organisation für Sicherheit und Zusammenarbeit in Europa
PISA Programme for International Student Assessment (Programm zur internationalen Schülerbewertung)
PDS Partei des Demokratischen Sozialismus
SE Societas Europaea (Europäische Aktiengesellschaft)
SPD Sozialdemokratische Partei Deutschlands
START Strategie Arms Reduction Talks (Verhandlungen über die Reduzierung strategischer Waffen)
StGB Strafgesetzbuch
UdSSR Union der Sozialistischen Sowjetrepubliken; Sowjetunion
UN siehe UNO
UNO United Nations Organization (Vereinte Nationen)
USA United States of America (Vereinigte Staaten von Amerika)
WEU Westeuropäische Union
WTO World Trade Organization (Welthandelsorganisation)

1 Gesellschaft in Deutschland

1.1 Die Bevölkerung der Bundesrepublik Deutschland und ihre Entwicklung

1. Bevölkerungsentwicklung – sind Trends erkennbar?
2. Wo und wie wohnen die Menschen in Deutschland?
3. Demografischer Wandel: Werden wir weniger, älter, vielfältiger?

1.2 Sozialer Wandel – Vielfalt der Lebenswelten

1. Wie nehmen wir sozialen Wandel wahr?
2. Welche Folgen hat die Pluralisierung der Lebensformen?
3. Wie können Zuwanderung und Integration gestaltet werden?
4. Welche Strategien zum Umgang mit einer alternden Gesellschaft gibt es?

1.3 Familie in Deutschland

1. Wie sieht Familie heute aus?
2. Familie und Beruf – wie lässt sich beides vereinbaren?
3. Wie schützt und unterstützt der Staat Familien?
4. Wie wachsen Kinder heute bei uns auf?
5. Welche Perspektiven haben Jugendliche?

1.4 Lebenslanges Lernen: Schule, Ausbildung, Weiterbildung

1. Wie ist Bildung in Deutschland organisiert?
2. Bildungsgerechtigkeit – sind die Startchancen für alle gleich?
3. Warum sind Aus- und Weiterbildung nach der Schule so wichtig?

1.5 Arbeit und Beruf

1. Leben wir in einer Arbeitsgesellschaft?
2. Was bedeutet Strukturwandel in der Wirtschafts- und Arbeitswelt?
3. Welche neuen Qualifikationen verlangt die veränderte Arbeitswelt?

1.6 Soziale Ungleichheit und Armut

1. Welche Ursachen hat soziale Ungleichheit?
2. Was bedeutet Armut in Deutschland?
3. Soziale Gerechtigkeit – eine Aufgabe des Staates?

1.7 Die gesetzliche Sozialversicherung

1. Sicherheit für welchen Fall und zu welchem Preis?
2. Krankheit, Unfall oder Pflege: Wie wird für den Fall vorgesorgt?
3. Wovon leben, wenn die Arbeit ausgeht?
4. Ist die Rente noch finanzierbar?

1.1 Die Bevölkerung der Bundesrepublik Deutschland und ihre Entwicklung

Die Gesellschaft der Bundesrepublik Deutschland war und ist eine Gesellschaft im Wandel. Drei Trends sind kennzeichnend für die demografische Entwicklung in Deutschland: eine niedrige Geburtenrate, die steigende Lebenserwartung und die Alterung der Gesellschaft.

1. Bevölkerungsentwicklung – sind Trends erkennbar?
2. Wo und wie wohnen die Menschen in Deutschland?
3. Demografischer Wandel: Werden wir weniger, älter, vielfältiger?

Faktoren der Bevölkerungsentwicklung

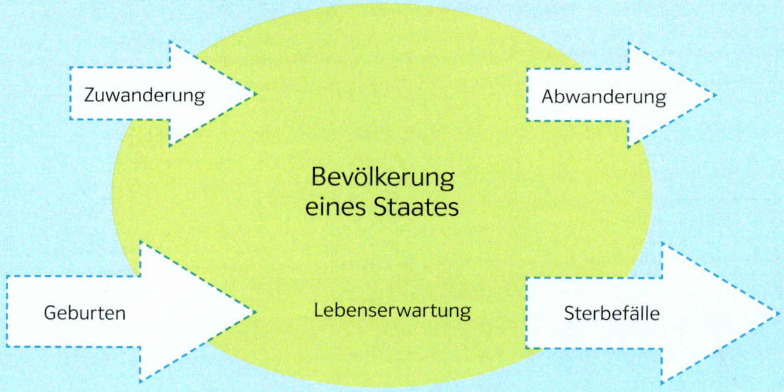

© Klett

Online-Link
800621-1011

1. Bevölkerungsentwicklung – sind Trends erkennbar?

Bevölkerungs-entwicklung

Deutschland ist mit rund 82 Millionen Einwohnern ein dicht besiedeltes Land. Noch im Jahr 1871, zur Zeit der Gründung des Deutschen Reiches, lebten auf einer Fläche größer als die heutige Bundesrepublik nur 41 Millionen Menschen. Bis 1937 stieg ihre Zahl auf 69 Millionen an. Nach dem Ende des Zweiten Weltkriegs entwickelte sich die Bevölkerung in den beiden deutschen Staaten unterschiedlich: Die Zahl der Menschen in der alten Bundesrepublik Deutschland nahm kontinuierlich zu – 1949 lebten auf ihrem Gebiet 49, 1989 bereits 62 Millionen Menschen. In der DDR ging die Bevölkerung im gleichen Zeitraum von knapp 19 Millionen auf gut 16 Millionen zurück – sie war das einzige Land, dessen Bevölkerung seit den 1950er-Jahren durchgängig rückläufig war.

Heute lebt im wiedervereinigten Deutschland ein knappes Fünftel der Einwohner in Ostdeutschland. Frauen machen mit 51 Prozent etwas mehr als die Hälfte der Bevölkerung aus. Die Entwicklung im Osten und Westen war seit der Wiedervereinigung gegenläufig: In den alten Bundesländern stieg

die Bevölkerung bis 2005 kontinuierlich an, in den neuen Bundesländern nahm sie dagegen stark ab – viele Menschen sind in die westlichen Bundesländer gezogen.
Wachstum oder Rückgang der Bevölkerung – beides hat Auswirkungen auf Staat und Gesellschaft. Nimmt die Bevölkerung schneller zu, als die Lebensbedingungen in einer Gesellschaft angepasst werden können, entstehen Probleme wie Nahrungsmittel- und Wohnraumknappheit oder Arbeitsplatzmangel. Schrumpft die Bevölkerung jedoch überproportional, muss der Staat Wege finden, die Infrastruktur, das Wirtschaftssystem und die soziale Sicherung an diese Entwicklung anzupassen (Kap. 1.7).

Bevölkerungsentwicklung in Deutschland seit 1950

Jahr	Deutschland	Früheres Bundesgebiet*	Neue Länder und Ost-Berlin**
1950	69346	50958	18388
1960	73147	55958	17188
1970	78069	61001	17068
1980	78397	61658	16740
1990	79753	63726	16028
2000	82260	67140	15119
2005	82438	65698	16740
2008	82002	65541	16461

* ab 2001 ohne West-Berlin
** ab 2001 einschl. West-Berlin

Statistisches Bundesamt, Wiesbaden

schrumpfende Bevölkerung

In den letzten Jahren hat sich der Trend der kontinuierlichen Bevölkerungszunahme abgeschwächt und schließlich sogar umgekehrt. Seit 2003 sinkt die Zahl der Menschen in Deutschland, von 2007 auf 2008 um gut 200000 Personen. Längerfristige Vorausschätzungen – sogenannte ➤ **Bevölkerungsvorausberechnungen** – gehen davon aus, dass die Bevölkerung in Deutschland und in anderen Industrieländern weiter abnehmen wird. Das Wachstum der Weltbevölkerung findet heute nahezu vollständig in den Entwicklungsländern statt.
Wie kann man diese Entwicklung erklären? Mehrere Faktoren beeinflussen die Größe der Bevölkerung: Geburten, Lebenserwartung und Sterbefälle bestimmen sie ebenso wie die Zuwanderung und Abwanderung, die über die Grenzen Deutschlands hinweg stattfinden. Die Bevölkerungsentwicklung in der Bundesrepublik war in den letzten Jahrzehnten durch ähnliche Tendenzen geprägt wie in vielen anderen Industriegesellschaften:
- die Geburtenrate ist gesunken und bewegt sich auf einem konstant niedrigen Niveau
- die einheimische Bevölkerung nimmt ab
- die Lebenserwartung ist gestiegen, die Menschen in Deutschland werden heute im Durchschnitt immer älter
- der Rückgang der Bevölkerung wird durch Zuwanderung aus anderen Ländern gebremst.

Die Zahl der Geburten ist in Deutschland im Vergleich zu den 1960er-Jahren stark zurückgegangen. Brachten 100 Frauen 1965 im Durchschnitt noch 250 Kinder zur Welt, so sind es heute 130. Seit 1973 hat es in Deutschland jedes Jahr mehr Sterbefälle als Geburten gegeben. Die Bevölkerung nahm jedoch bis 2002 dennoch zu, da mehr Menschen nach Deutschland ein- als ausgewandert sind. Ohne Zuwanderung wäre die Bevölkerung noch deutlicher geschrumpft.

Deutschland wird älter

Die Bevölkerung Deutschlands schrumpft jedoch nicht nur, sie altert auch, denn mit der abnehmenden Zahl der Geburten wächst automatisch der Anteil älterer Menschen. Auch die steigende Lebenserwartung trägt zur Alterung der Gesellschaft bei.
Die ➤Altersstruktur der Gesellschaft in Deutschland hat sich stark verändert. Man spricht vom **demografischen Wandel**. Bereits heute leben in Deutschland mehr Menschen, die 65 Jahre oder älter sind, als Kinder und Jugendliche bis 15 Jahre. In einer älter werdenden Gesellschaft werden die Bedürfnisse und Gewohnheiten älterer Menschen den Alltag in der Gesellschaft stärker prägen als bisher. Hierauf müssen sich Politik, Wirtschaft und Gesellschaft einstellen (Kap. 1.2).

Altersaufbau und Migrationshintergrund in der Bundesrepublik Deutschland

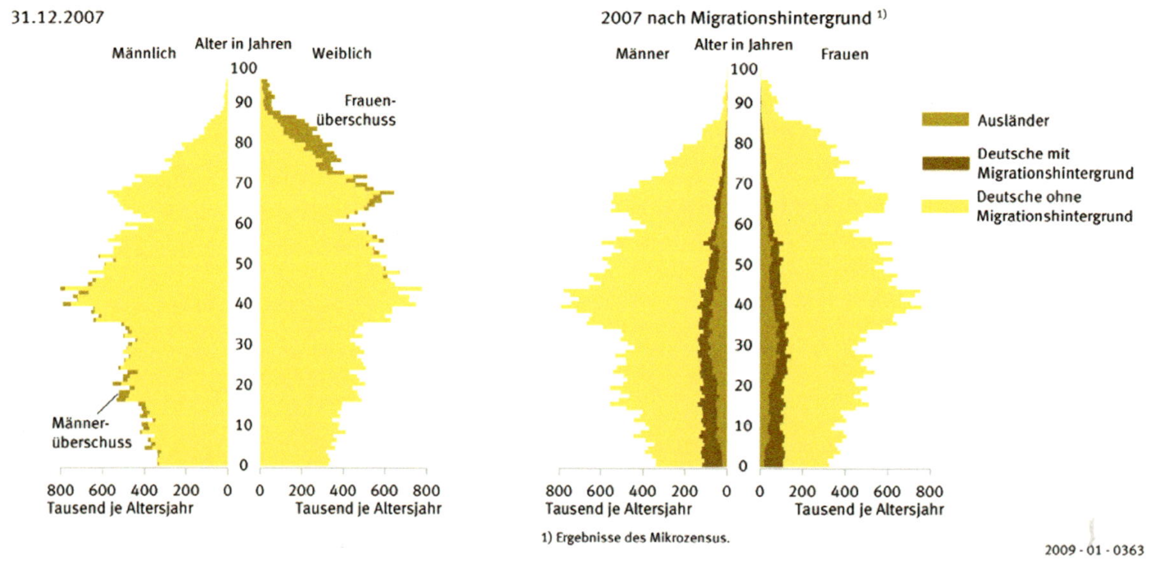

Statistisches Bundesamt (Hg.): Statistisches Jahrbuch 2009 für die Bundesrepublik Deutschland, Wiesbaden, S. 37

Zuwanderung nach Deutschland

Die Wanderung von Menschen – Migration – ist ein weltweites Phänomen. Internationale Organisationen wie die UNO (Kap. 6) gehen davon aus, dass rund 240 Millionen Menschen befristet oder dauerhaft in anderen Ländern leben, etwa 3,5 Prozent der Weltbevölkerung. Deutschland ist insbesondere seit dem Ende des Zweiten Weltkriegs stark von Zuwanderung geprägt. Unterschiedliche Formen spielen dabei eine Rolle:

- Deutsch-deutsche Wanderung: Rund 3 Millionen Menschen übersiedelten bis zum Bau der Berliner Mauer 1961 von der DDR in die Bundesrepublik.
- ➤Arbeitsmigration: Von der Bundesrepublik wurden von 1955 bis 1973 im Ausland sogenannte Gastarbeiter angeworben, um vorübergehend Arbeitsplätze in Industrie und Handwerk zu besetzen, für die nicht genügend einheimische Arbeitskräfte zur Verfügung standen. Diese Gastarbeiter kamen überwiegend aus Griechenland, Italien, Spanien und der Türkei. In dieser Zeit stieg die Zahl der Ausländer in der alten Bundesrepublik auf 4 Millionen an. Viele von ihnen sind mittlerweile in ihre Heimatländer zurückgekehrt. Diejenigen, die geblieben sind, bilden mit ihren Familien heute eine große Gruppe der in Deutschland lebenden Menschen mit ➤Migrationshintergrund. Die DDR warb zwischen 1966 und 1989 rund 500 000 Arbeitskräfte insbesondere aus Vietnam, Polen und Mosambik an.
  Heute spielt in Deutschland die Arbeitsmigration eine untergeordnete Rolle. Vorübergehend kommen Menschen als Werkvertrags-, Gast- und Saisonarbeitnehmer ins Land. Angeworben werden primär hoch qualifizierte Arbeitskräfte und Akademiker. Ihre Zahl ist jedoch sehr gering.

Motive für Zuwanderung

Gründe für Zuwanderung sind außerdem:

- Familiennachzug: Viele Menschen, die aus dem Ausland nach Deutschland zuwandern, kommen als Angehörige von bereits hier lebenden Familienmitgliedern.
- Flüchtlinge und Asylbewerber: Das Grundgesetz sichert politisch Verfolgten ein Recht auf ➤Asyl in Deutschland zu (Art. 16 GG). Seit Mitte der 1980er-Jahre nahm die Zahl der Asylbewerber stark zu, bis 1992 von 57 000 auf 438 200. Nach der Änderung des Asylrechts 1992 ist ihre Zahl deutlich zurückgegangen. Insgesamt sind rund 1,1 Millionen Flüchtlinge und Asylbewerber nach Deutschland zugewandert. 2009 haben 27 649 Menschen Asyl in Deutschland beantragt, 1,6 Prozent von ihnen wurden anerkannt. Zudem konnten 2009 gut 28 Prozent der Asylbewerber als anerkannte Flüchtlinge nach der ➤Genfer Flüchtlingskonvention in Deutschland bleiben.
- Aussiedler und ➤Spätaussiedler: Seit 1950 zogen rund 4,5 Millionen deutschstämmige Aussiedler (seit 1993 Spätaussiedler) aus Osteuropa bzw. dem Gebiet der ehemaligen Sowjetunion in die Bundesrepublik. Diese Nachkommen von Deutschen erhalten die deutsche Staatsbürgerschaft, wenn sie nach Deutschland umsiedeln. In den letzten Jahren ist die Zuwanderung dieser Gruppe stark zurückgegangen.

Wanderungsbilanz

Ihren Höhepunkt hatte die Zuwanderung nach Deutschland Anfang der 1990er-Jahre. Heute ist sie rückläufig. Im Jahr 2008 sind 682 000 Menschen nach Deutschland zugezogen, 574 000 von ihnen waren Ausländerinnen und Ausländer. Mehr als zwei Drittel der Menschen, die in den letzten Jahren nach Deutschland zugewandert sind, stammt aus Europa. 2008 kamen die meisten Menschen aus Polen, Rumänien und der Türkei.

Gleichzeitig sind 2008 738 000 Menschen aus Deutschland fortgezogen, rund 100 000 mehr als im Vorjahr. Vermehrt sind es auch Deutsche, die ins Ausland gehen, weil sie dort beruflich bessere Perspektiven erwarten. 2008 waren 175 000 der Auswanderer Deutsche.
Ziehen weniger Menschen nach Deutschland, als im selben Jahr fortziehen, ist die sogenannte ➤ **Wanderungsbilanz** negativ.

Zuwanderung nach Deutschland 2008

EU-Binnenmigration (EU-14)	95 962
Familiennachzug	39 717
(Spät-)Aussiedler	4 362
Jüdische Zuwanderer	1 436
Asylbewerber	22 085
Werkvertragsarbeitnehmer	16 576
Saisonarbeitnehmer	285 217
IT-Fachkräfte	3 906
Hochqualifizierte	157
Studierende	58 350

Bundesministerium des Innern (Hg.): Migrationsbericht 2008, Berlin 2010, S. 39

Die Entwicklung der Bevölkerung der Bundesrepublik Deutschland

Lange Zeit hat die Bevölkerung in Deutschland (mit Ausnahme der DDR) zugenommen. In den letzten Jahren hat sich dieser Trend jedoch umgekehrt. Seit 2003 sinkt die Zahl der Menschen in Deutschland. Heute leben im wiedervereinigten Deutschland 82 Millionen Einwohnerinnen und Einwohner – ein knappes Fünftel davon in Ostdeutschland. Bevölkerungsvorausberechnungen gehen davon aus, dass die Bevölkerung in Deutschland künftig kontinuierlich abnehmen wird. Hauptursache hierfür sei die sinkende Zahl der Geburten, die durch Zuwanderung nicht mehr ausgeglichen werden könne. Ein Rückgang der Bevölkerung hat Auswirkungen auf Staat und Gesellschaft.

Bevölkerung mit Migrationshintergrund

Die Gesellschaft in der Bundesrepublik Deutschland ist durch diese Zuwanderung vielfältiger geworden – kulturell, religiös und sprachlich: Rund 15,6 Millionen Menschen in Deutschland sind entweder selbst aus dem Ausland nach Deutschland zugewandert oder haben Eltern, die aus dem Ausland stammen. Fast ein Fünftel der Bevölkerung hat damit einen Migrationshintergrund, 7,3 Millionen von ihnen haben einen ausländischen Pass. Die größte Gruppe der Bevölkerung mit Migrationshintergrund sind Spätaussiedler. Genau bestimmen lässt sich ihre Zahl nicht, Schätzungen reichen von 2,8 bis 4,1 Millionen. Als zweitgrößte Gruppen folgen Menschen türkischer Herkunft mit etwa 2,5 Millionen Personen – viele von ihnen haben mittlerweile einen deutschen Pass.

Als Person mit Migrationshintergrund wird bezeichnet, wer
- nicht auf dem Gebiet der heutigen Bundesrepublik Deutschland geboren wurde und 1950 oder später zugewandert ist und
- keine deutsche Staatsangehörigkeit besitzt oder eingebürgert wurde oder
- zumindest ein Elternteil hat, das eine dieser Bedingungen erfüllt.

2. Wo und wie wohnen die Menschen in Deutschland?

Online-Link
800621-1012

16 Bundesländer

Die Bundesrepublik Deutschland besteht seit der Vereinigung mit der ehemaligen DDR im Jahr 1990 aus 16 Bundesländern. Mit rund 357000 Quadratkilometern ist Deutschland im europäischen Vergleich ein mittelgroßer Staat. 230 Menschen leben hier im Durchschnitt auf einem Quadratkilometer. Damit hat Deutschland eine verhältnismäßig hohe ➤ **Bevölkerungsdichte**. Zum Vergleich: In Finnland teilen sich 16 Personen einen Quadratkilometer, in Irland 63, in den Niederlanden 397 und im EU-Durchschnitt 115. Tatsächlich leben in Deutschland nicht auf jedem Quadratkilometer 230 Personen.
Wie in den meisten Industriestaaten gibt es auch bei uns Regionen, deren Bevölkerungsdichte weit unter, und solche, die weit über dieser Durchschnittszahl liegen.

Bundesländer: Fläche, Einwohner und Bevölkerungsdichte

Bundesland	Fläche in km^2	Einwohner in 1000*	Einwohner je km^2**
Baden-Württemberg	35751	10750	301
Bayern	70551	12520	177
Berlin	891	3432	3834
Brandenburg	29479	2522	86
Bremen	404	662	1640
Hamburg	755	1772	2344
Hessen	21114	6065	288
Mecklenburg-Vorpommern	23170	1664	72
Niedersachsen	47611	7947	167
Nordrhein-Westfalen	34078	17933	528
Rheinland-Pfalz	19847	4028	204
Saarland	2570	1030	404
Sachsen	18413	4193	229
Sachsen-Anhalt	20446	2382	118
Schleswig-Holstein	15771	2834	180
Thüringen	16171	2268	142

* Stand: 31.12.2008, ** Stand 31.12.2007

Statistisches Bundesamt, Wiesbaden

Ballungszentren ziehen an

Deutschland ist sehr ungleichmäßig bewohnt: Die ländlichen Gebiete sind eher dünn besiedelt. Im ostdeutschen Norden und in Teilen Niedersachsens leben weniger als 50 Einwohner pro Quadratkilometer. Ein Großteil der Menschen lebt in Städten, viele von ihnen in den sogenannten wirtschaftlichen Ballungsgebieten. Die größten sind Rhein-Ruhr, Rhein-Main, Berlin, Hamburg, Stuttgart und München sowie das Dreieck zwischen Leipzig, Dresden und Chemnitz. Sie umfassen insgesamt nur knapp 10 Prozent der Fläche Deutschlands, in ihnen lebt aber ein großer Teil der Bevölkerung, weit über die Hälfte aller Arbeitsplätze sind hier angesiedelt. Am dichtesten bewohnt sind Berlin und München mit mehr als 3000 Einwohnern pro Quadratkilometer.

In Deutschland – wie in den meisten Ländern der Erde – nimmt der Anteil der Menschen zu, die in Städten leben: Knapp 60 Prozent der Bevölkerung wohnt in Städten von mindestens 20000 Einwohnern, rund 15 Prozent auf dem Lande.

Die Lebensbedingungen in den Bundesländern bzw. Regionen sind unterschiedlich. Gemessen am ➤ Bruttoinlandsprodukt sind Hessen, Bayern und Baden-Württemberg die Flächenländer mit dem höchsten Wohlstand, in Thüringen und Mecklenburg-Vorpommern ist das Bruttoinlandsprodukt am niedrigsten. In den Ländern mit hohem Bruttoinlandsprodukt ist die Arbeitslosigkeit deutlich niedriger. Durch Regionalförderung versuchen EU, Bund und Länder die Situation besonders benachteiligter oder wirtschaftlich schwacher Regionen auszugleichen.

Stadt oder Land – das ist die Frage

Stadt oder Land als Wohnort – beides hat Vor- und Nachteile. Viele Menschen bevorzugen das Land wegen der günstigen Mieten oder Baulandpreise und der Naturnähe. Aber: Arbeitsplätze oder wohnortnahe medizinische Versorgung sind häufig schwieriger zu finden als in der Stadt.

In den Städten bündeln sich Potenziale und Probleme: Einerseits steht die Stadt für wirtschaftliche Dynamik, technische Innovation, Arbeitsplätze, gute Versorgung im Bildungs- und Gesundheitsbereich sowie ein großes kulturelles Angebot. Andererseits verstärken sich hier soziale und ökologische Probleme, Wohnungen sind knapp und teuer, die Straßen- und Nahverkehrssysteme sind häufig überlastet, die Kriminalitätsrate ist oft höher. Um die Städte auch in Zukunft als attraktive Orte zu erhalten, verfolgt die **Stadtentwicklung** neue Strategien, in deren Mittelpunkt nicht das grenzenlose Wachstum der Stadt, sondern die Lebensqualität ihrer Bewohner und die Erhaltung des sozialen Friedens stehen.

Großstädte

Zu den Großstädten zählen Kommunen mit mindestens 100000 Einwohnern. Im Jahr 1871 traf dies nur auf acht deutsche Städte zu. 1910 waren es bereits 48, der Anteil der Bevölkerung, die in Großstädten lebte, betrug damals 21 Prozent. Heute gibt es in Deutschland 81 Kommunen mit mehr als 100000 Einwohnern.

soziale Brennpunkte

In den letzten Jahren ist häufig von ➤ sozialen Brennpunkten die Rede. Gemeint sind damit Stadtteile, in denen sich verschiedene Probleme bündeln: fehlende Ausbildungs- und Arbeitsplätze, Schwierigkeiten in Schulen, wenig Freizeitangebote für Kinder und Jugendliche, erhöhte Gewalt- und Kriminalitätsbelastung, Alkohol- und Drogenmissbrauch, Verwahrlosung von Gebäuden, Straßen und öffentlichen Plätzen. Bewohner, die dazu in der Lage sind,

verlassen diese Stadtteile. Vor allem junge Familien ziehen fort. Diejenigen, die zurückbleiben, sind immer mehr auf staatliche Hilfen angewiesen. Häufig haben sie mit Arbeitslosigkeit, Armut und Ausgrenzung zu kämpfen. Gerade für Kinder und Jugendliche ist die Lebenssituation in solchen Stadtteilen schwierig. Die betroffenen Stadtquartiere entkommen nur mühsam einem schleichenden Prozess der ➤**Segregation**.
Um diesem Problem zu begegnen, haben Bund und Länder 1999 gemeinsam das Programm „Soziale Stadt“ ins Leben gerufen. Dieses Stadterneuerungsprogramm soll die Sanierung von Gebäuden, mehr Grün und Spielplätze im Wohnumfeld und bessere Infrastrukturen insbesondere für Kinder und Jugendliche finanzieren und Bildung und Beschäftigung fördern.

Haushalte in Deutschland

Im Jahr 2008 gab es in Deutschland 40,1 Millionen Haushalte. Niedrige Geburtenzahlen und abnehmende Heiratsbereitschaft haben Einfluss auf die Haushaltsgröße, die in Deutschland seit Jahren abnimmt: Haushalte mit mehr als fünf Personen sind nur noch äußerst selten, die Zahl der Einpersonenhaushalte dagegen wächst ständig. Rund 30 Prozent der Haushalte sind Zweigenerationenhaushalte, in denen Eltern mit ihren Kindern zusammen lebten. Doch ihr Anteil an den Haushalten nimmt ab – besonders in Großstädten sind Einpersonenhaushalte überdurchschnittlich häufig anzutreffen.

Städte verändern sich

Städte haben ein großes Anziehungspotenzial. Viele Menschen wollen dort wohnen und arbeiten. Seit einigen Jahren gibt es jedoch auch einen gegenteiligen Trend, der für viele Städte zu einem Problem werden kann: Die Abwanderung vieler Menschen und damit die Verwaisung ganzer Stadtteile. Insbesondere trifft dies strukturschwache Gebiete in Ostdeutschland, aber auch die alten Industriegebiete im Westen – viele Menschen verlassen diese Gegenden, da dort berufliche Perspektiven fehlen. Der Rückgang der Einwohner kann das Gleichgewicht zwischen Bevölkerung, Wohnbauten, Verkehrssystem und der privaten und öffentlichen Infrastruktur (Dienstleistungen, Handel, Gesundheit, Schulen, Kultur) beeinträchtigen. Der Umgang mit dieser Herausforderung wird daher künftig zu einem wichtigen Bereich der Stadtentwicklung.

Stadtteile verwaisen

Für die Zukunft prognostizieren Stadtplaner ein neues Problem: Nicht der Zuzug vieler Menschen, sondern ihre Abwanderung und damit die Verwaisung ganzer Stadtteile drohe. Bereits heute trifft dies den strukturschwachen Raum in Ostdeutschland, aber auch die alten Industriegebiete im Westen, in denen vor allem Schwerindustrie angesiedelt ist oder war. Fehlende berufliche Perspektiven veranlassen vor allem jüngere Menschen, diese Gegenden zu verlassen und in andere Regionen Deutschlands oder ins Ausland zu ziehen. Die Stadt Gera beispielsweise hat zwischen 1995 und 2005 16 Prozent ihrer Einwohner verloren, Hoyerswerda sogar 29 Prozent. Wo weniger Erwachsene leben, werden auch weniger Kinder geboren. Dieser Trend, so die Einschätzung der Wissenschaft, wird sich in Zeiten wachsender Arbeitslosigkeit in einzelnen Regionen fortsetzen.

Online-Link
800621-1013

3. Demografischer Wandel: Werden wir weniger, älter, vielfältiger?

Weltbevölkerung im Jahr 2050

Im Jahr 2000 waren 30 Prozent und damit fast ein Drittel der Menschheit jünger als 15 Jahre. Nach Vorausschätzungen der UNO wird dieser Anteil durch die rückläufigen Geburtenraten bis 2050 auf 20 Prozent sinken. Zugleich führen eine bessere Gesundheitsversorgung und die damit verbundene höhere Lebenserwartung dazu, dass sich der Anteil der Menschen ab 65 Jahren in diesem Zeitraum mehr als verdoppeln wird, von 7 Prozent auf über 16 Prozent.
2050 werden weltweit je 100 Personen im erwerbsfähigen Alter (15 bis 64 Jahre) voraussichtlich 25 ältere Menschen über 65 Jahren gegenüberstehen. Gegenwärtig liegt dieser sogenannte ➤Altersquotient bei 11. Dieser Trend gilt nicht nur für die Industrieländer, sondern auch in den meisten Schwellen- und Entwicklungsländern (ausgenommen Afrika südlich der Sahara). In den nächsten Jahrzehnten werden sinkende Geburtenraten sowie eine steigende Lebenserwartung für eine **Verschiebung der Altersstruktur** sorgen. Wenn im Jahr 2050 voraussichtlich 9 Milliarden Menschen auf der Erde leben werden (2005: etwa 6,5 Milliarden), werden mit über 1,1 Milliarden deutlich mehr Menschen über 65 Jahre in Schwellen- und Entwicklungsländern leben als in den entwickelten Staaten (320 Millionen).

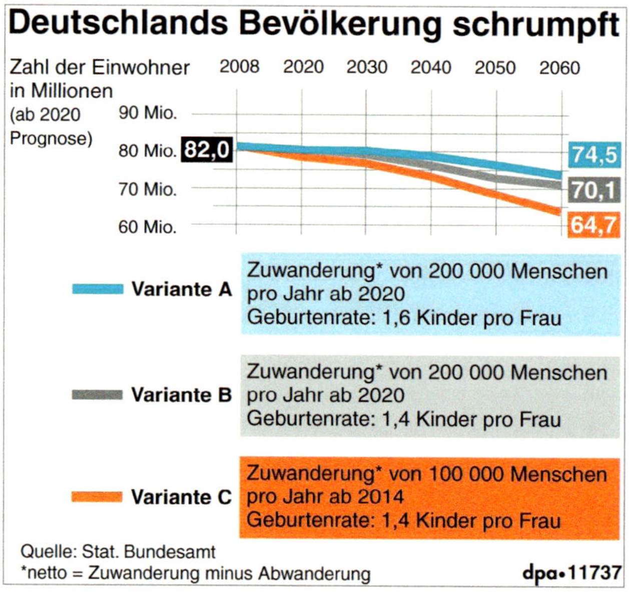

Prognosen für Deutschland

Für Deutschland erstellt das Statistische Bundesamt gemeinsam mit den Statistischen Landesämtern in regelmäßigen Abständen eine Bevölkerungsvorausberechnung – zuletzt wurde 2009 die zwölfte koordinierte Bevölkerungsvorausberechnung veröffentlicht, die bis 2060 reicht. Sie prognostiziert, dass Deutschland im Jahr 2060 rund 65 bis 70 Millionen Einwohnerinnen und Einwohner haben wird – also deutlich weniger als heute. Die Bevölkerungszahl wird – unter der Annahme, dass die Berechnung zutrifft – unter dem Niveau von 1963 liegen. Folgendes Szenario könnte dann Wirklichkeit werden:

- Das jährliche Geburtendefizit wird auf mehr als das Dreifache zunehmen. Es wird durch Zuwanderung nicht mehr kompensiert.

- Es wird weniger Kinder geben, die jährliche Geburtenzahl sinkt weiter.
- Die Bevölkerung im Erwerbsalter – zwischen 15 und 64 Jahren – wird um 27 bis 34 Prozent im Vergleich zu heute sinken.
- Die Lebenserwartung Neugeborener wird für Jungen um etwa 8 Jahre auf 85 Jahre und für Mädchen um etwa 7 Jahre auf 89 Jahre zunehmen.
- 2060 kommen etwa 65 Menschen ab 65 Jahren auf je 100 Personen im Alter von 20 bis 64, heute sind es 32.

Auswirkungen auf Arbeitswelt und Sozialsystem

Der demografische Wandel – die Alterung und Schrumpfung der Gesellschaft – hat weitreichende Auswirkungen insbesondere auf die Arbeitswelt und das Wirtschafts- und Sozialsystem:

- Die soziale und technische Infrastruktur muss auch für eine geringere Zahl von Menschen rentabel und qualitativ hochwertig bereitgehalten werden.
- Die Zahl der Schulen muss der geringeren Anzahl von Schülern angepasst werden.
- Mit dem Altersaufbau der Bevölkerung verändert sich die Zusammensetzung der Belegschaft in den Betrieben: Es rücken weniger junge Berufsanfänger nach, die Potenziale des älteren Personals gewinnen an Bedeutung. Die Unternehmen müssen Strategien entwickeln, die Arbeitsumgebung auf die Bedürfnisse älterer Arbeitnehmer anzupassen und ihre Belegschaft kontinuierlich weiter zu qualifizieren.
- Der Arbeitsmarkt muss sich verändern: Bisher nicht (mehr) erwerbstätige Menschen müssen für den Arbeitsmarkt gewonnen werden.
- Die medizinische Versorgung muss auch bei schrumpfender Bevölkerung für alle erreichbar und bezahlbar sein.
- Die gesetzliche Kranken- und Pflegeversicherung muss darauf reagieren, dass mit der Zunahme älterer Menschen auch die Zahl Kranker und Pflegebedürftiger wachsen wird.
- Weniger Erwerbstätige müssen eine immer größere Anzahl von Rentnern mitfinanzieren (Kap. 1.7).

Deutschland im Jahr 2060

Bevölkerungsvorausberechnungen zeichnen ein Bild vom Deutschland der Zukunft: Im Jahr 2060 sollen – so die Prognosen – in Deutschland rund 65 bis 70 Millionen Menschen leben, das sind deutlich weniger als heute. Das jährliche Geburtendefizit soll auf mehr als das Dreifache zunehmen und werde durch Zuwanderung aus dem Ausland nicht mehr ausgeglichen. Die Folge: Deutschland wird älter – 2060 kommen etwa 65 Menschen ab 65 Jahren auf je 100 Personen im Alter von 20 bis 64, heute sind es nur 32. Dadurch nimmt die Bevölkerung im Erwerbsalter ab. Der demografische Wandel (die Alterung und Schrumpfung der Gesellschaft) hat weitreichende Auswirkungen insbesondere auf die Arbeitswelt und das Wirtschafts- und Sozialsystem. Insbesondere die Sozialversicherung muss an diesen Wandel der Gesellschaft angepasst werden. In diesem Zusammenhang sollte berücksichtigt werden, dass Prognosen über 30 oder 50 Jahre in die Zukunft wenig sicher sind.

1.2 Sozialer Wandel – Vielfalt der Lebenswelten

Die Struktur einer Gesellschaft verändert sich. Dieser soziale Wandel kann sich ganz unterschiedlich äußern, aber er betrifft uns alle. Deutschland ist heute ein Land, in dem viele verschiedene Lebensmodelle existieren. Die Gesellschaft ist vielfältiger geworden, in jeglicher Hinsicht.

1. Wie nehmen wir sozialen Wandel wahr?
2. Welche Folgen hat die Pluralisierung der Lebensformen?
3. Wie können Zuwanderung und Integration gestaltet werden?
4. Welche Strategien zum Umgang mit einer alternden Gesellschaft gibt es?

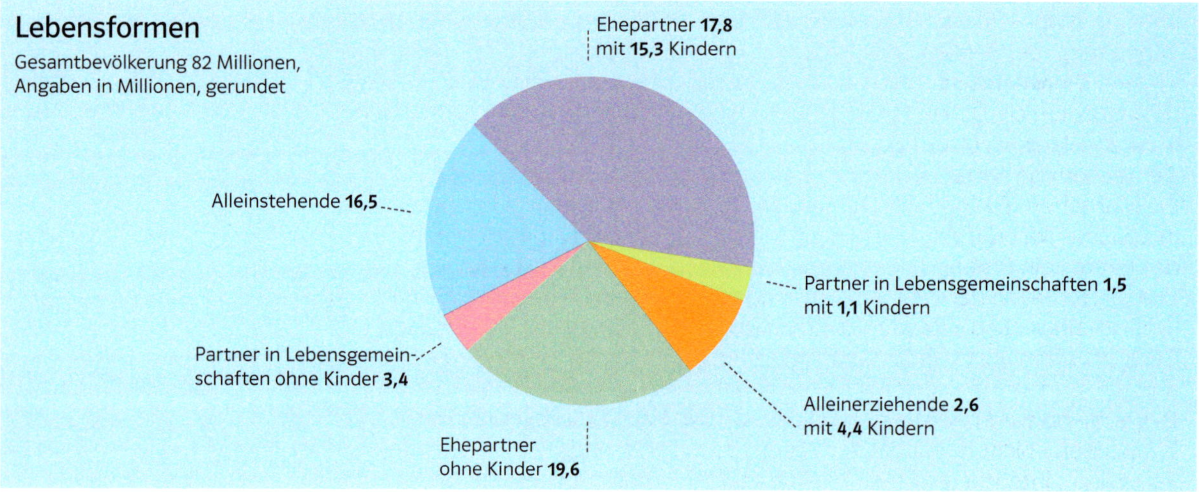

Statistisches Bundesamt (Hg.): Statistisches Jahrbuch 2009 für die Bundesrepublik Deutschland, Wiesbaden 2009

Online-Link
800621-1021

1. Wie nehmen wir sozialen Wandel wahr?

ständiger Wandel

Die Struktur einer Gesellschaft (➤Sozialstruktur) mit ihren einzelnen Bereichen ist nicht statisch; sie ist in dauernder Bewegung. Manche Entwicklungen prägen unsere Gesellschaft auf längere Sicht und verändern Gewohntes. Solche längerfristigen gesellschaftlichen Veränderungen nennt man sozialen Wandel. Er beeinflusst die traditionellen Formen des Zusammenlebens, der Arbeit und Produktion sowie des Konsums und kann ökonomischen und technologischen Wandel ebenso umfassen wie Veränderungen des Werte- oder des Bildungssystems. Sozialer Wandel hat **Auswirkungen auf die Gesellschaft** als Ganzes, aber auch auf den Einzelnen und sein Leben. Welche Entwicklungen im Sinne eines ➤**Strukturwandels** bedeutsam sind und welche nur vorübergehende Erscheinungen, lässt sich nur unter Betrachtung des Zeitverlaufs beurteilen.
Sozialer Wandel ist dabei keine neue Erscheinung. Umwälzende Veränderungen der Gesellschaften haben in Europa bereits im 19. Jahrhundert stattgefunden. Heute hat der soziale Wandel wieder an Tempo gewonnen. Insbesondere in den letzten Jahrzehnten hat sich die Struktur der Gesellschaft in Deutschland

stark verändert. Dies zeigt sich auch an der Bevölkerungsentwicklung, die ab Seite 12 dargestellt wurde. Ein besonders deutliches Beispiel sozialen Wandels waren der Zusammenbruch der DDR und die Veränderungsprozesse, die sich hieraus für das politisch-gesellschaftliche System der östlichen Bundesländer und für die dort lebenden Menschen ergeben haben.

von der Agrar- zur Dienstleistungsgesellschaft

Wenn wir die letzten 100 bis 200 Jahre in Deutschland betrachten, wird deutlich, welcher enorme Wandel sich vollzogen hat: Bis zum Anfang des 19. Jahrhunderts waren die europäischen Gesellschaften von der Landwirtschaft geprägt. Im Zuge der industriellen Revolution wandelten sich diese Agrar- zu ➤ **Industriegesellschaften**. Die industrielle Produktion von Gütern stand nun im Mittelpunkt.
Im 20. Jahrhundert haben Dienstleistungen eine immer größere Bedeutung erlangt, etwa Heil- und Pflegeberufe, Tätigkeiten im Bildungssystem, in der Verwaltung, bei Banken oder Versicherungen. Auch neue Berufsfelder sind in der ➤ **Dienstleistungsgesellschaft** entstanden, beispielsweise im Kommunikationsbereich. Dieser Strukturwandel vollzieht sich in allen Industrie- und Schwellenländern (Kap. 1.5).
Der technische Fortschritt lässt die Welt kleiner erscheinen und vernetzt die Menschen. Beziehungen zu Freunden, Kollegen und Geschäftspartnern in Südamerika oder Asien lassen sich leicht pflegen. Dank des Internets ist das heute kein Problem mehr. Die wachsende Vernetzung mit Menschen in anderen Teilen der Welt verändert auch die Organisation der Wirtschaft (Kap. 2). Die ➤ Globalisierung – das Zusammenwachsen von Märkten und Gesellschaften – ist das Ergebnis dieser technischen Entwicklung, die Entfernungen schneller und kostengünstiger überwinden hilft (Kap. 6).
Deutschland wird heute oft als ➤ **Wissens- und Informationsgesellschaft** bezeichnet – nicht nur in der Wirtschaft, auch im Privaten. Computer, Telefon, Fernsehen, Internet sind heute bei uns selbstverständlich. Große Datenmengen lassen sich sekundenschnell an jeden Ort verschicken. Informationen stehen jederzeit und fast im Überfluss zur Verfügung. Wissen, Bildung und die Fähigkeit, diese zu erweitern, sind von wachsender Bedeutung für die Gesellschaft und das persönliche Fortkommen.

Phasen der gesellschaftlichen Entwicklung

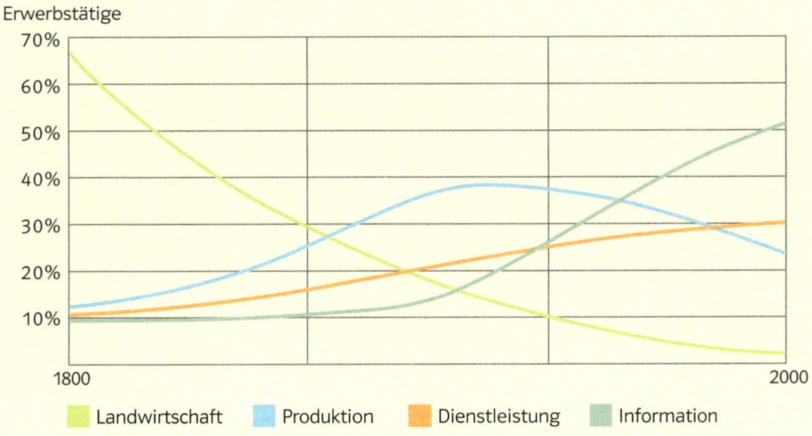

Werte und Einstellungen wandeln sich

Sozialer Wandel zeigt sich nicht nur im Bereich Arbeit und Produktion. Er hat auch Auswirkungen darauf, wie wir leben, welche Rolle etwa Religion oder die Familie spielen oder auf das Verhältnis der Geschlechter. Eine wachsende Vielfalt der Lebensformen und -stile, neue ➤ **Werte** und Einstellungen, ein Wandel der Rolle der Familie, die Emanzipation der Frau und wachsende Geschlechtergerechtigkeit in Beruf und Gesellschaft sind einige Folgen des sozialen Wandels. Auch die ➤ **politische Kultur** ist hiervon betroffen (Kap. 3.7).

sozialer Wandel im Alltag

Sozialer Wandel zeigt sich nicht nur in geänderten Strukturen, er betrifft auch uns selber und unser Leben. Die oben skizzierten Entwicklungen haben das Alltagsleben in vielen Bereichen einfacher für uns gemacht. Manches verunsichert uns aber auch oder ist umstritten – etwa die Gentechnik. Zugleich sind auch die **Komplexität unseres Alltags** und die Anforderungen an den Einzelnen gestiegen. Beispielsweise kann das Internet nur nutzen, wer Zugang zu ihm hat und weiß, wie man mit ihm umgeht. Wer sich in der Flut der Informationsquellen und -inhalte zurechtfinden will, muss wissen, wie man Wichtiges von Unwichtigem trennt. Technische Entwicklungen und Innovation lassen neue Arbeitsplätze entstehen, sie führen aber auch zum Verlust von Arbeitsplätzen, besonders bei niedrig qualifizierten Tätigkeiten. Nicht für alle Menschen ist die Anpassung an die neuen Anforderungen der Berufs- und Arbeitswelt einfach. Sozialer Wandel ist deshalb immer auch mit sozialen Problemen verbunden. Die Wirtschaftskrise hat dies besonders verdeutlicht. Viele Menschen stellen sich die Frage, ob sie zu den Gewinnern oder Verlierern des sozialen Wandels zählen. Besonders schwierig wird es, wenn in der Wahrnehmung der Menschen die Folgen des gesellschaftlich-wirtschaftlichen Wandels zu einer ungerechten Verteilung der Lasten führen: Wieso werden in Zeiten wachsender Arbeitslosigkeit marode Banken mit Staatsgeldern gerettet, große Wirtschaftsunternehmen mit vielen Arbeitsplätzen aber nicht? Solche und ähnliche Fragen sind in letzter Zeit vermehrt zu hören (Kap. 1.6).

Sozialer Wandel

Die Gesellschaft in Deutschland hat sich stark verändert. Bis zum Anfang des 19. Jahrhunderts war Deutschland von der Landwirtschaft geprägt. Durch die industrielle Revolution wurde aus der Agrar- eine Industriegesellschaft. Im 20. Jahrhundert erlangten Dienstleistungen eine immer wichtigere Bedeutung, so zum Beispiel Heil- und Pflegeberufe, Tätigkeiten im Bildungssystem, in der Verwaltung, bei Banken oder Versicherungen. In der Dienstleistungsgesellschaft sind neue Berufe entstanden, beispielsweise im Kommunikationsbereich. Dieser Strukturwandel hat sich in allen Industrie- und Schwellenländern vollzogen. Heute wird die Gesellschaft in Deutschland häufig als Wissens- und Informationsgesellschaft bezeichnet. Wissen, Bildung und die Fähigkeit, diese zu erweitern, sind von wachsender Bedeutung für die Gesellschaft und das persönliche Fortkommen.

Online-Link
800621-1022

2. Welche Folgen hat die Pluralisierung der Lebensformen?

Lebensmodelle

Wie leben wir? Vor einigen Jahrzehnten war die Antwort auf diese Frage in Deutschland ganz einfach. Die überwiegende Zahl der erwachsenen Menschen lebte als verheiratete Ehepaare mit Kindern. Oft wohnten sie mit den Großeltern unter einem Dach. Fast alle Menschen waren in Deutschland geboren und verbrachten ihr ganzes Leben hier. In Ostdeutschland galt dieses dominierende Lebensmodell länger als im Westen.
Heute kann die Antwort auf die Frage nach der **Lebensform** überall in Deutschland ganz unterschiedlich ausfallen. Die Lebens- und Familienformen haben sich in den letzten Jahrzehnten stark verändert, sie sind vielfältiger geworden. Die klassische Familie aus einem verheirateten Paar mit Kindern spielt in unserer Gesellschaft immer noch eine wichtige Rolle (Kap. 1.3). Viele Menschen haben jedoch heute unterschiedliche Vorstellungen davon entwickelt, wie sie ihr Leben gestalten möchten. Wir sprechen von einer ➤**Pluralisierung** der Lebensformen.

Lebensformen in Deutschland
Die meisten Menschen – fast 67 Millionen – leben in Deutschland in Haushalten mit mehreren Personen, knapp 16 Millionen Menschen leben alleine. 42 Millionen leben in Eltern-Kind-Gemeinschaften, darunter etwa 20 Millionen Kinder, 14 Millionen von ihnen sind jünger als 18 Jahre. 23 Millionen Menschen leben als Paare ohne Kinder zusammen. Über 37 Millionen Menschen sind verheiratet, knapp 5 Millionen leben in einer Partnerschaft ohne Trauschein. Dazu gehören auch die 68 000 gleichgeschlechtlichen Lebensgemeinschaften in Deutschland.
Statistisches Bundesamt, Wiesbaden

andere Lebensgemeinschaften

Die Lebensformen in Deutschland sind so vielfältig geworden, dass für uns neben der traditionellen Kernfamilie mittlerweile viele andere Lebensstile normal sind. Die Ehe ohne Trauschein ist heutzutage gesellschaftlich akzeptiert – die Zahl der nichtehelichen Lebensgemeinschaften hat seit den 1970er Jahren stark zugenommen. Auch gleichgeschlechtliche Paare gehören selbstverständlich zum Alltag in Deutschland. Die Politik hat hierauf reagiert. Im Jahr 2001 wurde die ➤eingetragene Lebenspartnerschaft gesetzlich eingeführt, mit der die rechtliche Gleichstellung homosexueller Lebenspartner mit Ehegatten verbessert wurde: Wie Eheleute sind eingetragene Lebenspartner damit einander zum gemeinsamen Lebensunterhalt verpflichtet, in die Familienversicherung bei der Kranken- und Pflegeversicherung einbezogen, wenn sie kein eigenes Einkommen haben, und als Erben ihrer Lebenspartner eingesetzt. In einem zentralen Punkt hat die Politik jedoch keine Angleichung der Rechte gleichgeschlechtlicher Paare mit der Ehe vorgenommen: Sie dürfen auch weiterhin keine Kinder adoptieren (mit Ausnahme des leiblichen Kinds eines der Lebenspartner).

Pluralisierung und Individualisierung

Unterschiedliche Lebensauffassungen und Lebensstile stehen in unserer Gesellschaft nebeneinander und beanspruchen, als gleichwertig anerkannt zu werden. Auch die **Werthaltungen** haben sich verändert. Traditionelle Werte – etwa die Bedeutung der Familie oder eine enge religiöse Bindung – haben an Gewicht verloren. Daneben treten neue Vorstellungen davon, was im Leben wichtig ist. Für den Einzelnen können diese bedeuten: Die Möglichkeiten, sein Leben selbst zu gestalten, und die Wahl der Lebensmodelle nehmen zu. Das Leben wird individueller. Dieser Prozess der Individualisierung ist eines der zentralen Phänomene unserer Gesellschaft. Das Leben in einer vielfältigen – pluralen – Gesellschaft ist jedoch auch mit einer **Abnahme fester Strukturen** verbunden, die Orientierung und Sicherheit geben. Nicht alle Menschen finden es einfach, mit dieser Entwicklung umzugehen. Das Leben mit Unterschieden und Vielfalt muss erst erlernt werden.

Wie erklärt die Wissenschaft die Gesellschaft?
Sozialwissenschaftler versuchen, die Gesellschaft, ihre Struktur und ihre Veränderungen zu analysieren, um Erklärungsmuster für den sozialen Wandel und damit zusammenhängende Konflikte oder soziale Ungerechtigkeit zu formulieren. Folgende Begriffe sind in diesem Zusammenhang von Bedeutung:
Soziale Schichten oder **Klassen:** Die Konzepte beschreiben die hierarchische, vertikale Gliederung der Gesellschaft in Gruppen, die bestimmte Merkmale gemeinsam haben. Personen, die gemeinsame wirtschaftliche und soziale Lebensbedingungen und sozialstrukturelle Faktoren teilen, etwa den Bildungsgrad oder das Qualifikationsniveau, bilden eine soziale ➤ Schicht oder ➤ Klasse. Häufig orientiert sich diese Einteilung an der Berufsposition (etwa „die Arbeiterklasse" oder „der Mittelstand"). Moderne Gesellschaften sind durch soziale (Aufstiegs- oder Abstiegs-)Mobilität und durch eine Vielfalt individueller Werthaltungen gekennzeichnet. Die Grenzen zwischen den sozialen Schichten sind deshalb nicht immer mehr exakt bestimmbar.
Soziale Milieus: Modelle von sozialen ➤ Milieus stellen eine Alternative zu den Klassen- und Schichtkonzepten dar. Im Gegensatz zu diesen stellen sie die inneren Haltungen in den Mittelpunkt der Analyse. Faktoren wie Alter und Geschlecht sowie Lebensbedingungen und -stile werden genutzt, um unterschiedliche gesellschaftliche Gruppen zu beschreiben. Ein Milieu ist das spezielle soziale Umfeld, in dem eine Person aufwächst (Herkunftsmilieu) oder lebt. Menschen aus demselben Milieu teilen ähnliche Lebensauffassungen, Lebensweisen und Wertvorstellungen (etwa zu Arbeit, Familie oder Religion).

Nach: Klaus Schubert, Martina Klein: Das Politiklexikon, 4., aktual. Aufl., Bonn 2006, S. 157, 196, 263 sowie Schader Stiftung: Wandel in den Köpfen – Lebensstile, Werte, Einstellungen und Religion, 06.02.2003, www.schader-stiftung.de/gesellschaft_wandel/382.php (07.12.2009)

Aktuelle Forschungsergebnisse: Die Sinus-Milieustudie

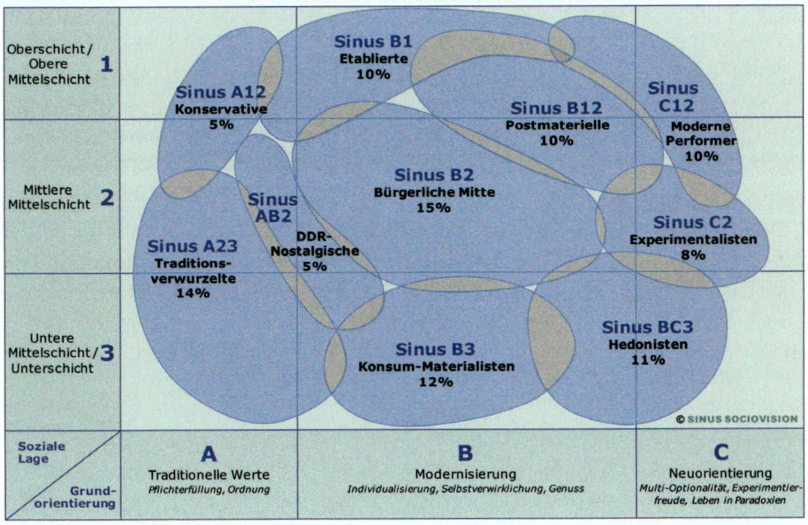

Das Forschungsinstitut Sinus Sociovision hat ein Modell entwickelt, um die unterschiedlichen gesellschaftlichen Milieus – die vielfältigen Lebensmodelle – in Deutschland darzustellen. Hierzu befragen die Forscher regelmäßig repräsentativ ausgewählte Personen nach ihren Wertorientierungen und Lebenszielen, ihren Einstellungen zu Arbeit, Freizeit und Konsum, zu Familie und Partnerschaft, ihren Zukunftsperspektiven, politischen Grundüberzeugungen und Lebensstilen. Aufbauend darauf fassen sie die Personen mit ähnlichen Aussagen zu sozialen Milieus zusammen. Die Milieus stellen dabei keine fest abgegrenzten Gruppen dar, ihre Übergänge sind fließend.

Sinus Sociovision: Sinus-Milieus, www.sociovision.de/loesungen/sinus-milieus.html (08.10.2009)

Die Vielfalt der Lebensformen

Heute gilt im Zusammenleben der Menschen in unserer Gesellschaft vieles als normal, was noch vor einer Generation verboten oder tabu war. Die meisten Menschen leben in Familien. Doch die Familie aus verheirateten Eltern mit (zwei) Kindern ist nicht mehr die Norm. Alleinerziehende und unverheiratete Paare mit Kindern sind daneben getreten. Auch gleichgeschlechtliche Partnerschaften sind heute legalisiert. Traditionelle Einteilungen etwa in Arbeiterklasse und Bürgertum verlieren an Trennschärfe. Moderne Gesellschaften erlauben Veränderungen der sozialen Stellung. Die Grenzen zwischen sozialen Schichten sind fließend: Gehört ein Arbeiter mit Eigenheim und Mittelklassewagen zur Arbeiterklasse? Ist ein vermögensloser taxifahrender Doktor der Philosophie Teil des Bürgertums?

Online-Link
800621-1023

3. Wie können Zuwanderung und Integration gestaltet werden?

Einwanderungsland Deutschland

Ein in unserem Alltag überall präsentes Zeichen des sozialen Wandels ist die Vielfalt, die unsere Gesellschaft durch die Zuwanderung von Menschen aus dem Ausland erfahren hat. Es war lange ein politisches Streitthema, ob Deutschland ein ➤ **Einwanderungsland** ist. Ein Blick auf die Bevölkerungsstruktur Deutschlands heute zeigt: Unsere Gesellschaft ist ganz stark von Zuwanderung geprägt. Heute leben rund 15,6 Millionen Menschen in Deutschland, die entweder selbst aus dem Ausland zugewandert sind oder Eltern haben, die aus dem Ausland stammen. In vielen Großstädten Deutschlands liegt ihr Anteil über 30 Prozent. Deutschland als weltoffenes Land profitiert von dieser Vielfalt. Aus ihr können im Alltag aber auch Konflikte entstehen.
Dass Deutschland ein Einwanderungsland ist, wird mittlerweile von keiner der demokratischen Parteien mehr angezweifelt. Heute stellt sich daher weniger die Frage nach dem Ob sondern dem Wie: Wie kann man das Leben in einer kulturell, ethnisch, sprachlich und auch religiös vielfältigen Gesellschaft so gestalten, dass alle einen Platz in ihr finden? Welche Aufgabe hat der Staat bei der ➤ **Integration** von Zuwanderern, welche die Gesellschaft? Was müssen Migrantinnen und Migranten leisten, was aber auch die sogenannte Aufnahmegesellschaft, um das Zusammenleben von Menschen mit und ohne Migrationshintergrund zu ermöglichen? Wie kann man mit Konflikten umgehen, die in diesem Zusammenhang entstehen?

Kontrovers: Assimilation oder Multikulturalismus?

In der Diskussion um Integration und kulturelle Vielfalt tauchen immer wieder zwei Begriffe auf, die häufig als gegenüberliegende Pole dargestellt werden: Assimilation und Multikulturalismus.

Assimilation	Multikulturalismus
Anpassung der Migranten an die Aufnahmegesellschaft in allen Bereichen.	Angleichung in einzelnen Bereichen, etwa der Sprache, ist erforderlich, aber nicht eine Anpassung der Migranten an die Aufnahmegesellschaft in allen gesellschaftlichen Bereichen.
Aufgabe kultureller Vielfalt: Die Kultur der Aufnahmegesellschaft ist die dominierende.	Verschiedene Kulturen können miteinander verbunden werden. Die kulturelle Eigenständigkeit der Migranten soll gewahrt werden, solange die grundlegenden Werte unserer Gesellschaft von ihnen anerkannt werden.
Zugewanderte Menschen sollen sich den Formen des Zusammenlebens anpassen, die in der Aufnahmegesellschaft bereits bestehen.	Durch Migration entstehen vielfältige Möglichkeiten des Zusammenlebens der Menschen.
Kulturell-religiöse Vielfalt muss auf den privaten Bereich begrenzt werden. Beispiel: Das Tragen von Kopftüchern oder die Einrichtung von Gebetsräumen für Muslime in Schulen soll nicht gestattet sein.	Die kulturell-religiöse Vielfalt kann auch über den privaten Bereich hinausgehen. Beispiel: Das Tragen von Kopftüchern oder die Einrichtung von Gebetsräumen für Muslime in Schulen soll möglich sein.
Nur Deutschförderung soll finanziell unterstützt werden.	Deutschförderung, aber wo möglich, soll auch die Förderung der Herkunftssprachen finanziell unterstützt werden.

Integrationspolitik

In Deutschland wurde erst verhältnismäßig spät mit einer systematischen Integrationspolitik begonnen. Lange Zeit ging man davon aus, dass Zuwanderung ein vorübergehendes Phänomen sei und Integrationsangebote daher nicht erforderlich seien. Die sogenannten Gastarbeiter und ihre Familien leben mittlerweile bereits in der zweiten oder dritten Generation in Deutschland, viele von ihnen haben die deutsche Staatsangehörigkeit. Integration ist damit zu einer langfristigen Aufgabe geworden. Seit 2005 hat die staatliche Integrationsförderung mit dem ➤ Aufenthaltsgesetz erstmals eine rechtliche Grundlage.
Bund, Länder und Kommunen arbeiten bei der Integrationsförderung zusammen. Dabei haben sie unterschiedliche Aufgaben: Der Bund setzt den rechtlichen Rahmen für den Aufenthalt von Migrantinnen und Migranten sowie das Zusammenleben von Menschen mit und ohne Migrationshintergrund. Bund und Länder unterstützen die Integration durch Angebote zum Deutscherwerb, zur Bildungsförderung sowie zur beruflichen und gesellschaftlichen Integration. Aber Integration ist mehr als die Summe einzelner Förderangebote und Maßnahmen, ob sie gelingt, entscheidet sich vor Ort. Viele Kommunen haben Integration daher zu einer Querschnittsaufgabe der Kommunalverwaltung entwickelt oder steuern lokale Integrationsangebote durch eine zentrale Stelle für Integration. Eine wichtige Rolle bei der Gestaltung von Integrationsprozessen spielen auch Gewerkschaften, Kirchen und nicht-christliche Religionsgemeinschaften, Stiftungen, Vereine und Migrantenorganisationen – d.h. zivilgesellschaftliche Akteure.

Zusammenleben gemeinsam gestalten

Damit Integration gelingt, müssen Staat und Gesellschaft, Migranten und Menschen ohne Migrationshintergrund zusammenwirken. Von Migrantinnen und Migranten wird erwartet, dass sie Deutschkenntnisse erwerben sowie das Grundgesetz, seine Werte und die Rechtsordnung anerkennen – wie alle Menschen, die in Deutschland leben. Der Staat ist dafür verantwortlich, ihnen einen gleichberechtigten Zugang zum Arbeitsmarkt und zum Bildungssystem zu verschaffen sowie die Teilnahme am gesellschaftlichen Leben zu ermöglichen. Menschen ohne Migrationshintergrund müssen aber auch bereit sein, sich der wachsenden Vielfalt zu öffnen. Solche **interkulturellen Lernprozesse** sind nicht immer einfach und brauchen Unterstützung. Unter dem Stichwort „interkulturelle Öffnung" bemühen sich etwa die öffentliche Verwaltung oder der Gesundheitssektor darum, den Anteil von Mitarbeiterinnen und Mitarbeitern mit Migrationshintergrund zu erhöhen und ihre Dienstleistungen stärker auf die Bedürfnisse dieser Bevölkerungsgruppe abzustimmen.

Benachteiligung von Migranten

Es gibt viele Beispiele erfolgreicher Integration von Migrantinnen und Migranten in Deutschland. Dennoch sind viele von ihnen häufig benachteiligt. Ausländische Arbeitnehmer verdienen im Durchschnitt weniger und sind häufiger von Arbeitslosigkeit betroffen als Deutsche. Bildungserfolge von Kindern aus Migrantenfamilien liegen durchschnittlich niedriger als die ihrer Mitschüler ohne Migrationshintergrund. Das Risiko, ohne Abschluss die Schule zu verlassen, ist bei ausländischen Jugendlichen besonders hoch.

Staatsbürger werden

Ist man erst dann richtig in der Gesellschaft in Deutschland angekommen, wenn man die deutsche Staatsangehörigkeit hat? Diese Frage ist umstritten. Die einen sprechen von der ➤ **Einbürgerung** als „Endpunkt der Integration".

Die anderen sagen, dass auch, wer die alte Staatsangehörigkeit behalten möchte, integriert sein kann. Unstrittig ist: Einbürgerung ist ein wichtiger Aspekt der Integration und der Identifikation mit Deutschland. Sie schafft die Voraussetzung, am politischen Leben gleichberechtigt teilzuhaben und alle Rechte und Pflichten eines Staatsbürgers zu übernehmen. Nur wer die deutsche Staatsbürgerschaft hat, kann in Deutschland wählen (mit Ausnahme der EU-Bürger, die bei Kommunalwahlen mitwählen dürfen). Anspruch auf eine Einbürgerung hat man in der Regel nach acht Jahren rechtmäßigem Aufenthalt in Deutschland. Wer sich einbürgern lassen will, muss für sich selbst sorgen können und darf keine Straftaten begangen haben. Er oder sie muss deutsche Sprachkenntnisse und ein Bekenntnis zur freiheitlich-demokratischen Grundordnung nachweisen. 2008 wurde hierzu ein einheitlicher Test eingeführt. Im Jahr 2008 haben sich rund 94 500 Ausländerinnen und Ausländer in Deutschland einbürgern lassen.

Mit einer Kampagne warb die Landesregierung von Nordrhein-Westfalen im Jahr 2008 bei den in diesem Bundesland lebenden Ausländerinnen und Ausländern für mehr Einbürgerungen. Auch andere Bundesländer haben solche Kampagnen gestartet.

Integrationspolitik

In Deutschland leben rund 15,6 Millionen Menschen, die selbst oder deren Eltern aus dem Ausland zugewandert sind. In vielen Großstädten haben über 30 Prozent der Menschen einen Migrationshintergrund. Eine wichtige Aufgabe von Politik und Gesellschaft ist daher die Förderung der Integration, des Zusammenlebens von Menschen mit und ohne Migrationshintergrund. Seit 2005 hat die staatliche Integrationspolitik erstmals eine gesetzliche Grundlage. Der Staat fördert Integration insbesondere durch Deutschkurse und Beratungsangebote. Ob Integration gelingt, entscheidet sich aber vor Ort, dort wo Menschen im Alltag zusammentreffen und -leben. Eine wichtige Rolle bei der Integration spielen daher die Kommunen, aber auch zivilgesellschaftliche Akteure wie Kirchen, Stiftungen, Vereine und Migrantenorganisationen.

4. Welche Strategien zum Umgang mit einer alternden Gesellschaft gibt es?

Online-Link
800621-1024

Senioren in Deutschland

In Deutschland ist heute etwa jeder Vierte über 60 Jahre alt. Wir haben damit nach Japan und Italien weltweit den dritthöchsten Anteil an älteren Menschen. Der Anteil der Senioren ist in den letzten Jahren ständig gestiegen und wird auch in Zukunft weiter wachsen (Kap. 1.1). Mit der steigenden Lebenserwartung wird insbesondere der Anteil der Hochbetagten über 75 Jahre künftig zunehmen. Da Frauen im Durchschnitt älter werden als Männer, sind die meisten Hochbetagten weiblich.
Ebenfalls wachsen wird der Anteil älterer Menschen mit Migrationshintergrund, denn die Generation der sogenannten Gastarbeiter erreicht das Rentenalter.
Die durchschnittliche Lebenserwartung für 60-jährige Männer betrug in Deutschland um 1900 12,8 Jahre und für gleichaltrige Frauen 13,6 Jahre. Heute haben 60-jährige Männer im Durchschnitt noch 20,6 Jahre, gleichaltrige Frauen 24,5 Jahre ihres Lebens vor sich. Anders ausgedrückt: Während um 1900 die Lebensphase, in der man einer Arbeit nachging, etwa zwei Drittel des gesamten Lebens ausmachte, umfasst sie heute etwa die Hälfte der durchschnittlichen Lebenserwartung. Gleichzeitig haben sich die Lebensbedingungen und die medizinischen Möglichkeiten verbessert. Letztlich heißt das: Alte Menschen sind heute fitter und werden zugleich älter. Die Bedürfnisse und Gewohnheiten älterer Menschen ändern sich. Die neue Generation der Senioren wird die Lebensformen in der Gesellschaft stärker prägen als bisher.

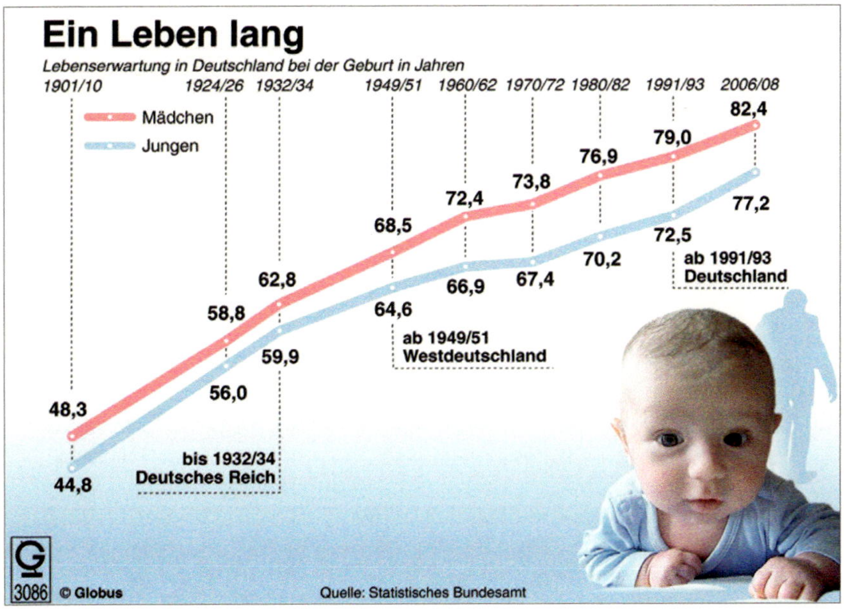

Lebensphase Alter

Mit dem Alter verbinden die meisten die Vorstellung vom Lebensabend, von Menschen, die mehr und mehr der Hilfe anderer und der Gesellschaft bedürfen. Entsprechen solche Bilder vom Alter der gesellschaftlichen Wirklichkeit heute? Wir haben unterschiedliche Vorstellungen vom Beginn der Lebensphase, die wir als Alter bezeichnen. Und dies hängt ganz entscheidend davon ab, wie alt wir selber sind: In der Vorstellung junger Menschen beginnt diese Phase früher als für die Älteren. Statistisch wird der Beginn der Lebensphase des Alters mit dem Übergang vom Beruf in die nachberufliche Phase, die Rente (bei Rentenversicherten) oder Pension (bei Beamten), bezeichnet. Das gesetzliche ➤ **Rentenalter** hat lange Jahre mit dem vollendeten 65. Lebensjahr begonnen. 2007 hat die Bundesregierung beschlossen, das Eintrittsalter für die Rente schrittweise von 65 auf 67 Jahre anzuheben (Kap. 1.7).

älter werden in Deutschland

Senioren werden nicht nur älter, sie sind auch gesünder, fitter und aktiver als die Generationen vor ihnen. Ihre Lebensformen und Lebensstile haben sich in den letzten Jahrzehnten stark verändert. Der überwiegende Teil der älteren Menschen wohnt heute selbstständig, meist in der Nähe ihrer Kinder und in engem Kontakt zu ihnen. Die **„jungen Alten“**, die jünger als 80 Jahre sind, sind meist auch gesundheitlich in der Lage, weiterhin ein selbstständiges Leben zu führen und ihre Freizeit aktiv zu gestalten.

Einkommenssicherung im Alter

Die Frage, wie das Leben im Alter finanziert werden kann, treibt viele Menschen in Deutschland um. Nach einer Studie der Postbank und des Instituts für Demoskopie in Allensbach, die im Oktober 2009 veröffentlicht wurde, halten 42 Prozent der Menschen, die heute noch keine Rente oder Pension bekommen, ihre Altersvorsorge für nicht ausreichend. Müssen wir uns darauf einstellen, den Lebensstandard, den wir uns im Lauf unseres Lebens erarbeitet haben, im Alter nicht halten zu können?
Finanziell ist ein Großteil der heutigen älteren Generation weitgehend abgesichert. Die über 60-Jährigen verfügen über fast ein Drittel der gesamten Kaufkraft. Wirtschaft und Marketing haben sie als Zielgruppe entdeckt und suchen nach Begriffen, um die Zielgruppe jenseits der 60 anzusprechen: Zu lesen ist von den „Best Agers“, „Whoopies“ (Well Off Old People) oder „Kukidents“. Der Markt – insbesondere der Immobilienmarkt – für altersgerechte Produkte boomt. Freizeitangebote und Reisen speziell für die Zielgruppe der über 60-Jährigen nehmen zu.
Nicht alle alten Menschen in Deutschland haben jedoch ein ausreichendes Einkommen. Die Zahl derjenigen, die im Alter zu wenig zum Leben haben, ist in den letzten Jahren drastisch gestiegen. Armut im Alter treffen wir bei denjenigen verstärkt an, die in ihrem Erwerbsleben nur geringe Leistungen in die Altersvorsorge einbringen konnten (Kap. 1.6). Von ➤ **Altersarmut** betroffen sind durchschnittlich mehr Frauen als Männer. Rund 16 Prozent der Frauen, die eine gesetzliche Rente beziehen, haben im Jahr 2007 weniger als 500 Euro pro Monat erhalten, weitere 16 Prozent zwischen 500 und 700 Euro monatlich. Bei den Männern waren es nur 5 bzw. 6 Prozent.

Malochen bis zum Tod
[...] In Deutschland müssen Hunderttausende Rentner auch nach ihrer Pensionierung malochen. Viele von ihnen halten sich mit lausig bezahlten Mini-Jobs über Wasser, das belegen Zahlen der Gewerkschaften Nahrung-Genuss-Gaststätten (NGG) und Ver.di. Waren es vor sechs Jahren bereits 559 203 ältere Menschen, die mit Mini-Jobs ihre Rente aufbesserten, so stieg deren Zahl bis 2007 auf 722 953. Eine satte Steigerung um gut 29 Prozent. In Nordrhein-Westfalen erhöhte sich die Zahl der arbeitenden Rentner sogar um knapp 35 Prozent.
Natürlich arbeiten manche Rentner freiwillig. Weil sie in ihrem Job Erfüllung finden. Oder weil sie gerne Zeit mit anderen Menschen verbringen. Doch für viele Ruheständler ist der Job einfach nur Pflicht – aus schlichter Geldnot. [...]
Matthias Lauerer: Malochen bis zum Tod, Spiegel Online, 26.10.2009, www.spiegel.de/wirtschaft/soziales/0,1518,656164,00.html (27.10.2009)

Einsam oder aktiv?

Die Zahl derjenigen, die im Alter alleine leben, keine Hilfe aus der eigenen Familie oder dem Verwandtenkreis erhalten und wenig bis keine sozialen Kontakte haben, wächst. Das Bild von den „einsamen Alten" trifft allerdings am ehesten auf die Hochbetagten (75 Jahre und älter) und hier vor allem auf die Bewohner von Alten- und Pflegeheimen zu.
Mit dem Ausscheiden aus dem Berufsleben müssen die gesellschaftlichen Beziehungen nicht abbrechen. Vielmehr ist jetzt Zeit, die Kontakte in Vereinen, Freundes- und Interessengruppen noch intensiver zu pflegen. Das Alter muss deshalb nicht gleichbedeutend sein mit einem Verlust an Aufgaben und sinnvollen Aktivitäten, sondern kann – jenseits der Zwänge der Berufsarbeit – neue Chancen für die Verwirklichung eigener Interessen bieten.

steigende Pflegebedürftigkeit

Die Zahl hilfs- und pflegebedürftiger Menschen in Deutschland wird in Folge des demografischen Wandels steigen, ebenso die Zahl derjenigen, die an Demenz erkranken. Der Anteil der Pflegebedürftigen, die in Heimen untergebracht werden müssen, wird sich laut einer Studie der Universität Duisburg-Essen von knapp 32 Prozent im Jahr 2007 auf über 37 Prozent im Jahr 2020 erhöhen. Der Bedarf an Heim- und Pflegeplätzen wächst damit, ebenso die Nachfrage nach professionellen Pflegekräften. Die Reform der ➤**Pflegeversicherung** (Kap. 1.7) versucht, diese Entwicklung aufzufangen.

Senioren in Deutschland
Die Lebensformen und Lebensstile älterer Menschen in Deutschland haben sich in den letzten Jahrzehnten stark verändert. Viele sind aktiv, mobil, pflegen viele Kontakte und sind sozial eingebunden. Die aktive Gestaltung der Freizeit wird für sie immer wichtiger. Finanziell ist ein Großteil der heutigen älteren Generation weitgehend abgesichert. Aber auch eine andere Entwicklung lässt sich beobachten: Die Zahl derjenigen, die im Alter zu wenig zum Leben haben, ist in den letzten Jahren drastisch gestiegen. Die Bekämpfung der Altersarmut ist zu einer wichtigen politischen Aufgabe geworden.

1.3 Familie in Deutschland

Familien prägen unser Leben auf vielfältige Weise. Wie die Gesellschaft, so verändern sich auch die Familien. Familie am Anfang des 21. Jahrhunderts – das können ganz vielfältige Lebensmodelle sein. Vom Funktionsverlust, vom Zerfall der Familie ist häufig die Rede. Ist dies wirklich der Fall?

1. Wie sieht Familie heute aus?
2. Familie und Beruf – wie lässt sich beides vereinbaren?
3. Wie schützt und unterstützt der Staat Familien?
4. Wie wachsen Kinder heute bei uns auf?
5. Welche Perspektiven haben Jugendliche?

Familien in Deutschland

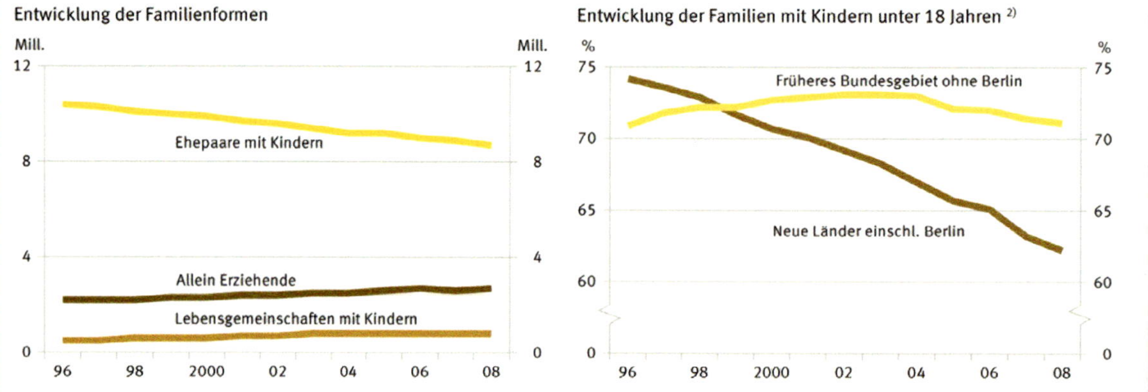

1) Ergebnisse des Mikrozensus. - Bevölkerung in Familien/Lebensformen am Hauptwohnsitz. - Durch die Einführung der gleitenden Berichtswoche ab 2005 kommt es zu Schwankungen in der Zahl der Haushalte; nähere Informationen siehe »Methodische Erläuterungen« am Anfang dieses Kapitels.– 2) Und ggf. weiteren minder- oder volljährigen Kindern.

2009 - 01 - 0362

Statistisches Bundesamt (Hg.): Statistisches Jahrbuch 2009 für die Bundesrepublik Deutschland, Wiesbaden 2009, S. 28

Online-Link
800621-1031

1. Wie sieht Familie heute aus?

ohne Kind, keine Familie

Die Soziologie spricht von einer Familie, wenn mindestens ein Erwachsener und mindestens ein von diesem versorgtes Kind zusammenleben. Man kann sagen: ohne Kind keine Familie. Die Familie hat vielfältige Aufgaben. Sie regelt nicht nur die biologische Reproduktion der Gesellschaft. In der Familie erleben und lernen Kinder auch die Regeln, Verhaltensweisen und Gewohnheiten, Sitten und Wertvorstellungen ihrer Umgebung. Familie ist der Ort, an dem Menschen füreinander Verantwortung übernehmen, an dem Kinder lernen, Beziehungen und Vertrauen aufzubauen. Durch das frühe Vertrauen erwirbt der Mensch die Fähigkeit, die er braucht, um in der Gesellschaft mit anderen zu leben. Diesen Prozess nennen wir ➤ **Sozialisation**. Familien sind für die Zukunft der Gesellschaft insgesamt und für die Entwicklung jedes Einzelnen wichtig. Ihre Bedeutung drückt sich auch im Grundgesetz, Artikel 6, aus.

Artikel 6

(1) Ehe und Familie stehen unter dem besonderen Schutze der staatlichen Ordnung.

(2) Pflege und Erziehung der Kinder sind das natürliche Recht der Eltern und die zuvörderst ihnen obliegende Pflicht. Über ihre Betätigung wacht die staatliche Gemeinschaft.

(3) Gegen den Willen der Erziehungsberechtigten dürfen Kinder nur auf Grund eines Gesetzes von der Familie getrennt werden, wenn die Erziehungsberechtigten versagen oder wenn die Kinder aus anderen Gründen zu verwahrlosen drohen.

(4) Jede Mutter hat Anspruch auf den Schutz und die Fürsorge der Gemeinschaft.

(5) Den unehelichen Kindern sind durch die Gesetzgebung die gleichen Bedingungen für ihre leibliche und seelische Entwicklung und ihre Stellung in der Gesellschaft zu schaffen wie den ehelichen Kindern.

Auszug aus dem Grundgesetz der Bundesrepublik Deutschland

Großfamilie – Kleinfamilie

Die normale Familie gibt es nicht mehr. Die Vorstellungen davon, wie eine Familie aussieht und die Struktur der Familie haben sich stark verändert. Heute leben in der Kleinfamilie meistens zwei Generationen zusammen. Selten geworden ist die Großfamilie, in der drei oder vier Generationen unter einem Dach wohnen; noch zu Anfang des letzten Jahrhunderts kam sie häufig vor. Die Familie ist für die meisten von uns aber nach wie vor sehr wichtig: Für fast 90 Prozent der Bevölkerung steht die Familie an erster Stelle ihrer persönlichen Prioritäten.
Einige der **Aufgaben der Familie** sind im Lauf der Jahre gleich geblieben, viele haben sich aber auch verändert: Wie früher sorgt die Familie dafür, dass ihre Mitglieder ihren Platz in der Gesellschaft finden, sie bestimmt maßgeblich, welche soziale Position ein Mensch einnimmt. Dagegen finden Bildung und Ausbildung nun überwiegend außerhalb der Familie statt (in Schulen und Betrieben). Ältere Menschen, Kranke oder Arbeitslose werden durch staatliche Einrichtungen unterstützt, Sozialversicherungen (Kap. 1.7) sollen sie unabhängiger von der Familie machen. Die Familie hat auch neue Aufgaben hinzugewonnen: Sie ist stärker als früher Raum des Schutzes und der Geborgenheit und gibt Rückhalt in schwierigen Lebenslagen.

eine Familie gründen

Noch vor ein bis zwei ➤ Generationen heirateten viele Frauen kurz nach Ende der Schulzeit oder Lehre. Sie bekamen früh Kinder, während ihre Männer die Rolle des Familienernährers übernahmen. Die Gründung einer eigenen Familie hat sich in Deutschland heute zeitlich nach hinten verlagert. Auch der gesellschaftliche Zwang zur Ehe ist weggefallen.
Das durchschnittliche Heiratsalter junger Männer lag in Deutschland 2008 bei 33, das junger Frauen bei 30 Jahren. Viele junge Erwachsene erreichen heute deutlich später als noch in den 1960er-Jahren ihre finanzielle Unabhängigkeit. Verantwortlich sind hierfür insbesondere verlängerte Bildungs- und Ausbildungszeiten. Für die meisten jungen Erwachsenen bedeutet dies, lange finanziell auf die Unterstützung der Eltern angewiesen zu sein. Partnerschaft bzw. Ehe und Kinder sind hiermit schwieriger zu verwirklichen.

von der Normal- zur Patchworkfamilie

Lange Zeit war die Ehe mit Kindern die Norm. Kinderlose Ehen waren die Ausnahme. Die Kinder wurden (in der Bundesrepublik) in strikter Rollentrennung versorgt: Der Vater war der vollzeitberufstätige Ernährer, die Mutter war Hausfrau und ggf. „Zuverdienerin". In der ehemaligen DDR traten die Mütter nach der Geburt eines Kindes früh wieder ins Berufsleben ein und gaben ihre Kinder in Krippen. Sie waren doppelt belastet als Ernährerin und Hausfrau.
Wie sieht es heute aus? Hat sich die Aufgabenteilung in der Familie verändert? Ist die Familie ein Auslaufmodell? Ein genauerer Blick zeigt: Zwar ist die Ehe noch immer die dominierende Familienform – 2006 waren gut drei Viertel der Familien in den westlichen und rund drei Fünftel der Familien in den östlichen Bundesländern Ehepaare mit Kindern. Die Formen des Zusammenlebens sind aber vielfältiger geworden. Das hat insbesondere mit der veränderten Rolle der Frau zu tun: Rund 64 Prozent der Mütter sind heute berufstätig und die Familien sind kleiner geworden. Typisch ist die Zwei-Kind-Familie. ➤ Patchworkfamilien, Wochenendfamilien, nicht-eheliche Lebensgemeinschaften mit Kindern, gleichgeschlechtliche Elternpaare oder alleinerziehende Elternteile machen neben dem klassischen Modell, der Kernfamilie, die **Vielfalt der Familien** in Deutschland aus. Nicht nur die biologische, sondern auch die soziale Mutter- und Vaterschaft kann heute eine Familie definieren. Insbesondere die Zahl der Alleinerziehenden nimmt zu: 2006 gab es in Deutschland insgesamt 2,7 Millionen alleinerziehende Elternteile (1996 waren es 2,2 Mio.). Rund 90 Prozent von ihnen sind Frauen, die Zahl der alleinerziehenden Väter nimmt jedoch zu. Der Staat trägt diesem Wandel Rechnung und hat die Rechte nichtehelicher Kinder erweitert.

Haushalte mit Kindern (in Tausend)

	1996	2008
insgesamt	13 155	12 115
davon		
mit 1 Kind	6 658	6 285
mit 2 Kindern	4 879	4 398
mit 3 Kindern	1 241	1 125
mit 4 Kindern und mehr	377	307
davon mit Kindern unter 18 Jahren	9 429	8 410
davon		
mit 1 Kind	3 767	4 424
mit 2 Kindern	4 147	3 072
mit 3 Kindern	1 152	728
mit 4 Kindern und mehr	363	186

Statistisches Bundesamt (Hg.): Statistisches Jahrbuch 2009 für die Bundesrepublik Deutschland, Wiesbaden 2009, S. 47

Unterschiedliche Lebensvorstellungen bedeuten jedoch keine Absage an das „Modell Familie“. Heute kann man sagen: Familie ist dort, wo Kinder sind und wo Lebenspartner oder Generationen füreinander einstehen. Erkenntnisse aus Meinungsumfragen zeigen: Nach wie vor sind der Wunsch nach Familie und eigenen Kindern Mittelpunkt der allermeisten Lebensplanungen. Die Shell-Jugendstudie, die 2006 veröffentlicht wurde, zeigt, dass auch für Jugendliche die Familie weiterhin von großer Bedeutung ist: 72 Prozent der befragten Jugendlichen waren der Meinung, dass man eine Familie braucht, um wirklich glücklich leben zu können.

Wunsch nach Familie

Seit den 1970er-Jahren gibt es eine breite Diskussion über die **Rollenaufteilung** zwischen Mann und Frau innerhalb der Familie. Die traditionelle Rollenteilung zwischen Mann und Frau zeigt sich jedoch als zählebig: Zwar sind mehr und mehr Frauen berufstätig, dennoch wird der Hauptanteil der im Haushalt und durch die Kinder anfallenden Arbeit in der Regel auch heute noch durch die Mütter geleistet. Die traditionelle Arbeitsteilung – Mann: Beruf, Frau: Haushalt – wird aber zunehmend in Frage gestellt. Besonders bei den jüngeren, gut ausgebildeten Männern verändern sich die Rollenvorstellungen und es wachsen Bereitschaft und Interesse, gerade in den ersten Jahren des Kindes zu Hause zu bleiben. Von der Generation der „neuen Väter“ ist die Rede. Dass Väter wichtig für die Entwicklung ihrer Kinder sind, haben viele Studien nachgewiesen. Eine neue, partnerschaftliche Aufteilung der Aufgaben in der Familie erfordert jedoch auch entsprechende Rahmenbedingungen in der Arbeitswelt.

neue Väter

Familie im Wandel der Zeit

Lange Zeit war die Ehe mit Kindern die „Normalfamilie“. In der Familie galt eine strikte Rollentrennung: Der Mann war der berufstätige Ernährer, die Frau Mutter und Hausfrau. Heute ist dieses Modell nicht mehr selbstverständlich. Zum einen sind Familien kleiner geworden – typisch ist heute die Zwei-Kind-Familie. Zum anderen ist ihr Erscheinungsbild vielfältiger: Wochenendfamilien, alleinerziehende Elternteile, nichteheliche Lebensgemeinschaften mit Kindern, Patchworkfamilien oder gleichgeschlechtliche Elternpaare machen neben dem klassischen Modell der Kernfamilie die Vielfalt der Familien in Deutschland aus. Insbesondere die Zahl der Alleinerziehenden nimmt zu. Der Staat trägt diesem Wandel Rechnung und hat die Rechte nichtehelicher Kinder erweitert.

Online-Link
800621-1032

2. Familie und Beruf – wie lässt sich beides vereinbaren?

Arbeit und Familie

Arbeitsstelle und Familie bildeten in früheren Jahrhunderten lange eine Einheit. Erst mit der industriellen Revolution beschleunigte sich die Trennung zwischen diesen beiden Bereichen. Während der Arbeitsplatz dazu dient, den Lebensunterhalt zu sichern, hat sich die Familie zum privaten Bereich entwickelt. Familie und Beruf zu vereinbaren, ist für viele – gerade junge – Familien nicht immer einfach. Beide Bereiche fordern viel Engagement und Zeit. Auch ist die Erwerbsarbeit zeitlich flexibler, unregelmäßiger und unsteter geworden. Ein gesichertes finanzielles Auskommen, eine qualitativ gute und bedarfsgerechte Kinderbetreuung und familienfreundliche Arbeitsbedingungen sind wichtig, damit sich Familie und Beruf ohne Überforderung der Eltern vereinbaren lassen.
Auch heute noch sind es in erster Linie Mütter, die sich nach der Geburt eines Kindes zumindest für eine Zeit lang aus dem Erwerbsleben zurückziehen oder in Teilzeit arbeiten. 2008 übten nur 5 Prozent der erwerbstätigen Väter mit minderjährigen Kindern eine Beschäftigung in Teilzeit aus. Die **Teilzeitquote** der Mütter war mit 69 Prozent mehr als zehn Mal so hoch. Auch die Elternzeit wird ganz überwiegend von Frauen angenommen.

Teilzeitquoten von 15- bis 64-jährigen erwerbstätigen Frauen und Männern mit Kindern im Haushalt (in Prozent)

	1998	2008
Frauen mit minderjährigen Kindern	53	69
Männer mit minderjährigen Kindern	2	5
Frauen ohne minderjährige Kinder	30	36
Männer ohne minderjährige Kinder	5	9

Statistisches Bundesamt, Wiesbaden 2008

berufstätige Frauen

Untersuchungen der Organisation für wirtschaftliche Zusammenarbeit und Entwicklung (OECD) zeigen, dass in Deutschland der Anteil der berufstätigen Mütter relativ gering ist, insbesondere, wenn sie mehrere Kinder haben. Kinder scheinen bei uns die Erwerbsarbeit von Frauen stärker zu beeinträchtigen als in anderen vergleichbaren Staaten. Besonders gilt dies in Deutschland für Mütter, die keinen deutschen Pass besitzen – sie sind viel seltener als deutsche Mütter berufstätig. In den östlichen Bundesländern ist eine andere Entwicklung zu beobachten: Hier sind Mütter auch mit kleinen Kindern und mit größerer Kinderzahl sehr viel häufiger als Mütter in den westdeutschen Bundesländern auf einer Vollzeitstelle erwerbstätig.

familienfreundliche Personalpolitik

Es geht nicht nur darum, Kinder und Beruf zu vereinbaren, sondern immer öfter müssen auch ältere Angehörige gepflegt werden. Mit familienfreundlichen Maßnahmen können Arbeitgeber dazu beitragen, Familien bei diesen Aufgaben zu entlasten. Eine familienbewusste Personalpolitik kann dabei auch für Unternehmen selbst von Vorteil sein: Beschäftigte, die bei der

Familie und Beruf für Ingenieurinnen schwer vereinbar
Eine aktuelle Umfrage des Vereins Deutscher Ingenieure e.V. hat ergeben, dass lediglich sieben Prozent der Ingenieurinnen Familie und Beruf gut vereinbaren können. 71 Prozent der Umfrageteilnehmerinnen gaben an, dass es vor allem an Kinderbetreuungsangeboten von Seiten des Arbeitgebers mangelt. Lediglich 25 Prozent der Unternehmen bieten derzeit entsprechende Möglichkeiten an. [...] Zwar antworteten 70 Prozent der Teilnehmerinnen auf die Frage, ob ihr Unternehmen Teilzeitbeschäftigung anbietet, mit Ja, dennoch sind die Ingenieurinnen mit der Umsetzung von familienfreundlichen Maßnahmen in ihren Unternehmen nicht zufrieden. 58 Prozent wünschen sich von ihrem Arbeitgeber die Möglichkeit zu Home Office, 55 Prozent mehr Angebote für Kindertagesstätten beziehungsweise Kinderbetreuung. 37 Prozent fordern mehr Teilzeitangebote und Frauenförderprogramme. Außerdem gaben 34 Prozent an, dass ihnen der Wiedereinstieg in ihren Beruf nach einer familienbedingten Unterbrechung schwer bis sehr schwer fällt. [...]
Allianz Familie und Beruf, ZAROF GmbH, Leipzig: Familie und Beruf für Ingenieurinnen schwer vereinbar, 23.09.2009,
www.afb-leipzig.de/index.php4?src=aktuelles&ebene=waspassiert&id=2&auto=364 (08.12.2009)

Vereinbarkeit von Familie und Beruf unterstützt werden, kehren früher aus der Elternzeit zurück, fehlen seltener, sind weniger stressbelastet und arbeiten motivierter. Zudem sind Unternehmen, die ihren Mitarbeiterinnen und Mitarbeitern sowohl berufliches Vorankommen als auch Zeit für die Familie ermöglichen, attraktivere Arbeitgeber.
Viele Unternehmen und öffentliche Arbeitgeber in Deutschland versuchen mittlerweile, ihren Mitarbeiterinnen und Mitarbeitern die Vereinbarkeit von Familie und Beruf zu ermöglichen. Lange Zeit richteten sich Angebote dabei so gut wie ausschließlich an Frauen. In letzter Zeit haben Arbeitgeber jedoch vermehrt erkannt, dass es wichtiger wird, betriebliche Angebote auch für Männer attraktiv zu machen, um die wirtschaftlichen Vorteile einer familienbewussten Personalpolitik umfassend nutzen zu können.

Gleichberechtigung in Familie und Beruf
Das Bild der Familie in Deutschland hat sich gewandelt, ein Großteil der Erziehungsarbeit liegt jedoch weiterhin bei den Frauen. Für Mütter, die auch nach der Geburt ihres Kindes berufstätig sein möchten, stellt sich die Frage, wie Beruf und Familie vereinbart werden können. Ein gesichertes finanzielles Auskommen, bedarfsgerechte Kinderbetreuung und familienfreundliche Arbeitsbedingungen sind dafür wichtig. Viele Unternehmen und öffentliche Arbeitgeber versuchen mittlerweile, ihren Beschäftigten die Vereinbarkeit von Familie und Beruf zu ermöglichen. Trotz guter Ansätze ist es insbesondere für Frauen jedoch immer noch schwierig, Familie und Beruf unter einen Hut zu bekommen: Im internationalen Vergleich ist der Anteil der berufstätigen Mütter in Deutschland relativ gering, insbesondere, wenn sie mehrere Kinder haben.

Online-Link
800621-1033

3. Wie schützt und unterstützt der Staat Familien?

staatliche Familienpolitik

Der Staat muss sich den persönlichen Lebensentwürfen der Bürger gegenüber neutral verhalten und darf in die Familienbeziehungen grundsätzlich nicht einwirken. Er legt jedoch Rechte und Pflichten der Familienmitglieder fest, ergreift Maßnahmen zu ihrem Schutz und macht familienpolitische Angebote, die Familien in unterschiedlichen Lebenslagen unterstützen sollen. Er betreibt aktiv ➤Familienpolitik, die Teil der Sozialpolitik ist. Daneben gibt es andere staatliche Maßnahmen wie z. B. die Steuerpolitik.
Ziele staatlicher Familienpolitik:
- alle Mitglieder einer Familie bei der freien Entfaltung unterstützen
- die Gleichberechtigung von Mann und Frau fördern
- für soziale Gerechtigkeit sorgen bzw. ungleiche Lebensbedingungen zwischen den Familien ausgleichen
- ungleiche Start- und Entwicklungschancen von Kindern ausgleichen

Angebote für Familien

Familienpolitik ist zu einem wichtigen Bereich staatlicher Leistungen geworden. Auf der Ebene des Bundes ist das Ministerium für Familie, Senioren, Frauen und Jugend für familienpolitische Maßnahmen zuständig. Aber auch die Länder und die Kommunen leisten einen Beitrag, etwa bei der Kinderbetreuung oder der Einrichtung von Ganztagsschulen.
Familienpolitische Leistungen müssen auf sehr unterschiedliche Lebenssituationen eingehen. So vielfältig wie die Familien und ihre Lebenslagen sind, so unterschiedlich sind die Leistungen und Unterstützungsangebote, die sie benötigen. Um die **Qualität des Lebens der Familien** und ihrer Kinder zu verbessern, will die gegenwärtige Familienpolitik insbesondere mehr Zeit für die Familie ermöglichen, den Ausbau der Betreuungsangebote vorantreiben und vermehrt finanzielle Hilfen anbieten. Damit will der Staat auch Anreize für Familien schaffen, wieder mehr Kinder zu bekommen.
Staatliche Leistungen und Angebote für Familien im Überblick:
- Mutterschutz: Alle berufstätigen Frauen dürfen sechs Wochen vor und acht Wochen nach der Geburt nicht arbeiten. In dieser Zeit besteht ein besonderer Kündigungsschutz für sie.
- Elternzeit: Erwerbstätige Eltern können nach der Geburt ihres Kindes bis zu drei Jahre Elternzeit in Anspruch nehmen. In dieser Zeit bleibt ihr Arbeitsverhältnis bestehen und darf vom Arbeitgeber nicht gekündigt werden. Die Elternzeit kann von einem Elternteil alleine in Anspruch genommen oder unter den Partnern aufgeteilt werden.
- Kindergeld und Steuerfreibeträge für Kinder: Familien erhalten gestaffelt nach der Zahl der Kinder finanzielle Unterstützung. Das Kindergeld beträgt unabhängig von der Höhe des Einkommens monatlich für das erste und zweite Kind 184 Euro, für das dritte Kind 190 Euro und für jedes weitere Kind 215 Euro (Stand 2010). Kindergeld gibt es für alle Kinder bis zum 18. Lebensjahr, für Kinder in Ausbildung bis zum 25. und für arbeitslose Kinder bis zum 21. Lebensjahr. Zusätzlich werden Familien sogenannte Kinderfreibeträge bei der Berechnung der Lohn- und Einkommensteuer gewährt.
- Mutterschaftsgeld: Während des Mutterschutzes können gesetzlich Versicherte Mutterschaftsgeld beziehen. Maximal 13 Euro pro Tag erhalten sie in dieser Zeit von den gesetzlichen Krankenkassen.
- Elterngeld: Eltern, die nach der Geburt ihres Kindes eine Zeit lang ganz oder teilweise auf ihre Erwerbstätigkeit verzichten, um mehr Zeit für ihr

Kind zu haben, haben Anspruch auf das 2007 eingeführte Elterngeld. Es beträgt zwei Drittel des bisherigen Einkommens – mindestens 300 und höchstens 1800 Euro. Es wird während der Elternzeit an Väter und Mütter für maximal 14 Monate gezahlt; beide können den Zeitraum frei untereinander aufteilen. Alleinerziehenden stehen die vollen 14 Monate Elterngeld zu.

- Kinderzuschlag: Der Kinderzuschlag unterstützt Familien mit niedrigen Einkommen. Monatlich bis zu 140 Euro je Kind wird an Eltern gezahlt, die mit ihrem Einkommen den eigenen Bedarf decken können, nicht aber den ihrer Kinder.
- Beratung: z. B. kostenlose Erziehungs- und Familienberatung
- Kinderbetreuung: Das Angebot an Kinderbetreuung soll kontinuierlich weiter ausgebaut werden. Bis 2013 soll es für ein Drittel aller Kinder unter drei Jahren einen Betreuungsplatz geben. Im gleichen Jahr wird jedes Kind, das mindestens ein Jahr alt ist, einen Rechtsanspruch auf einen Betreuungsplatz haben. Die Kosten hierfür teilen sich Bund, Länder und Kommunen.

Familienpolitik hinterfragt: Wie wirkt das Elterngeld?

Regelmäßig wird im Auftrag des Familienministeriums untersucht, welche Wirkung das 2007 eingeführte Elterngeld hat. Wissenschaftler und Politiker wollen insbesondere erfahren, wie und von wem das Elterngeld genutzt wird, ob es junge Familien effektiv unterstützt und den Wiedereinstieg von Müttern in den Beruf fördert. Folgendes zeigt sich:

- Vor der Einführung des Elterngeldes hatten die meisten Eltern hohe Einkommensverluste im Jahr nach der Geburt. Das hat sich geändert. Für die meisten Eltern stabilisiert oder erhöht das Elterngeld das Haushaltseinkommen. Fast 100 Prozent der jungen Familien nehmen es in Anspruch.
- Alle Einkommensgruppen profitierten vom Elterngeld.
- Das Elterngeld schafft mehr Wahlfreiheit für Eltern: Im ersten Lebensjahr übernehmen die meisten Eltern die Kinderbetreuung selbst. Im zweiten Lebensjahr des Kindes nutzen mehr als die Hälfte der Eltern auch externe Betreuungsmöglichkeiten, im dritten Jahr sind es fast zwei Drittel. Dies erleichtert den Wiedereinstieg in das Berufsleben.
- Viele Eltern arbeiten während des Bezugs des Elterngelds in Teilzeit. Auch dies erleichtert den vollen Wiedereinstieg in den Beruf.
- Bei knapp einem Drittel der Elternpaare beantragen sowohl die Mutter als auch der Vater Elterngeld und teilen sich damit die Betreuung ihres Kindes. Der Anteil der Väter, die Elterngeld beziehen, wächst kontinuierlich. Wenn Väter Elterngeld beziehen, verbringen sie mehr Zeit mit ihren Kindern und übernehmen einen höheren Betreuungsanteil. Die Elterngeldmonate wirken sich positiv auf die Vater-Kind-Beziehung aus.

Bundesministerium für Familie, Senioren, Frauen und Jugend: Elterngeld verbessert wirtschaftliche Stabilität von Familien, 26.08.2009, www.bmfsfj.de/bmfsfj/generator/BMFSFJ/Presse/pressemitteilungen,did=129330.html (15.10.2009)
Jochen Kluve, Markus Tamm: Evaluationsbericht Bundeselterngeld- und Elternzeitgesetz 2009, Bundesministerium für Familien, Senioren, Frauen und Jugend (Hg.), Berlin 2009

Online-Link
800621-1034

4. Wie wachsen Kinder heute bei uns auf?

14 Millionen Kinder und Jugendliche

Obwohl sich in Deutschland viele junge Erwachsene Kinder wünschen, geht die Zahl der Geburten bei uns – wie auch in anderen Industrieländern – deutlich zurück. In den neuen Bundesländern und Ost-Berlin sind nach der Wiedervereinigung die Geburten drastisch eingebrochen bis zu einem Tief von durchschnittlich 0,77 Kindern je Frau in den Jahren 1993 und 1994. Im gesamten Bundesgebiet liegt die ➤ **Geburtenziffer** heute bei 1,36; ein Wert von 2,1 Kindern pro Frau wäre notwendig, um eine gleich bleibende Bevölkerungszahl zu sichern.
In der Bundesrepublik lebten im Jahr 2006 14,1 Mio. Kinder und Jugendliche bis zum 18. Lebensjahr. 30 Prozent von ihnen waren im Vorschulalter, 50 Prozent im Alter von 6 bis 14 Jahren und 20 Prozent 15 Jahre und älter.
Die Zahl der Kinder hat sich in West- und in Ostdeutschland unterschiedlich entwickelt: Während sie zwischen 1996 und 2006 in Westdeutschland um nur 3 Prozent auf 11,8 Millionen zurückging, sank sie in Ostdeutschland im gleichen Zeitraum um 34 Prozent auf 2,3 Millionen. Vier von fünf Kindern in den alten Bundesländern und drei von fünf Kindern in den neuen Bundesländern wachsen heute bei einem Ehepaar auf. Rund ein Viertel von ihnen wächst ohne Geschwister auf. Kinderreiche Familien mit drei oder mehr Kindern sind noch seltener geworden.

Lebenslagen von Kindern

Kindheit stellt sich heute bedingt durch den ökonomischen, familienstrukturellen und gesellschaftlichen Wandel anders dar als noch vor einigen Jahrzehnten. Die Chancen der Kinder haben sich in mancherlei Hinsicht erweitert (z. B. durch Kommunikationsmedien), in anderer Hinsicht verengt (z. B. durch die geringere Geschwisterzahl). Viele Kinder sind früh gefordert, selbstständig zu handeln und eigene soziale Bezüge aufzubauen. Wichtige Sozialisationsinstanzen in der Kindheit sind die Familie, Gleichaltrigengruppen und Institutionen wie Kindergarten, Hort und Schule. Diese Lebensbereiche bieten Handlungsspielräume und Lernchancen.

Kinder in Deutschland
Es gibt immer weniger Kinder in Deutschland. Die Geburtenziffer – die durchschnittliche Zahl der Kinder pro Frau im gebärfähigen Alter – liegt gegenwärtig bei 1,36 Kindern. Heute leben rund 14 Millionen Kinder und Jugendliche unter 18 Jahren in Deutschland. Sie müssen früh lernen, mit den vielfältigen Möglichkeiten und Herausforderungen umzugehen, die die moderne Gesellschaft ihnen bietet. Aber nicht alle Kinder wachsen in Deutschland mit vielfältigen Entfaltungsmöglichkeiten auf. Die Zahl der Kinder, die bei uns in Armut leben, nimmt zu. Ein Sechstel der Kinder in Deutschland lebt auf Sozialhilfeniveau. Besonders betroffen von Armut sind Kinder von Alleinerziehenden, Arbeitslosen oder aus Zuwandererfamilien.

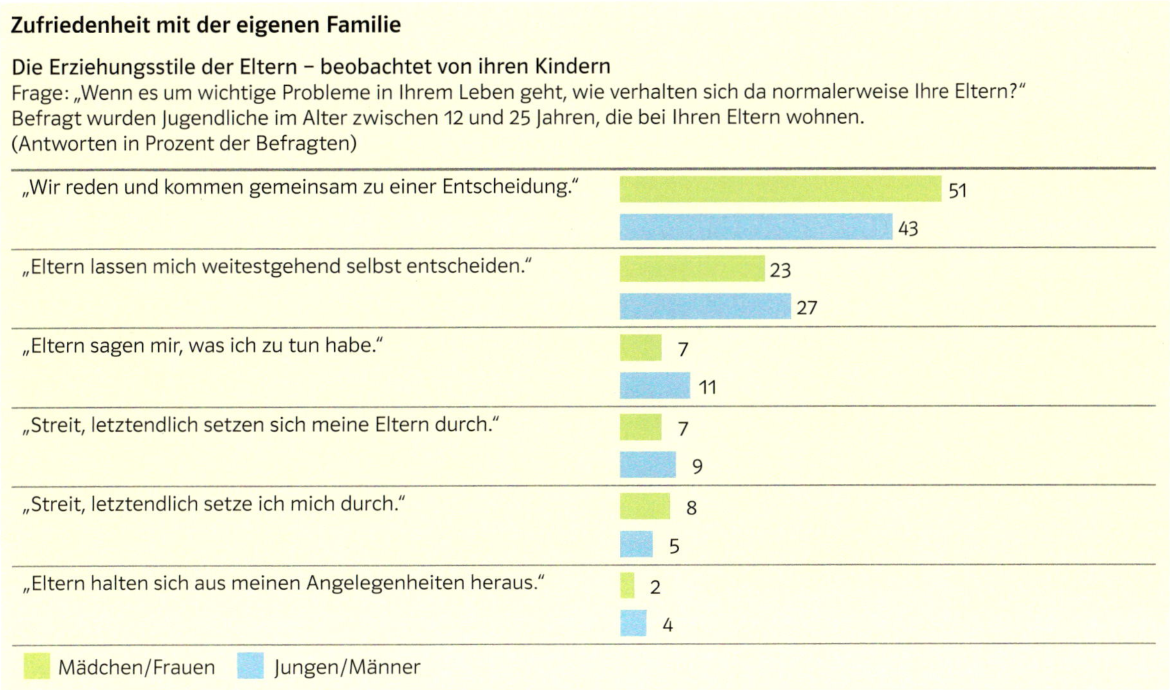

Nach: 15. Shell-Jugendstudie 2006

Aufwachsen in Deutschland

Kinder haben heute viele Möglichkeiten. Viele surfen im Internet, telefonieren mit dem Handy, andere lernen Chinesisch, spielen Saxofon, versuchen sich im Rappen, Reiten und Snowboard-fahren. Nicht für alle ist das jedoch so. Ein Sechstel der Kinder in Deutschland lebt auf Sozialhilfeniveau. Besonders betroffen von ➤**Armut** sind laut der Kinderhilfsorganisation UNICEF Deutschland Alleinerziehende und ihre Kinder, aber auch Zuwandererfamilien und Arbeitslose mit Kindern. Die Kinder aus diesen Familien können nur eingeschränkt am gesellschaftlichen Leben teilnehmen, etwa an Klassenfahrten, Kino- oder Schwimmbadbesuchen. Viele sind schlecht ernährt und gehen nur selten zur Gesundheitsvorsorge. Ihre Zukunftschancen sind schlechter, weil die soziale Herkunft in Deutschland einen größeren Einfluss auf den Bildungsabschluss hat als in anderen Industrieländern (Kap. 1.4).

5. Welche Perspektiven haben Jugendliche?

Online-Link
800621-1035

Jugendliche im 21. Jahrhundert

Jugendliche wachsen heute in bewegten Zeiten auf, denn wirtschaftliche und technologische Rahmenbedingungen ändern sich schnell. Kommunikation, das heißt für Jugendliche heute Handy, SMS, chatten, twittern. Eine wachsende Anzahl von Ausbildungsberufen und Studienmöglichkeiten einerseits, aber auch Engpässe bei den Ausbildungsplätzen und befristete Verträge, drohende Arbeitslosigkeit und berufliche Umorientierung andererseits – all das macht Lebenswege weniger planbar, aber individueller. Jugendliche am Anfang des 21. Jahrhunderts finden sich in einem Spannungsfeld zwischen fast grenzenlosen Möglichkeiten und neuen Sachzwängen. Mit diesen umzugehen, ist nicht immer einfach.

Jugendliche, ihre Familien und Freunde

Jugendliche wollen meist anders werden als ihre Eltern, sie planen ihre eigene Zukunft. Fast schon traditionell klagt die ältere Generation über die jüngere. Die Entwicklung der **Jugend** wird kritisch beobachtet. Die Jugendphase wird von vielen Erwachsenen als Lebensalter betrachtet, das oft krisenhaft verläuft. Jugendliche lösen sich von ihrer Familie, erweitern schrittweise ihre Erfahrungen und bauen eigene, von der Familie unabhängige Beziehungen und Lebensvorstellungen auf. Zur Familie als wichtigster Bezugsgruppe treten andere, für die Jugendlichen wichtige Bereich hinzu: Schule, Freunde, die Clique, der erste Freund oder die erste Freundin, später dann Kolleginnen und Kollegen während der Ausbildung und der Arbeit. Besonders wichtig sind in dieser Zeit die Gruppen von Gleichaltrigen – englisch ➤**Peergroups** genannt.

Bezugspersonen

Welche Rolle spielen die Familie (insbesondere die Eltern) und die Freunde im Leben von Jugendlichen? Dieser Frage versucht die Wissenschaft durch Umfragen nachzugehen. Aus ihnen lässt sich zusammengefasst sagen: Mutter und Vater sind für den ganz überwiegenden Teil der Jugendlichen weiterhin wichtige Bezugspersonen. Wichtig sind für Jugendliche nicht nur die emotionalen Aspekte ihrer Beziehung zu den Eltern, sondern auch die Unterstützung, die ihnen die Eltern bieten, etwa in der Schule. Allerdings ist die Schule für viele auch eine der Hauptquellen für Konflikte mit den Eltern. Neben den Eltern spielt der beste Freund bzw. die beste Freundin für Jugendliche eine fast ebenso große Rolle.

engagierte Jugend

Jugendlichen ist alles egal – nicht selten hört man dieses Vorurteil. Wächst in Deutschland heute eine Generation von Jugendlichen auf, die nur auf der Suche nach Spaß, Action und Unterhaltung ist? Genauer betrachtet stellt man fest: Die Freizeitgestaltung ist wichtig für Jugendliche, denn hier gibt es Freiräume, eigene Lebensstile auszuprobieren.
Aber auch die Bereitschaft zu sozialem Engagement ist hoch: Drei Viertel der Jugendlichen setzen sich in ihrer Freizeit für soziale und ökologische Belange ein, etwa für die Angelegenheiten und Interessen von Jugendlichen, für Umweltthemen oder in Rettungsdiensten. Von einer passiven „Null-Bock-Generation" kann also keine Rede sein. Das Interesse an Politik, Parteien oder Gewerkschaften ist dagegen rückläufig. Nur 35 Prozent bezeichnen sich selbst als politisch interessiert, 64 Prozent interessieren sich dagegen wenig oder gar nicht für Politik (Shell-Jugendstudie 2006).

Wohnsituation: Hotel Mama?

Viele Jugendliche möchten in eine eigene Wohnung ziehen und unabhängig von den Eltern sein. Andere dagegen schrecken davor zurück und wollen möglichst lange bei den Eltern leben. Noch nie lebten so viele Jugendliche so lange im Haushalt ihrer Eltern wie heute. Junge Frauen verlassen das Elternhaus früher als Männer: Von den 18- bis 24-Jährigen teilten 2006 noch 59 Prozent der Frauen und 73 Prozent der Männer den Haushalt mit den Eltern. Eine Ursache für den längeren Verbleib in der Familie ist, dass immer mehr junge Menschen immer länger im Bildungssystem bleiben.

Jugendgewalt

Schlägereien auf Schulhöfen, rivalisierende Jugendgangs, Angriffe in der U-Bahn oder Amokläufe – in letzter Zeit mehren sich die Berichte über Gewalttaten Jugendlicher. Sind es nur die Medien, die auf der Suche nach Schlagzeilen vermehrt reißerisch über solche Vorfälle berichten, oder nimmt die Zahl und vor allem die Brutalität der Gewalttaten durch Jugendliche

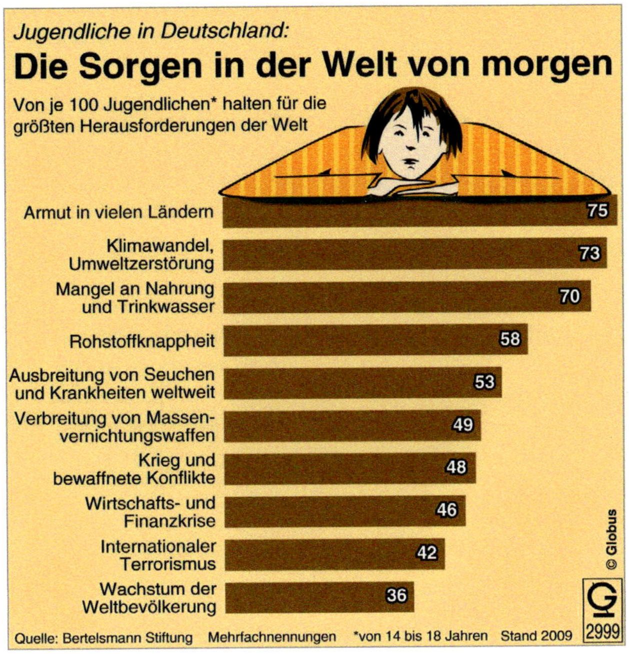

wirklich dramatisch zu? Ein Blick in die Kriminalstatistik zeigt: 2008 waren weniger junge Menschen kriminell als das Jahr zuvor. Die Schwere der Gewalttaten nimmt jedoch zu. Wie kommt es dazu?
Eine pauschale Erklärung dafür, warum einzelne Jugendliche – ganz überwiegend sind es junge Männer – gewalttätig werden, gibt es nicht. Aber es gibt eine Reihe von Merkmalen, die bei vielen von ihnen vorzufinden sind: Probleme in Familie, Schule, der Ausbildung oder der Arbeit, wenig soziale Kontakte oder Ausgrenzungserfahrung, ein Hang zum Männlichkeitswahn, aber auch eine Vorliebe für gewalttätige Filme und PC-Spiele.
Vor Verallgemeinerungen ist jedoch Vorsicht geboten: Wer viel vor dem PC sitzt und sogenannte Killer-Spiele spielt, wird nicht automatisch zum Gewalttäter. Wichtig ist es, den Blick auf die Frage zu lenken, wie Gewalttaten verhindert werden können. Unterschiedliche Programme zur Prävention sind entstanden. Hier wird gefährdeten Jugendlichen gezeigt, wie sie friedlich Konflikte lösen und mit Frustrationen umgehen können.

Jugendliche in Deutschland
Jugendliche wachsen heute in einem Spannungsfeld zwischen fast grenzenlosen Möglichkeiten und neuen Unsicherheiten auf – etwa durch Arbeitslosigkeit. Damit umzugehen, ist nicht immer einfach. In dieser Lebensphase treffen unterschiedliche Lebensvorstellungen der Jugendlichen und ihrer Eltern aufeinander. Neben der Familie als wichtigster Bezugsgruppe treten andere, für die Jugendlichen wichtige Gruppen hinzu, etwa Schulfreunde oder andere Freunde. Spaß und Unterhaltung sind wichtig für viele Jugendliche, sie pauschal als Spaß-Generation zu bezeichnen, wird ihnen jedoch nicht gerecht. Die Bereitschaft zu sozialem Engagement, etwa im Umweltschutz, ist unter den Jugendlichen hoch. Rückläufig ist jedoch ihr Interesse an Politik und Parteien.

1.4 Lebenslanges Lernen: Schule, Ausbildung, Weiterbildung

„Bildung ist das halbe Leben" – so angestaubt dieses Sprichwort klingen mag, aktuell ist es trotzdem: In unserer Informations- und Wissensgesellschaft ist es immer wichtiger, sich das ganze Leben hindurch kontinuierlich weiterzubilden. In einer Demokratie ist Bildung ein Bürgerrecht.

1. Wie ist Bildung in Deutschland organisiert?
2. Bildungsgerechtigkeit – sind die Startchancen für alle gleich?
3. Warum sind Aus- und Weiterbildung nach der Schule so wichtig?

Bildungswege in Deutschland

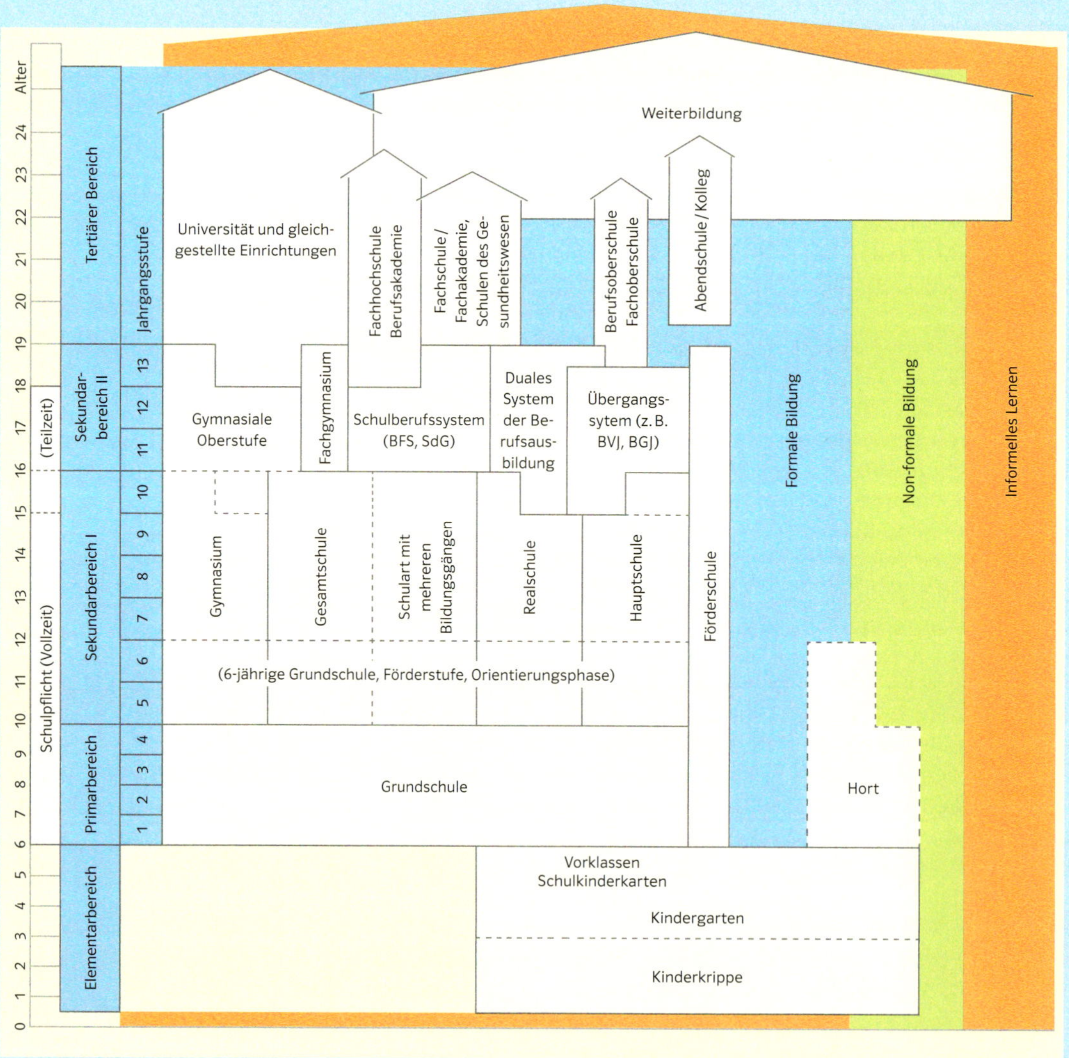

Autorengruppe Bildungsberichterstattung: Bildung in Deutschland 2008, Bielefeld 2008, S. 28

1. Wie ist Bildung in Deutschland organisiert?

Online-Link
800621-1041

Grundlage für Teilhabe

Ein Bildungsabschluss ist heute die Voraussetzung für eine Berufsausbildung und eine qualifizierte Berufstätigkeit. Zwar bietet Bildung keinen absoluten Schutz vor den Risiken des Arbeitsmarktes. Aber die Berufs- und Beschäftigungschancen steigen, je besser jemand ausgebildet ist: Deutschland gehört zu den Staaten, in denen Personen mit niedrigem Schulabschluss besonders von Arbeitslosigkeit betroffen sind. Bildung ist aber mehr als der Schlüssel zur Berufstätigkeit. Sie ist eine Grundlage für die persönliche Entwicklung. Sie ermöglicht kulturelle, gesellschaftliche und politische Teilhabe. Bildung kann an ganz unterschiedlichen Orten stattfinden. Man unterscheidet zwischen formalen ➤ **Bildungsinstitutionen** – Kindertagesstätten, Schulen, Hochschulen, aber auch Einrichtungen der Kinder- und Jugendhilfe – und **informellen Bildungsorten**, etwa der Familie, dem Freundeskreis oder Vereinen. Auch die Medien spielen eine wichtige Rolle im Bildungsprozess.

Bildungssystem

Unser heutiges Bildungssystem hat seine Wurzeln in der zweiten Hälfte des 19. Jahrhunderts. Bei seiner Neustrukturierung nach dem Ende des Zweiten Weltkriegs war es das Ziel, allen Kindern unabhängig von ihrer sozialen Herkunft eine Schulausbildung zu ermöglichen. Grundprämisse damals war: Kinder brauchen **unterschiedliche Schulen**, weil sie unterschiedlich begabt sind.
Die Zuständigkeit für den Bildungsbereich liegt bei den Ländern. Insgesamt befassen sich 28 Ministerien in den 16 Bundesländern mit Bildungsthemen. Die Länder finanzieren ganz überwiegend die Bildungsausgaben, gefolgt von den Kommunen und dem Bund. Der Bund unterstützt die Länder beispielsweise durch Investitionsprogramme (etwa zur Einführung der Ganztagsschule) oder Bildungsforschung.
Die Länder regeln:
- Elementarbereich: Kindergärten und Vorschulen
- Primarbereich: Grundschulen
- Sekundarbereich: allgemein- und berufsbildende Schulen
- Tertiärbereich: Hochschulen und Universitäten

Schulpflicht

Eine allgemeine, vom Staat geregelte Schulpflicht wurde in Deutschland Anfang des 19. Jahrhunderts eingeführt. Die Schulpflicht beginnt in der Regel für alle Kinder in dem Jahr, in dem sie das sechste Lebensjahr vollenden. Für Jugendliche ohne Berufsausbildungsverhältnis dauert sie bis zum Ablauf des Schuljahres, in dem sie das 18. Lebensjahr vollenden. Für Jugendliche, die einen Beruf lernen, endet die Schulpflicht mit dem Ausbildungsverhältnis.

Schularten

Vieles im Bildungssystem ist in den einzelnen Bundesländern unterschiedlich gestaltet und benannt. Das System folgt jedoch einem bundesweit gültigen Grundgerüst: Nach dem Kindergarten bzw. der Vorschule beginnt der Bildungsweg mit der obligatorischen Grundschule, die in den meisten Bundesländern vierjährig, in manchen seit einigen Jahren bzw. in naher Zukunft fünf- bzw. sechsjährig ist (z. B. in Berlin und Brandenburg, künftig auch im Saarland). Daran schließen sich zwei bis vier Schularten an: die Hauptschule, die Realschule, kombinierte Schulen, das Gymnasium oder die Gesamtschule. Sie sind allgemeinbildende ➤ **Schulen**.

In den fünf neuen Bundesländern gibt es die Hauptschule nicht. In mehreren westdeutschen Bundesländern (z.B. Bremen, Hamburg, Schleswig-Holstein, Rheinland-Pfalz, Saarland) ist sie als eigenständige Schulform abgeschafft und mit den Realschulen zur Sekundarschule, Mittelschule, Mittelstufenschule oder Regionalschule zusammengefasst, auf denen man nach der zehnten Klasse entweder einen Hauptschul- oder einen Realschulabschluss erwerben kann. Zudem gibt es in einigen Bundesländern Integrierte Gesamtschulen. Dort lernen die Schüler gemeinsam bis zur 10. bzw. 13. Klasse.
In allen Bundesländern wurden für Kinder und Jugendliche mit besonderem Förderbedarf sogenannte Förder- bzw. Sonderschulen eingerichtet.
Die allgemeinbildenden Schulen bieten keine Berufsausbildung an. Dies geschieht in der Regel im dualen System: Die praktische Ausbildung in Betrieben wird kombiniert mit theoretische Lernphasen in den berufsbildenden Schulen (S. 52f.).

unterschiedliche Bildungswege

Auf welche weiterführende Schule ein Kind geht, hängt insbesondere von der Schullaufbahnempfehlung ab. Sie wird von der Schule im letzten Grundschuljahr abgegeben. Diese Empfehlung ist in einigen Bundesländern bindend, in anderen haben die Eltern das letzte Wort, welche weiterführende Schule ihr Kind besuchen soll. Die Wahl der weiterführenden Schule prägt maßgeblich den weiteren Bildungsweg, denn ein Abschluss der einzelnen Schularten berechtigt zu unterschiedlichen Bildungs- und Ausbildungsgängen.

Bildungsfakten: ein Überblick

4,8 Millionen Kinder sind jünger als 7 Jahre (< 6 Prozent der Bevölkerung) Knapp 90 Prozent der 3- bis 6-Jährigen besuchen Kindertagesstätten	**11,5 Millionen** Kinder und Jugendliche sind 7 bis 20 Jahre alt (14 Prozent der Bevölkerung) Sie besuchen: • 3,1 Mio. Grundschule • 2,5 Mio. Gymnasium • 1,3 Mio. Realschule • 1,0 Mio. Hauptschule • 0,6 Mio. Integrierte Gesamtschule • 0,4 Mio. Förderschule • 2,8 Mio. berufliche Schulen	**2,0 Millionen*** junge Leute studieren an Hochschulen

* Der Anteil der Studienanfänger ist im internationalen Vergleich niedrig. Dies liegt u.a. daran, dass in Deutschland viele qualifizierte Berufe im Rahmen einer Berufsausbildung erlernt werden, für die in anderen Ländern ein Studium erforderlich ist.

Statistisches Bundesamt, Wiesbaden 2009, Zusammenstellung durch die Autorin

Bildungspolitik und Bildungsausgaben

Die Kenntnisse und Kompetenzen der Bürgerinnen und Bürger sind eine Voraussetzung, damit sich Deutschland wirtschaftlich weiterentwickeln und seine Zukunft sichern kann. Bildungspolitik wird daher immer wichtiger. Sie soll gewährleisten, dass alle Menschen in Deutschland die gleichen Chancen auf gute Bildung und Ausbildung haben.
Im ➤ Bildungsbudget werden die öffentlichen und privaten Bildungsausgaben zusammengefasst (einschließlich der Ausgaben der Unternehmen für die betriebliche Aus- und Weiterbildung). Die Ausgaben für Bildung erhöhten sich seit 1995 unterproportional im Vergleich zur gesamtwirtschaftlichen

Entwicklung. Der Anteil der Gesamtausgaben des öffentlichen und privaten Bereichs für Bildung am Bruttoinlandsprodukt (BIP) ging von 1995 bis 2006 von 6,9 auf 6,2 Prozent zurück. Von Ländern, Gemeinden und Bund wurden 2008 rund 93 Milliarden Euro für Bildung aufgebracht, das sind 0,8 Prozent mehr als 2007. Den größten Teil trugen dabei die Länder.
Vergleicht man die öffentlichen Bildungsausgaben der großen Industrieländer, den sogenannten OECD-Ländern, zeigt sich, dass der Anteil des Bruttoinlandsprodukts, der in Deutschland in Bildung investiert ist, eher niedrig ist. Die einzelnen Schularten werden dabei unterschiedlich berücksichtigt: Die weiterführenden Schulen werden stärker finanziert als Kindergärten und Grundschulen. In vielen anderen Ländern ist dies anders, dort wird insbesondere in die frühen Jahre der Bildung investiert, die für die Entwicklung der Kinder besonders wichtig sind.

Private und öffentliche Ausgaben für Bildungseinrichtungen im internationalen Vergleich

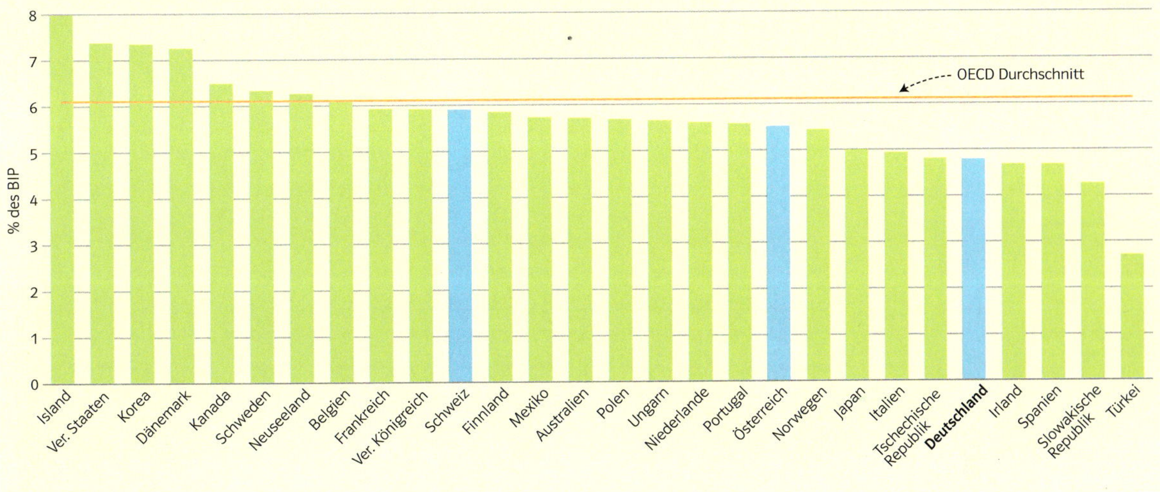

Nach: Organisation für Wirtschaftliche Zusammenarbeit und Entwicklung: Bildung lohnt sich, gerade auch in der Krise, www.oecd.org/document/56/0,3343,de_34968570_35008930_43639224_1_1_1_1,00.html

Bildungssystem und Bildungspolitik

Das gegliederte Schulsystem und die Trennung zwischen allgemein- und berufsbildenden Schulen sind charakteristisch für das deutsche Bildungssystem. Besonders die Wahl der weiterführenden Schule nach der Grundschule prägt den weiteren Bildungsweg, weil der Wechsel (Aufstieg) zwischen den Schulformen in der Praxis nur wenigen Schülern gelingt.
Zuständig für Bildung sind die 16 Bundesländer. Sie finanzieren über 70 Prozent aller Bildungsausgaben. Ihre Haushaltslage hat unmittelbar Einfluss auf Investitionen in Schulen oder Universitäten. Die Ausgaben für Bildung in Deutschland liegen im internationalen Vergleich im unteren Bereich. Trotz großer Wirtschaftskraft wird in diesem Land vergleichsweise wenig in die Ausbildung junger Leute investiert. Dabei wäre die Ausbildung vieler hoch qualifizierter Menschen die beste Absicherung für die Zukunft.

Online-Link
800621-1042

2. Bildungsgerechtigkeit – sind die Startchancen für alle gleich?

Bildungsgerechtigkeit

In Deutschland hat sich eine intensive Debatte über das Bildungssystem entwickelt. Bildungsgerechtigkeit ist eine Forderung, die in dieser Debatte immer wieder auftaucht. In der Praxis heißt dies: Das Bildungssystem muss so ausgestaltet sein, dass alle, die es durchlaufen, die gleichen Chancen haben. Damit sind nicht die gleichen Bildungserfolge – Noten – für alle gemeint, sondern die gleichen Möglichkeiten, gute Bildungserfolge zu erreichen. Bei der Entscheidung über die Schullaufbahn der Kinder soll die Begabung ausschlaggebend sein, die soziale Herkunft darf dagegen keine Rolle spielen.

Die politische Auseinandersetzung um die „richtige" Schule dreht sich daher besonders um eine Frage: Welche Schule ist am besten geeignet, allen Kindern die gleiche Chance auf eine Ausbildung zu geben, die ihren Fähigkeiten und Interessen gerecht wird? Im Zentrum der Kontroverse steht dabei, dass in unserem Schulsystem Kinder bereits mit 9 oder 10 Jahren auf unterschiedliche Schultypen aufgeteilt werden. Eine so frühe Entscheidung über die Entwicklung von Kindern gibt es sonst nur noch in Österreich. In fast allen Staaten dauert die gemeinsame Schulzeit länger.

Die Befürworter des gegliederten ➤ **Schulsystems** führen an, die verschiedenen Schultypen würden gewährleisten, dass jedes Kind die für seine Lernbedürfnisse und Fähigkeiten richtige Schule findet. Die Gegner sehen in der frühen Selektion dagegen einen Mechanismus, der insbesondere Kinder aus sozial schwachen Familien stark benachteiligt.

PISA-Studie

PISA (Programme for International Student Assessment): Die internationale Schulleistungsstudie der OECD misst und analysiert die Kompetenzen von 15-jährigen in den Kernbereichen Mathematik, Leseverständnis und Naturwissenschaften und setzt die Ergebnisse in Bezug zum sozioökonomischen Hintergrund der Schülerinnen und Schüler. Die Untersuchungen werden im Dreijahresrhythmus durchgeführt, Deutschland nimmt seit 2000 teil. Die getesteten Schüler in Deutschland lagen im Bereich Lesen unter dem Mittelwert der OECD-Mitgliedsstaaten, im Bereich Mathematik und in den Naturwissenschaften im unteren Mittelfeld. Deutlich wurde ein im internationalen Vergleich sehr hoher Zusammenhang zwischen soziökonomischem Hintergrund der Jugendlichen und ihren Bildungsergebnissen. Die ersten Ergebnisse des internationalen Vergleichs hatten in Deutschland eine intensive öffentliche, fachliche und politische Diskussion über das Bildungssystem zur Folge.

Der gemeinsame Bildungsbericht von Bund und Ländern, der seit 2006 alle zwei Jahre erscheint, bestätigt den aus internationalen Bildungsstudien bekannten Befund: In Deutschland hängen Bildungserfolge oder -misserfolge mehr als in anderen Ländern von der sozialen Herkunft der Kinder und Jugendlichen ab. Man spricht von der ➤ **sozialen Selektivität** des deutschen Bildungssystems. Das Elternhaus hat auch heute noch einen großen Einfluss auf die Bildungswege der Kinder.

Wege aus der Bildungskrise

In der Folge der Ergebnisse der ersten PISA-Studie wurden in Deutschland Reformen im Bildungsbereich angestoßen, die die Lernerfolge der Kinder und Jugendlichen unabhängig von ihrer sozialen Herkunft steigern sollen. Dabei stehen insbesondere die folgenden Forderungen und bildungspolitischen Ziele im Vordergrund:

- früher lernen: Bildung soll früher beginnen. Kindergärten und Vorschulen sollen einen stärkeren Beitrag zur Bildung leisten, es soll sichergestellt werden, dass Kinder vor der Einschulung ausreichend Deutsch sprechen. Viele Bundesländer ermöglichen die Einschulung jetzt bereits ab 5 Jahren.
- länger lernen: Durch den Ausbau von Ganztagsschulen sollen Betreuung und Förderung der Kinder und Jugendlichen unabhängig von ihren Familien verbessert werden, mehr Zeit für eine individuelle Förderung der Kinder soll so ermöglicht werden. Die Bundesregierung fördert den Ausbau der Ganztagsschulen.
- auf Lernschwierigkeiten individuell reagieren: Schulen sollen besser auf die individuellen Bedürfnisse der Kinder und Jugendlichen eingehen. Schulsozialarbeiter sollen bei Problemen die Kinder unterstützen.

UNO-Bericht kritisiert das deutsche Bildungssystem

Im Jahr 2007 hat die UNO einen Bericht über das Bildungssystem in Deutschland vorgelegt.

Die Forderungen des Berichts:

1. Wandel von einem selektiven Bildungssystem zu einem System, bei dem das Individuum unterstützt wird
2. größere Unabhängigkeit der Schulen
3. Verbesserung der Bildungsinhalte und Methoden, insbesondere durch eine systematische Sprachausbildung der Migranten
4. Verstärkung der demokratischen Schulkultur
5. verstärkte Kindergartenangebote, die Einführung von Ganztagsschulen und den Verzicht auf ein gegliedertes Schulsystem
6. eine andere Ausbildung für Lehrer, die nicht nur in einem Fachgebiet spezialisiert sein sollten, sondern auch auf pädagogischer Ebene
7. stärkere Investitionen und mehr Finanzmittel für frühkindliche Unterstützung.

Die Ergebnisse des Muñoz-Berichts, Spiegel Online, 21.03.2007, www.spiegel.de/schulspiegel/wissen/0,1518,472976,00.html (25.10.2009)

Bildungsgerechtigkeit

Bildungspolitik soll gewährleisten, dass alle Menschen in Deutschland die gleichen Chancen auf gute Bildung und Ausbildung haben. Internationale Studien haben jedoch gezeigt, dass in Deutschland Bildungserfolge oder -misserfolge mehr als in anderen Ländern von der sozialen Herkunft der Kinder und Jugendlichen abhängen. Kinder aus sozial schwachen, bildungsfernen Familien haben deutlich geringere Chancen, ein Gymnasium zu besuchen, als solche mit gleicher Begabung aus bildungsorientierten Familien. Kritisch diskutiert wird bei uns, inwiefern die frühe Aufteilung der Schüler auf verschiedene Schulformen gerade diese Kinder benachteiligt. Viele Experten sehen in einer längeren gemeinsamen Schulzeit eine Möglichkeit, die Bildungschancen für alle Kinder zu verbessern.

Online-Link
800621-1043

3. Warum sind Aus- und Weiterbildung nach der Schule so wichtig?

Auch nach der Schulzeit geht das Lernen weiter. In unserer Informations- und Wissensgesellschaft müssen die Menschen als Bürger und Erwerbstätige ihr Wissen und Können ständig aktualisieren. Dieses Weiter- und Dazulernen ist die Voraussetzung, um sich in der Welt orientieren zu können und den Anforderungen des Arbeitsmarktes zu genügen. Der Begriff **lebenslanges Lernen** hat sich hierfür etabliert.

Berufsausbildung in Deutschland

Die ➤**duale Berufsausbildung** hat im deutschen Bildungssystem traditionell einen hohen Stellenwert. Für zwei Drittel der Jugendlichen ist sie der Einstieg in das Berufs- und Arbeitsleben. Zwischen dem 1. Oktober 2008 und 30. September 2009 wurden 566 004 neue Ausbildungsverträge abgeschlossen. Der Strukturwandel, der sich in Deutschland vollzogen hat (Kap. 1.2), zeigt sich auch im Ausbildungsmarkt: 1994 war das Verhältnis zwischen Dienstleistungs- und Fertigungsberufen ausgeglichen, 2008 wurden in den Dienstleistungsberufen gut 100 000 Ausbildungsplätze mehr angeboten als in Fertigungsberufen.
Eine Berufsausbildung dauert in Deutschland in der Regel zwei bis drei Jahre. Sie wird „dual" genannt, weil die Ausbildung an zwei Lernorten stattfindet: Der theoretische und allgemeinbildende Teil findet nach staatlichen Lehrplänen in Berufsschulen statt. Der berufspraktische Teil findet – je nach Beruf – in einem Industrie- oder Handwerksbetrieb, einem Büro oder einem Geschäft etc. statt. Besonders in handwerklichen Berufen wird heute ein Teil der praktischen Ausbildung verstärkt in überbetriebliche Lehrwerkstätten verlagert. Andere Ausbildungen werden in Schulen angeboten (z. B. Erzieherin oder Pflegeberufe). Der Zugang zu einer Berufsausbildung steht grundsätzlich jedem offen. In der Praxis wird jedoch in der Regel mindestens ein Hauptschulabschluss vorausgesetzt.
Das Berufsbildungsgesetz regelt die Grundzüge der Ausbildung. Die Details der Ziele, Inhalte und Prüfungsanforderungen für die Ausbildung in einzelnen Berufen werden durch eine ➤Ausbildungsordnung festgelegt.

Erfolgsmodell duale Ausbildung

Eine Besonderheit des Bildungssystems in Deutschland ist die duale Berufsausbildung. „Dual" wird sie genannt, weil die Ausbildung an zwei Lernorten stattfindet: Der theoretische und allgemeinbildende Teil erfolgt nach staatlichen Lehrplänen in Berufsschulen, der berufspraktische Teil in einem Betrieb bzw. Unternehmen. Inhalte und Ziele der rund 350 staatlich anerkannten Ausbildungsberufe sind in den Ausbildungsordnungen geregelt.

wachsende Vielfalt an Ausbildungsberufen

Heute gibt es knapp 350 staatlich anerkannte Ausbildungsberufe, vom Änderungsschneider bis zur Zweiradmechanikerin. Viele Berufe, die es schon länger gibt, haben sich in den letzten Jahren stark gewandelt und mit ihnen die Anforderungen, die an die jeweilige Berufsausbildung gestellt werden. So hat sich der Beruf Kfz-Mechaniker zum Kfz-Mechatroniker entwickelt, weil immer mehr Elektronik in den Autos im Einsatz ist. Der technologische Wandel macht es erforderlich, Ausbildungsordnungen kontinuierlich zu aktualisieren. Aber auch gesellschaftlicher Wandel kann dies bewirken.

Start in den Beruf

Wie viele Ausbildungsplätze die Unternehmen bereithalten, ist eng verbunden mit der Wirtschaftslage, der Arbeitsmarkt- und Beschäftigungssituation. Anfang des 21. Jahrhunderts reichte die Zahl der angebotenen Ausbildungsplätze nicht aus. Viele Jugendliche fanden keinen Ausbildungsplatz. Auch steigen die Qualifikationsanforderungen in vielen Ausbildungsberufen. Gute Schulabschlüsse werden daher immer wichtiger für einen erfolgreichen und zügigen Übergang von der Schule in die Ausbildung.
Der Übergang von der Schule in die Ausbildung gelingt nicht allen Jugendlichen auf Anhieb: Eine relativ große Gruppe findet nicht direkt nach der Schule einen Ausbildungsplatz. Diese sogenannten ➤**Altbewerber** versuchen es in den Folgejahren erneut. Sie machen rund 45 Prozent aller Bewerber um Ausbildungsplätze aus. Besonders schwer tun sich diejenigen Jugendlichen, einen Ausbildungsplatz zu finden, die die Schule ohne Abschluss verlassen. Im Jahr 2008 waren dies 65000 junge Leute. Auch vielen Jugendlichen mit Migrationshintergrund gelingt der Übergang in eine berufliche Ausbildung nicht oder erst deutlich später. Ihre Ausbildungsquote sinkt seit 1994, sie bleiben überdurchschnittlich häufig ohne Berufsabschluss.

Die im Jahr 2009 am häufigsten gewählten Ausbildungsberufe

Platz	junge Frauen	junge Männer
1	Kauffrau im Einzelhandel	Kraftfahrzeugmechatroniker
2	Verkäuferin	Kaufmann im Einzelhandel
3	Bürokauffrau	Industriemechaniker
4	Medizinische Fachangestellte	Koch
5	Friseurin	Elektroniker
6	Zahnmedizinische Fachangestellte	Anlagenmechaniker für Sanitär-, Heizungs- und Klimatechnik
7	Fachverkäuferin im Lebensmittelhandwerk	Verkäufer
8	Industriekauffrau	Maler und Lackierer
9	Kauffrau für Bürokommunikation	Fachinformatiker
10	Hotelfachfrau	Tischler

Bundesministerium für Bildung und Forschung: Berufsbildungsbericht 2010, Bonn 2010, S. 26

Übergangsmanagement

Für Jugendliche, die nicht direkt einen Ausbildungsplatz finden, gibt es ein breites Angebot im Rahmen des sogenannten **Übergangsmanagements**. Dazu gehören etwa Beratungs- und Qualifizierungsangebote, das Berufsvorbereitungsjahr, die berufsvorbereitenden Bildungsmaßnahmen oder Einstiegsqualifizierungen für Jugendliche. Die Angebote des Übergangsmanagements zielen darauf, die Ausbildungsreife der Jugendlichen zu erhöhen, sie an praktische Inhalte der Arbeitswelt heranzuführen und letztlich in einen Ausbildungsplatz zu vermitteln. Zirka eine halbe Million Jugendliche werden in unterschiedlichen Maßnahmen des „Übergangssystems" aufgefangen.

berufliche Weiterbildung

Weiterbildung ist insbesondere im Beruf wichtig. Berufliche Weiterbildung liegt sowohl im Interesse der Unternehmen als auch der Arbeitnehmer: Unternehmen wollen möglichst nach der neusten Methode arbeiten, Arbeitnehmer wollen den geänderten Anforderungen gerecht werden und sich weiterentwickeln.

Lebenslanges Lernen

Mit dem Abschluss der Berufsausbildung ist das Lernen nicht zu Ende. In unserer Wissensgesellschaft ist der lebenslange Erwerb von neuem Wissen und neuen Kenntnissen von wachsender Bedeutung. Der Bereich der Weiterbildung wird auch als vierte Säule des Bildungssystems – neben Schulen, Betrieben und Hochschulen – bezeichnet. Zwei Formen des lebensbegleitenden Lernens können unterschieden werden:

- allgemeine Weiterbildung, um sich mit Fragen der Zeit, der Gesellschaft, der Wirtschaft, Religion, Kultur oder Politik auseinanderzusetzen
- betriebliche und berufliche Weiterbildung, um den veränderten Anforderungen am Arbeitsplatz gerecht werden zu können.

Trotz der Bedeutung des lebenslangen Lernens nehmen in Deutschland jedoch verhältnismäßig wenig Menschen Weiterbildungsangebote wahr – die Weiterbildungsbeteiligung liegt hier unter dem EU-Durchschnitt.

1.5 Arbeit und Beruf

Arbeit prägt unser Leben ganz maßgeblich. Die rasante technische Entwicklung, die zunehmende Globalisierung der Arbeitsmärkte, der Strukturwandel und damit einhergehende veränderte Beschäftigungsformen, neue Anforderungen an die Beschäftigten und ein wachsendes Risiko, den Arbeitsplatz zu verlieren, werfen viele Fragen auf.

1. Leben wir in einer Arbeitsgesellschaft?
2. Was bedeutet Strukturwandel in der Wirtschafts- und Arbeitswelt?
3. Welche neuen Qualifikationen verlangt die veränderte Arbeitswelt?

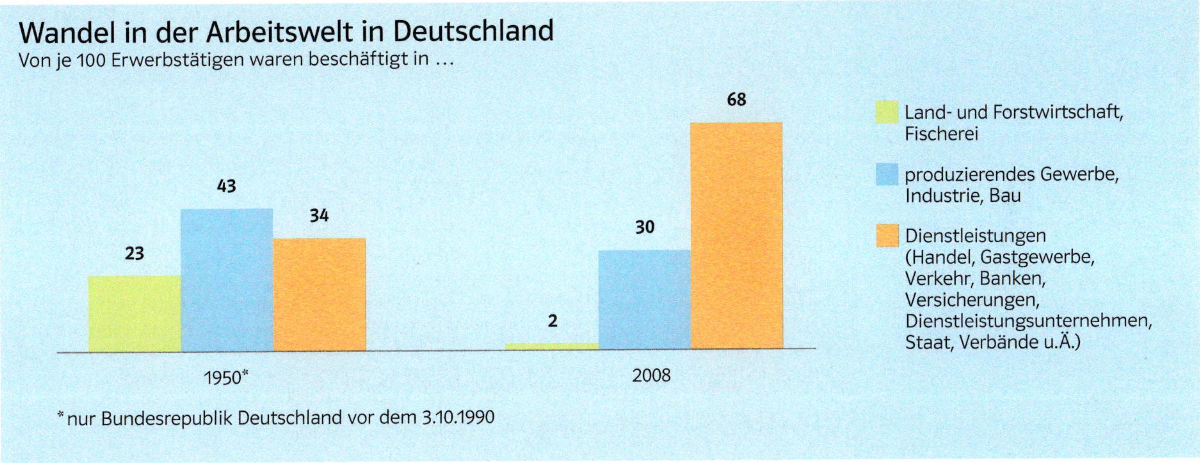

Nach: Statistisches Jahrbuch 2009 (Werte gerundet), Statistisches Bundesamt, Wiesbaden

Online-Link
800621-1051

1. Leben wir in einer Arbeitsgesellschaft?

Die Zeit, die ein Mensch während seines Lebens mit der Erwerbsarbeit verbringt, ist in den Industriegesellschaften seit dem Ende des 19. Jahrhunderts kontinuierlich gesunken, ihre Bedeutung hat jedoch ständig zugenommen. Kaum ein Begriff hat sich in den vergangenen Jahrzehnten so sehr gewandelt wie der der Arbeit.

Funktionen von Erwerbsarbeit

Arbeit – als bezahlte ➤ **Erwerbsarbeit** – ist für die meisten Menschen von zentraler Bedeutung und erfüllt ganz zentrale Funktionen: Arbeit sichert die Existenz, sie gibt dem Leben Struktur, sie verleiht Zugehörigkeit und Status, sie prägt unsere persönliche Entwicklung und unser Selbstbild und hat Einfluss darauf, welchen Gruppen von Menschen wir uns zugehörig fühlen. Für viele ist Arbeit daher ein wichtiger Teil der eigenen **sozialen und persönlichen Identität**. Mit der Gleichstellung der Geschlechter bekommt die Erwerbsarbeit auch für Frauen einen immer größeren Stellenwert, auch nimmt die Erwerbsbeteiligung älterer Menschen seit einiger Zeit wieder zu. Das heißt: Der Teil der Bevölkerung, für den Erwerbsarbeit ein wesentlicher Teil des Alltags ist, wird größer. Die Übergänge zwischen privaten und beruflichen Interessen sind aber bei vielen fließend.

Was finden Menschen an ihrer Arbeit wichtig?
sehr wichtig in %

erwerbstätige Befragte	Sicherer Arbeitsplatz	Hohes Einkommen	Interessante Arbeit	Unabhängige Arbeit	Anderen helfen	Nutzen für Gesellschaft
Westdeutschland Männer						
1989	60	31	54	48	15	20
1997	63	15	50	44	13	12
2006	69	19	50	44	20	16
Frauen						
1989	61	21	54	47	27	23
1997	69	11	57	45	19	16
2006	63	13	45	38	20	17
Ostdeutschland Männer						
1997	72	19	47	32	14	12
2006	74	32	52	47	27	22
Frauen						
1997	78	21	46	40	23	12
2006	77	26	49	42	35	36

Statistisches Bundesamt, Wiesbaden: Datenreport 2008, Bonn 2008, S. 140

Funktionsverlust der Arbeit?

Erwerbsarbeit und Beruf strukturieren das Leben der Menschen. Heute ist das längst nicht mehr für alle Menschen selbstverständlich. Die Wirtschaftskrise in den Jahren ab 2008 hat die „Flüchtigkeit" des Arbeitsplatzes deutlich in unser Bewusstsein gerückt. In Zeiten hoher Arbeitslosigkeit verlieren Arbeit und Beruf für eine wachsende Gruppe von Menschen ihre prägende Kraft für die individuellen Lebenszusammenhänge. Verlieren wir unsere Arbeit, brechen viele dieser prägenden Aspekte nach und nach weg – Arbeitslosigkeit bedeutet daher nicht nur einen finanziellen Einschnitt. Fehlt die Arbeit, fehlen auch unsere gewohnten Strukturen im Alltag.

Kontrovers: Das erwarte ich von meiner Arbeit

- Meine Arbeit soll …
- mir und meiner Familie ein gutes Leben ermöglichen.
- mir Spaß machen.
- meinem Leben einen Sinn geben.
- mir Raum zur persönlichen Entfaltung geben.
- mich herausfordern.
- anderen Menschen nutzen.
- nicht monoton sein.
- mich nicht von den wirklich wichtigen Dingen im Leben ablenken.
- mein Leben nicht dominieren.

Verkürzung der Wochenarbeitszeit

Die Verkürzung der Arbeitszeit war ein zentrales Motiv der Arbeiterbewegung und der jungen Gewerkschaften im 19. Jahrhundert. Der Achtstundentag war das Ziel. Er galt als das Symbol für Arbeitnehmerrechte. Überlange Arbeitstage waren im 19. Jahrhundert die Regel. 1918 wurde erstmals in Deutschland der Achtstundentag bei vollem Lohnausgleich gesetzlich festgeschrieben. Die Fünftagewoche mit 40 Arbeitsstunden wurde 1965 in der westdeutschen Druckindustrie und 1967 in der Metallindustrie verwirklicht (in der DDR: 1968). Zehn Jahre später erklärte die IG-Metall die 35-Stunden-Woche zum tarifpolitischen Ziel.
Entgegen diesem Trend zur Verkürzung der Arbeitszeit wurde ab 2004 die wöchentliche Arbeitszeit von Beamten beim Bund und in einigen Ländern auf 40 (oder mehr) Stunden angehoben. Bedingt durch die Krise der Jahre 2009/2010 verkürzten zahlreiche Unternehmen die wöchentliche Arbeitszeit, um Arbeitsplätze zu erhalten. In nicht tarifgebundenen Betrieben ist die Arbeitszeit generell länger als in Betrieben, in denen Tarifverträge gelten (Kap. 2.3).

Positionen zur Arbeitszeitverkürzung

Arbeitszeitverkürzung zielt aus gewerkschaftlicher Sicht auf die Sicherung und Schaffung von Arbeitsplätzen, die Herstellung humanerer Arbeitsbedingungen sowie auf bessere Teilhabemöglichkeiten der Arbeitnehmer am gesellschaftlichen Leben. Seit Mitte der 1980er-Jahre kämpften die Gewerkschaften vorrangig für die Einführung der 35-Stunden-Woche bei vollem Lohnausgleich. Weitere Formen der Arbeitszeitverkürzung bestehen in der Verlängerung des Urlaubs, der Verkürzung der Lebensarbeitszeit (Vorruhestand, Altersteilzeit), kürzeren Arbeitszeiten für besonders belastete Gruppen (Schichtarbeiter) sowie Reduzierung der Arbeitszeit in besonderen sozialen Situationen (Kindererziehung, Pflege). Befristete Arbeitszeitverkürzung (ohne oder nur mit Teillohnausgleich) hat die Vermeidung betriebsbedingter Kündigungen zum Ziel.

Hans Böckler Stiftung: WSI-Tarifarchiv, Arbeitszeitverkürzung, www.boeckler.de/553.html#Arbeitszeitverk%C3%BCrzung (18.12.2009)

Formen der Arbeit

Eigentlich ist es doch ganz einfach, Arbeit und Freizeit auseinanderzuhalten. Oder ist es das doch nicht? Wenn ich nicht arbeite, dann habe ich Freizeit. Aber: Was ist überhaupt Arbeit? Was als „Arbeit" empfunden wird, hängt an subjektiven Bewertungen. Arbeit kann mehr sein als Erwerbsarbeit – die acht Stunden im Büro oder in der Fabrik. **Arbeitsformen jenseits der Berufsarbeit** werden immer wichtiger (Haus- und Familienarbeit, Eigenarbeit im Sinne selbst erbrachter Dienstleistungen, Freizeitarbeit und Ehrenamt). Die Zeit, die wir für Tätigkeiten außerhalb des Arbeitsplatzes benötigen, nimmt zu, etwa für Einkäufe oder Gänge zu Behörden. Sie dienen nicht dem Erwerb eines Einkommens. Dennoch handelt es sich in den meisten Fällen um Arbeit – um Arbeit ohne Erwerbscharakter. Aber auch freiwilliges Engagement – als unentgeltliche Arbeit in der Freizeit – gewinnt an Bedeutung. Gut ein Drittel der Bürgerinnen und Bürger ab 14 Jahren in Deutschland engagiert sich freiwillig. Sie sind in ganz unterschiedlichen Bereichen aktiv, etwa im Umweltschutz, als Lesepaten oder Sporttrainer.

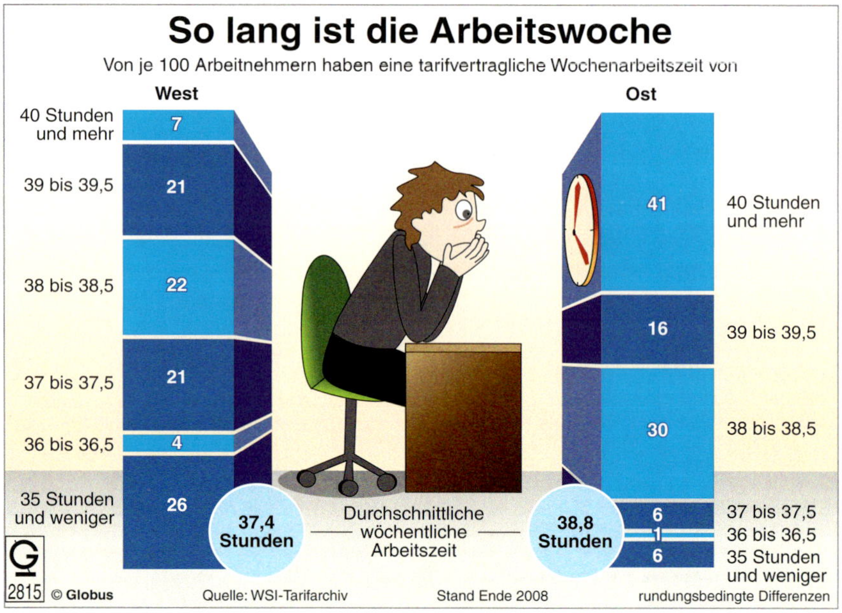

Arbeit und Freizeit

Freizeit dagegen ist ungebundene Zeit, in der der Mensch frei wählen kann, ob er etwas tun und was er tun will. Es ist die Zeit jenseits der Erwartungen und Zwänge der Arbeits- und Berufswelt – also Feierabende, Wochenenden und Ferien. Diese klare Trennung verschwimmt jedoch mit der zunehmend flexibilisierten Arbeitswelt. Die Arbeitnehmer haben oft keine Mitsprachemöglichkeit, wie und wann sie arbeiten. Freie Zeiten sind kaum planbar.
Die Einbeziehung des Wochenendes in die Arbeitszeit ist sowohl bei den Gewerkschaften als auch bei den Kirchen umstritten. Eine Folge kann sein: Die Arbeitnehmerinnen und Arbeitnehmer werden vom gesellschaftlichen und kulturellen Leben ihrer Umgebung ausgeschlossen, Familien haben immer weniger gemeinsame Zeit zur Verfügung. Aber es gibt auch eine Entwicklung in die andere Richtung: So hat das Bundesverfassungsgericht Ende 2009 die Ladenöffnung an allen vier Adventssonntagen für verfassungswidrig erklärt.

Freizeit als Wirtschaftsfaktor

Unsere Freizeit ist uns wichtig – und auch der Wirtschaft. Die Ausgaben für die Freizeit haben in Deutschland zugenommen. Dies trifft, trotz der Unterschiede im Einzelnen, für alle Einkommensgruppen zu. Im Durchschnitt werden heute in Deutschland 12 von 100 Euro für Freizeit, Unterhaltung und Kultur ausgegeben. Sport, Theater, Kino, Konzerte, Bücher – diese Arten der Freizeitgestaltung sind noch immer beliebt. Einen großen Teil ihrer Freizeit verwenden die Menschen mittlerweile auch zur Nutzung von Informations- und Kommunikationstechnologien – etwa dem Surfen oder Chatten im Internet.

Weniger Arbeit, mehr Freizeit

Wir leben in einer Arbeitsgesellschaft, in der die gut bezahlte Arbeit knapp wird. Die Berufsarbeit strukturiert das Leben der Menschen, täglich und ein Berufsleben lang. Der Verlust des Arbeitsplatzes führt nicht nur zu Geldnot, sondern das Leben verliert seine festen Strukturen.
Aber auch außerhalb des Berufs wird gearbeitet: Haus- und Familienarbeit, festes Ehrenamt oder freiwilliges Engagement. Die Grenze zwischen Arbeit und Freizeit ist in den letzten Jahren für viele Menschen durch die zunehmende Flexibilisierung der Arbeitsformen fließend geworden.
Im Vergleich zu früher wenden die Menschen heute bedeutend weniger Zeit für die Erwerbsarbeit auf. Die tatsächliche Jahresarbeitszeit lag im Jahr 2008 pro Arbeitnehmer bei 1352 Stunden – das sind über 1000 Stunden weniger als 1950. Der Jahresurlaub beträgt heute durchschnittlich 31 Tage, 1950 waren es nur 12. Es ist kein Wunder, dass die Freizeit zu einem Wirtschaftsfaktor geworden ist.

2. Was bedeutet Strukturwandel in der Wirtschafts- und Arbeitswelt?

Online-Link
800621-1052

In Deutschland zählten 2008 über 43 Millionen Menschen zu den ➤Erwerbspersonen. Damit geht etwas mehr als die Hälfte der Bevölkerung Deutschlands einer regelmäßigen Arbeit nach bzw. ist arbeitslos, sucht aber eine Beschäftigung. Im internationalen Vergleich ist dies eine verhältnismäßig niedrige ➤Erwerbsquote, in Großbritannien, der Schweiz oder den USA etwa ist diese Quote deutlich höher.

Anforderungen im Dienstleistungssektor

Eckzahlen zum Arbeitsmarkt in Deutschland (2008)*

Erwerbspersonen	43,4 Mio.
Erwerbstätige • Selbstständige • Arbeitnehmer	40,3 Mio. 4,5 Mio. 35,9 Mio.
nach Wirtschaftssektoren • Land-, Forstwirtschaft, Fischerei • produzierendes Gewerbe (inkl. Baugewerbe) • Dienstleistungen	 0,9 Mio. 10,2 Mio. 29,3 Mio.
sozialversicherungspflichtig Beschäftigte	27,5 Mio.
ausschließlich geringfügig entlohnte Beschäftigte	4,9 Mio.
Erwerbslose	3,1 Mio.
Erwerbslosenquote	7,2%
registrierte Arbeitslose	3,3 Mio.
registrierte Arbeitslosenquote	7,8%
gemeldete Stellen	0,6 Mio.

* gerundete Werte – Summe der Einzelwerte entsprechen deshalb nicht immer genau der Gesamtsumme.

Statistisches Bundesamt 2009/Bundesagentur für Arbeit 2009

Veränderungen in den Wirtschaftssektoren

Bei der Beschreibung unseres Wirtschaftssystems werden drei Bereiche unterschieden: Der ➤**primäre Sektor** (Landwirtschaft, Gartenbau, Forstwirtschaft, Fischerei), der ➤**sekundäre Sektor** (produzierendes Gewerbe, Industrieunternehmen, Energiewirtschaft, produzierende Handwerk, Baubranche) und schließlich der ➤**tertiäre Sektor** (Dienstleistungen).

Ursachen des Strukturwandels

Der Strukturwandel in der Wirtschafts- und Arbeitswelt kann auf unterschiedliche Weise entstehen. Durch …
- veränderte Nachfrage: Heute werden z. B. immer weniger große Schiffe benötigt, der Bedarf an Arbeitskräften im Schiffsbau ist entsprechend zurückgegangen. Dafür ist an der Küste die Nachfrage nach Windkraftanlagen gestiegen.
- den internationalen Wettbewerb: Die deutsche Elektroindustrie hat im Lauf der Jahre Konkurrenz aus asiatischen Ländern bekommen, in denen Elektronikartikel zu deutlich günstigeren Produktionskosten hergestellt werden. Dies hatte Auswirkungen auf die Zahl der Beschäftigten, die hier in dieser Branche Arbeit finden.
- technische Neuerungen: Durch Automatisierung und Rationalisierung, vor allem durch den Einsatz von Computern und computergesteuerten Maschinen und Anlagen wird menschliche Arbeit in großem Maße ersetzt. Durch technische Entwicklungen entstehen aber auch neue Arbeitsplätze und Firmen, z. B. Softwareentwicklung, neue Medien oder Solarindustrie.

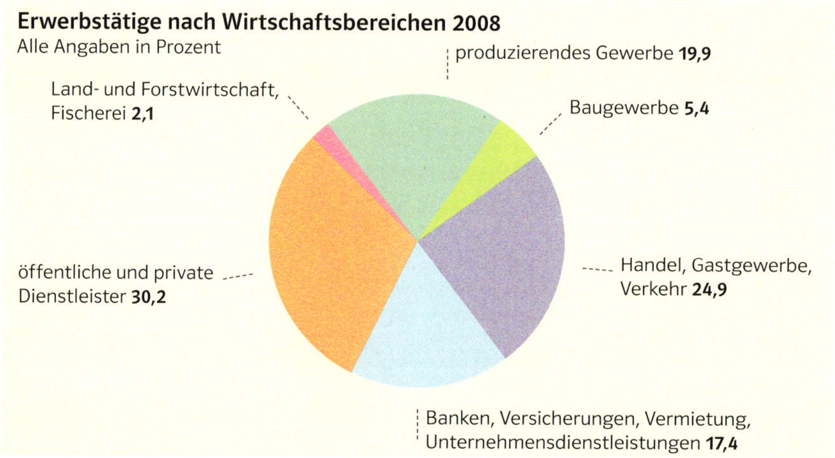

Statistisches Bundesamt, Wiesbaden 2009

Dienstleistungen

Die Entwicklung zur Dienstleistungs-, Informations- und Wissensgesellschaft ist in Deutschland – und vielen anderen Ländern – kennzeichnend für den Übergang ins 21. Jahrhundert. Bereits im Jahr 2001 hatten mehr als zwei Drittel aller Erwerbstätigen einen Arbeitsplatz in den verschiedenen Dienstleistungsbereichen. Die Zahl der ➤**Dienstleistungsberufe** ist stark gewachsen. Zu den Dienstleistungsberufen zählen heute ganz unterschiedliche Tätigkeiten, etwa die Heil- und Pflegeberufe, Tätigkeiten im Bildungssystem, in der Sozialarbeit, im Handel, in der Verwaltung, den Banken und Versicherungen und im Informations- und Kommunikationsbereich, z. B. in Call-Center.

Wandel in der Wirtschafts- und Arbeitswelt
Rund 40 Millionen Männer und Frauen sind in Deutschland erwerbstätig. Die Arbeit hat sich gewandelt und tut dies auch heute noch: Arbeit in der vorindustriellen Zeit war gekennzeichnet durch ein räumliches und zeitliches Nebeneinander von Haushalt und Erwerb, vom Lebensbereich der Familie und dem Betrieb. Die rasche technologische Entwicklung der Industrialisierung führte zu einer Veränderung der Arbeitsorganisation. Parallel dazu vollzogen sich tiefgreifende gesellschaftliche Veränderungen. Mit dem Übergang zur gewerblichen, industriellen Produktionsweise wurde Arbeit als Lohnarbeit begriffen. 1950 waren noch fast ein Viertel der Erwerbstätigen der damaligen Bundesrepublik in der Land- und Forstwirtschaft tätig. Heute arbeiten in Deutschland mehr als zwei Drittel der Erwerbstätigen in Dienstleistungsberufen.

3. Welche neuen Qualifikationen verlangt die veränderte Arbeitswelt?

Online-Link
800621-1053

Der Strukturwandel in der Arbeits- und Wirtschaftswelt hat auch Auswirkungen auf die Tätigkeiten, die wir als Berufstätige ausüben. Veränderte Organisation der Arbeitsabläufe, der Einsatz neuer Maschinen und Technologien oder die Umstellung der Produktion auf andere Produkte beeinflussen unsere Tätigkeiten. **Arbeitsplätze in der Informations- und Wissensgesellschaft** Deutschland – insbesondere im Dienstleistungssektor – sind von besonderen Merkmalen geprägt:

- Flexibilität: Viele Dienstleistungen werden nicht mehr an zentralen Orten erbracht, sondern dezentral, zu Hause oder von unterwegs, per Internet mit dem Notebook und Handy. Unternehmen erwarten zunehmend auch, dass ihre Mitarbeiter bereit sind, an unterschiedlichen Orten tätig zu sein und dafür ggf. mit der Familie umzuziehen oder zu pendeln. Auch zeitliche Flexibilität wird zunehmend erwartet. In vielen Dienstleistungsberufen sind heute feste Arbeitszeiten nicht mehr die Regel.
- Mobilität: Das klassische ➤ **Normalarbeitsverhältnis**, in man sein Berufsleben lang beim gleichen Arbeitgeber bleibt, ist selten geworden. Im Lauf des Berufslebens wechselt man in der Regel häufiger seinen Arbeitsplatz oder sogar seine Tätigkeit.
- Kreativität: Viele Tätigkeiten erfordern heute Eigeninitiative und Kreativität, also die Fähigkeit, ständig neue Zusammenhänge herzustellen, unterschiedlichste Perspektiven einzubeziehen und individuell auf die Bedürfnisse der Kunden zu reagieren.
- lebenslanges Lernen: Qualifizierung wird berufsbegleitend immer wichtiger. Weiterbildung im Beruf, aber auch als Zwischenschritt zwischen unterschiedlichen Tätigkeiten, ist für viele Beschäftigte normal.
- Internationalisierung: Die wachsende weltweite Vernetzung wirkt sich auch auf den einzelnen Arbeitsplatz aus. Dezentrale – oft internationale – Arbeitsteams machen Kommunikation mit neuen Medien, aber auch Fremdsprachenkenntnisse wichtiger.

Angst vor Arbeitsplatzverlust
(Angaben in Prozent)

erwerbstätige Befragte	große Sorgen	etwas Sorgen	wenig Sorgen	gar keine Sorgen
Westdeutschland				
Männer	8	25	31	36
Frauen	8	18	34	40
Ostdeutschland				
Männer	12	30	33	25
Frauen	12	28	36	24

Statistisches Bundesamt, Wiesbaden: Datenreport 2008, Bonn 2008, S. 142

Flexibilisierung und Mobilität

Die zunehmend geforderte (und geförderte) Flexibilität und Mobilität können individuell sehr unterschiedlich als Chance oder Belastung wahrgenommen werden. Sie wirken sich unweigerlich auch auf die gesamte Lebensführung aus. Viele Menschen sehen in der Möglichkeit, im Lauf ihres Berufslebens unterschiedliche Tätigkeiten auszuüben, sich weiterzubilden, an verschiedenen Orten und zeitlich flexibel zu arbeiten, als Chance. Die Soziologie spricht in diesem Zusammenhang auch von „Lebensunternehmern", die kreativ ihre Biografien immer wieder neu und modular zusammensetzen müssen, je nach den aktuellen beruflichen Rahmenbedingungen.
Die veränderten Ansprüche der Berufstätigkeit im 21. Jahrhundert können aber auch belasten und verunsichern, wenn etwa berufliche Ortswechsel den Verlust des gewohnten sozialen Umfelds bedeuten oder kontinuierlich wandelnde Anforderungen am Arbeitsplatz Stress bewirken. In den Medien mehren sich Berichte über Stress bei der Arbeit bis hin zu berufsbezogener schwerer Erschöpfung – dem Burnout-Syndrom. Die psychischen Anforderungen und Belastungen am Arbeitsplatz scheinen in vielen Berufen zu wachsen. Insbesondere die neuen Beschäftigungsverhältnisse (befristete oder selbstständige Tätigkeiten) können die Lebensführung unplanbar machen und die finanzielle Sicherheit bedrohen.

neue Qualifikationen

Mit dem wirtschaftlichen Strukturwandel verändern sich auch die Berufe und die Anforderungen, an die Qualifikationen, d. h. die Kenntnisse und Fähigkeiten der Beschäftigten. So sind in den letzten Jahrzehnten neue Berufe entstanden, etwa in der Biotechnologie, der Event- und Werbewirtschaft oder der Forschung. Aber auch die bisherigen klassischen Ausbildungsberufe verändern ihr Profil, neue Qualifikationen müssen berücksichtigt werden. Hierzu zählen vor allem der Umgang mit der Mikroelektronik, mit neuen Medien oder auch Fremdsprachenkenntnisse. Aus- und Weiterbildung werden damit für alle – Arbeitgeber und Arbeitnehmer – immer wichtiger.

Aber auch berufsübergreifende Fähigkeiten (sogenannte **Schlüsselqualifikationen**) spielen zunehmend eine größere Rolle. Hierzu zählen Fähigkeiten wie Selbstständigkeit, Problemlösungs- und Entscheidungsfähigkeit, die Bereitschaft, in Gruppen zu arbeiten, aber auch interkulturelle Kompetenzen. Diese Qualifikationen erleichtern es Arbeitnehmern, sich an verändernde, technologische und soziale Anforderungen der Arbeitswelt anzupassen und in unterschiedlichen Bereichen tätig zu sein.

Wandel der Arbeitswelt
Der Strukturwandel hat Auswirkungen auf die Tätigkeiten, die wir als Berufstätige ausüben, und auf die Qualifikationen, die dazu erforderlich sind. Der Einsatz neuer Maschinen und Technologien oder die Umstellung der Produktion auf andere Produkte beeinflussen unsere Tätigkeiten. In Deutschland sind z. B. zahlreiche Unternehmen entstanden, die sich mit dem Bau von Anlagen zur Erzeugung regenerativer Energie beschäftigen. Neue Berufe entstehen, aber auch die klassischen Ausbildungsberufe verändern ihr Profil, neue Qualifikationen müssen berücksichtigt werden. Hierzu zählen vor allem der Umgang mit der Mikroelektronik, mit neuen Medien oder Fremdsprachenkenntnisse. Aber auch die Arbeitsformen wandeln sich: Die zunehmende Flexibilität und Mobilität der Arbeitnehmer bieten einerseits Chancen. Anderseits erschweren sie das Zusammenleben, besonders die Familiengründung und das Betreuen von Kindern, wenn beide Partner gleichberechtigt beruftstätig sein wollen.

1.6 Soziale Ungleichheit und Armut

Alle Gesellschaften sind von sozialen Unterschieden geprägt. Ob wir diese Ungleichheit als gerecht oder ungerecht erleben, hängt von den gesellschaftlichen und unseren individuellen Wertmaßstäben ab. Aufgabe des Sozialstaats in Deutschland ist es, soziale Benachteiligung auszugleichen, Armut zu verhindern und Chancengleichheit für alle zu gewährleisten.

1. Welche Ursachen hat soziale Ungleichheit?
2. Was bedeutet Armut in Deutschland?
3. Soziale Gerechtigkeit – eine Aufgabe des Staates?

Vermögensverteilung in der Bundesrepublik Deutschland

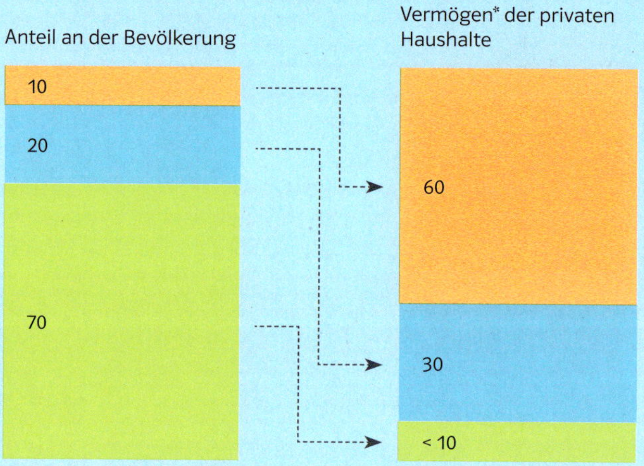

Angaben in Prozent, gerundet
* Immobilien, Geld, private Versicherungen, Betriebsvermögen, Sachwerte

Nach: Institut der deutschen Wirtschaft Köln e.V.: Deutschland in Zahlen 2007

Online-Link
800621-1061

1. Welche Ursachen hat soziale Ungleichheit?

Gleichheit und Gleichberechtigung

Freiheit sowie rechtliche und politische Gleichheit sind Grundwerte und Grundrechte in einer Demokratie. Sie sind in der Verfassung der Bundesrepublik festgeschrieben. Was aber bedeuten Gleichheit und Gleichberechtigung? Wie gleich müssen die Bürgerinnen und Bürger sein, damit eine Gesellschaft als gerecht empfunden wird? Muss der Staat dafür sorgen, dass wir alle denselben Schulabschluss machen, dasselbe verdienen und später die gleiche Rente bekommen? Dies ist mit Gleichheit und Gleichberechtigung nicht gemeint. Sie bedeuten vielmehr, dass der Staat allen Bürgern in gleicher Weise die Möglichkeit geben muss, ihre Interessen mit dem gleichen Anspruch wie alle anderen zu verfolgen.

Grundgesetz Artikel 3
(1) Alle Menschen sind vor dem Gesetz gleich.
(2) Männer und Frauen sind gleichberechtigt. Der Staat fördert die tatsächliche Durchsetzung der Gleichberechtigung von Frauen und Männern und wirkt auf die Beseitigung bestehender Nachteile hin.
(3) Niemand darf wegen seines Geschlechtes, seiner Abstammung, seiner Rasse, seiner Sprache, seiner Heimat und Herkunft, seines Glaubens, seiner religiösen oder politischen Anschauungen benachteiligt oder bevorzugt werden. Niemand darf wegen seiner Behinderung benachteiligt werden.
Grundgesetz der Bundesrepublik Deutschland

soziale Unterschiede

In jeder Gesellschaft können wir soziale Unterschiede beobachten. Mit den Unterschieden, die wir wahrnehmen, verbinden wir meistens auch Bewertungen: Menschen sind für uns besser oder schlechter dran, höher oder niedriger gestellt, einflussreicher oder abhängiger. Auf diese Weise stufen wir - bewusst oder unbewusst - Menschen nach Positionen in der Gesellschaft ein und weisen ihnen eine gesellschaftliche Stellung, einen sozialen ➤ **Status** zu (lat. *status* = Stand, Stellung). Dieser ist nicht auf Dauer festgeschrieben. Er kann durch die Schul- und Berufsausbildung, aber auch durch die berufliche Entwicklung verändert werden. Man spricht in diesem Zusammenhang vom sozialen Aufstieg, etwa vom Facharbeiter zum Abteilungsleiter, oder vom sozialen Abstieg - von ihm betroffen können diejenigen sein, die arbeitslos werden.

Frage nach der Gerechtigkeit

Soziale Ungleichheit kann nicht ohne Weiteres mit sozialer Ungerechtigkeit gleichgesetzt werden. Ob der Unterschied der sozialen Lebenslagen als ungerecht empfunden wird, hängt insbesondere von den Wertvorstellungen ab, die in einer Gesellschaft vorherrschen. Bereiche **sozialer Ungleichheit** können sein:
- Einkommen
- Vermögen
- Bildungschancen
- soziale Sicherung
- Gesundheitsversorgung

Soziale Ungleichheit und ihre Folgen
Soziale Unterschiede drücken sich etwa in der Qualität der Wohnungen und der Wohnviertel, in unterschiedlichen Bildungswegen und Berufskarrieren, in den Einkommen und Vermögen der Menschen aus. Diese soziale Ungleichheit kann dabei nicht ohne Weiteres mit sozialer Ungerechtigkeit gleichgesetzt werden. Ob der Unterschied der sozialen Lebenslagen als ungerecht empfunden wird, hängt stark von unseren Wertvorstellungen ab. Soziale Unterschiede haben aber zur Folge, dass Menschen unterschiedliche Möglichkeiten haben, an der Gesellschaft teilzuhaben. In Deutschland hat die soziale Ungleichheit in den letzten Jahrzehnten zugenommen: Die Zahl der Armen und Reichen hat zugenommen. Einkommen und Vermögen sind sehr ungleich verteilt.

Aspekte sozialer Ungleichheit

Soziale Unterschiede – die ungleiche Verteilung materieller oder immaterieller Ressourcen – haben zur Folge, dass Menschen unterschiedliche Möglichkeiten haben, an der Gesellschaft teilzuhaben. Dies wird in ganz verschiedenen Bereichen deutlich: Für Deutschland haben Studien z. B. eine Bildungsbenachteiligung für Arbeiter- und Migrantenkinder festgestellt (Kap. 1.4). Auch im Bereich der Gesundheitsversorgung zeigt sich soziale Ungleichheit: Kinder aus armen Haushalten, alleinerziehende Frauen und Arbeitslose sind in besonderem Maße von einem höheren Erkrankungsrisiko betroffen.

Kontrovers: Leben wir in einem ungerechten Land?

Herr Tuchlenski von Kaiser's kämpft auf der Seite der Ungerechten, ob ihm das passt oder nicht. [...] Herr Tuchlenski [...] ist Berlin-Chef von Kaiser's und verantwortlich für die fristlose Entlassung von Barbara E., jener Kassiererin, die unberechtigt Pfandbons für sich eingelöst haben soll. Pfandbons im Wert von 1,30 Euro. Inzwischen saß Barbara E. bei Kerner, ihr Fall wurde bei Anne Will diskutiert, ihre Geschichte stand wochenlang in der Bild-Zeitung, und ganz Deutschland fragte sich, wie gnadenlos man sein kann. Jemanden wegen 1,30 Euro zu entlassen, eine dreifache Mutter, nach 30 Jahren in derselben Filiale. Man fragte sich das auch deshalb, weil zur gleichen Zeit Klaus Zumwinkel, Ex-Chef der Post, für die Hinterziehung von 970 000 Euro Steuern mit Bewährung davonkam und sich mit 20 Millionen Euro Vorausrente in seine Burg am Gardasee zurückziehen konnte. Barbara E. wurde zum Gesicht eines ungerechten Landes, das alle Verhältnismäßigkeit verloren zu haben schien. [...]

Bastian Obermayer: Leben wir in einem ungerechten Land? Süddeutsche Zeitung Magazin Online, 25/2009, http://sz-magazin.sueddeutsche.de/texte/anzeigen/29637 (12.11.2009)

Verteilungsgerechtigkeit

Die soziale Ungleichheit in Deutschland hat in den letzten Jahrzehnten zugenommen. Die Kaufkraft der Löhne und der an sie gekoppelten Renten (Kap. 1.7) stagniert weitgehend: Die realen (inflationsbereinigten) Einkommen sind gesunken, dafür sind Sozialausgaben und Lebenshaltungskosten gestiegen. Der bis 2008 anhaltende wirtschaftliche Aufschwung hat die Mehrheit der Menschen in Deutschland nicht erreicht. Zunehmend fühlen sich auch Menschen, die der ➤Mittelschicht angehören, von sozialem Abstieg und Armut bedroht. Die Unzufriedenheit darüber, sich trotz eigener Arbeit und Anstrengung immer mehr einschränken zu müssen, wächst bei vielen. 73 Prozent der befragten Menschen fanden die wirtschaftlichen Verhältnisse in Deutschland nicht gerecht. Das war das Ergebnis einer Studie der Bertelsmann Stiftung im Jahr 2008. Ein Jahr zuvor waren es nur 56 Prozent. Die **gefühlte Ungerechtigkeit** in Deutschland hat zugenommen.

Trotz allem – Deutschland ist ein reiches Land. Jammern wir auf hohem Niveau? Dass Deutschland relativ gesehen ein wohlhabender Staat ist, sagt noch nichts darüber aus, wie dieser Wohlstand unter den Einwohnerinnen und Einwohnern verteilt ist, d. h. wie es mit der ➤**Verteilungsgerechtigkeit** bestellt ist. Der Blick ins Ausland zeigt: In Deutschland wächst die soziale Ungleichheit stärker als in anderen Industriestaaten. Einer aktuellen Studie der OECD zur Folge sind Armut und Ungleichheit der Einkommen in Deutschland seit 2000 stark gewachsen. Als Hauptgrund hierfür sieht die OECD die Arbeitslosigkeit.

Einkommensungleichheit in Deutschland

Äquivalenzeinkommen im Monat (real)*	1985	1989	1993	1997	2001	2006
Einkommensanteile in der Bevölkerung, in Prozent						
die ärmsten 20 Prozent	9,7	10,1	9,9	10,1	9,9	9,3
die reichsten 20 Prozent	35,0	34,5	34,9	34,4	34,9	36,8

*für die Jahre 1985 bis 1989 nur Bundesrepublik (ohne DDR); Datenbasis: SOEP 1985 bis 2006

Statistisches Bundesamt, Wiesbaden: Datenreport 2008, Bonn 2008, S. 164

Verteilung von Einkommen und Vermögen

Wie stark die soziale Ungleichheit in einer Gesellschaft ist, lässt sich an der Verteilung von Einkommen und Vermögen ablesen. Haben einzelne gesellschaftliche Gruppen wesentlich mehr als andere?
In der Tat lassen sich in Deutschland in der Höhe der durchschnittlichen **Bruttoeinkommen** – das heißt vor Abzug der Steuern und Sozialabgaben – deutliche Unterschiede erkennen. Ein vollzeitbeschäftigter Arbeitnehmer hatte im Jahr 2008 ein Bruttoeinkommen von 3096 Euro im Monat. Bei genauerem Blick zeigen sich jedoch Unterschiede in der Einkommenssituation:

- Die Einkommen im Westen sind höher als die im Osten: Ein Arbeitnehmer verdiente im Westen im Durchschnitt 3215 Euro monatlich, im Osten nur 2345 Euro.
- Die Verdienste im produzierenden Gewerbe sind höher als im Dienstleistungsbereich: Ein Arbeitnehmer im produzierenden Gewerbe verdiente durchschnittlich 3195 Euro im Monat, im Dienstleistungsbereich waren es nur 3012 Euro.
- Männer verdienen durchschnittlich mehr als Frauen: Vollzeitbeschäftigte Männer verdienten im produzierenden Gewerbe und im Dienstleistungsbereich im Jahr 2008 im Durchschnitt monatlich 3301 Euro, Frauen lediglich 2599 Euro.

Im internationalen Vergleich variieren die Einkommensunterschiede zwischen Männern und Frauen stark: Sie reichen von weniger als 10 Prozent in Italien oder Belgien bis zu über 20 Prozent in den Niederlanden oder dem Vereinigten Königreich und sogar über 25 Prozent in Estland und Österreich. Frauen sollen für die gleiche Arbeit zwar den gleichen Lohn bekommen, da sie aber häufig in Teilzeit arbeiten und deutlich seltener höhere Positionen besetzen, ist ihr statistisches Durchschnittseinkommen niedriger als das der Männer.

2. Was bedeutet Armut in Deutschland?

Online-Link
800621-1062

Erscheinungsformen der Armut

Deutschland ist ein reiches Land. Der gestiegene Wohlstand hat jedoch nicht alle Menschen bei uns gleichermaßen erreicht. Ein Teil unserer Bevölkerung lebt an oder unter der Armutsgrenze. Seit zwei Jahrzehnten breitet sich Armut in Deutschland wieder zunehmend aus. Seit 2001 veröffentlicht die Bundesregierung regelmäßig einen Armutsbericht, um die Entwicklung der Armut in Deutschland im Zeitverlauf zu verfolgen. Der 3. Armutsbericht ist im Jahr 2008 erschienen.

Armut in Deutschland hat viele Gesichter: Essensausgabe der Münchener Tafel an Bedürftige.

Armutsbegriffe

Armut in Deutschland ist keine Frage des physischen Überlebens mehr – wie noch in vielen Ländern der Dritten Welt –, sondern eine Frage eines angemessenen Lebens. Aussagen darüber, wie viele Menschen in einem Land als arm gelten, sind nicht ganz einfach. Im Wesentlichen unterscheidet man zwei Arten der Armut:

➤**absolute Armut**: In absoluter oder extremer Armut leben nach der Definition der Weltbank Menschen, die mit einem Einkommen von 1,25 US-Dollar pro Tag auskommen müssen. Diese Menschen sind nicht in der Lage, durch eigene Arbeit das ➤**Existenzminimum** zu decken, ihre Armut wird auch nicht durch den Staat abgemildert. In den armen Ländern der Welt sind dies rund 1,4 Milliarden Menschen.

➤**relative Armut**: Von relativer Armut spricht man in Gesellschaften, in denen es absolute Armut nicht gibt – wie etwa in Deutschland. Kann jemand nicht selbst für sein Existenzminimum aufkommen, sorgt der Staat für den Unterhalt. Als arm gelten Menschen, die über so geringe Mittel verfügen, dass sie von der Lebensweise ausgeschlossen sind, die in der Gesellschaft, in der sie leben, als annehmbares Minimum angesehen wird. Was ein „annehmbares Minimum" ist, verändert sich mit dem Wandel der Lebensverhältnisse in der jeweiligen Gesellschaft.

Als relativ arm gilt in der Europäischen Union heute, wessen Einkommen weniger als 60 Prozent des Durchschnittseinkommens beträgt. (Früher lag dieser Wert bei 50 Prozent.) Für eine Einzelperson waren das im Jahr 2007 913 Euro monatlich, für eine Familie mit zwei Erwachsenen und zwei Kindern unter 14 Jahren 1917 Euro.

Armutsrisiko in Deutschland

Von absoluter Armut spricht man, wenn Menschen mit weniger als 1,25 US-Dollar am Tag auskommen müssen. Armut bei uns ist keine Frage des physischen Überlebens, sondern eines angemessenen Lebens. Von dieser relativen Armut sind Menschen betroffen, die über so geringe Mittel verfügen, dass sie von der Lebensweise ausgeschlossen sind, die in der Gesellschaft, in der sie leben, als annehmbares Minimum angesehen wird. Als arm gilt bei uns, wessen Einkommen weniger als 60 Prozent des Durchschnittseinkommens beträgt. Das Risiko, arm zu sein bzw. zu werden, trifft insbesondere junge, kinderreiche Familien, Alleinerziehende und Langzeitarbeitslose.

Risikofaktor Arbeitslosigkeit

Im Jahr 2007 waren nach der Definition der EU in Deutschland durchschnittlich 15 Prozent der Bevölkerung armutsgefährdet. Hinzu kommen Menschen, die durch die Sozialleistungen des Staates (Kap. 1.7) aus der ➤**Armutsgefährdung** gehoben werden. Gäbe es diese staatliche Unterstützung nicht, würde der Anteil armutsgefährdeter Menschen mit 24 Prozent deutlich höher liegen. Als wichtigste Ursache der Armut wird die Arbeitslosigkeit gesehen. Aber auch Geringverdiener können trotz Erwerbsarbeit arm sein. Dafür hat sich der englische Begriff ➤**Working Poor** eingebürgert.
Die Kluft zwischen den armen Gruppen und dem Durchschnitt der Bevölkerung ist in Deutschland größer geworden. Das Risiko, arm zu sein bzw. zu werden, trifft bei uns einige Gruppen der Bevölkerung besonders:

- junge kinderreiche Familien: Mit der Zahl der Kinder steigt das Armutsrisiko. 13 Prozent der Personen in Haushalten mit Kindern waren 2007 armutsgefährdet.
- alleinerziehende Frauen mit Kindern: Diese Gruppe hat sich in den letzten Jahren stark vergrößert; mehr als ein Drittel derjenigen, die staatliche finanzielle Hilfen zum Lebensunterhalt beziehen, sind Alleinerziehende.
- Langzeitarbeitslose: Bei Arbeitslosen stieg die Armutsquote im Jahr 2007 auf 56 Prozent an. Ein Jahr zuvor lag sie bei 51 Prozent. Auffällig ist der hohe Anteil von Frauen an den Langzeitarbeitslosen in den neuen Ländern.
- alte Frauen: Sie leben überwiegend von einer kleinen Rente, insbesondere in Ostdeutschland.
- Wohnungs- und Obdachlose: Schätzungen zufolge gibt es in Deutschland ca. 330 000 Menschen, die von Obdachlosigkeit betroffen sind. Rund 225 000 von ihnen haben keine Wohnung, 105 000 sind von Wohnungslosigkeit bedroht.

Folgen von Armut

Armut – das ist vor allen Dingen materielle Armut. Sie wirkt sich auf alle Bereiche des Lebens aus: Wer arm ist, hat häufig keinen Zugang zu guter Gesundheitsversorgung, kann sich Bildungsangebote nicht leisten, wie den Besuch in der Bibliothek, kann keine Kulturangebote wahrnehmen wie Kino und Theater, seinen Kindern kaum neues Spielzeug und Kleidung kaufen oder den Schulausflug bezahlen. Menschen, die in Armut leben, ziehen sich häufig zurück. Sie sind seltener in Vereinen, Parteien oder im Stadtteil aktiv. Armut heißt deshalb häufig auch abgeschnitten sein vom sozialen Leben, von gesellschaftlichen Kontakten. In Deutschland – und vielen anderen Industrieländern – ist der Anteil derjenigen gestiegen, die sich aufgrund gesellschaftlicher Ausgrenzung als arm betrachten oder aufgrund der sich verschlechternden wirtschaftlichen Lage Angst vor Armut haben und in prekären (unsicheren) Verhältnissen leben.

arme Kinder

In den letzten Jahren hat Kinderarmut deutlich zugenommen. 1985 lebten nur 7 Prozent der Kinder in der Bundesrepublik Deutschland in einem Haushalt, der weniger als die Hälfte des Durchschnittseinkommens zur Verfügung hatte. Einer Studie der ➤OECD zur Folge, die im Herbst 2009 veröffentlicht wurde, ist heute fast jedes sechste Kind in Deutschland von Armut betroffen. Im Durchschnitt der OECD-Länder lebt nur jedes achte Kind in Armut, in Dänemark, dem Land mit der geringsten Kinderarmut in der OECD, nur jedes 43. Die Armutsquote bei Kindern ist hoch, obwohl Deutschland, wie kaum ein anderes OECD-Land, Kinder finanziell fördert. Etwa 40 Prozent der öffentlichen Mittel für Kinder werden direkt an die Eltern gezahlt. Dies ist im internationalen Vergleich eher ungewöhnlich: In Dänemark oder Schweden liegt der Anteil der direkten Transfers nur bei 20 Prozent. In diesen Ländern werden die Finanzmittel für Kinder überwiegend direkt in Bildungs- und Betreuungsangebote investiert.

Online-Link
800621-1063

3. Soziale Gerechtigkeit – eine Aufgabe des Staates?

Zur politischen Aufgabe wird soziale Gerechtigkeit, wenn Menschen ohne eigenes Verschulden ungleiche Chancen haben, ihr Leben zu gestalten und ihre Fähigkeiten zu entwickeln. Artikel 1 des Grundgesetzes verpflichtet den Staat, solche Situationen auszugleichen: „Die Würde des Menschen ist unantastbar. Sie zu achten und zu schützen ist Verpflichtung aller staatlichen Gewalt."

Kontrovers: Streit um eine Definition
Der Begriff der Chancengleichheit ist in der politischen Diskussion umstritten. Zwei Auffassungen stehen sich dabei gegenüber:

offener Wettbewerb	Startchancen angleichen
Jedem Mitglied der Gesellschaft sollen die gleichen Möglichkeiten offenstehen, seine persönliche Leistungsfähigkeit nach besten Kräften zu entwickeln. Die unterschiedlichen Voraussetzungen, die der Einzelne mitbringt, können jedoch nicht ausgeglichen werden. Wichtig ist, dass niemand vom gesellschaftlichen Wettbewerb um Ansehen, Einkommen und Einfluss ausgeschlossen bleibt.	Einkommen, Wohnverhältnisse, Kinderzahl und Schulbildung des Elternhauses schaffen ungleiche Startbedingungen. Diese müssen durch gezielte Maßnahmen ausgeglichen werden, z. B. durch besondere Förderung in der Schule oder durch den Bau familien- und kinderfreundlicher Wohnungen. Es ist erst dann wirkliche Chancengleichheit vorhanden, wenn alle im gesellschaftlichen Wettbewerb die gleichen Voraussetzungen erhalten.

Politik gegen soziale Benachteiligung

Artikel 20 Absatz 1 des Grundgesetzes sagt: „Die Bundesrepublik Deutschland ist ein demokratischer und sozialer Bundesstaat." Damit ist es Aufgabe des Staates, für Chancengleichheit zu sorgen, gesellschaftliche Benachteiligung auszugleichen und Armut zu bekämpfen. Dieser soziale Ausgleich kostet dem Staat viel Geld, ist aber unverzichtbar für die innere Stabilität in Deutschland. Für viele Bürgerinnen und Bürger ist dies eine ganz wichtige staatliche Aufgabe. Manche vertreten aber auch die Ansicht, die ➤**soziale Sicherung** sei eher eine Aufgabe des Einzelnen und der Staat solle sich hier stärker zurückhalten.

Der Staat versucht auf zwei Arten, sozialen Ausgleich herzustellen: Zum einen durch staatliche Leistungen, die aus Steuern finanziert werden, hierzu gehören etwa öffentlich finanzierte Kindergärten, Schulen, Universitäten, Schwimmbäder, Straßen und Kultureinrichtungen. Diese Sozialgüter kommen allen Menschen zugute, unabhängig von der Höhe ihrer Einkommen und Steuern. Hinzu kommen weitere, aus Steuern finanzierte soziale Leistungen, die soziale Benachteiligung vorbeugen bzw. ausgleichen sollen, wie z. B. das Kinder- und Elterngeld. Außerdem gibt es Wohngeld und Sozialhilfe. Sie werden aber nur Bedürftigen gewährt.

Einen wichtigen Beitrag zum sozialen Ausgleich leistet darüber hinaus die ➤Sozialversicherung, die die Menschen gegen die existenziellen Risiken (Alter, Arbeitslosigkeit, Krankheit, Pflegebedürftigkeit, Unfall) absichern soll (Kap. 1.7).

soziales Netz

Deutschland verfügt mit diesen staatlichen Maßnahmen zum Ausgleich sozialer Benachteiligung über eines der dichtest gewebten „sozialen Netze": Rund 30 Prozent des Bruttoinlandsprodukts fließen in öffentliche ➤**Sozialausgaben**. Im Jahr 2006 lag Deutschland im EU-Vergleich damit an sechster Stelle. Die Wirtschaftskrise hat die Sozialausgaben in Deutschland sprunghaft steigen lassen – 2009 wurde rund jeder dritte Euro des Staates für Soziales ausgegeben. Die Summe der öffentlichen Sozialausgaben nennt man ➤Sozialbudget (Kap. 3.2). Im Jahr 2008 umfasste es gut 720 Milliarden Euro.

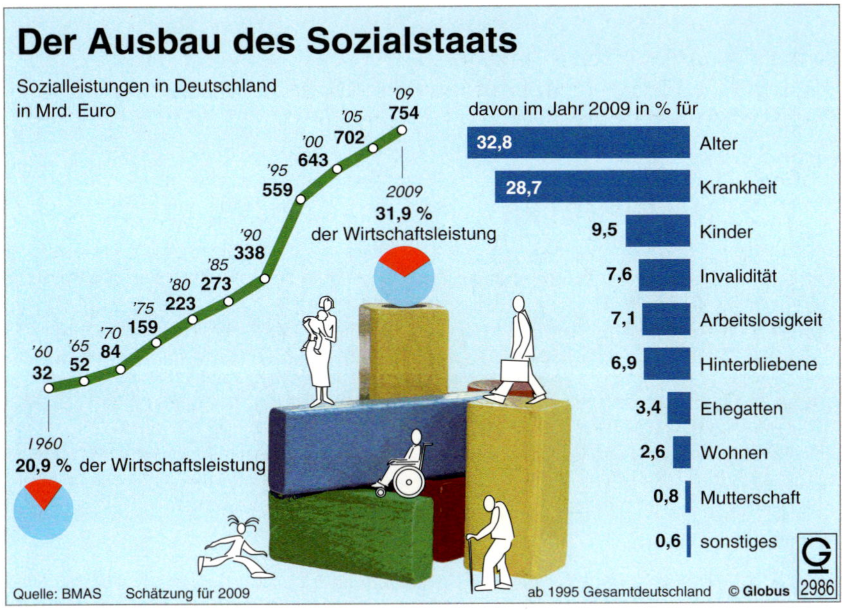

Sozialhilfe

Wer in der Bundesrepublik in Not gerät, soll dennoch ein menschenwürdiges Leben führen können. Die ➤Sozialhilfe schützt als letztes „Auffangnetz" vor Armut, sozialer Ausgrenzung und besonderer Belastung. Dabei spielt es keine Rolle, ob die Notlage selbst verursacht worden ist oder nicht. Sozialhilfe ist kein Almosen, sondern eine gesetzlich verankerte Unterstützung. Sie soll die Menschen, die sie erhalten, jedoch auch in die Lage versetzen, ihr Leben möglichst bald wieder aus eigener Kraft zu gestalten. Sozialhilfe kann als persönliche Hilfe, als Geldleistung oder als Sachleistung erteilt werden und wird auf den individuellen Bedarf abgestimmt. Diese finanzielle Unterstützung soll eine **Mindestteilhabe am gesellschaftlichen Leben** sichern. Sie ist durch die Sozialgesetzgebung als Anspruch gesichert und beträgt für einen alleinlebenden Erwachsenen 359 Euro monatlich (Stand 1.7.2009). Hiervon müssen alle Kosten für das tägliche Leben gedeckt werden. Kosten für Miete und Heizung sowie die Beiträge zur gesetzlichen Kranken-, Pflege- und Rentenversicherung werden vom Staat übernommen.

Regelsätze für die Hilfe zum Lebensunterhalt
in Euro pro Monat

Haushaltsvorstand bzw. Alleinstehender (Eckregelsatz 100%)	359
Partner, wenn beide volljährig sind (90%)	323
Kinder ab 14 Jahre (80%)	287
Kinder 6 bis 13 Jahre (70%)	251
Kinder 0 bis 5 Jahre (60%)	215

Die Regelsätze verändern sich jeweils zum 1. Juli eines Jahres, in dem keine Neubemessung der Regelsätze erfolgt, um den Prozentsatz, um den sich der aktuelle Rentenwert in der gesetzlichen Rentenversicherung verändert. Erfolgt keine Änderung des Rentenwertes, gelten die Regelsätze auch über den 30. Juni des Jahres hinaus. Die Sätze müssen nach einem Urteil des Bundesverfassungsgerichts bis Ende des Jahres 2010 neu berechnet werden (Kap. 1.7).

Bundesministerium für Arbeit und Soziales, 01.07.2009, www.bmas.de/portal/18294/property=pdf/regelsaetze__lebenshaltung.pdf, (29.11.2009) vereinfacht

Anzahl der Armen

Die Zahl der Armen in Deutschland ist nicht gleichzusetzen mit denjenigen, die Sozialhilfe erhalten. Untersuchungen zeigen, dass eine große Zahl der Betroffenen davor zurückschreckt, Unterstützung zu beantragen. Eine wesentliche Ursache liegt in der gesellschaftlichen Einschätzung der Armut: Armut ist in den Augen vieler Folge persönlichen Versagens und persönlicher Schuld. Die Dunkelziffer der Armut, d. h. die Zahl derer, die vor dem Gang zum Sozialamt zurückschrecken, muss deshalb als sehr hoch angenommen werden. Berechnungen gehen davon aus, dass jeder Dritte, der berechtigt ist, staatliche Hilfe zu beziehen, diese nicht in Anspruch nimmt.
Die Herstellung des sozialen Ausgleichs wird auch künftig eine wichtige Aufgabe der Politik in Deutschland sein. Für die Reduzierung des Armutsrisikos bleibt die Bekämpfung der Arbeitslosigkeit ein zentraler Ansatzpunkt (S. 139 ff.).

Sozialer Ausgleich als sozialstaatliche Aufgabe
Das Grundgesetz verpflichtet den Staat, Chancengleichheit sicherzustellen, gesellschaftliche Benachteiligung auszugleichen und Armut zu bekämpfen. Deutschland verfügt über ein dichtes „soziales Netz“: Rund 30 Prozent des Bruttoinlandsprodukts fließen in öffentliche Sozialausgaben. Eine wichtige Säule des staatlichen Engagements zum Ausgleich sozialer Benachteiligung ist die Sozialhilfe. Sie schützt als letztes Auffangnetz vor Armut, sozialer Ausgrenzung und besonderer Belastung. Diese finanzielle Unterstützung soll eine Mindestteilhabe am gesellschaftlichen Leben sichern. Sie ist durch die Sozialgesetzgebung als Anspruch gesichert.

1.7 Die gesetzliche Sozialversicherung

Deutschland ist ein Sozialstaat. Menschen, die in Not geraten sind, erhalten staatliche Unterstützung. Hierzu hat sich seit dem Ende des 19. Jahrhunderts ein umfassendes System der gesetzlichen Sozialversicherung entwickelt, das die Menschen gegen die existenziellen Risiken Alter, Arbeitslosigkeit, Krankheit, Pflegebedürftigkeit und Unfall absichern soll. Der demografische Wandel stellt dieses System jedoch vor neue Herausforderungen.

1. Sicherheit für welchen Fall und zu welchem Preis?
2. Krankheit, Unfall oder Pflege: Wie wird für den Fall vorgesorgt?
3. Wovon leben, wenn die Arbeit ausgeht?
4. Ist die Rente noch finanzierbar?

Sozialversicherungssystem
Leistungen 2008 in Millionen Euro

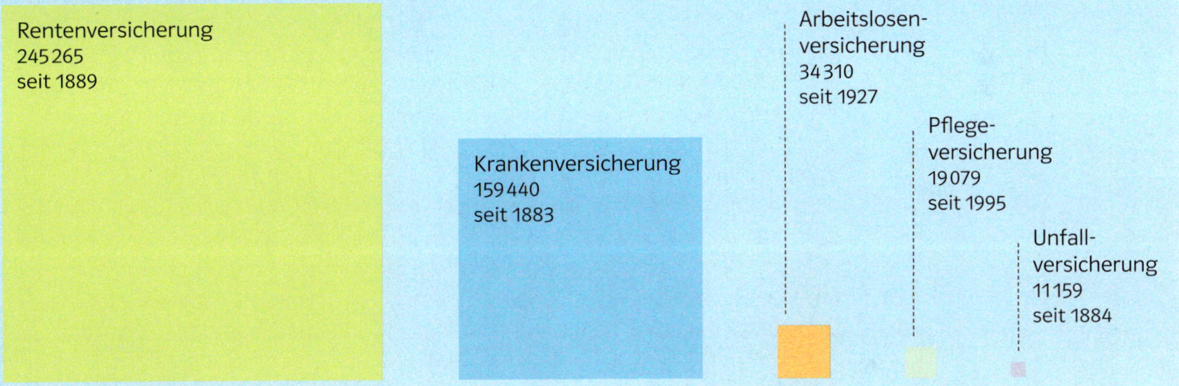

Nach: Bundesministerium für Arbeit und Soziales: Sozialbericht 2009, Bonn 2009, T 12, Tabelle III-1

1. Sicherheit für welchen Fall und zu welchem Preis?

Online-Link
800621-1071

In der Regel sind alle Arbeitnehmer Mitglied der Sozialversicherung, deren Bruttoeinkommen unterhalb der sogenannten ➤Versicherungspflichtgrenze liegt. Damit sind sie gegen die großen kollektiven Risiken Alter, Krankheit, Arbeitslosigkeit, Pflegebedürftigkeit und Berufsunfall abgesichert. Nicht versicherungspflichtig sind Selbstständige und Beamte.

Wurzeln der Sozialversicherung

Bis in die Mitte des letzten Jahrhunderts lag es bei den Kirchen, den Kommunen, bei Genossenschaften des Handwerks und schließlich den Familien selber, mit den Risiken des Lebens fertig zu werden. Wer durch Krankheit oder durch Unfall, aber auch im Alter nicht mehr in der Lage war, selber für sein Leben aufzukommen, war auf die Armenhilfe angewiesen: Kirchliche Spitäler, städtische Armenhäuser und Stiftungen vermögender Bürger waren die wichtigsten Einrichtungen dieser Armenhilfe.
Heute ist dies weitgehend eine Aufgabe des Staates. Der Sozialstaat hat in Deutschland seinen Ursprung Ende des 19. Jahrhunderts. Die Regierung

des damaligen Deutschen Reiches unter Reichskanzler Bismarck führte ab 1883 eine gesetzliche Sozialversicherung ein und begann damit ein System aufzubauen, mit der Arbeiter bei Krankheit, nach einem Unfall oder im Alter finanziell unterstützt wurden. Das Niveau der Leistungen war damals allerdings sehr niedrig, das Rentenalter lag bei 70 Jahren. Die Versicherungen wurden erst später auch auf Angestellte ausgedehnt.
Die Arbeitslosenversicherung folgte 1927 in der Weimarer Republik, die Pflegeversicherung wurde erst 1995 eingeführt.

Finanzierung der sozialen Sicherung

Zwar sprechen wir von der gesetzlichen Sozialversicherung, das heißt jedoch nicht, dass ihre Leistungen allein vom Staat finanziert werden. Zwei Haupteinnahmequellen hat die Sozialversicherung: Zunächst leisten die versicherten Arbeitnehmerinnen und Arbeitnehmer selbst ihren Beitrag. Erwerbstätigen werden von ihrem monatlichen Einkommen Beiträge für die Renten-, Kranken-, Arbeitslosen- und Pflegeversicherung abgezogen. Ergänzt werden die Beiträge der Arbeitnehmer durch Zahlungen der Arbeitgeber. Die Beiträge zur Unfallversicherung werden dagegen zu 100 Prozent von den Arbeitgebern bezahlt. Damit alle Versicherungsleistungen langfristig garantiert bleiben, müssen zusätzlich staatliche Zuschüsse aus Steuermitteln eingesetzt werden. Zu den Kosten aller Sozialleistungen steuern Bund, Länder und Gemeinden knapp 40 Prozent bei (Kap. 3.2). Der Staat regelt die Art und den Umfang der Leistungen, die die sozialen Sicherungssysteme zur Verfügung stellen. Die Ausgaben der gesetzlichen Sozialversicherung stiegen 2008 im Vergleich zum Vorjahr um 2,2 Prozent auf 477,4 Milliarden Euro an, die Einnahmen um 1,6 Prozent auf 484,0 Milliarden Euro.

Die Säulen der gesetzlichen Sozialversicherung

Arten	Rentenversicherung	Krankenversicherung	Arbeitslosenversicherung	Pflegeversicherung	Unfallversicherung
Versicherungsträger	Versicherungsanstalten	Krankenkassen	Bundesagentur für Arbeit	Pflegekassen der Krankenkassen	Berufsgenossenschaften
Leistungen (Beispiele)	• Altersrente • Erwerbsunfähigkeitsrente • Hinterbliebenenrenten	• Krankenhilfe, z. B. Arztbesuch • Krankengeld • Krankenhauspflege • Mutterschaftshilfe • Familienhilfe	• Arbeitsförderung • Fortbildung • Umschulung • Arbeitsvermittlung • Arbeitslosengeld	• Geldleistungen • Sachleistungen	• Unfallverhütung • Heilbehandlung • Renten • Sterbegeld
Beiträge	19,9 %, davon: Arbeitnehmer 50 % Arbeitgeber 50 %	14,9 %, davon: Arbeitnehmer 53 % Arbeitgeber 47 %	2,8 %, davon: Arbeitnehmer 50 % Arbeitgeber 50 %	1,95 %, davon: Arbeitnehmer 50 %* Arbeitgeber 50 %	Höhe unterschiedlich nach Unfallgefahr Arbeitgeber trägt Beitrag allein

*abweichende Anteile in Sachsen und für Kinderlose

eigene Recherche, Stand: 01/2010

Die Ausgaben für die Sozialversicherungen sind enorm gestiegen. Die Zahl der Geburten sinkt in Deutschland, während die Lebenserwartung der Menschen stetig steigt (Kap. 1.1). Auch durch steigende Arbeitslosigkeit und eine wachsende Zahl von Tätigkeiten, die nicht sozialversicherungspflichtig sind, zahlen immer weniger Menschen in die Sozialversicherungssysteme ein. Gleichzeitig erhalten aber immer mehr Versicherte soziale Leistungen – und das für eine längere Zeit als früher. In Deutschland stellt dies insbesondere die gesetzliche Kranken- und Rentenversicherung vor enorme Herausforderungen. Auch andere Industrieländer mit einem sozialen Netz sehen sich vor ähnlichen Problemen.

Kosten der sozialen Sicherung

Die Politik hat versucht, diese Entwicklung durch Reformen aufzufangen. Um eine Überlastung der Sozialversicherungssysteme zu verhindern, setzt sie dabei insbesondere auf neue Finanzierungssysteme und die Kürzung einzelner Leistungen der Sozialversicherung. Parallel wird verstärkt an die Eigenverantwortung der Bürgerinnen und Bürger appelliert, selbst in ihre Absicherung und Vorsorge zu investieren. Kritiker dieser Entwicklung werfen dem Staat vor, er würde sich aus seiner Verantwortung zurückziehen und zu einer Entsolidarisierung der Gesellschaft beitragen, denn auf diese Weise könnten sich künftig nicht mehr alle soziale Sicherheit leisten. Die Reform des Systems der sozialen Sicherung wird auch die nächsten Jahre noch ein zentrales Thema der Sozialpolitik sein und wird damit in der öffentlichen Diskussion auch weiterhin für Zündstoff sorgen.

Das System der gesetzlichen Sozialversicherung

Die gesetzliche Sozialversicherung in Deutschland besteht aus der Renten-, Kranken-, Arbeitslosen-, Pflege- und Unfallversicherung. Von der gesetzlichen Sozialversicherung wird heute der überwiegende Teil der Bevölkerung erfasst. Ein großer Teil der Beiträge zur Sozialversicherung wird zu gleichen Teilen von Arbeitnehmern und Arbeitgebern getragen. Die Ausgaben für die Sozialversicherungen sind enorm gestiegen. Damit alle Versicherungsleistungen langfristig garantiert bleiben, müssen zusätzlich staatliche Zuschüsse aus Steuermitteln eingesetzt werden.

2. Krankheit, Unfall oder Pflege: Wie wird für den Fall vorgesorgt?

Online-Link 800621-1072

gesetzliche Krankenversicherung

In der gesetzlichen Krankenversicherung sind Arbeitnehmerinnen und Arbeitnehmer mit einem Einkommen unterhalb der sogenannten Versicherungspflichtgrenze (49 950 Euro im Jahr 2010) pflichtversichert, auch Arbeitslose, Sozialhilfeempfänger, Rentner, Bauern, Heimarbeiter, Studierende, Wehr- und Zivildienstleistende. Ehepartner, die nicht berufstätig sind, und Kinder sind kostenfrei mitversichert. Wessen Einkommen drei Jahre in Folge über der Versicherungspflichtgrenze lag, kann wählen, ob er sich gesetzlich oder privat versichern möchte (künftig soll dies bereits nach einem Jahr möglich sein).

Solidarprinzip

Die gesetzliche Krankenversicherung beruht auf dem ➤ **Solidarprinzip**: Der Beitrag der Erwerbstätigen orientiert sich an der Höhe ihres Einkommens.

Wer viel verdient, muss mehr in die Versicherungskasse einzahlen. Ziel dieser Umverteilung ist es, besondere Belastungen bestimmter Personengruppen auszugleichen. Die Kernleistungen der gesetzlichen Krankenversicherung sind: medizinische Versorgung, Vorsorgeangebote, Mutterschaftshilfe sowie finanzielle Absicherung bei langer Krankheit und Arbeitsunfähigkeit.

private Krankenversicherung

In der privaten Krankenversicherung können sich Personen versichern, für die keine ➤ Versicherungspflicht in der gesetzlichen Krankenversicherung besteht (Arbeitnehmer, deren Einkommen über der Versicherungspflichtgrenze liegt, sowie Beamte, Selbstständige und Freiberufler). In der privaten Krankenversicherung muss jeder Versicherte eine Prämie zahlen, die vom individuellen Krankheitsrisiko, dem Alter und dem Geschlecht abhängig ist. In der Regel sind daher die Beiträge für jüngere, gesunde Mitglieder niedrig, ältere Menschen zahlen einen höheren Beitrag. Die Tarife umfassen häufig Leistungen, die von der gesetzlichen Krankenversicherung nicht getragen werden. Seit der letzten Gesundheitsreform sind die privaten Kassen verpflichtet, einen Basistarif anzubieten, der sich nur nach Alter und Geschlecht des Versicherten richtet und niemanden aufgrund von Krankheitsrisiken ausschließen darf.

Kranken-, Unfall- und Pflegeversicherung

90 Prozent der Bevölkerung sind Mitglied der gesetzlichen Krankenversicherung. Diese beruht auf dem Solidarprinzip: Der Beitrag der Erwerbstätigen orientiert sich an der Höhe ihres Einkommens. Wer viel verdient, muss mehr in die Versicherungskasse einzahlen. Die Leistungen der verschiedenen gesetzlichen Krankenversicherungen sind annähernd gleich.
Die gesetzliche Unfallversicherung sichert Arbeitnehmer gegen die Auswirkungen von Arbeitsunfällen und Berufskrankheiten ab. Die Kosten dafür tragen allein die Arbeitgeber. Die Pflegeversicherung trat 1995 in Kraft. Ihre Leistungen hängen vom Grad und der Dauer der Hilfebedürftigkeit ab. Insbesondere Kranken- und Pflegeversicherung stehen vor der Herausforderung, dass die Zahl der alten – und damit oft kranken und pflegebedürftigen – Menschen zunimmt, die Zahl der Beitragszahler zur Sozialversicherung jedoch sinkt.

teure Gesundheit

Zur Finanzierung der medizinischen Versorgung mussten in letzter Zeit immer größere Summen aufgewendet werden. Die Krankenkassen haben deshalb kontinuierlich die Beitragssätze erhöht. Während 1970 der durchschnittliche Beitragssatz eines versicherten Arbeitnehmers 8,2 Prozent seines Bruttolohnes ausmachte, waren es Ende der 1990er-Jahre ca. 13,3 Prozent. Um ein weiteres Ansteigen der Beiträge zu vermeiden und die Finanzierbarkeit des Gesundheitssystems sicherzustellen, hat die Bundesregierung 2007 eine **Gesundheitsreform** beschlossen. Diese führte erstmals eine Versicherungspflicht für alle ein, sollte den Wettbewerb zwischen den Krankenkassen stärken und die Wahlmöglichkeiten für die Versicherten damit erhöhen. Sie stellte mit der Einführung des sogenannten Gesundheitsfonds und eines einheitlichen Beitragssatzes die Finanzierung der gesetzlichen Krankenversicherung auf eine neue Grundlage.

Zukunft des Gesundheitssystems

Da die Frage der Finanzierbarkeit bisher nicht gelöst wurde, ist davon auszugehen, dass auch in den nächsten Jahren weitere Reformschritte unternommen werden. Diskutiert wird beispielsweise die Einführung einer sogenannten „Kopfpauschale". Pro Versichertem soll ein Beitrag unabhängig vom Einkommen bezahlt werden. Damit würde ein Systemwechsel weg vom Solidarprinzip innerhalb der gesetzlichen Krankenkasse eingeleitet.

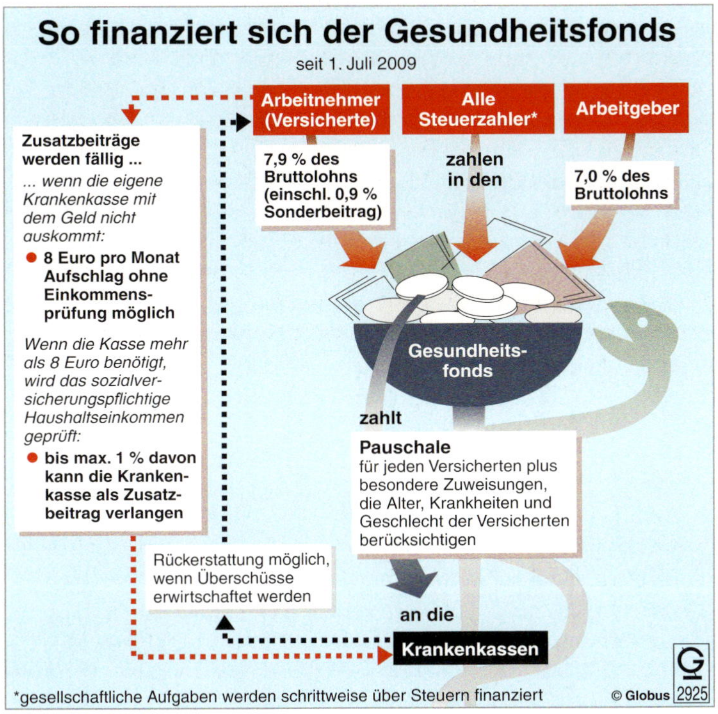

Unfallversicherung

Die gesetzliche Unfallversicherung sichert Arbeitnehmerin und Arbeitnehmer gegen die Auswirkungen von Arbeitsunfällen, Wegeunfällen und Berufskrankheiten ab. Die Kosten dafür tragen allein die Arbeitgeber. In der gesetzlichen Unfallversicherung ist jeder Arbeitnehmer von dem Augenblick an versichert, in dem er seine Wohnung auf dem Weg zur Arbeitsstelle verlässt. Dasselbe gilt für Kleingewerbetreibende und Landwirte. Außerdem sind Personen, die sich in der Ausbildung befinden, dort unfallversichert.
Träger der Unfallversicherung sind die Berufsgenossenschaften. Wichtigste Aufgabe ist die Unfallvorbeugung. Im Jahr 2008 gab es in Deutschland knapp eine Million Arbeitsunfälle und rund 176 000 Unfälle auf dem Arbeitsweg. In diesen Fällen und bei Berufskrankheiten wird nicht die Kranken- oder Rentenversicherung, sondern die Unfallversicherung beansprucht.
Bleibt eine Erwerbsunfähigkeit als Folge eines Arbeitsunfalls zurück, erhält der Verletzte eine Unfallrente. Stirbt der Versicherte an den Folgen eines Unfalls oder einer Berufskrankheit, so erhalten der überlebende Ehepartner und die Kinder Hinterbliebenenrenten.

Pflegeversicherung

Die Pflegeversicherung ist ein Beispiel dafür, wie durch Veränderungen in der Gesellschaft eine **neue politische Aufgabe** entsteht: Die Menschen in Deutschland werden heute immer älter. Damit steigt die Zahl der Pflegebedürftigen.

Um hierauf zu reagieren, wurde 1995 die gesetzliche Pflegeversicherung als eigenständiger Zweig der Sozialversicherung eingeführt und organisatorisch in die Krankenkassen eingegliedert. Jeder, der gesetzlich krankenversichert ist, ist seitdem automatisch in der Pflegeversicherung versichert, jeder privat Krankenversicherte besitzt eine Mitgliedschaft in der privaten Pflegeversicherung.

- Arbeitnehmer sind bis zur Versicherungspflichtgrenze der gesetzlichen Krankenversicherung versicherungspflichtig. Ehegatten, die nicht berufstätig sind, und Kinder werden ohne Beiträge mitversichert.
- Die Beiträge in die gesetzliche Pflegeversicherung werden von Arbeitgebern und Arbeitnehmern jeweils zur Hälfte bezahlt.
- Als Ausgleich für die zusätzliche Belastung der Unternehmen entfiel ein gesetzlicher Feiertag – der Buß- und Bettag. Diese Regelung gilt in allen Ländern außer Sachsen. Dort müssen die Arbeitnehmer den gesamten Beitrag ohne Arbeitgeberanteil abführen.
- Beamte und privat Versicherte müssen eine private Pflegeversicherung abschließen. Kinder sind dabei mitversichert, nicht jedoch Ehegatten.

Die Geld- und Sachleistungen, die Pflegebedürftige von der Pflegeversicherung erhalten, hängen vom Grad und der Dauer der Hilfebedürftigkeit ab. Die Pflegeversicherung sieht dazu verschiedene Pflegestufen vor, die an verschiedene Leistungshöhen gekoppelt sind.

Online-Link
800621-1073

3. Wovon leben, wenn die Arbeit ausgeht?

Arbeitslosenversicherung

Alle Personen, die einer bezahlten, mehr als geringfügigen Beschäftigung nachgehen, sind in der Arbeitslosenversicherung versichert. Auch Auszubildende sind hier versichert. Die Leistungen werden primär aus Beiträgen finanziert, die je zur Hälfte Arbeitgeber und Arbeitnehmer aufbringen. Der Beitragssatz wurde langfristig auf 3 Prozent des Bruttogehalts gesenkt. Dieser Betrag wird vom Gehalt direkt mit den Beiträgen zur Kranken-, Pflege- und Rentenversicherung abgezogen.

versichern und fördern

Die Leistungen der gesetzlichen Arbeitslosenversicherung bzw. die damit verbundene Arbeitsförderung erfüllen zwei Aufgaben: Zum einen soll ein möglichst hoher Beschäftigungsstand erreicht und die Integration in den Arbeitsmarkt unterstützt werden. Zum anderen sollen die Folgen von Arbeitslosigkeit für die Betroffenen gemindert werden. Die Arbeitslosenversicherung bietet Arbeitnehmerinnen und Arbeitnehmern unter anderem:

- finanzielle Absicherung im Fall von Arbeitslosigkeit durch das Arbeitslosengeld
- Berufsberatung, Ausbildungs-, Arbeitsvermittlung
- Maßnahmen zur Förderung älterer Arbeitnehmerinnen und Arbeitnehmer
- Leistungen zur Vermeidung von Arbeitslosigkeit (etwa Kurzarbeitergeld)
- Leistungen zur Eingliederung in den Arbeitsmarkt
- Förderung der beruflichen Teilhabe von Menschen mit Behinderung
- Gründungszuschuss zur Aufnahme einer selbstständigen Tätigkeit

Der Wiedereinstieg von Arbeitslosen in den Beruf wird auch durch Angebote unterstützt, die sich an Arbeitgeber richten. Hierzu gehören etwa die Vermittlung geeigneter Mitarbeiter oder Zuschüsse bei der Förderung von beruflichen Weiterbildungsmaßnahmen.

Absicherung bei Arbeitslosigkeit

Denjenigen, die in den letzten zwei Jahren mindestens zwölf Monate lang Beiträge in die gesetzliche Arbeitslosenversicherung eingezahlt haben, steht im Fall der Arbeitslosigkeit das ➤**Arbeitslosengeld** zu. Arbeitslose mit Kindern erhalten 67 Prozent ihres bisherigen Lohns, Arbeitslose ohne Kinder 60 Prozent. Das Arbeitslosengeld ist eine Versicherungsleistung und wird ohne Prüfung der Bedürftigkeit von der Bundesagentur für Arbeit gezahlt. Wie lange man Arbeitslosengeld erhält, hängt davon ab, wie alt man ist und wie lange man Beiträge in die Arbeitslosenversicherung eingezahlt hat. Die Höchstdauer des Bezugs liegt grundsätzlich bei zwölf, für über 50-jährige bei 15, für über 55-jährige bei 18 und für über 58-jährige Arbeitnehmer bei 24 Monaten. Weigert sich der oder die Arbeitslose, eine angebotene zumutbare Arbeit anzunehmen oder an einer Aus- oder Weiterbildung teilzunehmen, kann das Arbeitslosengeld gesperrt werden. Auch wer seinen Arbeitsplatz selber kündigt, hat zunächst kein Anrecht auf Arbeitslosengeld.

Arbeitslosengeld II

Wer länger arbeitslos ist, hat Anspruch auf Unterstützung. Im Januar 2005 wurden Arbeitslosen- und Sozialhilfe zur **Grundsicherung für Arbeitsuchende** zusammengeführt (Arbeitslosengeld II bzw. nach dem Begründer der Reform auch „Hartz IV" genannt). Das Arbeitslosengeld II wird aus Steuern finanziert und so lange gezahlt, wie die Arbeitslosigkeit andauert. Es ist keine Versicherungsleistung, sondern wird nach dem Bedarf ermittelt. Seine Höhe entspricht lediglich dem Regelsatz der Sozialhilfe (Kap. 1.6). Die Empfänger dieser Leistungen werden von sogenannten Jobcentern betreut. Im Jahr 2009 gab es knapp fünf Millionen Bezieher von Arbeitslosengeld II.

Das Leben ist hartz

Der Begriff „hartzen" ist zum Jugendwort des Jahres 2009 gewählt worden. Das Verb setzt sich mit einem politischen und gesellschaftlichen Sachverhalt auseinander, der inzwischen auch in der Lebenswelt junger Menschen angekommen ist. Jugendliche haben den Begriff von „Hartz IV" abgeleitet, es bedeute „arbeitslos sein" oder „rumhängen". [...]

iko/rus: Das Leben ist hartz, sueddeutsche.de, 01.12.2009, www.sueddeutsche.de/kultur/879/496197/text/ (05.12.2009)

umstrittene Regelungen

Die sinnvolle Idee, Sozial- und Arbeitslosenhilfe in ein einheitliches System zusammenzuführen, hat in der praktischen Umsetzung zu Schwierigkeiten und hohen Kosten geführt. Die Einführung des Arbeitslosengeldes II und die damit verbundene Reform hat auch viel Kritik hervorgerufen. Besonders umstritten ist der Grundsatz des „Förderns und Forderns", mit dem versucht wird, Langzeitarbeitslose wieder in den Arbeitsmarkt zu integrieren und ihre Eigeninitiative zu stärken (S. 143 f.). Dies heißt unter anderem: Wer Arbeitslosengeld II erhält und zumutbare Arbeit ablehnt, muss damit rechnen, dass die Geldleistungen gekürzt werden. Diese Leistungen – so die Kritiker – reichten jedoch nicht für ein menschenwürdiges Dasein. Das ➤Bundesverfassungsgericht hat im Februar 2010 in einem Grundsatzurteil die Berechnung der bestehenden Regelsätze, nach denen sich das Arbeitslosengeld II und die Sozialhilfe richten, für verfassungswidrig erklärt. Der Gesetzgeber muss die Sätze neu regeln. Inwiefern dies Auswirkungen auf die Höhe der gezahlten Unterstützung haben wird, bleibt abzuwarten.

Arbeitslosenversicherung
Wer mehr als nur einer geringfügigen Beschäftigung nachgeht, ist in der Arbeitslosenversicherung versichert. Die Leistungen werden primär aus Beiträgen ihrer Mitglieder finanziert, die je zur Hälfte Arbeitgeber und Arbeitnehmer aufbringen. Wer seine Arbeit verliert und in den letzten zwei Jahren mindestens zwölf Monate Beiträge in die gesetzliche Arbeitslosenversicherung eingezahlt hat, hat im Fall der Arbeitslosigkeit Anspruch auf Arbeitslosengeld. Arbeitslose mit Kindern erhalten 67 Prozent ihres bisherigen Einkommens, Arbeitslose ohne Kinder 60 Prozent. Wie lang Arbeitslosengeld gezahlt wird, richtet sich nach dem Alter und der Beschäftigungsdauer. Darauf folgt das sogenannte Arbeitslosengeld II, wenn die eigenen Mittel nicht zum Leben ausreichen. Diese Grundsicherung wird aus Steuern finanziert und entspricht lediglich dem Regelsatz der Sozialhilfe.

Online-Link
800621-1074

4. Ist die Rente noch finanzierbar?

für das Alter vorsorgen

Heute gehören rund drei Viertel der Menschen in der Bundesrepublik der gesetzlichen Rentenversicherung an. Rund ein Viertel der Bevökerung (20 Millionen Personen) erhält von der Rentenversicherung eine Rente (ohne Waisenrenten). Die gesetzliche Rentenversicherung ist die wichtigste Säule der Alterssicherung in Deutschland. Daneben spielen Angebote der betrieblichen und der privaten Altersvorsorge eine Rolle.

gesetzliche Rentenversicherung

Alle Angestellten und Arbeiter müssen – bis auf wenige Ausnahmen – Mitglied der Rentenversicherung sein, das gilt auch für Auszubildende. Ihnen bietet die Rentenversicherung einen lebenslangen Schutz gegenüber den Risiken der Erwerbsminderung, des Alters und des Todes. Die gesetzliche Rentenversicherung wird im Wesentlichen aus den laufenden Beiträgen der jeweils aktiven Arbeitnehmer finanziert. In der Rentenversicherung gilt das sogenannte ➤**Umlageverfahren**: Die aktuelle Generation der Erwerbstätigen kommt für die Altersversorgung der heutigen Rentnerinnen und Rentner auf. Mit ihrer Beitragszahlung erwerben die Versicherten bis zum Renteneintritt selbst Ansprüche. Dieses Prinzip nennt man ➤**Generationenvertrag**.

Faktoren der Rentenhöhe

Wer länger als andere oder höhere Beiträge einzahlt, wird später auch eine höhere Rente erhalten. Auch die Zeit der Kindererziehung wird auf die Rente angerechnet. Laut Deutscher Rentenversicherung erhielten Männer in den alten Bundesländern 2008 durchschnittlich 912 Euro Rente im Monat, in den neuen Bundesländern waren es 932 Euro. Frauen lagen mit 640 Euro in den neuen und 503 Euro in den alten Ländern deutlich darunter. Die Höhe der Rente kann sich im Lauf des Rentenbezugs ändern, denn die Renten werden jährlich an die Entwicklung der Löhne und Gehälter angepasst. Im Jahr 2009 hat die Bundesregierung eine Rentengarantie eingeführt. Diese soll verhindern, dass die Renten sinken, falls dies bei den Löhnen und Gehältern der Fall ist.

weniger Beitragszahler

Unsere Gesellschaft verändert sich. Die Menschen werden älter und erhalten entsprechend länger Rente. Gleichzeitig werden in Deutschland aber immer weniger Kinder geboren. Diese Entwicklung stellt die gesetzliche Rentenversicherung vor finanzielle Herausforderungen: Das auf dem Umlageverfahren basierende Rentensystem ist besonders anfällig für demografische Verschiebungen, die sich aus der sinkenden Geburtenrate und der zunehmenden Lebenserwartung ergeben: Wenn immer weniger Beitragszahler für immer mehr Rentner aufkommen müssen, sinken die Einnahmen der Rentenkasse bei gleichzeitig steigenden Ausgaben.

die Rente finanzieren

Bereits heute decken die Einnahmen aus den Beiträgen der Versicherten die Ausgaben der gesetzlichen Rentenversicherung in Deutschland nicht mehr. Deshalb bezuschusst der Staat die Rentenversicherung aus Steuermitteln mit rund 40 Milliarden Euro pro Jahr. Um die Rentenversicherung auch künftig finanzieren und die Beiträge dabei auf einem akzeptablen Niveau halten zu können, hat die Bundesregierung eine Reihe von Maßnahmen beschlossen. Dazu gehören insbesondere:

- Senken der Rentenhöhe: Die Höhe der Rente wird seit Kurzem nach einer neuen Formel berechnet. Durch Einbeziehung eines sogenannten Nachhaltigkeitsfaktors erreicht die Rente im Bestfall nur noch 67 Prozent des Einkommens, bisher waren es 70 Prozent. Wer früher in Rente geht, muss mit größeren Abschlägen rechnen.
- Fördern der privaten Altersvorsorge: Um die gesunkene Rentenhöhe auszugleichen, fördert der Staat die private Vorsorge stärker. Wer einen Teil seines Einkommens in den Aufbau einer privaten zusätzlichen Alterssicherung investiert, erhält seit 2002 staatliche Zulagen und Steuererleichterungen. Vielen Menschen nutzen diese Möglichkeit: Seit Einführung der sogenannten Riester-Rente (benannt nach dem damaligen Bundesminister für Arbeit und Sozialordnung Walter Riester) haben bisher rund 13 Millionen Bürgerinnen und Bürger eine solche private Vorsorge abgeschlossen.
- Anheben des Renteneintrittsalters auf 67 Jahre: Über lange Jahre lag das Renteneintrittsalter in der Regel bei 65 Jahren. Ab 2012 wird die Altersgrenze bis zum Jahr 2029 schrittweise vom 65. auf das 67. Lebensjahr angehoben. Wer 1964 oder später geboren ist, kann erst mit 67 in Rente gehen, Ausnahmen gelten u.a. für Versicherte mit besonders vielen Berufsjahren.

Reformen

Experten gehen davon aus, dass auch künftig Reformen erforderlich sein werden, um das **Rentensystem den demografischen und wirtschaftlichen Verhältnissen anzupassen**. Auf lange Sicht wird es insbesondere von Bedeutung sein, die Zahl der Beitragszahler zu erhöhen. Hier zeigt sich, wie eng das Thema Renten mit der Familien- und Arbeitsmarktpolitik verknüpft ist.

Generationengerechtigkeit

Im Zusammenhang mit den Renten fällt häufig der Begriff der ➤ **Generationengerechtigkeit**. Damit gemeint ist eine gerechte Aufteilung der Lasten und Gewinne einer Gesellschaft unter ihren verschiedenen Altersgenerationen. Der Lebenstandart der einen Generation soll nicht zu Lasten anderer Generationen gehen. Mit Blick auf die Renten wird argumentiert, dass das Rentensystem über Gebühr die jüngeren Generationen belastet: Das Niveau der Bezüge einer immer größeren Anzahl von Rentnern kann nur auf Kosten steigender Rentenbeiträge erbracht werden. Hinzu kommt, dass diejenigen, die heute in die Rentenversicherung einzahlen, voraussichtlich künftig immer geringere Renten erhalten werden, wenn sie selber in Ruhestand gehen. Auf den ersten Blick scheint es gerecht, eine Kürzung der Renten vorzuschlagen, um die Lasten der heute Erwerbstätigen sowie der zukünftigen

Generationen zu senken. Bei genauerem Hinsehen ist die Rechnung jedoch nicht ganz so einfach: Die meisten der heutigen Rentner haben mit ihren Kindern für nachfolgende Beitragszahler gesorgt und gleichzeitig selbst in die Systeme Beiträge einbezahlt. Einen gesicherten Lebensabend haben sie sich damit im wahrsten Sinne des Wortes „verdient".

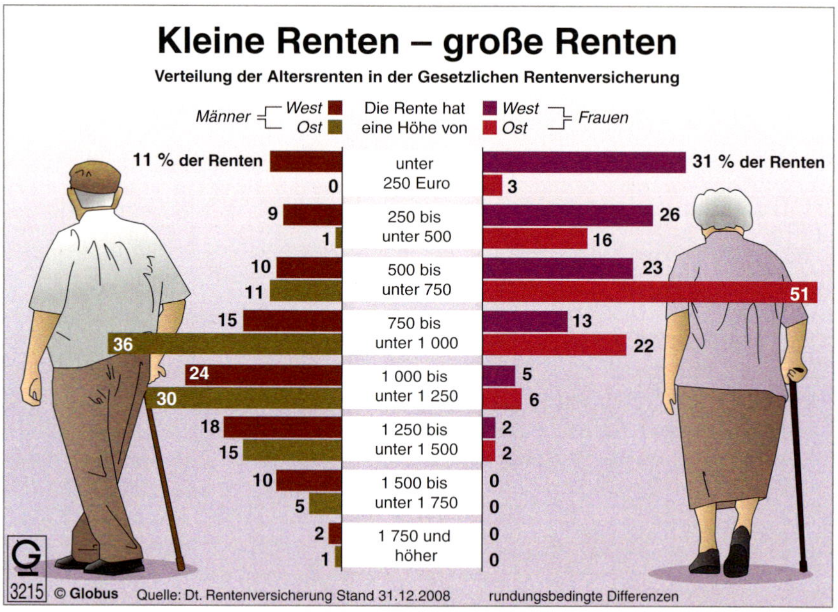

Rentenversicherung

Arbeitnehmer müssen (mit wenigen Ausnahmen) Mitglied der gesetzlichen Rentenversicherung sein. Hauptaufgabe dieser Versicherung ist es, für eine finanzielle Absicherung im Alter zu sorgen. Sie wird aus den Beiträgen der jeweils aktiven Arbeitnehmer finanziert. Wie hoch die Rente jedes Einzelnen ist, hängt davon ab, wie viel und wie lange er während seiner Berufstätigkeit in die Rentenkasse eingezahlt hat. Das auf dem Umlageverfahren basierende Rentensystem ist besonders anfällig für demografische Verschiebungen: Wenn immer weniger Beitragszahler für immer mehr Rentner aufkommen müssen, sinken die Einnahmen der Rentenkasse bei gleichzeitig steigenden Ausgaben.

2 Wirtschaft und Umwelt

2.1 Wirtschaft und Wirtschaften in Geschichte und Gegenwart

1. Ist die kapitalistische Marktwirtschaft die natürliche Wirtschaftsform?
2. Wie rational handeln Menschen?
3. Welche Rolle spielen Geld und Technik für die Wirtschaft?
4. Vor welchen Herausforderungen stehen Volkswirtschaften?

2.2 Die Marktwirtschaft – ein Erfolgsmodell mit Mängeln

1. Marktwirtschaft: Wie kann sie funktionieren?
2. Wie sind die wirtschaftlich Handelnden miteinander verbunden?
3. Was tun, wenn der Markt unvollkommen ist oder sogar versagt?
4. Welche Rolle soll der Staat spielen?

2.3 Die soziale und ökologische Marktwirtschaft Deutschlands

1. Wie kam es zur Entscheidung für eine soziale Marktwirtschaft in der Bundesrepublik Deutschland?
2. Wird das soziale Netz brüchig?
3. Sozialpartnerschaft und Tarifpolitik: Wie kooperativ geht es in der Wirtschaft zu?
4. Mitbestimmung: Wie viel Demokratie ist in der Wirtschaft möglich?

2.4 Die internationale Einbettung der deutschen Wirtschaft

1. Was heißt es, Exportweltmeister zu sein?
2. Was lehrt die internationale Finanz- und Wirtschaftskrise 2008 bis 2010?
3. Ist wirtschaftliche Abschottung eine Alternative?
4. Vor welchen Herausforderungen steht der Wirtschaftsstandort Deutschland?

2.5 Wirtschafts- und Finanzpolitik in einer globalisierten Welt

1. Welche grundlegenden Aufgaben hat der Staat gegenüber der Wirtschaft?
2. Lässt sich Marktmacht eindämmen?
3. Wachstum, Wachstum über alles?
4. Arbeit für alle – oder: Was tun gegen Arbeitslosigkeit?
5. Warum wird um die Wirtschaftspolitik gestritten?
6. Warum sind die öffentlichen Haushalte so hoch verschuldet?

2.6 Natur und Umwelt als schutzbedürftige Ressourcen

1. Umweltschutz: Wie wichtig ist das Thema?
2. Klimawandel: Alles halb so schlimm?
3. Ist eine sichere und umweltschonende Energieversorgung möglich?
4. Was können Verbraucher für die Umwelt tun?

2.1 Wirtschaft und Wirtschaften in Geschichte und Gegenwart

Unser wirtschaftlicher Wohlstand beruht nicht zuletzt darauf, dass wir in einer kapitalistischen Marktwirtschaft leben. Sie ist großenteils bestimmt von Wettbewerb, in dem jeder seinen Vorteil sucht. Alle Lebensbereiche scheinen wirtschaftlichen Zielen untergeordnet zu sein. Aber was uns selbstverständlich ist, galt nicht immer und gilt auch heute nicht überall. Wirtschaftsordnungen und wirtschaftliches Handeln sind das Ergebnis historischer Entwicklung und unterschiedlichster gegenwärtiger Einflüsse.

1. Ist die kapitalistische Marktwirtschaft die natürliche Wirtschaftsform?
2. Wie rational handeln Menschen?
3. Welche Rolle spielen Geld, Wissen und Technik?
4. In welcher Wirtschaftsgesellschaft leben wir?
5. Vor welchen Herausforderungen stehen Volkswirtschaften?

Wirtschaftliches Handeln

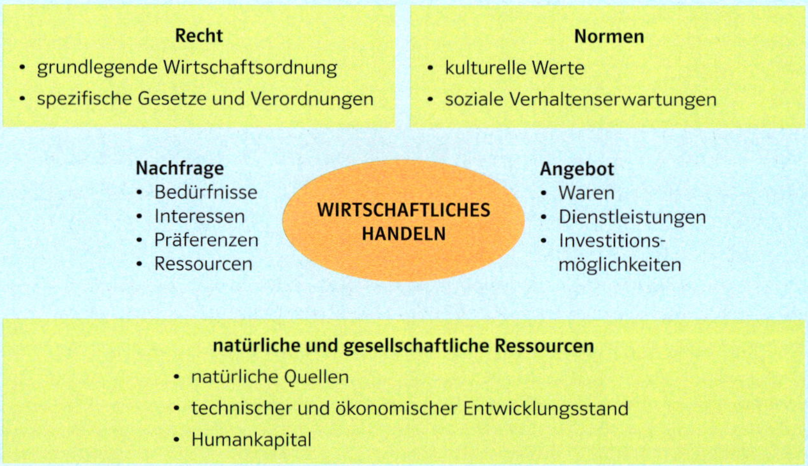

© Klett

Online-Link
800621-2011

1. Ist die kapitalistische Marktwirtschaft die natürliche Wirtschaftsform?

kapitalistisches Wirtschaften

„Raubtier-", „Turbo-" oder „Kasino-Kapitalismus" sind geläufige, kritisch gemeinte Bezeichnungen für die heutige internationalisierte Wirtschaft. „Raubtier" als Beiwort soll die Jagd nach immer neuen profitablen Investitionsmöglichkeiten für das einzusetzende Kapital charakterisieren, bei der Konkurrenten oder profitable Objekte gejagt werden wie verfolgtes Wild. „Turbo" verweist auf das immer rasantere Tempo, in dem wirtschaftliche Entscheidungen gefällt werden und wirtschaftliche Prozesse ablaufen – ermöglicht vor allem durch moderne Informations-, Kommunikations- und

Transporttechniken. Mit der Bezeichnung „Kasino" wird dieser ➤ **Kapitalismus** bedacht, weil auf alles spekuliert bzw. gewettet wird, was man sich nur vorstellen kann – auch weil dabei weltweit ein immer größeres Rad gedreht wird. In diesem Kasino, das sich auf den Finanzmärkten abspielt, werden hohe Renditen (Gewinne im Verhältnis zum eingesetzten Kapital) versprochen, die weit über das hinausgehen, was in der sogenannten Realwirtschaft an Renditen erwirtschaftet werden kann. Diese Differenz macht Spekulationsblasen aus. Sie beruhen auf unrealistischen Gewinnerwartungen und platzen irgendwann – wie die New-Economy-Blase 2000/2001 oder die Immobilien-Blase 2007 in den USA.

Kapitalistische Wirtschaftweise

Es ist in der Tat typisch für eine kapitalistische Gesellschaft, dass praktisch alle ökonomischen Aktivitäten, die in ihr stattfinden, von der Möglichkeit getrieben sind, aus in sie investierten Geldern einen Gewinn zu erzielen. [...] Kapital ist Geld, das investiert wird, um mehr Geld zu erhalten. [...] Ein charakteristischer Zug bei der Entwicklung kapitalistischer Gesellschaften ist das Entstehen von Institutionen, die die Umwandlung von Gütern aller Art in Kapital ermöglichen. [...]

James Fulcher: Kapitalismus, Stuttgart 2007, S. 23 f.

Märkte und Marktwirtschaften

Das Entstehen moderner Märkte und deren zunehmende Öffnung und weltweite Verflechtung hat die Möglichkeiten der kapitalistischen Wirtschaftsweise, d.h. der profitablen Investition von Kapital, in einer Weise erweitert, dass kapitalistische Wirtschaftsweise und Marktwirtschaft meist in einem Atemzug genannt werden.

Handel und Märkte gibt es seit Jahrtausenden. Allerdings: Wenn wir von heutigen Marktwirtschaften und ihren Märkten sprechen, dann hat dies eine sehr viel umfassendere Bedeutung. Noch vor einigen hundert Jahren waren Märkte eine Randerscheinung und auf den Handel mit vergleichsweise wenigen Produkten beschränkt, die eine Ergänzung dessen waren, was man – die Familie, die Sippe, die Dorfgemeinschaft, die Region – selbst produzierte.

In der modernen Marktwirtschaft wird das meiste, was produziert wird, für den Verkauf am Markt hergestellt. Das heißt aber auch: Fast alles ist handelbar. Und damit etwas gehandelt werden kann, muss es zum tauschbaren Gut werden und in Geldbeträgen bewertet werden können.

globalisierte Märkte

Je niedriger die Hürden für die wirtschaftlich Handelnden in und zwischen diesen Märkten sind, umso dynamischer oder auch ungestümer können sich Wirtschaften entwickeln – im positiven wie im negativen Sinn, mit erwünschten und unerwünschten Folgen für den Einzelnen und die Gesellschaften. Deshalb ist – je nach politischer Einstellung – positiv von freien oder negativ von ungezügelten Märkten die Rede. Völlig sich selbst überlassene Märkte tendieren zu extremen Ausschlägen – einschließlich schweren ökonomischen Krisen. Diese können wegen der zunehmenden globalen Verflechtung der Volkswirtschaften große Teile der Weltwirtschaft in einen Abwärtsstrudel reißen – Beispiele sind die Weltwirtschaftskrise von 1929 bis

1932, die Wirtschaftskrise in Südostasien im Jahr 1997/98 und die Weltfinanz- und Wirtschaftskrise 2008 bis 2010 (Kap. 2.4 und Kap. 6).

Wirtschaft, Gesellschaft und Politik

Die **kapitalistische Marktwirtschaft** ist uns so geläufig, dass wir geneigt sind, sie für die dem Menschen angemessene natürliche Wirtschaftsordnung zu halten. Dabei existiert sie erst seit etwa 150 bis 200 Jahren. Auch heute noch findet man Wirtschaftsordnungen – besondes bei sogenannten Naturvölkern –, in denen die Prinzipien der kapitalistischen Marktwirtschaft nicht gelten.

Die Bedeutung von Besitz

Der Nomade akkumuliere nicht, häufe nicht an um des Anhäufens von Reichtum willen, schreibt Jacques Attali; er konzentriere sich auf das, was er mit seiner Gruppe oder Sippe zum Leben und Überleben braucht. Dadurch beute er auch die Natur nicht aus. Ihm sei ein besonderer Lebensrhythmus eigen. Schnelligkeit und Effizienz seien für die Jagd lebensnotwendig. Danach habe die Zeit jedoch eine ganz andere Dichte. Sie fließe eher gemächlich dahin und sei nicht zuletzt auf die Verrichtung von religiösen oder kulturellen Ritualen und auf das Erzählen von Geschichten konzentriert. Beides sei für den Zusammenhalt der Gruppe notwendig; denn nur als Gruppe gebe es eine Überlebenschance. Rituale dienten der Harmonie mit Natur und Göttern, die Erzählungen dem Weitergeben von Erfahrung und Wissen von einer Generation an die nächste.

Von bestimmten Völkern, Stämmen oder Gruppen der Vorzeit nimmt man an, dass sie nichts für sich als Individuen besessen, ja von Besitz als solchem keine Vorstellung gehabt hätten. Und die Huaoranis in der afrikanischen Äquator-Region sähen noch heute im Wald ihren Ernährer, der ihnen gebe, was sie brauchen. Ihnen selbst gehöre im eigentlichen Sinne nichts. In ihrer Sprache hätten sie nicht einmal Wörter für „geben" oder „nehmen". Gibt eine Person einer anderen etwas, dann sprächen Sie davon, dass etwas „zu einer anderen Person gegangen ist".

Zusammengefasst und frei übersetzt von Jürgen Feick nach: Jacques Attali: L'homme nomade, Paris 2003, S. 75, 80 f., 83

Ökonomisierung und Gegenbewegung

In den vergangenen 150 bis 200 Jahren ist etwas geschehen, was bisweilen als die **Kolonisierung der Gesellschaft durch die Wirtschaft** bezeichnet wird. Die Wirtschaft als von Fesseln befreiter und sich selbst regulierender Markt zwingt der Gesellschaft die Gesetze des Marktes auf. Mit der Unterwerfung u.a. auch der Arbeitskraft unter die Bedingungen von Marktprozessen wird die Einheit der Gesellschaft dem Marktmechanismus geopfert. Der Wirtschafts-, Sozialwissenschaftler und Philosoph Karl Polanyi (1886–1964) zeigte, dass dieser Prozess nicht nur in eine Richtung verläuft: „Da die Tätigkeit solcher Märkte die Gesellschaft zu zerstören droht, waren Selbstschutzmaßnahmen darauf ausgerichtet, die Entstehung dieser Märkte zu verhindern beziehungsweise, wenn sie einmal errichtet waren, in ihr freies Wirken einzugreifen." (Polanyi: The Great Transformation, Frankfurt 1997, S. 271; engl. Erstausgabe 1944). Gesellschaftliche und politische Gegenbewegungen versuchen, dem Einfluss und den Folgen von Marktprozessen entgegenzutreten und sie zu bändigen.

Der dominierende Markt

Der moderne Markt entwickelte sich zunehmend zu einem Netzwerk, das weit mehr umfasste als nur den Austausch von Dingen an einem speziellen Ort. Vielmehr wuchs er zu einem weitläufigen wirtschaftlichen Zusammenhang heran, der Märkte für Güter, Land, Arbeit und Kapital einschloss, [...]. In der Moderne wurde er [der Markt] zu einer dominierenden Institution, die zunächst das Wirtschaftsgeschehen kontrollierte und am Ende als dessen organisierende Kraft auftrat. Fortan war die Ökonomie nicht mehr länger dem gesellschaftlichen Zusammenhang untergeordnet, sondern umgekehrt prägte das Wirtschaftssystem die sozialen Beziehungen.

Ivan T. Berend: Markt und Wirtschaft. Ökonomische Ordnungen und wirtschaftliche Entwicklung in Europa seit dem 18. Jahrhundert, Göttingen 2007, S. 9f.

Plan- oder Zentralverwaltungswirtschaft

Inzwischen ist fast vergessen, dass es ein bedeutendes Gegenmodell zur kapitalistischen Marktwirtschaft gab: die sozialistische bzw. kommunistische Plan- oder Zentralverwaltungswirtschaft. Entstanden waren (und politischen Einfluss gewannen) diese Vorstellungen als Reaktion auf die sozialen Missstände, die die Industrialisierung im 18. und 19. Jahrhundert zusammen mit der Ausbreitung kapitalistischen Wirtschaftens hervorgerufen hatte – zunächst vor allem im industriell fortgeschrittenen England. Extreme wirtschaftliche Ausbeutung und zunehmende soziale Entwurzelung und Verelendung großer Teile der Gesellschaft (**Proletarisierung**) sowie immer wiederkehrende Wirtschaftskrisen mit verheerenden Auswirkungen für große Teile der Bevölkerung ließen die Arbeiterbewegung und den Ruf nach einer Wirtschaftsform ohne Ausbeutung entstehen. Eines der damals entworfenen Ideale: Jeder solle nach seinen Fähigkeiten zur Wirtschaft beitragen und nach seinen Bedürfnissen leben können – in einem Reich der Freiheit ohne Not (Karl Marx, 1818–1883). Nach der bolschewistischen russischen Revolution von 1917 wurde in der **Sowjetunion** das Experiment staatlicher Wirtschaftsplanung als Gegenmodell zur kapitalistischen Marktwirtschaft entworfen. Dieses Modell, das in den Jahren nach dem Zweiten Weltkrieg im Einflussbereich der Sowjetunion weitere Ausbreitung fand, brach Ende der 1980er-Jahre zusammen. Der Grund: Es war verbunden gewesen mit Unterdrückung und Unfreiheit, und es hatte sich außerdem als wirtschaftlich weit weniger leistungsfähig erwiesen als die kapitalistischen Marktwirtschaften.

2. Wie rational handeln Menschen?

Online-Link
800621-2012

Homo Oeconomicus und effiziente Marktwirtschaft

Der **marktwirtschaftliche Liberalismus**, am populärsten verbunden mit dem Namen von Adam Smith, beruht auf den Annahmen, dass

- Menschen in wirtschaftlichen Dingen im Sinne ihrer eigenen Interessen rational entscheiden und handeln, wenn man sie nur lässt
- eine Wirtschaftsordnung, die jedem die Freiheit gibt, die eigenen wirtschaftlichen Interessen zu verfolgen, letztlich auch am besten dem Wohlstand der ganzen Gesellschaft dient.

Im wirtschaftswissenschaftlichen Denken spielt das Bild des **Homo Oeconomicus** eine so große Rolle, weil er als ein Element unverzichtbar ist, um die gesamtgesellschaftlichen Vorteile einer marktwirtschaftlichen Wettbewerbswirtschaft zu begründen. Nur wenn alle in der Lage sind

- ihren eigenen wirtschaftlichen Nutzen zu mehren
- wenn sie dies möglichst rational tun
- und dabei gleichzeitig in freiem Wettbewerb miteinander stehen

dann wird auch der wirtschaftliche Wohlstand einer gesamten Gesellschaft am besten gefördert. Da alle wirtschaftlich Handelnden die ihnen zur Verfügung stehenden Mittel möglichst gewinnbringend bzw. Nutzen fördernd einsetzen, wird auch das Ergebnis der gesamten Volkswirtschaft ein effizientes sein – die größtmögliche Förderung des gesamtwirtschaftlichen Wohlstands mit den zur Verfügung stehenden Mitteln. Das sind jedenfalls die Annahmen und Erwartungen im marktwirtschaftlichen Wettbewerbsmodell. Darüber hinaus spielt der Homo Oeconomicus in den Wirtschaftswissenschaften eine so große Rolle, weil diese Vorstellung menschlichen Verhaltens es Ökonomen erleichtert, Modellvorstellungen zu entwickeln und Berechnungen darüber anzustellen, wie sich Menschen, Organisationen, ganze Volkswirtschaften oder sogar die Weltwirtschaft wahrscheinlich verhalten und entwickeln werden.

Adam Smith (1723–1790) war nicht nur einer der Begründer der klassischen Wirtschaftswissenschaft, sondern in erster Linie Moralphilosoph. Für ihn konnte eine freie marktwirtschaftliche Ordnung nur dann funktionieren und zum erwünschten gesellschaftlichen Erfolg führen, wenn die wirtschaftlich nach eigenen Interessen, also egoistisch handelnden Menschen auf einem sittlichen Fundament stehen, das Mitgefühl und Verantwortungsbewusstsein, Rechtschaffenheit, Ehrlichkeit und Fairness auch in wirtschaftlichen Dingen beinhaltet.

Kritik am Homo Oeconomicus

Die Kritiker dieses ökonomischen Modells menschlichen Verhaltens sind überzeugt, dass viele wirtschaftswissenschaftliche Vorhersagen fehlerhaft sind und auch Wirtschaftskrisen nicht vorhergesehen werden können, weil diese Vorstellung vom menschlichen Handeln zu einfach ist. Sie meinen und weisen zum Teil nach, dass

- der Mensch auch in wirtschaftlichen Dingen nicht nur darauf aus ist, seinen Nutzen unter allen Umständen zu maximieren oder optimieren
- sein Handeln nicht auf nur auf rationalen Kalkulationen beruht, sondern viele irrationale Momente enthält
- vollständig durchrationalisiertes wirtschaftliches Handeln prinzipiell unmöglich ist.

Abneigung gegen Unfairness

Auszug aus einem Interview mit dem Wirtschaftswissenschaftler Axel Ockenfels.

Die Menschen sind immer noch egoistisch, aber sie haben ihren eigenen Egoismus. Sie schauen zum Beispiel nicht nur auf das, was sie unterm Strich bekommen, [...] Wir wissen eindeutig, dass Menschen durchaus bereit sind, andere zu bestrafen, die sich unfair verhalten – selbst wenn es sie selbst eine ganze Menge kostet [...].

Nehmen wir zum Beispiel das Ultimatum-Spiel: Sie haben 100 Euro zu vergeben, und Sie müssen entscheiden, wie viel Sie mir davon abgeben; ich sage „Ja" oder „Nein". „Ja" heißt: Wir beide bekommen anteilig Geld. „Nein" heißt: Wir bekommen beide nichts. Wenn wir also erfolgreich verhandeln, stellen wir uns beide besser. [...]

Die klassische Wirtschaftstheorie macht eine klare Prognose: Die sagt, Sie geben mir 1 Euro – denn das ist das, was Homo Oeconomicus tun würde [...]. Wenn Sie mir 1 Euro geben und ich annehme, dann bekomme ich 1 Euro. Wenn ich ablehne, bekomme ich nichts. Und da 1 Euro besser ist als nichts, nehme ich an. Da Sie Homo Oeconomicus sind, antizipieren Sie dieses Verhalten und dürfen sich darauf freuen, dass Sie fast den gesamten Kuchen kriegen und ich fast nichts [...]. Wenn Sie sagen, „Ich verzichte auf den 1 Euro", dann heißt das, Sie schmeißen Geld weg. [...]

Wenn wir das Ultimatum-Spiel mit echtem Geld in unserem Labor spielen, dann gibt fast nie jemand nur 1 Euro ab. Die meisten geben ungefähr die Hälfte, also 50 Euro. Wenn Sie zu wenig abgeben wollen, dann wird typischerweise abgelehnt. Das ist ein ganz robustes Verhalten – das passiert in Deutschland genauso wie in den USA oder anderen Ländern. Sie können das Spiel auch 100 Mal wiederholen, das Ergebnis ist immer dasselbe: Die Leute haben eine Unfairness-Aversion. Sie wollen den anderen dafür bestrafen, dass er unfair war. [...]

Ingun Arnold: Abschied vom Homo Oeconomicus, Deutsche Welle, DW-WORLD.DE, 02.03.2005; www.dw-world.de/dw/article/0,,1505080_page_1,00.html (12.02.2010)

Grenzen rationalen Verhaltens

Der Ökonom und Organisationswissenschaftler Herbert A. Simon hat von „begrenzter Rationalität" gesprochen, um zu sagen, dass Menschen prinzipiell nicht in der Lage sind, bis ins letzte Detail durchkalkulierte, rationale Entscheidungen zu treffen. Dafür gebe es mehrere Gründe:

- Wir können nicht alle Handlungsmöglichkeiten im Hinblick auf Kosten und Nutzen im Detail überprüfen, weil wir dazu nicht alle notwendigen Informationen zur Verfügung haben und deren Beschaffung – falls überhaupt möglich – mehr Kosten verursachen könnten, als die ganze Sache überhaupt wert ist.
- Der Zeitpunkt, zu dem eine Entscheidung verlangt wird, lässt nicht genug Zeit für genauere Untersuchungen.
- Bestimmte Informationen sind prinzipiell nicht zu erhalten, weil entweder Aufzeichnungen dazu fehlen oder weil sie – wie bei Entscheidungen üblich – in der Zukunft liegen und nur vermutet, im günstigsten Falle ungefähr geschätzt werden können.

- Noch während Berechnungen über Kosten und Nutzen verschiedener Maßnahmen angestellt werden, können sich die Ziele oder auch die zur Verfügung stehenden Mittel verändern und damit sämtliche bisherigen Berechnungen über den Haufen werfen.

Simon kommt deshalb zu dem Schluss, dass menschliches Entscheidungsverhalten dem „Satisficing-Prinzip" folgt und nicht dem Maximierungs- oder Optimierungsprinzip. „Satisficing" heißt, dass real handelnde Menschen den Suchprozess dann abbrechen, wenn sie eine zufriedenstellende (= satisficing) Entscheidungsvariante gefunden haben.

Zusammengefasst von Jürgen Feick nach: Herbert A. Simon: Entscheidungsverhalten in Organisationen, Landsberg am Lech 1981

Rationalität wirtschaftlichen Handelns

Ökonomisch rationalem Handeln sind nicht nur enge Grenzen gesetzt, deren man sich bewusst sein muss; ökonomische Rationalität ist außerdem nur eine Teil-Rationalität. Eine über diese hinausgehende Rationalität muss sich mit der moralischen Verantwortbarkeit des eigenen Handelns auseinandersetzen – gegenüber sich selbst und anderen. Hier geht es dann um die Vernünftigkeit des jeweiligen Handelns auch in wirtschaftlichen Dingen. Es geht um Wirtschaftsethik. Diese spielt bei den Entscheidungen des Konsumenten genauso eine Rolle wie bei Entscheidungen in Unternehmen.

Online-Link
800621-2013

3. Welche Rolle spielen Geld und Technik für die Wirtschaft?

Geld als „Schmiermittel" der Wirtschaft

Wir brauchen uns nur vorstellen, dass wir für unsere Arbeit kein Geld bekämen, sondern ausschließlich mit Naturalien entlohnt würden und alles, was wir zusätzlich bräuchten, gegen andere Güter eintauschen müssten. Die gewohnten Wirtschaftsabläufe würden zusammenbrechen. Eine solche Art reiner **Tauschgesellschaft** liegt lange hinter uns, auch wenn bei uns hier und da immer wieder Güter gegen Güter getauscht werden. Einzelne Außenseiter oder Aussteigergruppen versuchen sogar ganz bewusst, wirtschaftliche Beziehungen so weit wie möglich als geldlose Tauschbeziehungen zu leben.

Handel und Tausch

Die Erfindung und umfassende Nutzung des Geldes als **Tauschmittel** hat den Handel enorm erleichtert. Und Handel ist lebensnotwendig für Gesellschaften, in und zwischen denen sich komplizierte Systeme der Arbeitsteilung entwickelt haben. Eine Voraussetzung dafür, dass der Tausch Geld gegen Güter funktioniert, ist Vertrauen – Vertrauen darauf, dass man in Zukunft mit dem Geld auch Güter bekommen wird. Geld ist wie ein Schuldschein, der mir das Recht gibt, ihn jederzeit eintauschen zu können. Vertrauen als Grundbasis ist besonders dann notwendig, wenn dieses Geld als Material selbst keinen eigenen Wert hat – z.B. Papiergeld oder Münzen aus billigem Metall im Gegensatz zu Goldmünzen. Fehlt dieses Vertrauen, bricht eine auf Geld basierende Wirtschaft zusammen.

Kaurischnecken waren ein traditionelles Zahlungsmittel in Teilen Asiens und in der Südsee.

Was zählt: Vertrauen in die Zahlungsbereitschaft des Kreditkarteninstituts

Geld und Vertrauen

Wir geben uns mit Papiergeld zufrieden oder Münzen, die aus wertlosem Metallabfall hergestellt worden sind. Wir geben uns sogar mit Geld zufrieden, das wir nicht einmal sehen können. Das heutige elektronische Geld wird von unserem Arbeitgeber auf unser Konto überwiesen, von dort zu unserem Einkaufsladen, ohne dass es je physisches Geld werden muss. [...] Geld ist eingraviertes Vertrauen. Und es kommt offenbar nicht darauf an, wo es eingraviert ist: auf Silber, auf Ton, auf Papier oder einen LCD-Bildschirm.

Nach: Niall Ferguson: The Ascent of Money. A Financial History of the World, London/New York 2008, S. 28 ff.; Übersetzung Jürgen Feick (sinngemäße Wiedergabe)

Geldwirtschaft

Geld erleichtert nicht nur Tausch und Handel. Es ist ein wichtiges „Schmiermittel" der Wirtschaft, weil es Konsum und Investitionen auch dann ermöglicht, wenn nicht genug Geld oder Kapital vorhanden ist. Durch Kredite wird dann das notwendige Geld oder Kapital zur Verfügung gestellt. Ein großer Teil der Investitionen und des Konsums beruht auf solchen Krediten, also auf Schulden, die nur zu einem kleinen Teil durch Ersparnisse abgedeckt sind. Das notwendige Geld oder Kapital stellt die Geld- oder Finanzwirtschaft zur Verfügung: Banken, Sparkassen und andere Finanzinstitute. Weil ein funktionierender Geldkreislauf so wichtig ist für den Wirtschaftsprozess, hat die weltweite Banken- und Finanzkrise ab 2008 die Weltwirtschaft insgesamt in eine tiefe Krise gestürzt. Regierungen griffen deshalb mit Billionen US-Dollar, Euros, japanischen Yen, chinesischen Renminbi und britischen Pfund ein, um Finanzinstitute zu stützen und so den Geldkreislauf nicht vollständig zusammenbrechen zu lassen (Kap. 2.4).

Wissenschaft und Technik

Wissenschaftliche Erkenntnisse und technische Erfindungen werden zu den wichtigsten Beschleunigern wirtschaftlicher Entwicklung gerechnet. Für den Ökonomen, Gesellschaftstheoretiker und Philosophen Karl Marx (1818–1883), der als Zeitzeuge der Industrialisierung im 19. Jahrhundert lebte, sind es die ➤ **Produktivkräfte** – die technischen und wissensbasierten Produktionsmöglichkeiten –, welche den Charakter nicht nur einer Wirtschaft, sondern einer ganzen Gesellschaft prägen. Für den Wirtschaftswissenschaftler und Innovationsforscher Nikolai Kondratjew (1892–1938) sind es vor allem fundamentale technische Innovationen, die durch nachfolgende Anwendungen neue wirtschaftliche Wachstumsphasen anstoßen (**Kondratjew-Zyklen**).

Oft ist es eine Mischung aus alten und neuen Techniken, die Innovationen hervorbringt. Beispiele dafür gibt es in den Bereichen erneuerbarer Energien oder ökologischer Nahrungsmittelproduktion.

Basisinnovationen und ihre Auswirkungen

	1800	1850	1900	1950	1990	20xx
Basis-innovationen	**Dampfmaschine Baumwolle** ↓	**Stahlherstellung Eisenbahn** ↓	**Elektrotechnik Chemie Verbrennungs-motoren** ↓	**Petro- und Biochemie Atomenergie Mikroelektronik** ↓	**Mikroelektronik Halbleiter-technologie** ↓	**Gentechnologie Biotechnik Nanotechnik** ↓
Anwendungsbereiche	• Antriebskraft für – industrielle Produktion, – Transport-mittel • Textilindustrie	• industrielle Produktion • Transport-fahrzeuge • Transport-systeme: Erschließung des Raums • Baukonstruk-tionen	• Antriebs-motoren • Energie-versorgung • Landwirt-schaft • Textilindustrie • pharmazeuti-sche Industrie	• Mineralölwirt-schaft • Kunststoff-indudrie • Energiewirt-schaft • Pharma-industrie • Transport-wesen	• elektr. Daten-verarbeitung • elektr. Steue-rungssysteme • Kommunika-tionssysteme • Energiewirt-schaft • optische Industrie	• Landwirt-schaft • Medizin • Pharma-industrie • Oberflächen-technologie • Energie-versorgung
Produktbeispiele	• mechanischer Webstuhl • Dampfschiff	• Maschinenbau • Eisenbahnnetz • Hochhäuser	• Elektro-, Otto-, Dieselmotor • elektrisches Licht • Telefon • Kühlschrank • Auto • Straßenbahn • Flugzeug • Düngemittel • Farbstoffe • Arneimittel	• Asphalt für Straßenbau • Lkw, Pkw • Atomkraft-werke • Arzneimittel • zivile Luftfahrt • Raketen	• PC und An-wendungen • Internet und Anwendungen • Mobiltelefon • GPS-Navigation • Digitalkamera • Flachbild-schirme • Industrie-Roboter • Solarzellen	• Genmais • Geninsulin • Zuchttiere • Transplanta-tionsgewebe • chirurgische Methoden • Arzneimittel • Lotus-Dach-ziegel/-Glas-scheiben • erneuerbare Energien

Faktoren technischen Wandels

Solche auf Wissenschaft und Technik fixierten Vorstellungen von gesellschaftlichem und wirtschaftlichem Wandel sind nicht unumstritten; denn technische Innovationen entstehen nicht von selbst und finden auch nicht automatisch den Weg in die alltägliche Nutzung. So ist es durchaus normal, dass es von der wissenschaftlichen Entdeckung über die technische Erfindung viele Jahrzehnte braucht, bis daraus gebrauchsfähige und nachgefragte Produkte werden. Die Erfindung des Computers im heutigen Sinne in den 1940er-Jahren war noch 40 bis 50 Jahre entfernt vom Masseneinsatz des PCs an Arbeitsplätzen und in Haushalten. Es bedarf vieler Einzelfaktoren, damit Entdeckungen und Erfindungen gemacht und in wirtschaftlich erfolgreiche Produkte umgesetzt werden. Nicht zuletzt menschliche Neugierde, Freude am technischen Erfolg, das Streben nach wirtschaftlichem Gewinn und daraus resultierende gesellschaftliche Anerkennung sind unverzichtbar als Motive. Und es bedarf eines gesellschaftlichen, wirtschaftlichen und politischen Umfelds, das für die Anwendung neuer technischer Möglichkeiten offen ist.

Kontrovers: Erwartungen und Befürchtungen
Wie technische Innovationen zu bewerten sind, ist Gegenstand kontroverser Debatten.

- Befürworter sehen im wissenschaftlichen und technischen Fortschritt nicht nur einen wichtigen Motor der wirtschaftlichen Entwicklung, sondern auch einen des gesellschaftlichen Fortschritts und der individuellen Selbstverwirklichung.
- Kritiker betonen die tatsächlichen oder befürchteten negativen Auswirkungen technischer Innovationen und ihrer wirtschaftlichen Anwendungen: der ungebremste Verbrauch von natürlichen Ressourcen und die damit einhergehende Zerstörung der natürlichen Umwelt; die zunehmende Abhängigkeit des Menschen von der Technik und die damit einhergehende Entfremdung des Menschen von der Natur, in der Arbeit, in den zwischenmenschlichen Beziehungen und von sich selbst.
- Eine dritte Gruppe hält einerseits wissenschaftlichen und technischen Wandel für eine unvermeidliches Merkmal unserer Zivilisation, ist überzeugt, dass intelligent eingesetzte Technik zur Bewältigung vieler Probleme unerlässlich ist. Es komme auf die Ziele der Technikentwicklung und die konkrete Nutzung von Technik an, ob sie zerstörend oder erhaltend wirkt, ob sie bereichert und befreiend wirkt oder Menschen abhängig macht und letztlich einengt.

Erhoffte wirtschaftliche Folgen technischen Fortschritts

Durch wissenschaftliche Entdeckungen und technische Innovationen können neuartige oder verbesserte Güter entwickelt und produziert werden. Sie dienen als Werkzeuge und Maschinen in der Produktion oder können für Dienstleistungen eingesetzt werden, wie auch für den Ausbau der technischen Infrastruktur (Energie, Transport, Information, Kommunikation). Schließlich können sie direkt für den Endverbraucher gedacht sein. In einem engeren wirtschaftlichen Sinn verspricht man sich von ihnen, effektiver und effizienter wirtschaften zu können: d.h. neuer, besser und mehr bei gleichem oder sogar geringerem Aufwand an Energie, Material und Arbeitszeit zu produzieren – und auch zu konsumieren. Für die einzelnen Menschen wie für die gesamte Gesellschaft geht es darum, den Wohlstand zu mehren und mehr Bedürfnisse zu befriedigen, um besser leben zu können – und das möglichst bei geringerem Ressourcenverbrauch und Schonung von Natur, Umwelt und Gesundheit (Kap. 2.6).

Online-Link
800621-2014

4. Vor welchen Herausforderungen stehen Volkswirtschaften?

Wettbewerb der Regime

Der internationale Wettbewerb, dem sich nationale Volkswirtschaften ausgesetzt sehen, stellt eingefahrene Formen des Wirtschaftens in Frage, rüttelt an lieb gewonnenen Verhaltensweisen und setzt auch soziale Strukturen und politische Systeme einem erhöhten **Wettbewerbsdruck** aus (Regimewettbewerb). Nachdem die sozialistischen Planwirtschaften in sich zusammengebrochen sind und auch China trotz eines diktatorischen politischen Regimes in der Wirtschaft auf mehr Markt setzt, sind im Grunde nur noch kapitalistische Marktwirtschaften unterschiedlicher Prägung übrig geblieben. Die kapitalistischen Systeme unterscheiden sich vor allem im Hinblick auf den

Drei Hauptaufgaben als Quadratur des Kreises

Ein Gespräch mit Ralf Dahrendorf, das 1996 im Oxforder St. Antony's College, der langjährigen Wirkungsstätte Dahrendorfs, geführt wurde.

Dahrendorf: Es geht darum, drei Dinge miteinander zu verbinden, die sich nicht bruchlos verbinden lassen, nämlich erstens Wettbewerbsfähigkeit in den rauen Winden der Weltwirtschaft zu erhalten und zu verstärken, zweitens dabei nicht soziale Solidarität und sozialen Zusammenhalt zu opfern, drittens schließlich, das alles zu tun unter den Bedingungen und durch Institutionen freier Gesellschaften. [...] Kein Land wird es ganz schaffen, diese drei Dinge befriedigend zu lösen, [...]. In Großbritannien ist in gewisser Weise die Gesellschaft dem Wettbewerb geopfert worden, ohne dass allerdings bisher die freiheitlichen Institutionen in Gefahr wären.

Blätter: Diese Empfehlung, sich auf die soziale Seite zu konzentrieren, geht von der besonderen englischen Erfahrung aus?

Dahrendorf: Die auch bis zu einem gewissen Grade die amerikanische Erfahrung ist, ja. Wenn ich in Singapur lebte, hätte ich die Akzente sicher anders gesetzt, nämlich die politische Freiheit betont. Und auf dem europäischen Kontinent, vielleicht in Deutschland, ist das große Thema die Wettbewerbsfähigkeit. Der Schwerpunkt liegt also in unterschiedlichen Situationen auf jeweils anderen Elementen dieser [...] wichtigen Dreiheit.

Das Verhältnis von Demokratie und Wirtschaft

Dahrendorf: [...] Das deutsche Problem war in Weimar, dass Demokratie und wirtschaftlicher Erfolg für viele miteinander verbunden waren, und solange die beiden den Menschen den Gefallen taten, das heißt zwischen 1924 und 1928/29, schien alles o.k. In dem Augenblick, in dem die Wirtschaft zu wackeln begann und viele Einzelne das spürten, kam auch der Zweifel an der Demokratie. Das Entscheidende in den angelsächsischen Ländern ist eben gerade die Entkoppelung der beiden. Das heißt also: Auch wenn es einem wirtschaftlich schlecht geht, zieht niemand daraus den Schluss, dass man das Regime verändern muss [...]. Wenn man sagt: Bonn ist nicht Weimar, dann kann das nur heißen: Im Bewusstsein der Deutschen sind die beiden Dinge inzwischen auch entkoppelt. Ob das in den neuen Bundesländern stimmt, scheint mir sehr fraglich. Und inwieweit es in den alten Bundesländern stimmt, ist eine Schlüsselfrage für die Zukunft.

Karl D. Bredthauer: Die Quadratur des Kreises, Blätter für deutsche und internationale Politik, 8/2009, S. 108–113 wirtschaftlichen und technologischen Entwicklungsstand, die jeweils konkrete Rolle des Staates und von Arbeitnehmervertretungen und Wirtschaftsverbänden in der Wirtschaft. Auch die Weltfinanz- und Wirtschaftskrise der Jahre 2008 bis 2010 hat nichts daran geändert, dass kapitalistische Marktwirtschaftsordnungen auf absehbare Zeit das Grundgerüst sind, innerhalb dessen sich wirtschaftliches Handeln national und international organisiert.

nationale Herausforderungen

Vor welchen Herausforderungen stehen die nationalen Volkswirtschaften in je spezifischer Weise und die internationale Wirtschaft insgesamt? Im Hinblick auf nationale Gesellschaften, Volkswirtschaften und Regierungen hat der Soziologe Ralf Dahrendorf (1929–2009) drei grundlegende Herausforderungen genannt, deren Bewältigung angesichts weltwirtschaftlichen Wettbewerbsdrucks einer Quadratur des Kreises gleichkomme: Die Bewahrung oder Herstellung von

- internationaler Wettbewerbsfähigkeit
- gesellschaftlichem Zusammenhalt
- sozialer und politischer Freiheit.

internationale Herausforderungen

Diese nationalen Herausforderungen können noch weiter differenziert und um solche ergänzt werden, vor denen die Staatengemeinschaft insgesamt steht und bei denen es sich weitgehend auf der internationalen Ebene entscheidet, ob sie befriedigend bewältigt werden können. Solche Problemstellungen sind vor allem:

- der steigende Verbrauch zu Ende gehender Ressourcen
- die zunehmende Zerstörung von Umwelt und Natur
- die Kluft zwischen armen und reichen Ländern
- die zu erwartenden Wanderungsbewegungen, ausgelöst durch Kriege, Mangel an natürlichen Ressourcen, Umweltzerstörung und Klimawandel sowie fehlende Entwicklungsmöglichkeiten aus der Armut.

Die Rolle des Staates

Wenn von kapitalistischen Marktwirtschaften und deren Bändigung gesprochen wird, geht die Diskussion heute vor allem um die Frage nach der Rolle des Staates, staatsähnlicher Institutionen oder internationaler Organisationen für die Wirtschaft und in der Wirtschaft. Soll der Staat sich weitgehend aus der Wirtschaft heraushalten oder hat er Verantwortung für die Bedingungen des Wirtschaftens und für mögliche Folgen wirtschaftlichen Handelns? Die Antworten auf diese Fragen sind politisch umstritten. Das betrifft nicht nur die konkrete Ausgestaltung der grundlegenden Wirtschaftsordnung (Ordnungspolitik), sondern schließt die Frage ein, ob der Staat auch Verantwortung für die wirtschaftliche Entwicklung als Wohlstandsentwicklung trägt (Wirtschafts- und Finanzpolitik), für die Innovationsfähigkeit einer Gesellschaft (Bildungs-, Wissenschafts-, Technologie- und Industriepolitik) und für die möglichen oder tatsächlichen sozialen und ökologischen Folgen des Wirtschaftens (Sozialpolitik; Umweltpolitik). Dort, wo der Nationalstaat an die Grenzen seiner Einflussmöglichkeiten stößt, sind internationale Vereinbarungen gefragt (Kap. 4.3 und 6.2).

2.2 Die Marktwirtschaft – ein Erfolgsmodell mit Mängeln

Die Wirtschaftsordnung der Bundesrepublik ist dem Grundmodell einer Marktwirtschaft verpflichtet. Damit Marktwirtschaften überhaupt funktionieren können, müssen bestimmte Voraussetzungen erfüllt sein – sonst schaufelt sie sich ihr eigenes Grab. Aber auch eine funktionierende Marktwirtschaft kann zu ungewünschten Ergebnisses führen: ein Fall von Marktversagen. Wie soll die Politik auf Marktmängel und Marktversagen reagieren?

1. Marktwirtschaft: Wie kann sie funktionieren?
2. Wie sind die wirtschaftlich Handelnden miteinander verbunden?
3. Was tun, wenn der Markt versagt?
4. Welche Rolle fällt dem Staat in der Wirtschaft zu?

Die Marktwirtschaft – Erfolgsmodell mit Mängeln

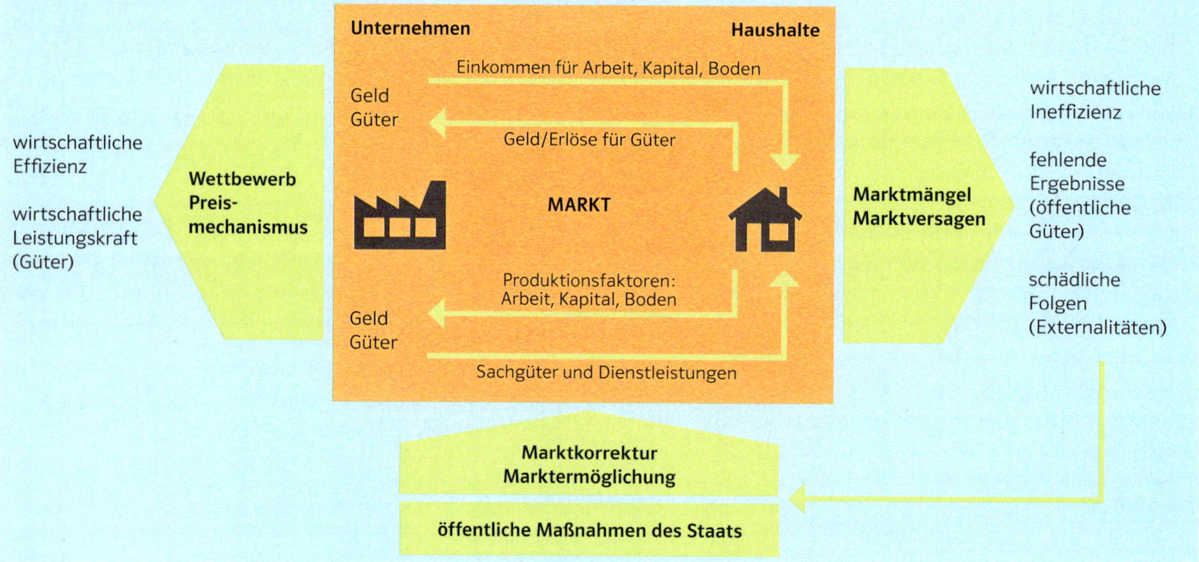

© Klett

Online-Link 800621-2021

1. Marktwirtschaft: Wie kann sie funktionieren?

In einer idealen Marktwirtschaft handeln die einzelnen Haushalte und Unternehmen frei nach ihren wirtschaftlichen Interessen. Die Unternehmen entscheiden, welche Güter sie in welchen Mengen herstellen und zu welchen Preisen sie diese verkaufen wollen. Die Haushalte entscheiden, wie sie ihr Einkommen verwenden wollen – ob für den Konsum oder für Ersparnisse. Arbeitnehmer bestimmen frei, in welcher Weise und zu welchem Preis sie ihre Arbeitskraft anzubieten bereit sind. Unternehmen treten nicht nur als Anbieter, sondern auch als Käufer (Nachfrager) auf – z. B. wenn sie Maschinen oder Rohstoffe kaufen, Fabriken bauen lassen oder Arbeitskräfte anwerben.

Marktkoordination

Die Entscheidungen der vielen Einzelnen müssen aufeinander abgestimmt werden, damit das Gewünschte produziert und das Produzierte gekauft wird. In der Marktwirtschaft wird diese Koordination durch das Zusammentreffen von **Angebot und Nachfrage** am Markt bewerkstelligt. Von besonderer Bedeutung sind dabei die Preise, die sich für alle Güter bilden. In einer solchen idealen Marktwirtschaft mit funktionierendem Wettbewerb können einzelne Anbieter oder Nachfrager die Preise nicht bestimmen. Sie ergeben sich als ➤ **Marktpreise** aus dem Aufeinandertreffen von Angebot und Nachfrage und sind ein wichtiges Signal für Produzenten und Käufer.
So ist es im Idealfall. In der Wirklichkeit existiert ein solcher idealer Markt nicht, in dem sich die Preise wie von unsichtbarer Hand gelenkt am Markt bilden und weder Produzenten, noch Händler oder auch Kunden sie direkt beeinflussen können.
In einem solchen idealen Markt gibt es auch keine Einflüsse der Politik – z. B. durch Vorschriften für Produktion, Vertrieb und Konsum – auf Kosten, Preise und die Verteilung von Gütern. Auch hier sieht die Wirklichkeit anders aus: Staaten intervenieren auf vielfältige Weise in die Wirtschaft und beeinflussen damit die Kosten und Preisbildung.

Preismechanismus

Die **Phasen der Preisbildung** laufen idealtypisch und beispielhaft so ab:
- Fahrräder werden verstärkt nachgefragt. Da die Produktion mit der Nachfrage nicht Schritt hält und deshalb beim augenblicklichen Preis zu wenige Räder angeboten werden, können die Produzenten und Händler mehr Geld je Fahrrad verlangen. Der Preis steigt und mit ihm die Gewinne von Produzenten und Händlern.
- Während der höhere Preis einen Anreiz für die Produzenten und Händler darstellt, mehr Fahrräder herzustellen und zu verkaufen, können oder wollen sich weniger Kunden bei einem weiter steigenden Preis ein Fahrrad kaufen. Die Nachfrage sinkt bzw. entspricht nun nicht mehr dem gestiegenen Angebot. Produzenten und Händler können die Fahrräder nur zu einem niedrigeren Preis absetzen. Die Gewinne sinken.
- Die Produzenten senken die Produktionsmenge, während gleichzeitig die Nachfrage steigt, weil die Räder preiswerter geworden sind. Bei sinkendem Angebot und steigender Nachfrage gehen die Preise allmählich wieder nach oben usw.

Dieses Beispiel entspricht einer sehr vereinfachten Modellbetrachtung. In Wirklichkeit laufen solche Prozesse wesentlich komplizierter ab. Weitere **Einflussfaktoren** wirken sich aus:
- Moden oder Vorlieben ändern sich. Gelten Fahrräder plötzlich als uncool, fällt die Nachfrage auch bei sinkendem Preis.
- Umgekehrt kann die Nachfrage auch bei steigenden Preisen zunehmen – etwa wenn es geradezu zu einer Prestigefrage wird, ein besonders teures Mountainbike zu besitzen.
- Hersteller reduzieren bei sinkenden Preisen nicht unbedingt die Produktionsmenge; sie werden evtl. zunächst versuchen, die Produktionskosten zu senken und so die Gewinnmargen zu halten oder sogar zu vergrößern.
- In einer offenen Marktwirtschaft können preiswerte Importe aus dem Ausland das nachlassende Angebot inländischer Hersteller ersetzen – der Wettbewerb wird internationalisiert.

Online-Link
800621-2022

2. Wie sind die wirtschaftlich Handelnden miteinander verbunden?

In einer Volkswirtschaft sind viele Menschen, private und staatliche Organisationen durch wirtschaftliches Handeln miteinander verbunden. Die wirtschaftlichen Beziehungen gehen über die Grenzen nationaler Volkswirtschaften hinaus. Im Folgenden werden beispielhaft zwei Situationen beschrieben, die die Komplexität der Wirtschaftsbeziehungen in einer globalisierten Welt deutlich machen.

Beispiel 1: Eine Familie im globalen Wirtschaftskreislauf
Zwei Mitglieder einer Familie arbeiten als Erwerbstätige; sie stellen Unternehmen ihre Arbeitskraft zur Verfügung und erhalten dafür Gehalt. Das Geld wird für verschiedene Dinge verwendet: Mit einem Teil werden Güter für den täglichen Bedarf gekauft, die Miete bezahlt usw. Geld fließt dafür an Unternehmen oder andere Haushalte, welche diese Güter herstellen und verkaufen bzw. vermieten. Vom Einkommen muss der Haushalt Steuern an den Staat entrichten – direkte Steuern in Form von Einkommensteuern oder indirekte Steuern, z. B. Mehrwertsteuer oder Mineralölsteuer. Zur Absicherung bei Krankheit, Arbeitslosigkeit und im Alter müssen Sozialbeiträge an die Sozialversicherungen überwiesen werden, die auch zum Staat gezählt werden. Umgekehrt erhält unsere Familie Zahlungen vom Staat: z. B. Kindergeld für zwei Kinder, Rente für den Großvater.
Ein Teil des monatlichen Einkommens wird gespart und bei einer Bank festverzinslich angelegt. Diese zahlt dafür Zinsen. Sie kann das, weil andere Haushalte, Unternehmen oder der Staat Kredite aufnehmen und dafür Kreditzinsen bezahlen. Die Familie hat Spargeld zudem in einen Aktienfonds angelegt und investiert damit Geld in Unternehmen, darunter ausländische. Regelmäßig überweist die Familie Geld an Verwandte im Ausland, um diese zu unterstützen. Sie kauft Nahrungsmittel, die nach Deutschland eingeführt wurden. Auch der Fernseher der Familie wurde im Ausland produziert. Für diese Importe fließt Geld ins Ausland. Ein Familienmitglied arbeitet in der Automobilproduktion. Ein großer Teil der Fahrzeuge dieser Fabrik wird ins Ausland verkauft. Für diese Exporte fließt Geld aus dem Ausland in die Bundesrepublik. Und wenn die Familie Urlaub in Südeuropa macht, gibt sie dort Geld aus. Das ist so, als hätte sie die Dienstleistung Urlaub importiert.

Wirtschaftskreislauf

Was in diesem und dem folgendem Beispiel beschrieben wird, kann man grafisch als Wirtschaftskreislauf darstellen. In diesem gibt es **Güterströme** (Waren und Dienstleistungen) und **Geldströme**. Am Beispiel der Familie und ihrer wirtschaftlichen Aktivitäten (Beispiel 1) wird deutlich, wie viele Menschen und Organisationen (Akteure) an Wirtschaftsprozessen beteiligt sind und was zwischen diesen Akteuren getauscht wird.

Beispiel 2: Internationalisierung von Produktion und Dienstleistung
Das [...] Kreuzfahrtschiff „Freedom of the Seas“ ist weit mehr als eine schwimmende Marzipantorte. Es ist [...] vor allem ein Fanal der Generation Globalisierung. Gebaut auf der Aker-Werft im finnischen Turku, eingerichtet und fertiggestellt in Hamburg, getauft in New York. Die „Freedom“-Reederei Royal Caribbean International (RCI) ist in Miami beheimatet, das Schiff aber steuersparend und lohnkostensenkend auf den Bahamas registriert [...] Zum Einsatzort wird nun die Karibik. Dieses Welt-Schiff ist ein multinationales Wunder wie seine Crew: 1400 Mitarbeiter aus 65 Ländern, und natürlich wird auch hier an Bord die Führungsspitze noch immer von Amerikanern und Vertretern des alten Europa gebildet. Im hierarchischen Mittel- und vor allem Unterbau findet man schon lange keine Deutschen mehr. Viele Jahre regierte dort der Ostblock. Tschechen oder Polen galten als pünktlich und billig [...]. Die „Freedom“ erlebt auch da nun eine neue Freiheit – die der EU-Erweiterung. Denn für viele Osteuropäer lohnt sich das Meer plötzlich kaum noch. Also werden verstärkt Filipinos eingestellt oder Inder. Auch Chinesen seien schwer im Kommen [...]

Thomas von Tuma: Das Welt-Schiff, Spiegel-Online, 09.10.2006, www.spiegel.de/spiegel/0,1518,441721,00.html (12.02.2010)

Wirtschaftsakteure

Der Einfachheit halber werden in der Grafik auf S. 100 alle wirtschaftlichen Akteure zu Gruppen zusammengefasst: Die privaten Konsumenten sind die Haushalte; Fabriken, Handwerksbetriebe oder Geschäfte die Unternehmen; Banken und Sparkassen die Geldinstitute. Auch der Staat mit seinen Behörden ist ein bedeutender Wirtschaftsakteur in diesem Geflecht. Die Pfeile und Beschriftungen zeigen an, wer mit wem was tauscht. Wenn Güter gegen Geld getauscht werden – z. B. beim Kauf eines Fahrrads oder beim Buchen einer Urlaubsreise –, entstehen auf der einen Seite Güterströme, in der Gegenrichtung Geldströme. Werden für die Produktion von Waren oder Dienstleistungen notwendige Produktionsfaktoren (z. B. Arbeit, Finanzkapital oder Sachkapital, z. B. Produktionsgebäude und Maschinen) gegen Geld getauscht, dann nennt man das **Faktorströme**, die zu den produzierenden Unternehmen oder auch zu staatlichen Verwaltungen verlaufen. Diesen Faktorströmen stehen Einkommensströme zu denen gegenüber, die ➤ **Produktionsfaktoren** bereitstellen und **Faktoreinkommen** erhalten.

internationale Wirtschaftsströme

Zugleich macht unser Beispiel deutlich: Güter- und Geldströme, Faktor- und Einkommensströme gehen über die Grenzen einer einzelnen nationalen Volkswirtschaft hinaus. Waren und Dienstleistungen werden im Ausland gekauft (**Importe**), andere Waren und Dienstleistungen ins Ausland verkauft (**Exporte**). Außerdem wird Geld (Kapital) von einer Volkswirtschaft in eine andere überwiesen. Dieser internationale **Kapitalverkehr** ist sogar besonders einfach. In Bruchteilen von Sekunden können große Summen über miteinander vernetzte Computer von einer Bank zu einer anderen überwiesen werden. Ein Teil dieses Kapitalverkehrs dient z. B. dem Bezahlen von Gütern (Waren und Dienstleistungen), ein anderer z. B. der Anlage in Unternehmen (Direktinvestitionen), ein dritter wird für Kredite und deren Rückzahlungen von einem Land in ein anderes transferiert. Und schließlich gibt es Anlagen in rein spekulative Wertpapiere.

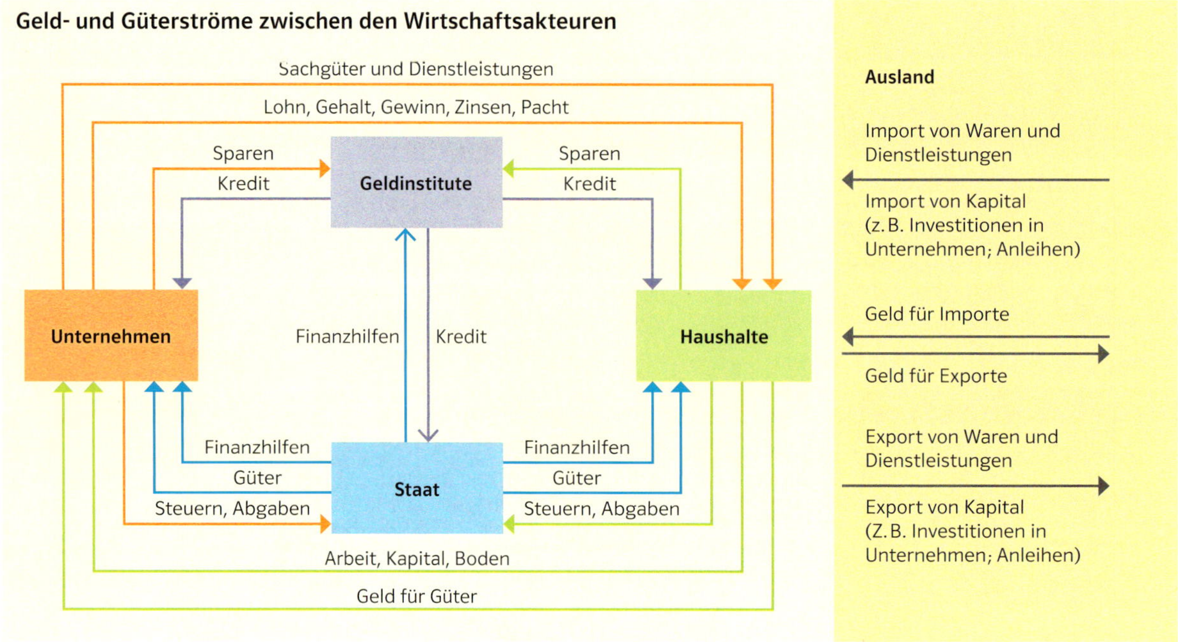

Internationalisierung des Wirtschaftens

Am Beispiel des Kreuzfahrtschiffs (Beispiel 2, S. 99) sieht man, wie weit die Internationalisierung des Wirtschaftens fortgeschritten ist. Unternehmen in unterschiedlichen Ländern sind an der Herstellung des Schiffes beteiligt. Die das Schiff später betreibende Reederei ist wiederum in einem anderen Land angesiedelt. Angeboten wird die Dienstleistung „Kreuzfahrt" an eine zahlungskräftige Kundschaft weltweit. Die Besatzung kommt aus vielen Ländern. Das hoch qualifizierte und deshalb auch vergleichsweise gut bezahlte Leitungspersonal – Kapitän, Offiziere, Ingenieure, Küchenchefs usw. – kommt in der Regel aus Nordamerika oder Westeuropa. Für die weniger qualifizierten Arbeiten wird stärker auf die Arbeitskosten, also die zu zahlenden Löhne, geachtet. Waren es zunächst Osteuropäer, die bevorzugt eingestellt wurden, weil sie sehr viel „preiswerter" als Westeuropäer oder Nordamerikaner waren, so sind es nun überwiegend Arbeitnehmer aus asiatischen Ländern, die bereit sind, für die niedrigsten Löhne zu arbeiten. **Internationale Arbeitsteilung** und **internationaler Wirtschaftsaustausch** sind Kennzeichnen des heutigen Wirtschaftens. Sie machen neue Waren und Dienstleistungen zugänglich, häufig machen sie diese auch billiger und setzen so die Volkswirtschaften und die in ihnen Arbeitenden und Investierenden dem internationalen Wettbewerb aus.

3. Was tun, wenn der Markt unvollkommen ist oder sogar versagt?

Online-Link
800621-2023

Marktwirtschaftlicher Wettbewerb beruht darauf, dass jede und jeder die eigenen wirtschaftlichen Interessen in den Vordergrund stellt und nach ihnen handelt, dass die wirtschaftlichen Prozesse transparent sind und dass nirgends so viel Marktmacht auf der Seite von Anbietern und Nachfragern entsteht, dass die Marktprozesse – Preisbildung, Angebot und Nachfrage – gezielt beeinflusst werden können. Außerdem müssen alle durch Produktion und Konsum verursachten Kosten in die Preise für die Güter eingehen.

Marktmängel und Marktversagen

Keine Marktwirtschaft ist vollkommen, sondern weist mehr oder weniger große Mängel auf:
- Marktmacht erlaubt es einzelnen oder wenigen Unternehmen bzw. Käufern, Marktprozesse in ihrem Sinne zu beeinflussen.
- Marktprozesse sind nie völlig transparent, Informationen z. B. über die Vorteile und Nachteile von Produkten unvollständig und ungleich verteilt.
- Nicht alle Kosten des Wirtschaftens gehen in die Marktpreise ein und manche nützlichen Güter stellt der Markt nicht zur Verfügung.

Marktmacht, Anbietermacht

Im Wettbewerb mit anderen streben Unternehmen danach, Konkurrenz zu überflügeln und letztlich auszuschalten, ihren Marktanteil zu erhöhen und so Marktmacht zu gewinnen. Beherrschen einige wenige Unternehmen (➤ **Oligopole**) oder sogar nur ein einziges (➤ **Monopole**) einen bestimmten Markt, dann besteht die Gefahr, dass sie Preise und Qualität von Produkten diktieren können – so lange Käufer diese Produkte wünschen. Es gehört zur paradoxen Logik des marktwirtschaftlichen Wettbewerbs, dass unternehmerischer Erfolg der Wettbewerbswirtschaft die Grundlage entziehen kann. Der Markterfolg des PC-Betriebssystems Windows ist ein Beispiel.

Nachfragermacht

Wettbewerb schädigende Marktmacht gibt es nicht nur auf Seiten der Anbieter, sondern kann es auch auf Seiten von Kunden geben. Große Discounter können besondere Rabatte verlangen und Bestellungen von Dienstleistungen abhängig machen – z. B. Einräumen der Regale und Preisauszeichnung. Kleinere Lieferanten, die besonders abhängig von einem oder wenigen Abnehmern sind, werden erpressbar. Ähnliches gilt zum Beispiel für Autozulieferer, wenn sie auf die Bestellungen von einem großen Automobilhersteller existenziell angewiesen sind.

Kartelle und unlauterer Wettbewerb

Zu den Versuchen, den Wettbewerb einzuschränken und dadurch höhere Gewinne machen zu können, gehört die Bildung von ➤ **Kartellen**. Unternehmen schalten Wettbewerb durch Absprachen über die Höhe der Preise, Aufteilung von Vertriebsgebieten usw. aus.
Im marktwirtschaftlichen Wettbewerb gibt es auch so etwas wie das Foulspiel im Sport: sogenannten unlauteren Wettbewerb. Wenn z. B. eine Handelskette bestimmte Produkte unter dem Einkaufspreis verkauft (Dumpingpreise), um damit Konkurrenten – die es sich nicht leisten können, mit Verlust zu verkaufen – aus dem Markt zu drängen, dann ist das unlauteres Wettbewerbsverhalten. Deshalb beobachten Wettbewerbsbehörden die Unternehmenslandschaft und sollen eingreifen, wenn der Wettbewerb gefährdet ist oder Wettbewerbsregeln verletzt werden (S. 134 ff.).

natürliche Monopole

Es gibt auch ➤natürliche Monopole: Nehmen wir zum Beispiel die Versorgung einer Stadt mit Wasser und die Beseitigung der Abwässer. Es wäre sehr kostspielig und würde wahrscheinlich zu einem Chaos führen, wenn mehrere Firmen gleichzeitig Wasserleitungen zu allen Haushalten und Firmen legen oder mehrere Abwasserkanäle parallel bauen würden und die betreibenden Unternehmen dann um jeden Kunden konkurrierten. Es ist offensichtlich wirtschaftlicher, wenn es nur ein Leitungs- und Abwassersystem in einem bestimmten Gebiet gibt. Hier spricht man von Skalenökonomie, weil mit jedem weiteren Kunden, der sich dem Netz anschließt, dieses ökonomischer betrieben werden kann, während ein weiterer Netzanbieter die Kosten erheblich in die Höhe treiben würde.
Bei sogenannten natürlichen Monopolen kann also nicht oder nicht nur der Markt das wirtschaftliche Handeln koordinieren. Andere Koordinationsmechanismen müssen gefunden werden. Hier ist es dann meist das öffentliche Gemeinwesen (z. B. die Kommunen), das eingreift: Ein privater Betreiber wird dann staatlich reguliert und kontrolliert oder Behörden bzw. öffentliche Unternehmen machen das in Eigenregie. Das heißt nicht, dass das öffentliche Gemeinwesen – die Regierungen, Parlamente und Behörden – diese Aufgaben in jedem Falle gut oder besser als Private erledigen kann. Es gibt auch Staatsversagen.

fehlende Transparenz

Für funktionierende Märkte ist es notwendig, dass alle Akteure ausreichend gut über die angebotenen Waren und Dienstleistungen informiert sind. Das ist aber zumeist nicht der Fall. Darüber hinaus sind Informationen in der Regel ungleich verteilt (asymmetrische Information) – speziell zwischen Produzenten und Händlern sowie zwischen diesen und den Konsumenten. Bedenkt man weiterhin, dass Werbemaßnahmen zumeist weniger der Aufklärung als der Überredung des Kunden dienen, dann wird deutlich, dass Konsumenten des Schutzes bedürfen, wenn sie nicht selbst Kosten und Nutzen eines Angebots überprüfen können. Das gilt für die Einschätzung der Gefährlichkeit von Kinderspielzeug oder die Belastung von Lebensmitteln genauso wie für die Einschätzung der Nebenwirkungen von Medikamenten oder der Leistungsfähigkeit von Autowerkstätten und Krankenhäusern.

Marktversagen

Selbst wenn solche Marktmängel weitgehend ausgeschaltet werden könnten, wäre der marktwirtschaftliche Wettbewerb nicht in jeder Situation ausreichend, um einen möglichst großen Nutzen für die Einzelnen wie für die Gesellschaft insgesamt zu erzielen. In diesem Fall spricht man von Marktversagen, weil marktwirtschaftlicher Wettbewerb und wirtschaftlich rationales Verhalten unerwünschte Auswirkungen haben.

öffentliche Güter

Für jeden Einzelnen wäre es vorteilhaft, wenn die Atemluft reiner wäre oder die Meere sauberer. Luft und Meereswasser – aber auch die Deiche davor – gehören zu den ➤**öffentlichen Gütern**. Warum tut der Einzelne nicht mehr dafür, wenn es doch rational wäre das zu tun? Aus wirtschaftlichen Gründen besteht für die einzelne Person, den einzelnen Haushalt oder das einzelne Unternehmen wenig Anreiz, z. B. etwas für den Naturschutz zu tun, denn das käme allen zugute. Die anderen wären Trittbrettfahrer. Und weil jeder lieber kostenlos Trittbrett fährt, geschieht freiwillig nichts oder zu wenig.

Marktmängel und Marktversagen
Formen, Folgen und mögliche Abhilfen (Beispiele)

Marktmängel*	Folgen	mögliche Abhilfen
• Konzentration von Marktmacht (Monopole, Oligopole) • Absprachen zwischen Anbietern oder Nachfragern (Kartelle) • unlauterer Wettbewerb (Preisdumping etc.)	• fehlender Wettbewerb oder Versuche, Wettbewerb zu verhindern	• staatliche Wettbewerbskontrolle: – Genehmigungspflicht von Zusammenschlüssen und Übernahmen von Unternehmen – Zerschlagung marktbeherrschender Unternehmen – Bestrafung von Kartellen und unlauteren Aktionen
• Kunden sind beim Kauf nicht ausreichend informiert • manipulierende Werbung • Kunden sind machtlos gegenüber Anbietern nach dem Kauf	• fehlende Markttransparenz • Informations- und Machtasymmetrien zwischen Kunden und Anbietern	• Verbot irreführender Werbung • Test- und Genehmigungspflicht • Informations- und Kennzeichnungspflicht • Information und Schutz durch Verbraucherverbände • Stärkung von Verbraucherrechten (z. B. Rückgaberecht, Garantie)
Marktversagen**		
• kein ökonomisches Interesse am Angebot bzw. Kauf z. B. von: – allgemeiner innerer und äußerer Sicherheit – sauberer Luft, sauberen Gewässern und geschützter Natur – alle Gebiete bedienenden Verkehrsnetzen – flächendeckender und für alle erschwinglicher Bildung und Ausbildung	• Mangel an gesellschaftlich erwünschten Zuständen und Angeboten (öffentliche Güter)	• Staat stellt öffentliche Güter zur Verfügung, z. B.: – Sicherheit durch Polizei und Armee – Angebot flächendeckender Bildungseinrichtungen für alle • Staat subventioniert, reguliert und kontrolliert Produktion öffentlicher Güter durch Private, z. B.: – Energie-, Abfallwirtschaft – flächendeckende Verkehrsinfrastruktur
• Belastung von Natur, Umwelt und Gesundheit durch Produktionsprozesse, angebotene Produkte, Dienstleistungen und Konsumverhalten, ohne dass die Folgekosten von den Verursachern getragen werden bzw. in die Marktpreise der Güter eingehen	• Verursachung von Schäden auf Kosten Dritter bzw. der Allgemeinheit (negative Externalitäten)	• staatliche Regulierung (Gebote und Verbote) zum Schutz von Natur, Umwelt und Gesundheit • Subvention von natur-, umwelt- und gesundheitsverträglichem wirtschaftlichen Verhalten • finanzielle Abgaben für verursachte Schäden
• nur wer Geld hat oder geldwerte Güter und Fähigkeiten anzubieten hat, kann am Wirtschaftsleben teilhaben	• Armut, soziale Ausgrenzung, Gesellschaftsspaltung	• staatliche Sozialpolitik • private Hilfe durch Familie, Freunde, wohltätige Organisationen
• Tendenz von Märkten zu Instabilität und extremen Reaktionen	• konjunkturelle Einbrüche und Wirtschaftskrisen als ständige Gefahr	• staatliche Konjunktur-, Struktur-, Industrie- und Innovationspolitik

* be- oder verhindern das Funktionieren von Märkten

** prinzipielle Grenzen von Marktkoordination: kein ökonomischer Anreiz, gesellschaftlich erwünschte Güter (öffentliche Güter) zu erzeugen bzw. gesellschaftlich unerwünschte Folgen zu vermeiden (negative Externalitäten) oder deren Kosten in den Preisen zu berücksichtigen.

negative Auswirkungen von Produktion und Konsum

Hier geht es um die negativen Folgen von Produktion und Konsum, ohne dass diejenigen, die diese negativen Folgen verursachen, dafür vom Markt zur Kasse gebeten werden – obwohl die verursachten Schäden nicht nur die Verursacher treffen. Viele Waren und Dienstleistungen – wenn nicht sogar die meisten – müssten höhere Marktpreise haben, wenn in den Preisen die Kosten enthalten wären, die durch die Belastung von Umwelt, Gesundheit und natürlichen Ressourcen entstehen. Diese Kosten werden auf Dritte bzw. die Allgemeinheit abgewälzt (➤ **Externalitäten**). Deshalb sind solche Produkte billiger und werden in größerem Umfang produziert und konsumiert, als es rational wäre, wenn in den Preisen sämtliche Kosten berücksichtigt würden. So müssten z. B. Autofahren oder Fliegen wesentlich teurer sein, wenn die Kosten der Umweltbelastung mit bezahlt werden müssten. Auch hier versagt der Markt als Koordinierungsmechanismus. Andere Formen der Regelung sind gefragt.

Online-Link
800621-2024

4. Welche Rolle soll der Staat spielen?

Minimalstaat

Wie viel Staat ist notwendig? Das ist eine große Streitfrage, die Wirtschaftswissenschaftler, Politiker und Bürger in unterschiedliche Lager teilt.
Diejenigen, die dem **klassischen Wirtschaftsliberalismus** oder heutigen ➤ **Neoliberalismus** nahestehen, wollen einen Minimalstaat bzw. einen Staat, der sich bei Eingriffen in Wirtschaftsprozesse marktkonform verhält. Der Minimalstaat soll für die äußere und innere Sicherheit sorgen, durch ein funktionierendes Rechtssystem das Privateigentum schützen und darüber wachen, dass Verträge eingehalten werden. In die Wirtschaft soll er nicht direkt eingreifen, allenfalls durch eine Zentralbank sicherstellen, dass die Wirtschaft mit genügend Geld versorgt wird – aber nicht mit zu viel, um starke Preissteigerungen (**Inflation**) zu vermeiden.
Viele heutige Neoliberale erkennen an, dass in bestimmten Bereichen – etwa im Umwelt- oder Verbraucherschutz – staatliche Eingriffe (**Regulierung**) notwendig sind. Diese sollen aber nicht bürokratisch-kontrollierend erfolgen, sondern durch ökonomische Anreize soll dem Marktprozess die Möglichkeit gegeben werden, angestrebte Ziele effizient zu erreichen. Letztlich soll der Marktmechanismus auch dann für die bestmögliche Koordination und für den größtmöglichen Wohlstand sorgen.

aktiver Staat

Kritiker speziell der marktradikalen Position sprechen vom „Nachtwächterstaat", den Wirtschaftsliberale wollten. Der Ökonom John Maynard Keynes (1883–1946) antwortete auf diese Marktgläubigkeit: „Auf lange Sicht sind wir alle tot." Damit wollte Keynes sagen, dass die Vorstellung von den Selbstheilungskräften des Marktes nur in den Modellrechnungen unter sehr vereinfachten Annahmen und auch in diesen nur auf lange Sicht wirkten. In der Politik ginge es jedoch darum, sich um die Probleme gegenwärtig lebender Menschen zu kümmern. Darüber hinaus wies er wirtschaftstheoretisch nach, dass selbst bei einem funktionierenden Markt – alle Produkte finden über den Preismechanismus Abnehmer am Markt – Arbeitslosigkeit nicht notwendigerweise verschwindet. Er sah deshalb die Notwendigkeit staatlicher Finanz- und Wirtschaftspolitik, um die wirtschaftliche Entwicklung auf einem für die Gesellschaft günstigen Pfad zu halten und extreme Ausschläge und Wirtschaftskrisen zu vermeiden.

Nachfolger von Keynes knüpfen einerseits wirtschaftspolitisch hier an und betonen darüber hinaus eine breit gefächerte **regulierende Rolle des Staates**. Nur so könnten Marktmängeln und Marktversagen (S. 103) begegnet werden und nur dann könnten Märkte ihre positiven Funktionen wahrnehmen. Auf einem anderen Blatt steht, dass die Handlungsmöglichen von Nationalstaaten angesichts wirtschaftlicher Internationalisierung und gegenseitiger wirtschaftlicher Abhängigkeit begrenzt sind. Hier sind dann internationale oder supranationale Vereinbarungen und Institutionen gefragt (Kap. 6).

zwei Modelle konkurrieren

Liberalisierung oder aktiv intervenierender Staat – das sind grobe Kennzeichnungen der beiden Lager. Wie immer ist die Wirklichkeit differenzierter. Stark vereinfachend wird man sagen können:
Die **Marktliberalen** haben in den vergangenen Jahrzehnten stets mehr Markt gefordert. Stichworte waren Privatisierung, Liberalisierung und Deregulierung. Von den USA nahm diese wirtschaftspolitische Richtung in den späten 1970er-Jahren ihren Ausgang und breitete sich in den 1980er-Jahren in Europa aus. Hier ist sie von den liberalen und großen Teilen der konservativen Parteien übernommen worden. Vorkämpfer innerhalb der EU war die Konservative Partei Großbritanniens unter Premierministerin Margaret Thatcher.
Aber auch in sozialdemokratischen Parteien (z. B. Labour Party in Großbritannien unter Tony Blair und SPD unter Gerhard Schröder in Deutschland) gewann diese Richtung an Einfluss – dort unter der Überschrift der Modernisierung, durch die die Volkswirtschaft und der Sozialstaat für den globalen Wettbewerb „wetterfest“ gemacht werden sollten.
Befürworter des aktiven Staats – traditionell linke bzw. sozialdemokratische und grüne Parteien, aber auch die Arbeitnehmerflügel konservativer Parteien – sind in diesen Jahren in die Defensive geraten. Erst die Wirtschaftskrisen der vergangenen Jahre, speziell die globale Finanz- und Wirtschaftskrise von 2008 bis 2010 haben deutlich gemacht, wie wenig die Marktwirtschaft zu einer umfassenden Selbststeuerung ohne staatliche regulierende Eingriffe und finanzielle Absicherung zur Krisenbewältigung fähig ist. Hinzu kommen die ungelösten Fragen der Erhaltung von Umwelt und Natur, der Sicherung einer ökologisch unschädlichen Versorgung mit Energie und der Schutz natürlicher Ressourcen.

Wie stark und aktiv soll der Staat sein?

Auch wenn die Rufe nach einem in vielen Bereichen aktiveren Staat zugenommen haben, geht im konkreten Fall der Streit weiter. Die Frage lautet: Wo genau soll der Staat wie stark und mit welchen Instrumenten eingreifen? Wenn es um die Instrumente der staatlichen Eingriffe geht, kann man auch hier zwischen solchen unterscheiden, die eher auf direkte staatliche Regulierung und Kontrolle setzen, und solchen, die marktkonforme Anreize für die Marktteilnehmer empfehlen. Ziele und Orientierung würden durch das politische Gemeinwesen vorgegeben, deren Umsetzung jedoch dezentralen Marktprozessen überlassen. Was Marktliberale häufig nicht wahrhaben wollen: Auch eine solche marktkonforme Vorgehensweise bedarf eines starken Staates, der die Zielerreichung effektiv kontrollieren und die Marktteilnehmer, wenn nötig, zu einem zielorientierten Verhalten zwingen kann.

2.3 Die soziale und ökologische Marktwirtschaft Deutschlands

Wirtschaftsordnungen sind das Ergebnis historischer Entwicklungen und zugleich gezielter Entscheidungen in Situationen, in denen Weichen für die Zukunft gestellt werden müssen. Nach dem Zusammenbruch des Deutschen Reichs als Folge der Nazi-Herrschaft und des Zweiten Weltkriegs hieß das für Westdeutschland und die spätere Bundesrepublik, eine Marktwirtschaft mit sozialem Antlitz anzustreben. Später kam die ökologische Zielsetzung hinzu.

1. Wie kam es zur Entscheidung für eine soziale Marktwirtschaft in der Bundesrepublik Deutschland?
2. Wird das soziale Netz brüchig?
3. Sozialpartnerschaft und Tarifpolitik: Wie kooperativ geht es in der Wirtschaft zu?
4. Mitbestimmung: Wie viel Demokratie ist in der Wirtschaft möglich?

Elemente der sozialen Marktwirtschaft in Deutschland

liberale Marktwirtschaft
- Vorrang der individuellen wirtschaftlichen Freiheit
- sich selbst regulierender Markt durch Wettbewerb

staatliche/öffentliche Aufgaben
- Wirtschaftsordnung durch Recht garantieren (Privateigentum; Vertragsfreiheit, Gewerbefreiheit, Berufsfreiheit)
- Wettbewerb zwischen Unternehmen sichern
- unabhängige Zentralbank: Sicherung von Geldversorgung und Preisstabilität
- Sozialstaat: soziales Netz zur Absicherung bei Arbeitslosigkeit, Krankheit, Armut und im Alter
- Eingriff in die Wirtschaft zur Sicherung des Gemeinwohls

Rechte und Aufgaben von Wirtschaftsverbänden
- Vereinigungsfreiheit und Recht auf Arbeitskämpfe
- Sozialpartnerschaft: Mitbestimmung, Tarifautonomie

Online-Link
800621-2031

1. Wie kam es zur Entscheidung für eine soziale Marktwirtschaft in der Bundesrepublik Deutschland?

Lage nach 1945

Im Kalten Krieg der Systeme (Kap. 6) standen sich zwei politische und wirtschaftliche Lager gegenüber: Liberale Demokratien mit kapitalistischen Marktwirtschaften auf westlicher Seite, kommunistische Einparteiensysteme mit sozialistischen Planwirtschaften in der östlichen Hemisphäre. In der Sowjetischen Besatzungszone (spätere DDR) entstand in Abhängigkeit von und in Anlehnung an die Sowjetunion eine staatlich bzw. von der Einheitspartei SED gelenkte Zentralverwaltungs- oder Planwirtschaft. In den Westsektoren (spätere Bundesrepublik Deutschland) ging es sehr bald um die Frage, welche konkrete Form kapitalistischer Marktwirtschaft dort die Wirtschaftsordnung bestimmen sollte.

Die Wirtschaftsordnungen der USA, Großbritanniens und Frankreichs unterschieden sich erheblich. Besonderen Einfluss unter den West-Alliierten hatten Großbritannien und die Vereinigten Staaten – letztere nicht zuletzt auf Grund von deren Wirtschaftskraft, die auch den Marshall-Plan zum Wiederaufbau Westeuropas ermöglichte. Allerdings: Gegen einigen Widerstand der Alliierten setzten deutsche Wirtschaftspolitiker – unter ihnen der spätere Wirtschaftsminister Ludwig Erhard – ihre Vorstellungen von einer Wirtschaftsordnung durch, die ihre Wurzeln bereits in der Weimarer Republik hatte und auch unter der nationalsozialistischen Herrschaft relativ intakt geblieben war – sieht man von deren Ausrichtung auf die kriegsvorbereitenden Rüstungsziele ab. Diese Wirtschaftsordnung bekam den Namen „soziale Marktwirtschaft".

soziale Marktwirtschaft

Entstehung der sozialen Marktwirtschaft
Die Vorstellung, soziale Marktwirtschaft sei nach 1945 als Reaktion auf staatliche Kontrolle und Lenkungswirtschaft entstanden, ist [...] korrekturbedürftig. Sie entstand vielmehr als Resultat eines gesellschaftlichen Lernprozesses im Prinzip schon am Ende der großen Krise der frühen dreißiger Jahre [Weltwirtschaftskrise 1929–1932] und hat in der Zeit des „Dritten Reiches" ihre ersten Schritte hinter sich gebracht. Ihre Kontinuität seit der Weltwirtschaftskrise – über das NS-Wirtschaftswunder hinweg – lässt sich ebenfalls nicht übersehen. Diese Vorgeschichte, die daraus resultierende Vertrautheit der Wirtschafts- und Verwaltungseliten mit dem Denkmodell, hat die Durchsetzung der sozialen Marktwirtschaft in den Jahren nach 1947 wesentlich erleichtert. Für die Besatzungsmächte, die die Wirtschaftsreform Ludwig Erhards nur mit inneren Vorbehalten genehmigten, war dies allerdings nicht das entscheidende Argument. Sie sahen in ihr vor allem einen unkomplizierten Weg, um zeitraubende Experimente und politische Risiken zu vermeiden, die in ihren Augen mit dem alternativen Modell einer im keynesianischen Sinne global gesteuerten Gemeinwirtschaft verbunden waren.

Werner Abelshauser: Deutsche Wirtschaftsgeschichte seit 1945, München 2004, S. 100

Wirtschaftsordnung und Grundgesetz

Das Grundgesetz der Bundesrepublik Deutschland von 1949 schreibt keine bestimmte Wirtschaftsordnung vor. Gleichwohl enthält es Leitlinien, die den Rahmen abstecken und Ziele der Wirtschafts- und Finanzpolitik formulieren. Die in Auszügen zitierten Artikel enthalten Vorstellungen einer sozialstaatlich sowie – 1994 hinzugekommen – ökologisch korrigierten und durch staatliche Wirtschafts- und Finanzpolitik beeinflussten Marktwirtschaft. Das Grundgesetz garantiert wirtschaftliche Freiheitsrechte, die dem Einzelnen und bestimmten Gruppen eigenverantwortliches wirtschaftliches Handeln ermöglichen. Es enthält aber auch Verpflichtungen – etwa die Gemeinwohlverpflichtung der Eigentumsnutzung. Es enthält Staatsaufgaben im Sinne aktiver Politik für eine stabile Wirtschaftsentwicklung, für sozialen und ökologischen Schutz, für wirtschaftlichen und finanziellen Ausgleich zwischen Bundesländern und eine solide Haushaltsführung.
Die Spielräume von Parlament und Regierung sind beträchtlich. Mit dem Grundgesetz nicht vereinbar ist jedoch eine Wirtschaftsordnung, die einer Zentralverwaltungs- oder staatlichen Planwirtschaft entspräche.

Das Grundgesetz und die Wirtschaftsordnung

Allgemeine Grundsätze

Artikel 1 Schutz der Menschenwürde	(1) Die Würde des Menschen ist unantastbar. Sie zu achten und zu schützen ist Verpflichtung aller staatlichen Gewalt.
Artikel 9 Vereinigungs- und Koalitionsfreiheit	(3) Das Recht, zur Wahrung und Förderung der Arbeits- und Wirtschaftsbedingungen Vereinigungen zu bilden, ist für jedermann und für alle Berufe gewährleistet. Abreden, die dieses Recht einschränken oder zu behindern suchen, sind nichtig, hierauf gerichtete Maßnahmen sind rechtswidrig. Maßnahmen [...] dürfen sich nicht gegen Arbeitskämpfe richten, die zur Wahrung und Förderung der Arbeits- und Wirtschaftsbedingungen [...] geführt werden.
Artikel 12 Berufsfreiheit	(1) Alle Deutschen haben das Recht, Beruf, Arbeitsplatz und Ausbildungsstätte frei zu wählen.
Artikel 14 Eigentum, Erbrecht, Enteignung	(1) Das Eigentum und das Erbrecht werden gewährleistet. [...] (2) Eigentum verpflichtet. Sein Gebrauch soll zugleich dem Wohle der Allgemeinheit dienen. (3) Eine Enteignung ist nur zum Wohle der Allgemeinheit zulässig. Sie darf nur durch Gesetz oder auf Grund eines Gesetzes erfolgen, das Art und Ausmaß der Entschädigung regelt. [...]
Artikel 15 Sozialisierung	Grund und Boden, Naturschätze und Produktionsmittel können zum Zwecke der Vergesellschaftung durch ein Gesetz, das Art und Ausmaß der Entschädigung regelt, in Gemeineigentum überführt werden. [...]
Artikel 20 Staatsstrukturprinzipien	(1) Die Bundesrepublik Deutschland ist ein demokratischer und sozialer Bundesstaat.
Artikel 20 a Schutz natürlicher Lebensgrundlagen und der Tiere	Der Staat schützt auch in Verantwortung für die künftigen Generationen die natürlichen Lebensgrundlagen und die Tiere [...].

Zur Finanz- und Wirtschaftspolitik

Artikel 88 Bundesbank, Europäische Zentralbank	Der Bund errichtet eine Währungs- und Notenbank als Bundesbank. Ihre Aufgaben und Befugnisse können im Rahmen der Europäischen Union der Europäischen Zentralbank übertragen werden, die unabhängig ist und dem vorrangigen Ziel der Sicherung der Preisstabilität verpflichtet.
Artikel 104 b Finanzhilfen des Bundes für Investitionen	(1) Der Bund kann, soweit dieses Grundgesetz ihm Gesetzgebungsbefugnisse verleiht, den Ländern Finanzhilfen für besonders bedeutsame Investitionen der Länder und Gemeinden (Gemeindeverbände) gewähren, die 1. zur Abwehr einer Störung des gesamtwirtschaftlichen Gleichgewichts oder 2. zum Ausgleich unterschiedlicher Wirtschaftskraft im Bundesgebiet oder 3. zur Förderung des wirtschaftlichen Wachstums erforderlich sind. [...]
Artikel 107 Länderfinanzausgleich	(2) Durch [...] Gesetz ist sicherzustellen, dass die unterschiedliche Finanzkraft der Länder angemessen ausgeglichen wird; hierbei sind die Finanzkraft und der Finanzbedarf der Gemeinden [...] zu berücksichtigen. [...]
Artikel 109 Verpflichtungen gegenüber der Europäischen Gemeinschaft; Haushaltsdisziplin	(2) Bund und Länder erfüllen gemeinsam die Verpflichtungen der Bundesrepublik Deutschland aus Rechtsakten der Europäischen Gemeinschaft auf Grund des Artikels 104 des Vertrags zur Gründung der Europäischen Gemeinschaft zur Einhaltung der Haushaltsdisziplin und tragen in diesem Rahmen den Erfordernissen des gesamtwirtschaftlichen Gleichgewichts Rechnung. (3) Die Haushalte von Bund und Ländern sind grundsätzlich ohne Einnahmen aus Krediten auszugleichen. [...]
Art. 115 Kreditaufnahme; Ausgleich von Krediten des Bundes	(2) Einnahmen und Ausgaben sind grundsätzlich ohne Einnahmen aus Krediten auszugleichen. Diesem Grundsatz ist entsprochen, wenn die Einnahmen aus Krediten 0,35 vom Hundert im Verhältnis zum nominalen Bruttoinlandsprodukt nicht überschreiten.

Grundgesetz für die Bundesrepublik Deutschland, Stand 29.07.2009, Auszüge

Deutschland ist Mitglied der Europäischen Union (Kap. 4). Deshalb wird die Wirtschaftsordnung und die konkrete Wirtschafts- und Finanzpolitik der Bundesrepublik Deutschland auch vom **EU-Recht** beeinflusst. Besondere Bedeutung kommt dem **EU-Wettbewerbsrecht** zu (Artikel 81 bis 89 des Europäischen Gemeinschaftsvertrags). Immer wenn Wettbewerbsgefährdungen über den nationalen Wirtschaftsraum hinausgehen und den Wettbewerb innerhalb der EU berühren, ist in erster Linie die Europäische Kommission zuständig – bei Rechtsstreitigkeiten der Europäische Gerichtshof – und nicht mehr nur nationale Wettbewerbsbehörden (für Deutschland das Bundeskartellamt in Berlin).
Aber auch **direkte regulative Eingriffe** in die nationalen Wirtschaften werden auf EU-Ebene vorgenommen. Das gilt zum Beispiel für die Zulassung und Überwachung von Arzneimitteln: Ein großer Teil des Arzneimittelmarktes wird von einer EU-Behörde in London (Europäische Arzneimittelagentur) und von EU-Gremien in Koordination mit den nationalen Behörden kontrolliert.

EU-Recht und Wirtschaftsordnung

Gebunden ist Deutschland auch an Verpflichtungen im Rahmen der ➤ **Welthandelsorganisation (WTO)** und des ➤ **Internationalen Währungsfonds (IWF)**.

Welthandelsorganisation, IWF

2. Wird das soziale Netz brüchig?

Online-Link
800621-2032

Ein Grundprinzip der sozialen Marktwirtschaft ist es, die im marktwirtschaftlichen Wettbewerb stehenden Menschen nicht ohne Schutz zu lassen, wenn sie in dieser Wettbewerbswirtschaft nicht für ihren Unterhalt sorgen können – aus welchen Gründen auch immer. Darüber hinaus soll der Sozialstaat einen sozialen Ausgleich herbeiführen, der möglichst allen Menschen gleiche Lebens- und Entwicklungschancen gewährt. Das Verlangen nach Chancengleichheit setzt erhebliche Korrekturen dessen voraus, was eine reine Marktwirkschaft bereitstellt. Auch soll der Wettbewerb in einer sozialen Marktwirtschaft Regeln unterworfen sein, die eine Ausbeutung des Menschen in der Arbeit verhindern. Die zwei relevanten Politikbereiche sind:
- Soziales, mit den Sozialversicherungen als Kernstück
- Arbeitsmarkt, mit dem Arbeitsrecht als zentralem Bestandteil

Menschen können krank werden oder einen Unfall erleiden; sie brauchen dann nicht nur medizinische Versorgung, sie können auch nicht mehr für sich selbst oder für von ihnen abhängige Familienmitglieder Geld verdienen. Das Gleiche gilt, wenn sie ihre bezahlte Beschäftigung verlieren und arbeitslos werden oder wenn sie aus Altersgründen aus dem Arbeitsprozess ausscheiden. Gäbe es den ➤ **Sozialstaat** nicht, wären sie völlig auf die Unterstützung durch Familienangehörige, Freunde oder auf die Mildtätigkeit anderer angewiesen (Kap. 1.7). Heute gibt es für solche Fälle gesetzlich vorgeschriebene Versicherungen – jedenfalls für die abhängig erwerbstätige Bevölkerung: die gesetzliche Kranken-, Arbeitslosen-, Unfall-, Pflege- und Rentenversicherung. In ein eigenes und besser ausgestattetes Versorgungssystem sind die Beamten des Staates und der Kommunen, die Richter und Berufssoldaten eingebunden.

Existenzsicherung und Chancengleichheit durch Sozialpolitik

Über diese existenzsichernde Sozialpolitik im engeren Sinne hinaus gehen Maßnahmen, die das Ideal einer Gesellschaft vor Augen haben, in der alle Menschen gleiche Chancen haben sollen, ihre Fähigkeiten zu entwickeln. Eine solche Zielsetzung setzt Umverteilung von Möglichkeiten und die Förderung von benachteiligten Gruppen in größerem Stil voraus. Unter einem solchen Blickwinkel wird der garantierte Kitaplatz für Kinder berufstätiger Eltern oder die gezielte Förderung von Ausbildung Teil einer breit verstandenen Sozialpolitik – genauso wie die Umverteilung finanzieller Mittel durch eine prozentual stärkere Besteuerung höherer Einkommen und größerer Vermögen (Steuerprogression).

sozial- und arbeitsrechtliche Regelungen

Arbeitsmarkt und Arbeitswelt sollen im Idealfall so organisiert und gestaltet sein, dass Arbeitnehmerinnen und Arbeitnehmer vor Diskriminierung, Willkür und wirtschaftlicher Ausbeutung geschützt sind. Das betrifft den Zugang zu Arbeitsplätzen, bei dem niemand z. B. wegen des Geschlechts, der Weltanschauung oder ethnischer Zugehörigkeit benachteiligt werden darf. Es betrifft eine den Lebensunterhalt sichernde gleiche Entlohnung für gleiche Arbeit. Es schließt die Regelung von Arbeitsbedingungen ein – etwa im Sinne des Gesundheitsschutzes am Arbeitsplatz, des Schutzes vor willkürlicher Behandlung und Schikane (Mobbing). Und es geht bis hin zur Vorschrift, unter denen Arbeitnehmern gekündigt werden darf (Kündigungsschutzgesetz).
Solche sozial- und arbeitspolitischen Regelungen sollen bei aller Dynamik einer Wettbewerbswirtschaft den Menschen verlässliche Rahmenbedingungen geben und so auch der Gesellschaft eine gewisse Stabilität verleihen. Eine Politik, die auf solche Standards zielt, ist politisch höchst umstritten – einmal im Hinblick auf die Ziele wie auch auf konkrete Maßnahmen und ihre Auswirkungen auf die Gesellschaft, die Wirtschaft und nicht zuletzt die staatlichen Finanzen. Die Diskussion um das sozialpolitische Reformprogramm Agenda 2010, insbesondere die sogenannte Hartz IV-Gesetzgebung, oder die Regelung des Kündigungsschutzes sind Beispiele für den politischen Streit um die Konkretisierung der sozialen Marktwirtschaft.

Kündigungsschutz

In den USA z. B. können Arbeitnehmer sehr leicht entlassen werden. In Deutschland gibt es dagegen einen relativ dichten Schutz bei Kündigungen. Der allgemeine Kündigungsschutz ist im **Kündigungsschutzgesetz** (KSchG) geregelt, daneben existieren weitere gesetzliche Bestimmungen für besondere Gruppen oder Umstände (z. B. für Behinderte, Schwangere, Mütter nach der Entbindung usw.).
Vom Menschenrechts- und Sozialstaatsprinzip her gedacht, soll mit dem Kündigungsschutz der Schwächere im Vertragsverhältnis (Arbeitsvertrag) besonders abgesichert werden. Der soziale Hauptzweck dieser Sicherung besteht darin, ein stabiles Umfeld für die Lebensplanung und -führung zu ermöglichen.
Es gibt auch Kritik am Kündigungsschutz: Er mache Arbeitsmärkte starr und verhindere die Schaffung von Arbeitsplätzen, weil Arbeitgeber zögerten einzustellen, wenn sie nur schwer wieder entlassen können. Eine sozialstaatlich motivierte Kritik lautet, dass der Kündigungsschutz diejenigen privilegiere, die Arbeit haben, und die benachteilige, die Arbeit suchen.

Um die im Sozialgesetzbuch II (SGB II) verankerte sogenannte Hartz IV-Gesetzgebung (Kap. 1.6) gibt es seit langem Streit. Ein Diskussionspunkt ist die Höhe von Lohnersatzleistungen (Arbeitslosengeld II): In einigen Fällen halte deren Höhe Arbeitslose von der Arbeitssuche bzw. Arbeitsaufnahme ab, weil die Verdienstmöglichkeiten in vielen Niedriglohnbereichen – etwa im Friseurhandwerk, im Reinigungsgewerbe, im Gartenbau, in der Floristik usw. – sich kaum von den Zahlungen nach Hartz IV unterschieden bzw. sogar darunter lägen – was als unwahr bestritten wird (siehe untere Tabelle und Text). Überwiegend von der FDP, dem Wirtschaftsflügel von CDU und CSU und von Wirtschaftsverbänden wird verlangt, die Hartz IV-Sätze zum Teil abzusenken, damit dem **Lohnabstandsgebot** zwischen sozialer finanzieller Unterstützung und Arbeitslohn ausreichend Genüge getan werde. Von Seiten der Linken, der SPD, der Grünen und der Gewerkschaften wird dagegen ein allgemeiner gesetzlicher Mindestlohn gefordert, um Armutslöhne im Niedriglohnbereich zu verhindern. Daran wiederum wird kritisiert, dass durch Mindestlöhne Arbeitsplätze im Niedriglohnbereich vernichtet würden. Allerdings: In fast allen europäischen Ländern gibt es gesetzlich festgelegte Mindestlöhne – in Deutschland nur für einige wenige Branchen, in denen sich die Tarifparteien zuvor auf solche verständigt haben müssen.

Hartz IV, Mindestlohn und Lohnabstandsgebot

Kontrovers: Lohnabstandsproblematik bei Geringverdienern
ausgewählte Beispiele, alle Angaben in Euro

Beispielfamilie: verheiratete Erwachsene mit 2 Kindern, nur 1 Person verdient

beschäftigt in	Nettoeinkommen	Kindergeld	Gesamt	Hartz-IV-Regelsatz	Differenz
Zeitarbeit	1007	368	1375	1653	-278
Gastronomie	1176		1544		-109
Gartenbau	1225		1593		-60
Altenheim	1449		1817		164

Hinweis: Bei den Geringverdienern mit negativer Differenz besteht Anspruch auf einen staatlichen Ausgleich bis zur Hartz IV-Summe (Existenzminimum), Stand 2009
Datenquellen: Karl-Bräuer-Institut; BfA; Statistisches Bundesamt

Nach: Sven Astheimer: Wo sich Arbeit nicht mehr lohnt, FAZ.NET, 06.02.2010

Falsche Statistik?
Der Paritätische Wohlfahrtsverband wirft dem Karl-Bräuer-Institut [des Bundes der Steuerzahler] falsche Berechnungen vor [...]. In der Tabelle sei nicht berücksichtigt, dass Geringverdiener Anspruch auf Wohngeld und ggf. Kinderzuschläge hätten. So komme die „Zeitarbeitsfamilie" monatlich nicht auf 1375 € sondern auf 1925 €. In allen Fällen läge das Haushaltseinkommen von vollzeitbeschäftigten Geringverdienern höher als das von Hartz IV-Empfängern.

Süddeutsche Zeitung, 02.03.2010, S. 21

Das Bundesverfassungsgericht hat in seinem Urteil vom 9. Februar 2010 die bestehenden Regelsätze für Arbeitslosengeld II-Empfänger für verfassungswidrig erklärt. Im internationalen Vergleich liegen diese etwa im Mittelfeld (Tabelle, S. 112). Die Übersicht macht deutlich, dass zwischen der finanziellen „Großzügigkeit" gegenüber Arbeitslosen und der Arbeitslosenquote in einem Land kein systematischer Zusammenhang erkennbar ist. Ein solcher wird von den Kritikern des Sozialstaats behauptet. Das Argument: Die „soziale Hängematte zerstöre die Arbeitsmotivation".

Wie viel sollen Arbeitslose erhalten?

Ländervergleich: Finanzielle Absicherung bei Langzeitarbeitslosigkeit und Arbeitslosenquoten
Durchschnittsverdiener nach fünf Jahren Arbeitslosigkeit
finanzielle Absicherung in Prozent des ursprünglichen Nettoeinkommens, Werte für 2008

Land	Allein-stehende/r	Allein-erziehende/r	verheiratet, 2 Kinder, beide erwerbslos, vorher eine/r erwerbstätig	Arbeitslosenquoten	
				2008	2009
Australien	30	65	60	4,2	5,6
Dänemark	58	70	91	3,3	6,0
Deutschland	36	61	63	7,3	7,5
Frankreich	34	48	54	7,9	9,4
Großbritannien	38	63	69	5,6	7,9
Japan	42	62	76	4,0	5,1
Korea	16	36	42	3,2	3,6
Niederlande	61	72	83	2,8	3,5
Österreich	51	62	63	4,2	5,6
Portugal	17	40	52	7,7	9,6
Schweden	44	49	65	6,2	8,3
Spanien	23	34	38	11,4	18,1
USA	6	32	38	5,8	9,3

Zusammenstellung nach: OECD; Arbeitslosenquoten harmonisiert nach OECD-Standard – außer Großbritannien für 2009 (Eurostat)

Humankapital

Soziale Absicherung und individuelle Förderung sollen den Einzelnen helfen, ihre Potenziale zu entfalten, sich zu qualifizieren und Humankapital zu bilden, damit sie sich produktiv in der Gesellschaft entfalten können. Das angesammelte Humankapital soll nicht nur den Einzelnen ökonomischen Erfolg, soziale Integration und individuelle Selbstverwirklichung ermöglichen, sondern auch den Unternehmen und der Wirtschaft insgesamt zugute kommen. Der Streit zwischen den politischen Lagern geht darum, wie viel soziale Absicherung und Unterstützung notwendig ist, um die Bildung von Human- und Sozialkapital zu fördern, und ab welcher Höhe sich soziale Sicherung eher lähmend auf die Leistungsbereitschaft der Menschen auswirkt.

Ideologien und Interessen

Dies genau zu bestimmen, ist kaum möglich. Dadurch sind die Diskussionen auch häufig von ideologischen Vorurteilen geprägt. Sie beruhen aber auch auf Interessen betroffener Gruppen: Die in besseren Positionen befindlichen Gruppen versuchen, sich gegen Konkurrenz von unten zu schützen, und die in den schlechteren Positionen erhoffen sich Unterstützung für den sozialen Aufstieg in bessere Positionen.

Leistungsgesellschaft und soziale Errungenschaften
Sind sozialstaatliche und arbeitsrechtliche Regelungen letztlich eine gute Investition in das Humankapital und die Wirtschaftskraft einer Gesellschaft? Oder steigern sie die Kosten der Arbeit so sehr, dass die internationale Wettbewerbsfähigkeit des Standorts darunter leidet und Arbeitsplätze verlagert werden? Einfache Antworten auf diese Fragen gibt es nicht. Es kommt immer auf die konkrete Ausgestaltung und Anwendung der Regeln an. Konservative und Liberale betonen eher die Kosten des Sozialstaats und befürchten einen Verlust an Leistungsbereitschaft der Einzelnen und an Wirtschaftskraft insgesamt, wenn das soziale Netz zu viel Sicherheit biete. Das linke politische Spektrum sieht in sozialpolitischen Leistungen und arbeitsrechtlichen Schutzbestimmungen seit dem 19. Jahrhundert erkämpfte soziale Errungenschaften für menschenwürdige Lebensbedingungen.

3. Sozialpartnerschaft und Tarifpolitik: Wie kooperativ geht es in der Wirtschaft zu?

Online-Link
800621-2033

Tarifparteien und Tarifautonomie

Die Tarifparteien in der Bundesrepublik Deutschland sind die Gewerkschaften als Vertreter der Arbeitnehmerinnen und Arbeitnehmer, einerseits, und die Verbände der Arbeitgeber, in denen Unternehmen organisiert sind, andererseits. Auf Arbeitgeberseite treten auch einzelne, besonders große Arbeitgeber als Tarifparteien auf (z. B. Volkswagen, Lufthansa, Die Bahn), die sogenannte Haustarifverträge abschließen. Die Tarifparteien handeln Löhne, Gehälter und andere Arbeitsbedingungen wie Arbeitszeit- und Urlaubsregelungen untereinander aus. Der Staat darf sich nicht einmischen, sofern er nicht selbst als Arbeitgeber an Verhandlungen beteiligt ist.
Verfassungsrechtliche Grundlage dieser Tarifautonomie (Autonomie = Unabhängigkeit) ist Artikel 9, Absatz 3 des Grundgesetzes (S. 108). Tarifautonomie bedeutet allerdings nicht, dass die Tarifparteien Bestimmungen aushandeln dürfen, die gegen bestehende Gesetze verstoßen (z. B. gesetzliche Regelungen zur Wochenarbeitszeit, zu gesetzlichen Mindestlöhnen in bestimmten Wirtschaftsbereichen, zum gesetzlichen Jugendschutz usw.). Die Regelungen eines Tarifvertrags gelten unmittelbar für jedes Arbeitsverhältnis, wenn beide Vertragsparteien an einen Tarifvertrag gebunden sind.

Organisationsgrad

Eine in der Breite wirksame und anerkannte Tarifpartnerschaft setzt voraus, dass auf Arbeitnehmer- wie auf Arbeitgeberseite möglichst viele Arbeitnehmer und möglichst viele Arbeitgeber bzw. Unternehmen in den jeweiligen Verbänden – Gewerkschaften und Arbeitgeberverbände – organisiert sind. Das ist nicht mehr unbedingt so.
Die Mitgliederzahlen der **Gewerkschaften** sind in den letzten Jahrzehnten stark zurückgegangen (Grafik, S. 114). Insbesondere jüngere Arbeitnehmer finden immer weniger in die Gewerkschaften. Ähnliches ist auf Arbeitgeberseite zu beobachten: Immer weniger Unternehmen sind in dem für ihre Branche zuständigen **Arbeitgeberverband** organisiert und unterliegen damit der **Tarifbindung** in den betreffenden Tarifbezirken. Konsequenz: Der Anteil der Arbeitnehmer, die in einem tarifgebundenen Unternehmen arbeiten, geht zurück (Tabelle, S. 115).

Speziell in den neuen Bundesländern sind viele Unternehmer überzeugt, dass sie mit Tariflöhnen und -arbeitszeiten im Wettbewerb mit produktiveren Unternehmen im Westen, einerseits, und den mit wesentlich niedrigeren Lohnkosten kalkulierenden Unternehmen in Mittel- und Osteuropa, andererseits, nicht bestehen können.

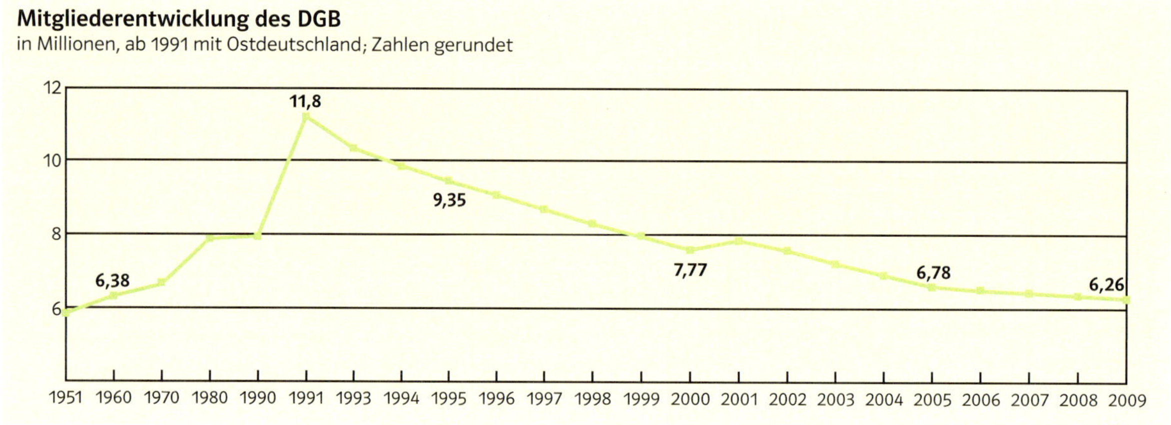

Deutscher Gewerkschaftsbund, 2010

Flächentarifvertrag und Öffnungsklauseln

Löhne, Gehälter und andere Arbeitsbedingungen werden innerhalb der einzelnen Branchen (Wirtschaftszweige) jeweils für eine bestimmte Zeit zwischen den Tarifparteien ausgehandelt und in Tarifverträgen festgehalten. Die Arbeitsverträge, die bei Einstellung mit jedem Arbeitnehmer abgeschlossen werden, dürfen die Vorgaben in den Tarifverträgen normalerweise nicht unterschreiten (z. B. den Lohntarif).
Selbst in der gleichen Branche sind die wirtschaftlichen Bedingungen nicht für alle Unternehmen gleich. Trotzdem gab und gibt es den sogenannten **Flächentarifvertrag**, der für sämtliche verbandlich organisierten Unternehmen eines Tarifbezirks einer Branche gleiche Bedingungen enthält. Zum einen gewährt das den Unternehmen Planungssicherheit, zum anderen wird aber nicht Rücksicht auf die Unternehmen genommen, welche die vereinbarten Bedingungen angesichts zunehmenden, auch internationalen Wettbewerbsdrucks nicht verkraften können. Deshalb wurden im Laufe der letzten Jahre immer mehr **Öffnungsklauseln** in die Tarifverträge eingebaut, die zum Teil flexible Umsetzungen und auch Abweichungen zulassen, welche allerdings mit dem jeweiligen Betriebsrat – und meist auch der zuständigen Gewerkschaft – abgestimmt werden müssen.

Differenzierung, Dezentralisierung

Die damit einhergehende **Differenzierung der Tariflandschaft** durch Ausnahmeregelungen und betriebsspezifische Vereinbarungen bedeutet zugleich, dass der Flächentarifvertrag an Bedeutung verliert. Der Situation des einzelnen Betriebs bzw. Unternehmens wird damit in der konkreten Tarifgestaltung mehr Gewicht beigemessen. Indem Verhandlungen und Entscheidungen damit zum Teil den Gewerkschaftszentralen entgleiten und auf die Ebene des einzelnen Unternehmens oder Betriebs verlagert werden, findet zugleich eine **Dezentralisierung** statt.

Beschäftigte in Betrieben mit Tarifbindung 1996–2008
in Prozent aller in Deutschland in der Privatwirtschaft* Beschäftigten

Jahr	D-West	D-Ost
1996	66	48
1998	65	43
2000	60	39
2001	60	37
2002	59	35
2003	58	35
2004	57	34
2005	55	34
2006	53	33
2007	52	33
2008	50	33

*ohne Landwirtschaft und Organisationen ohne Erwerbszweck

Institut für Arbeitsmarkt- und Berufsforschung der Bundesanstalt für Arbeit, Nürnberg 2009

zwei Arten von Tarifverträgen

Es werden zwei verschiedene Arten von Tarifverträgen unterschieden:
- **Vergütungstarifverträge** für Entgelt, Lohn oder Gehalt: Sie legen die Mindesthöhe in einer Branche für verschiedene Gehalts- und Lohngruppen fest und werden den veränderten Wirtschaftsbedingungen (Inflation, Zunahme der Arbeitsproduktivität) in regelmäßigen Abständen angepasst. Traditionell haben sie eine relativ kurze Laufzeit, in der Regel zwischen 12 und 18 Monaten. Die Arbeitgeber sind eher an längerfristigen Tarifverträgen interessiert, weil ihnen das größere Planungssicherheit gibt und die Anzahl der Tarifauseinandersetzungen und möglichen Arbeitskämpfe vermindert. Gewerkschaften haben dagegen bei kürzeren Laufzeiten die Chance, öfter Lohn- und Gehaltserhöhungen durchzusetzen.
- **Mantel- oder Rahmentarifverträge:** Sie enthalten z. B. Bestimmungen über Arbeitszeit, Pausen, Qualifizierungsmaßnahmen, Urlaubsdauer, vermögenswirksame Leistungen, Zuschläge für Nacht- und Sonntagsarbeit, Sonderurlaub usw. Manteltarifverträge gelten in der Regel für längere Zeiträume oder sogar unbefristet.

Tarifverhandlungen, Streik, Aussperrung

Tarifverträge können von beiden Seiten zum Ende der vereinbarten Laufzeit gekündigt werden. Die jeweils zuständigen Gewerkschaften und Arbeitgeberverbände eines Tarifbezirks treffen sich dann zu neuen Tarifverhandlungen. Diese Verhandlungen führen wegen unterschiedlicher Interessen häufig nicht zu einer schnellen Einigung oder scheitern sogar. Nach einer Urabstimmung unter den organisierten Arbeitnehmern kann es schließlich zum ➤Arbeitskampf kommen. Die Gewerkschaften rufen zum Streik auf, die Arbeitgeber können mit Aussperrung antworten. Mit diesen Maßnahmen soll die Gegenseite in neuen Verhandlungen zum Einlenken gezwungen werden. Bevor es zum Arbeitskampf kommt, können beide Seiten ein

Schlichtungsverfahren veranlassen. Dabei versucht ein von beiden Seiten akzeptierter Schlichter die Kontrahenten zu einem Kompromiss zu bewegen. Solange ein Tarifvertrag nicht gekündigt ist und während Tarifverhandlungen stattfinden, gilt die Friedenspflicht. In dieser Zeit darf nicht gestreikt werden – abgesehen von kurzfristig anberaumten und auch nur kurz dauernden Warnstreiks, mit denen zum Beispiel Druck bei Tarifverhandlungen aufgebaut werden soll.

Wilde Streiks sind nicht durch die Gewerkschaften organisierte Streiks und bewegen sich außerhalb des bestehenden Rechtsrahmens. Sie zeigen aber nicht nur, dass Arbeitnehmer unzufrieden sind, sondern sich auch nicht ausreichend von den Gewerkschaften vertreten fühlen.

Arbeitskämpfe im internationalen Vergleich

durch Streiks und Aussperrungen verlorene Arbeitstage je 1000 Arbeitnehmer
Jahresdurchschnitte; Zahlen gerundet

	produzierendes Gewerbe				Dienstleistungsgewerbe			
Land	**1972 bis 1979***	**1980 bis 1989**	**1990 bis 1999**	**2000 bis 2007****	**1972 bis 1979***	**1980 bis 1989**	**1990 bis 1999**	**2000 bis 2007****
Deutschland	74	59	14	8	7	1	9	4
Frankreich	326	145	63	66	95	23	64	110
Großbritannien	2703	709	33	11	122	123	28	35
Niederlande	27	19	68	25	28	13	7	5
Schweden	12	375	25	8	7	106	61	26
Spanien	2014	691	370	187	326	272	138	60
USA	725	236	96	26	104	66	23	34
Japan	154	12	1	0	90	8	3	0

*Niederlande: 1975–1979, **Frankreich, Japan: 2000–2006

ILO; OECD; Institut der deutschen Wirtschaft Köln; nach: iwTrends 1/2009, S. 15

Sozialpartnerschaft

Deutschland hat nicht die streikfreudigsten Arbeitnehmer und Gewerkschaften. Deshalb wird die Sozialpartnerschaft auch bisweilen als Harmoniemodell angesehen, in dem Tarifauseinandersetzungen nur noch als Ritual aufgeführt werden. Die deutschen Gewerkschaften gelten als eher kooperative Gesprächspartner der Arbeitgeber, die immer auch das Wohl der Unternehmen im Auge hätten. Das mag zum Teil der Mitbestimmung geschuldet sein, durch die Gewerkschaften und Arbeitnehmer in Entscheidungsprozesse von Betrieben und Unternehmen eingebunden werden.

Das Verhältnis zwischen Arbeitnehmern und Arbeitgebern könnte in Zukunft jedoch rauer werden. Die Gewerkschaften haben in den vergangenen Jahren viele Mitglieder verloren und auf der anderen Seite sind viele Unternehmen aus ihren branchenspezifischen Arbeitgeberverbänden ausgetreten oder gar nicht erst Mitglied geworden – das gilt vor allem für die neuen Bundesländer. Diese Entwicklung könnte die Verbände zu radikalerem Auftreten bewegen, um ihre Mitglieder nicht zu enttäuschen und neue anzuziehen. Die Arbeitnehmer sind zunehmend überzeugt, dass die moderaten Lohnabschlüsse der vergangenen Jahre nicht mit der Schaffung zusätzlicher Arbeitsplätze belohnt worden seien. Gleichzeitig sehen sich Arbeitnehmer und Gewerkschaften mit der Drohung konfrontiert, Arbeitsplätze zugunsten kostengünstigerer Standorte abzubauen, wenn die Gewerkschaften zu wenig Entgegenkommen zeigten. Der globalisierte Wettbewerb und die Möglichkeit internationaler Arbeitsteilung (S. 100) wird zur Drohkulisse, um Zugeständnisse und Wohlverhalten zu erzwingen.

Streik und Aussperrung
Der in geregeltem Verfahren durch die Gewerkschaften organisierte Streik ist rechtlich geschützt. Nur den Beamten ist das Streikrecht versagt, weil man bei ihnen ein besonderes Treueverhältnis zum Staat voraussetzt, das ihnen umgekehrt Unkündbarkeit garantiert. Allerdings wird auch im Bereich des öffentlichen Dienstes gestreikt, nämlich von den dort beschäftigten Arbeitern und Angestellten. Die Aussperrung von der Arbeit ist eine Gegenmaßnahme der Arbeitgeber im Arbeitskampf. Auch solchen Arbeitnehmern, die nicht direkt an einem Streik beteiligt sind, kann vorübergehend der Zutritt zu ihren Arbeitsplätzen verweigert werden. In einem Grundsatzurteil erklärte das Bundesverfassungsgericht am 26. Juni 1991 die Aussperrung zu einem von der Verfassung geschützten Arbeitskampfmittel.

4. Mitbestimmung: Wie viel Demokratie ist in der Wirtschaft möglich?

Online-Link
800621-2034

Mitbestimmung und unternehmerische Freiheit

In Krisenzeiten werden die Arbeitnehmer und ihre Gewerkschaften regelmäßig von Regierung und Unternehmern aufgefordert, Verantwortung für Aufbau oder Erhaltung der nationalen Wirtschaftskraft zu übernehmen.
Das war während des Ersten Weltkrieges so, als man die Gewerkschaften brauchte, um die Kriegswirtschaft funktionsfähig zu erhalten – im Gegenzug wurden die Gewerkschaften politisch anerkannt und bekamen Mitwirkungsrechte in Wirtschaftsräten. Das wiederholte sich nach dem Zweiten Weltkrieg, als es darum ging, die zerstörte Industrie wieder aufzubauen.
Solche Appelle und Zusagen verflüchtigen sich in normalen Zeiten regelmäßig. Dann wird das Recht auf Eigentum und das freie Unternehmertum beschworen, die durch wirtschaftliche Mitbestimmung von Arbeitnehmern ausgehöhlt würden. Gewerkschaften und aus der Arbeiterbewegung hervorgegangene oder ihr nahe stehende Parteien argumentieren dagegen, dass Mitbestimmung in der Wirtschaft die politische Demokratie ergänze und wie diese zum Selbstbestimmungsrecht des Menschen gehöre.
Die wirtschaftliche Mitbestimmung der Arbeitnehmer ist in mehreren Gesetzen festgelegt. Diese beinhalten Mitwirkungsrechte unterschiedlichen Ausmaßes, beziehen sich auf unterschiedliche Gegenstandsbereiche und schließen auch nicht alle Unternehmen in gleicher Weise ein.

betriebliche Mitbestimmung

Das **Betriebsverfassungsgesetz** von 1972 (erste Fassung von 1952) bezieht sich vorwiegend auf die Mitbestimmung und Mitwirkung im Betrieb, also dort, wo produziert und verwaltet wird. Das **Personalvertretungsgesetz** von 1972 gilt für den öffentlichen Dienst und entspricht ungefähr dem Betriebsverfassungsgesetz. Mitwirkung und Mitbestimmung finden in privaten Betrieben durch Betriebsräte, im öffentlichen Bereich durch Personalräte statt, die von den Arbeitnehmern gewählt werden. Die Größe des Betriebs- bzw. Personalrats richtet sich nach der Anzahl der Beschäftigten. Je nach Anzahl junger Arbeitnehmer unter 18 Jahren und der Auszubildenden sind spezielle Vertretungen vorgesehen.
1994 hat die Europäische Gemeinschaft eine Richtlinie zu Europäischen Betriebsräten erlassen, die 1996 in deutsches Recht übertragen worden ist (Gesetz über Europäische Betriebsräte). Es regelt die Wahl von Betriebsräten in Unternehmen, die grenzüberschreitend in der EU operieren. Die Mitbestimmungsrechte der EU-Betriebsräte sind weniger umfangreich als die im deutschen Betriebsverfassungsgesetz enthaltenen.

Rechte des Betriebsrats nach dem Betriebsverfassungsgesetz

Mitbestimmungs- und Mitwirkungsrechte

soziale Angelegenheiten
Zustimmung des BR erforderlich, sonst rechtsunwirksam, z. B.:
- Arbeitszeit
- Betriebsordnung
- Entgeltgestaltung
- Festsetzen von Prämien- und Akkordsätzen
- Sozialeinrichtungen
- Sozialplan bei Betriebsänderung oder Konkurs
- Unfallverhütung
- Urlaubsplan

personelle Angelegenheiten
begründeter Widerspruch schiebt Maßnahme auf, z. B.:
- betriebliche Berufsbildung
- Beurteilungsgrundsätze
- Einstellungen
- Ein- und Umgruppierungen
- Kündigungen
- Personalfragebögen
- Personalplanung

Beratungs- und Informationsrechte

wirtschaftliche und organisatorische Angelegenheiten
Mitwirkungsrechte ohne Entscheidungsbeteiligung:
- Beratung über technische und organisatorische Betriebsveränderungen oder Stilllegungen
- Information über die wirtschaftliche Lage des Unternehmens
- Information über die Produktions- und Absatzverhältnisse
- Information über Rationalisierungsvorhaben

Mitbestimmung in Unternehmen

Bei der Mitbestimmung auf Unternehmensebene geht es um Entscheidungen, die die Entwicklung des gesamten Unternehmens betreffen – z. B. die Einrichtung neuer Produktionsstätten, die Schließung von Werken usw. Rechtsgrundlage sind folgende Gesetze:
- **Montanmitbestimmungsgesetz** von 1951, das nur für den Bergbau und die Stahlindustrie und dort für Unternehmen ab 1000 Beschäftigte gilt
- **Mitbestimmungsgesetz** von 1976 für alle ➤ **Kapitalgesellschaften** mit mehr als 2000 Beschäftigten
- **Betriebsverfassungsgesetz** von 1972 für alle Kapitalgesellschaften von 500 bis 2000 Beschäftigten

Mitbestimmung auf Unternehmensebene findet durch gewählte Arbeitnehmervertreter im ➤ **Aufsichtsrat** statt, welcher die Vorstände des Unternehmens kontrollieren soll.
- In der Montanindustrie gilt die sogenannte **paritätische Mitbestimmung**. Anteilseigner und Arbeitnehmer entsenden jeweils gleich viele Vertreter in

den Aufsichtsrat. Damit beide Seiten die für das Unternehmen zu treffenden Entscheidungen nicht durch Stimmengleichheit blockieren können, müssen sie sich auf ein zusätzliches „neutrales" Aufsichtsratsmitglied einigen, das in einem solchen Fall den Ausschlag gibt. Nach dem Montanmitbestimmungsgesetz darf außerdem der Arbeitsdirektor – als Mitglied des Vorstands insbesondere zuständig für Personalfragen – nicht gegen die Stimmen der Arbeitnehmerseite berufen werden.
- Das Mitbestimmungsgesetz von 1976 sieht ebenfalls gleich viele Anteilseigner- und Arbeitnehmervertreter im Aufsichtsrat vor, bedeutet jedoch **keine echte Parität**. Bei Stimmengleichheit entscheidet der Aufsichtsratsvorsitzende, der nicht gegen den Willen der Anteilseignerseite gewählt werden darf. Diese hat also ein Übergewicht, welches noch dadurch verstärkt wird, dass mindestens ein Arbeitnehmervertreter von den „leitenden Angestellten" gewählt werden muss. Diese unterstützen meist die Anteilseignerseite.
- Noch eindeutiger ist das Übergewicht der Anteilseigner bei den kleineren und mittleren Kapitalgesellschaften, die dem Betriebsverfassungsgesetz unterliegen. Bei ihnen stellen die Anteilseigner zwei Drittel, die Arbeitnehmer ein Drittel der Mitglieder im Aufsichtsrat (**Drittelparität**).

Mitbestimmung unter Druck

Die deutschen Mitbestimmungsregelungen, insbesondere die im internationalen Vergleich besonders anspruchsvolle paritätische bzw. quasi-paritätische Mitbestimmung, sind nicht zuletzt durch die Internationalisierung der Wirtschaft unter Druck geraten. Bisweilen werden sie von Arbeitgeberseite auch strategisch ausgehebelt oder umgangen; Beispiele:
- Durch Veränderung von Produktionsschwerpunkten gehört ein Unternehmen nicht mehr zur Montanindustrie und fällt damit aus der streng paritätischen Mitbestimmung.
- Großunternehmen werden in Einzelunternehmen aufgespalten, sodass die nun kleineren Einzelunternehmen nicht mehr oder unter weniger ausgeprägte Mitbestimmungsregelungen fallen.
- Die Kombination mit Auslandsstandorten erlaubt es bisweilen, die anspruchsvolleren deutschen Mitbestimmungsregeln zu umgehen.

Auslaufmodell Mitbestimmung?

Die deutschen Formen der Mitbestimmung speziell auf Unternehmensebene erscheinen unter den Bedingungen internationalen Wettbewerbs und grenzüberschreitender Unternehmen als exotische Auslaufmodelle. Damit würde ein charakteristisches Merkmal der sozialen Marktwirtschaft verschwinden. Aber es gibt auch gegenläufige Argumentationen: Mitbestimmung in der Wirtschaft könne nach wie vor – oder angesichts ungewisser Entwicklungen sogar mehr denn je – als ein stabilisierendes Element betrachtet werden, das für wirtschaftliche Berechenbarkeit und auch sozialen Zusammenhalt sorgen könne. Es wird sogar für eine Ausweitung der Mitbestimmung auf weitere Gruppen plädiert, die ebenfalls ein berechtigtes Interesse daran hätten, was in Unternehmen passiert – etwa Verbraucher oder Umweltschützer und deren Verbände.

2.4 Die internationale Einbettung der deutschen Wirtschaft

Deutschland ist keine Insel – auch wirtschaftlich nicht. In vielfältiger Weise ist die deutsche Volkswirtschaft mit der Weltwirtschaft verflochten und damit auch von ihr abhängig. Das bietet Chancen und birgt Gefahren.

1. Was heißt es, Exportweltmeister zu sein?
2. Was lehrt die Finanz- und Wirtschaftskrise 2008 bis 2010?
3. Ist wirtschaftliche Abschottung eine Alternative?
4. Vor welchen Herausforderungen steht der Wirtschaftsstandort Deutschland?

Internationale Verflechtungen im Welthandel

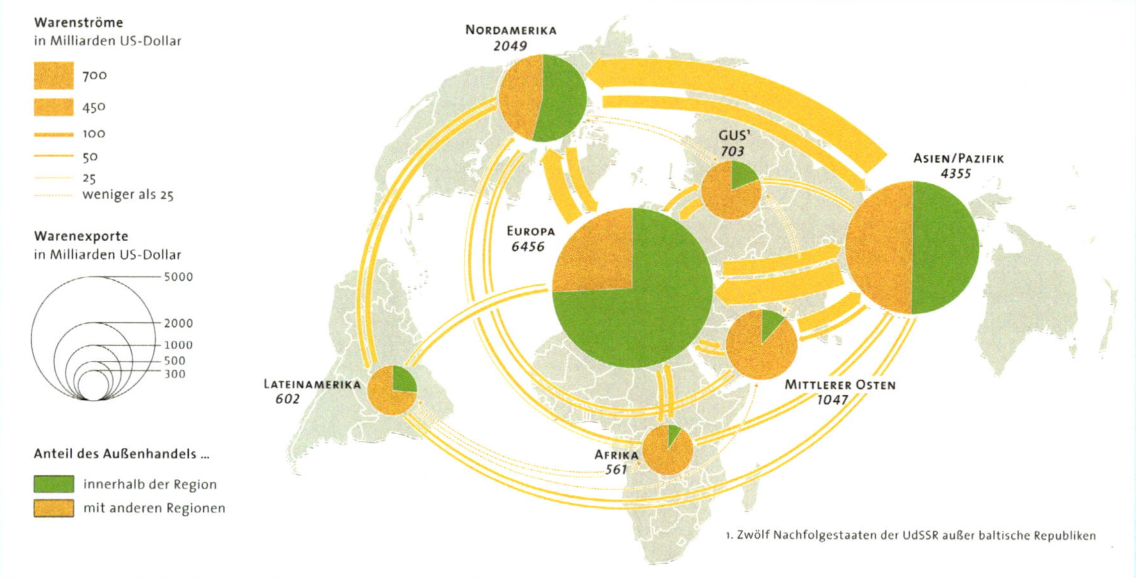

Europa macht Geschäfte, hauptsächlich mit sich selbst

©2009: Le Monde diplomatique, taz Verlags- und Vertriebs GmbH Berlin; Quelle: WTO, 2009 (Daten: 2008)

Online-Link
800621-2041

1. Was heißt es, Exportweltmeister zu sein?

wirtschaftliche Internationalisierung

Die Volkswirtschaften dieser Erde sind mehr oder weniger eng miteinander verflochten. Sichtbares Zeichen ist der Import und Export von Konsum- und Investitionsgütern (**Welthandel**). Auch die **internationale Arbeitsteilung** in und zwischen Unternehmen bei der Entwicklung und Herstellung von Gütern gehört dazu. Die **direkte Investition von Kapital** aus Deutschland in Unternehmen im Ausland wie auch die direkte Investition ausländischen

Kapitals in deutsche Produktionsstätten ist ebenfalls Teil der internationalen Wirtschaftsverflechtung. Darüber hinaus gibt es einen weltumspannenden **Finanzsektor**, in dem Rendite suchendes Kapital in mehr oder weniger spekulative Wertpapiere (festverzinsliche Anleihen; Aktien; Derivate) investiert.

internationale Gütermärkte

Betrachtet man die **globalen Handelsströme** zwischen den großen Weltregionen (siehe Abbildung links), dann wird deutlich, dass das Wort Globalisierung eine Gleichmäßigkeit der Internationalisierung nur vortäuscht:
- Der Welthandel findet überwiegend auf der Nordhalbkugel statt.
- Europa ist bei weitem der größte Wirtschaftsraum und der innerregionale Handel spielt eine besonders große Rolle – vor allem zwischen den EU-Staaten.
- Zwischen Europa, Nordamerika und Asien ist das dominierende Handelsdreieck aufgespannt.

Exportnationen

Der Export und Import von Gütern – oder auch nur Waren – steht häufig im Vordergrund der Aufmerksamkeit. Dann wird nachgerechnet, welches Land Exportweltmeister ist. Diesen Titel haben viele Jahre die USA, dann Deutschland innegehabt (Grafik unten). Inzwischen hat die besonders stark wachsende Wirtschaftsmacht China aufgeschlossen und 2009 den ersten Rang übernommen. In US-Dollar gerechnet hat Deutschland 2009 für rund 1,12 Billionen Waren exportiert, China etwa für 1,2 Billionen.
Allerdings: China ist ein weitaus größeres und bevölkerungsreicheres Land als Deutschland und steht als Schwellenland erst am Anfang seiner industriellen Entwicklung. 2008 betrug das Bruttoinlandsprodukt von China rund 4,3 Milliarden, das von Deutschland rund 3,7 Milliarden US-Dollar. Pro Einwohner waren das in China jedoch nur 3263, in Deutschland dagegen 44 471 US-Dollar.

Die größten Handelsnationen 1990 bis 2008
Warenausfuhren in Millionen US-Dollar

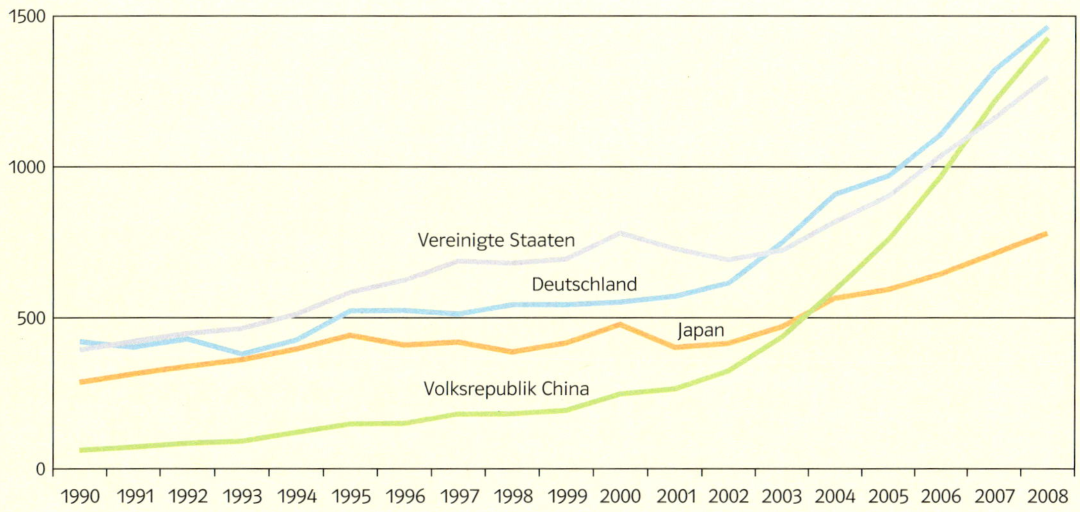

Statistisches Bundesamt, Wiesbaden 2010: Export, Import, Globalisierung, S. 40

Exportstärke

Internationale Wettbewerbsfähigkeit drückt sich als Exportstärke aus. Die angebotenen Waren und Dienstleistungen werden im Ausland nachgefragt. Das hängt zum Teil mit deren Qualität, zum Teil mit den Preisen für diese Güter zusammen. Deutschlands wichtigste Exportbranchen waren 2008 der Kraftfahrzeugbereich, der Maschinenbau, die chemische, die metallerzeugende und -verarbeitende Industrie sowie die Elektroindustrie.
Manchmal sind es aber auch einfach glückliche Umstände, die ein Land zu einer wichtigen Exportnation machen, etwa wenn dieses Land wichtige Bodenschätze besitzt, die nicht so häufig vorkommen, aber überall dringend gebraucht werden, wie z. B. Erdöl und Erdgas.

Exportabhängigkeit

Besondere Stärke im Export kann aber auch Abhängigkeit vom Auslandsmarkt bedeuten – dann nämlich, wenn das Bruttoinlandsprodukt (BIP) in besonders hohem Maße durch den Export und weniger durch die Binnennachfrage auf dem heimischen Markt beeinflusst wird. Bricht die Wirtschaftskonjunktur auf den internationalen Märkten ein, dann spüren das exportabhängige Länder besonders stark. Als Auswirkung der internationalen Wirtschaftskrise brachen die deutschen Ausfuhren seit Ende 2008 ein.

Exportquote

Die Exportquote misst die Abhängigkeit einer Volkswirtschaft vom Export: Gemeint ist damit der prozentuale Anteil des Exportwerts am Bruttoinlandsprodukt. Kleine, aber wirtschaftlich starke Länder haben in der Regel eine hohe Exportquote, weil der Binnenmarkt wegen der niedrigen Bevölkerungszahl für eine starke Volkswirtschaft zu klein ist. Belgien und die Niederlande sind dafür Beispiele. Bei bevölkerungsreichen, wirtschaftlich hoch entwickelten Ländern – wie z. B. den USA – ist es genau umgekehrt. Hier ist der Binnenmarkt für das Bruttoinlandsprodukt wesentlich wichtiger als der Export (s. Tabelle unten). Deutschland exportierte 2008 etwa 47 Prozent seines Bruttoinlandsprodukts – davon allerdings rund 63 Prozent in die Länder der Europäischen Union und damit in den EU-Binnenmarkt, vor allem nach Frankreich.

Exportquoten ausgewählter Länder 1990 und 2008
Prozentualer Anteil des Exports am Bruttoinlandsprodukt

	Warenausfuhr in % des BIP		**Dienstleistungsausfuhren in % des BIP**	
	1990	**2008**	**1990**	**2008**
Belgien	54,7	95,9	12,4	17,3
Niederlande	44,7	73,7	9,7	11,8
Deutschland	22,3	40,1	2,9	6,6
China	17,4	33,0	1,6	3,4
Russland	20,5	29,3	2,7	3,2
Japan	9,5	15,9	1,4	3,0
Frankreich	17,4	21,3	6,0	5,6
USA	6,8	9,2	2,3	3,7
Großbritannien	18,6	17,3	5,4	10,0

Statistisches Bundesamt, Wiesbaden 2010: Export, Import, Globalisierung, S. 43

2. Was lehrt die internationale Finanz- und Wirtschaftskrise 2008 bis 2010?

Online-Link 800621-2042

Am 15. September 2008 meldete eine der größten amerikanischen Investmentbanken Konkurs an: Lehman Brothers. Mit einem Schlag wurde die Gefahr einer **weltweiten Krise des Banken- und Finanzsektors** deutlich, weil selbst große Banken sich als nicht mehr zahlungsfähig erwiesen. Die Finanzwelt war wie paralysiert, Vertrauen in Misstrauen umgeschlagen, der Geldfluss kam ins Stocken. Die Realwirtschaft (real, weil sie reale Güter produziert und verkauft) geriet in der Folge in eine tiefe Krise, die an die große Weltwirtschaftskrise von 1929 erinnert.

Ursachen der Finanz- und Wirtschaftskrise 2008 bis 2010

Ausgangspunkt war der amerikanische Immobiliensektor, in dem sich die Krise bereits 2007 andeutete. Die amerikanische Regierung ermutigte zum Hauskauf, die amerikanische Zentralbank sorgte durch niedrige Zinsen für billiges Geld. Das brachte auch Menschen mit zu wenig Kapital und Einkommen dazu, in Immobilien zu investieren und sich zu verschulden. Banken gingen hoch riskante Kredit- und Anlagegeschäfte ein, verpackten diese Risiken in abgeleitete Anlageformen (Derivate) und verkauften sie weltweit an andere Banken – auch staatliche – und an Investmentgesellschaften und diese letztlich auch an private Anleger. Hohe Boni und Gewinnmargen für Bankangestellte, Investmentverkäufer und Makler verführten dazu, schnelle Gewinne zu suchen und unkalkulierbare Risiken einzugehen – also auch „Schrottpapiere" zu kaufen und zu verkaufen.
Als in den USA die Immobilienblase platzte, die Häuserpreise ins Bodenlose fielen und Kredite nicht mehr zurückgezahlt werden konnten, verfiel der Wert der von diesen Krediten abgeleiteten Wertpapiere. Eine Lawine kam ins Rutschen, die weltweit Banken – auch staatliche Banken, die in diese spekulativen Anlagen investiert hatten – und Unternehmen ins Wanken brachte oder in den Konkurs trieb. Millionen Privatanleger verloren Erspartes.

Folgerungen aus der Krise

Verursacht hat diese internationale Finanz- und Wirtschaftskrise ein komplexes Zusammenwirken unterschiedlicher Faktoren. Es gab Versagen in der Wirtschaft (vor allem im Finanzsektor) und in der Politik, auf der individuellen und der systemischen Ebene. Diese weltweite Krise hat deutlich gemacht, dass

- solche Finanzkrisen auch von der Wirtschaftsmacht Nr. 1 ausgehen können und dann wegen der internationalen Verflechtung der US-Wirtschaft eine globale wirtschaftliche Gefährdung darstellen
- große Teile der nationalen und internationalen Finanzsysteme sich zu einer wirtschaftlichen Parallelwelt entwickelt haben, die von der sogenannten Realwirtschaft weitgehend abgekoppelt zu sein scheint und deren Eigendynamik nur schwer zu kontrollieren ist
- weder die Finanzwirtschaft alleine noch alle Marktkräfte zusammen in der Lage sind, solchen Krisen rechtzeitig zu erkennen, ihnen entgegenzuwirken bzw. sie ohne verheerende Auswirkungen für die Menschen in den Griff zu bekommen

- staatliche Eingriffe und vor allem internationale politische Koordination unabdingbar sind, um die nationalen Finanzsysteme und die internationale Finanzwirtschaft zu stabilisieren und ganze Volkswirtschaften vor dem Zusammenbruch zu bewahren – unbeschadet der Tatsache, dass auch staatliche Politik nicht vor Fehlentscheidungen gefeit war und ist.

Globalisierung der Finanzbeziehungen

Der US-Amerikaner Paul Krugman ist ein international anerkannter Professor für Volkswirtschaftslehre und Träger des Wirtschaftsnobelpreises 2008. Er analysiert die letzte Weltwirtschaftskrise und macht die mangelnde Regulierung der Finanzmärkte für deren Ausbruch verantwortlich:

Parallel […] hatte sich im Charakter des Finanzsystems während der zurückliegenden fünfzehn Jahre – vor allem nach der Asienkriese [1997/98] ein […] Wandel vollzogen. Es war zur finanziellen Globalisierung gekommen, und in jedem Land gab es Investoren, die starke Interessen in anderen Ländern hatten. 1996, vor der Asienkrise, hatten die Vereinigten Staaten Auslandsguthaben in Höhe von 52 Prozent des BIP und Auslandsschulden in Höhe von 57 Prozent des BIP. Bis 2007 waren diese Zahlen auf 128 bzw. 145 Prozent gestiegen. […] Und wenn in den Vereinigten Staaten etwas schief ging, fungierten diese Auslandsinvestitionen als ein „Transmissionsmechanismus“ […], sodass eine Krise, die mit dem amerikanischen Häusermarkt begonnen hatte, weitere Runden im Ausland drehen konnte. […] Im Herbst 2008 hatten Probleme mit Hausdarlehen in einer fernen Gegend wie Florida das Bankensystem von Island zerstört. […]

Paul Krugman: Die neue Weltwirtschaftskrise, Frankfurt/M., 2009, S. 205 f.; Übersetzung: Herbert Allgeier, Friedrich Griese

Vorhersehbar und vermeidbar?

Wenige Tage nach der Lehman-Brothers-Pleite schrieb der Herausgeber der Wochenzeitung Die Zeit und frühere Bundeskanzler Helmut Schmidt:

Niemand möchte der Bote des Unheils sein. Und doch: Die Finanzkrise in den Vereinigten Staaten ist gefährlich. Es ist der schwerste Bankenkrach seit 1929. Es ist eine Krise am Finanzmarkt, aber es besteht die erhebliche Gefahr einer schwerwiegenden Beeinträchtigung der realen Weltwirtschaft. Und es kann zu einer großen Vertrauenskrise kommen, die weit über die Finanzwirtschaft hinaus wirkt. […] Dabei wäre dieser Crash vermeidbar gewesen. Wenn man nur rechtzeitig das getan hätte, was man jetzt glaubt tun zu sollen, aber möglicherweise nur halbherzig tun wird: schärfere Kontrollen einführen, Sicherheits- und Transparenzbestimmungen für Finanzinstrumente erlassen und eine deutlich stärkere Aufsicht über Finanzinstitute, Banken, Fonds, finanzielle Zweckgesellschaften und dergleichen ins Leben rufen. […]

Helmut Schmidt: Der Markt ist keine sichere Bank, Die Zeit, 25.09.2008, S. 1, Auszug

Nationale staatliche Rettungsmaßnahmen für den Finanzsektor
von Oktober 2008 bis August 2009 in Milliarden Euro

	Kapitalhilfen Kauf von Anteilen	Garantien	in Prozent des BIP 2008
EU 27	1081	2095	29
Euro-Raum (16)	369	1677	26
Deutschland*	80	400	24
Frankreich	21	320	18
Irland	110	485	215
Niederlande	41	200	52
Österreich	15	75	32
Großbritannien	693	273	62
USA	1728	1068	33

erste Zahlenspalte: Kapitalhilfen (z. B. Kredite) und Kauf von Unternehmensanteilen, bis hin zur staatlichen Übernahme wie im Falle der bayerischen Hypo Real Estate
zweite Zahlenspalte: Bei den Garantien geht es vor allem um Bürgschaften für Kredite, Zahlen gerundet; nicht alle vorgesehenen Mittel wurden bislang vollständig abgerufen
* ohne Länderhilfen für Landesbanken

Sachverständigenrat zur Begutachtung der gesamtwirtschaftlichen Entwicklung: Die Zukunft nicht aufs Spiel setzen, Jahresgutachten 2009/10, Wiesbaden, November 2009, S. 119

internationale Finanzhilfen: IWF

Im Verlauf der internationalen Finanzkrise und ihrer Folgen sind auch Staaten zahlungsunfähig geworden oder an den Rand der Zahlungsunfähigkeit geraten. Sie mussten zusätzliche Schulden machen, um nationale Unternehmen vor allem im Finanzsektor zu stützen. Staatsbanken haben durch Spekulationsverluste die Staatshaushalte selbst belastet, die einsetzende Wirtschaftskrise verminderte die Steuereinnahmen. **Staaten in Zahlungsschwierigkeiten** hilft auf Antrag der Internationale Währungsfonds (IWF) mit Krediten. Diese sind an strenge Auflagen für die Wirtschafts- und Finanzpolitik und die öffentlichen Haushalte gebunden. Früher waren es fast ausschließlich Entwicklungsländer, die um Finanzhilfen nachgesucht haben. Als Folge der internationalen Finanz- und Wirtschaftskrise und zum Teil unsolider Haushaltsführung mussten auch einige Länder Europas, einschließlich der EU und der Euro-Zone, Kredite des IWF in Anspruch nehmen.

Ein europäischer Währungsfonds?

In der EU wird diskutiert, einen europäischen Währungsfonds einzurichten, in den alle EU-Länder entsprechend ihrer Wirtschaftskraft einzuzahlen hätten und aus dem Länder in Finanznot Kredite erhalten könnten. Die Kredite sollten dann – wie beim IWF – mit kontrollierbaren Auflagen für die öffentliche Haushaltspolitik verbunden werden. Ein solcher **Rettungsfonds** ist in der EU umstritten, weil er den Europäischen ➤ **Stabilitäts- und Wachstumspakt** (vgl. Kap 4.3) untergraben und Regierungen zu größerem Leichtsinn in der öffentlichen Haushaltspolitik verleiten könnte. Befürwortet wird die Einführung eines europäischen Währungsfonds von denen, die einen Nachweis für die Handlungsfähigkeit der EU erbringen und den von den USA stark beeinflussten IWF aus europäischen Angelegenheiten heraushalten wollen.

Ist eine strengere Regulierung die Lösung?

Auf nationaler wie auf internationaler Ebene wird eine strengere Regulierung und Kontrolle von Banken und Investmentgesellschaften sowie von Finanzprodukten selbst diskutiert. Dabei stehen folgende Maßnahmen im Vordergrund:

- Banken und Investmentgesellschaften sollen zu einer höheren ➤ **Eigenkapitalquote** bei Krediten sowie eigenen Investmentgeschäften verpflichtet werden, damit Risiken besser abgesichert sind.
- Finanzinstitute sollen gemeinsam in **Krisenfonds** einzahlen, um aus diesen im Falle von zukünftigen Krisen Finanzhilfen leisten zu können.
- Investmentgesellschaften sollen – wie normale Banken – ihre Geschäfte offenlegen müssen und **öffentlicher Kontrolle** unterliegen.
- **Besonders risikoreiche Finanzprodukte** (bestimmte Derivate) sollen verboten werden, genehmigungspflichtig sein oder höheren Informationspflichten (Transparenz) unterliegen.
- Banken und Investmenthäuser sollen Kunden genauer über Risiken aufklären und diese **Informationsvermittlung** auch dokumentieren.

Solche Vorschläge sind nicht unumstritten. Insbesondere Finanzzentren wie New York (Wall Street), London (City) oder auch Frankfurt wehren sich vor allem gegen strengere national oder regional begrenzte Regulierung. Ihr Argument: Dies würde nur zu einer Abwanderung von Finanzgeschäften zu weniger strikt regulierenden Standorten führen – etwa nach Hongkong oder Singapur. Als Alternative zu nationalen Maßnahmen wären internationale Vereinbarungen sinnvoll. Der notwendige internationale Konsens über strengere internationale Regeln und Kontrollen ist aber nur schwer erreichbar. Zu unterschiedlich sind die Wirtschaftsinteressen der einzelnen Länder.

Online-Link
800621-2043

3. Ist wirtschaftliche Abschottung eine Alternative?

internationaler Wettbewerbsdruck

Angesichts der Weltwirtschaftskrise wächst die Gruppe derer, die den steigenden internationalen Wettbewerbsdruck vor allem als Gefährdung wahrnehmen (zur Globalisierung siehe Kap. 5). Sie befürchten, dass

- billigere Importgüter die heimische Produktion schwächen
- Arbeitslöhne speziell in den unteren Qualifikationsgruppen weiter gedrückt werden (auch durch den Einsatz billiger ausländischer Arbeitskräfte im Inland)
- Produktionsstätten zunehmend ins Ausland verlagert werden
- unter dem globalem Standortwettbewerb wohlfahrtsstaatliche Errungenschaften, arbeitnehmerfreundliche Gesetze oder anspruchsvolle Regelungen etwa im Umwelt- oder Verbraucherrecht nicht aufrechterhalten werden können.

Protektionismus

Die Abschottung der eigenen Volkswirtschaft von internationaler Konkurrenz, also **Protektionismus**, soll Schutz vor negativen Auswirkungen des Weltmarkts bieten. In der Geschichte war Protektionismus ein übliches Mittel von Staaten, die Entwicklung der eigenen Volkswirtschaft vor erdrückender Auslandskonkurrenz zu schützen. Die aufstrebenden Volkswirtschaften Europas und Nordamerikas haben dies alle bis weit ins 20. Jahrhundert getan.

Für hoch entwickelte und international stark verflochtene Volkswirtschaften wie die Deutschlands ist ein sich ausbreitender Protektionismus eine Gefahr. Deutschland ist auf die wirtschaftliche Offenheit anderer Länder für Produkte „Made in Germany" angewiesen. Deutsche Unternehmen sind eng in die internationale Arbeitsteilung in Forschung und Entwicklung, Produktion und Vertrieb eingebunden (siehe die folgende Grafik). Für Entwicklungs- und Schwellenländer sieht das anders aus: Viele ihrer Wirtschaftszweige und Unternehmen bedürfen eines gewissen Schutzes vor einer Wettbewerbssituation, der ihre Wirtschaft noch nicht gewachsen ist.

Wo deutsche Großunternehmen Unternehmensstandorte haben
Anteil der Länder und Weltregionen an den Standorten in Prozent; Auswertung von 60 Großunternehmen

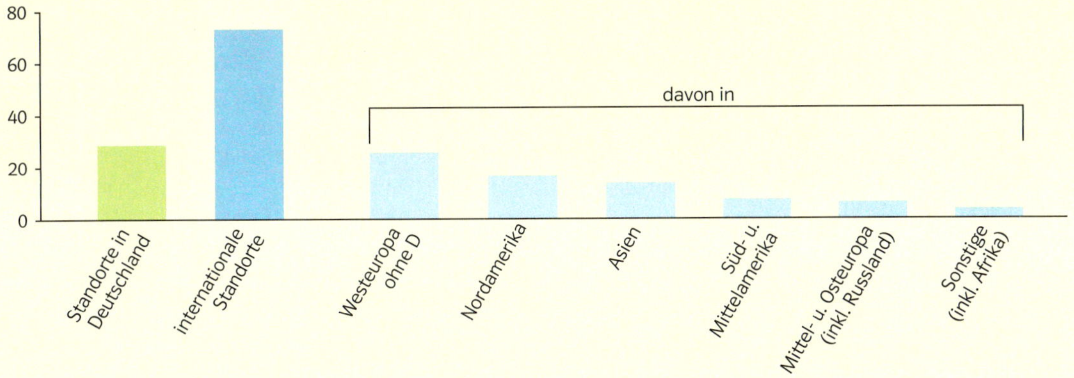

Jürgen Beyer: Die komparativen Vorteile koordinierter Ökonomien und die Internationalisierung von Unternehmen, Forschungsberichte aus dem Max-Planck-Institut für Gesellschaftsforschung, Köln, 2/2006, S. 8

Handelsbarrieren

Protektionismus kann unterschiedliche Formen annehmen. Leicht erkennbar sind sogenannte **tarifäre Handelsbarrieren** (z. B. Importzölle, Mengenbegrenzungen für Einfuhren). Weniger direkt sichtbar sind sogenannte **nicht-tarifäre Handelsbarrieren** sowie **verdeckte Förderungen** heimischer Produktion. Dazu gehören Qualitätsanforderungen, denen die heimische Industrie leichter entsprechen kann; bürokratische Kontrollhürden bei der Einfuhr; Auftragsausschreibungen, die auf heimische Hersteller zugeschnitten sind; Subventionen für inländische Produzenten; währungspolitische Manipulationen, die die Güter der eigenen Volkswirtschaft für das Ausland preisgünstiger machen, Einfuhren dagegen verteuern usw.

regionale Wirtschaftsgemeinschaften, bilaterale Wirtschaftsvereinbarungen

Unbehinderte internationale Wirtschaftsbeziehungen können durch regionale Wirtschaftsgemeinschaften und bilaterale Wirtschaftsabkommen gefördert, aber auch eingeschränkt werden. Diese Wirtschaftsgemeinschaften und -abkommen liberalisieren zwar die Wirtschaftsbeziehungen zwischen den jeweils beteiligten Ländern, belassen oder errichten aber in der Regel gleichzeitig Wirtschaftsbarrieren nach außen. Die Europäische Union ist die regionale Wirtschaftsgemeinschaft mit dem größten liberalisierten Binnenmarkt weltweit. Ihr wird aber gerade von den Entwicklungsländern vorgeworfen, den eigenen Markt zum Beispiel gegen Konkurrenz im Agrarbereich abzuschotten (Kap. 4.3).

GATT und WTO

Das ➤**GATT** als internationales Abkommen und die ➤**Welthandelsorganisation (WTO)** als Nachfolgerin sollten und sollen einem ungehinderten Welthandel zum Durchbruch verhelfen. In der Vergangenheit ist es zu einem erheblichen Abbau von Zöllen gekommen. Allerdings hat es seit etwa zehn Jahren kaum noch Fortschritte gegeben, weil zwischen Entwicklungs- und Schwellenländern einerseits und den entwickelten Industriestaaten andererseits zu große Interessendifferenzen bestehen.

Freihandel und nationale Interessen

Die Entwicklungsländer beklagen, dass sie ihre Grenzen vollständig öffnen sollen, ohne dass ihre Wirtschaft als ganze und eine noch schwache verarbeitende Industrie gegen die weltweit agierenden Konzerne der Industriestaaten wettbewerbsfähig sind. Für besonders unfair halten sie, dass die Industriestaaten ihre eigene Landwirtschaft subventionieren und so die Entwicklungsländer sich nicht einmal in dem Bereich entfalten lassen, in dem sie relativ konkurrenzfähig wären. Aus diesem Grunde ist der Widerstand dieser Länder gegen weitere Liberalisierungen des Weltmarkts groß. Unterstützt werden sie dabei von sozialen Bewegungen und Nichtregierungsorganisationen wie Attac. Umgekehrt werfen die Industriestaaten volkswirtschaftlich aufstrebenden Schwellenländern wie China vor, durch besonders niedrige Preise (Dumpingpreise) und künstlich niedrig gehaltene Wechselkurse Ausfuhren zu forcieren und Einfuhren zu erschweren. Aber auch zwischen Industriestaaten, z. B. der EU und den USA, kommt es immer wieder zu Streitfällen vor der WTO – etwa um Wettbewerb verfälschende Subventionen in der Stahlindustrie, im Flugzeugbau oder in der Landwirtschaft.

Online-Link
800621-2044

4. Vor welchen Herausforderungen steht der Wirtschaftsstandort Deutschland?

internationaler Wettbewerb

Volkswirtschaften etablierter Industriestaaten müssen sich im weltweiten Wettbewerb gegeneinander und gegenüber aufstrebenden Volkswirtschaften – Schwellenländern wie z. B. China, Indien, Brasilien – behaupten. Für Deutschland spielen die EU-Länder eine wichtige Rolle im internationalen Wettbewerb, weil die EU ein Binnenmarkt weitgehend ohne Grenzen für Kapital, Waren, Dienstleistungen und Personen ist. Für Deutschland geht es um die Konkurrenzfähigkeit auf den Märkten für Waren und Dienstleistungen sowie um die Wettbewerbsfähigkeit des Wirtschaftsstandorts Deutschland für Investitionen in Unternehmen.

Innovationsfähigkeit

Als Volkswirtschaft mit überdurchschnittlich hohen Arbeitskosten (Löhne und Sozialabgaben der Arbeitgeber), einem entwickelten und relativ kostspieligen Sozialstaat sowie vergleichsweise hohen Steuern und Abgaben ist Deutschland nur dann konkurrenzfähig, wenn es

- **Spitzenprodukte** anbieten kann, die sich zu entsprechend hohen Preisen am Weltmarkt verkaufen lassen und
- zu **Rationalisierungen** fähig ist, die eine hohe Produktivität der Arbeit ermöglichen und die höheren Arbeitskosten zumindest zum Teil ausgleichen.

Die Exportstärke Deutschlands zeigt, dass diese Innovationsfähigkeit speziell in technologischer und organisatorischer Hinsicht in vielen Wirtschaftsbranchen vorhanden war und ist. Sie lässt sich aber nur aufrechterhalten durch

- hohe Investitionen in **Bildung und Ausbildung** (Kap. 1.4), um ausreichend viele qualifizierte Arbeitskräfte auch in Zukunft zu haben
- hohe Investitionen in **Forschung und Entwicklung** in den öffentlichen und privaten Forschungseinrichtungen und in den Unternehmen, die in Patente sowie neue Verfahren und Produkte münden.

Eine Studie des Hamburgischen Weltwirtschaftsinstituts sieht Deutschland innerhalb der EU bei der Innovationsfähigkeit an der vierten Stelle hinter skandinavischen Ländern.

Innovationspotenzial europäischer Länder

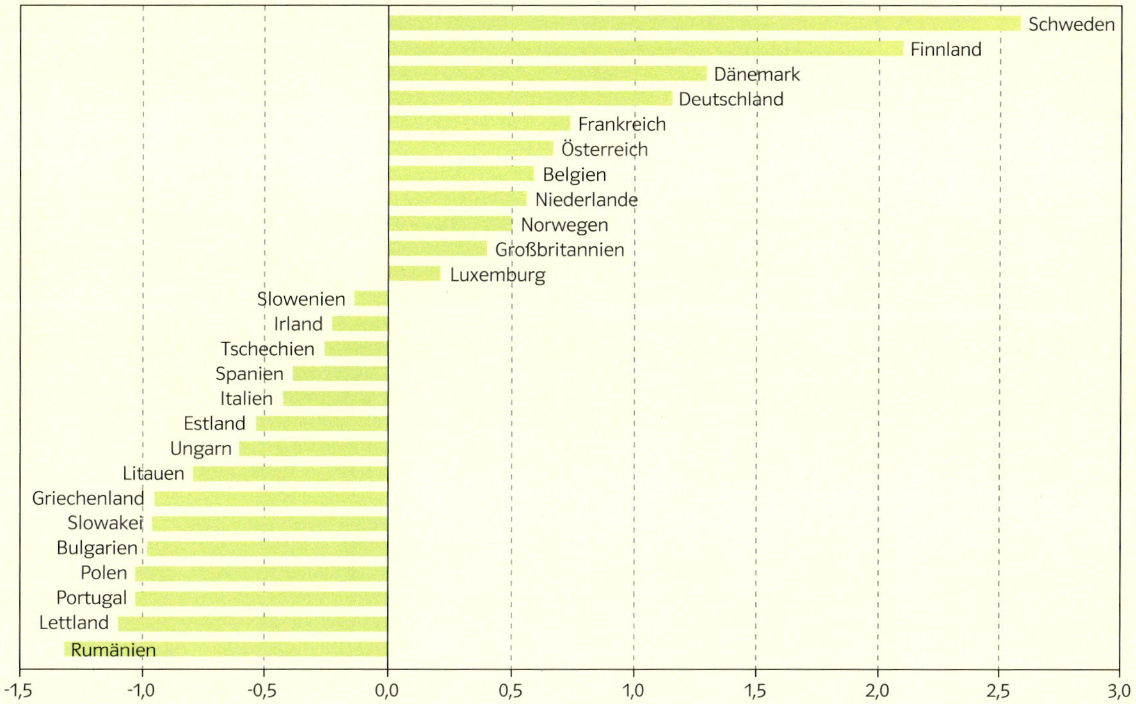

Zusammengestellt nach: Henning Vöpel: Wie innovationsfähig ist Deutschland?, Hamburgisches Weltwirtschafts Institiut, HWWI-Research-Paper, 1-9, Hamburg, 2007

Beurteilung des Wirtschaftsstandorts

Im internationalen Standortwettbewerb um Investitionen ist eine Vielzahl unterschiedlicher Standortqualitäten wichtig, damit Unternehmen sich für einen bestimmten Standort entscheiden. Die englische wirtschaftsliberale Zeitschrift The Economist erstellt sogenannte Business-Environment-Rankings (Standorteinschätzungen für Unternehmen). Bei den Erwartungen für die Jahre 2009 bis 2013 belegt Deutschland den 13. Platz unter 82 bewerteten Ländern. In die Berechnung dieser Rangordnung gehen Faktoren ein, bei denen die Investitionsbedingungen und Entfaltungsmöglichkeiten für Unternehmen im Vordergrund stehen. Dazu gehören: politische Stabilität und Regierungseffektivität; volkswirtschaftliche Bedingungen und Marktumfeld; Politik gegenüber Privatunternehmen und ausländischen Investoren; Außenhandels- und Währungsbedingungen; Steuern und Abgaben; Finanzmarktbedingungen und Finanzierungsmöglichkeiten; Qualität der Arbeitskräfte und Bedingungen am Arbeitsmarkt; Infrastrukturausstattung.

Bewertung von Wirtschaftsstandorten
Qualität für Unternehmensinvestitionen in der Periode 2009–2013

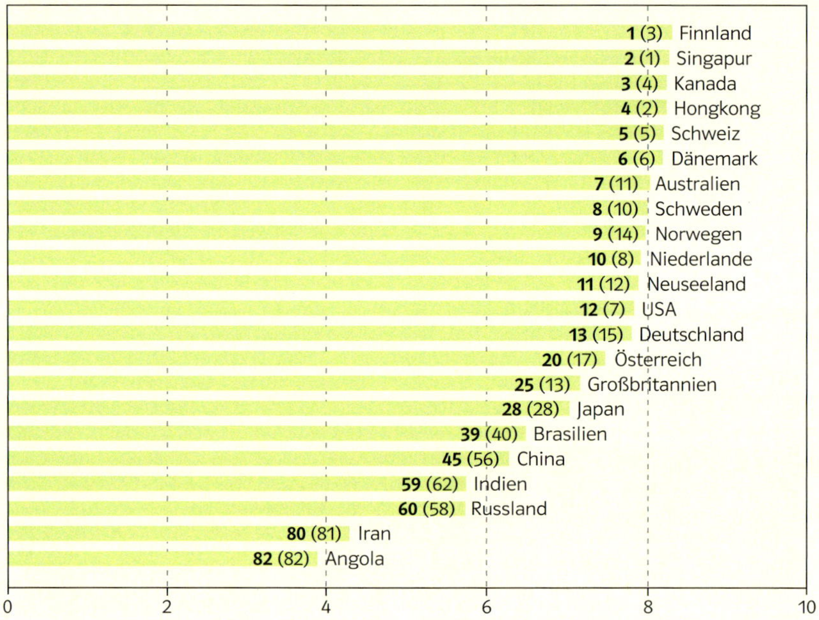

Die Einschätzungen sind Erwartungen für die angegebene Periode.
Insgesamt wurden 82 Länder bewertet; die höchst mögliche Bewertung ist 10.
Rangfolgennummer in Klammern = Periode 2004–2008

Zusammengestellt nach: Economist Intelligence Unit: Globalisation stalled, Special Report, London 2009, S. 9–12, Auszug

Standort Deutschland in Gefahr?

Die Rangordnung in der Abbildung oben macht deutlich, dass weit vorne nicht nur Länder rangieren, die dem neoliberalen Ideal weitgehend ungeregelter Märkte und Unternehmerfreiheit entsprechen. Es sind sehr unterschiedliche Länder, die die vorderen Plätze belegen, darunter auch solche mit hohen Arbeitskosten, einem entwickelten Wohlfahrtsstaat, ausgedehnten Arbeitnehmerrechten und durchaus strikter staatlicher Regulierung wirtschaftlichen Handelns – wie zum Beispiel in den skandinavischen Staaten, in den Niederlanden oder eben Deutschland.

2.5 Wirtschafts- und Finanzpolitik in einer globalisierten Welt

Vom Staat wird erwartet, dass er den marktwirtschaftlichen Wettbewerb sicherstellt, dass er die internationale Wettbewerbsfähigkeit der eigenen Volkswirtschaft fördert und für eine stabile, Arbeitsplätze sichernde Wirtschaftsentwicklung sorgt. Die Steuerungsmöglichkeiten des Staates sind jedoch begrenzt. Das liegt nicht nur am finanziellen Spielraum der öffentlichen Hand, sondern vor allem daran, dass konkrete wirtschaftliche Entscheidungen in erster Linie in Unternehmen und nicht vom Staat getroffen werden und dass in einer internationalisierten Wirtschaft die Einflussfaktoren zu einem großen Teil jenseits staatlicher Grenzen liegen.

1. Welche grundlegenden Aufgaben hat der Staat gegenüber der Wirtschaft?
2. Lässt sich Marktmacht eindämmen?
3. Wachstum, Wachstum über alles?
4. Arbeit für alle – oder: Was tun gegen Arbeitslosigkeit?
5. Warum wird um die Wirtschaftspolitik gestritten?
6. Warum sind die öffentlichen Haushalte so hoch verschuldet?

Aufgaben des Staates

Wirtschafts- und finanzpolitische Aufgaben

Ordnungspolitik
- soziale und ökologische Marktwirtschaft gestalten
- Wettbewerb sichern und kontrollieren
- Sozialstaat
- Mitbestimmung
- Tarifautonomie

Strukturpolitik
- regionale Wirtschaftsförderung
- Industriepolitik: Wirtschaftszweige unterstützen
- Innovationspolitik: Forschung und Entwicklung anregen

Prozesspolitik
- Wirtschaftswachstum fördern
- Arbeitsplätze sichern/schaffen
- Preisentwicklung kontrollieren
- außenwirtschaftliches Gleichgewicht halten

sozialer Ausgleich / Natur- und Umweltschutz

1. Welche grundlegenden Aufgaben hat der Staat gegenüber der Wirtschaft?

Online-Link 800621-2051

Im Schaubild oben werden drei große wirtschaftspolitische Aufgabenbereiche unterschieden, denen sich staatliche Organe – Parlamente, Regierungen und Verwaltungen – stellen sollen.

Ordnungspolitik

In der **Ordnungspolitik** geht es darum, die **Wirtschaftsordnung der sozialen und ökologischen Marktwirtschaft** (Kap. 2.3) zu gestalten, d.h.: marktwirtschaftlichen Wettbewerb gegen Marktmacht durchsetzen,

Mitbestimmungsmöglichkeiten der Arbeitsnehmer in Betriebs- und Unternehmensentscheidungen regeln, die Tarifautonomie von Arbeitgeber- und Arbeitnehmervertretungen sichern, ein System der sozialen Sicherung gewährleisten und die natürlichen Lebensgrundlagen bewahren.

regionale und sektorale Strukturpolitik

Die **Strukturpolitik** zielt auf strukturelle Herausforderungen in der Wirtschaft. Dazu gehören Unterschiede in der Wirtschaftskraft verschiedener Regionen, genauso Probleme, die dadurch entstehen, dass bestimmte Wirtschaftsbranchen in Schwierigkeiten geraten.

Regionale Strukturpolitik versucht, wirtschaftlich schwächeren Regionen zu helfen – dazu gehört z. B. die Förderung der Küstenregionen oder des gesamten Gebietes der östlichen Bundesländer. Auch in der Europäischen Union sind finanzielle Strukturhilfen für wirtschaftlich schwächere Regionen vorgesehen.

Mit Hilfe der **sektoralen Strukturpolitik** oder **Industriepolitik** sollen Unternehmen bestimmter Wirtschaftszweige unterstützt werden, weil dieser sich in einer Krise oder sogar im Niedergang befindet – historische Beispiele dafür sind der Bergbau, die Stahl-, Schiffsbau- und Textilindustrie. Ziel kann auch sein, Unternehmen bei der Entwicklung und Einführung innovativer, wirtschaftlich zukunftsträchtiger Technologien und Produkte zu fördern. Beispiele sind die Mikroelektronik, die Informations- und Kommunikationstechnologie, die Bio-, Gen- und Nanotechnologie, neue Verkehrs- und Transport- sowie Energieversorgungssysteme.

Häufig fallen sektorale und regionale Probleme zusammen – wie im Falle des Niedergangs der Kohle- und Stahlindustrie im Ruhrgebiet und Saarland, der Werftenindustrie an der Nord- und Ostseeküste oder der Zusammenbruch von Industriezentren in Ostdeutschland nach der Wiedervereinigung. Dann geht es in der Strukturpolitik darum, einen notwendigen Wandel zu begleiten, ihn zu fördern und sozial abzufedern.

Prozesspolitik: magisches Viereck

Die **Prozesspolitik** versucht, die allgemeine wirtschaftliche Entwicklung (Konjunktur) zu beeinflussen. Im 1967 verabschiedeten „Gesetz zur Förderung der Stabilität und des Wachstums der Wirtschaft" (Stabilitäts- und Wachstumsgesetz) lautet § 1: „Bund und Länder haben bei ihren wirtschafts- und finanzpolitischen Maßnahmen die Erfordernisse des gesamtwirtschaftlichen Gleichgewichts zu beachten. Die Maßnahmen sind so zu treffen, dass sie im Rahmen der marktwirtschaftlichen Ordnung gleichzeitig zur **Stabilität des Preisniveaus**, zu einem **hohen Beschäftigungsstand** und **außenwirtschaftlichem Gleichgewicht** bei **stetigem und angemessenem Wirtschaftswachstum** beitragen." Da es fast unmöglich ist, diese Ziele gleichzeitig zu erreichen, werden sie häufig als **magisches Viereck** bezeichnet. Fördert der Staat das Wirtschaftswachstum und die Beschäftigung durch Steigerung der Nachfrage nach Gütern, kann das unerwünschte Preissteigerungen nach sich ziehen. Umgekehrt kann eine Politik, die die Inflation bekämpft, Wirtschaftswachstum und Arbeitsplätze gefährden. Der Ende der 1960er-Jahre geforderte hohe Beschäftigungsstand wurde bislang nicht mehr erreicht. Beim außenwirtschaftlichen Gleichgewicht geht es u. a. darum, die Ausfuhr und Einfuhr von Gütern wertmäßig nicht zu weit auseinanderdriften zu lassen. Eine Volkswirtschaft, die erheblich mehr importiert als exportiert, verschuldet sich gegenüber dem Ausland. Eine Volkswirtschaft, die wesentlich mehr exportiert als importiert – wie z. B. die deutsche (Kap. 2.4) – setzt sich dem

Vorwurf aus, der Binnennachfrage zu wenig Gewicht beizumessen und in anderen Volkswirtschaften Arbeitsplätze zu gefährden.

Den vier auf S. 132 genannten wirtschaftspolitischen Zielsetzungen sind zwei weitere hinzuzufügen, die nach dem Grundgesetz Verfassungsrang haben (Kap. 2.3): Die Wirtschafts- und Finanzpolitik soll auch dem sozialstaatlichen Gebot einer **gerechten Einkommens- und Vermögensverteilung** dienen und dafür Sorge tragen, dass die wirtschaftliche Entwicklung mit dem **Schutz der natürlichen Lebensgrundlagen** einhergeht.

magisches Sechseck

Wirtschaftsindikatoren 1951–2009:
Bruttoinlandsprodukt, Beschäftigung, Verbraucherpreise
Veränderung zum Vorjahr in Prozent

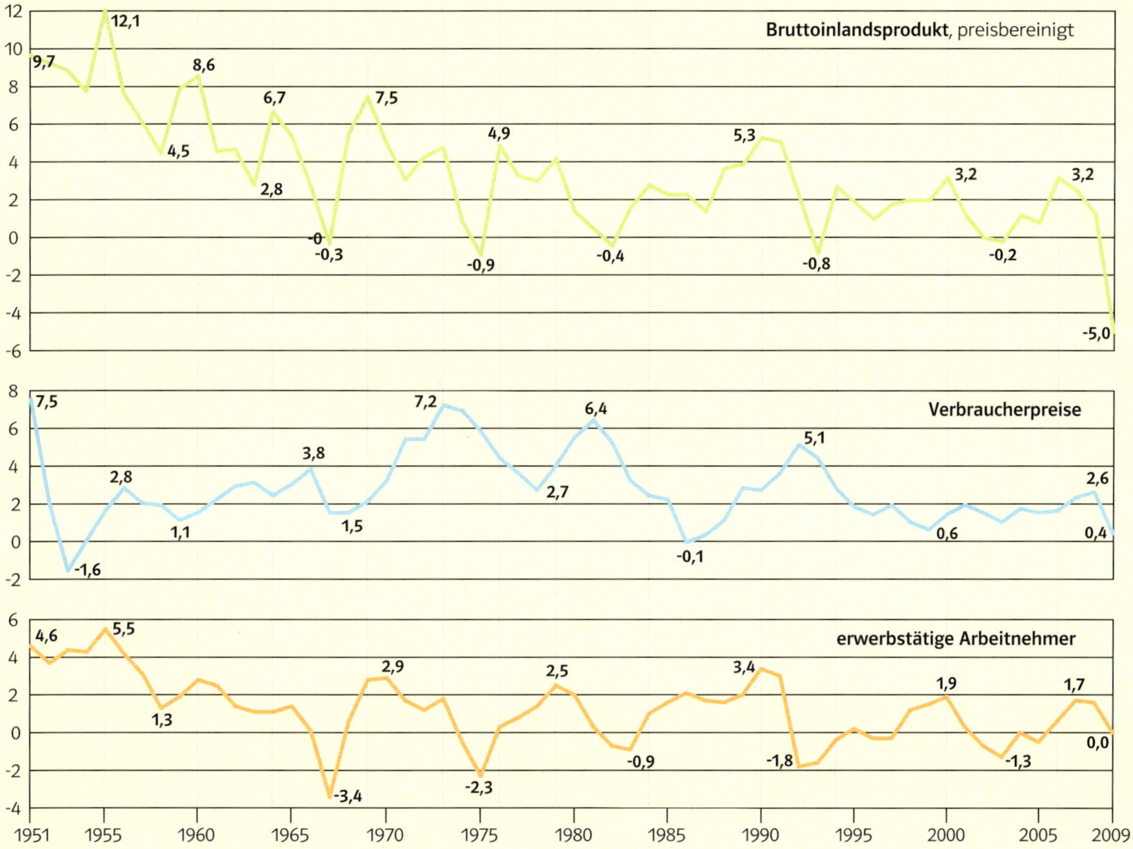

Wegen Veränderungen der Berechnungsgrundlage und Methode sind die Zahlen nur grob vergleichbar. BIP: preisbereinigt, d.h. unter Abzug der Inflationsrate. Beschäftigung: erwerbstätige Arbeitnehmer, Arbeitsplatz im Inland (Inlandskonzept). Verbraucherpreise: Berechnung nach Index (2005 = 100). 1951–1991: alte Bundesländer, bis 1960 ohne Saarland und Westberlin; ab 1992: Deutschland gesamt.

Statistisches Bundesamt, Volkswirtschaftliche Gesamtrechnung, z.T. nach: Deutsche Bundesbank; Bundesagentur für Arbeit; z.T. eigene Berechnungen, Stand Februar 2010

Vertrag von Maastricht

§2 Aufgabe der Gemeinschaft ist es, [...] eine harmonische und ausgewogene Entwicklung des Wirtschaftslebens innerhalb der Gemeinschaft, ein beständiges, nicht-inflationäres und umweltverträgliches Wachstum, einen hohen Grad an Konvergenz der Wirtschaftsleistungen, ein hohes Beschäftigungsniveau, ein hohes Maß an sozialem Schutz, die Hebung der Lebenshaltung und der Lebensqualität, den wirtschaftlichen und sozialen Zusammenhalt und die Solidarität zwischen den Mitgliedstaaten zu fördern.

Vertrag zur Gründung der Europäischen Gemeinschaft, Fassung vom 07.02.1992

Sachverständigenrat

Der die Bundesregierung beratende **Sachverständigenrat zur Begutachtung der gesamtwirtschaftlichen Entwicklung** schlägt in seinen jährlichen Gutachten anzustrebende Zielwerte und konkrete Maßnahmen vor, die für die Regierung allerdings nicht verbindlich sind. Er soll in seinen Gutachten die jeweilige gesamtwirtschaftliche Lage und deren absehbare Entwicklung darstellen. Dabei soll er untersuchen, wie die im Stabilitäts- und Wachstumsgesetz angegebenen Ziele erreicht werden können. Deutsche Politik findet dabei immer im europäischen Rahmen statt. Die Bestimmungen auf EU-Ebene sind fast deckungsgleich mit den wirtschaftspolitischen Zielen Deutschlands. Auf EU-Ebene wird zusätzlich noch eine Angleichung der wirtschaftlichen Leistungsfähigkeit zwischen den Mitgliedsländern und deren Regionen angestrebt. Allerdings gibt es bislang keine gemeinsame europäische Wirtschafts- und Finanzpolitik. Die EU kann bislang wirtschaftspolitisch nur Empfehlungen an die Mitgliedsländer aussprechen.

Ziele der Finanz- und Wirtschaftspolitik

Die Aufgaben der Finanz- und Wirtschaftspolitik Deutschlands werden zum einen durch das Stabilitäts- und Wachstumsgesetz von 1967 und zum anderen durch den Maastrichter Vertrag der EU von 1992 beschrieben. Preisstabilität, hoher Beschäftigungsstand, außenwirtschaftliches Gleichgewicht, Wirtschaftswachstum, gerechte Einkommens- und Vermögensverteilung und Schutz der natürlichen Lebensgrundlagen sind die sechs großen Ziele. In der EU wird auch eine Angleichung der Wirtschaftsleistungen der Mitgliedstaaten angestrebt. In der praktischen Umsetzung kommt es fast immer zu Zielkonflikten, die das gleichzeitige Erreichen aller Ziele erschweren oder unmöglich machen.

2. Lässt sich Marktmacht eindämmen?

Online-Link 800621-2052

Konzentration und Wettbewerbsbeschränkungen

Konzentration wirtschaftlicher Macht ist eine Begleiterscheinung marktwirtschaftlichen Wettbewerbs: Unternehmen möchten Wettbewerber abschütteln, ihre Marktanteile vergrößern und dadurch möglichst ungefährdet hohe Gewinne erzielen. Konzentration und Marktmacht – die Bildung von Oligopolen und Monopolen – gibt es nicht nur auf der Seite von Produzenten und Anbietern, sondern wird auch auf Nachfragerseite wirksam. Große Handelsketten (z. B. Metro, Aldi, Lidl, Edeka, Rewe, Spar usw.) oder auch große Produzenten (etwa in der Automobilindustrie) haben erhebliche Käufermacht gegenüber Lieferanten und Zulieferern.

Mechanismen

Unterschiedliche Wege können zu wirtschaftlicher Konzentration, zum Entstehen von Marktmacht und zu Einschränkungen von Wettbewerb führen:
- **Unternehmenserfolg** am Markt und Verdrängung von Konkurrenz
- **Beteiligung** an, **Zusammenschluss** mit oder **Kauf** von anderen Unternehmen
- **Kartellbildung** in Form von Absprachen zwischen Unternehmen, z. B. im Hinblick auf Preise oder Rabatte, Verkaufsmengen, Verkaufsgebiete oder auch Strategien zur Abwehr von Importen usw.
- **personelle Verflechtung** zwischen Vorstand/Geschäftsführung (leitende Manager) und Aufsichtsgremien konkurrierender Unternehmen

Nachteile wirtschaftlicher Konzentration

Wo Wettbewerb fehlt, besteht immer die Gefahr, dass Anbieter den Kunden höhere Preise abverlangen, schlechtere Ware liefern oder ungünstigere Bedingungen einräumen als bei funktionierendem Wettbewerb. Umgekehrt besteht bei einer zu starken Stellung des Nachfragers (Käufers) gegenüber Anbietern die Gefahr, dass den Lieferanten die Preise und Lieferbedingungen in einem Maße diktiert werden, dass sie nicht mehr Gewinn bringend arbeiten können.
Zu große wirtschaftliche Macht birgt auch politische Gefahren. Sie lässt sich einsetzen, um Medien, die öffentliche Meinung und politische Entscheidungen zu beeinflussen. Die Drohung, Produktionsstätten aus einer Gemeinde, einer Region oder einem Staat abzuziehen, gehört zum Arsenal mächtiger Unternehmen. Auch das Mittel der Bestechung von korrupten Regierungsmitgliedern und Beschäftigten in Behörden kann eine Rolle spielen. Ganze Lobby- und Kommunikationsstäbe von Unternehmen und Unternehmensverbänden konzentrieren sich darauf, Medien und Journalisten, Parlamentsabgeordnete, Regierungsmitglieder, Ministerial- und Verwaltungsbeamte zu bearbeiten (Kap. 3.5).

staatliche Wettbewerbspolitik

Seit 1958 gibt es das ➤ **Gesetz gegen Wettbewerbsbeschränkungen** (Auszüge auf S. 136) und als Aufsichtsbehörde das Bundeskartellamt. Es soll Gesetzesverstöße ermitteln und ahnden (z. B. verbotene Preisabsprachen) und außerdem entscheiden, ob genehmigungspflichtige Unternehmenszusammenschlüsse (Fusionen) erlaubt werden sollen. Dabei ist zu prüfen, ob ein geplanter Zusammenschluss oder eine geplante Beteiligung den Wettbewerb wesentlich beeinträchtigt. Allerdings: Selbst wenn das Bundeskartellamt einen Zusammenschluss ablehnt, kann der Bundeswirtschaftsminister eine Ausnahmegenehmigung erteilen, sofern er den Zusammenschluss für volkswirtschaftlich nützlich erachtet.

Gesetz gegen Wettbewerbsbeschränkungen
§ 1 Verbot wettbewerbsbeschränkender Vereinbarungen
Vereinbarungen zwischen Unternehmen, Beschlüsse von Unternehmensvereinigungen und aufeinander abgestimmte Verhaltensweisen, die eine Verhinderung, Einschränkung oder Verfälschung des Wettbewerbs bezwecken oder bewirken, sind verboten.

§ 19 Missbrauch einer marktbeherrschenden Stellung
(3) Es wird vermutet, dass ein Unternehmen marktbeherrschend ist, wenn es einen Marktanteil von mindestens einem Drittel hat. Eine Gesamtheit von Unternehmen gilt als marktbeherrschend, wenn sie
1. aus drei oder weniger Unternehmen besteht, die zusammen einen Marktanteil von 50 vom Hundert erreichen, oder
2. aus fünf oder weniger Unternehmen besteht, die zusammen einen Marktanteil von zwei Dritteln erreichen,
es sei denn, die Unternehmen weisen nach, dass die Wettbewerbsbedingungen zwischen ihnen wesentlichen Wettbewerb erwarten lassen oder die Gesamtheit der Unternehmen im Verhältnis zu den übrigen Wettbewerbern keine überragende Marktstellung hat.

§ 36 Grundsätze für die Beurteilung von Zusammenschlüssen
(1) Ein Zusammenschluss, von dem zu erwarten ist, dass er eine marktbeherrschende Stellung begründet oder verstärkt, ist vom Bundeskartellamt zu untersagen, es sei denn, die beteiligten Unternehmen weisen nach, dass durch den Zusammenschluss auch Verbesserungen der Wettbewerbsbedingungen eintreten und dass diese Verbesserungen die Nachteile der Marktbeherrschung überwiegen.
Gesetz gegen Wettbewerbsbeschränkungen, Fassung vom 15.07.2005

Konsolidierte Fassung des Vertrags über die Arbeitsweise der Europäischen Union
Artikel 101
(1) Mit dem ➤Binnenmarkt unvereinbar und verboten sind alle Vereinbarungen zwischen Unternehmen, Beschlüsse von Unternehmensvereinigungen und aufeinander abgestimmte Verhaltensweisen, welche den Handel zwischen Mitgliedstaaten zu beeinträchtigen geeignet sind und eine Verhinderung, Einschränkung oder Verfälschung des Wettbewerbs innerhalb des Gemeinsamen Marktes bezwecken oder bewirken [...].

Artikel 102
Mit dem Binnenmarkt unvereinbar und verboten ist die missbräuchliche Ausnutzung einer beherrschenden Stellung auf dem Binnenmarkt oder auf einem wesentlichen Teil desselben durch ein oder mehrere Unternehmen, soweit dies dazu führen kann, den Handel zwischen Mitgliedstaaten zu beeinträchtigen.
Amtsblatt der EU, C 115/89, 09.05.2008

Wettbewerbskontrolle ist nicht nur eine nationale Angelegenheit. Für die Europäische Union ist konstituierend, dass der Wettbewerb im gemeinsamen Markt nicht durch Missbrauch von Marktmacht behindert wird (S. 136 unten). Seit 1990 hat die EU-Kommission Kompetenzen in der Fusionskontrolle: Unternehmenszusammenschlüsse, die in ihrer Wirkung über die Märkte einzelner EU-Länder hinausgehen, werden auf EU-Ebene entschieden. Die EU muss sogar bei einem Zusammenschluss z. B. amerikanischer Unternehmen mit befasst werden, wenn diese Unternehmen innerhalb der EU tätig sind. Umgekehrt müssen sich z. B. deutsche Unternehmen etwa wegen verbotener Preisabsprachen oder Bestechung vor amerikanischen Bundesgerichten verantworten und können dort verurteilt werden (z. B. Siemens 2009: Geldstrafe über 800 Millionen US $; Daimler 2010: Vergleich über 185 Millionen US $). In der Fusions- und Missbrauchskontrolle ist internationale Kooperation zwischen nationalen und internationalen Behörden heute Routine.

transnationale Kontrollen

3. Wachstum, Wachstum über alles?

Online-Link 800621-2053

Aussicht auf Wirtschaftswachstum soll den Konsum der privaten Haushalte anspornen, über unternehmerische Investitionen für ausreichend Arbeitsplätze sorgen und auskömmliche Einkommen sichern. Die staatlichen Steuerquellen sollen sprudeln und die gesetzlichen Sozialversicherungen Rücklagen bilden können. Staatliche Zukunftsinvestitionen z. B. in die Infrastruktur und ins Bildungssystem sollen ausgeweitet und ein funktionierender Sozialstaat ohne Staatsverschuldung finanziert werden können. Politiker fürchten wirtschaftliche Stagnation oder wirtschaftlichen Rückgang; denn ausbleibendes Wirtschaftswachstum erzeugt Zukunftsängste in der Bevölkerung und kann den jeweiligen Regierungsparteien Wahlniederlagen bescheren.

Wirtschaftswachstum als Allheilmittel?

Dargestellt wird Wirtschaftswachstum als jährliche prozentuale Veränderung des ➤ **Bruttoinlandsprodukts (BIP)** (S. 133). Das BIP misst den Mehrwert in Form von Gütern (Waren und Dienstleistungen), der innerhalb eines Jahres produziert worden ist. Auf diese Weise kann man die Wirtschaftskraft eines Landes, einer Region oder auch der ganzen Welt messen. Das BIP verschweigt jedoch auch vieles. Es kann zwar als guter Nachweis für die Wirtschaftskraft einer Volkswirtschaft gelten, sagt jedoch wenig über den tatsächlichen Wohlstand und nichts über dessen Verteilung aus.

Bruttoinlandsprodukt

Was in einer Volkswirtschaft produziert, aber nicht am Markt offiziell verkauft worden ist, geht nicht in die Berechnung des BIP ein. Dazu gehören die im **informellen Wirtschaftssektor** produzierten Güter: z. B. Eigenleistungen im Haushalt und unentgeltliche Freundschaftsdienste; genauso aber auch ungesetzliche Aktivitäten wie Verkäufe auf dem sogenannten „Schwarzmarkt" und die „Schwarzarbeit", bei denen gesetzeswidrig weder Steuern an den Staat noch Abgaben an die Sozialversicherungen gezahlt werden.

informeller Wirtschaftssektor

Auf der anderen Seite werden bestimmte Kosten des Wirtschaftens nicht berücksichtigt. Beispiel: Umweltverschmutzung beim Produzieren und Konsumieren belastet die natürliche Umwelt und die Gesundheit von

BIP als Wohlstandsmaßstab?

Menschen. Diese **negativen Folgen** stellen Kosten dar, **soziale Kosten**, die aber nicht als Wertminderung vom BIP abgezogen werden. Muss ein gesundheitlich geschädigter Mensch in medizinische Behandlung oder wird ein Fluss von giftigen Einträgen gereinigt, steigt das BIP sogar, ohne dass ein Zuwachs an Wohlstand erreicht worden ist. Allenfalls ist ein vorhergehender Zustand wieder hergestellt worden.

Absurdes Wachstumskonzept

Interview mit Meinhard Miegel, einem der CDU nahestehenden Sozialwissenschaftler und Publizisten, der die Wachstumsfixierung der Industriestaaten kritisiert:

Focus: Worauf gründet Ihre Skepsis gegenüber der herrschenden Ökonomie?

Meinhard Miegel: Milliarden von Menschen kämpfen ums Überleben und wir, die wir einen unvergleichlich höheren Lebensstandard haben, werden ständig animiert, doch noch mehr zu konsumieren. Iss was! Trink was! Kauf dir noch ein T-Shirt, obwohl für dessen Produktion tausende von Litern Wasser benötigt werden, die es in den Baumwollregionen oft nicht gibt. Diese Gebiete versteppen und versanden dann. Nein, ein immerwährendes Wachstum von zwei oder drei Prozent kann nicht funktionieren. Ein Taschenrechner offenbart die ganze Absurdität dieses Konzepts. Drei Prozent Wachstum – das bedeutet in einem Menschenleben die Verzwölffachung der Gütermenge.

Focus: Über 200 Jahre war Wirtschaftswachstum gleichbedeutend mit Wohlstand.

Miegel: Das war ja auch richtig. Nur ist der Zusammenhang zwischen Wachstum und Wohlstandsmehrung im Laufe der Zeit immer lockerer geworden und manchmal wirkt Wachstum inzwischen wohlstandsvernichtend. Wem nützt es, wenn vor lauter Wachstumsanstrengungen Menschen depressiv werden, Familien zerbrechen und Gesellschaften verfallen. [...]

Focus: Muss das Wirtschaftswachstum nur in Wohlstandsregionen beschnitten werden oder auch in Afrika und anderen Drittwelt-Regionen?

Miegel: Wie ich schon sagte, kämpfen Milliarden von Menschen ums Überleben. Denen zu erklären, sie brauchten keine weitere Steigerung ihres materiellen Lebensstandards, wäre geradezu pervers. Sie haben existenziellen Nachholbedarf.

Focus: Unternehmen ohne Wachstumsziele und Renditen-Erwartung, eine Wirtschaft ohne verkaufsfördernde Werbung [...]? Wie sieht das Szenario der Post-Wachstums-Ökonomie konkret aus?

Miegel: Eine Wirtschaft ohne Wachstum ist ja nicht schockgefrostet. Natürlich werden sich Unternehmen und einzelne Wirtschaftszweige weiter dynamisch entwickeln. Nur alle zusammengenommen werden nicht immer mehr produzieren. Auch künftig wird es also neue Produkte und Dienste geben, [...] Aber ich räume ein, dass auf wichtige Fragen noch keine bündigen Antworten gegeben werden können, weil seit 200 Jahren nicht mehr über sie nachgedacht worden ist. [...]

Stephan Sattler, Martin Kunz: „Sie hätten früher Feierabend", Focus Magazin, 06.07.2009, S. 42

Fetisch Wachstum?
Die Fixierung auf Wirtschaftswachstum gerade in den hoch entwickelten Industrie- und Dienstleistungsgesellschaften steht schon seit geraumer Zeit in der Kritik. Bereits 1972 wurde von amerikanischen Wissenschaftlern der Forschungsbericht „Limits to Growth" (Grenzen des Wachstums) veröffentlicht. In ihm hatten sie mit Hilfe von Simulationsmodellen nachgerechnet, dass sich die Menschheit das bisherige Wirtschaftswachstum in Art und Geschwindigkeit auf Dauer nicht würde leisten können angesichts zur Neige gehender natürlicher Ressourcen. In den letzten Jahrzehnten ist diese Kritik und der Ruf nach Einhalt nicht verstummt. Unbestritten ist aber, dass die Menschen der Schwellen- und Entwicklungsländer einen Nachholbedarf haben. Die Vereinten Nationen versuchen, der Diskussion um Entwicklungsziele mit dem Human Development Index HDI (Index der menschlichen Entwicklung) eine messbare, nachprüfbare Grundlage zu geben.

Wohlstand und sozialer Fortschritt: Messversuche

Das Statistische Bundesamt unternimmt seit Jahren Modellversuche, um Umweltschäden und Naturverbrauch durch wirtschaftliches Handeln in **Umweltökonomischen Gesamtrechnungen** zu berücksichtigen.
Die Vereinten Nationen berechnen einen ➤ **Human Development Index,** auf dessen Basis Länder und deren Entwicklung verglichen werden (Kap. 6.5). In diesen Index gehen u.a. ein: BIP, BIP/Einwohner, Einkommensverteilung, Anteil der Armen in einer Gesellschaft, Alphabetisierungsgrad, Bildungsniveau, Kindersterblichkeit, Lebenserwartung, Verbreitung bestimmter Güter (z.B. Informations- und Kommunikationsmittel).
Noch weiter geht der **Bericht der Kommission zur Messung von wirtschaftlichem und sozialem Fortschritt**, der auf die Initiative der drei Wirtschaftswissenschaftler Joseph E. Stiglitz, Amartya Sen und Jean-Paul Fitoussi zurückgeht. Hier wird auf viele Dimensionen von Wohlstand und Wohlergehen sowie deren Bedingungen eingegangen:
- materieller Lebensstandard
- Verteilung von Lebenschancen
- Gesundheitszustand
- Bildung und Ausbildung
- persönliches Aktivitätsspektrum
- politische Einflussmöglichkeiten und Qualität des Regierens
- soziale Vernetzung und Beziehungen
- Umweltbedingungen (gegenwärtige und erwartete)
- Sicherheit/Unsicherheit in ökonomischer wie in physischer Hinsicht

4. Arbeit für alle – oder: Was tun gegen Arbeitslosigkeit?

Online-Link
800621-2054

Arbeitslosenquote

Arbeit ist genug vorhanden, nicht jedoch auskömmlich bezahlte Beschäftigung. Deshalb ist Arbeitslosigkeit in vielen Staaten eines der dringendsten politischen und sozialen Probleme. Arbeitslosigkeit spaltet Gesellschaften, kann Menschen in existentielle Armut und soziale Isolation treiben. Das Ausmaß der Arbeitslosigkeit wird als Arbeitslosenquote – nämlich als Anteil der beim Arbeitsamt als arbeitslos registrierte ➤ erwerbsfähige Personen – ausgedrückt. Sie wird auf zwei Arten definiert:

- Gesamtheit aller zivilen Erwerbspersonen (Arbeitslose und Selbstständige sind eingeschlossen) oder
- Anzahl der abhängig beschäftigten zivilen Erwerbspersonen (Selbstständige sind hierin nicht enthalten).

Die erste Berechnungsmethode ergibt eine niedrigere ➤ Arbeitslosenquote als die zweite, weil im ersten Fall die Arbeitslosenzahl auf eine größere Gruppe bezogen wird. Im März 2010 betrug die Arbeitslosenquote nach der ersten Methode 8,5 Prozent, nach der zweiten 9,5 Prozent. Regierungen und regierende Parteien zitieren natürlich lieber die niedrigere Zahl, Oppositionsparteien die höhere.

offene und verdeckte Arbeitslosigkeit

Betrachtet man die gesamte Bundesrepublik, dann waren Ende März 2010 rund 3,6 Millionen Menschen bei den Arbeitsämtern als arbeitslos gemeldet. Das ist die offizielle Zahl und beschreibt die **offene Arbeitslosigkeit**. Diese Zahl vermittelt jedoch ein geschöntes Bild. Es gibt auch eine statistisch **verdeckte Arbeitslosigkeit**. Mehr als 100 000 Arbeitslose waren zu diesem Zeitpunkt nicht bei den staatlichen Arbeitsagenturen, sondern bei privaten Arbeitsvermittlern registriert. Diese werden von den Arbeitsagenturen nicht mehr als arbeitslos mitgezählt. Zur verdeckten Arbeitslosigkeit gehören außerdem „all jene, die entweder subventioniert beschäftigt, als Teilnehmer an Qualifizierungsmaßnahmen nicht erwerbstätig sind oder sich im vorzeitigen Ruhestand befinden". So gab es 2009 in Deutschland im Durchschnitt rund 3,43 Millionen registrierte Arbeitslose und nach den Berechnungen des Sachverständigenrats zur Begutachtung der gesamtwirtschaftlichen Entwicklung etwa 1,56 Millionen verdeckt Arbeitslose. Insgesamt waren also rund 5 Millionen Menschen 2009 offen oder verdeckt arbeitslos (Sachverständigenrat, Jahresgutachten 2009/10, S. 343, 345).

regionale Unterschiede

Bei den Arbeitslosenquoten gibt es große regionale Unterschiede. Das zeigt schon der Vergleich zwischen den alten und den neuen Bundesländern von 1991 bis 2009 (s. Grafik auf S. 141). In Ostdeutschland sind nach wie vor die Folgen der Deindustrialisierung nach der Wiedervereinigung spürbar. Dieses immer noch grobe Bild lässt sich verfeinern (Karte auf S. 142). Differenziert man nach Landkreisen, dann werden Unterschiede auch innerhalb der einzelnen Bundesländer sichtbar. Ein Bild entsteht, welches gleichzeitig ein Ost-West- und Nord-Süd-Gefälle bei der Arbeitslosigkeit erkennen lässt.

Arbeitsmarkt: Gründe für Arbeitslosigkeit

Arbeitslosigkeit entsteht, wenn auf dem Arbeitsmarkt das Angebot an Arbeitskräften auf eine zu geringe Nachfrage nach Arbeitskräften stößt. Das **Angebot an Arbeitskräften** bzw. die Anzahl derer, die einen Arbeitsplatz suchen, hängt in erster Linie mit der demografischen Entwicklung der Bevölkerung zusammen – vor allem mit der Geburtenrate ca. zwei bis drei Jahrzehnte zuvor und mit Migrationsbewegungen (Zuwanderung bzw. Abwanderung von Personen im arbeitsfähigen Alter). Auch andere Einflüsse können eine Rolle spielen: so z. B. die Suche nach Arbeit durch Personen, die früher als stille Reserve eher zuhause geblieben sind (z. B. Frauen mit Kindern), durch gesetzliche Änderungen, die die Wochenarbeitszeit oder auch die Lebensarbeitszeit (Änderung des Renteneintrittsalters) beeinflussen. Außerdem kann es sein, dass es zu viele Arbeitsuchende mit zu niedriger Qualifikation gibt, während Stellen für gut qualifizierte Fachkräfte nicht besetzt werden können.

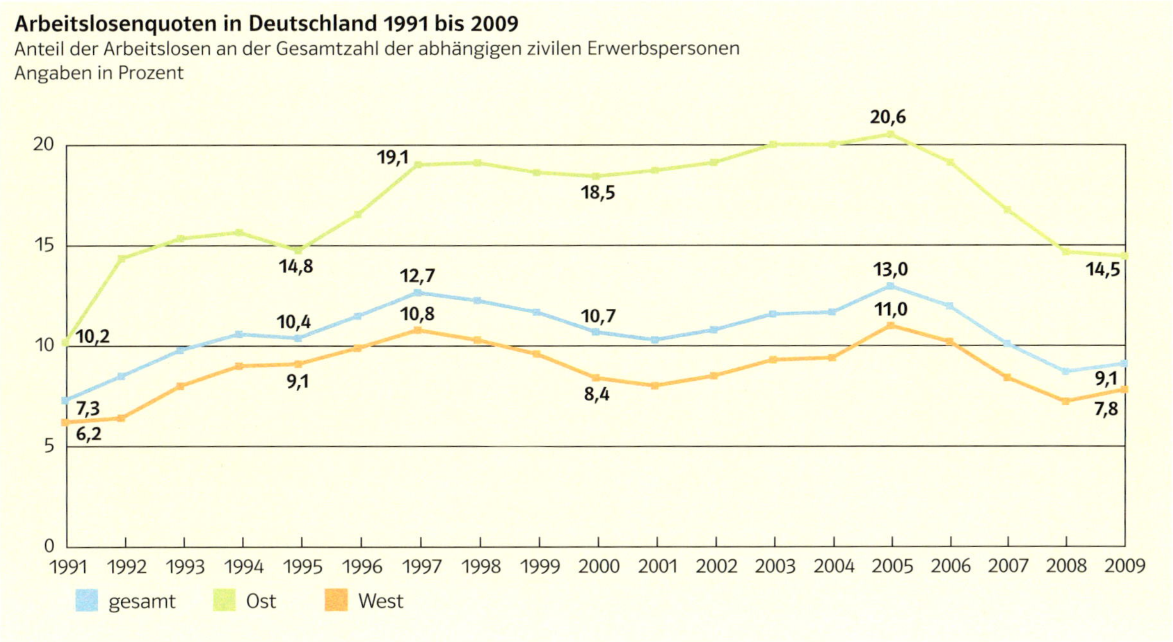

Bundesagentur für Arbeit: Statistik der Bundesagentur für Arbeit, Arbeitslosigkeit im Zeitverlauf, Datenstand: Nürnberg August 2010 (DZ/AM)

Die **Nachfrage nach Arbeitskräften** kann sich abschwächen wegen
- nachlassendem Wirtschaftswachstum (konjunkturelle Gründe)
- geringer wirtschaftlicher Aktivität in bestimmten Regionen oder Wirtschaftszweigen (regionale oder sektorale Arbeitslosigkeit)
- des Einsatzes rationellerer Arbeitstechniken, die die Produktivität erhöhen (Arbeitslosigkeit durch Rationalisierung)
- der Verlagerung von Arbeitsplätzen in andere Regionen oder Länder, weil dort z. B. die Arbeitskosten niedriger sind, die Nähe zum Markt gesucht wird, Transportkosten gespart werden usw. (Verlagerungsarbeitslosigkeit).

Allerdings: Rationalisierung kann Produkte preiswerter machen, dadurch können neue Märkte erschlossen werden und auch neue Arbeitsplätze entstehen. Verlagerungen ins Ausland, internationale Arbeitsteilung und die dadurch erweiterten Marktchancen für die eigenen Produkte können langfristig Arbeitsplätze auch zuhause sichern.

Arbeitsmarktpolitik

Die **passive Arbeitsmarktpolitik** soll Arbeitslosen helfen, die Zeit der Arbeitslosigkeit vor allem finanziell zu überstehen. Hier stehen Lohnersatzleistungen (z. B. Arbeitslosengeld) im Vordergrund, auf die Beschäftigte durch ihre Beiträge in die Arbeitslosenversicherung – verwaltet von der Bundesagentur für Arbeit – ein Anrecht erworben haben.

Bei der **aktiven Arbeitsmarktpolitik** geht es zum einen volkswirtschaftlich um die Sicherung oder Erhöhung des Angebots an Arbeitsplätzen, indem Unternehmen Anreize gegeben werden, Arbeitsplätze zu erhalten oder zu schaffen. Zugleich setzt aktive Arbeitsmarktpolitik bei den Arbeitnehmern mit dem Ziel an, diese durch Qualifizierung, Fortbildung und geförderte Übergangsbeschäftigungen für den Arbeitsmarkt fit zu halten. So sollen sie möglichst schnell wieder in eine Arbeitsstelle vermittelt werden können.

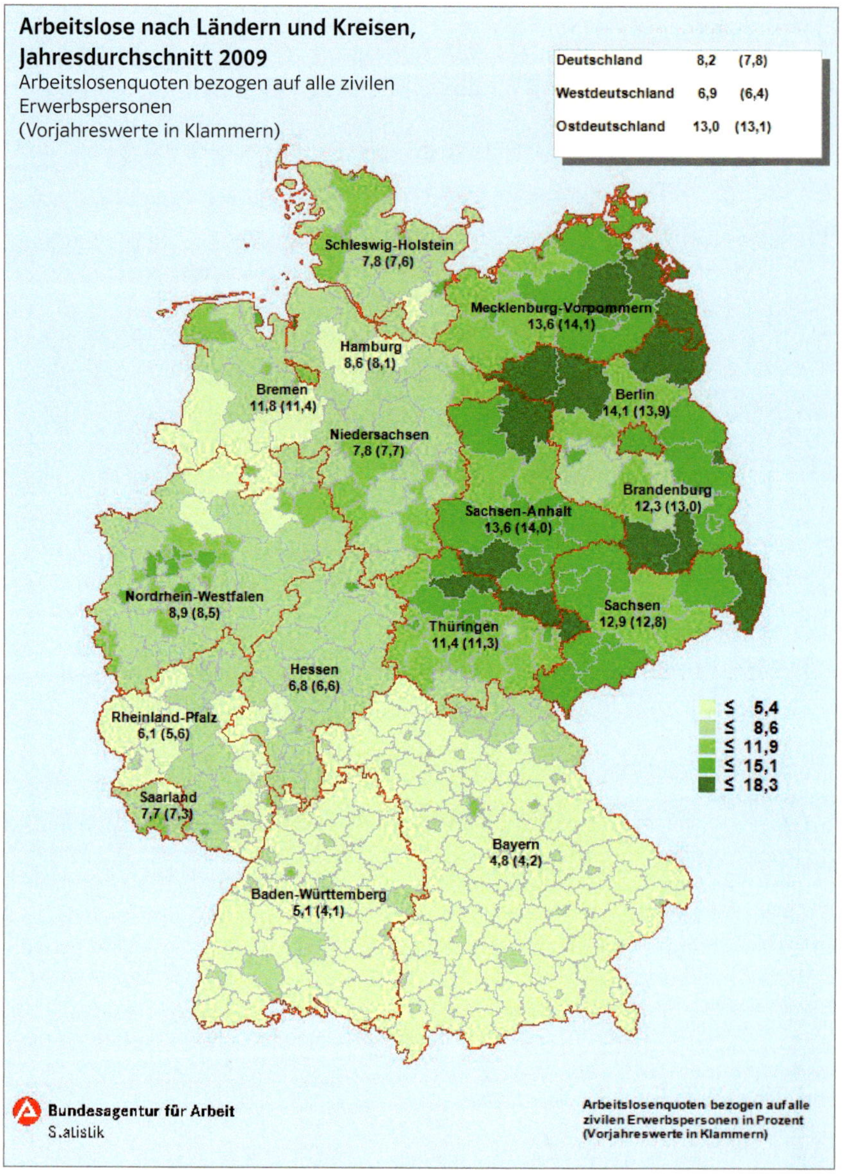

Frühverrentung, Kurzarbeit, Arbeitsbeschaffungsmaßnahmen

Auf die hohe Arbeitslosigkeit nach der Wiedervereinigung reagierte die Politik in den 1990er-Jahren zunächst mit staatlich subventionierter Kurzarbeit, die es Arbeitgebern erleichtern sollte, ihre Belegschaft auch bei nachlassender Auftragslage weitgehend zu halten. In der Folge der letzten Weltwirtschaftkrise ist dieses Instrument erneut ab 2009 verstärkt eingesetzt worden. Vorruhestandsregelungen und Frühverrentungsmöglichkeiten waren dazu gedacht, auf dem Arbeitsmarkt Platz für Jüngere zu schaffen. Zusätzlich nahm die Eröffnung eines **zweiten Arbeitsmarktes** mit staatlich geförderten Arbeitsbeschaffungsmaßnahmen sowie Fortbildungs- und Umschulungsmöglichkeiten Druck vom Arbeitsmarkt.

Agenda 2010 und „Hartz IV"

In den späten 1990er-Jahren und dann vor allem durch die sogenannten Hartz-Reformen ab 2002 im Rahmen der Agenda 2010 wurden neue Ansätze und Instrumente in die passive und aktive Arbeitsmarktpolitik eingeführt. Die neuen Prinzipien hießen einerseits „Fordern und Fördern" gegenüber den Arbeitslosen, zum anderen Deregulierung und Flexibilisierung des Arbeitsmarkts generell.

„Fordern und Fördern"

Ziel dieser Leitlinien ist, den Druck zur Arbeitssuche und -aufnahme gegenüber Arbeitslosen zu erhöhen und gleichzeitig ihre Beschäftigungsfähigkeit zu verbessern:
- Die Lohnersatzleistungen für Arbeitslose wurden in der Bezugshöhe und Bezugsdauer erheblich reduziert und mit der Pflicht zu aktiver Arbeitssuche sowie zur Teilnahme an Qualifizierungsmaßnahmen und zur eventuellen Annahme von 1-Euro-Jobs verknüpft.
- Die zuvor relativ hohen Zumutbarkeitshürden für die Akzeptanz von Stellenangeboten wurden erheblich gesenkt; Arbeitsplatzangebote lassen sich kaum noch sanktionsfrei ablehnen.

Fehlende Kooperation auf Seiten der Arbeitslosen kann mit finanziellen Sanktionen belegt werden (Abzüge bei den Unterstützungszahlungen oder befristetes Aussetzen derselben). Die staatlichen Behörden dürfen das definierte Existenzminimum jedoch nicht unterschreiten, das allen Bedürftigen zusteht – gleichgültig ob sie dem Arbeitsmarkt zur Verfügung stehen oder nicht (Kap. 1.6).

Drei Arbeitsmärkte

Inzwischen gibt es zwei oder sogar drei Arbeitsmärkte, die unterschiedliche Anforderungen an Arbeitskräfte stellen und in unterschiedlicher Weise auf arbeitsmarktpolitische Unterstützung angewiesen sind:
Auf dem **ersten Arbeitsmarkt** werden reguläre Arbeitsplätze in Betrieben und Verwaltungen zur Verfügung gestellt; Arbeitsmarktpolitik zielt in erster Linie darauf ab, Arbeitslose auf Arbeitsstellen in diesem Arbeitsmarkt zu vermitteln.
Beim **zweiten Arbeitsmarkt** geht es um staatlich subventionierte Stellen (z. B. Arbeitsbeschaffungs- und Qualifizierungsmaßnahmen), die Arbeitslosen helfen sollen, möglichst schnell wieder einen Arbeitsplatz im ersten Arbeitsmarkt zu finden.
Der **dritte Arbeitsmarkt** soll die auffangen, denen man keine Chancen auf dem ersten Arbeitsmarkt einräumt. Das sind vor allem schwer vermittelbare Langzeitarbeitslose. Für sie sollen Arbeitsplätze vor allem im öffentlichen Bereich geschaffen werden, die sich für privatwirtschaftliches Engagement nicht rentieren.

Beschäftigungsformen 1992 und 2007
in Prozent der erwerbsfähigen Bevölkerung

	1992	2000	Differenz
inaktiv*	25	21	-4
arbeitslos	7	8	+1
in Ausbildung	4	3	-1
unbefristet Vollzeit	45	38	-7
sonstige Beschäftigung**	13	22	+9
selbstständig	6	7	+1

* dem Arbeitsmarkt nicht zur Verfügung stehend
** geringfügige und/oder befristete Beschäftigung, Teilzeitarbeit, Leiharbeit
Datenbasis: Sozioökonomisches Panel (SOEP), DIW Berlin, Zahlen gerundet

Nach: Werner Eichhorst, Paul Marx, Eric Thode: Arbeitsmarkt und Beschäftigung in Deutschland 2000–2009, IZA Research Report No. 22, Bertelsmann Stiftung, Gütersloh 2009, S. 8

Deregulierung und Flexibilisierung

Ein Teil der Maßnahmen beruhte auf einer begrenzten Deregulierung und Liberalisierung des Arbeitsmarkts mit dem Ziel, Unternehmen flexiblere Vertrags- und Einsatzformen von Arbeit zu ermöglichen und so Anreize für Einstellungen zu geben. Zusätzlich sind Anreize zur Aufnahme auch schlechter bezahlter Arbeit enthalten, indem diese mit geringeren Sozialversicherungsabgaben belegt wird. Zu den hier eingesetzten Instrumenten gehören die Erleichterung und zum Teil finanzielle Subventionierung von
- Leiharbeit mit untertariflicher Bezahlung
- befristeten Arbeitsverträgen
- Teilzeitarbeit
- Mini- und Midi-Jobs mit geringen Einkommensmöglichkeiten bei gleichzeitiger Entlastung von Sozialabgaben.

Chance auf Arbeit oder prekäre Arbeitsverhältnisse?

Befürworter der Hartz-Reformen, der Arbeitsmarktliberalisierung und damit eines „atmenden Arbeitsmarkts" sehen die Chance, dass Arbeitnehmer größere Anreize haben, Arbeit aufzunehmen oder sich dafür zu qualifizieren, und Arbeitgeber eher bereit sind, Arbeitsplätze einzurichten. So werde vielen Arbeitslosen überhaupt erst eine Chance gegeben, wieder Arbeit aufzunehmen – mit Aussicht auf einen späteren, besseren Arbeitsplatz. Kritiker betonen, dass vom Konzept des „Forderns und Förderns" im Wesentlichen das Kosten sparende Prinzip des „Forderns" voll umgesetzt worden sei, während das kostspielige „Fördern" zu wünschen übrig lasse. Sie warnen vor der Zunahme prekärer Arbeitsverhältnisse, die wegen der eingebauten Unsicherheit keine Lebensplanung zuließen und wegen der gezahlten Niedriglöhne Altersarmut geradezu provozierten. In der Tat ist der Anteil von sozialversicherungspflichtigen Vollzeitarbeitsplätzen an der Gesamtzahl der Beschäftigungsverhältnisse zurückgegangen, der Anteil **prekärer Beschäftigungsverhältnisse** hat zugenommen (Tabelle oben). Aus dieser Kritik geht u.a. die Forderung nach Mindestlöhnen hervor (Kap. 2.3).

5. Warum wird um die Wirtschaftspolitik gestritten?

Online-Link
800621-2055

wirtschaftspolitische Denkschulen

Politische Programme und Maßnahmen sollen die gegenwärtige Konjunktur- oder die langfristige Wirtschaftsentwicklung beeinflussen. Je nachdem, ob eine im ➤ Konjunkturzyklus überschäumende Konjunktur gebremst oder eine wirtschaftliche Rezession wieder in einen Aufschwung gedreht werden soll, immer sind davon Konsumverhalten, Investitionen, Arbeitsplätze und Einkommen betroffen. Zwei wirtschaftspolitische Denkschulen kann man unterscheiden.

Kontrovers: wirtschaftspolitische Denkschulen

Angebotsorientierte Wirtschaftspolitik	Nachfrageorientierte Wirtschaftspolitik
• Eine strikt angebotsorientierte Politik wird von den radikalen Marktliberalen vertreten. Ihre Gallionsfigur ist der amerikanische Ökonom Milton Friedman (1912–2006). Im politischen Spektrum befinden sich ihre Vertreter vor allem in marktliberalen und konservativen Gruppierungen und Parteien sowie in Wirtschaftsverbänden.	• Diese Lehre orientiert sich an der Wirtschaftslehre von John Maynard Keynes (1883–1946). Keynes hat seine Lehre in der Folge der Weltwirtschaftskrise von 1929 entwickelt und wollte den Kapitalismus durch geplante Wirtschaftspolitik zähmen. Politisch ist diese Denkrichtung vor allem bei Sozialdemokraten, Grünen, Linken und Vertretern der Gewerkschaften anzutreffen.
• Maxime ist, dass der Markt im Endeffekt (fast) alles besser weiß. Selbststeuerung durch die Kräfte des Marktes führe letztlich zu effizienteren und den Präferenzen (Wünschen) freier Marktteilnehmer entsprechenderen Ergebnissen als staatliche Eingriffe. Staatseingriffe stehen unter dem prinzipiellen Verdacht von Bevormundung, Staatsversagen und Ineffizienz.	• Ausgangspunkt: Der Markt ist zu umfassender Selbstregulierung nicht in der Lage, wenn es um die Vermeidung von Wirtschaftskrisen und die Verwirklichung von Gemeinwohlzielen geht. Die wirtschaftspolitisch steuernde Hand des Staates müsse Marktmängel und Marktversagen ausgleichen oder verhindern.
• Wirtschaftspolitik heißt in erster Linie, den Staat aus der Wirtschaft zurückzudrängen. Liberalisierung, Privatisierung und Deregulierung mit dem Ziel, die Akteure am Markt von Fesseln zu befreien und die Eigendynamik des Marktes zuzulassen, ist die Strategie.	• Staatliche Regulierung und Intervention in die Wirtschaft sind für Keynesianer eine Voraussetzung dafür, dass sich die Marktteilnehmer in ihrem Handeln auch am definierten Gemeinwohl orientieren und der Marktprozess als Ganzes in die politisch gewünschte Richtung geht.
• Angebotsorientierte Wirtschaftspolitik zielt vor allem auf diejenigen, die für Investitionen und Angebote zuständig sind – also Unternehmen. Sie sollen von steuerlichen und anderen Abgaben erleichtert und strengen Regulierungen befreit werden.	• Nachfrageorientierte Wirtschaftspolitik will zunächst die Nachfrage stärken, damit diese Investitionen anregt, welche zu Arbeitsplätzen und breiter Einkommenssteigerung führen sollen. Tarifpolitisch fordern Gewerkschaften hohe Lohnabschlüsse, damit die Nachfrage steigt.
• Um der Wirtschaft den notwendigen Wachstumsspielraum zu geben, gleichzeitig ein Überschäumen der Konjunktur zu verhindern sowie Preisstabilität zu gewährleisten, wird vorgeschlagen, dass Zentralbanken die Wirtschaft mit einer jährlich moderat steigenden Geldmenge versorgen (monetaristische Politik).	• Da die private Nachfrage in Zeiten der Rezession und des privaten Sparens nicht ausreiche, solle der Staat durch öffentliche Ausgabenprogramme (Konjunkturprogramme) Nachfrage erzeugen. Damit verbundene Staatsverschuldung müsse in Zeiten wirtschaftlichen Aufschwungs wieder abgebaut werden.

wirtschaftspolitische Maßnahmen

In der folgenden Übersicht sind wirtschaftspolitische Maßnahmen danach aufgelistet, ob sie Wirtschaftswachstum vorantreiben oder eher bremsen sollen. Sie werden danach unterschieden, ob sie auf die Investitionen der Unternehmen zielen oder die Kaufkraft der Haushalte beeinflussen. Maßnahmen können wirtschaftliches Handeln direkt beeinflussen oder auch indirekt Wirkung entfalten.

Wirtschaftswachstum beeinflussen

	Investitionen der Unternehmen beinflussen	Kaufkraft der Haushalte beeinflussen
1. Anregen des Wachstums	direkte Maßnahmen • gesteigerte staatliche Nachfrage nach Gütern (z. B. Bau von Straßen oder Schulen; neue staatliche Dienstleistungen im Sozial- u. Gesundheitswesen) indirekte Maßnahmen • Steuererleichterungen und finananzielle Zuschüsse (Subventionen) für Unternehmen, z. B. für neue Produktionsanlagen, die Erforschung und Entwicklung neuer Produkte • die Europäische Zentralbank senkt die Kreditzinsen und macht damit das Geld für Investitionen billiger • Lockerung von Gesetzen, die Unternehmen einschränken und Kosten erhöhen, z. B. im Arbeits-, Umwelt- und Verbraucherschutz	• direkte Senkung der Steuern auf Einkommen • indirekte Steuern (Verbrauchssteuern wie z. B. die Mehrwertsteuer) werden gesenkt, Waren werden dadurch billiger • Erhöhung finanzieller Leistungen für private Haushalte (Kindergeld, Ausbildungsförderung, Arbeitslosengeld, Sozialhilfe usw.) • finanzielle Zuschüsse für Anschaffungen (z. B. Förderung des Autokaufs; Pkw-Abwrackprämie), Haus- und Wohnungsbau bzw. -modernisierung usw. • die Europäische Zentralbank senkt die Kreditzinsen: Kredite für Konsumausgaben, Immobilienfinanzierungen oder andere große Anschaffungen werden billiger
2. Bremsen des Wachstums	direkte Maßnahmen • der Staat spart: staatliche Aufträge (z. B. Bauaufträge, Kauf von Rüstungsgütern) werden zurückgestellt oder über einen längeren Zeitraum verteilt indirekte Maßnahmen • Unternehmenssteuern werden erhöht; Steuererleichterungen und Subventionen gestrichen • die Europäische Zentralbank erhöht die Kreditzinsen und macht damit das Geld für Investitionen teurer	• direkte Steuern auf Löhne und Gehälter werden erhöht, finanzielle Zuschüsse und Hilfen des Staates werden verringert • Verbrauchssteuern (z. B. die Mehrwertsteuer) werden erhöht, die Preise für Waren steigen, die Kaufkraft der Haushalte verringert sich • die Europäische Zentralbank erhöht die Kreditzinsen, Konsumenten- und Immobilienkredite werden teurer, das bremst die Kaufkraft der privaten Haushalte

Pragmatische Politik

Durch die internationale Finanzkrise und nachfolgende Wirtschaftskrise ab 2008 (S. 123 ff.), in der die internationalen Finanzmärkte nicht zur stabilisierender Selbstregulierung fähig waren, haben die Marktradikalen in der öffentlichen Diskussion einen – zumindest zeitweiligen – Rückschlag erlitten und die nachfrageorientierten Wirtschaftswissenschaftler und -politiker einen Aufschwung erfahren. Allerdings sind die Trennlinien zwischen diesen ökonmischen Denkrichtungen, wenn es um konkrete Politik geht, nicht so scharf, wie es der politische Streit um Konzepte vermuten lässt. Selbst grundsätzlich angebotsorientierte Wirtschaftspolitiker bauen immer auch nachfrageorientierte Elemente in ihre Wirtschaftspolitik ein, indem sie über Staatsausgaben und Regulierungen wirtschaftliches Handeln am Markt zu beeinflussen versuchen. Umgekehrt wissen auch nachfrageorientierte Wirtschaftspolitiker, dass staatliche Behörden nicht allwissend sind, dass staatliche Regulierung scheitern und mehr hemmen als fördern kann und dass Unternehmen ein Investitionen begünstigendes Umfeld brauchen.

Online-Link
800621-2056

6. Warum sind die öffentlichen Haushalte so hoch verschuldet?

öffentliche Haushalte: Dokumente politischen Willens

Ausgaben der öffentlichen Hand werden über Steuern und Abgaben der Bürgerinnen und Bürger finanziert. Sie fließen in den Bundesetat sowie die ➤öffentlichen Haushalte der Länder und Kommunen. Darüber hinaus geht ein kleiner Teil nach Brüssel als deutscher Anteil zur Finanzierung des EU-Haushalts.
Die öffentlichen Haushalte erscheinen als in Zahlen gegossene politische Programme. Sie werden von parlamentarischen Gremien verabschiedet und sollen die Vorhaben der politischen Mehrheiten in Stadt- und Gemeinderäten, Landesparlamenten und im Bundestag wiederspiegeln – so weit die Theorie.

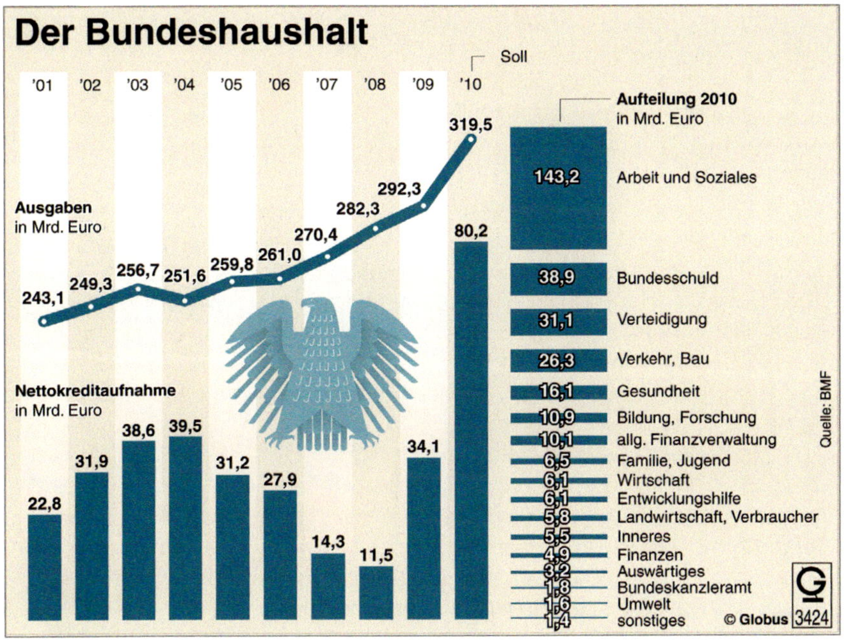

Spielraum eng begrenzt

Der weitaus größte Teil der im jeweiligen Haushalt aufgelisteten Ausgaben steht weitgehend unverrückbar fest. Das gilt etwa für die großen Bereiche der Personalausgaben der Behörden und für die Altersversorgung der Beschäftigten des öffentlichen Dienstes (Pensionen und Renten). Ausgaben im Bereich der sozialen Unterstützungszahlungen sind genauso durch gesetzliche Verpflichtungen festgelegt und kurzfristig wenig veränderbar wie viele Sachausgaben oder spezifische Förderprogramme. Auch auf international eingegangene Verpflichtungen ist Rücksicht zu nehmen und die für den laufenden Betrieb öffentlicher Verwaltungen notwendigen Ausstattungsausgaben lassen sich nur sehr begrenzt variieren. Nicht zu vergessen sind die jährlichen Zinszahlungen für die steigenden Schulden der öffentlichen Hände. Deshalb ist der Spielraum für neue Ausgaben oder erhebliche Ausgabenumschichtungen eng begrenzt.

symbolische Politik

Das heißt: Bei einem Regierungswechsel ist der finanzielle Spielraum für alles, was neue Ausgaben verursacht, relativ klein – es sei denn, Steuern und Abgaben werden erhöht oder die öffentliche Hand macht zusätzlich Schulden. Ersteres reduziert die Chancen bei der nächsten Wahl, Letzteres schränkt den zukünftigen finanziellen Spielraum weiter ein. Politiker neigen deshalb zu symbolischen Politiken oder Gesetzen, die kein oder wenig Geld kosten.

Bundeshaushalt

Die Grafik auf Seite 147 zeigt den Bundeshaushalt für 2010 und die in ihm enthaltenen Ausgabenbereiche. Ablesbar ist außerdem der jährliche Anstieg der Ausgaben, die nicht durch Einnahmen des Bundes gedeckt werden konnten – erkennbar an der notwendigen jährlichen Nettokreditaufnahme. Die deutlichen Reduzierungen der Nettokreditaufnahme nach 2004 sind im Jahr 2009 und 2010 jäh gestoppt worden: eine Auswirkung der Finanz- und Wirtschaftskrise 2008. So lange der Staat Kredite aufnehmen muss, um die laufenden Ausgaben zu begleichen, wachsen die öffentlichen Gesamtschulden, auch wenn die Nettoneuverschuldung sinkt.

Staatsverschuldung

Warum Bund, Bundesländer und Kommunen Schulden machen – also mehr ausgeben, als sie an Steuern und Abgaben einnehmen –, kann unterschiedliche Gründe haben:

- Nachlassendes Wirtschaftswachstum lässt die Steuereinnahmen sinken, während gleichzeitig die Ausgaben für Arbeitslosengeld, Sozialhilfe oder Konjunkturprogramme steigen.
- Unvorhergesehene Ereignisse wie die internationale Finanz- und Wirtschaftskrise 2008 können schnelles und ausgabenträchtiges Handeln erfordern, um das nationale und internationale Finanzsystem zu stabilisieren (Kap. 2.4).
- Der Grund für Staatsschulden können staatliche Investitionen und Förderprogramme sein, durch die langfristig die Infrastruktur verbessert werden soll: die Verkehrssysteme, die Energieversorgung oder das Bildungssystem.
- Politische Programme, die z. B. dem sozialen Ausgleich dienen sollen (z. B. einkommensabhängige Stipendien für die Ausbildung; höhere Unterstützungszahlungen zur Armutsbekämpfung) oder eine bessere personelle Ausstattung in Bildungseinrichtungen, in Pflegeheimen oder Krankenhäusern vorsehen, schlagen sich auf der Kostenseite nieder.
- Wenn bei Steuer- und Abgabensenkungen die dadurch hervorgerufenen Einnahmeausfälle nicht durch Sparen auf der Ausgabenseite oder durch höhere Einnahmen als Folge steigenden Wirtschaftswachstum ausgeglichen werden, erhöht das die Staatsschulden.

Schuldenbremsen im Grundgesetz

Da die Konkurrenz der Parteien um Wählerstimmen zur Ausweitung staatlicher Schulden verführt, enthält das Grundgesetz Grenzen für die Schuldenaufnahme. Nach Art. 115 GG darf die Nettokreditaufnahme die investiven Ausgaben im Bundeshaushalt nicht übersteigen. Zusätzlich wurden 2009 Schuldenbremsen für Bund und Länder im Grundgesetz verankert, die langfristig die Gesamtschulden der öffentlichen Hand erheblich reduzieren oder beseitigen sollen. Im Rahmen der Föderalismusreform II wurden u. a. die Art. 109 und 115 GG geändert. Diese Änderungen sehen vor, dass die Bundes- und Länderhaushalte ohne Kredite finanziert werden sollen – lediglich für den Bundeshaushalt ist eine sogenannte strukturelle Verschuldung von jährlich 0,35 Prozent des BIP erlaubt. Ausnahmen sind bei außergewöhnlichen Notsituationen wie Naturkatastrophen möglich sowie zur Bekämpfung einer

konjunkturellen Abschwungphase. Diese Ausnahmen müssen mit einer Tilgungsregelung verbunden werden, bei konjunkturell bedingten Ausgaben ist eine Tilgung von Krediten in Aufschwungphasen verpflichtend. Ein Bund-Länder-Stabilitätsrat soll die Haushalte überwachen und wenn notwendig Sanierungsverfahren einleiten.
Die Neuregelungen gelten ab 2011. Art. 143 d sieht eine Übergangsregelung vor, die dem Bund bis einschließlich 2015 und den Ländern bis einschließlich 2019 Abweichungen ermöglichen.
Die finanzschwachen Bundesländer Berlin, Bremen, Saarland, Sachsen-Anhalt und Schleswig-Holstein erhalten aus dem Bundeshaushalt bis 2019 Konsolidierungshilfen, die die Haushaltskonsolidierung bis Ende 2020 unterstützen sollen.

starke Position des Bundesfinanzministers

Bei der alljährlichen Aufstellung des Bundeshaushalts gibt es stets das gleiche Ritual: Die einzelnen Bundesminister machen Haushaltsvorschläge für ihre Ressorts, die zusammengenommen die Staatsverschuldung weiter in die Höhe treiben würden – und der Bundesfinanzminister muss den Begehrlichkeiten der Einzelressorts in Einzelverhandlungen entgegentreten. Schließlich will er dem Bundestag einen Haushaltsentwurf vorlegen, der den Vorgaben der Verfassung und des Europäischen Stabilitäts- und Wachstumspakts genügt. Aus diesem Grund hat der Bundesfinanzminister in Fragen der Haushaltsaufstellung, der Hauhaltsdurchführung und der Finanzplanung eine verfassungsmäßig verankerte starke Stellung im Kabinett.

Sparstaat

Zum Ruf nach dem schuldenfreien Staat gesellt sich die Frage nach Sparvorschlägen, denn Steuer- und Abgabenerhöhungen, die die Einnahmeseite der öffentlichen Haushalte verbessern würden, sind vor allem in konjunkturell schwierigen Zeiten – und vor Wahlen – nur schwer durchzusetzen. Die Sparappelle zielen beim Bundeshaushalt häufig auf den größten Posten, den Etat für Arbeit und Soziales. Hier zu sparen hieße jedoch, vor allem die Höhe der Renten zu begrenzen, soziale Unterstützungszahlungen zu reduzieren und die Ausgaben für die Arbeitsmarktpolitik zu senken. In diesem Fall würde bei denen gespart, die sich den sparsamen Staat am wenigsten leisten können. Deshalb ist es ein mühsamer Weg, den ein Staat gehen muss, wenn er seine Schulden abbauen will. Nutzt er Zeiten konjunktureller Erholung und höherer Steuereinnahmen dazu nicht, verschleppt er die Schuldentilgung oft um Jahrzehnte.

Europäische Wirtschafts- und Währungsunion, Euroraum

Alle EU-Mitgliedstaaten gehören der **Europäischen Wirtschafts- und Währungsunion** an – Aufbau seit 1990 –, aber nicht alle sind an der eigentlichen Währungsunion beteiligt (Kap. 4.3). In den sogenannten Euroländern wurde der Euro eingeführt – seit 1999 als Rechnungseinheit zwischen den Banken, seit 2002 als Alltagswährung. Inzwischen gehören 16 EU-Mitgliedstaaten dem Euroraum an, Anfang 2011 wird Estland als 17. von 27 EU-Mitgliedstaaten dazukommen. Mit Einführung der Währungsunion wurde die **Europäische Zentralbank** mit Sitz in Frankfurt am Main für die Geldmarktpolitik im Euroraum und damit die Stabilität des Euro verantwortlich.

Stabilitäts- und Wachstumspakt

Um den Euro als stabile Währung zu etablieren, sieht der **Stabilitäts- und Wachstumspakt** eine solide Haushaltspolitik in den Euroländern vor. Zwei Kriterien stehen im Vordergrund:

- die jährliche Netto-Neuverschuldung der öffentlichen Haushalte soll 3 Prozent des Bruttoinlandsprodukts nicht überschreiten und
- die öffentlichen Gesamtschulden sollen nicht über 60 Prozent des BIP liegen.

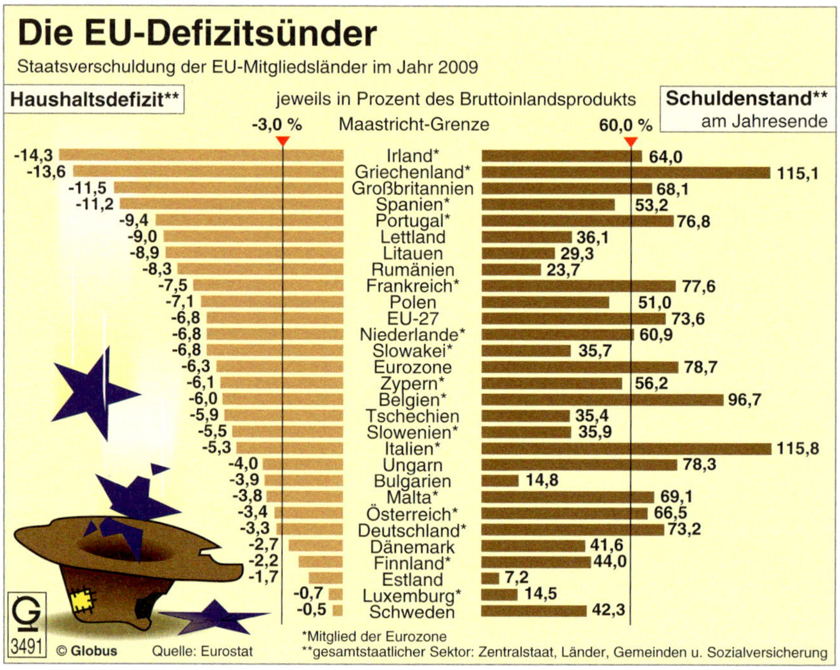

Defizitverfahren

Verstößt ein Euroland gegen diese Richtlinien, dann kann die EU-Kommission ein **Defizitverfahren** einleiten, durch das das betreffende Land zu einer soliden Haushaltspolitik und zum Abbau der Staatsschulden gebracht werden soll. Am Ende solcher Defizitverfahrens können auch hohe Bußgeldzahlungen stehen.
Der Stabilitäts- und Wachstumspakt, vor allem seine Umsetzung, wird als nicht streng genug betrachtet. Fast alle Euroländer weisen immer wieder zu hohe Haushaltsdefizite und eine zu hohe öffentliche Gesamtverschuldung auf (s. Grafik oben). Die EU-Mitgliedstaaten sind sich allerdings nicht einig, wie das Verfahren wirksamer gestaltet werden könnte – denn das würde mehr Macht und Unabhängigkeit der EU-Ebene gegenüber den nationalen Regierungen verlangen.

2.6 Natur und Umwelt als schutzbedürftige Ressourcen

Der Schutz der Umwelt und die Bewahrung der natürlichen Lebensgrundlagen sind Ziele, die nicht nur im Grundgesetz stehen, sondern als selbstverständlich gelten könnten. In Wirklichkeit wird jedoch um die Einschätzung der Probleme, um die Konkretisierung von Zielen und konkrete Maßnahmen gerungen. Natur- und Umweltschutz sind nicht umsonst zu haben: Sie kosten Geld, verlangen Umdenken und das Verlassen gewohnter Pfade. Aber sie bieten Chancen – auch wirtschaftliche.

1. Umweltschutz: Wie wichtig ist das Thema?
2. Klimawandel: Alles halb so schlimm?
3. Ist eine Umwelt schonende und sichere Energieversorgung möglich?
4. Was können Verbraucher für die Umwelt tun?

Ursachen und Wirkungen von Umweltbelastungen

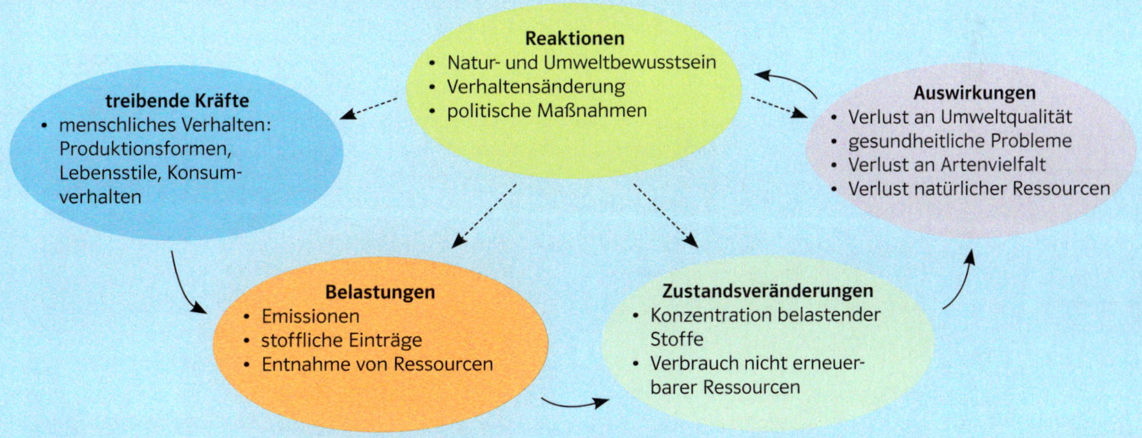

stark vereinfachtes Modell zur Darstellung von Gesellschaft-Umwelt-Interaktion nach dem Driving Forces-Pressures-State-Impact-Response (DPSIR)-Schema

1. Umweltschutz: Wie wichtig ist das Thema?

Online-Link
800621-2061

Eingriffe in das Ökosystem

Naturschutzvereine gab es bereits um die Wende vom 19. zum 20. Jahrhundert. Ihnen ging es um den Schutz und die Pflege der Natur – nicht zuletzt als Ort der Erholung. Natur-, Ressourcen- und Umweltschutz im heutigen Sinne gehen über diese Vorstellungen hinaus. Sie basieren auf der Erkenntnis, dass der Mensch Teil eines umfassenden ➤ Ökosystems ist, das nicht grenzenlos ausbeutbar ist. Alles, was in diesem System durch menschliches Handeln oder auch durch natürliche Entwicklungen geschieht, wirkt sich direkt oder indirekt auf den Menschen und die ihn umgebende Umwelt aus. Der Mensch ist beeinflussender Faktor und Betroffener zugleich.

Einwirkungen des Menschen

In weniger als 200 Jahren ist die Menschheit von rund einer Milliarde auf etwa sieben Milliarden Menschen angewachen. Der Landverbrauch und die Nutzung anderer natürlicher Ressourcen hat ebenso wie die Menge der produzierten Güter seit der industriellen Revolution enorm zugenommen. Das Welt-Bruttoinlandsprodukt stieg in diesem Zeitraum um mehr als das Vierzigfache. Damit haben aber auch die Einwirkungen des Menschen auf seine natürliche Umwelt und die Rückwirkungen aus dieser auf den Menschen zugenommen. Der sich abzeichnende Klimawandel – zumindest zum Teil vom Menschen verursacht – ist mit weltweiten Konsequenzen verbunden und macht die ganze Tragweite der sich abzeichnenden Probleme deutlich.

Wissen und offene Wissenschaft

Die komplizierten Zusammenhänge in Öko-Systemen sind nur schwer zu durchschauen. Wissenschaftliche Forschung ist gefragt. Nur sie ermöglicht es – wie unvollkommen und unsicher auch immer –, Probleme zu erkennen und mögliche Handlungsalternativen auszuloten. Wissenschaftliche Forschungsergebnisse sind keine in Stein gemeißelten Offenbarungen. Sie sind immer wieder in Zweifel zu ziehen, zu überprüfen und zu verbessern. Und damit wissenschaftliche Informationen möglichst objektiv überprüft werden können, müssen sie auch durch andere offen überprüfbar sein.
Neugier und Zweifel als Grundeinstellung der Wissenschaft heißt nicht, dass alles beliebig ist. Es schälen sich **herrschende wissenschaftliche Meinungen** heraus. Sie geben den derzeit am besten begründbaren vorläufigen Wissensstand wieder, der legitimerweise auch in Frage gestellt werden darf. Und so bilden sich **unterschiedliche wissenschaftliche Lager**, die allerdings, wenn sie nicht aufpassen, politisch bzw. von Interessengruppen für ihre Zwecke instrumentalisiert werden können. Manche Wissenschaftler lassen sich aber auch gerne instrumentalisieren und werden so zu Politikern.

Wissenschaft, Gesellschaft, Politik

Was Wissenschaftler von Politikern unterscheiden sollte: Wissenschaftler können versuchen, so gut wie möglich aufzuklären. Ihnen steht es nicht zu, anderen Menschen zu sagen, wie sie leben sollen oder wie eine gute Gesellschaft auszusehen hat. Dazu sind sie genauso fähig oder unfähig wie andere Menschen auch. Welcher Weg beschritten werden sollte, das müssen die Menschen selbst herausfinden – in Demokratien über die offene Diskussion und über Mehrheitsentscheidungen (Kap. 3.3, 3.5 und 3.7)

Eine neue Generation – ein neues Bewusstsein?
Unsere Kinder werden nicht rauchen, sie werden nicht trinken, sie werden recyceln, höhnte der britische Journalist Michael Odell [...]. Und fragte weiter: Wachsen da super-tugendhafte Ökoroboter heran, die uns terrorisieren werden? Die Gefahr besteht kaum, denn selbstlos ist diese Generation beileibe nicht, „die sind auch ganz schön materialistisch veranlagt", sagt de Haan [Berliner Pädagoge]. Sie wollen etwas tun – aber sie wollen auch etwas haben und gut leben. Umweltschutz und Konsum sind für sie keine Kategorien, die sich gegenseitig ausschließen. Und deshalb besteht Hoffnung, dass sie ein neues Bewusstsein entwickeln. Freilich: Unsere Kinder sind auch die Generation, die die Folgen des Klimawandels erleben wird. Wir verschwenden Ressourcen, ihnen wird keine andere Wahl bleiben, als nachhaltig zu wirtschaften. Und das bedeutet durchaus Verzicht.
Jeanne Rubner: Generation Grün, Süddeutsche Zeitung, 12.12.2009, S. V2/3

Zum Umweltbewusstsein
Angaben: Jeweils „voll und ganz“ oder „weitgehende“ Zustimmung zu den folgen beiden Fragen. Angaben in Prozent

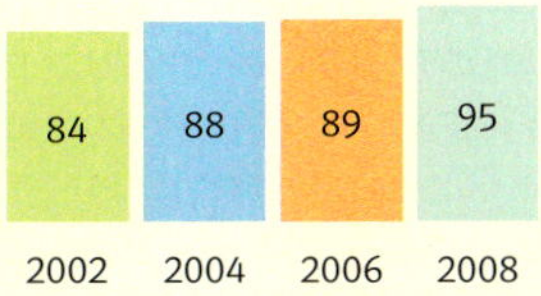

„Es sollte Gerechtigkeit zwischen den Generationen bestehen, wir sollten die Umwelt nicht auf Kosten der nachkommenden Generationen ausplündern.“

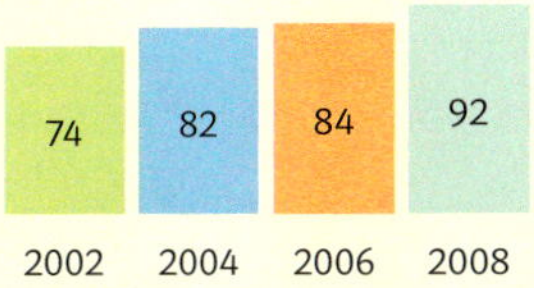

„Wir sollten nicht mehr Ressourcen verbrauchen, als nachwachsen können.“

Holger Rogall: Nachhaltige Ökonomie, Marburg, 2009, S. 50

Umweltschutz als eines der wichtigsten Probleme – Konjunktur eines Themas
Prozentsatz der Befragten, die Umweltschutz als wichtigstes Problem genannt haben

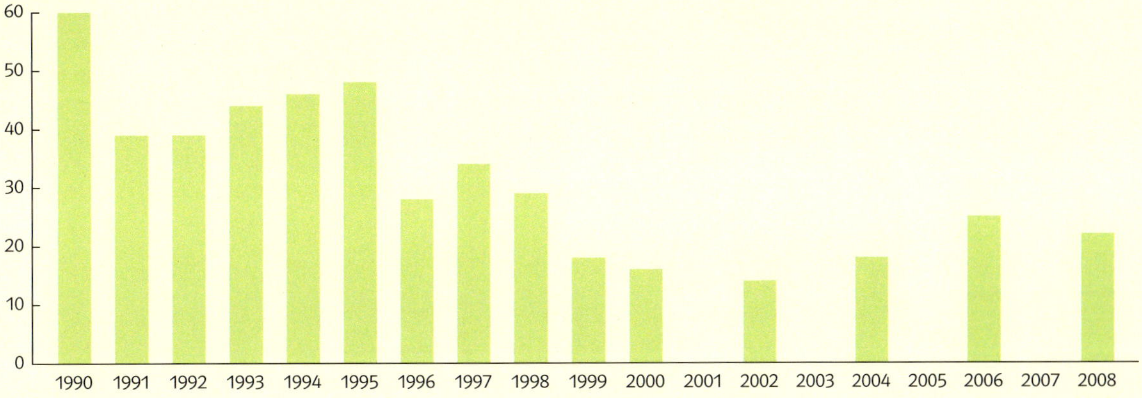

1990–1999 EMNID; 2000–2008 Bundesministerium für Umwelt, Naturschutz und Reaktorsicherheit (Hg.): Umweltbewusstsein in Deutschland 2008, Umweltforschungsplan FKZ 3707 17 101, Berlin 2008

Umweltbewusstsein, -wissen und -handeln

Das Bewusstsein für die Endlichkeit natürlicher Ressourcen (z. B. Erdöl, andere Bodenschätze oder sauberes Trinkwasser) und für die Verletzbarkeit des ökologischen Gleichgewichts ist gewachsen. Aber Verantwortungsgefühl für Natur und Umwelt ist das eine, Kenntnisse über die ökologischen Systeme oder gar ökologisch bewusstes Handeln sind etwas anderes. Selbst das Wissen um ökologische Zusammenhänge führt nicht notwendig zu Verhaltensänderungen, solange die persönliche Betroffenheit gering ist.

Umweltpolitik und Umweltökonomie

Seit den 1970er-Jahren ist die Natur- und Umweltproblematik Teil der öffentlichen Diskussion und der Politik in Deutschland. Eine Partei, die Grünen, entstand aus der Umweltschutzbewegung. Keine Partei mit Regierungsambitionen kann das Thema ignorieren. Allerdings hat auch dieses Thema **politische Konjunkturen**. Abhängig von der Aufmerksamkeit für andere Probleme steht die Umweltthematik weiter vorne oder weiter hinten auf der Tagesordnung. Lässt die Wirtschaftskonjunktur nach oder gibt es sogar Wirtschaftskrisen, dann stehen Wachstum und Arbeitsplätze im Vordergrund, Politik zum Schutz von Natur und Umwelt wird dann eher als Bremse angesehen. Aber auch hier tritt ein allmählicher Wandel ein: Umwelttechnik und

-industrie sind nämlich zu Innovations- und Wachstumsfaktoren geworden. Und manche Unternehmen entdecken in umweltbewusstem Wirtschaften nicht nur ein werbewirksames Aushängeschild, sondern auch eine Möglichkeit effizienterer, d.h. Ressourcen sparender Produktion.

Sensibilität für Umweltthemen steigt

Die große Mehrzahl der Menschen in Europa findet den Schutz der Umwelt oder des Klimas wichtig. Doch aus dieser Einstellung folgt bei den meisten Menschen kein Handeln. In den letzten 30 Jahren hat sich in den Industriestaaten die Sensibilität für Umweltthemen kontinuierlich erhöht. „Grüne" Parteien zogen in zahlreiche Parlamente ein und haben sich dort etabliert. Umweltthemen stehen weit oben auf der Agenda. Allmählich setzt sich bei wirtschaftlichen und politischen Eliten die Einsicht durch, dass Ökonomie und Ökologie keine Gegensätze sind. Die auch wirtschaftlichen Potenziale umweltbewussten Produzierens und Konsumierens werden entdeckt.

Online-Link
800621-2062

2. Klimawandel: Alles halb so schlimm?

Globale und kontinentale Temperaturänderungen

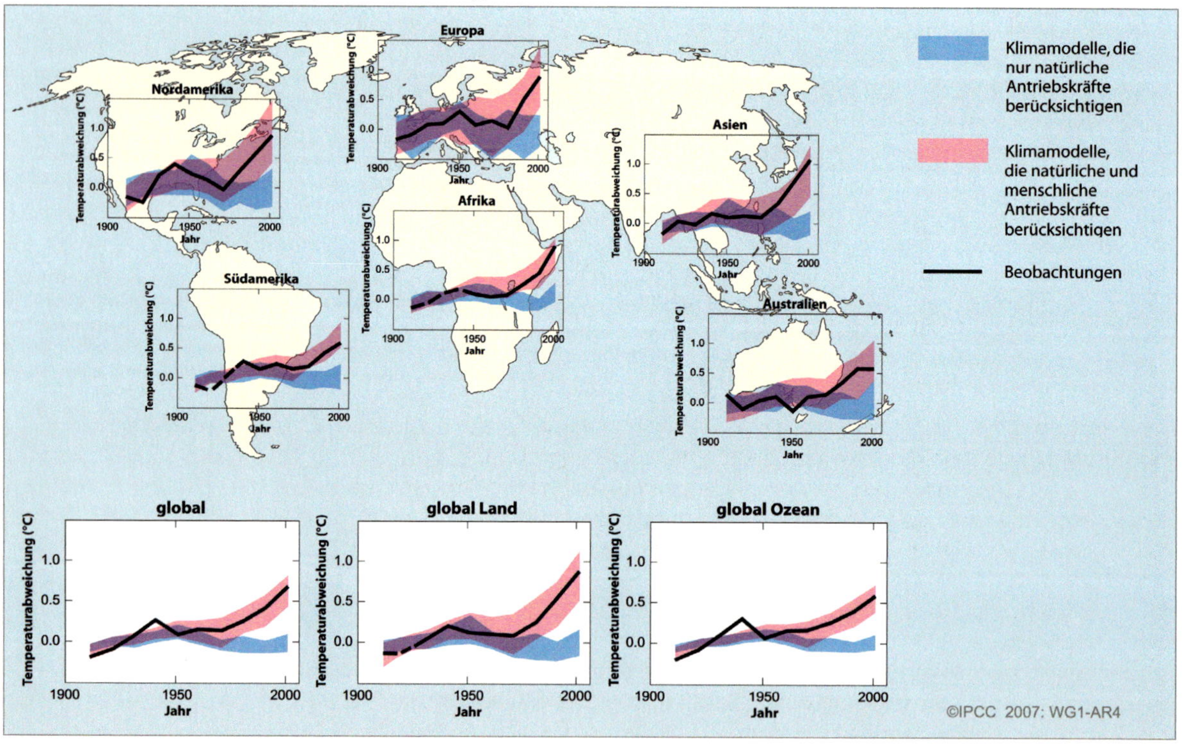

Vierter Sachstandsbericht des UN-Ausschusses zur Untersuchung von Klimaänderungen (IPCC), Klimaänderungen 2007 – Zusammenfassungen für politische Entscheidungsträger, Bern/Berlin/Wien 2007, S. 11, Übersetzung: deutsche IPCC-Koordinierungsstelle et al.

Erderwärmung und Klimawandel

Der sich abzeichnende globale **Temperaturanstieg** und damit verbundene **Klimawandel** ist eines der großen Weltprobleme. Zwar führen sogenannte Klimaskeptiker (S. 158 unten) – häufig finanziell unterstützt von interessierten Wirtschafts- und Industriekreisen – zwischenzeitliche oder regionale Temperaturschwankungen als Belege gegen die globale Erwärmung an. Die weit überwiegende Mehrheit der **Klimaforscher** geht jedoch davon aus, dass die Erde sich in einem Klimawandel befindet, hervorgerufen vor allem durch einen globalen Anstieg der Durchschnittstemperatur. Und viel spricht dafür, dass es seit der industriellen Revolution nicht zuletzt die Einflüsse des Menschen sind (anthropogene Faktoren), die die Konzentration von klimaschädlichen Treibhausgasen in der Atmosphäre haben ansteigen lassen – seit 1850 von ca. 285 ppm CO_2-Äquivalenten auf etwa 440 ppm CO_2-Äquivalente im Jahr 2010. Die weiter zunehmende Konzentration von Treibhausgasen in der Atmosphäre bewirkt den ➤ **Treibhauseffekt**, welcher die globale Durchschnittstemperatur ansteigen lässt.

Treibhausgase und globale Auswirkungen

Seit der Industrialisierung hat der Mensch die Zusammensetzung der Atmosphäre verändert und den Anteil an Treibhausgasen deutlich erhöht. Zu den wichtigsten von den Menschen in die Atmosphäre emittierten Treibhausgasen (anthropogenen Treibhausgasen) zählen: Kohlendioxid (CO_2), Methan (CH_4), Distickstoffoxid, Lachgas (N_2O) und fluorierte Verbindungen. Infolge unterschiedlicher Eigenschaften verfügen die Treibhausgase über verschieden starke Erwärmungspotenziale für das Klima.

Die steigenden Konzentrationen der Treibhausgase in der Atmosphäre führen aufgrund der […] physikalischen Eigenschaften zu einer Erwärmung des Klimas. […] Im 4. Sachstandsbericht des IPCC formulieren die Wissenschaftler deshalb folgende Erkenntnis: Der größte Teil des Anstiegs der mittleren globalen Temperatur seit Mitte des 20. Jahrhunderts geht sehr wahrscheinlich (mit einer Eintrittswahrscheinlichkeit der Aussage über 90 Prozent) auf die Zunahme der vom Menschen verursachten Treibhausgase in der Atmosphäre zurück (IPCC 2007). […]

Umweltbundesamt: Treibhausgase und globale Auswirkungen, Stand 06/2009, www.umweltbundesamt-daten-zur-umwelt.de/umweltdaten/public/theme.do?nodeIdent=2261 (08.05.2010)

Zukunftsszenarien

Von der Konzentration der Treibhausgase in der Atmosphäre wird es abhängen, wie stark die mittleren Temperaturen ansteigen werden. Und vom Temperaturanstieg wiederum hängen die Auswirken auf Natur, Umwelt und Mensch ab – die regional ganz unterschiedlich ausfallen können.

Wird nicht entscheidend gegengesteuert, könnten sich die Treibhausgaskonzentrationen von heute bis zum Jahr 2100 fast verdoppeln. Damit wären dann Temperatursteigerungen gegenüber der vorindustriellen Zeit von weit über zwei Grad Celsius wahrscheinlich. Die ökologischen Folgen einer Erhöhung um zwei Grad werden gerade noch für beherrschbar gehalten.

Die folgende Abbildung stellt einen Versuch dar, den derzeitigen wissenschaftlichen Erkenntnisstand im Hinblick auf die Auswirkungen bestimmter globaler Temperaturerhöhungen zusammenzufassen.

Zukunfts-Szenarien

Wahrscheinliche Folgen unterschiedlicher Temperaturanstiege gegenüber der vorindustriellen Zeit

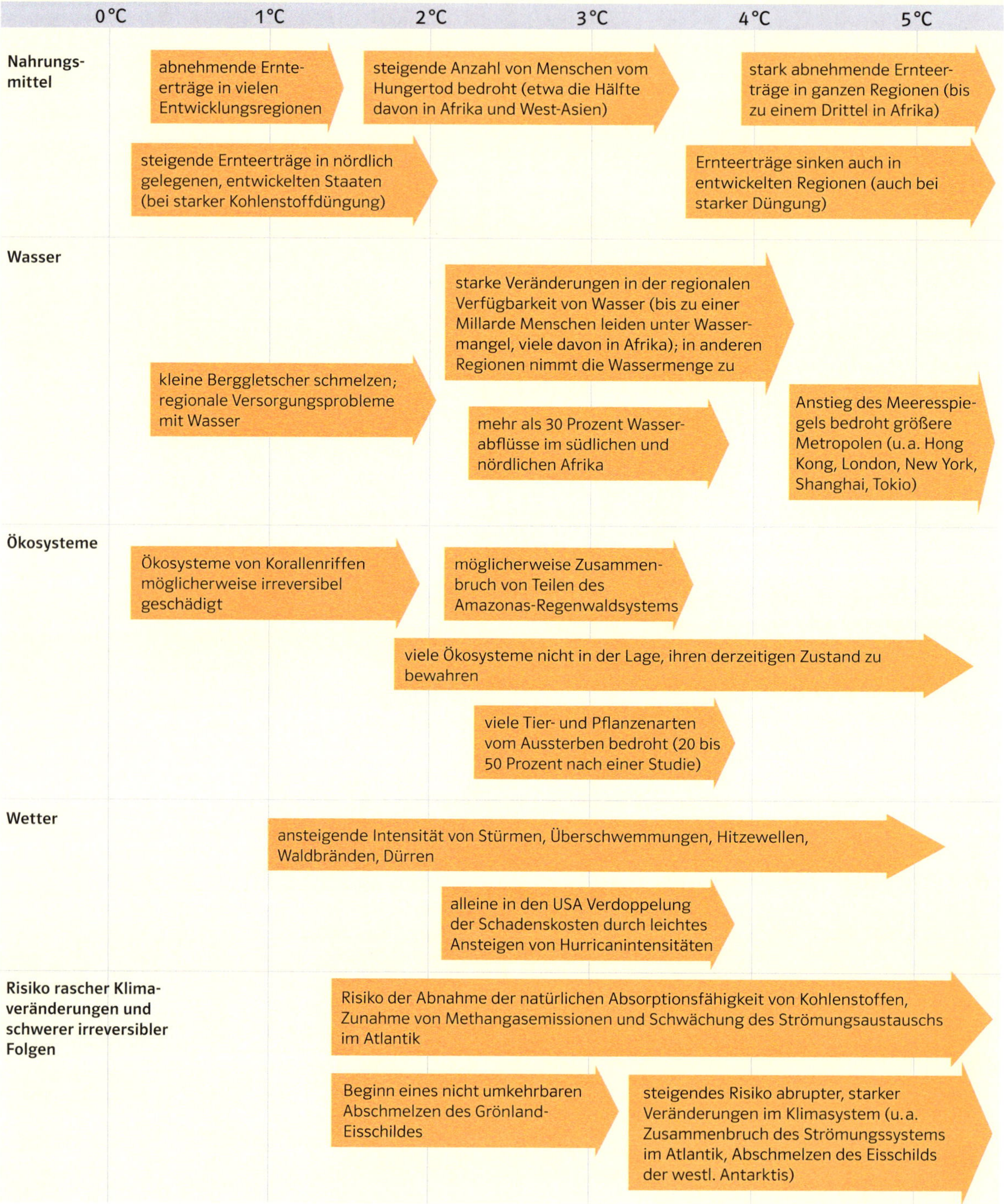

Nicholas Stern: The Economics of Climate Change; The Stern Review, Cambridge 2007, Executive Summary, p. V; Figure 2, Stabilisation levels and probability ranges for temperature increases, Übersetzung: Jürgen Feick

Treibhausgase werden durch eine Vielfalt an Aktivitäten in unterschiedlichen Wirtschaftsbereichen verursacht. Rund 65 Prozent der Treibhausgasemissionen haben mit der Produktion und Nutzung von Energie aus fossilen Brennstoffen zu tun (Stern Review, S. IV). Dabei sind es in erster Linie die wirtschaftlich hoch entwickelten Länder, die mit ihrer **Produktionsweise** und mit ihrem **Lebenstil** für den überwiegenden Teil der Treibhausgase verantwortlich sind. Die Grafik unten zeigt, dass die entwickelten Länder mit einer Einwohnerzahl von rund einer Milliarde Menschen seit Jahren etwa 12 Tonnen CO_2 pro Kopf emittieren (hier nur CO_2-Ausstoß). Die Pro-Kopf-Emissionen der Entwicklungs- und Schwellenländer mit rund 6,7 Milliarden Einwohnern haben sich zwischen 1976 und 2004 von etwa 1,8 auf rund 4 Tonnen mehr als verdoppelt. Sie liegen aber immer noch weit unter denen der entwickelten Volkswirtschaften.

Verursacher der Treibhausgas-Emissionen

Treibhausgase nach Sektoren und Aktivitäten

Treibhausgase entstehen bei:
- Energieversorgung: Verbrennen fossiler Primärenergieträger (Erdöl, Erdgas, Braunkohle, Steinkohle) vor allem zur Stromerzeugung
- Industrie: Herstellung von Metallen, Zellstoff und Papier, Zement, chemischen Stoffen
- Forstwirtschaft: Entwaldung, Zersetzung der Biomasse nach Holzeinschlag
- Landwirtschaft: Viehhaltung und Anbau von Feldfrüchten
- Transport: Reisen und Gütertransporte per Pkw/Lkw, Flugzeug, Bahn oder Schiff
- Gebäude: Heizung, Kühlung, Elektrizität
- Müll: Deponierung, Müllverbrennung, Abwässer

Emissionen 2004
Anteile nach Sektoren in CO_2-Äquivalenten, Angaben in Prozent

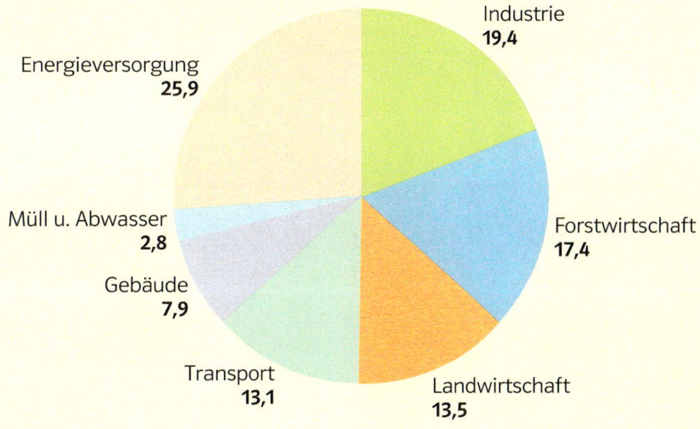

Nach: Alice McKeown, Gary Gardner: Fakten und Begriffe zum Klimawandel, in: Worldwatch Institute (Hg.) in Kooperation mit der Heinrich-Böll-Stiftung und Germanwatch: Zur Lage der Welt 2009, Münster 2009, S. 297, Übersetzung: Bettina Münch

CO_2-Emissionen pro Kopf 1976 bis 2004

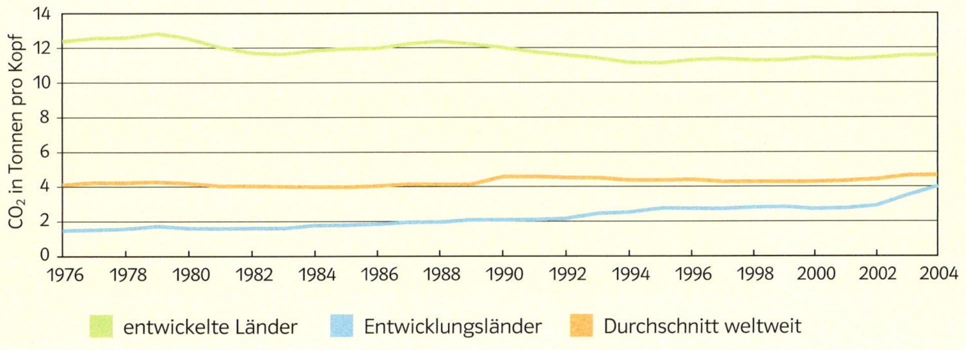

Nach: Nicholas Stern: Der Global Deal, München 2009, S. 35, Übersetzung: Martin Richter; Original: The Global Deal, The Bodley Head, London, 2009

Wirtschaftswachstum und Bevölkerungsentwicklung

Das bereits stattfindende bzw. erwartete starke **Wirtschaftswachstum in den Schwellenländern** (z. B. China und Indien) und in den **Entwicklungsländern** – bei der gleichzeitiger Annahme, dass die Bevölkerungszahlen dort auf etwa acht Milliarden bis 2050 steigen werden – würde bei einem „weiter so" zu Treibhausgaskonzentrationen führen, die kaum noch ökologisch verkraftbare Temperatursteigerungen zur Folge hätten. Von den Folgen eines Temperaturanstiegs wären die ärmsten Länder am stärksten betroffen. Sie sind weit weniger als die technisch hoch entwickelten Gesellschaften in der Lage, sich gegen die Folgen des Klimawandels zu schützen.

Handlungsnotwendigkeit und -strategien

Inzwischen wird weitgehend anerkannt, dass Handeln geboten ist (siehe unten). Zwei Strategien sind zu unterscheiden: **Vermeidungs- und Anpassungsstrategien**. Bei Vermeidungsstrategien geht es darum, die zukünftige Temperaturerhöhung so weit wie möglich zu begrenzen. Heute, 2010, erscheint das 2-Grad-Celsius-Ziel auch bei steigender Wirtschaftsleistung und Zunahme der Weltbevölkerung gerade noch erreichbar. Bei den Anpassungsstrategien steht im Vordergrund, die Volkswirtschaften und die Gesellschaften auf die Folgen des Klimawandels vorzubereiten.

Technik und Verhalten

Für beide Strategien bedarf es nicht nur technischer Erfindungen, die die Umweltbelastung durch Produktion und Konsum reduzieren helfen – obwohl solche wichtig sein werden. Es wird aber nicht gehen, ohne dass die Menschen gerade in den Wohlstandsregionen ihr Verhalten so ändern, dass sie ihre nachteiligen Umwelteinflüsse radikal senken, auch wenn das mit Einschränkungen verbunden ist. Und sie werden teilen lernen müssen mit Menschen in Regionen, in denen das Wohlstandsniveau heute noch sehr niedrig ist.

Erde im Fieber – und warum trotzdem (zu) wenig geschieht

[...] Auf der Weltklimakonferenz im Dezember in Kopenhagen wird die globale Erwärmung von einem physikalischen Vorgang in eine politische Prozedur übergeführt. [...] Führende Forscher [haben] soeben noch einmal mit drastischen Aussagen den Zustand des Planeten skizziert. Kurz gesagt: Die Erde hat Fieber und ist dringend behandlungsbedürftig.

Gleichzeitig melden sich auch wieder die berüchtigten Klimaskeptiker, um mit teils anrüchigen Methoden Zweifel an den Aussagen der etablierten Forschung zu nähren. Die Skeptiker haben dabei weniger Fakten als ein psychologisches Moment auf ihrer Seite: Es liegt Menschen einfach mehr, lästige Probleme kleinzureden, statt sie anzugehen. [...] Wissenschaftler blicken daher mit Unverständnis auf den internationalen Verhandlungsprozess, bei dem es notorisch darum geht, möglichst wenig gegen den Klimawandel zu tun. Sicher, rein theoretisch ist es möglich, dass die Klimaforschung irrt und andere Ursachen als menschengemachte Abgase die globale Erwärmung befeuern. Doch wer dies als Handlungsgrundlage ansieht, handelt wie ein Patient, der in seinen knallroten Rachen blickt, vom Arzt Streptokokken bescheinigt bekommt, dann jedoch aberwitzige Theorien darüber aufstellt, warum es sich um alles Mögliche handeln kann, nur nicht um Scharlach – statt vorsichtshalber die richtigen Pillen zu schlucken.

pai: Erde im Fieber, Süddeutsche Zeitung, 25.11.2009, S. 4

Wie die meisten Umweltprobleme erfordert auch eine Politik gegen Erderwärmung und Klimawandel international abgestimmtes Vorgehen (Kap. 5.3). Die Umweltschutz- und Klimakonferenzen von Rio de Janeiro (1992) bis Kyoto (1997) haben Fortschritte gebracht, die aber längst nicht ausreichen. In der Klimafrage hat das sogenannte Kyoto-Protokoll verbindliche Vorgaben für die Industrieländer gemacht, die aber von vielen Staaten nicht eingehalten worden sind. Der große „Umweltsünder" USA lehnt bis heute als einziges Industrieland das Protokoll ab.

internationale Aufgaben und Konfliktlinien

Das Kyoto-Protokoll läuft Ende 2012 aus und soll bis dahin weiterentwickelt werden. Zugleich sollen die Schwellen- und Entwicklungsländer eingebunden werden. Die Konferenz in Kopenhagen (2009), die eine neue Vereinbarung vorbereiten sollte, war jedoch ein Misserfolg: Während die meisten EU-Staaten drängen, sperren sich insbesondere die USA, China und Indien. Die US-Regierung steht unter innenpolitischem Druck, sich nicht vertraglich binden zu lassen. China und Indien wollen ihre ökonomischen Wachstumsziele nicht opfern.

Die wichtigste Konfliktlinie verläuft zwischen den entwickelten Industriestaaten und den Schwellen- und Entwicklungsländern. Letztere erwarten größere wirtschaftliche Verzichte der hoch entwickelten Industriegesellschaften zugunsten der Umwelt und für sich selbst technische und finanzielle Hilfe, wenn sie ihren Entwicklungspfad an umweltpolitische Erfordernisse anpassen sollen (Kap. 6.5).

Treibhausgasausstoß 2007 im Vergleich zu 1990
prozentuale Veränderung in ausgewählten Ländern

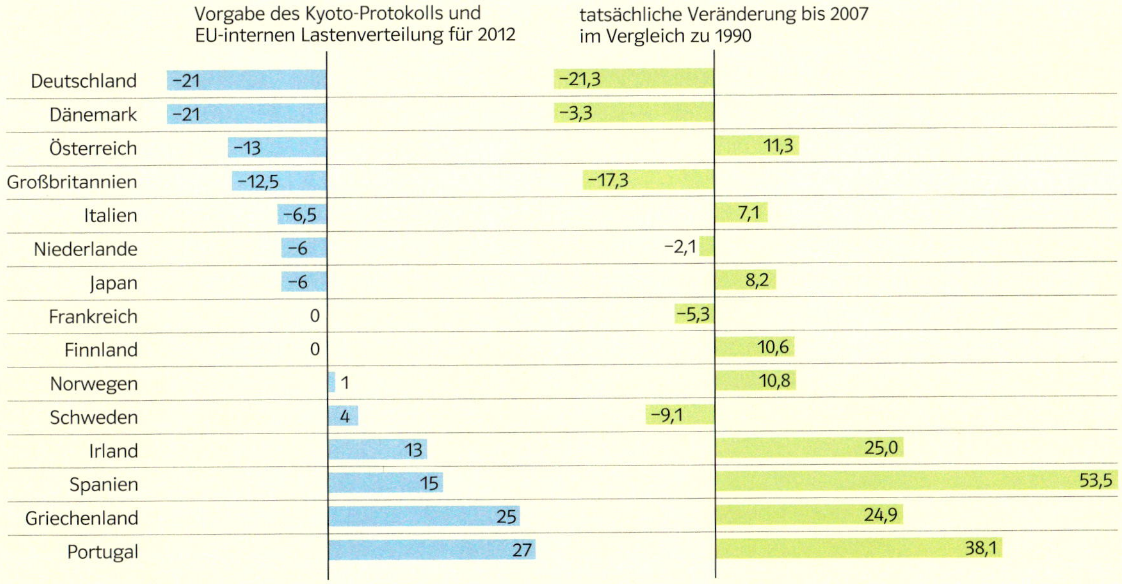

Veränderung des Treibhausgasaustoßes ohne Veränderungen der Landnutzung und in der Forstwirtschaft

United Nations Framework Convention on Climate Change 2008

Verhaltens- und Politikänderungen

Die Industriestaaten haben den größten Anteil an der menschengemachten Klimaerwärmung. Der Pro-Kopf-Ausstoß an Treibhausgasen ist in den reichen Staaten wesentlich höher als in ärmeren Ländern. Im völkerrechtlich verbindlichen Kyoto-Protokoll wurden bereits 1997 Reduktionsziele für alle Industriestaaten definiert. Die USA haben das Protokoll allerdings nicht ratifiziert. Längst nicht alle Industriestaaten haben die vereinbarte CO_2-Minderung erreicht. Änderungen nicht nur der Produktionsweise, sondern auch des Lebensstils sind notwendig, um zum Beispiel den Energieverbrauch dauerhaft zu senken. Die negativen Auswirkungen der Klimaerwärmung werden die Menschen in den südlichen Schwellen- und Entwicklungsländern stärker zu spüren bekommen, als die Bewohner der nördlichen Industriestaaten. Mögliche Folgen der Klimaerwärmung sind bekannt, aber es ist unklar, welchen Stellenwert die Klimapolitik in den nächsten Jahren international einnehmen wird und wie sich große Staaten wie China, Indien und die USA verhalten werden. Es besteht die begründete Sorge, dass umweltpolitische Ziele der Wachstumspolitik untergeordnet werden.

Online-Link
800621-2063

3. Ist eine sichere und umweltschonende Energieversorgung möglich?

Zielkonflikte

Die Versorgung mit Energie gehört zu den umstrittensten Feldern der Umweltpolitik. Zum einen: Die Erzeugung und der Verbrauch von Energie sind Aktivitäten, die Natur und Umwelt mit am stärksten ausbeuten und belasten. Zum anderen: Die Energieversorgung gehört zu den wirtschaftlich wichtigsten Bereichen. Dabei geht es um das Funktionieren der Wirtschaft schlechthin und um die Grundversorgung privater Haushalte. Außerdem wird in diesem Wirtschaftssektor viel Geld verdient. Und politisch ist Versorgungssicherheit ein strategisch herausragendes Problem. Das heißt: Hier treffen Interessen an Ressourcenschonung und Umweltschutz, an wirtschaftlichem Gewinn und an nationaler Unabhängigkeit aufeinander.

Primärenergieverbrauch in Deutschland

	1990	2000	2009*
Braunkohle	21,5	10,8	11,3
Steinkohle	15,5	14,0	11,1
Mineralöl	35,0	38,2	34,7
Erdgas	15,4	20,7	21,8
Kernenergie	11,2	12,9	11,0
erneuerbare Energien	1,3	2,9	8,9
sonstige	0,2	0,5	1,3

*Zahlen für 2009 vorläufig

Arbeitsgemeinschaft Energiebilanzen, Auswertungstabellen September 2009

In den meisten Ländern, so auch in Deutschland, liegt das Hauptgewicht beim Energieverbrauch bei den fossilen Energieträgern Kohle, Erdöl und Erdgas. Wie das für die Kernkraftwerke als Brennstoff notwendige Uran sind sie endliche Bodenschätze. Die Erdgas-, Erdöl- und Uranvorkommen werden in einigen Jahrzehnten erschöpft sein. Deutschland muss den größten Teil dieser Energieressourcen importieren und hat lediglich nennenswerte Kohlevorkommen. Deren Abbau ist sehr kostspielig und wird staatlich subventioniert. Die Nutzung der fossilen Energieträger ist außerordentlich umweltbelastend. Von allen Energiearten setzen sie die meisten Treibhausgase frei, vor allem CO_2. Lediglich die Urannutzung weist eine günstige Treibhausbilanz auf; nur die erneuerbaren Energieträger haben überwiegend bessere Werte – sind allerdings in der Stromerzeugung noch teurer.

Energiemix, Ressourcenproblem

Treibhausgas-Emissionen und Kosten von Stromerzeugungsoptionen

	Emissionen CO_2-Äquivalente g/kWh (el)	**Erzeugungskosten €cent/kWh (el)**
Atomkraftwerk	29	5,8
Import-Steinkohle-Kraftwerk	1086	4,6
Import-Steinkohle-Heizkraftwerk	715	3,5
Braunkohle-Kraftwerk	1248	5,1
Braunkohle-Heizkraftwerk	789	4,7
Erdgas-GuD-Kraftwerk	427	7,3
Erdgas-GuD-Heizkraftwerk	340	5,9
Erdgas-Blockheizkraftwerk 500 kw	377	11,6
Biogas-Blockheizkraftwerk 500 kw	189	14,6
Windpark, Inland	23	9,0
Windpark, See	22	6,5
Wasser-Kraftwerk	40	7,7
Solarzelle (multikristallin)	126	52,0
Solarstrom-Import (Spanien)	26	13,3

kWh = Kilowattstunde; el = Elektrizität; GuD = Gas- und Dampf-Kombikraftwerk
Hinweise: Die Emissions- und Kostenzahlen berücksichtigen die Vorketten der Energieproduktion und den Herstellungsaufwand; alle Daten für Bezugsjahr 2005; zur Berechnungsmethode bei Kraft-Wärme-Kopplung siehe Öko-Institut 2008 (www.umweltdaten.de/publikationen/fpdf-l/3476.pdf).

Öko-Institut (Institut für angewandte Ökologie e.V.): Globales Emissions-Modell integrierter Systeme (GEMIS) Version 4.6; Uwe R.Fritsche, Lothar Rausch, Klaus Schmidt: Treibhausgasemissionen und Vermeidungskosten der nuklearen, fossilen und erneuerbaren Strombereitstellung, Arbeitspapier, Öko-Institut, Büro Darmstadt, März 2007, Tabelle 3 und 5)

Weltweit scheint der **Energiehunger** ungebrochen: Mit einer Verdoppelung des Energiebedarfs von 8755 Milliarden Tonnen (Steinkohleinheiten) im Jahr 1990 auf 17721 Milliarden Tonnen bis 2030 wird gerechnet (Internationale Energieagentur). Die **Klimaschutzziele** erscheinen mit dem derzeitigen Energiemix (S. 160) kaum erreichbar. Deshalb wird von den einen – dazu

Energiestrategien

gehört auch, aber nicht nur, die sogenannte Atomlobby – dem Ausbau bzw. der längeren Laufzeit von Kernkraftwerken das Wort geredet. In Deutschland soll die **Kernenergie als Brückentechnologie** länger genutzt werden, bis erneuerbare Energieformen in ausreichendem Maße zur Verfügung stehen. Umweltschützer und Befürworter alternativer Energieformen halten Atomkraftwerke für zu risikoreich und argumentieren, dass **regenerative Energiearten** schon bald ausreichend zur Verfügung stehen könnten, wenn sie nur stärker gefördert und zugleich mit Maßnahmen des **Energiesparens** und des effizienteren Einsatzes von Energie verbunden würden. Außerdem wird darauf gesetzt, dass für die nach wie vor unverzichtbaren Kohle- und Erdgaskraftwerke die **Technik der CO_2-Abscheidung** und unterirdischen Einspeicherung erfolgreich vorangetrieben werden kann.

Strom aus Atomenergie
Zahl der Kernkraftwerke und deren Anteil an der Stromerzeugung in Prozent

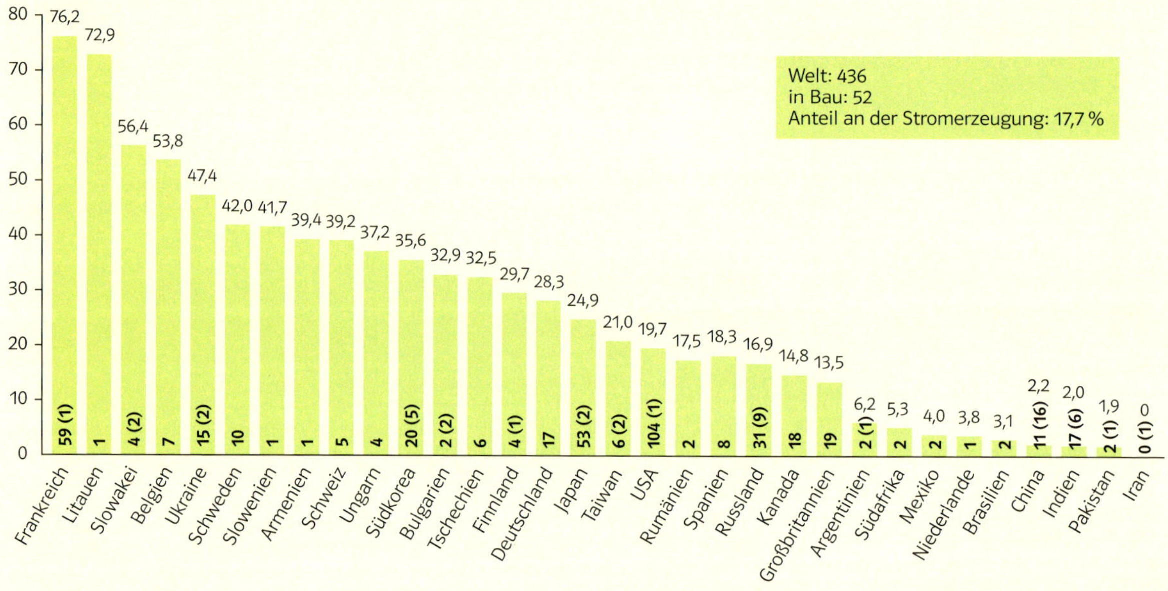

Land, Anzahl Atomkraftwerke, Wert in Klammern: Atomkraftwerke im Bau, Werte auf Säulen: Anteil an Stromerzeugung

Zusammengestellt nach: IAEA, Nuclear Power Reactors in the World, Wien 2009; Deutsches Atomforum e.V., Kernernergie Weltreport 2009

Kernkraftwerke, Atom-Konsens

International wird mit der Kernkraft sehr unterschiedlich umgegangen. Frankreich, zum Beispiel, setzt für die Stromerzeugung überwiegend auf Atomkraft und betreibt die meisten Atommeiler in Europa. Die CO_2-Bilanz Frankreichs ist deshalb vergleichsweise günstig, sodass es nach dem Kyoto-Protokoll zu keinen Treibhausgasreduzierungen verpflichtet ist (S. 159). Die frühere deutsche rot-grüne Bundesregierung (SPD/Grüne) vereinbarte im Jahr 2000 den sogenannten ➤ Atom-Konsens mit den vier großen Energieversorgungsunternehmen. Er sieht den langfristigen Ausstieg aus der Atomenergie vor: keine neuen Atomkraftwerke und eine maximale Laufzeit von 32 Jahren für die bestehenden Meiler. Die schwarz-gelbe Bundesregierung

(CDU/CSU/FDP, seit 2009 im Amt) will eine deutliche **Verlängerung der Kraftwerklaufzeiten** durchsetzen. Kernkraftwerke sollen als wirtschaftlich günstige Brückentechnologie am Netz bleiben, bis 40 Prozent der Elektrizitätsversorgung aus erneuerbaren Energieträgern produziert werden kann. Das, so die Bundesregierung, sei etwa im Jahr 2030 zu erwarten, das Umweltbundesamt hält dies bereits 2020 für möglich.

Atomkraft: ungelöste Probleme und neuer Widerstand

Diese neue Kernkraftstrategie der Bundesregierung hat die **Atomkraftgegner** wieder verstärkt auf den Plan gerufen. Nach wie vor gibt es im Zusammenhang der Kernkraftnutzung ungelöste Probleme – und zwar weltweit:

- Angesichts der enormen Risiken bei größeren Störfällen (z. B. Tschernobyl, 1986) und des häufigen Vorkommens kleinerer Störfälle wird die Kernenergie von vielen als nicht besonders sicher angesehen – das umso mehr, als sie auch in technologisch weniger entwickelten Ländern eingesetzt wird.
- Nach wie vor ist die Entsorgung (Endlagerung) radioaktiven Abfalls ungeklärt, der bis zu einer Million Jahre sicher verwahrt werden muss.
- In vielen Ländern, auch in Deutschland, mangelt es an Akzeptanz.
- Es besteht die Gefahr, dass die Atomkrafttechnologie von immer mehr Ländern zur Herstellung von atomwaffenfähigem Plutonium benutzt wird (Kap. 5.3).

erneuerbare Energie in Europa: Zielwerte

Die Europäische Kommission geht davon aus, dass der Anteil erneuerbarer Energieträger am Endenergieverbrauch (nicht nur Stromverbrauch) EU-weit 2020 bei 11,5 Prozent liegen könnte (heute: 8,5). Für die einzelnen Mitgliedstaaten gelten unterschiedliche Zielwerte – je nach wirtschaftlichen und technischen Möglichkeiten. So ist für Deutschland ein Anteil von 18 Prozent vorgesehen (heute 8,9). Schweden und Österreich, wo die Wasserkraft schon heute eine große Rolle spielt, sollen 49 Prozent bzw. 34 Prozent erreichen, Ungarn 13 Prozent, Polen 15 Prozent (EU-Nachrichten 3/2008, S. 5).

Erneuerbare Energien in Deutschland
Anteil unterschiedlicher regenerativer Energieträger 2008, Angaben in Prozent

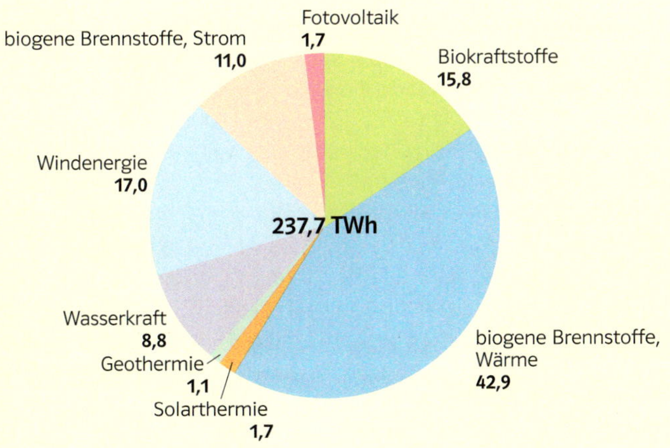

TWh = Terawattstunde (1 TWh = 1 Milliarde Kilowattstunden = 1 Billion Wattstunden)

Umweltbundesamt, April 2009

Groß- vs. Kleinprojekte

Bislang spielen die Nutzung von Wind- und Wasserkraft sowie die Verwertung von Biomasse (Biogas) die größte Rolle unter den eneuerbaren Energieträgern, Solarenergie eine wesentlich geringere (S. 163). Der von dezentral installierten Fotovoltaik-Anlagen (z. B. auf Hausdächern) erzeugte Strom ist noch vergleichsweise teuer, weshalb sie in Deutschland durch das **Gesetz über erneuerbare Energien** finanziell gefördert werden (seit Juli 2010 allerdings weniger stark). Windkraftanlagen auf See (Offshore) liefern etwas kostengünstigeren Strom als solche an Land, wo sie zudem häufig als Lärmquelle und ästhetische Verunzierung der Landschaft kritisiert werden. Großprojekte, die mit größerer Effizienz und damit preiswerter Strom produzieren können, sollen den regenerativen Energien einen weiteren Schub geben. **Windparks im Meer**, wo auch der Wind regelmäßiger und stärker bläst, und riesige **Solaranlagen in Wüstengegenden**, wo die Sonne gleichmäßig stark scheint, sind zentralisierte Gegenmodelle zu den dezentralen Lösungen vor Ort. In der Nordsee entstehen riesige Windparks, die, über Stromnetze zusammengeschaltet, große Strommengen auf das europäische Festland leiten sollen. Und im Großprojekt Desertec ist geplant, in Wüstengebieten Nordafrikas solare Großkraftwerke zu errichten, deren Strom per Kabel durch das Mittelmeer Europa erreichen sollen.

Energie-Vorbilder

Dass auch eine dezentralisierte Klima schonende und umweltfreundliche Energieversorgung möglich ist, zeigen die folgenden Beispiele:

- Schönaus Bürger im Schwarzwald haben das lokale Stromnetz 1992 vom Energieunternehmen Rheinfelden übernommen (Der Spiegel, 17/1992, S. 85) und versorgen sich inzwischen über Solar- und Wasserkraftenergie und mit Kraft-Wärme-Koppelungsanlagen selbst – und machen sogar Gewinn. Energiesparmaßnahmen und Energieeffizienz gehören ebenfalls zur Strategie.
- Die dänische Insel Samsø ist nach dem Beginn eines Modellprojekts 1997 inzwischen Selbstversorger mit erneuerbarer Energie – der Strom kommt aus Wind- und Solaranlagen, im Winter wird mit Stroh und Holz geheizt (Frankfurter Allgemeine Zeitung, 24.11.2009, S. 3).
- Auch München geht inzwischen den regenerativen Weg – die Stadtwerke beziehen schon jetzt 78 Prozent des Stroms für München aus Anlagen mit Kraft-Wärme-Kopplung, sie beteiligen sich an einem Windpark in der Nordsee und einem Solarkraftwerk in Spanien und bis 2015 soll so der Strom für sämtliche privaten Haushalte Münchens aus erneuerbaren Energiequellen stammen (Süddeutsche Zeitung, 09.10.2009, S. 18).

Online-Link
800621-2064

4. Was können Verbraucher für die Umwelt tun?

Verbraucher und Konsumentscheidungen

Verbraucher können eine wichige Rolle spielen, indem sie Produkte nachfragen, deren Produktion, Vertrieb sowie Ge- oder Verbrauch die natürlichen Ressourcen sowie die Umwelt und die Gesundheit der Menschen schonen. Das betrifft sämtliche Lebensbereiche – ob es sich um Ernährung oder Kleidung, um Wohnung oder Heizung, die Wahl des Transportmittels oder den Kauf einer Waschmaschine handelt. Oft sind es Kleinigkeiten, deren Einfluss für sich genommen minimal ist. Aber: Viele kleine Schritte addieren sich und erzeugen erkennbare Veränderungen.

Unterschiedliche Faktoren beeinflussen Konsumentscheidungen

Oberbegriff	Erläuterung und Beispiele
Motive und Ziele	Nicht alle Verbraucher verfolgen die gleichen Motive beim Kauf eines Produkts und jeder Einzelne verfolgt mehrere Ziele gleichzeitig. Während für den einen beim Autokauf der Spritverbrauch und die Abgaswerte bei der Beurteilung ganz oben stehen, sind es beim anderen das Aussehen, die Beschleunigung und die Endgeschwindigkeit.
Persönlicher Charakter	Ist man bereit, alte Gewohnheiten abzulegen, eingefahrene Bequemlichkeiten zu überwinden? Fernseher und PC immer im Standby-Modus lassen oder ganz abschalten? Brötchen mit dem Auto holen, statt zu Fuß zu gehen oder das Fahrrad zu nehmen?
Sozialer Druck	In dem, was wir tun, richten wir uns oft nach anderen: nach Vorbildern in und außerhalb der Familie, nach dem, was im Freundes- und Bekanntenkreis angesagt ist. Findet im eigenen sozialen Umfeld eine weite Flugreise in den Urlaub mehr Anerkennung als eine Wanderung in der Region? Ist es wichtig zu zeigen, dass man sich eine bestimmte Marke leisten kann oder lässt die Gruppe jedem seinen eigenen Stil und Geschmack?
Information oder Manipulation	Selbstbestimmung am Markt setzt Markttransparenz, objektive Information über ein Produkt voraus (s. S. 101 f.). Meist herrscht aber Informationsasymmetrie: Produzenten wissen mehr als die Käufer. Und was die Sache noch erschwert: Werbung klärt selten auf, sondern arbeitet häufig mit vagen Andeutungen und verführerischen Illusionen. „Öko", „Grün" oder „Bio" als reine Werbemasche kann sogar zu ökologischem Fehlverhalten verleiten.
Kosten und Preise	Umweltverträglicher Konsum kann Geld sparen: Zu Fuß gehen, mit dem Fahrrad oder Bus und Bahn fahren statt mit dem eigenen Pkw, Energiesparlampen verwenden, das Haus gegen Wärmeverluste isolieren usw. Häufig sind umweltverträglicheres Handeln und umweltfreundliche Produkte aber teurer: z.B. ökologisch angebaute Nahrungsmittel aus der Region oder fair produzierte Lebensmittel aus der Dritten Welt. Preisunterschiede haben unterschiedliche Gründe: Konventionelle Produkte sind billig, weil deren Umwelt- und Gesundheitskosten in den Preisen nicht enthalten sind. Ökologische Produkte sind auch deshalb teurer, weil es sich (noch) um Nischenprodukte für eine Minderheit handelt. Deren Herstellung und Vertrieb kann nicht so durchrationalisiert werden wie bei einem Massengut.

Verbraucherinformation, Kennzeichnungspflichten, Zertifikate

Es gibt verschiedene Möglichkeiten, Verbraucher zu informieren. Eine davon sind **Kennzeichnungspflichten** – z. B. über die Inhaltstoffe von Nahrungsmitteln oder Spielzeug, die Verbrauchswerte von Elektrogeräten oder von Fahrzeugen. Der Umfang solcher Kennzeichnungspflichten und die Art der Kennzeichnung ist stets politischer Streitpunkt zwischen Wirtschaftslobby und Verbraucherschützern. So hat die Nahrungsmittelindustrie eine von Verbrauchern bevorzugte, weil deutlich lesbare und auch verstehbare Ampelkennzeichnung (rot-orange-grün) etwa zum Kalorien-, Fett-, Zucker- oder Salzgehalt von Nahrungsmitteln verhindert. Für den Energie- oder Wasserverbrauch bei Haushaltsgeräten ist eine solch deutliche Kennzeichnung längst üblich.

Auch Zertifikate oder Siegel, die die geprüfte Qualität eines Produkts garantieren sollen, sind informativ – immer vorausgesetzt, die Kriterien sind streng genug, sind öffentlich bekannt und deren Einhaltung wird industrieunabhängig und objektiv geprüft.

Wie schwierig es im konkreten Fall für Verbraucher ist, sich ein objektives Bild zu machen, zeigt das Beispiel der Auswahl von Leuchtmitteln für Lampen (Grafik S. 166). Außerdem sind Kennzeichnungen über Inhaltsstoffe von Lebensmitteln oder Verbrauchswerte von Elektrogeräten oft so klein geschrieben, dass sie kaum zu lesen sind.

Ersparnis beim Einsatz neuer Leuchtmittel

Fassung	Lumen	Elektroleistung (Watt) bisher	Elektroleistung (Watt) nach Austausch	Stromkosten-ersparnis in Euro* bis zu
Kompaktleuchtstofflampe				
E14 E27	180–290 550–710	25 60	5–7 11–16	40 98
Halogen-Hochvoltlampe				
E14 E27	180–290 550–710	25 60	18 42	14 36
LED-Lampe				
E27	410–500	40	8	64

* bezogen auf eine Lebensdauer von 10 000 Stunden und bei 0,20 € je kWh

o. V.: Setze Lichtzeichen!, o. J. und Ort, zitiert nach: www.umweltbundesamt.de/energie/archiv/flyer_verbraucher_gluehlampenausstieg.pdf (20.06.2010)

Verbraucherschutz, Verbraucher(gegen)macht

Verbraucherschutz ist auch Staatsaufgabe. In Deutschland gibt es auf Bundes- und Landesebene Ministerien, die unter anderem dem Verbraucherschutz dienen sollen. Ob allerdings z.B. das Bundesministerium für Landwirtschaft, Ernährung und Verbraucherschutz eher Landwirtschafts- und Ernährungsindustrie- oder Verbraucherinteressen wahrnimmt, hängt von der politischen Prioritätensetzung der jeweiligen Regierung ab.
Verbraucherschutz im öffentlichen Interesse haben sich die **Verbraucherzentralen** auf Bundes- und Landesebene auf die Fahnen geschrieben. In praktisch allen größeren Städten haben sie Beratungsstellen. An sie kann sich jeder wenden, um sich als Verbraucher zu informieren.
Verbraucher-, Natur- und Umweltschutzorganisationen bilden eine Art Gegenmacht. Diese Nichtregierungsorganisationen (NGOs) spielen eine große Rolle beim Aufdecken von Missständen und beim Verfolgen konkreter politischer Ziele. Dabei bilden sie – wie auf der anderen Seite die **Wirtschaftsverbände** – eine Lobby, die auf die öffentliche Meinung und auf die Gesetzgebung und Gesetzesdurchführung Einfluss zu nehmen versucht.

Konfontation oder Kooperation?

Allerdings sind Verbraucherverbände und -beratungsstellen oder auch Natur- und Umweltschutzverbände ihren „Gegnern", den Wirtschaftsunternehmen und -verbänden, deutlich unterlegen. Während Letztere Milliarden für Werbung und Öffentlichkeitsarbeit und ganze Heerscharen von Juristen, Wissenschaftlern und Kommunikationsexperten für Lobbyarbeit aufbieten können, sind die Verbraucher-, Natur- und Umweltschutzverbände vor allem auf öffentlichkeitswirksame Aktionen und die Mobilisierung von Öffentlichkeit angewiesen, um Wirkung zu entfalten (Kap. 3.5).
Bisweilen gibt es auch Kooperation zwischen NGOs und der Industrie. Das geschieht meistens dann, wenn Letztere gemerkt hat, dass für immer mehr Menschen Natur-, Umwelt- und Gesundheitsschutz an Bedeutung gewinnt, und wenn NGOs überzeugt sind, dass Kooperation sie ihren Zielen näher bringt als Konfrontation.

3 Das politische System der Bundesrepublik Deutschland

3.1 Grundlagen der Demokratie

1. Was bezeichnen wir als Politik und was halten wir davon?
2. Politik gestalten: Welche Grundsätze gilt es in der Demokratie zu beachten?
3. Welchen Rahmen gibt die Verfassung vor?
4. Sind die politischen Gewalten wirklich streng geteilt?
5. Massenmedien: Die vierte Gewalt in der Demokratie?
6. Politischer Wandel: Wie können politische Verhältnisse verändert werden?

3.2 Strukturmerkmale des Grundgesetzes

1. Rechtsstaat: Dem Staat durch das Recht Grenzen setzen?
2. Sicherheit und Freiheit – ein Gegensatz?
3. Sozialstaat: Sozialer Ausgleich und soziale Sicherheit per Gesetz?
4. Bundesstaat: Sind Vielfalt und Einheit Gegensätze?
5. Wie schützt sich die Verfassung vor ihren Feinden?

3.3 Politische Entscheidungen: Wahlen und Abstimmungen in der repräsentativen Demokratie

1. Warum wählen?
2. Warum gehen immer weniger Bürger zur Wahl?
3. Wahlsysteme: Wie viel zählt eine Stimme?
4. Direkte Demokratie: Wo darf das Volk direkt entscheiden?

3.4 Parteien – ungeliebt, aber doch notwendig

1. Parteien in der Politik: Wozu brauchen wir sie?
2. Das Parteiensystem: Werden die großen Parteien kleiner und die kleinen größer?
3. Hängen die Parteien am staatlichen Finanztropf?

3.5 Organisierte Interessen, soziale Bewegungen und Netzwerke in der Zivilgesellschaft

1. Interessenverbände – auf welche Weise gewinnen sie politischen Einfluss?
2. Initiativen und neue soziale Bewegungen – Konkurrenz für Parteien?

3.6 Die politischen Organe

1. Der Bundestag: Welche Kompetenzen haben Parlament und Abgeordnete?
2. Bundeskanzler und Minister: Wie sind die Aufgaben im Kabinett verteilt?
3. Der Bundesrat: Ländervertretung oder Bremser der Bundespolitik?
4. Das Bundesverfassungsgericht: Hüter des Grundgesetzes oder Ersatzgesetzgeber?
5. Der Bundespräsident – ein politisches Amt ohne Einfluss?

3.7 Demokratie und politische Kultur

1. Was sagt die politische Kultur über die Demokratie in Deutschland aus?
2. Wie gehen wir mit politischen Konflikten um?
3. Extremismus – eine Gefahr für die Demokratie?

3.1 Grundlagen der Demokratie

Das Wort Politik ist allen geläufig, auch mit dem Begriff Demokratie gehen wir ganz selbstverständlich um. Die Strukturen unseres Systems, so wie sie sich in Verfassungstheorie und -wirklichkeit präsentieren, gilt es zu verstehen, um sich am politischen Geschehen beteiligen zu können.

Dreimal Politik: Wir verstehen darunter ...

den politischen Prozess *(politics)*	**die politischen Inhalte** *(policy)*	**die Form und die Normen** *(polity)*
Willensbildung als Grundlage von Entscheidungen	öffentliche Probleme und Lösung politischer Aufgaben	Politik gestalten durch Verfassungsordnung, politische Wertvorstellungen, Institutionen und Verfahren
• politische Beteiligung an Wahlen und Abstimmungen • Interessen artikulieren und gesellschaftlich organisieren • Mehrheiten beschaffen und Entscheidungen treffen • Konflikte bewältigen und Konsensstrategien ermöglichen	• öffentliche Aufgaben als Politikfelder • alternative Programme und Lösungsstrategien • Ergebnisse der Entscheidungsprozesse als „Leistungen" der Politik	• Verfassungen und politische sowie gesellschaftliche Traditionen • Grundsätze demokratischer Ordnungen wie Volkssouveränität, Partizipation, Rechts- und Sozialstaat • Institutionen und Verfahrensregeln • politische Kultur als Ausdruck von Wertvorstellungen und Verhaltensweisen

Im Englischen werden die drei Seiten von Politik jeweils mit einem eigenen Begriff bezeichnet: der Prozess als *politics*, die Inhalte und Gegenstände als *policy*, und das rechtlich-normative Gerüst sowie die geregelten Verfahren als *polity*.

Online-Link
800621-3011

1. Was bezeichnen wir als Politik und was halten wir davon?

Politik als Aufgabe

Wenn in den Abschnitten dieses Kapitels von Politik die Rede ist, dann heißt das nicht, dass die anderen Kapitel dieses Buches nichts mit Politik zu tun haben. Im Gegenteil: In jedem Kapitel geht es immer wieder darum, zu zeigen, wie die unterschiedlichen Bereiche unseres Lebens durch politische Entscheidungen geregelt und geprägt werden.
Wenn wir von Politik reden, meinen wir zunächst Aufgaben, die es in den unterschiedlichen Bereichen des öffentlichen Lebens zu lösen gilt. Deshalb ist es berechtigt, von den verschiedenen Aufgabenfeldern der Politik zu sprechen – von der Familien-, Bildungs- und der Wirtschaftspolitik, der Außen-, der Entwicklungs- und der internationalen Politik und natürlich auch der Kommunalpolitik.

Politik machen heißt, über alles, was öffentlich ist, mitzuentscheiden. Politik ist eine Sache von Individuen, Gruppen, Organisationen, Parteien, Parlamenten und Regierungen. In der alltäglichen Wahrnehmung steht die Politik der Berufspolitiker im Mittelpunkt, weil sie die grundlegenden Fragen des aktuellen Geschehens betrifft.

Die wichtigsten Aufgaben der Politik

Das Bundesministerium für Umwelt und das Umweltbundesamt lassen im Zweijahresrhythmus Umweltbewusstsein und Umweltverhalten der Deutschen ermitteln. Die Befragung ist repräsentativ für die Bevölkerung in der Bundesrepublik über 18 Jahre. Diese Frage stammt aus einer Meinungsumfrage im Jahr 2008:
Ich lese Ihnen nun bestimmte politische Aufgabenbereiche vor. Bitte sagen Sie mir jeweils, ob Sie persönlich die Aufgabe für sehr wichtig, eher wichtig, weniger wichtig oder für überhaupt nicht wichtig halten.

Alle Angaben in Prozent

Rang 2008	Aufgabenbereich	sehr wichtig	eher wichtig	Rang 2006
1.	Die Arbeitslosigkeit bekämpfen	84	15	(1)
2.	Die Renten sichern	75	21	(3)
3.	Die Gesundheitsvorsorge sichern	71	26	(4)
4.	Für soziale Gerechtigkeit sorgen	71	26	(5)
5.	Die Verbraucher durch niedrige Energiekosten finanziell entlasten	57	3	(-)
6.	Die Wirtschaft ankurbeln	56	37	(2)
7.	Bildungsangebote an Schulen und Hochschulen verbessern	51	40	(6)
8.	Für wirksamen Umweltschutz sorgen	49	42	(7)
9.	Den Bürger wirksamer vor Verbrechen schützen	46	43	(8)
10.	Die Bürger vor terroristischen Angriffen schützen	39	43	(10)
11.	Das Zusammenleben mit Ausländern regeln/die soziale Integration von Migranten fördern	21	38	(9)

Angelika Sanktjohanser: Wie umweltbewusst sind die Deutschen?, Focus-Online, 10.12.2008

Erwartungen an Politik

Die Erwartungen der Menschen an Politik und Politiker sind Schwankungen unterworfen. So stand z. B. in den 1980er- und 1990er-Jahren das Thema Asyl weit oben auf der politischen Agenda; heutzutage spielt es in Umfragen nur eine nachrangige Rolle. Andere Themen wie Arbeitslosigkeit oder Umwelt haben sich jedoch dauerhaft als Aufgabenfelder der Politik etabliert.
Die Menschen erwarten, dass Politiker nach ➤ **Werten** handeln, die dann in der täglichen Praxis auch gelten. Kühle Technokraten, die das Nötige tun, ohne ein höheres Ziel zu verfolgen, werden als bedrohlich wahrgenommen. Ein Stammtischvorwurf – „dem geht es ja nur um die Macht" – ist vor diesem Hintergrund verständlich. Selbst wenn es „nur" um die Macht ginge: Politiker müssen ihren Wählern erklären, dass es ihnen um die gestalterische Macht geht. Sie ist die Voraussetzung, um eigenen Idealen und Zielen zu Mehrheiten zu verhelfen. Wenn sie dies nicht tun, wird ihr Verhalten als unehrenhaft und inakzeptabel wahrgenommen.

Ethische Werte als Orientierung für politisches Handeln

Auszüge aus einer Rede der Ministerin für Arbeit, Soziales, Gesundheit, Familie und Frauen des Landes Rheinland-Pfalz Malu Dreyer:

Auch wenn wir Deutsche weniger von Werten sprechen als die Amerikaner – was sicher mit unserer Geschichte zu tun hat –, so bin ich doch der festen Überzeugung, dass auch unsere Erfolge, die Erfolge der Bundesrepublik Deutschland, ohne demokratische und soziale Werteorientierung nicht möglich gewesen wären. [...] An erster Stelle steht für uns alle sicher die Freiheit. [...] Ganz oben auf der Werteskala der überwiegenden Mehrheit der Deutschen steht auch die soziale Gerechtigkeit. [...] Ein weiterer wichtiger Wert unserer Verfassung ist das Prinzip der Solidarität, das vor allem im Sozialstaatsgebot zum Ausdruck kommt. Es ist klar, dass diese drei entscheidenden Werte unserer Verfassung nicht nur die Strukturen des Staates, sondern auch das politische Handeln ganz wesentlich bestimmen. Aber auch wenn sie so zentral und wichtig sind: Sie allein reichen nicht aus. Jeder Staat beruht auf einer Gemeinschaft, die er selbst nicht geschaffen hat. Und deshalb gehört es zu seinen wichtigsten Aufgaben, diese bestimmte Gemeinschaft, ihre individuellen Stärken, ihre besonderen Werte, ja ihre Tugenden zu schützen und zu fördern.

Politische Tugenden

Ohne Tugend ist kein Staat zu machen! [...] Als politische Gemeinschaft haben wir Deutsche Schwierigkeiten damit. [...] Wir sind heute, mehr als 60 Jahre nach Ende des Nationalsozialismus, immer noch nicht in der Lage, unsere „Sekundärtugenden" auch als Tugenden zu begreifen. [...] Toleranz – denke ich – haben wir Deutsche gelernt. Sie ist ein Ergebnis der Studentenbewegung und ein Beispiel dafür, dass das Tableau der Tugenden nicht fest steht, sondern lebt und sich ständig weiterentwickelt. Hierher gehört auch der Patriotismus, vielleicht ein Geschenk der Fußballweltmeisterschaft, die uns erstmals ermöglichte, ihn völlig frei zu leben. [...]

Malu Dreyer: Ohne Tugend ist kein Staat zu machen. Ethische Wertstandards für politisches Handeln, Rede der Ministerin für Arbeit, Soziales, Gesundheit, Familie und Frauen des Landes Rheinland-Pfalz, 24.01.2009, gekürzt

Politik: öffentliche Aufgaben lösen

Politik ist nicht nur eine Sache von Berufspolitikern. Politik machen bedeutet, ständig gemeinsame Aufgaben zu lösen. Was dann getan wird, wird von den Bürgern oft nur als Ergebnis wahrgenommen. Es handelt sich in einer ➤ Demokratie aber immer um einen politischen Prozess, auch wenn das nicht sofort zu erkennen ist. Politiker versuchen Zustimmung für ihre Politik zu erzielen. Das Ziel von Politik ist Interessen durch- und umzusetzen. Die Bevölkerung hat dabei hohe Erwartungen: Politik soll kein rein technokratisches Erfüllen von Aufgaben, sondern immer von Werten gesteuert sein – wie z. B. Freiheit oder soziale Gerechtigkeit. Solche Werte sollen das politische Handeln wesentlich prägen.

2. Politik gestalten: Welche Grundsätze gilt es in der Demokratie zu beachten?

Online-Link 800621-3012

Bürgerverantwortung

„Demokratie ist ein Verfahren, das garantiert, dass wir nicht besser regiert werden, als wir es verdienen." In diesem Satz hat der irische Dichter George Bernard Shaw einen Grundgedanken der **demokratischen Ordnung** zugespitzt formuliert: Was immer in der Politik gemacht oder versäumt wird, welche Aufgaben gelöst oder hinausgeschoben, wie der Nutzen und wie die Lasten verteilt werden – es liegt bei den Bürgerinnen und Bürgern zu sagen, was sie wollen und was nicht. Die Wirklichkeit ist natürlich weitaus komplizierter; nicht immer lässt sich dieser Grundgedanke einer demokratischen Ordnung im alltäglichen Hin und Her der Politik praktisch erkennen. Nichtsdestotrotz hat der Dichter darin Recht, dass das Volk selbst Politik machen kann – und damit auch selbst dafür verantwortlich ist.

Volksherrschaft direkt oder repräsentativ

Ein politisches System, das mit Recht demokratisch, also unter Volksherrschaft stehend genannt wird (*demos* = griech. Volk, *kratein* = griech. herrschen), kann unterschiedlich ausgestaltet werden. Dabei können wir zwei Modelle unterscheiden: die **direkte** und die **repräsentative Demokratie**, je nachdem, ob die Bevölkerung politische Entscheidungen selber, d. h. direkt trifft oder der Herrschaftsauftrag auf Zeit an Abgeordnete als Vertreter abgegeben wird. Als Beispiel für eine direkte Demokratie wird meist die Schweiz genannt. Allerdings handelt es sich auch dort um eine Mischform: Zwar werden viele Entscheidungen direktdemokratisch, d. h. auf dem Weg eines ➤ Plebiszits getroffen, doch daneben gibt es ein Bundesparlament mit eigenen Kompetenzen. Eine ausschließlich plebiszitäre demokratische Ordnung existiert in keinem Staat. Dafür gibt es viele Gründe, die mit der Komplexität politischer Sachverhalte in modernen Staaten zusammenhängen: Die Probleme lassen sich z. B. meist nicht auf plebiszitär taugliche Ja-Nein-Alternativen beschränken. Volksabstimmungen bergen immer die Gefahr, dass Demagogen sie ausnutzen, und es ist schon rein organisatorisch aufwändig, in großen Flächenländern häufige Abstimmungen zu veranstalten.

parlamentarische und präsidiale Demokratie

Nimmt man den Stellenwert des Parlaments als Unterscheidungskriterium, sind z. B. die Bundesrepublik Deutschland und Großbritannien eine **parlamentarische Demokratie**. In beiden Systemen ist der Regierungschef dem Parlament gegenüber verantwortlich, d. h. er benötigt eine politische Mehrheit im Parlament. Und das Staatsoberhaupt wird nicht direkt durch das Volk gewählt. Im **präsidialen System** steht der Staatspräsident im Zentrum der politischen Macht. Er ist durch die Wahl des Volkes auf Zeit legitimiert und – wie den USA – zugleich Regierungschef. Das **semipräsidiale System** Frankreichs ist eine Mischform beider Modelle: Es hat einen direkt vom Volk gewählten Präsidenten und einen Premierminister als Regierungschef. Der Präsident hat direkten Einfluss auf die Politik der Regierung, vor allem auf die Außen- und die Verteidigungspolitik. Er ernennt den Premierminister und auf dessen Vorschlag auch die Minister. Im Ministerrat, dem Kabinett, hat der Präsident den Vorsitz. Der Premierminister ist zudem dem Parlament gegenüber verantwortlich.

Vergleich: parlamentarisches und präsidiales Regierungssystem

Kategorien	parlamentarisches Regierungssystem Deutschland	präsidiales Regierungssystem USA
Verhältnis Legislative – Exekutive	Mehrheit des Bundestages und Kabinett bilden Regierungsmehrheit	Gewaltenteilung; Präsident muss keine Mehrheit im Kongress (Senat und Abgeordnetenhaus) haben
Kabinett	Kollegialorgan; Zugehörigkeit zu Bundestag und Regierung möglich	Beratungsgremium des Präsidenten; Zugehörigkeit zu Kongress und Regierung nicht möglich
Wahl des Chefs der Exekutive	Kanzler vom Bundestag gewählt	Präsident vom Volk gewählt durch Wahlfrauen und -männer
Abwahl des Chefs der Exekutive	konstruktives Misstrauensvotum	nicht möglich
Vertrauensfrage; Parlamentsauflösung	möglich	nicht möglich
Opposition	vorhanden: Minderheit des Bundestages	nicht als geschlossene Fraktion, Kongress insgesamt als Gegenpart zu Exekutive
Rolle der Parteien in der Verfassungswirklichkeit	zentral; Parteienstaat	marginal
Exekutive	geteilt: Kanzler und Bundespräsident	geschlossen: Präsident ist Chef der Exekutive und Staatsoberhaupt

Nach: Peter Lösche: Politisches System der USA, Bundeszentrale für politische Bildung (Hg.), Informationen zur politischen Bildung, Bonn 2008, Nr. 283

Organisationsformen von Demokratie
Demokratie kann direkt oder repräsentativ organisiert werden. Die westlichen Demokratien sind alle repräsentativ oder präsidial organisiert. Darunter sind auch Staaten, in denen es in abgestufter Form plebiszitäre Entscheidungsverfahren gibt, etwa in Deutschland mit Volksabstimmungen auf Länder- und Bürgerentscheiden auf kommunaler Ebene (S. 199ff.). Bezogen auf die Bedeutung des Parlaments können wir parlamentarische und präsidiale Systeme sowie Mischformen unterscheiden.

Online-Link
800621-3013

3. Welchen Rahmen gibt die Verfassung vor?

Grundgesetz

Die Verfassung der Bundesrepublik Deutschland wurde 1949 bewusst **Grundgesetz** genannt, um ihren vorläufigen Charakter zu betonen und den Anspruch auf Wiedervereinigung der beiden deutschen Staaten aufrechtzuerhalten. Mit dem Scheitern der Deutschen Demokratischen Republik (DDR) 1990 und dem Beitritt der ostdeutschen Bundesländer zur Bundesrepublik wäre die vorläufige Bezeichnung „Grundgesetz" eigentlich obsolet geworden, aber wegen der hohen Akzeptanz des Begriffes und der grundlegenden Inhalte der Verfassung wurde der Name beibehalten.

Eine Verfassung gibt den grundsätzlichen Rahmen, die Ziele des politischen Handelns und den Aufbau des Staates vor. Die Regeln des alltäglichen Lebens finden sich in den einzelnen Gesetzbüchern.

Staatsgrundsätze und das Widerstandsrecht

Den Kern des Grundgesetzes mit den wichtigsten **Verfassungsgrundsätzen** enthält Artikel 20.

(1) Die Bundesrepublik ist ein demokratischer und sozialer Bundesstaat.
(2) Alle Staatsgewalt geht vom Volke aus. Sie wird vom Volke in Wahlen und Abstimmungen und durch besondere Organe der Gesetzgebung, der vollziehenden Gewalt und der Rechtsprechung ausgeübt.
(3) Die Gesetzgebung ist an die verfassungsgemäße Ordnung, die vollziehende Gewalt und die Rechtsprechung sind an Gesetz und Recht gebunden.
(4) Gegen jeden, der es unternimmt, diese Ordnung zu beseitigen, haben alle Deutschen das Recht zum Widerstand, wenn andere Abhilfe nicht möglich ist.

Grundgesetz für die Bundesrepublik Deutschland, Fassung vom 29.07.2009

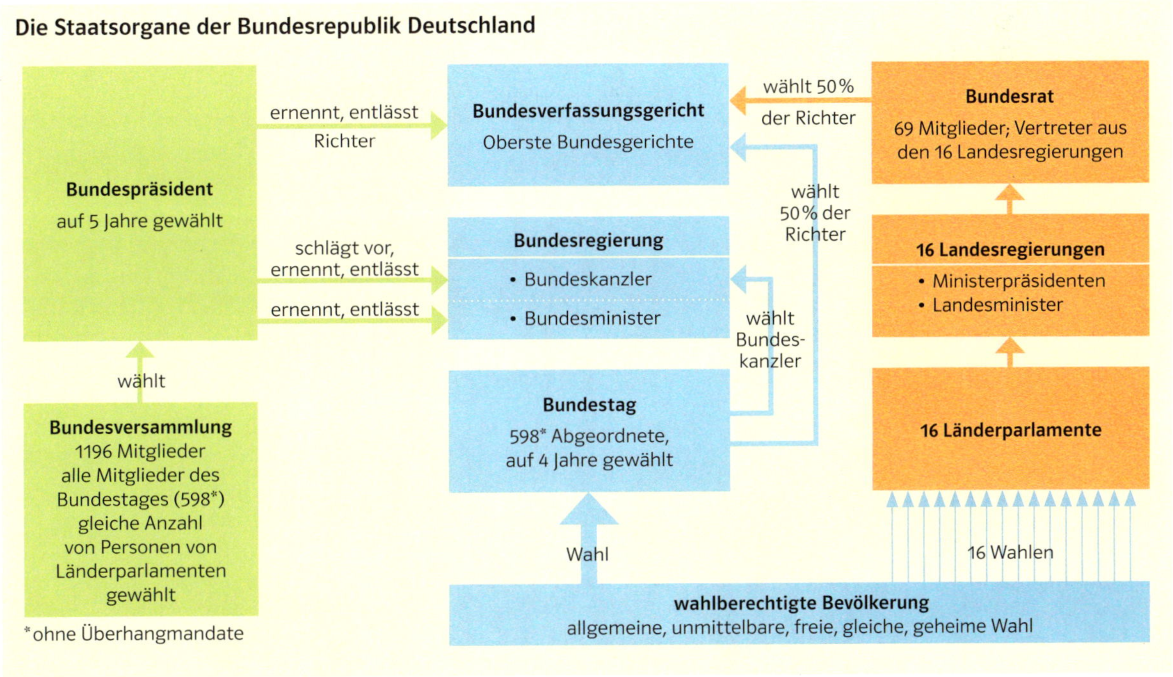

Staatsorgane

Im Grundgesetz werden des Weiteren die **Verfassungsorgane** des Bundes aufgeführt, ihre Aufgaben und ihre Beziehungen zueinander wie auch die Entscheidungsverfahren geregelt. Diese Organe sind der ➤ Deutsche Bundestag, der ➤ Bundesrat, die ➤ Bundesregierung, das ➤ Bundesverfassungsgericht und der ➤ Bundespräsident (Kap. 3.6).

Online-Link
800621-3014

4. Sind die politischen Gewalten wirklich streng geteilt?

Gewaltenteilung

Der französische Schriftsteller und Staatstheoretiker Charles de Montesquieu (1689–1755) schuf in seinen staatstheoretischen Schriften die Lehre von der Gewaltenteilung (Vom Geist der Gesetze, 1748). Damit wollte er auch eine Antwort auf die Willkürherrschaft absolutistischer Monarchen in Frankreich geben. Dabei geht es um die Verteilung der Staatsgewalt auf mehrere Organe, um einen Missbrauch der politischen Macht zu verhindern und die Freiheit der Bürger zu sichern. Die Montesquieu´sche Gewaltenteilung lässt sich in Reinform kaum auf moderne Demokratien übertragen. Dies hängt mit dem Macht- und Aufgabenzuwachs der Staaten zusammen, aber auch mit der „Parlamentarisierung" der Regierung. Folgende Formen der Gewaltenteilung und der Gewaltenbegrenzung lassen sich unterscheiden:

Legislative, Exekutive, Judikative

Die **horizontale Unterteilung** ist die klassische. Sie folgt der Dreiteilung, wie sie seit Montesquieu üblich ist. Wir unterscheiden:
- Legislative (die Gesetzgebung, die Parlamente); Art. 39–49, 50–53 GG
- Exekutive (die vollziehende Gewalt, Regierungen, Verwaltungen); Art. 62–69 GG
- Judikative (die Rechtsprechung, die Gerichte); Art. 92–104 GG

Die drei Gewalten stehen nicht isoliert nebeneinander, sondern befinden sich in Wechselbeziehungen, kontrollieren sich gegenseitig und sollen ein Gleichgewicht erzeugen.

vertikale Ebenen

Die **vertikale Gewaltenteilung** tritt in föderalen Staaten (wie der Bundesrepublik Deutschland) hinzu, indem es über- und untergeordnete Ebenen der Staatsgewalt gibt. Die Länder üben staatliche Befugnisse aus und erfüllen die im Grundgesetz festgelegten Aufgaben (Art. 30 GG). Länderparlamente sind gesetzgebend tätig, aber mit der Einschränkung, dass Bundesrecht Landesrecht bricht (Art. 31 GG). Als zusätzliche überstaatliche Ebene ist die EU hinzugekommen (Kap. 4).

Verfassungsgrundlagen
Das Grundgesetz bildet den Bauplan der deutschen Demokratie. Artikel 20 legt dabei die unveränderliche Basis fest. Fachleute sprechen auch vom Verfassungskern. Danach soll die Bundesrepublik ein demokratischer und sozialer Bundesstaat sein, in dem alle Staatsgewalt vom Volke ausgeht. Deutschland ist eine parlamentarische, repräsentative Demokratie mit fünf Verfassungsorganen auf Bundesebene. Es gilt das Rechtsstaatsprinzip und ein Widerstandsrecht der Bürgerinnen und Bürger.

begrenzte politische Gewalt

Politische Gewalt wird nur auf Zeit verliehen. Alle Mandate der Abgeordneten, Regierungsämter sowie das Amt des Bundespräsidenten werden per Wahlen vergeben. Die Wahlperioden sind unterschiedlich lang.
Verfassungen schränken in den meisten modernen Demokratien die Staatsgewalt auch dadurch ein, dass ihre Änderung in der Regel einer qualifizierten Mehrheit bedürfen (in Deutschland: Zweidrittelmehrheit in Bundestag und

Bundesrat; Art. 79 Abs. 2 GG). Damit sind solche Entscheidungen der Verfügungsgewalt der einfachen Parlamentsmehrheit entzogen. Das Grundgesetz geht im Art. 79 Abs. 3 noch weiter und legt in der sogenannten Ewigkeitsklausel fest, dass zentrale Verfassungselemente – die Grundrechte und die bundesstaatliche Ordnung – auch nicht mit einer qualifizierten Mehrheit geändert werden dürfen.
Schließlich wird die staatliche Gewalt durch politischen Pluralismus, demokratische Öffentlichkeit und die politische Mitwirkung der Bürger begrenzt. Denn die staatlichen Organe entscheiden nicht allein: Ebenso wirken Parteien, Interessenverbände, soziale Bewegungen und nicht zuletzt die Medien durch öffentliche Kontrolle (sogenannte vierte Gewalt) an den politischen Prozessen mit. Auf diese Weise artikulieren sich unterschiedliche Interessen und erheben den Anspruch auf politische Mitgestaltung.

Gewaltenteilung

Staatliche Organe: unterschiedliche Aufgaben und begrenzte Kompetenz im Bund und in den Ländern

	Gesetzgebung (Legislative) Art. 39–40, 50–53 GG	**vollziehende Gewalt** (Exekutive) Art. 62–69 GG	**Rechtsprechung** (Judikative) Art. 92–104 GG
	Diese drei Gewalten stehen nicht isoliert nebeneinander, sondern haben mannigfache Beziehungen zueinander. Sie sollen sich gegenseitig kontrollieren und im Gleichgewicht halten.		
Bundesebene	**Bundestag** **Bundesrat** ausschließliche Gesetzgebung Art. 71, 73 GG	**Bundesregierung** **bundeseigene Verwaltung** Art. 86–87b, 87d-89 GG	**Bundesverfassungsgericht** **obere Bundesgerichte** Art. 93, 94, 99, 100 GG
Länderebene	**Parlamente der Länder** konkurrierende Gesetzgebung Art. 72, 74 GG Gesetzgebung der Länder in den Länderverfassungen geregelt	**Auftragsverwaltung** Art. 85, 87c, 90 GG **Länderregierungen** **Länderverwaltungen** Art. 83, 84 GG	**Gerichte der Länder*** z. B. Oberlandesgerichte, Landgerichte, Amtsgerichte, Oberverwaltungsgerichte, Verwaltungsgerichte

* Die Gerichte der Länder wenden Bundes- und Landesrecht an.

Gewaltenverschränkung

In der Bundesrepublik Deutschland haben wir es mit einem System der **Gewaltenverschränkung** statt der strikten Teilung der Gewalten zu tun. Dies zeigt sich vor allem an folgenden Merkmalen:
- Die Trennlinie zwischen Exekutive und Legislative verläuft auf Bundesebene nicht zwischen Bundesregierung und dem gesamten Bundestag, sondern einerseits zwischen Bundesregierung und Bundestagsmehrheit

(Koalitionsfraktionen) und der Bundestagsminderheit als Opposition andererseits. Diese nutzt die parlamentarischen Kontrollinstrumente stärker als die Koalition.

- Der Bundespräsident als Teil der Exekutive wird nicht durch das Volk, sondern von der Bundesversammlung gewählt. Sie ist ein Organ der Legislative. Ihr gehören die Mitglieder des Bundestages und eine gleiche Anzahl von Mitgliedern an, die von den Volksvertretungen der Länder nach den Grundsätzen der Verhältniswahl gewählt werden (Art. 54 GG).
- Die Richter am Bundesverfassungsgericht, dem obersten Organ der Rechtsprechung (Judikative), werden von Wahlausschüssen des Bundestages und Bundesrates gewählt, also von gesetzgebenden Organen.
- Der Bundesrat, der an der Gesetzgebung des Bundes mitwirkt, also Teil der Legislative des Bundes ist, setzt sich nicht aus Mitgliedern der Landesparlamente zusammen, sondern aus Vertretern der Landesregierungen (Exekutive).

Grundsätzlich kommt es den Bürgerinnen und Bürgern zugute, wenn die Staatsgewalt auf viele, sich gegenseitig kontrollierende Teilgewalten verteilt ist. Dies sollte allerdings nicht dazu führen, dass Verantwortlichkeiten nicht mehr zu erkennen sind und niemand genau weiß, wer für welche Aufgaben zuständig ist.

Gewaltenteilung und -verschränkung

In Deutschland sind die drei politischen Gewalten Exekutive, Legislative und Judikative nicht streng getrennt. Es herrscht ein System der Gewaltenverschränkung, in dem die Organe der Staatsgewalt zwar getrennt, aber miteinander verflochten sind und sich gegenseitig kontrollieren. Das soll die Macht der einzelnen Gewalten begrenzen. Daneben tritt noch die vertikale ➤Gewaltenteilung zwischen Ländern, Bund und der EU.

Online-Link
800621-3015

kritische Öffentlichkeit herstellen

5. Massenmedien: Die vierte Gewalt in der Demokratie?

Massenmedien haben zwar nur zu einem kleineren Teil direkt mit Politik zu tun, dennoch sind sie für das politische Geschehen in zweifacher Hinsicht von zentraler Bedeutung: Sie informieren die Bürgerinnen und Bürger und schaffen die Grundlage für politische Mitwirkung. Die politischen Akteure benötigen ein Medium, das die Bevölkerung erreicht und Politik vermittelt. Medien sollen Öffentlichkeit herstellen, ohne die eine demokratische Politik, an der die Bürger teilnehmen, nicht möglich ist. Informieren ist dabei nur eine Aufgabe. Daneben tragen Medien durch ihre Berichterstattung und Kommentierung, Auswahl von Themen und deren Akzentuierung und Darstellung zur Meinungsbildung bei. Außerdem lebt eine offene Gesellschaft vom kritischen Blick der Medien auf Politik und Politiker. Das politische Geschäft wird so einer öffentlichen Kontrolle unterzogen.

Die Aufgabe, Politik in kritischer Absicht öffentlich zu machen, ist mehr als nur Berichterstattung. Sie schließt das Ziel ein, durch nachforschenden, investigativen Journalismus hinter die Kulissen zu schauen, den Alltag politischer Machtausübung zu kontrollieren. Damit können Medien – neben den klassischen Gewalten der Legislative, Exekutive und Judikative – zu einer „vieren Gewalt“ werden, mit der staatliches Handeln öffentlich, nachvollziehbar und kritischer Kontrolle unterzogen wird. Einen solchen Gedanken äußerte schon der Genfer Philosoph Jean-Jacques Rousseau (1712–1778), der bereits im 18. Jahrhundert die gerade aufkommende Presse als die vierte Säule des Staates bezeichnet hat.

Presse-, Informations- und Meinungsfreiheit

Dieses freie Verständnis über die Aufgaben der Medien in der Politik finden wir auch im Grundgesetz. In Artikel 5 sind drei Freiheiten formuliert, die in Medien zum Ausdruck kommen, und zugleich wird eine Einmischung des Staates sowie Zensur verboten.

Drei Freiheiten und ein Verbot

Jeder hat das Recht, seine Meinung in Wort, Schrift und Bild frei zu äußern und zu verbreiten und sich aus allgemein zugänglichen Quellen ungehindert zu unterrichten. Die Pressefreiheit und die Freiheit der Berichterstattung durch Rundfunk und Film werden gewährleistet. Eine Zensur findet nicht statt (Art. 5 Abs. 1 GG).

Meinungsfreiheit	Informationsfreiheit	Pressefreiheit	Zensurverbot
• Meinungen frei äußern • Meinungen frei verbreiten in Wort, Schrift und Bild	• sich frei aus rechtlich zugänglichen Quellen informieren • andere ungehindert informieren und unterrichten können	• ungehinderte Arbeit der Presse • freie Berichterstattung in gedruckten und elektronischen Medien • freie Berufsausübung ohne staatliche Kontrolle	• keine inhaltliche Kontrolle durch staatliche Behörden – keine Vorzensur • keine Verpflichtung durch den Staat auf eine bestimmte Berichterstattung

Diese Rechte finden ihre Schranken in den Vorschriften der allgemeinen Gesetze, den gesetzlichen Bestimmungen zum Schutze der Jugend und in dem Recht der persönlichen Ehre (Art. 5 Abs. 2 GG).

Freie Presse in einem freien Staat

Auszug aus dem Urteil des Bundesverfassungsgerichts zur Spiegel-Affäre, in dem die Funktionen der Medien in einer demokratischen Gesellschaft zusammengefasst wurden:

Eine freie, nicht von der öffentlichen Gewalt gelenkte, keiner Zensur unterworfene Presse ist ein Wesenselement des freiheitlichen Staates. […] Soll der Bürger politische Entscheidungen treffen, muss er umfassend informiert sein, aber auch die Meinungen kennen und gegeneinander abwägen können, die andere sich gebildet haben. Die Presse hält diese ständige Diskussion in Gang; sie beschafft die Informationen, nimmt selbst dazu Stellung und wirkt damit als orientierende Kraft in der öffentlichen Auseinandersetzung. In ihr artikuliert sich die öffentliche Meinung; die Argumente klären sich in Rede und Gegenrede, gewinnen deutliche Konturen und erleichtern so dem Bürger Urteil und Entscheidung. […]

Bundesverfassungsgericht, 05.08.1966, BVerfGE 20, 162–230

neue Medien

Information, Meinungsbildung und kritische Kontrolle sind Voraussetzungen, um am politischen Geschehen aktiv teilnehmen zu können. **Aktive Partizipation** schließt auch ein, dass sich Bürgerinnen und Bürger in die Politik einmischen. Neue Medien können in vielfältiger Weise als Plattform für eigene Meinungsbildung dienen. Sie machen es darüber hinaus möglich, politische Debatten mit anderen zu führen und so seine Meinung zu äußern. Das kann

mehr bedeuten als klassischerweise Leserbriefe zu schreiben, denn das eigentlich Neue am Internet ist die interaktive, wechselseitige Kommunikation in Blogs und sozialen Netzwerken. Durch Digitalisierung und Dezentralisierung der Rundfunk- und Fernseheinrichtungen öffnen sich auch diese Medien für engagierte Bürgerinnen und Bürgern und deren Meinungen.
Darüber hinaus erweitern traditionelle Druckmedien wie Zeitungen oder politische Magazine ihre Informations- und Kommunikationswege durch Online-Plattformen, in denen öffentliche Debatten ausgetragen werden. Diese neuen Medien können eine zusätzliche Brücke zwischen Bevölkerung und Politik schlagen und zum Forum für politische Mitwirkung werden. Darin liegen auch Chancen für politische Akteure: Sie nutzen die neuen Medien zunehmend, um eigene Informationspools und Diskussionsforen aufzubauen, mit denen Bürgerinnen und Bürger schneller und direkter erreicht werden als über traditionelle Massenmedien.

Mediatisierung – zwei Seiten der Medaille

Der Gesellschaftswissenschaftler Niklas Luhmann (1927–1998) ging der Frage nach, was Massenmedien sowohl für den Einzelnen als auch für das Zusammenleben in der Gesellschaft leisten. Sein Ergebnis: „Was wir über unsere Gesellschaft [...] wissen, wissen wir durch die Massenmedien." (Die Realität der Massenmedien, Opladen 1996, S. 9). Und dieses Wissen wird gemacht, mit Hilfe von Medien hergestellt. Medien sind also daran beteiligt, wenn wir uns ein **Bild von der Wirklichkeit** machen.
Das gilt in ganz besonderem Maße für die Art und Weise, wie Politik erfahren und wahrgenommen, wie auch für die Bedingungen, unter denen Politik heute gestaltet wird. So erreicht uns Politik – sehen wir einmal von der unmittelbaren Teilnahme etwa auf kommunaler Ebene ab – weitgehend nur über die Präsentation der Massenmedien. Dabei verbreiten Medien nicht nur Informationen. Mit ihren Bildern und Berichten liefern sie zugleich **Deutungen**, entscheiden, was wichtig ist und setzen eigene Akzente – manchmal ganz handfest durch Auswahl und Präsentation der Themen. Zwar machen Medien „nicht die Realität" aus eigener Kraft, „aber sie prägen nachhaltig jene Bausteine", die wir zur Deutung der politischen Realitäten verwenden. (A. Dörner: Politainment, Frankfurt/M. 2001, S. 91 f.). Kurz: Unser Wissen über und unsere Sichtweisen von Politik sind in hohem Maße durch Medien geprägt, sind „mediatisiert".
Auch Politiker und politische Organisationen stellen sich darauf ein, dass ihre Politik die Bürger nahezu ausschließlich über Medien erreicht. Die Bedeutung der Informations- und Kommunikationsabteilungen in Regierungen, Parteien, Verbänden und sozialen Bewegungen haben in den letzten Jahren zugenommen. Experten für Medien- und Imageberatung entwerfen Strategien für Öffentlichkeitsarbeit und nehmen auf diesem Wege nachhaltig Einfluss auf politische Aussagen und Programme. Luhmann relativierte seine Aussage über Medien übrigens noch: „Anderseits wissen wir so viel über die Massenmedien, dass wir diesen Quellen nicht trauen können."

Kontrovers: Politik und Entertainment

Die große Rolle, die Medien heute in der Politik spielen, wirft Fragen nach der Darstellung von Politik auf. Der Vorwurf heißt: Vor allem im Fernsehen wird Politik immer mehr in das Gewand von Unterhaltung gepackt. Politainment ist das Leitformat; es verdeutlicht die Ambivalenz im Verhältnis von Politik und Entertainment. Politische Berichterstattung orientiert sich dadurch nicht

am Ziel, kritische Öffentlichkeit herzustellen, sondern wird den Leitvorstellungen kommerzieller Unterhaltungsproduktion untergeordnet.
Was sich in privaten, kommerziell ausgerichteten TV-Sendern bereits fest installiert hat, zeichnet sich auch in öffentlich-rechtlichen Sendern ab: Die Zunahme von Talkshows in ARD und ZDF wie auch die Verdrängung politischer Magazine aus den Hauptsendezeiten direkt nach 20 Uhr bringt diese Tendenz zum Ausdruck. Problematisch ist sie, weil Inhalte im Interesse der Aufmachung verflachen, Personen ins Zentrum gerückt, politische Ereignisse emotionalisiert und differenzierte Auseinandersetzungen ausgeblendet werden. Verteidiger der unterhaltenden Formate betonen, auf diese Weise gelinge es, einem politikverdrossenen Publikum Zugang zu Politik zu öffnen und auch schwierigere Themen in medial attraktive Formen zu verpacken.

Basis der Meinungsbildung
Weil aufgrund der Größe und Komplexität des politischen Geschehens der direkte Kontakt zu Entscheidungsträgern nicht möglich ist, brauchen politisch aktive Bürger Medien, die das Geschehen an sie herantragen und mit deren Hilfe sie sich informieren sowie eine eigene und kritische Meinung bilden können. Neue Medien wie das Internet erlauben, dass Bürger ihre Meinungen und Interessen in eine öffentliche Kommunikation einbringen können. Dadurch eröffnen sich zusätzliche Möglichkeiten politischer Partizipation für Bürgerinnen und Bürger.

6. Politischer Wandel: Wie können politische Verhältnisse verändert werden?

Online-Link
800621-3016

Umsturz oder Reformen

Anforderungen und Erwartungen an die Politik sind nicht statisch: Wirtschaftliche Rahmenbedingungen verändern sich, Werte werden anders interpretiert, die Gesellschaft wandelt sich. Aber auch die internationalen Beziehungen stellen neue Aufgaben. Politik ist – wie alles in der Gesellschaft – einem ständigen Wandel ausgesetzt. Vereinfacht gesagt kann sich politischer Wandel auf zwei unterschiedliche Weisen abspielen: evolutionär oder revolutionär. Letzterer funktioniert durch **Umsturz** und ist kein systemimmanenter Wandel, sondern ein radikaler Versuch, eine neue und andere politische Ordnung zu schaffen. Häufig wird hierbei auch Gewalt angewendet, vor allem dann, wenn der revolutionäre Wandel im Zusammenhang mit einer grundlegenden Unzufriedenheit in der Gesellschaft steht.
Dagegen sind **Reformen** ein evolutionärer, also allmählicher, legaler und gewaltfreier Weg des politischen Wandels. Wichtige Impulse können aus Wahlen hervorgehen, die zu einem Regierungswechsel führen. Auch auf dem Weg der Gesetzgebung können schrittweise Veränderungen erfolgen, indem überkommene Rechtsvorschriften durch zeitgemäßere ersetzt werden. Darüber hinaus spielt die Rechtsprechung eine besondere Rolle. Vor allem hat das Bundesverfassungsgericht mit seinen Urteilen immer wieder den Gesetzgeber zu einer Veränderung bisheriger Politik veranlasst. Auf diese Weise findet eine andauernde Anpassung einzelner Politik- und Gesellschaftsbereiche an neue Gegebenheiten statt.

Grundgesetzänderungen seit 1949

Die politische Ordnung der Bundesrepublik Deutschland hat sich seit der Gründung 1949 als sehr stabil erwiesen, ablesbar ist das auch an der vergleichsweise geringen Zahl einschneidender **Verfassungsänderungen**. Selbst die Wiedervereinigung und der Einigungsvertrag verlangten nur Änderungen in der Präambel und im Artikel 146.
Schwerwiegender war die Änderung des Grundgesetzes, um die Bundeswehr zu schaffen und die damit verbundene Wehrpflicht 1956 einzuführen. Dazu kam 1968 die von der großen Koalition unter Bundeskanzler Kurt Georg Kiesinger durchgesetzte und von heftigen außerparlamentarischen Protesten begleitete Verabschiedung von Notstandsgesetzen am 30. Mai 1968. Diese die ➤Grundrechte einschränkenden Zusätze zum Grundgesetz sollen die Handlungsfähigkeit des Staates bei Aufstand, Krieg oder Naturkatastrophen sichern.
Art. 23 GG wurde 1992 geändert: Aus dem Beitritts-Artikel, der durch die Wiedervereinigung überflüssig geworden war, wurde der Europa-Artikel, der die Übertragung von Rechten auf die EU regelt.
1994 und 2002 folgten Umwelt- und Tierschutz als Staatszielbestimmungen in Art. 20a. Änderungen des Asylgrundrechts (1993, Art. 16a GG) und der sogenannte große Lauschangriff (1998), der eine Einschränkung der Unverletzlichkeit der Wohnung (Art. 13 GG) nötig machte, erzeugten große öffentliche Kontroversen.
Die **Föderalismusreform** – in zwei Teilen: 2006 und 2009 – sollte das Verhältnis von Bund und Ländern entflechten und transparenter gestalten. Dazu war eine Änderung verschiedener Grundgesetzartikel nötig.
Die weiteren von den insgesamt über 60 Grundgesetzänderungen in der Geschichte der Bundesrepublik behandelten kleinere und weniger kontroverse Sachgebiete. Grundsätzlich haben sich Regierungen und Parlamente jeder Coleur in dieser Frage zurückgehalten, man wollte und will möglichst wenig an dieser bewährten Grundlage unseres Systems „herumdoktern".

Wandel statt Revolution

Politischer Wandel kann allmählich und systemimmanent, also evolutionär erfolgen. Oder er kommt abrupt und oftmals mit Gewalt als Revolution daher. In der Bundesrepublik hat es immer wieder Anpassungen des Grundgesetzes an zeitgemäße Erfordernisse gegeben. Der politische Wandel in Deutschland drückt sich durch eine behutsame Weiterentwicklung des Bestehenden aus. Eine erfolgreiche politische Revolution war die Auflösung und der Zusammenbruch der DDR 1989/90 unter dem Druck der Oppositionsbewegung in Ostdeutschland und die friedliche Wiedervereinigung der deutschen Staaten.

3.2 Strukturmerkmale des Grundgesetzes

Neben der Volkssouveränität, dem Demokratieprinzip, sind Sozialstaatlichkeit und Bundesstaatlichkeit Grundprinzipien unserer staatlichen Ordnung. Aber auch diese wären nichts ohne das Prinzip der Rechtsstaatlichkeit.

1. Rechtsstaat: Dem Staat durch das Recht Grenzen setzen?
2. Sicherheit und Freiheit – ein Gegensatz?
3. Sozialstaat: Sozialer Ausgleich und soziale Sicherheit per Gesetz?
4. Bundesstaat: Sind Vielfalt und Einheit Gegensätze?
5. Wie schützt sich die Verfassung vor ihren Feinden?

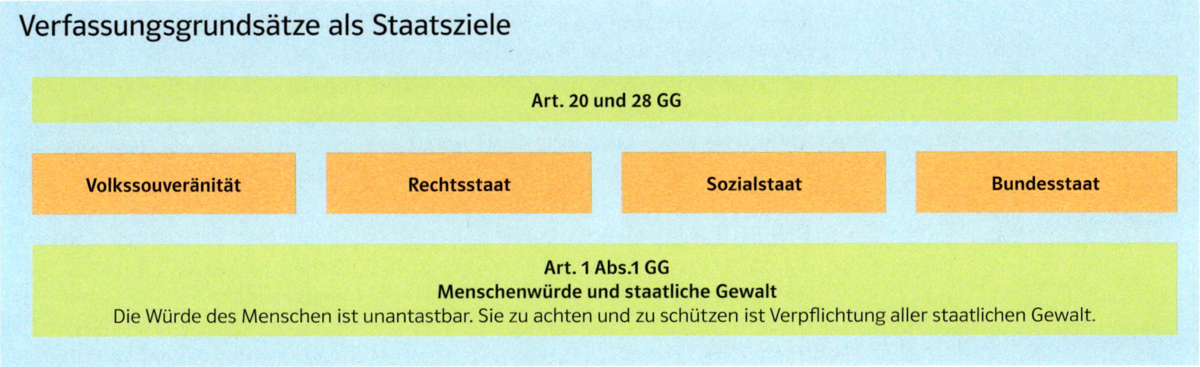

1. Rechtsstaat: Dem Staat durch das Recht Grenzen setzen?

Online-Link
800621-3021

Freiheit und gleiche Rechte

Staatliche Entscheidungen und Handlungen müssen an das Recht gebunden sein, also den Bestimmungen der Verfassung und den Gesetzen entsprechen. Handlungen der staatlichen Organe, die sich nicht auf eine solche rechtliche Grundlage zurückführen lassen, sind rechtswidrig. Gegen sie kann bei einem Gericht geklagt werden. Zum Recht gehören an oberster Stelle die **Grundrechte**, die Bestandteil der Verfassung sind. Sie sollen die Bürgerinnen und Bürger vor allem vor Eingriffen des Staates in ihre Rechte schützen. Sie setzen also dem staatlichen Handeln Grenzen. Daraus folgt:

- Die **Freiheit des Einzelnen**, sein privates Leben, muss durch das Recht geschützt werden. Wichtige Freiheiten, die die Grundrechte garantieren, sind das Recht auf Leben, die Glaubensfreiheit, die Meinungsfreiheit, die Versammlungsfreiheit, die Freizügigkeit, die freie Wahl des Berufes und der Arbeit, der Schutz der Wohnung und der Privatsphäre vor Verletzungen durch den Staat oder Dritte, die Garantie des Eigentums. Die Freiheiten sind allerdings nicht schrankenlos: Ihre Grenzen finden sie dort, wo die Freiheit anderer und Gesetze verletzt werden.
- In einem ➤ Rechtsstaat darf es keine Privilegien Einzelner oder ganzer Gruppen geben: „Alle Menschen sind vor dem Gesetz gleich", lautet Art. 3 GG. Diese Forderung nach **Rechtsgleichheit** bedeutet, dass gleiche Taten vor Gericht nicht unterschiedlich beurteilt werden sollten und nicht

zu verschiedenen Strafen führen. Aber auch die tatsächlichen Lebensverhältnisse müssen den Einzelnen in die Lage versetzen, seine Rechte im Alltag in Anspruch zu nehmen. Die Gleichheit vor dem Gesetz ist nur in einer Gesellschaft möglich, in der der Staat durch eine soziale Politik die notwendigen Voraussetzungen dafür schafft. Das heißt: Der Rechtsstaat ist ohne Sozialstaat nicht möglich. Das Grundgesetz spricht deshalb im Art. 28 vom „sozialen Rechtsstaat".

Rechtssicherheit

Rechtsicherheit bedeutet für Bürgerinnen und Bürger vor allem:
- Grundrechte des Einzelnen gelten unmittelbar und können, sollten sie verletzt worden sein, vor Gericht eingeklagt werden.
- Alle staatlichen Organe, die Verwaltung und Gerichte sind an die Verfassung und Gesetze gebunden.
- Wer sich in seinen Rechten verletzt fühlt, kann die Gerichte anrufen, ihm steht der Rechtsweg zu – bis zum Bundesverfassungsgericht bzw. Europäischen Gerichtshof.
- Niemand darf ohne rechtliche Begründung verhaftet werden.
- Vor Gericht hat jeder Anspruch auf Anhörung, er kann seine Ansicht zur Streitsache vor dem Richter vortragen.
- Niemand kann für eine Tat bestraft werden, wenn diese nicht zuvor schon durch ein Gesetz als Straftat bestimmt war.
- Die Todesstrafe ist abgeschafft.

Öffentliches und privates Recht

öffentliches Recht Öffentliche Einrichtungen vertreten Ansprüche, denen sich Einzelne unterordnen müssen.		**Privatrecht (Zivilrecht)** Personen stehen sich gleichrangig gegenüber.	
inhaltliches Recht (materielles Recht) • Verfassungsrecht • Staatsrecht • Verwaltungsrecht • Sozialversicherungsrecht • Gewerbe- und Handwerksrecht • Strafrecht • u.a.	**Verfahrensrecht** (formelles Recht) • Zivilprozessrecht • Strafprozessrecht • Vollstreckungsrecht • Verwaltungsprozessrecht • Gerichtsverfassungsrecht • u.a.	**bürgerliches Recht** • Bürgerliches Gesetzbuch und Nebengesetze, z.B. Ehegesetz, Abzahlungsgesetz u.a.	**Sonderprivatrecht** • Arbeitsrecht • Betriebsverfassungs- u. Mitbestimmungsrecht • Handels- und Wettbewerbsrecht • Aktien- und GmbH-Gesetz • Patentrecht • Urheberrecht • u.a.

Rechtswege und Rechtsmittel

Die Rechtsordnung der Bundesrepublik Deutschland muss den Grundsätzen der Rechtsstaatlichkeit entsprechen. Sie unterscheidet zwei Bereiche: Das **Privatrecht** regelt das Zusammenleben der Menschen oder Gruppen von Menschen (z.B. Vereine und Verbände). Es legt die Rechte und Pflichten fest, die in den privaten Lebensbereichen gegenseitig beachtet werden müssen. Das **öffentliche Recht** ordnet die Beziehungen des Staates und seiner Einrichtungen zu den Bürgerinnen und Bürgern – und umgekehrt – sowie der staatlichen Einrichtungen untereinander.

Das Strafrecht ist Teil des öffentlichen Rechts. Die Hauptaufgabe des Rechts, Ordnung und Frieden zu sichern, ist hier am deutlichsten sichtbar. Es unterscheidet am klarsten zwischen erlaubtem und verbotenem Verhalten. Bei der Verurteilung einer Handlung als Straftat muss als Grundregel des Rechtsstaats beachtet werden: Keine Strafe ohne Gesetz. Dieser Grundsatz wird durch das Bestimmtheitsgebot (Verpflichtung zur hinreichend genauen Formulierung jeglicher Eingriffe in die Bürgerrechte) und durch das Rückwirkungsverbot (grundsätzliches Verbot von Gesetzen, die zeitlich vor ihrem Beschluss Rechtskraft haben sollen) verdeutlicht. Für jugendliche Straftäter enthält das Jugendgerichtsgesetz besondere Bestimmungen. Hier werden Reifegesichtspunkte berücksichtigt, so geht es stärker um den Vorrang der Erziehung vor Strafe (z.B. Verurteilung zur Ableistung von Sozialstunden in einer karitativen Einrichtung).
Das **Rechtssystem** der Bundesrepublik Deutschland setzt sich aus den Gerichten der ordentlichen Gerichtsbarkeit (Straf- und Zivilgerichtsbarkeit), der besonderen Gerichtsbarkeit (Arbeits-, Verwaltungs-, Sozial- und Finanzgerichtsbarkeit) und der Verfassungsgerichtsbarkeit zusammen. Grundsätzlich besteht die Garantie des Rechtswegs. Das bedeutet, dass Entscheidungen von Gerichten auf Antrag durch die jeweils höhere Instanz überprüft werden können.

Rechtsstaat und Grundrechte
Ein rein formaler Rechtsstaat, der den Staat an Recht und Gesetz bindet und den Bürgerinnen und Bürgern wichtige Rechtsgarantien gibt, würde nicht den Ansprüchen genügen, die an eine freiheitliche demokratische Grundordnung gestellt werden. Es muss ein materialer Gehalt dazukommen, der vor allem in der Beachtung der ➤Menschen- bzw. Grundrechte zum Ausdruck kommt. Denn ein formaler Rechtsstaat, der nur auf Verfahren und Zuständigkeiten begrenzt wäre, könnte trotzdem ein Unrechtsregime sein. Die Grundrechte machen den wesentlichen Gehalt der materiellen Rechtsstaatlichkeit aus. Sie bestimmen zugleich die Staatsziele. Oberste Norm ist die Würde des Menschen (Art. 1 GG).

2. Sicherheit und Freiheit – ein Gegensatz?

Online-Link
800621-3022

Ziele rechtsstaatlicher Garantien

Eine freiheitliche demokratische Grundordnung, die nach rechtsstaatlichen Regeln funktioniert, macht sich relativ leicht angreifbar. Die Abwägung zwischen Schutz und Offenheit ist ein zentrales politisches Problem der heutigen Zeit.
Rechtsstaatliche Garantien verfolgen ein doppeltes Ziel: Verstöße gegen Rechtsnormen sollen bestraft und Unschuldige vor ungerechtfertigten staatlichen Maßnahmen geschützt werden. Individuelle **Freiheitsrechte** der Menschen – wie etwa das Recht auf Freizügigkeit – sind ein ebenso hohes Ziel wie das **Sicherheitsbedürfnis des Staates**. Keinem der beiden Ziele ist von vornherein eine höhere Stellung einzuräumen. Sie müssen in einem ausgewogenen Verhältnis zueinander stehen. Dafür sind Kriterien notwendig,

mit denen eine Abwägung begründet werden kann, da ein einfaches Entweder-Oder in einer freiheitlichen Demokratie nicht akzeptabel ist. Maßnahmen der kollektiven Sicherheit sind auf ihre Eignung zu überprüfen: Erreichen sie das, was sie anstreben? Sie dürfen jedoch die Freiheit der Bürgerinnen und Bürger nicht über Gebühr einschränken: Sie müssen zielgenau wirken, ohne unerwünschte Nebenwirkungen.
Die effektivste Sicherheit wäre möglich, wenn das Land in einen Hochsicherheitstrakt verwandelt würde: große Abschottung nach außen und starke Überwachung innen. Bisher haben alle Bestrebungen, die Bürgerinnen und Bürger stärker zu überwachen – vom großen Lauschangriff über Videoüberwachung öffentlicher Räume bis zur Rasterfahndung und Vorratsdatenspeicherung – nicht die erwünschten Effekte einer absoluten Sicherheit gebracht. Einschränkungen der bürgerlichen Freiheitsrechte sind aber schon jetzt festzustellen. Die Datensammelwut ist ungebremst, der für Behörden und Industrie gläserne Mensch ist keine Utopie.

Notleidende Bürgerrechte im Präventionsstaat?

Ein Interview mit dem Journalisten (und früheren Richter und Staatsanwalt) Heribert Prantl in der Zeitschrift „Das Parlament". Prantl warnt vor Hysterie in der Terrorbekämpfung:

Frage: Ist Deutschland kein Rechtsstaat mehr?

Prantl: Das zu behaupten wäre Unsinn, zumal das Bundesverfassungsgericht dasteht wie eine Eins. Aber ich stelle fest, dass dieser Rechtsstaat seit vielen Jahren an allen Ecken und Enden angefressen wird. Für sicher gehaltene Fundamente der Rechtsordnung bröckeln, Fundamentalgewissheiten sind nicht mehr gewiss, sogar die Absolutheit des Folterverbots wird in Frage gestellt. Es wird über Sanktionen sinniert gegen „Gefahrpersonen", die noch gar keine Straftaten begangen haben. Das sind Indikatoren für eine schon eingetretene Erosion des Rechtsbewusstseins. Gravierende Ermittlungsmaßnahmen und Grundrechtseingriffe waren früher nur dann möglich, wenn jemand konkret im Verdacht einer Straftat stand oder, im polizeirechtlichen Bereich, wenn eine Gefahr konkret wurde. Seit dem 11. September [2001] geht dieser Umbau des bisherigen Sicherheitssystems in ein Präventionssystem rasch voran. Der Staat will so früh wie möglich zugreifen und er tut dies mit Mitteln, die ursprünglich nur gegen verdächtige Straftäter erlaubt waren. […]

Frage: Wenn die Instrumente der inneren Sicherheit nicht taugen – was kann der Staat tun, um seine Bürger vor dem Terrorismus zu schützen?

Prantl: Terrorismus ist unbestritten eine große Gefahr. Noch gefährlicher ist es, seine Bedeutung zu überschätzen und in Hysterie zu verfallen. Der Terrorist ist nicht der Prototyp des Straftäters, eine Sicherheitspolitik, die sich auf Terrorismus fixiert, ist gefährlich. Der Staat muss alles tun, was er für die Bürger tun kann. Aber alles, was er tut, hat sich in den Grenzen von Recht und Verfassung zu halten. Wer glaubt, dass man den Terrorismus und Verbrechen besser bekämpft, wenn man Rechtsgarantien beiseiteräumt, unterliegt einem furchtbaren Irrtum. Letztendlich muss der Staat seinen Bürgern auch sagen, dass er bei aller Sorgfalt einen absoluten Schutz nicht gewährleisten kann. […]

Susanne Kailitz: Notleidende Bürgerrechte, Das Parlament, Nr. 16, 14.04.2008

Online-Link
800621-3023

3. Sozialstaat: Sozialer Ausgleich und soziale Sicherheit per Gesetz?

Sozialstaatlichkeit im Grundgesetz

Art. 1 Abs. 1	Art. 20 Abs. 1	Art. 28 Abs. 1
Die Würde des Menschen ist unantastbar. Sie zu achten und zu schützen ist Verpflichtung aller staatlichen Gewalt.	Die Bundesrepublik Deutschland ist ein demokratischer und sozialer Bundesstaat.	Die verfassungsmäßige Ordnung in den Ländern muss den Grundsätzen des republikanischen, demokratischen und sozialen Rechtsstaates im Sinne dieses Grundgesetzes entsprechen.

soziale Ungleichheit

Das Grundgesetz verpflichtet die staatlichen Organe, für soziale Gerechtigkeit und für Chancengleichheit aller Bürgerinnen und Bürger zu sorgen. Ein wichtiges Mittel, soziale Ungleichheit (Kap 1.6) in der Gesellschaft auszugleichen, sind z. B. **Steuern**. So wird die wichtigste Einnahmequelle des Staates, die Lohn- oder Einkommensteuer, nicht nach einem festen Satz berchnet, sondern nach der Höhe des Einkommens. Dabei ist das Existenzminimum für alle steuerfrei. Der Grundgedanke ist: Mit steigendem Einkommen soll der Anteil wachsen, der als Steuer abgeführt werden muss (progressive Steuer). Wer mehr verdient, kann in höherem Maße zur Finanzierung der staatlichen Aufgaben beitragen. Die finanziellen Belastungen der Bürgerinnen und Bürger sollen auf diese Weise sozial gerechter verteilt werden.
Aus den Steuereinnahmen des Staates werden öffentliche Aufgaben finanziert, wie z. B. die Grundsicherungen Sozialhilfe und Arbeitslosengeld II (Hartz IV) oder die Ausbildungsbeihilfen (BAföG) für junge Leute aus einkommensschwachen Familien. Diese staatlichen **Transferleistungen** sollen Benachteiligungen als Folge sozialer Unterschiede abbauen oder verringern sowie für mehr soziale Gerechtigkeit und Chancengleichheit in der Gesellschaft sorgen (Kap. 2.3).

Verfassungsauftrag Sozialstaat

Die Formulierungen im Grundgesetz zur Sozialstaatlichkeit sind eher vage. Die konkrete Ausformung des sozialen Systems geschieht erst im politischen und wirtschaftlichen Alltag. Zwar müssen sozialpolitische Entscheidungen im Einzelnen immer wieder konkret ausgehandelt werden. Dennoch kann der Verfassungsauftrag Sozialstaat mit drei Aufgaben umschrieben werden: soziale Sicherheit, sozialer Ausgleich und soziale Teilhabe.

Solidarität

Durch staatliche Sozialpolitik soll sichergestellt werden, dass alle Menschen gegen bestimmte Risiken des Lebens geschützt werden, unabhängig von wirtschaftlicher und sozialer Lage. Das geht nur solidarisch. Das **Solidaritätsprinzip** bedeutet, dass der einzelne Bürger einerseits für sich und für andere Leistungen erbringen muss. Andererseits trägt die Gemeinschaft Verantwortung für die sozialen und wirtschaftlichen Lebensbedingungen und das Wohlergehen ihrer Bürger. Sozialstaatlichkeit ist also eine gesellschaftliche und politische Aufgabe. Sie verlangt aktive Gestaltung der sozialen Verhältnisse durch staatliche Maßnahmen.

Die drei Aufgaben des Sozialstaats

Auftrag des Grundgesetzes: Sozialstaat Bundesrepublik

soziale Sicherheit	sozialer Ausgleich	soziale Teilhabe
• Rentenversicherung • Krankenversicherung • Arbeitslosenversicherung • Pflegeversicherung • Unfallversicherung • soziale Grundsicherung (Sozialhilfe, Arbeitslosengeld II) • u.a.	• nach Einkommen und Vermögen gestaffelte Steuern • Kindergeld • Wohngeld • Ausbildungsförderung • Umschulungshilfen • u.a.	• Koalitionsfreiheit und Tarifautonomie • Mitbestimmung in der Arbeitswelt nach dem Betriebsverfassungs- und dem Mitbestimmungsgesetz • Selbstverwaltung der Einrichtungen zur sozialen Sicherung • Mitwirkung bei den Arbeits- und Sozialgerichten

Zum sozialen Ausgleich verpflichtet

Das Grundgesetz verpflichtet den Staat durch die Artikel 1, 20 und 28 zu sozialem Handeln. Die Formulierungen sind jedoch allgemein gehalten; erst in der politischen Praxis können die Verfassungsnormen konkretisiert werden. Die sozialen Sicherungssysteme und die staatlichen Transferleistungen sollen für mehr soziale Gerechtigkeit und Chancengleichheit sorgen. Besonders durch die Rechtsprechung des Bundesverfassungsgerichts ist ein Katalog entstanden, der Sozialstaatlichkeit genauer bestimmt und soziale Mindeststandards festlegt, die nicht unterschritten werden dürfen. Umfang und Höhe sozialstaatlicher Leistungen sind zwischen den politischen Parteien und gesellschaftlichen Gruppen umstritten. Die Realisierung des Sozialstaats hängt zum einen von der wirtschaftlichen Entwicklung ab, zum anderen kommen darin unterschiedliche gesellschaftspolitische Ziele und Interessen zum Ausdruck.

Kontrovers: Zu viel Verteilung, zu wenig Leistung?

Guido Westerwelle, FDP-Vorsitzender und Bundesaußenminister, kritisiert Forderungen nach einer Anhebung staatlicher Transferleistungen:

[…] Es scheint in Deutschland nur noch Bezieher von Steuergeld zu geben, aber niemanden, der das alles erarbeitet. Empfänger sind in aller Munde, doch die, die alles bezahlen, finden kaum Beachtung. […] Diese Leichtfertigkeit im Umgang mit dem Leistungsgedanken besorgt mich zutiefst. Die Missachtung der Mitte hat System, und sie ist brandgefährlich. Wer dem Volk anstrengungslosen Wohlstand verspricht, lädt zu spätrömischer Dekadenz ein. An einem solchen Denken kann Deutschland scheitern. […] Zu lange haben wir in Deutschland die Verteilung optimiert und darüber vergessen, wo Wohlstand herkommt. Leistungsgerechtigkeit ist mehr als Steuertechnik – Leistungsgerechtigkeit ist ein Gesellschaftsbild. Bei fairen Steuern genau wie bei Aufstiegschancen durch ein durchlässiges Bildungssystem muss die Mitte unserer Gesellschaft wieder in den Mittelpunkt der Politik rücken. […]

Guido Westerwelle: Vergesst die Mitte nicht!, Die Welt, 11.02.2010, S. 6

Kontrovers: Probleme des Sozialstaats

Der Sozialwissenschafter Christoph Butterwegge zu den Vorwürfen, der Sozialstaat sei mit seinen Leistungen zu großzügig, fördere den Missbrauch und trage so zur Überforderunmg der sozialen Einrichtumgen bei:

Die Sozialleistungsquote (Anteil der Sozialausgaben am Bruttoinlandsprodukt) ist heute mit 33 Prozent nicht höher als Mitte der 1970er-Jahre, obwohl die Arbeitslosenquote seither stark gestiegen ist und die Lasten der deutschen Vereinigung hinzugekommen sind.

Auch der Missbrauch des Wohlfahrtsstaates durch nicht Anspruchsberechtigte hält sich trotz zahlreicher Berichte (vor allem der Boulevardpresse) über spektakuläre Einzelfälle und des Stammtischgeredes über „Sozialschmarotzer" in Grenzen. Alle seriösen Studien gelangen zu dem Schluss, dass es sich bei dem beklagten Leistungsmissbrauch weder um ein Massenphänomen handelt noch der Sozialstaat dadurch finanziell ausgezehrt wird. [...]

Die demografischen Entwicklungsperspektiven werden in Öffentlichkeit und Medien zu einem wahren Schreckensszenario verdüstert. Doch es fehlen keine Babies, sondern Beitragszahler, die man etwa durch konsequente Bekämpfung der Arbeitslosigkeit, Erhöhung der Frauenerwerbsquote, Erleichterung der Zuwanderung oder Ausdehnung des Kreises der Versicherten auf Beamte und Selbständige gewinnen kann. [...]

Leistungskürzungen sind keine Sozialreform, sondern ein Rückfall ins vorletzte Jahrhundert, als die Gesellschaft wegen unzureichender Ressourcen ihre Mitglieder nicht vor allgemeinen Lebensrisiken zu schützen vermochte. Heute ist sie so reich wie nie und der Wohlfahrtsstaat für die Gesellschaft insgesamt und erst recht für sozial Benachteiligte unentbehrlich. Gerade die Bundesrepublik, deren exportorientierte Wirtschaft zu den Hauptgewinnern des Globalisierungsprozesses zählt, kann sich einen entwickelten Sozialstaat aufgrund ihres kontinuierlich wachsenden Wohlstandes, der allerdings immer ungleicher verteilt ist, nicht nur weiterhin leisten, sondern darf ihn auch nicht abbauen, wenn sie einerseits die Demokratie und den inneren Frieden bewahren sowie andererseits konkurrenzfähig bleiben will.

Christoph Butterwegge: Der Sozialstaat in der Kritik, Ossietzky, o. J., www.sopos.org/aufsaetze/403224bfd7cf5/1.phtml (29.10.2009)

4. Bundesstaat: Sind Vielfalt und Einheit Gegensätze?

Online-Link
800621-3024

Die politische Ordnung der Bundesrepublik enthält drei Ebenen mit jeweils unterschiedlichen Institutionen. Das kann zwar Unübersichtlichkeit bedeuten, aber auch Bürgernähe und vielfältige Kontakte mit staatlichen Einrichtungen. Der Bürger kommt am ehesten mit den unteren oder kleineren politischen Einheiten – etwa im Bereich der kommunalen Verwaltung – in Kontakt.

Aufteilung der Kompetenzen

Das Subsidiaritätsprinzip kommt auch in der bundesstaatlichen Ordnung Deutschlands zum Ausdruck. Dies bedeutet, dass die Erfüllung staatlicher Aufgaben zunächst einmal Ländersache ist – es sei denn, sie wird ausrücklich in der Verfassung dem Bund zugeordnet. Diese Aufgabenteilung zwischen Bund und Ländern wird ➤ **Föderalismus** genannt. Eine föderale Arbeitsteilung und Aufteilung der Gesetzgebungskompetenzen existiert im Prinzip auch zwischen der EU und ihren Mitgliedsländern (Kap. 4.2).

Das Grundgesetz bestimmt in Art. 20 Abs. 1, dass Deutschland ein Bundesstaat ist. Art. 30 legt fest, dass „die Ausübung der staatlichen Befugnisse und die Erfüllung der staatlichen Aufgaben" Sache der Länder ist. Art. 23 und 50 regeln die Mitwirkung der Länder in Angelegenheiten der EU und bei der Gesetzgebung und Verwaltung des Bundes.

Zuständigkeiten von Bund und Ländern bei der Gesetzgebung
Art. 70 bis 74 GG

ausschließliche Gesetzgebung des Bundes	ausschließliche Landesgesetzgebung	konkurrierende Gesetzgebung des Bundes
• auswärtige Angelegenheiten • Verteidigung • Währungs- und Geldwesen • soziale Sicherung • Zölle und Außenhandel • Bundesbahn • Post • Luftverkehr • Kernenergie • …	• Kultur • Rundfunk • Bildungswesen einschließlich Hochschulpolitik • Polizei einschließlich Demonstrationen/Versammlungen • Kommunalverfassung	Länder dürfen gesetzgeberisch tätig werden, „solange und soweit der Bund von seiner Gesetzgebungszuständigkeit nicht durch Gesetze Gebrauch gemacht hat" (Art. 72 GG). Die Politikbereiche der konkurrierenden Gesetzgebung legt Art. 74 GG fest; Beispiele dafür sind: • bürgerliches Recht • Strafrecht • Aufenthalts- und Niederlassungsrecht der Ausländer • Arbeitsrecht • Ausbildungsförderung • Naturschutz

Föderalismus vs. Zentralismus

Das Prinzip des Föderalismus bedeutet, dass neben der horizontalen Gewaltenteilung (auf gleicher Ebene) eine weitere, vertikale („oben und unten") Dimension geschaffen wurde. Dadurch entstehen zusätzliche Mitwirkungs- und auch Kontrollmöglichkeiten für die Bürger eines Staates. Zudem können regionale Identitäten berücksichtigt werden. Im Idealfall kann man davon sprechen, dass der Föderalismus die Vielfalt in der Einheit erhält.
In einem zentralistischen Staatsaufbau ist dagegen die Macht an einem Ort gebündelt und auf einer Ebene konzentriert. Als Nachteile werden genannt: Machtmissbrauch bei zu großer Machtkonzentration auf wenige Personen, Bürgerferne, große Bürokratie sowie fehlende Sensibilität für regionale Eigenheiten.

Föderalismusreform

In der Praxis sind die Kompetenzen zwischen Bund und Ländern nicht immer exakt getrennt. Diese Verflechtung ist oft ineffizient und verlangsamt Entscheidungen. Auf Bundesebene werden wiederum Gesetze beschlossen, die auf Landesebene oder in den Kommunen Auswirkungen haben. Letztere erhalten vom Bund oft keine ausreichenden finanziellen Mittel, um z. B. die Ansprüche aus der Sozialhilfe oder den Bau von Kindertagesstätten zu finanzieren. Durch die Bildungshoheit der Länder ist eine schwer durchschaubare Vielfalt an Schulformen und Bildungsgängen entstanden (Kap. 1.4).
Die letzten Jahre waren geprägt durch eine intensive politische Debatte über den Zustand unseres Bundesstaates. Gegner und Befürworter einer Reform des bundesstaatlichen Systems waren sich zwar einig, dass das

Verhältnis zwischen Bund und Ländern entflochten und eindeutiger geregelt werden muss. Das betrifft zum einen den Gesetzgebungsprozess und die Mitwirkung des ➤Bundesrates (Kap. 3.4). Zum andern müssen die Finanzbeziehungen der Länder untereinander ebenso wie gegenüber dem Bund (Länderfinanzausgleich) neu geregelt werden.

Föderalismus: Der Bundesstaat und seine Teile
Ein Gliedstaat eines Bundesstaates ist eine politisch-territoriale Einheit, deren Bezeichnung wechseln kann. Diese werden z. B. in der Schweiz als Kantone, in den USA als *states* (= Staaten) und in Kanada als *provinces* (= Provinzen) benannt. In der Bundesrepublik Deutschland heißen sie Bundesland. Die Anzahl und die Bedeutung der von den Gliedstaaten selbstständig zu regelnden Politikbereiche können je nach Staat unterschiedlich sein.

5. Wie schützt sich die Verfassung vor ihren Feinden?

Online-Link 800621-3025

wehrhafte Demokratie

Die Mitglieder des ➤**Parlamentarischen Rates** waren von der Rücksichtslosigkeit und Brutalität der Nationalsozialisten gewarnt. Niemals wieder sollten politische Gruppen und ➤Parteien, auch wenn sie durch Wahlen an die Macht gelangt waren, einen demokratischen Staat in ein Unrechtsregime verwandeln können. Deshalb bauten sie im Grundgesetz eine Reihe von Sicherungen ein:

- „Eine Änderung des Grundgesetzes, durch welche die Gliederung des Bundes in Länder, die grundsätzliche Mitwirkung der Länder bei der Gesetzgebung oder die in den Artikeln 1 und 20 niedergelegten Grundsätze berührt werden, ist unzulässig." Diese Bestimmungen in Art. 79 Abs. 3 GG stellen für die tragenden Staatsgrundsätze eine **Bestandsgarantie** dar.
- „Parteien, die nach ihren Zielen oder nach dem Verhalten ihrer Anhänger darauf ausgehen, die freiheitliche demokratische Grundordnung zu beeinträchtigen oder zu beseitigen oder den Bestand der Bundesrepublik Deutschland zu gefährden, sind verfassungswidrig." (Art. 21 Abs. 2 GG) Über ein **Parteienverbot** entscheidet das Bundesverfassungsgericht.
- Durch Urteil des Bundesverfassungsgerichts können Personen die **Grundrechte verwirken**, wenn sie diese zum Kampf gegen die freiheitliche demokratische Grundordnung missbrauchen (Art. 18 GG).
- Droht eine Gefährdung der öffentlichen Ordnung, kann das Grundrecht auf **Versammlungsfreiheit** unter freiem Himmel (Art. 8 Abs. 2 GG) eingeschränkt werden.
- „Gegen jeden, der es unternimmt, diese Ordnung zu beseitigen, haben alle Deutschen das Recht zum Widerstand, wenn andere Abhilfe nicht möglich ist", lautet der Art. 20 Abs. 4 GG. Diese Bestimmungen werden als **Widerstandsrecht** bezeichnet.
- Der **Verrat von Staatsgeheimnissen**, durch den die äußere Sicherheit oder der Bestand der Bundesrepublik gefährdet wird, ist verboten. Das Strafgesetzbuch enthält dazu in §§93 bis 101 entsprechende Regelungen. Die zentrale Straftat ist dabei die Spionage.

freiheitlich demokratische Grundordnung

Der Begriff der **freiheitlichen demokratischen Grundordnung** ist nicht ausdrücklich im Grundgesetz erklärt. Er wurde erstmals durch das Urteil des Bundesverfassungsgerichts zum Verbot der nationalsozialistischen „Sozialistischen Reichspartei" am 23. Oktober 1952 als Staatsgrundsatz konkretisiert: „Die freiheitliche demokratische Grundordnung ist eine Ordnung, die unter Ausschluss jeglicher Gewalt und Willkürhe rrschaft eine rechtsstaatliche Herrschaftsordnung auf der Grundlage der Selbstbestimmung des Volkes nach dem Willen der jeweiligen Mehrheit und der Freiheit und Gleichheit darstellt. Zu den grundlegenden Prinzipien dieser Ordnung sind mindestens zu rechnen: die Achtung vor den im Grundgesetz konkretisierten Menschenrechten, vor allem vor dem Recht der Persönlichkeit auf Leben und freie Entfaltung, die Volkssouveränität, die Gewaltenteilung, die Verantwortlichkeit der Regierung, die Gesetzmäßigkeit der Verwaltung, die Unabhängigkeit der Gerichte, das Mehrparteienprinzip und die Chancengleichheit für alle politischen Parteien mit dem Recht auf verfassungsmäßige Bildung und Ausübung einer Opposition." (BVerfGE 2, 1)

Lehren aus der Geschichte

Es zählt zu den entscheidenden Lehren aus dem Scheitern der Weimarer Republik, dass im Grundgesetz Vorkehrungen geschaffen wurden, die es unmöglich machen sollen, die freiheitlich-demokratische Grundordnung in ihrem Kern abzuschaffen. Zu den Schutzmechanismen zählen unter anderem die Bestandsgarantie nach Art. 79 Abs. 3 GG und das Parteienverbot, welches aber erst zweimal vom Bundesverfassungsgericht ausgesprochen wurde (Verbot der Sozialistischen Reichspartei 1952, Verbot der Kommunistischen Partei Deutschlands 1956). Die Bürgerinnen und Bürger können die Verfassung am besten bewahren: Eine ➤politische Kultur (Kap. 3.5), in der die Werte des Grundgesetzes gelebt werden und fest verankert sind und in der die Bereitschaft besteht, für diese Werte einzutreten, ist der beste Schutz.

3.3 Politische Entscheidungen: Wahlen und Abstimmungen in der repräsentativen Demokratie

In einer repräsentativen Demokratie werden durch Wahlen diejenigen bestimmt, die im Auftrag des Volkes auf Zeit politische Herrschaft ausüben sollen. Wahlen sind das zentrale Mittel der politischen Mitwirkung in Deutschland. Durch Abstimmungen können in Kommunen und in Bundesländern politische Fragen von Bürgerinnen und Bürgern auch direkt entschieden werden.

Junge Wähler wahlmüde?
Wahlbeteiligung an Bundestagswahlen seit 1983 in Prozent nach Altersgruppen

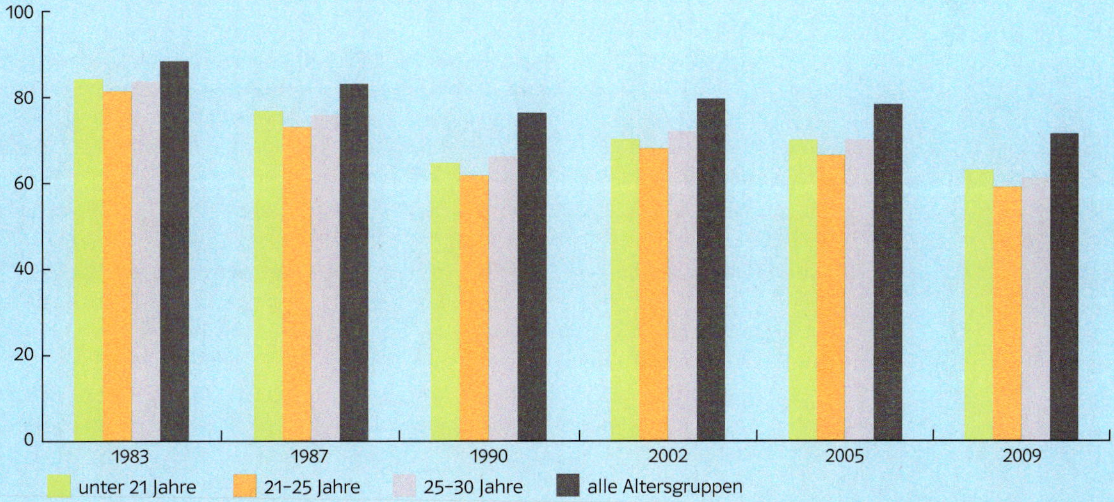

1983 und 1987 nur früheres Bundesgebiet; für 1994 und 1998 liegen keine Zahlen für die Altersgruppen vor

1. Warum wählen?

Online-Link
800621-3031

Alle vier bis sechs Jahre sind die wahlberechtigten Bürgerinnen und Bürger auf kommunaler Ebene, im Land, im Bund und auf der europäischen Ebene zu Wahlen aufgerufen. Daneben gibt es weitere Möglichkeiten der politischen Partizipation: das Engagement und die Mitarbeit in Parteien und Verbänden, in sozialen Bewegungen und Initiativen, die Teilnahme an Plebisziten und nicht zuletzt die Nutzung der Medien als Informationsquelle und Diskussionsforen.

Wahlen und wählen

Das demokratische Wahlrecht wurde in politischen Kämpfen seit den ersten Jahrzehnten des 19. Jahrhunderts schrittweise erstritten. In Deutschland führte es die Regierung auf Reichsebene nach dem Zusammenbruch der Monarchie und dem Ende des Ersten Weltkrieges am 30. November 1918 per Verordnung ein. Bei den Wahlen zur verfassunggebenden Nationalversammlung am 19. Januar 1919 hatten Frauen erstmals das **aktive und passive Wahlrecht**. Das Wahlalter betrug damals 20 Jahre.

Repräsentanten und politische Ämter

Wahlen sind heute zwar nicht die einzige, aber doch für die Mehrzahl der Bevölkerung die wichtigste Form, um sich auf unterschiedlichen Ebenen an Politik zu beteiligen. In einer **parlamentarischen Demokratie** geht es dabei vor allem um folgende Aufgaben:

- Aus der Vielzahl der Kandidatinnen und Kandidaten werden Abgeordnete als Repräsentanten der Bevölkerung in die Parlamente gewählt. Diese – so die modellhafte Konzeption der parlamentarischen Demokratie – sollen an Stelle der Wählerinnen und Wähler Entscheidungen treffen, die zur Lösung politischer Aufgaben notwendig sind. Dieser Auftrag wird als Mandat (vom Lateinischen *mandatum*: Auftrag, Befehl, Anordnung) bezeichnet.
- Politische Herrschaft soll in einer Demokratie sachlich und zeitlich begrenzt sein und widerrufen werden können. Deshalb ist das Mandat der Abgeordneten befristet – im Deutschen Bundestag auf vier und in den meisten Landtagen auf fünf Jahre.
- In Demokratien werden auch politische Ämter durch Wahlen besetzt. So werden in den Kommunen in der Regel die Bürgermeister für eine Amtszeit zwischen fünf und zehn Jahren direkt vom Volk gewählt.

Konkurrenz um Macht und Programme

Wahlen und Wahlkämpfe sollen die Bürgerinnen und Bürger mit grundlegenden politischen Aufgaben und Problemen einerseits und unterschiedlichen politischen Zielen und Programmen andererseits konfrontieren. Im Idealfall kommt auf diese Weise ein doppelter **Wettbewerb** zustande: Einerseits zwischen konkurrierenden Personen und Parteien um die Übernahme der politischen Macht, andererseits um unterschiedliche Programme und alternative Vorstellungen zur Gestaltung der Gesellschaft sowie der politischen Ordnung. Der kompetitive, d.h. durch Wettbewerb mehrerer Parteien geprägte Charakter der Wahlen kennzeichnet pluralistische Demokratien.
In flächen- und bevölkerungsmäßig großen Staaten ist dies der einzige erfolgreiche Weg, die Vielzahl der politischen Meinungen und Interessen zu bündeln und in organisierte politische Prozesse zu überführen. Darin liegt ein wesentlicher Unterschied zu autoritären bis diktatorischen Staaten, in denen durch Wahlen nicht politischer Wettbewerb ausgetragen wird, sondern eine bestehende politische Machtverteilung im Nachhinein bestätigt werden soll.

Legitimation und Regierungsbildung

Auf der Grundlage der Wahlergebnisse werden in parlamentarischen Systemen die Regierungen gebildet – durch eine Partei, wenn diese mehr als die Hälfte der Mandate, also die absolute Mehrheit der Sitze erreicht hat, oder als Koalitionsregierung aus zwei oder mehreren Parteien. Diese Mehrheit berechtigt die Regierung, ihr Amt als vollziehende Gewalt nach den Grundsätzen der Verfassung auszuüben. Damit ist eine Regierung durch die Wahl **demokratisch legitimiert**. Ihre parlamentarische Mehrheit stellt einen Vertrauensvorschuss auf Zeit dar.

Politisches Vertrauen kann bei der nächsten Wahl widerrufen werden. Wahlen sind immer auch ein Instrument zur **Kontrolle politischer Macht** – sowohl der Abgeordneten wie auch der Regierung – und gegebenenfalls zum Widerruf dieser Macht. Sie sind gleichsam die Nagelprobe, mit der das Volk als Souverän zum Ausdruck bringt, wie die Arbeit der Abgeordneten und ihrer Parteien in der abgelaufenen Legislaturperiode bewertet wird.

Bedeutung der demokratischen Wahlgrundsätze

allgemein	Alle deutschen Bürgerinnen und Bürger, die 18 Jahre und älter sind, dürfen wählen. Bei Landtags- bzw. Kommunalwahlen beträgt in einigen Bundesländern das Wahlalter 16 Jahre. Bei Kommunalwahlen dürfen alle EU-Bürger in ihrer Gemeinde wählen. Keine Gruppe der Gesellschaft und auch keine einzelnen Personen dürfen ausgeschlossen sein (Ausnahme: Das Wahlrecht wurde per Gerichtsurteil aberkannt; eine Person ist entmündigt oder befindet sich aufgrund richterlicher Anordnung in einem psychiatrischen Krankenhaus.).
unmittelbar	Die Mitglieder der Volksvertretungen werden direkt von den Wählern und nicht indirekt von einer Wahlversammlung gewählt.
frei	Die Stimmabgabe muss ohne Druck und äußeren Zwang möglich sein. Niemand kann anordnen, welche Partei oder welcher Kandidat gewählt werden muss.
gleich	Jede Stimme zählt gleich viel. Weder das Einkommen und Vermögen noch das gesellschaftliche Ansehen dürfen bei der Wahl und bei der Auszählung der Stimmen von Gewicht sein. Ausnahme: Stimmen für Parteien, die an der Fünfprozentklausel scheitern, zählen nicht.
geheim	Die Stimmabgabe erfolgt verdeckt und ohne Namensnennung. Im Wahllokal muss sichergestellt sein, dass das Wahlgeheimnis nicht verletzt werden kann.

Kritik: Wahlen ohne politischen Wettbewerb

Der englische Politikwissenschaftler Colin Crouch in einem Interview mit dem Spiegel über Wahlen in der heutigen Demokratie:

Crouch: Ich sage nicht, dass es die Demokratie nicht mehr gibt. Aber ich sage, dass wir uns auf einen Zustand zubewegen, den ich Postdemokratie nenne. Damit meine ich eine Situation, in der zwar alle Institutionen der Demokratie weiterbestehen – und teilweise sogar gestärkt werden –, aber gleichzeitig die politische Energie aus ihnen entwichen ist. Sie sind nur noch leere Hüllen.

Spiegel: Was meinen Sie mit politischer Energie?

Crouch: Die Probleme, die sich heute der Politik stellen – ob Umweltschutz, die Verknappung der Ressourcen, die Kontrolle über die globalisierte Wirtschaft –, lassen sich mit den Instrumenten der nationalen Demokratie nicht mehr fassen. Das geht einfach nicht mehr, das ist sinnlos. Daraus entsteht eine Frustration, die zum Verlust politischer Energie führt. […]

Spiegel: Wenn Sie sagen, die Energie entweicht, dann muss sie ja früher einmal da gewesen sein. Gab es je einen Idealzustand der Demokratie?

Crouch: Das Modell Demokratie war immer ein Ideal, das von sehr anspruchsvollen Vorannahmen ausging. Dafür müssen sehr glückliche historische Konstellationen zusammentreffen. In Nordamerika und Westeuropa war dieser Zeitpunkt nach dem Zweiten Weltkrieg erreicht, als nicht nur zwei antidemokratische Bewegungen – der Nationalsozialismus und der italienische Faschismus – besiegt waren, sondern zugleich eine dynamische wirtschaftliche Entwicklung in Gang kam. In solchen Situationen ist ein Enthusiasmus da, die Menschen sind bereit, ein solches System mitzugestalten. Das trifft auf die heutige Zeit sicher nicht zu.
Spiegel: Was genau trifft nicht mehr zu?
Crouch: Sehen Sie, in den westlichen Demokratien werden immer noch Wahlen abgehalten. Diese Wahlen führen sogar in den meisten Fällen zu legitimen Regierungsbildungen. Doch die politischen Inhalte, die bei den Wahlen angesprochen werden, bestimmen nicht mehr die Bürger, sondern hochspezialisierte PR-Teams. [...] Die PR-Teams der Parteien kontrollieren die politischen Debatten. Und sie wählen natürlich die Probleme aus, die von den Parteien überhaupt noch gelöst werden können. Das sind aber nicht die wichtigen Probleme. An die wagen sich die Parteien nicht mehr heran, weil sie an ihnen scheitern müssen [...] Die Demokratie selbst versagt! Denn es deutet alles darauf hin, dass sie nur auf nationaler Ebene funktioniert. Versucht man sie auf supranationalem Niveau einzuführen, um übergreifende Probleme der Welt zu lösen, klappt es nicht. [...] Im 20. Jahrhundert haben wir uns daran gewöhnt, in den Parteien die Hauptträger unserer politischen Anliegen zu sehen. Heute sind die Parteien darauf angewiesen, Konflikte zu simulieren. [...]

Philipp Oehmke, Elke Schmitter: „Die Macht verschiebt sich", Der Spiegel, Nr. 32, 04.08.2008, S. 134 f. (Auszüge)

Online-Link
800621-3032

2. Warum gehen immer weniger Bürger zur Wahl?

Warum die Wahlbeteiligung in den letzten Jahren nicht nur in Deutschland, sondern auch in anderen Demokratien zurückgeht, darauf gibt es keine einheitliche Antwort. Bei genauerer Betrachtung zeigen sich aber unterschiedliche Motive, etwa:

- eine verbreitete Politikverdrossenheit und großes Desinteresse an den aktuellen Problemen in der Gesellschaft
- ein Rückzug auf private Interessen bis hin zu individualistischem Egoismus („Hauptsache, mir geht es gut")
- der Vorwurf, Parteien würden sich mit ihren Programmen und ihrem Spitzenpersonal immer weniger unterscheiden („die sind doch eh alle gleich")
- das Gefühl eigener Machtlosigkeit bei politischen Entscheidungen („meine Stimme zählt doch nichts") und gegenüber einer wuchernden Bürokratie im Land und in der EU
- Protest gegenüber Regierung und „alten" Parteien („macht euren Kram doch alleine")
- die Vermutung, Politik gerate gegenüber der globalen Wirtschaft, multinationalen Konzernen und großen internationalen Interessenverbänden immer mehr ins Hintertreffen.

Das Wahlalter senken?

Als ein Mittel gegen Politikverdrossenheit und für mehr Wahlbeteiligung gilt der Vorschlag, das Wahlalter zu senken. Als eines der ersten Länder hat Österreich zum 1. Juli 2007 das Alter bei Wahlen zum Bundesparlament, dem Nationalrat, auf das vollendete 16. Lebensjahr gesenkt. Vergleichbare Reformvorschläge für den Deutschen Bundestag fanden keine Mehrheit. Demnach können bei Bundestagswahlen und bei den meisten Landtagswahlen Jugendliche erst ab dem vollendeten 18. Lebensjahr wählen. Dagegen hat das Bundesland Bremen 2009 das Wahlalter für das Landesparlament, die Bremische Bürgerschaft, auf das vollendete 16. Lebensjahr herabgesetzt.
Bei Kommunalwahlen gelten in den Bundesländern unterschiedliche Altersgrenzen. So sind Jugendliche ab dem vollendeten 16. Lebensjahr bei Kommunalwahlen in Berlin, Mecklenburg-Vorpommern, Niedersachsen, Nordrhein-Westfalen, Sachsen-Anhalt und Schleswig-Holstein wahlberechtigt. In den übrigen Ländern gilt auch bei Kommunalwahlen die Volljährigkeit als Voraussetzung für das aktive Wahlrecht.
Je nach Wahl gelten für das passive Wahlrecht unterschiedliche Altersgrenzen. In den meisten Bundesländern ist bei Kommunal- oder Landtagswahlen wählbar, wer das 18. Lebensjahr vollendet hat. Diese Altersgrenze gilt auch bei den Wahlen zum Bundestag für das passive Wahlrecht.

Kontrovers: Wählen schon mit 16

Der Vorstoß des [damaligen] Vizepräsidenten des Bundesverfassungsgerichts Andreas Voßkuhle, das Wahlalter von 18 auf 16 Jahre zu senken, hat in Deutschland gemischte Reaktionen ausgelöst. [...] Es sei „problematisch und gefährlich, dass sich die Bevölkerung abwendet vom politischen Prozess und dass die Akzeptanz von Politikern schwindet", so Voßkuhle gegenüber dem Hamburger Abendblatt am Samstag. Auch der saarländische SPD-Vorsitzende Heiko Maas plädierte für mehr Mitbestimmung für Jugendliche. Grünen-Fraktionsvize Hans-Christian Ströbele sprach sich ebenfalls für eine stärke Beteiligung der Jugendlichen am politischen Geschehen aus.
Ablehnend äußerte sich hingegen Hamburgs Bürgermeister Ole von Beust (CDU). Er bezweifelt, dass durch die Senkung des Wahlalters ein größeres Interesse für Politik erreicht werden kann. Auch Bayerns FDP-Chefin Sabine Leutheusser-Schnarrenberger hält 18 Jahre für „ein gutes Alter zum Wählen". Ohne eine „authentische Politik" nütze auch die Absenkung des Wahlalters nichts. [...]

sh/dpa: Wählen schon mit 16, Tagesspiegel Online, 13.04.2009

Wahlen und politisches Vertrauen

Wahlen sind in einer parlamentarischen, d.h. repräsentativen Demokratie für Bürgerinnen und Bürger das zentrale Instrument der politischen Partizipation. Sie bilden die Grundlage zur Legitimation politischer Herrschaft und zur Bildung einer rechtmäßigen Regierung. In Deutschland und in anderen liberalen Demokratien ist ein Trend zu erkennen: Die Beteiligung an Wahlen sinkt. Empirische Untersuchungen haben gezeigt, dass soziale Ungleichheit die Wahlabstinenz fördert. Je ungleicher die sozialen Verhältnisse in einem Land sind, desto weniger vertrauen die Bürgerinnen und Bürger den Politikern und desto unzufriedener sind sie mit der Demokratie.

Online-Link
800621-3033

3. Wahlsysteme: Wie viel zählt eine Stimme?

Wählerwillen abbilden

Wählen und dann auszählen, wer gewonnen hat – wenn es so einfach wäre. In der Realität gibt es unterschiedliche Systeme, den Wählerwillen gerecht abzubilden. Wie die Wahlen zu den Parlamenten durchgeführt und nach welchen Regeln die Gewinner und die Verlierer ermittelt werden, ist nicht nur eine rechnerische Aufgabe. Es geht dabei um eine politische Grundfrage: Sollen möglichst alle Wählerstimmen bei der Zusammensetzung des Parlaments zum Zuge kommen oder nur diejenigen, die auf die Sieger in den einzelnen Wahlkreisen entfallen? Auf diese Frage gibt es unterschiedliche Antworten, je nachdem welches **Wahlsystem** in einem Land gilt.
In der folgenden Darstellung konzentrieren wir uns auf Verfahren, wie sie bei Parlamentswahlen praktiziert werden. Andere Wahlen – wie die der Gemeinderäte – klammern wir dabei aus. Zudem beschränken wir uns auf drei Grundmuster. Es gibt daneben in einzelnen Ländern auch Mischformen, die Merkmale der Modelle miteinander kombinieren.

Mehrheitswahl

Beim Mehrheitswahlsystem wird das Land in Wahlkreise unterteilt. Jeder Kreis entsendet einen Abgeordneten in das Parlament. In solchen **Einerwahlkreisen** treten entweder von einer Partei bestimmte oder – seltener – unabhängige Personen als Direktkandidaten an. Gewonnen hat die Person, die bei der Wahl die meisten Stimmen erhalten hat. Mit diesem Verfahren wird in der Regel sichergestellt, dass aus Wahlen eine deutliche Parlamentsmehrheit hervorgeht, auf deren Grundlage dann eine Regierung gebildet werden kann. Doch fallen die Stimmen derjenigen, die im Wahlkreis die Verlierer gewählt haben, unter den Tisch. Ihre politischen Voten werden bei der Zusammensetzung der Parlamente nicht berücksichtigt (sogenannte Papierkorbstimmen). Zudem haben es kleinere Parteien schwer, politisch Fuß zu fassen und in einem Wahlkreis die Mehrheit zu gewinnen. Die politischen Interessen, die sie vertreten, können so nicht in die parlamentarischen Beratungen eingehen, sie sind im Parlament nicht vertreten.

Verhältniswahl

Nachteile der reinen Mehrheitswahl sollen bei der Verhältniswahl vermieden werden. Es gilt der Grundsatz: Die unterschiedlichen Meinungen und politischen Interessen, die in der Gesellschaft präsent sind und in Parteien bei der Wahl antreten, sollen entsprechend ihrem Wahlergebnis auch bei der Sitzverteilung im Parlament zum Ausdruck kommen. Dazu stellen Parteien oder – wie bei Kommunalwahlen – Wählervereinigungen Kandidatenlisten auf. Die Zahl der Parlamentsmandate wird errechnet, indem die Stimmen, die für die jeweiligen Listen abgegeben wurden, ins Verhältnis zu den Gesamtstimmen der Wahl gesetzt werden. Zum Zuge kommen die Kandidaten einer Liste, die die meisten Stimmen erhalten haben.

personalisierte Verhältniswahl

Das Bundestagswahlrecht ist eine Kombination aus Mehrheits- und Verhältniswahl. Das gesamte Wahlgebiet ist in 299 Wahlkreise eingeteilt (Mehrheitswahl). Zusätzlich stellen Parteien in den Bundesländern ihre Kandidatenlisten auf (Verhältniswahl). Der Bundestag hat nach den Vorgaben des Bundeswahlgesetzes 598 Mitglieder. Die Hälfte dieser Sitze geht also an die Wahlkreisgewinner.
Die Anzahl der Mandate, die eine Partei in einem Bundesland erhält, ergibt sich aus ihrem Anteil an der Gesamtzahl der Zweitstimmen in diesem Land.

Davon werden die direkt in diesem Bundesland gewonnenen Wahlkreismandate abgezogen (Mehrheitswahl) und die verbleibenden Sitze nach dem Listenergebnis der Partei ermittelt (Verhältniswahl). Diese Rechnung wird für alle Parteien in allen 16 Bundesländern durchgeführt. Daraus wird deutlich: Über die Stärke einer Partei im gesamten Bundesgebiet entscheidet die Zweitstimme; durch sie wird das Gesamtergebnis der Parteien für den Bundestag bestimmt. Die Erststimme hat vor allem die Funktion, dass Wähler auf die Auswahl von Personen in ihrem Wahlkreis Einfluss nehmen können (personalisierte Verhältniswahl).

Stimmenverrechnung

Die genaue Verteilung der Sitze wird mit mathematischen Verfahren ermittelt. Seit der 17. Bundestagswahl 2009 und der Europawahl im selben Jahr gilt das sogenannte **Sainte-Laguë/Schepers-Verfahren**. Es ist nach dem deutschen Physiker und Datenfachmann Hans Schepers benannt, der bei seiner Modellrechnung 1980 auf Vorarbeiten des französischen Mathematikers André Sainte-Laguë aus dem Jahre 1912 zurückgreifen konnte.
Allen Verfahren gemeinsam ist das Ziel, eine Mandatsverteilung zu errechnen, die - anderes als bei der reinen Mehrheitswahl - möglichst genau dem Anteil der Parteien am Gesamtstimmergebnis gerecht wird. Eine solche exakte Proportionalität, das heißt eine ausgewogene Verhältnismäßigkeit von Stimmenergebnis und Mandatszuteilung gelingt jedoch nicht vollständig. Jedes Verfahren nimmt gewisse Abweichungen von diesem Ziel in Kauf. In den Bundesländern gelten zum Teil auch andere Verfahren.

Überhangmandate

Bekommt eine Partei mehr Direktmandate, als ihr nach ihrem Zweitstimmenergebnis im jeweiligen Land zustünden, ziehen diese Gewinner dennoch in den Bundestag ein. Es entstehen **Überhangmandate**. Dahinter steht der Gedanke, dass jeder Direktgewinner eines Wahlkreises in den Bundestag einziehen kann, unabhängig vom Erfolg oder Misserfolg seiner Partei. Es wäre auch unmöglich, demokratisch und gerecht zu ermitteln, welcher Wahlkreis zur Verhinderung des Überhangmandates keinen eigenen Vertreter bekommen dürfte. Auf diese Weise erhöhte sich z. B. die Zahl der Abgeordneten im Bundestag nach der Wahl 2009 um 24 auf 622 Sitze.
In manchen Bundesländern wird im Gegensatz zum Bundestagswahlsystem die durch diese Überhangmandate entstehende Verzerrung des Sitzverhältnisses im Parlament durch **Ausgleichsmandate** für die Unterlegenen ausgeglichen und auf diese Weise das prozentuale Verhältnis der Parteistärken wieder hergestellt.

Sperrklauseln

Eine vollständige Verhältnismäßigkeit von Stimmergebnissen und Sitzverteilung zwischen den Parteien wird bei Bundestagswahlen nicht nur durch Überhangmandate, sondern auch durch eine weitere Besonderheit des Wahlrechts verhindert: die **Fünfprozentklausel**. Solche Sperrklauseln gibt es in vielen Staaten mit einem Verhältniswahlsystem. In Österreich liegt sie z. B. bei vier, in Dänemark bei zwei und in Russland bei sieben Prozent.
Im Bundeswahlgesetz heißt es in §6 Abs. 6: Bei der Verteilung der Sitze auf die Landeslisten „werden nur Parteien berücksichtigt, die mindestens 5 vom Hundert der im Wahlgebiet abgegebenen gültigen Zweitstimmen erhalten oder in mindestens drei Wahlkreisen einen Sitz errungen haben. Satz 1 findet auf die von Parteien nationaler Minderheiten eingereichten Listen keine Anwendung."

Mit dieser Regelung kann eine Zersplitterung der Parlamentszusammensetzung in viele kleine Gruppierungen verhindert werden. Sie wurde zudem ins Bundeswahlgesetz aufgenommen, um den Einzug extremistischer Parteien in die Parlamente zu erschweren. Dies gelang zwar bislang auf Bundesebene, nicht jedoch bei Landtagswahlen. In einigen Bundesländern zogen immer wieder rechtsradikale Parteien wie die NPD und die DVU ins Parlament ein.
Die Sperrklausel wird nicht mehr angewandt bei Kommunalwahlen. Das Bundesverfassungsgericht erklärte die Klausel 2008 in einem Verfahren gegen Schleswig-Holstein für verfassungswidrig, weil in Gemeinden auch kleinere Gruppierungen eine Chance auf politische Mitwirkung haben müssen. Hier würde sich die Klausel besonders abschreckend auswirken, weil sie Wähler davon abhalten könne, Kandidaten kleinerer politischer Gruppen eine Stimme zu geben.

Wahlsysteme – ein Vergleich

	Mehrheitswahlrecht	Verhältniswahlrecht
Wahlberechtigte		
Zielperspektive der Wahl	Entscheidung für/gegen eine Regierungspartei	Entscheidung für einen repräsentativen Agenten
Zeitperspektive der Wahl	rückblickend und/oder vorausschauend	vorausschauend
Repräsentation der Wählerpräferenzen	verzerrt	unverzerrt
Wahlbeteiligung	niedriger	höher
Politiker		
Wahlkampfstrategie	überbrückende Strategie	bindende Strategie
Abhängigkeit vom Wahlkreis	hoch	niedrig
Abhängigkeit von der Partei	niedrig	hoch
Parteien und Parteiensystem		
Wahlchancen kleinerer Parteien	niedrig	hoch
Etablierungschancen für neue Parteien	niedrig	hoch
Charakter des Parteiensystems	Tendenz zum Zweiparteiensystem	Tendenz zum Mehrparteiensystem
Regierung		
Regierungstyp	meist Einparteienmehrheitsregierungen	meist Koalitionsregierungen oder Minderheitsregierungen
Stabilität der regierungstragenden parlamentarischen Mehrheit	hoch, da meist deutliche und parteipolitisch einheitliche Mehrheit	niedrig, da meist geringere und parteipolitisch gespaltene Mehrheit
Zuordbarkeit der politischen Verantwortung	klar der Regierungspartei zuordenbar	nicht klar einer der Parteien der Regierungskoalition zuordenbar
Chancen auf politischen Richtungswechsel durch Wahlen	hoch	niedrig
politische Repräsentation der Gesellschaft		
Sicherung der Repräsentation von Minderheiten im politischen Prozess	niedrig	hoch

Thomas Bernauer u. a.: Einführung in die Politikwissenschaft, Baden-Baden 2009, S. 213

Wahlsysteme
Ob in einem politischen System eine Mehrheits- oder Verhältniswahl praktiziert wird, hat ganz konkrete Auswirkungen auf die Realisierung des Wählerwillens, die Verteilung der Mandate im Parlament und die Bildung einer Regierung. Vor allem unterscheiden sich Mehrheits- und Verhältniswahl hinsichtlich der Repräsentation der in einer Gesellschaft vorhandenen politischen Gruppierungen und Interessen. Für die Bundesrepublik Deutschland wurde versucht, Vorteile beider Systeme zu kombinieren, indem ein personalisiertes Verhältniswahlsystem geschaffen wurde.

4. Direkte Demokratie: Wo darf das Volk direkt entscheiden?

Online-Link
800621-3034

Plebiszit auf Bundesebene und in der EU

In Zeiten der Politikverdrossenheit und sinkender Wahlbeteiligung wird immer wieder gefordert, die Bürgerinnen und Bürger auch direkt an Entscheidungen zu beteiligen. Als ➤**Plebiszit** (von lat. *plebiscitum*, aus *plebs* = einfaches Volk, und *scitum* = Beschluss) werden alle Formen direktdemokratischer Mitbestimmung der Bevölkerung an der politischen Willensbildung bezeichnet. In einer parlamentarischen Demokratie ist die Gesetzgebung durch die repräsentativen Organe – die Parlamente – die Grundform politischer Entscheidungen. Dies schließt nicht aus, dass die „Repräsentativdemokratie" (Manfred G. Schmidt) durch direktdemokratische Verfahren ergänzt wird. Die stärksten Mittel sind hierbei das Volksbegehren und der Volksentscheid.
Beide Wege sind auf Bundesebene – sieht man von dem Sonderfall der Entscheidung über ein neues Grundgesetz nach Art. 146 GG ab – nur für den Fall einer „Neugliederung des Bundesgebietes" vorgesehen. Damit Länder gebietsmäßig neu geordnet werden können, ist ein Bundesgesetz erforderlich, „das der Bestätigung durch Volksentscheid bedarf". Dem Volksentscheid kann ein Volksbegehren (eine Initiative aus der Bevölkerung) oder – je nach Verfahren – eine Volksbefragung (zu einer beabsichtigten Änderung der Landesgrenzen) vorgeschaltet werden (Art. 29 Abs. 1 bis 8 GG).
Seit der Lissabonner Vertrag am 1. Dezember 2009 in Kraft getreten ist, können Gesetzesinitiativen auch auf EU-Ebene durch Volksbegehren – dort „Bürgerinitiative" genannt – auf den Weg gebracht werden (Kap. 4.4).

Plebiszite in Ländern und Kommunen

Alle 16 Bundesländer sehen in ihren Verfassungen verschiedene plebiszitäre Möglichkeiten vor. So heißt es in Art. 2 der Verfassung Nordrhein-Westfalens: „Das Volk bekundet seinen Willen durch Wahl, Volksbegehren und Volksentscheid." Die Landesverfassungen legen fest, zu welchen Fragen Volksbegehren und -entscheide zulässig sind. Während einige Länder – wie z. B. Nordrhein-Westfalen – die **Volksgesetzgebung** auf einfache Gesetze beschränken, ist es in anderen – etwa in Baden-Württemberg, Berlin und Bayern – möglich, auf diesem Wege die Landesverfassung zu ändern.
Zur kleineren Variante zählen auf der Ebene der Kommunen das Bürgerbegehren (auch Bürgerantrag genannt) und der Bürgerentscheid. Dabei sind die Sachbereiche, die auf diesem Weg entschieden werden können, in den Gemeindeordnungen, den „kommunalen Verfassungen", geregelt. So darf in den meisten Ländern auf diesem Weg nicht in das Haushaltsrecht

eingegriffen werden. Zudem haben solche Entscheidungen eine befristete Bindungswirkung für die kommunalen Entscheidungsgremien und unterliegen der Rechtsaufsicht durch die übergeordneten Instanzen.
Bei einem Volks- bzw. Bürgerentscheid kann dem Vorschlag aus der Bevölkerung ein Gegenentwurf des Parlaments bzw. des Gemeinderats gegenübergestellt werden. Die Bürger entscheiden dann zwischen beiden Alternativen. Zudem haben die repräsentativen Organe auch die Möglichkeit, die Initiative aus der Bevölkerung anzunehmen. Damit werden weitere plebiszitäre Entscheidungen überflüssig. Volks- und Bürgerentscheide können nicht nur aus der Gesellschaft heraus angestrebt werden, auch Parlamente bzw. Gemeinderäte haben die Möglichkeit, einzelne Fragen zum Gegenstand direkter Volksgesetzgebung zu machen (Volks- bzw. Ratsreferenden).

Kritik: zu hohe Hürden für direkte Demokratie

Die Frage, wie ernst es den Regierungen und Parlamenten mit der Volksgesetzgebung ist, hängt davon ab, wie die einzelnen Länder für sich und für die Kommunen die Durchführung geregelt haben. In der Praxis gibt es Hürden, die ein Grund dafür sind, dass zahlreiche Initiativen scheitern. So sind sowohl auf Landes- als auch Gemeindeebene bestimmte Mindestergebnisse – auch Quoren genannt – bei den Abstimmungen erforderlich, damit Entscheidungen durch Volksgesetzgebung in Kraft treten. Nach einer Untersuchung der Initiative „Mehr Demokratie e. V." sind die Quoren für den Erfolg der Volksentscheide besonders hoch im Saarland (50 Prozent der Stimmberechtigten), Baden-Württemberg und Mecklenburg Vorpommern (jeweils 33 Prozent). Zudem müssen in Baden-Württemberg Unterschriften für ein Volksbegehren in öffentlichen Ämtern gezeichnet werden; eine freie Sammlung ist nicht möglich. Dagegen haben Bayern, Bremen, Berlin, Hamburg und Thüringen die liberalsten Regelungen: Volksbegehren sind hier auch zulässig, wenn es um Fragen des öffentlichen Haushaltsrechts geht; zudem sind die Quoren niedrig – für Begehren in Bremen 5 Prozent und Berlin 7 Prozent der Stimmberechtigten, für Entscheide 20 Prozent bzw. 25 Prozent. Vergleichbare Quotenregelungen gibt es auch für Bürgerbegehren und -entscheide in den Kommunen.

Kontrovers: Direktdemokratie vs. Demagogie

Pro: In der politischen Diskussion wird oft eine stärkere Verankerung plebiszitärer Mittel im Grundgesetz gefordert. Dies böte die Chance, Bürgerinnen und Bürger besser in das System zu integrieren, politische Entscheidungen direkter rückzukoppeln und damit eine größere Akzeptanz der Politik insgesamt herbeizuführen. Der Einfluss der Parteien würde – so die These – gemindert werden, Sachentscheidungen rückten in den Vordergrund. Demokratie als Volksherrschaft drückte sich noch stärker aus, wenn das Volk auch in Sachabstimmungen und nicht nur bei den Wahlen Herrschaft ausübte.

Kontra: Kritiker wenden ein, Politik werde auf diese Weise anfällig gegenüber Demagogie und Populismus. Den Bürgerinnen und Bürger fehlten bei komplexen Entscheidungen die notwendigen Fachkenntnisse; die öffentliche Meinung werde durch Massenmedien leicht manipuliert. Zudem könnten viele Themen nicht auf einfache „Entweder-oder-Fragen" reduziert werden. Häufige Urnengänge verstärkten nur die Politikverdrossenheit und ließen die Beteiligung an den Abstimmungen noch weiter sinken.

Bürger- und Volksentscheide

Plebiszitäre Elemente wie Bürger- oder Volksentscheide können die Partizipationsmöglichkeiten der Bürgerinnen und Bürger bereichern. Sie sind in Gemeinden und auf Länderebene verankert. Auch die EU bietet seit dem Lissabonner Vertrag die Möglichkeit des Bürgerbegehrens. Eine Ausweitung auf die Bundespolitik ist allerdings umstritten: Einerseits – so die eine Seite – könnte dadurch die Demokratie gestärkt werden, anderseits wird befürchtet, politische Fragen könnten demagogisch verzerrt werden.

Bürgerbegehren und Bürgerentscheide zwischen 1956 und 2007
ddV: direktdemokratische Verfahren, Oberbegriff für BB, RB und BE
BB: Bürgerbegehren; RB: Ratsbegehren; BE: Bürgerentscheide

Anzahl in Deutschland	Verteilung auf Länder	Politikthemen	Erfolge und Misserfolge
• knapp 20% aller Kommunen führten ddV durch • ddV: 4587; davon BB: 3721, RB: 711 • BE durchgeführt: 2226 • Beteiligung durchschnittlich: ca. 50% der Stimmberechtigten • je kleiner die Kommune, desto größer die Beteiligung; • je größer die Kommune, desto wahrscheinlich ddV	• Spitzenreiter nach Anzahl: Bayern, Baden-Württemberg und Nordrhein-Westfalen • Schlusslichter: Mecklenburg-Vorpommern, Thüringen, Saarland • Spitzenreiter relativ zur Bevölkerung: Hamburg, Berlin, Bremen	• Sozial- und Bildungseinrichtungen, z. B. Schulen und Bäder (18%) • Verkehrsprojekte (17%) • öffentliche Einrichtungen, Wasserversorgung (14%), Mobilfunkanlagen (14%) • Themen der Bauleitplanung (Flächennutzungs- und Bebauungspläne) sind in einigen Ländern für ddV nicht zugelassen.	• über 40% aller ddV erfolgreich, rund 50% BE erfolgreich im Sinne der Initiatoren (direkter Erfolg) • 14% aller ddV vom Gemeinderat ohne BE akzeptiert (indirekter Erfolg) • 23% aller ddV, 28% der eingereichten BB für unzulässig erklärt • 13% BB und 17% BE scheiterten an Quoren

Nach: Frank Rehmet, Volker Mittendorf: Mehr Demokratie. Erster Bürgerbegehrensbericht Deutschland 1956–2007, Mehr Demokratie e. V., Marburg 2008, S. 24 ff.

3.4 Parteien – ungeliebt, aber doch notwendig

Das Bild, das große Teile der Bevölkerung von Parteien und Politikern haben, ist schlecht. Das Grundgesetz weist den Parteien eine wichtige Funktion im Staat zu. Wer, wenn nicht sie, soll die Vielfalt der Meinungen bündeln und gemeinsame Ziele bennenen?

1. Parteien in der Politik: Wozu brauchen wir sie?
2. Das Parteiensystem: Werden die großen Parteien kleiner und die kleinen größer?
3. Hängen die Parteien am staatlichen Finanztropf?

So wirken Parteien an der politischen Willensbildung mit

mitwirken bedeutet

Einfluss auf die öffentliche Meinung nehmen	politische Bildung der Bürgerinnen und Bürger anregen und fördern	Kandidatinnen und Kandidaten für Wahlen aufstellen und an den Wahlen teilnehmen
Wettbewerb um politische Macht in den Parlamenten und in den Regierungen	Bürgerinnen und Bürger anregen, am politischen Leben teilzunehmen und Verantwortung zu tragen	politische Ziele in politischen Programmen formulieren

© Klett nach: Gesetz über die politischen Parteien §1 Abs. 1

Online-Link
800621-3041

1. Parteien in der Politik: Wozu brauchen wir sie?

Parteien entstehen

Partei nehmen – für die eine oder andere Seite – ist recht einfach und geschieht oft in unserem Leben. Partei zu sein, ist schon schwieriger. Warum gibt es aber nun Parteien?

Vereinfacht gesagt entstehen ➤ Parteien, weil in einer Gesellschaft **Konflikte** vorhanden sind, an denen entlang sich Menschen mit gemeinsamen Vorstellungen organisieren, um ihre Interessen politisch durchzusetzen. Solche gesellschaftlichen Konfliktlinien können weit in die Geschichte zurückreichen – wie die „soziale Frage" im 19. Jahrhundert, aus der nach 1863 die Sozialdemokratische Partei Deutschlands (SPD) als politischer Zweig der Arbeiterbewegung und die Gewerkschaften hervorgegangen sind. Auch in der jüngeren Vergangenheit gab es Parteineugründungen: Ab den 1960er-Jahren nahm die Kritik an Umweltproblemen, am Bau von Atomkraftwerken und an militärischer Rüstung in Ost und West zu. Nach Jahren des außerparlamentarischen

Protests schlossen sich diese neuen sozialen Bewegungen 1980 in der Partei Die Grünen zusammen.
Die sozialpolitischen Reformen der vom Kanzler Schröder (SPD) geführten Bundesregierung (1998–2005) waren umstritten. Als Folge gründete sich die Protestgruppierung „Wahlalternative Arbeit und soziale Gerechtigkeit" (WASG). Vor allem Kritiker aus den alten Bundesländern schlossen sich unter der Bezeichnung Linkspartei/PDS zur Bundestagwahl 2005 mit der ostdeutschen PDS, der Nachfolgepartei der SED aus DDR-Zeiten, zu einem Wahlbündnis zusammen. 2007 formierte sich aus WASG und PDS die Partei Die Linke.

Funktionen: Wozu Parteien?

Parteien haben in der parlamentarischen Demokratie Deutschlands eine besondere Stellung. Sie sind ein durch die Verfassung geschützter Bestandteil der politischen Ordnung, die im Wettbewerb um politische Macht stehen. Ihre Funktionen legen es nahe, die Bundesrepublik als **Parteiendemokratie** zu bezeichnen. Die Aufgaben der Parteien sind im Grundgesetz und im Parteiengesetz beschrieben:

- „Die Parteien wirken bei der politischen Willensbildung des Volkes mit" (Art. 21 Abs. 1 GG). Das schließt auch die Aufgabe ein, die Beteiligung der Bürger am öffentlichen Leben und die Übernahme öffentlicher Ämter anzuregen sowie politische Bildung zu fördern.
- Ihre innere Ordnung, d.h. ihr Aufbau, ihre Organisation, ihr Programm und die Art und Weise, wie die politische Willensbildung abläuft, müssen demokratischen Grundsätzen entsprechen.
- Sie sind verpflichtet, die Ziele, die sie in der Politik verwirklichen wollen, in politischen Programmen festzulegen und offen auszuweisen.
- Sie sind auf Dauer angelegte Organisationen, die sich regelmäßig und nicht nur zeitweilig oder bei einzelnen Wahlen an der politischen Willensbildung beteiligen.
- Sie erfüllen eine öffentliche Aufgabe. Aus dieser Bestimmung folgt: Kosten, die den Parteien dabei entstehen, werden zumindest zum Teil durch öffentliche Gelder, also vom Staat, erstattet.
- Parteien müssen über die Herkunft ihrer finanziellen Mittel, die sie bei ihrer politischen Arbeit einsetzen, regelmäßig und öffentlich Rechenschaft ablegen.

Volksparteien

In der aktuellen Parteienlandschaft treten nicht nur die größeren Parteien – CDU/CSU und SPD – mit dem Anspruch auf, Volkspartei zu sein. Auch kleinere wie FDP und Bündnis 90/Grüne ordnen sich inzwischen diesem Typ zu. Dabei liegt in dieser Bezeichnung eigentlich ein Widerspruch: „Partei" kommt vom Lateinischen *pars*, was so viel bedeutet wie „Teil" bzw. „Teil sein" – und eben nicht das ganze Volk. Unabhängig davon suchen Volksparteien ihre **Wähler und Mitglieder** in allen Schichten der Gesellschaft.
Für diese Entwicklung gibt es neben wahlstrategischen Überlegungen einen Grund, der in den Veränderungen der modernen Gesellschaften liegt. Menschen lassen sich in ihrem Wahlverhalten und in ihren Interessen nicht mehr eindeutig einer bestimmten Schicht oder Klasse zuordnen.
Sie verstehen sich eher als Einzelne, als Individuen, und entscheiden sich von Fall zu Fall, ohne sich dauerhaft programmatisch festlegen zu wollen (Kap. 1.2).

Die Entwicklung großer Parteien zu Volksparteien beobachten wir nicht nur in Deutschland, sondern auch in anderen parlamentarischen Demokratien Europas. Dahinter steckt die Erfahrung, dass, wer **Mehrheiten** gewinnen will, Zugeständnisse an unterschiedliche soziale Gruppen machen muss. Das kann auf Kosten des eigenen Profils gehen, weshalb dieser Parteitypus auch als „Allerweltspartei" bezeichnet wird. So finden sich in Wahlprogrammen der Parteien oft Übereinstimmungen oder Berührungspunkte im Grundsätzlichen. Allerdings: Wenn es um die Umsetzung dieser Programme geht, treten Unterschiede und Gegensätze auf – etwa bei der Ausgestaltung der Gesundheits- und Altersversorgung und der Verteilung dabei anfallender Kosten (Kap. 1.7 sowie Kap. 2.3).

heterogene Interessen bündeln

Um möglichst viele soziale Gruppen integrieren zu können, bilden Volksparteien organisatorisch unter dem Dach der Gesamtpartei Vereinigungen (bei CDU/CSU) oder Arbeitsgemeinschaften (bei der SPD). In der CDU

Volksparteien – ein Modell
Repräsentation unterschiedlicher Interessen

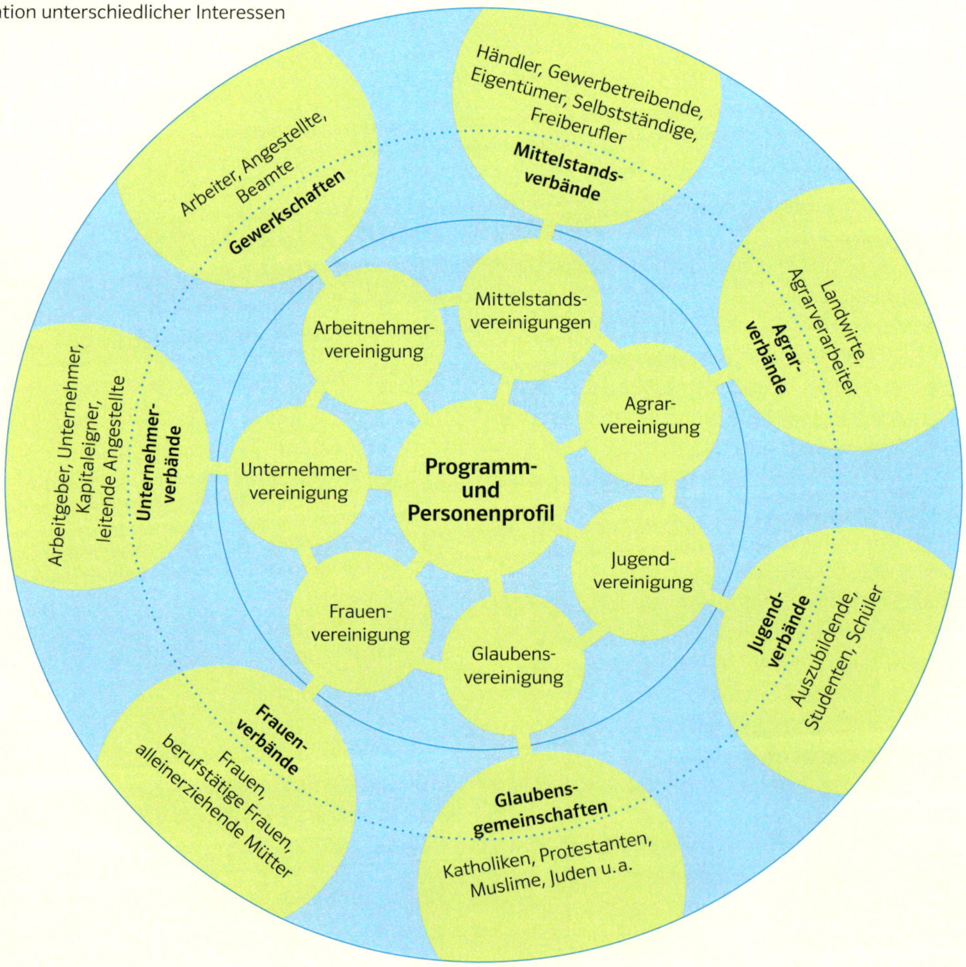

Elmar Wiesendahl: Parteien, Frankfurt/M 2006, S. 59 © Elmar Wiesendahl, Hamburg

sind dies etwa die Mittelstandsvereinigung als Zusammenschluss der mittelständischen Unternehmer, der Wirtschaftsrat als Vertretung der Großunternehmen, die Sozialausschüsse der Christlich-Demokratischen Arbeitnehmerschaft (CDA). Entsprechendes gilt für die SPD. Dort gibt es z.B. die Arbeitsgemeinschaften für Arbeitnehmerfragen, für Selbstständige und die Arbeitsgemeinschaft sozialdemokratischer Frauen.

Klientelparteien

Klienten sind Kunden. Auch politische Gruppierungen haben ihre „Kundschaft": soziale Gruppen, deren Interessen sie in politischen Prozessen besonders vertreten wollen. Die Bezeichnung „Klientelpartei" wird heute meist in einem kritischen Sinne gebraucht, als Vorwurf, eine Partei trete zwar mit dem Anspruch auf, als Volkspartei dem Gemeinwohl zu dienen, in Wirklichkeit bediene sie die Interessen ihrer besonderen Klientel.
Sieht man einmal davon ab, dass solche Vorwürfe auch aus wahltaktischen Gründen erhoben werden, so kann eine genauere Analyse des Parteiensystems zeigen, dass Klientelpolitik Thema aller Parteien ist, indem einzelne soziale Gruppen ins Blickfeld rücken, die sie in ihrer Politik berücksichtigen müssen. Kommen sie diesen Erwartungen nicht nach, riskieren sie einen gravierenden Verlust an Vertrauen und Wählerstimmen.

Parteien bündeln Interessen
Parteien entstehen aus gesellschaftlichen Konflikten und Interessenunterschieden. Sie organisieren Bürger ähnlicher politischer Interessen und Ziele. In demokratischen Staaten soll der Wettbewerb der Parteien die Wählerschaft mobilisieren und zu politischer Beteiligung motivieren. Parteien legen die Grundlinien ihrer Politik in Programmen fest. Sie stellen Kandidatinnen und Kandidaten für Wahlen auf, aus denen sich die politischen Führungseliten rekrutieren. Volksparteien wollen Massenparteien ohne ausschließliche Bindung an eine bestimmte soziale Gruppe oder Klasse sein. Dadurch erweitert sich zwar der Kreis potenzieller Wählerinnen und Wähler, doch laufen sie als „Allerweltsparteien" Gefahr, ihr spezifisches Profil zu verlieren. Die Erosion dieser Parteien drückt sich bei Wahlen in einem sinkenden Anteil an der Gesamtstimmenzahl aus.

2. Das Parteiensystem: Werden die großen Parteien kleiner und die kleinen größer?

Online-Link 800621-3042

Um die Rollen, die Parteien in der Politik eines Landes spielen, und ihre Vorstellungen von den politischen Aufgaben und möglichen Lösungsstrategien geht es, wenn wir uns mit dem **Parteiensystem** beschäftigen. Damit nehmen wir nicht nur eine einzelne Partei, sondern die Parteien insgesamt und ihre Beziehungen untereinander in den Blick.
Weder die Zahl der Parteien, noch ihre Größe und ihre Programme bleiben gleich. Das Parteiensystem ist einem ständigen Wandel unterworfen. Bestehende Parteien verlieren an Bedeutung, andere bekommen neues Gewicht, neue Parteien entstehen.

Entwicklung nach 1945

Nach dem Zusammenbruch des NS-Staates 1945, in dem freie Parteien verboten waren, versuchten die Parteien zunächst, an die Verhältnisse vor 1933 anzuknüpfen. Nach 1945 drückte sich auch die Teilung Deutschlands in einer Auseinanderentwicklung der Parteien in Ost und West aus. In Ostdeutschland musste sich die SPD auf Druck der sowjetischen Besatzungsmacht mit der Kommunistischen Partei Deutschlands (KPD) zur Sozialistischen Einheitspartei Deutschlands (SED) zwangsvereinigen. Artikel 1 der Verfassung der DDR lautete: „Die Deutsche Demokratische Republik ist ein sozialistischer Staat der Arbeiter und Bauern. Sie ist die politische Organisation der Werktätigen in Stadt und Land unter Führung der Arbeiterklasse und ihrer marxistisch-leninistischen Partei." Die SED übte damit die Staatsgewalt aus. Die anderen Parteien – wie Christlich Demokratische Union (CDU), Liberal-Demokratische Partei Deutschlands (LDPD), Nationaldemokratische Partei Deutschlands (NDPD) sowie Demokratische Bauernpartei Deutschlands (DBD) – mussten sich dem Diktat der SED unterwerfen, blieben formell aber bestehen.
In Westdeutschland konnte die SPD an ihre Tradition aus der Weimarer Republik anknüpfen. Neu im Parteienspektrum war dagegen die CDU. In ihr sammelten sich ehemalige Mitglieder des früheren katholischen Zentrums sowie der konservativen und der liberalen Parteien. In Bayern entstand die Christlich Soziale Union (CSU), die nur in diesem Bundesland zur Wahl antritt und mit der CDU im Bundestag eine gemeinsame Fraktion bildet. Liberale Politiker gründeten die Freie Demokratische Partei (FDP). Auch in ihr waren in den Nachkriegsjahren Politiker tätig, die schon in den liberalen Parteien vor 1933 aktiv waren.

vom Drei- zum Fünfparteiensystem

Von den 1950er- bis in die 1980er-Jahre bestand in der Bundesrepublik Deutschland – sieht man von der Vielzahl der Parteien im ersten Bundestag ab – ein relativ stabiles **Dreiparteiensystem** mit CDU/CSU, SPD und FDP. Letztere war bei Regierungsbildungen „Königsmacherin" für CDU/CSU (1953–1957, 1961–1966, 1982–1998 und wieder seit 2009) oder die SPD (1969–1982). Eine Alleinregierung der CDU/CSU war nur zwischen 1957 und 1961 möglich. Und zwischen 1966 und 1969 sowie 2005 und 2009 regierte eine große Koalition aus CDU/CSU und SPD. Mit dem Aufkommen der Grünen Anfang der 1980er-Jahre entstand ein Vier-Parteiensystem.
Nach Parteiprogrammen betrachtet bildeten sich zwei politische Lager heraus, mit Schwarz-Gelb aus CDU/CSU und FDP einerseits und Rot-Grün aus SPD und B90/Die Grünen andererseits. Auswirkungen auf die Regierungsbildung hatten diese Lager zuerst auf Landesebene, als 1985 die erste rot-grüne Regierung in Hessen gebildet wurde. 1998 kam es unter Gerhard Schröder (SPD) und Joseph Fischer (Bündnis 90/Die Grünen) zur ersten rot-grünen Bundesregierung (bis 2005).
Seit den Wahlen der Jahre 2008/2009 zeichnete sich das Ende dieser festen Lagerbildung ab: In Hamburg kam es 2008 erstmals zu einer schwarz-grünen Koalition bei der Regierungsbildung im Senat. Im Saarland erzwang das Wahlergebnis 2009 eine schwarz-gelb-grüne Koalition aus CDU, FDP und Grüne (sogenannte Jamaika-Koalition, benannt nach den Farben der Flagge Jamaikas). Die Linke stabilisierte sich als neue Partei jenseits der SPD seit der Bundestagswahl 2005. Dass ihr Erfolg bei Wahlen erkennbar auf Kosten der SPD geht, zeigte sich 2009. Mit fast 12 Prozent der Zweitstimmen festigte sie ihre Position innerhalb eines nun etablierten **Fünfparteiensystems** auch im Westen Deutschlands.

Koalitionen im Fünfparteiensystem: mehr Unsicherheit, mehr Konflikte?

Der Politikwissenschaftler Joachim Raschke formuliert Regeln für die Bildung von Koalitionen im Fünf-Parteiensystem:

Erste Regel: Es ist legitim, dass die Verbindlichkeit einer Koalitionsaussage vor der Wahl abnimmt. Parteien haben einen Wunsch frei, aber danach sollten sie lieber schweigen. Sonst laufen sie in die Falle des Wählerbetrugs [...] oder in die einer Selbstblockade. [...]

Zweite Regel: Es ist legitim, dass die Parteien einen gesteigerten Beratungs-, Verhandlungs- und Entscheidungsbedarf bei der Koalitionsbildung nach der Wahl haben. Das gilt gerade für lagerüberschreitende Koalitionen mit ihrem besonderen Legitimationsbedarf, also für große Koalitionen ebenso wie für verschiedene Dreiervarianten. Weil im Fünfparteiensystem vor der Wahl das Entscheidende – wer mit wem – offen bleiben muss, kann erst nach der Wahl realistisch diskutiert werden. [...]

Dritte Regel: Neue Koalitionsformen sind legitim. Koalitionen, die nicht mehr auf möglichst großen Schnittmengen zwischen den Koalitionspartnern beruhen, sondern [...] sonst nicht vereinbare Interessen berücksichtigen. Die Gesamtidentifikation mit dem Bündnis wird geringer als bei den früher homogeneren Koalitionen wie Schwarz-Gelb oder Rot-Grün sein. Lager-übergreifenden Koalitionen ist wegen des größeren Konfliktpotenzials auch ein höheres Streitpotenzial zuzubilligen. Eines Tages werden die Deutschen auch lernen müssen, Minderheitsregierungen auszuhalten.

Jochen Raschke: Spielt jetzt mit den Schmuddelkindern, Süddeutsche Zeitung, 16.09.2009, S. 2

Erosion der Volksparteien

Der Versuch der großen Volksparteien, neue Mehrheiten jenseits der traditionellen Wählerschaft zu finden, kann zur Folge haben, dass alte Stammmitglieder und Kernwähler von ihren Parteien abwandern, ohne dass dieser Verlust durch neue Wähler ausgeglichen oder gar übertroffen wird. Eine solche Erosion der Parteien tritt vor allem ein, wenn sich **gesellschaftliche Konflikte** – wie Arbeitslosigkeit oder Umweltprobleme – zuspitzen und eindeutige oder „einfache" Lösungen von Parteien erwartet werden.
Einen Indikator für die Erosion der großen Parteien erhält man, wenn die Stimmenteile der Volksparteien CDU/CSU und SPD bei Bundestagswahlen addiert werden. Seit der ersten Wahl 1949 stieg dieser Anteil von rund 60 Prozent auf etwas mehr als 90 Prozent in den 1970er-Jahren. 2009 entfielen auf diese Parteien nur noch knapp 58 Prozent der Zweitstimmen. Darin drückt sich ein erkennbarer Wandel des Parteiensystems aus.

Neonazis und andere

Rechtsextreme Parteien blieben bisher auf Bundesebene erfolglos. Sie können vor allem in wirtschaftlichen Krisenzeiten Wähler ansprechen. So gelang es der Nationaldemokratischen Partei Deutschlands (NPD) während der wirtschaftlichen Rezession in den 1960er-Jahren, in mehrere westdeutsche Landtage einzuziehen. Ähnlichen Zulauf bekamen rechte Protestparteien wie die Deutsche Volksunion (DVU) und die Republikaner seit Beginn der 1990er-Jahre in einzelnen Bundesländern. Ein Versuch, die NPD vom Bundesverfassungsgericht als verfassungswidrige Partei verbieten zu lassen, scheiterte 2003. Der Antrag von Bundesregierung, Bundestag und Bundesrat auf ein Verbot wurde wegen Verfahrensmängeln eingestellt.

Mitgliederschwund

Ein großes Problem aller Parteien besteht im Rückgang der Mitglieder, mit dem bei den meisten Parteien auch eine eklatante Alterung in der Mitgliedschaft einhergeht. Sie alle haben Schwierigkeiten, Neumitglieder zu gewinnen und zu mobilisieren – insbesondere Jugendliche. Das hängt vor allem zusammen mit:

- der stärkeren Individualisierung, die kontinuierliche Mitarbeit in festen Organisationen und ehrenamtliches Engagement erschwert
- einer unattraktiven Außendarstellung vieler Parteien, was ihren medialen Auftritt ebenso wie ihr personelles Angebot betrifft
- Schwierigkeiten der innerparteilichen Meinungsfindung, sodass Neumitglieder angesichts vermeintlich oder tatsächlich geringer Durchsetzungschancen personeller oder auch programmatischer Art abgeschreckt werden
- einer starken Konkurrenz anderer Organisationen, etwa projektbezogener Initiativen, wie auch den Angeboten der Freizeitindustrie
- der immer noch verbreiteten Benachteiligung von Frauen, wobei Frauenquoten (bei den Grünen und der SPD) nur partiell Abhilfe schaffen konnten
- der Auflösung traditioneller sozialer Milieus, die prägend waren für politische Orientierung und Engagement; damit einhergeht der Verlust fester Parteibindungen aus gemeinsamen sozialen Erfahrungen (z. B. für die SPD: traditionelles Arbeitermilieu, für die CDU: katholisch-ländliches Milieu).

Mitgliederentwicklung der Parteien
Mitgliederzahlen der Bundestagsparteien, in Tausend gerundet, 1946 bis 2008

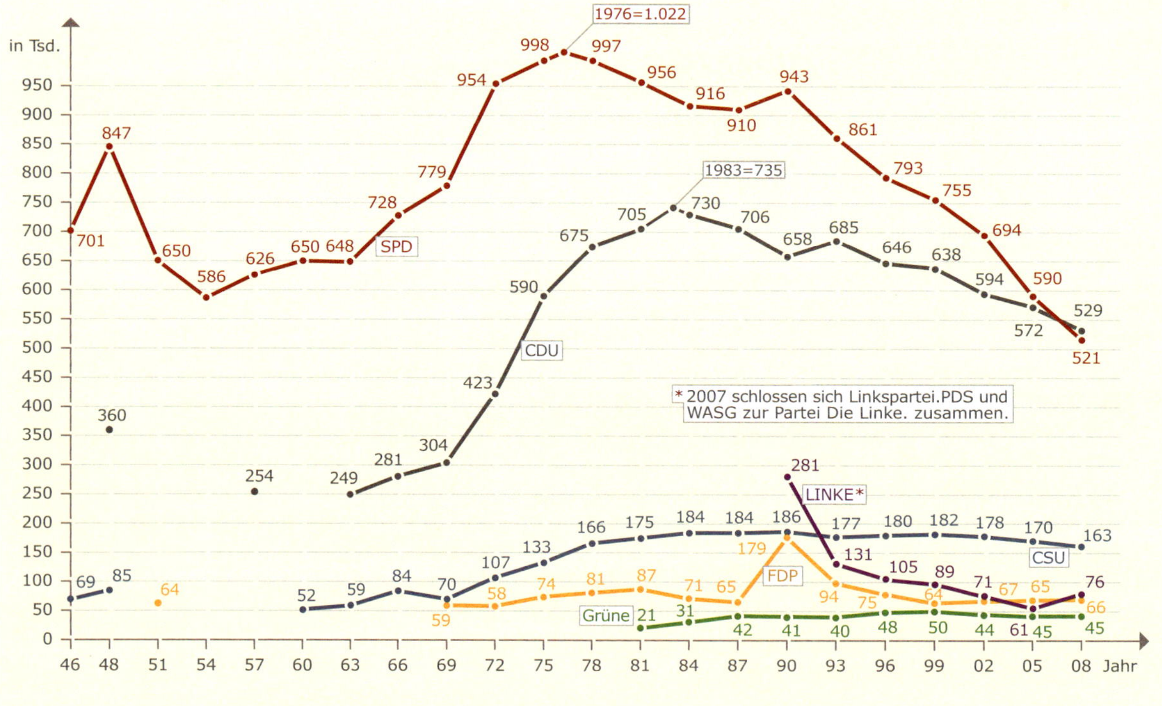

1946–1969: Recker/Tenfelde (2005); 1970–1989: Jesse (1997); 1990–2008: Niedermayer (2009); Angaben der Parteien
Bundeszentrale für politische Bildung, 2009, www.bpb.de

3. Hängen die Parteien am staatlichen Finanztropf?

Online-Link
800621-3043

Aus den besonderen, in der Verfassung festgeschriebenen Aufgaben der Parteien leitet sich eine staatliche Unterstützung ab (Art. 21 GG). Trotz dieser verfassungsrechtlichen Legitimation der Parteienfinanzierung ist sie ein dauerhaftes Feld des politischen Streits. Es geht zum einen um die Höhe der staatlichen Finanzierung, zum anderen um die rechtlichen Regeln, nach denen Parteien von Dritten – über die Beiträge der Mitglieder hinaus – mit Spenden finanziell unterstützt werden.

Das magische Viereck der Parteienfinanzierung
Magisch ist dieses Viereck, weil die Kriterien miteinander in Konflikt geraten können.

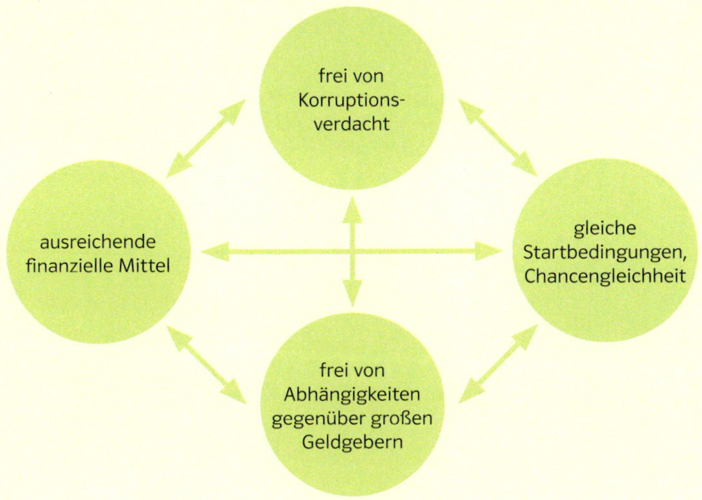

Nach: Karl-Heinz Naßmacher: Parteienfinanzierung als verfassungsrechtliches Problem, Bundeszentrale für politische Bildung (Hg.), Aus Politik und Zeitgeschichte, B 11/1989, S. 27

Parteienfinanzierung

Im Unterschied zu Verbänden, die sich nur aus Mitgliedsbeiträgen und Spenden finanzieren, werden Parteien vom Staat finanziell gefördert: Zum einen gibt es eine Erstattung von Wahlkampfkosten in Landtags-, Bundestags- und Europawahlen (abhängig von der Zahl der Wählerstimmen).
Zum anderen werden – abhängig von den Eigeneinnahmen aus Mitgliedsbeiträgen, Beiträgen der Mandatsträger und Spenden – direkte staatliche Zuschüsse bezahlt. Zudem gibt es eine indirekte finanzielle Förderung, indem Privatpersonen Mitgliedsbeiträge und Parteispenden bis zu einer Obergrenze von jährlich 3300 Euro steuerlich geltend machen können.
Die Höhe der öffentlichen Mittel wird jährlich zum 15. Februar durch den Präsidenten des Bundestags festgesetzt. Nach den Urteilen des Bundesverfassungsgerichts müssen dabei drei Grundsätze berücksichtigt werden:

- Transparenz: Parteien müssen über die Herkunft ihrer Mittel und über ihr Vermögen jährlich Rechenschaft ablegen. Einzelspenden über 10 000 Euro

müssen in den jährlichen Rechenschaftsberichten mit dem Namen des Spenders aufgeführt, Spenden ab 50000 Euro unverzüglich beim Bundestagspräsidenten angezeigt werden.
- Staatsfreiheit: Staatliche Mittel sind als Erstattung von Wahlkampfkosten zweckgebunden; nicht zweckgebundene Unterstützung ist nicht erlaubt; staatliche Mittel dürfen die Höhe der Eigenmittel nicht übersteigen.
- Chancengleichheit: Durch die Parteienfinanzierung dürfen keine Parteien und Spender bevorzugt werden.

Parteispenden zur politischen „Landschaftspflege“

Wie es mit der Chancengleichheit steht, darüber kann eine genauere Untersuchung der Spendenpraxis vor allem von Unternehmen und Verbänden (juristische Personen) Auskunft geben. Der Sozialwissenschaftler Martin Höpner hat die Spendenpraxis der 100 größten Unternehmen in den zurückliegenden Jahrzehnten untersucht: Er kommt zu dem Ergebnis, dass deren Großspenden vor allem gezielt der „Stärkung von Parteien des bürgerlichen Lagers“, also CDU/CSU und FDP dienen (74 Großspenden im Unterschied zu 6 für SPD und Grüne). Daneben gab es eine geringere Zahl von Spenden, die er als „flächendeckende politische Landschaftspflege“ bezeichnet und „lagerübergreifend“ an nahezu alle Parteien (mit Ausnahme der Linken) gehen. „Politische Landschaftspflege“ wird parteiübergreifend vor allem von solchen Unternehmen und Verbänden praktiziert, die mit ihrer Produktion „in besonderem Maß von politischen Entscheidungen abhängen“. Das sind vor allem die Energie- und die Automobilwirtschaft sowie die Chemie- und Pharmaindustrie. Deren ökonomische Rahmenbedingungen werden nicht zuletzt durch politische Entscheidungen – etwa in der Umwelt- und Gesundheitspolitik – gesetzt (Martin Höpner: Parteigänger und Landschaftspfleger, Max-Planck-Institut für Gesellschaftsforschung, Working Paper 09/6).

Einnahmen der Parteien im Jahr 2007

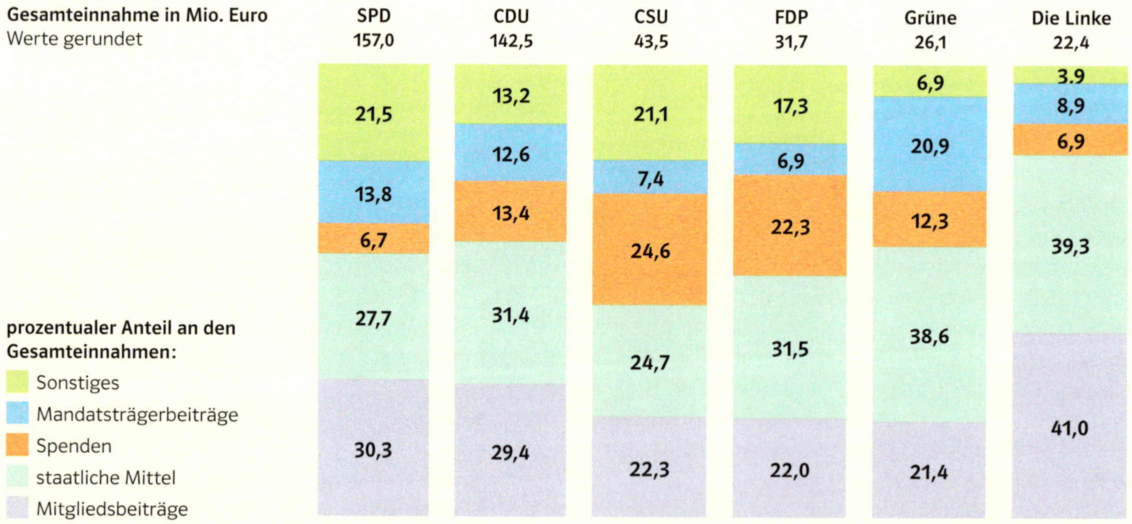

Deutscher Bundestag: Bericht über die Rechenschaftsberichte 2000 bis 2007 sowie über die Entwicklung der Parteienfinanzen gemäß §23 Absatz 4 des Parteiengesetzes, Drucksache 16/14140, S. 44f.

3.5 Organisierte Interessen, soziale Bewegungen und Netzwerke in der Zivilgesellschaft

Interessenverbände, Bürgerinitiativen und neue soziale Bewegungen sind Organisationen der Zivilgesellschaft, die im Sinne von Pressure-Groups direkten Einfluss auf politische Entscheidungen ausüben und darüber hinaus Politik selber in die Hand nehmen. Mit den Aktivitäten vor allem der sozialen Bewegungen wurde das Spektrum der politischen Beteiligung durch unkonventionelle Formen der Partizipation ausgeweitet.

1. Interessenverbände – auf welche Weise gewinnen sie politischen Einfluss?
2. Initiativen und neue soziale Bewegungen – Konkurrenz für Parteien?

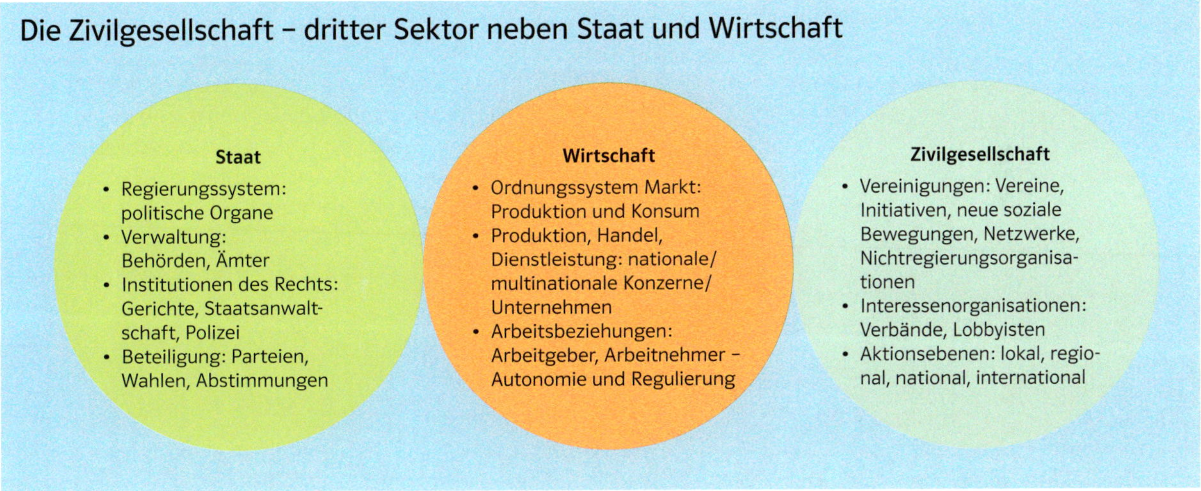

1. Interessenverbände – auf welche Weise gewinnen sie politischen Einfluss?

Online-Link
800621-3051

Deutschland ist ein Land der Vereine und Verbände. Viele von ihnen sind in unterschiedlichen Politikfeldern und gesellschaftlichen Bereichen aktiv, so in der Wirtschaft und der Arbeitswelt, auf dem Gebiet der Kultur und Bildung, in sozialen Bereichen wie auch im Sport und in der Freizeitgestaltung.
Dies entspricht einer Gesellschaftsvorstellung, der das Bild des **Pluralismus** zugrunde liegt (plural im Sinne von vielfältig). In offenen, nicht autoritären oder diktatorisch reglementierten Gesellschaften gibt es eine Vielzahl von Interessen, die sich frei organisieren und auf politische Entscheidungsträger – Regierungen, Parlamente und Verwaltungen – Einfluss nehmen wollen.

„Verbandslandschaft"

Die Schätzungen schwanken zwischen 300 000 und einer halben Million Vereinigungen in Deutschland. Nicht alle von ihnen sind Organisationen, die Interessen nach außen oder in der Politik vertreten wollen. Die meisten von ihnen beschränken sich darauf, Leistungen für ihre Mitglieder zu erbringen. Dies gilt für die meisten Sportvereine wie für Vereine aus dem kulturellen Bereich. Politisch relevant werden diese auf indirekte Weise über ihre Dachorganisationen, wie dem Deutschen Olympischen Sportbund, der mehr als 27 Millionen Mitglieder vertritt (Stand 2010). Solche Spitzenverbände vertreten die Interessen ihrer Mitglieder in und gegenüber den politischen Gremien. In unserem Zusammenhang interessieren vor allem solche Spitzenverbände, die in direkter oder indirekter Form Einfluss nehmen auf politische Entscheidungen.

Das freie Spiel der Kräfte?

Der Vorstellung von einer pluralistischen Gesellschaft liegt der Gedanke zugrunde, dass im „freien Spiel der Kräfte" alle Interessen Zugang zu politischen Entscheidungsgremien haben. Dieses Bild ist jedoch in mehrfacher Hinsicht fraglich. Zum einen sind manche Interessen nicht oder nur schwer zu organisieren, weil etwa die sozialen Gruppen zu unterschiedlich sind (z. B. Arbeitslose). Andere Interessen lassen sich nicht eindeutig sozialen Gruppen zuordnen; als „allgemeine Interessen" stehen sie oft im Widerspruch zu anderen Interessen. So begründen Energieunternehmen die weitere Nutzung von Kernenergie mit dem Klimaschutz, während Atomkraftgegner darin die größte Gefährdung der heutigen und künftigen menschlichen Lebensgrundlagen sehen. Und schließlich haben nicht alle Interessen die gleiche politische Lobby. Wenn es um die politische Durchsetzungskraft geht, gibt es ein Ungleichgewicht zwischen verschiedenen gesellschaftlichen Gruppen.

Adressaten des Verbandseinflusses
Wohin wenden sich Verbände, wenn sie ihre Interessen durchsetzen wollen?

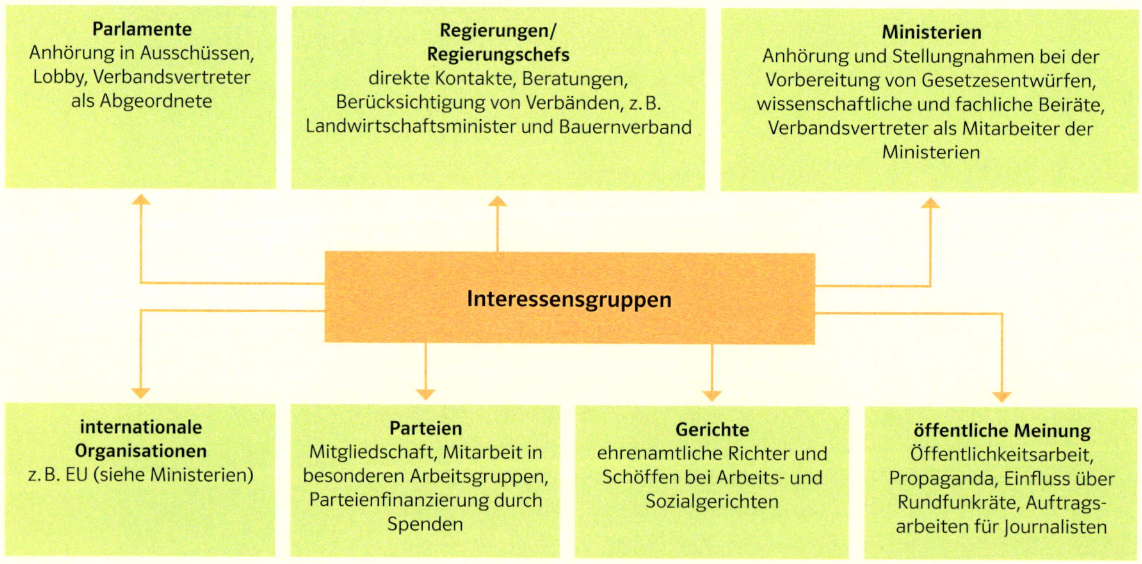

Interessenverbände in der Politik

Die vielfältigen Aktivitäten der Interessenverbände im politischen Raum werden als ➤ **Lobbyismus** bezeichnet. Umgangssprachlich wird mit Lobbyismus häufig nur die politische Einflussnahme bezeichnet, die sich „im Verborgenen" abspielt. In der politischen Praxis gibt es für Verbände eine Vielzahl von Wegen in die Politik. Generell gilt: Zu den Adressaten des Verbandseinflusses gehören alle diejenigen Personen, Institutionen und Organisationen, in denen Politik vorbereitet, beraten, entschieden und durchgeführt wird.
Die Einflusswege reichen von rechtlich oft fragwürdigen Praktiken wie der „politischen Landschaftspflege" durch Parteispenden (Kap. 3.4), der gezielten Öffentlichkeitsarbeit, über die „Pflege von Kontakten" zu einflussreichen Persönlichkeiten, bis zu „politischen Leihbeamten", die große Verbände oder Konzerne Ministerien und anderen Behörden befristet als „Experten" zur Verfügung stellen.
Problematisch wird die in letzter Zeit zunehmende Praxis beurteilt, Gesetzesvorlagen ganz oder zu Teilen durch spezialisierte Anwaltskanzleien ausarbeiten zu lassen. Dabei kann nicht ausgeschlossen werden, dass Interessen einzelner wirtschaftlicher Gruppen oder Vereinigungen gleichsam unter dem Mantel des „Sachverstands" in die politische Entscheidung unkontrolliert einfließen.
Daneben gibt es eine Mitwirkung, die dazu dienen soll, die Sicht Betroffener und von Experten bereits in die Vorbereitung von Gesetzen einzubringen. So sehen die Geschäftsordnungen der Bundesregierung und der Ministerien deren Einbindung bei der Ausarbeitung von Gesetzesvorlagen vor. Dies geschieht in Form offizieller Anhörungen als Sachverständige oder als Gutachter bei besonderen Fragestellungen. Beteiligt werden dabei nur **Dach- oder Spitzenverbände**, die beim Deutschen Bundestag registriert sind und in der „Öffentlichen Liste von Verbänden und deren Vertreter" eingesehen werden können. Die Liste wird laufend aktualisiert und steht auf den Websites des Bundestags.

Korporatismus: autonomer Interessenausgleich

Interessenorganisationen haben im Rahmen politischer Willensbildung eine vermittelnde, d.h. intermediäre Funktion zwischen Gesellschaft, Wirtschaft und Staat. Im Unterschied zum „freien Spiel der Kräfte" nach dem idealen Modell des **Pluralismus** gibt es in der politischen Ordnung der Bundesrepublik Interessengruppen, die „privilegiert" sind: Sie sind direkt in die politischen Entscheidungsverfahren eingebunden, d.h. inkorporiert. Dies gilt vor allem für Verbände der Wirtschafts- und Arbeitswelt, aber auch der Gesundheits- und der Berufsbildungspolitik. So gestalten Gewerkschaften und Arbeitgeberverbände die Arbeitsbeziehungen weitgehend autonom. Seinen verfassungsrechtlichen Ausdruck findet der **Korporatismus** in Deutschland in Art. 9 Abs. 3 GG: Jedermann und alle Berufe haben das „Recht, zur Wahrung und Förderung der Arbeits- und Wirtschaftsbedingungen Vereinigungen zu bilden". Diese Praxis wird als liberaler Korporatismus bezeichnet. Liberal ist dieser Korporatismus, weil im Unterschied zu autoritären Staaten die Verbände die ihnen zugewiesenen Politikbereiche autonom gestalten und ihre Beziehungen untereinander ohne staatliche Einmischung durch Kooperation und Aushandeln regeln. Das schließt keinesfalls aus, dass im Rahmen solcher Verhandlungen Druckmittel (z.B. Streik) eingesetzt werden, die – je nach Durchsetzungskraft der Verbände – das Ergebnis beeinflussen sollen.

Lobbyarbeit auf der Höhe der Zeit

In Berlin haben zahlreiche Unternehmen und Konzerne ihre „Berlin-Repräsentation"; mehr als 2000 Verbände haben sich in die amtliche Liste beim Präsidenten des Bundestags eintragen lassen. Nicht wenige Interessenvertreter sind direkt dort, wo Politik und Gesetze gemacht werden:

Abgeordnete halten nicht selten Reden, die in den Zentralen von Wirtschaftsverbänden entworfen wurden. Große Wirtschaftskanzleien basteln an den Gesetzen für das Geldgewerbe, das zu den wichtigsten Klienten der Anwälte gehört. Die Lobbyarbeit in Berlin ist in den vergangenen Jahren immer professioneller geworden. [...]

Fast unbemerkt von der Öffentlichkeit wechselten [...] mindestens hundert Konzernvertreter in die Ministerien, um dort segensreich tätig zu sein. Die „Leihbeamten" wurden weiterhin von ihren Unternehmen bezahlt und bastelten an Gesetzesvorlagen, die natürlich auch Einfluss auf die Geschäfte ihres Arbeitgebers hatten. [...] Das war kein heimliches Programm, sondern hieß „Crossing over" – schlanke Verwaltung, schlanker Staat. Auch wechselten Beamte für einige Zeit in die Wirtschaft.

Hans Leyendecker: „Legale Korruption", Süddeutsche Zeitung, 26.01.2010, S. 20

Interessen organisieren

Interessenverbände erfüllen wichtige Funktionen gegenüber ihren Mitgliedern und in politischen Prozessen. Sie organisieren Interessen und vertreten sie öffentlich. Im Rahmen politischer Willensbildung nehmen sie eine vermittelnde, intermediäre Rolle zwischen Gesellschaft, Wirtschaft und Staat ein. Adressaten des Verbandseinflusses sind Personen, Institutionen und Organisationen, die politische Entscheidungen vorbereiten und durchführen. Nach dem Ordnungsmodell des liberalen Korporatismus haben vor allem Interessenorganisationen der Wirtschafts- und Arbeitswelt eine herausgehobene Funktion, indem sie ihre Angelegenheiten – etwa die Tarifbeziehungen – innerhalb rechtlicher Vorgaben autonom regeln können.

Online-Link
800621-3052

2. Initiativen und neue soziale Bewegungen – Konkurrenz für Parteien?

andere Wege der Partizipation

Bürger schließen sich zusammen, um vor Ort ein gesellschaftliches oder politisches Problem zu lösen. Anders als bei Parteien und Verbänden benötigen solche Bürgerinitiativen, solange sie lokal oder regional tätig werden, keine feste und dauerhafte Organisation. Sie richten ihre Aktivitäten auf ein Thema oder ein Projekt, das für sie vorrangig ist. Ist die gemeinsame Aufgabe erledigt, kann sich die Gruppe wieder auflösen. Darin besteht ein wichtiger Unterschied zu Parteien, die ein umfassendes politisches Programm vertreten und deren Arbeit auf Dauer angelegt ist.

Initiativen

Aus einzelnen ➤ **Bürgerinitiativen** (z. B. Protest gegen den Bau von Atomkraftwerken ab Mitte der 1970er-Jahre) entwickelte sich eine breite Bewegung. Dazu hat beigetragen, dass die Probleme, die es zu lösen gilt, zugenommen haben und nicht lokal oder regional begrenzt sind: Umweltverschmutzung, Schutz bedrohter Tierarten, schwere Unfälle in Atomkraftwerken (u. a. Three Mile Island, USA 1979; Tschernobyl, Ukraine, damals Sowjetunion 1986) und in Chemieanlagen (Seveso, Italien 1976; Bhopal, Indien 1984). Auch das Thema Frieden und Abrüstung (Kap. 6.8), die prekäre Menschenrechtslage in vielen Ländern oder die Diskriminierung von Frauen sind nicht mehr lokal oder regional eingegrenzt. Diese Themen haben einen hohen Mobilisierungseffekt und lassen einzelne Initiativen zu etablierten Bewegungen werden.

soziale Bewegungen

Seit dem frühen 19. Jahrhundert spielen soziale Bewegungen in den europäischen Gesellschaften eine bedeutende Rolle. Sie haben diese tiefgreifend verändert. Herausragend ist die Bedeutung der Arbeiterbewegung, die sich in Gewerkschaften, Arbeiterparteien, Genossenschaften und Bildungsvereinen organisierte. Unter den Begriff neue soziale Bewegungen werden u. a. die Ökologie-, Anti-Atomkraft-, Frauen- und Friedensbewegung des 20. Jahrhunderts zusammengefasst. Seit Mitte der 1970er-Jahre entstanden zahlreiche Initiativen außerhalb der bestehenden Parteien und Verbände.

Aktionsformen im Wandel

Die Aktionen der **neuen sozialen Bewegungen** reichen von der Information der eigenen Mitglieder und der Öffentlichkeit bis hin zur Blockade von Straßen oder Schienen, z. B. bei Atommülltransporten zum geplanten Atommüllendlager in Gorleben in Niedersachsen. Im Unterschied zu Interessenverbänden suchen soziale Bewegungen die Öffentlichkeit, um über Protest und Information Druck auf politische Entscheidungsträger auszuüben. Dazu benötigen sie die Massenmedien, die über ihre Aktionen berichten und über ihre Absichten informieren. Spektakuläre Taten, z. B. gegen den Walfang, werden dabei zu medialen Aufhängern. In letzter Zeit beschreiten vor allem die großen Umwelt- und Menschenrechtsorganisationen noch einen zweiten Weg: Als Experten und Berater nehmen sie Einfluss auf politische Gremien im nationalen und internationalen Rahmen.
Außerdem treten Online-Aktionsformen hinzu: So werden Meinungen im Internet in Blogs ausgetauscht, man verabredet sich zu Flashmobs und beteiligt sich an Internetspendenkampagnen nach dem Schneeballprinzip. Die klassische Plakatier- und Demonstrierform, mit der früher politische Interessen ausgedrückt wurden, findet im Internet neue Ausdrucksformen. Das bewirkt gerade unter Jugendlichen eine starke Mobilisierung. Ob ältere oder neue Aktionsformen: Das Besondere ist ihre hohe Mobilisierungsfähigkeit von Menschen. Zudem werden politische Ziele mit allgemeingültigem Anspruch formuliert: Erhalt der Umwelt, Gleichberechtigung der Frauen, Durchsetzung der Menschenrechte, eine globale Friedenspolitik, Schutz der Rechte von Minderheiten usw. Sie fordern, dass diese „verallgemeinerungsfähigen" oder „kollektiven Güter" einen besonderen Stellenwert in der Politik erhalten.

Kritik an Parteien

Das Aufkommen neuer sozialer Bewegungen kann auch als Kritik an den traditionellen Parteien und Verbänden verstanden werden. Diese versäumen es, neue gesellschaftliche und politische Probleme zum Thema der Politik zu machen. Dennoch bedeutet die Abgrenzung gegenüber Parteien nicht zwangsläufig, dass die Aktiven auf prinzipielle Distanz zu dieser traditionellen Form der politischen Beteiligung gehen: Ein großer Teil der Frauen-, Friedens-

und Umweltbewegung sympathisiert mit oder engagiert sich vor allem bei Parteien wie Bündnis 90/Die Grünen oder der SPD. Bürgerrechtsgruppierungen fanden ihre politische Heimat in der FDP. Die Klientel des ökologischen Landbaus und Anhänger alternativer Energien finden wir inzwischen auch im politischen Umfeld der CSU, und der ehemalige Generalsekretär der CDU, Heiner Geißler, wurde prominentes Mitglied der außerparlamentarischen wirtschafts- und globalisierungskritischen Bewegung Attac.

Netzwerke und Nichtregierungsorganisationen

Zahlreiche Initiativen und soziale Bewegungen beteiligen sich grenzüberschreitend an Aktionen oder Kampagnen und schließen sich in internationalen Netzwerken zusammen. Als Nichtregierungsorganisationen (engl. Non Governmental Organizations, NGO) betonen sie vor allem ihre Unabhängigkeit von staatlichen Interessen. Im Unterschied zu Regierungsorganisationen sind sie allerdings nicht durch ein öffentliches Mandat – in demokratischen Staaten durch allgemeine Wahlen – legitimiert. Sie leiten vielmehr ihre Berechtigung aus einem basisdemokratischen Demokratieverständnis ab. Einen enger gefassten Begriff für NGOs, die im internationalen Rahmen tätig sind, benutzt die Union of International Associations (UIA). Diese Vereinigung gibt jährlich einen Katalog der von ihr registrierten NGOs heraus und hat folgende Kriterien für eine NGO angegeben:

- auf privater Initiative gegründet
- unabhängig, vor allem von staatlicher Einflussnahme
- internationale Mitgliedschaft
- finanzielle Mittel kommen aus mindestens drei Ländern
- tätig in mindestens drei Staaten
- muss über einen Wahlmechanismus für das Leitungsgremium verfügen
- muss über einen Hauptsitz verfügen und feste Mitarbeiter beschäftigen

Laut UIA hat sich die Anzahl solcher NGOs von 176 im Jahr 1909 bis heute auf etwas mehr als 7300 erhöht.

Nichtregierungsorganisationen als transnationale Akteure

NGOs sind aus Initiativen und neuen sozialen Bewegungen hervorgegangen. Sie vertreten als gesellschaftliche Organsisationen politische, wirtschaftliche, kulturelle und soziale Ziele in einer zunehmend internationalisierten und weltweiten Politik. Als nichtstaatliche und von Regierungen unabhängige Organisationen streben sie eine Beteiligung von unten in der politischen Willensbildung an. Durch Information und Aufklärung wie auch durch Protest, demonstrative Aktionen und massenhaften Druck gegen Staaten, Regierungen und internationale Organisationen, z.B. Weltbank und WTO (Kap. 5.2), werden sie über nationale Grenzen hinweg aktiv. Zu den Politikfeldern von NGOs gehören vor allem der Schutz der Menschenrechte, ein gerechter Welthandel und nachhaltige Entwicklungspolitik, Friedens- und Abrüstungspolitik sowie der Schutz der Umwelt. Zu den großen Akteuren gehören Amnesty International, Attac, Greenpeace und kirchliche Organisationen wie „Brot für die Welt" oder Misereor (Kap. 6.2).

3.6 Die politischen Organe

Die fünf Verfassungsorgane und ihr Verhältnis zueinander bilden das institutionelle Gerüst des politischen Systems der Bundesrepublik Deutschland auf der gesamtstaatlichen Ebene. In der parlamentarischen Demokratie sollte eigentlich der Bundestag das Zentrum der politischen Macht bilden, in der Realität tendiert die Bundesrepublik eher zu einer „Kanzlerdemokratie". Und in letzter Zeit greift das Verfassungsgericht zunehmend korrigierend in die Gesetzgebung ein.

1. Der Bundestag: Welche Kompetenzen haben Parlament und Abgeordnete?
2. Bundeskanzler und Minister: Wie sind die Aufgaben im Kabinett verteilt?
3. Der Bundesrat: Ländervertretung oder Bremser der Bundespolitik?
4. Das Bundesverfassungsgericht: Hüter des Grundgesetzes oder Ersatzgesetzgeber?
5. Der Bundespräsident – ein politisches Amt ohne Einfluss?

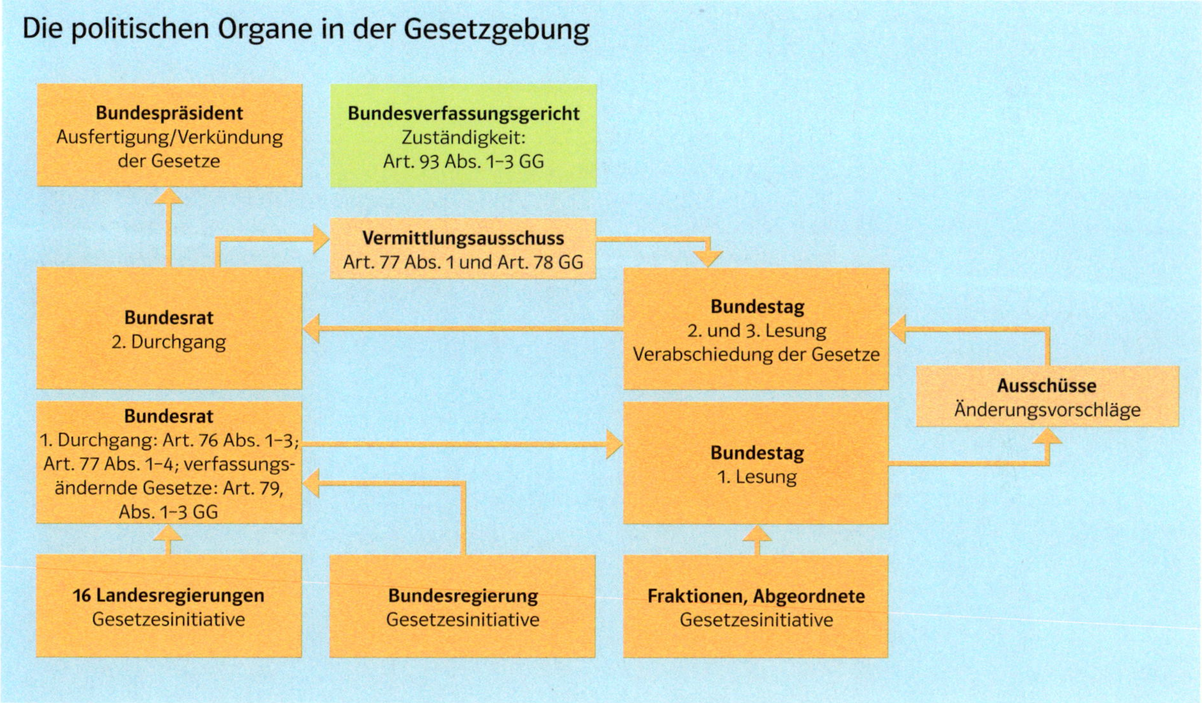

© Klett

1. Der Bundestag: Welche Kompetenzen haben Parlament und Abgeordnete?

Online-Link
800621-3061

Parlamentstypen

Die Bundesrepublik Deutschland ist eine **parlamentarische Demokratie**. Deshalb steht der Bundestag im Mittelpunkt des politischen Systems, doch in der öffentlichen Wahrnehmung von politischer Macht stehen die Bundesregierung und vor allem der Bundeskanzler im Zentrum.

Es können modellhaft zwei Parlamentstypen unterschieden werden – das Rede- und das Arbeitsparlament:

- Wie der Name schon vermuten lässt, liegt der Schwerpunkt bei Ersterem auf der großen Rede im Plenum. Das Parlament ist die Bühne der Abgeordneten. Es soll in diesem Verständnis das öffentliche Forum sein, auf dem die politischen Themen in unterschiedlicher Perspektive vorgestellt, die eigene Position gerechtfertigt und die der anderen Parteien kritisiert werden.
- Im Arbeitsparlament finden die entscheidenden politischen Auseinandersetzungen in den Ausschüssen statt. Hier steht nicht der mitreißende Redner, sondern der kenntnisreiche Experte im Vordergrund. Nicht das große Wort, sondern die Detailarbeit ist gefragt.

Der Deutsche Bundestag ist eine Mischform beider beschriebenen Typen, tendenziell ist er eher ein Arbeitsparlament.

Funktionen des Parlaments

Der Bundestag ist das einzige vom Volk direkt gewählte politische Organ auf Bundesebene. Er hat vier Funktionen:

- Gesetzgebung
- Wahl des Bundeskanzlers und anderer Verfassungsorgane
- Kontrolle von Regierung, Verwaltung und Bundeswehr
- öffentliche Debatte und Information der Bürger

In der Realität wird die Kontrolle der Regierung vorwiegend durch den oppositionellen Teil des Parlamentes ausgeübt. Die Mehrheitsfraktionen sehen ihre Aufgabe vor allem darin, die Regierung zu stützen. Die Grenze der in drei Gewalten geteilten Macht verläuft hier durch die Legislative hindurch.

Ausschüsse des Deutschen Bundestages

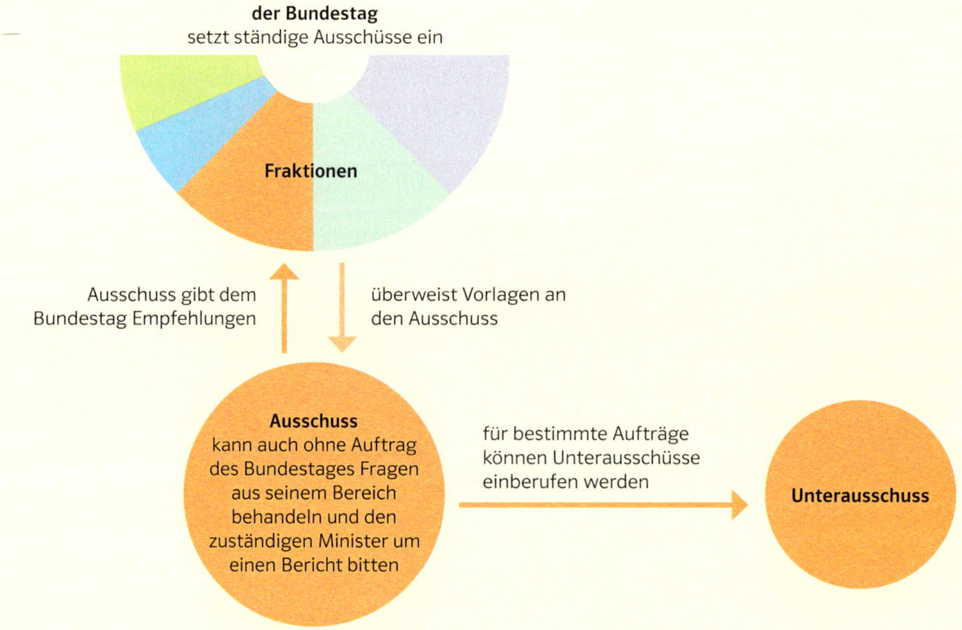

Nach: Karl-Heinz Döring, Deutscher Bundestag (Hg.): Die Ausschüsse des Deutschen Bundestags, Berlin 2010, S. 4

Im parlamentarischen Alltag sollen die unterschiedlichen politischen Positionen der einzelnen Parteien zum Ausdruck kommen. Zudem geht es bei den meisten Themen darum, notwendige Sachfragen im Detail zu klären und politische Entscheidungen vorzubereiten. Während die erste Aufgabe – die politische Profilierung – Sache der **Fraktionen**, der parteipolitischen Zusammenschlüsse im Parlament ist, setzen sich die **ständigen Ausschüsse** als die eigentlichen Arbeitsgremien nach dem politischen Kräfteverhältnis, wie es aus der Wahl hervorgegangen ist, zusammen. Auch die Posten der Ausschussvorsitzenden werden nach diesem Verhältnis aufgeteilt.

Fraktionen und Ausschüsse

Die ständigen Ausschüsse werden nach fachlichen Arbeitsgebieten gebildet. Sie richten sich vor allem nach den Politikbereichen, die durch die Ministerien vertreten werden. Damit stellen sie die parlamentarischen Gegengremien zur Exekutive dar und haben so eine doppelte Aufgabe: Sie beraten die Gesetzesvorlagen im Detail, bereiten die Debatten und Abstimmungen im Plenum vor und sind zugleich für ihren Politikbereich die parlamentarischen Kontrollorgane, in denen Mitglieder der Bundesregierung auch zu Einzelfragen Rede und Antwort stehen müssen. Dies gilt besonders für den **Haushaltsausschuss**, der einerseits den jährlichen Haushalt der Regierung und ihrer Ministerien berät und andererseits die laufenden Ausgaben und damit die Umsetzung der Politik kontrolliert. Die Bedeutung der Kontrollfunktion kommt auch in der parlamentarischen Tradition zum Ausdruck, wonach der oder die Vorsitzende des Haushaltsausschusses in der Regel von einer Oppositionspartei gestellt wird.

Neben den auf die einzelnen Ministerien hin ausgerichteten ständigen Ausschüssen können weitere Ausschüsse zu besonderen Anlässen eingerichtet werden. Das schärfste parlamentarische Kontrollmittel ist der **Untersuchungsausschuss**, der auch gerichtliche Befugnisse besitzt, wie z. B. die Vorladung von Zeugen. In diesem Gremium gilt das Mehrheitsprinzip nicht uneingeschränkt, auch die Minderheit kann hier ihre Kontrollfunktion ausüben, indem sie z. B. Zeugen in den Ausschuss laden oder Akteneinsicht verlangen kann. Dieses Mittel wird naturgemäß eher von der Opposition eingesetzt, um die Regierung zu kontrollieren. Ein Viertel der Abgeordneten des Bundestages kann die Einsetzung eines Untersuchungsausschusses fordern und durchsetzen (Art. 44 GG).

parlamentarische Kontrollinstrumente

Eine weitere Möglichkeit die Regierung zu kontrollieren, ist die schriftliche **große Anfrage**. Sie muss von einer Fraktion oder fünf Prozent der Abgeordneten unterzeichnet sein und wird über den Bundestagspräsidenten an die Regierung weitergeleitet. Der schriftlichen Antwort der Regierung folgt eine Debatte im Parlament. In einer **kleinen Anfrage** kann schriftlich von der Bundesregierung Auskunft über genau bezeichnete Bereiche verlangt werden. Die Antwort der Regierung kommt in der Regel schneller als bei einer großen Anfrage. Es folgt keine Debatte.

Zu Beginn einer Plenarsitzung kann jeder Abgeordnete in der **Fragestunde** pro Sitzungswoche zwei Fragen an die Regierung stellen, die vorher schriftlich eingereicht werden. Schließlich können in der **Befragung der Bundesregierung** mündlich Fragen zur letzten Kabinettssitzung oder zu aktuellen Themen gestellt werden, auf die ein Vertreter der Bundesregierung antwortet. Eine **aktuelle Stunde**, also eine Aussprache im Parlament über ein aktuelles Thema, muss im Ältestenrat vereinbart, von einer Fraktion oder von fünf Prozent der Abgeordneten gefordert worden sein.

Das Parlament des Volkes

Der Bundestag mit Sitz in Berlin wird als einziges Verfassungsorgan auf Bundesebene vom Volk direkt gewählt. Auch das begründet seine zentrale Stellung im politischen System. Neben seiner Hauptfunktion – der Gesetzgebung – wählt der Bundestag den Bundeskanzler, wirkt in der Bundesversammlung an der Wahl des Bundespräsidenten mit und ist im Richterwahlausschuss an der Besetzung der Richter an den obersten Bundesgerichten beteiligt. Zudem bildet das Parlament einen Wahlausschuss, der die Richter am Bundesverfassungsgericht mit Zweidrittelmehrheit wählt. Im Wesentlichen kontrolliert die parlamentarische Opposition Regierung, Verwaltung und den Einsatz der Bundeswehr. Eine weitere Funktion besteht in der Teilnahme an der öffentlichen politischen Debatte.

der Abgeordnete und sein Mandat

Die Bundestagsabgeordneten sind nach den Vorgaben des Grundgesetzes „Vertreter des ganzen Volkes, an Aufträge und Weisungen nicht gebunden und nur ihrem Gewissen unterworfen“ (Art. 38 Abs. 1). Der Gegensatz zu diesem **freien Mandat** wäre ein **imperatives Mandat:** Der Gewählte müsste dann vor jeder Entscheidung Rückfrage bei seinen Wählern halten und deren Weisungen folgen. Ein solches Verfahren ist angesichts der hohen Zahl von Entscheidungen im Deutschen Bundestag nicht praktikabel. Auch würde die größere Abhängigkeit von den Wählern die Neigung des Abgeordneten zu Populismus fördern und seine Kompromissfähigkeit beeinträchtigen. Doch das bedeutet nicht, dass Abgeordnete ihre Entscheidungen ohne Berücksichtigung des politischen Willens ihrer Fraktion treffen.

Fraktionsdisziplin oder Fraktionszwang?

Die Bedeutung des freien Mandats wird unter Verfassungsrechtlern und Politikern unterschiedlich interpretiert. Während die einen dies als Votum für den souveränen, nur seinem eigenen Gewissen verantwortlichen Abgeordneten werten, betonen andere die Gruppenverantwortung der Parlamentarier im Sinne einer Verpflichtung gegenüber der politischen Willensbildung in der **Fraktion**, an der sie sich im Vorfeld von Abstimmungen im Parlament beteiligen und eine dann getroffene Entscheidung mittragen sollen.
Vertreter des souveränen, nur dem Gewissen verpflichteten Mandats sehen unter Berufung auf Art. 38 GG eine Chance, das Parlament zu einem lebendigen Forum vielfältiger Meinungen zu machen, das die in der Gesellschaft vorhandenen Fragen und Ansichten aufgreife und zur Diskussion stelle. Zu strikte Fraktionsdisziplin verhindere den offenen und pluralistischen Austausch der Argumente und führe zu erstarrten parteipolitischen Fronten.
Befürworter der Fraktionsdisziplin setzen dagegen die Aussagen des Art. 38 GG in Beziehung zu Art. 21 Abs. 1 GG. Danach spielen Parteien in der parlamentarischen Demokratie eine durch die Verfassung hervorgehobene Rolle: Sie „wirken bei der Willensbildung des Volkes mit“. Daraus folgte: Auch direkt gewählte Abgeordnete sind in der Regel nicht als Einzelkämpfer ins Parlament gekommen, sondern mit Hilfe einer Partei, ihrer Organisation und auf der Grundlage eines Parteiprogramms.

parlamentarische Praxis: Handlungsfähigkeit

Neben diesen verfassungsrechtlichen Positionen gibt es ein praktisches Argument: Fraktionen sind daran interessiert, bei Abstimmungen im Bundestag geschlossen aufzutreten, wenn sie Erfolg haben wollen. Zudem

wird Uneinigkeit in der Öffentlichkeit als Schwäche bewertet. Besonders für Regierungsfraktionen können Meinungsverschiedenheiten zum Problem werden, wenn sie nur eine knappe Mehrheit haben und Abstimmungsniederlagen befürchten müssen. In der parlamentarischen Praxis hat es sich bewährt, wenn Fraktionen ihre Positionen in politischen Auseinandersetzungen möglichst geschlossen und profiliert vertreten, dadurch nach außen Handlungsfähigkeit zeigen und ihre Entscheidungen öffentlich begründen und rechtfertigen müssen.
Diese Argumente schließen nicht aus, dass es im politischen Alltag zu Konflikten kommt, vor allem dann, wenn es um Grundsatzfragen geht, bei denen individuelle moralische Bindungen bedeutsam sind. Austritte aus einer Fraktion oder der Wechsel in eine andere können dann in Extremfällen eine letzte Konsequenz sein. In der Vergangenheit haben Fraktionen allerdings bei grundlegenden, an das Gewissen gebundenen Entscheidungen – etwa in Fragen des Schwangerschaftsabbruchs – keine gemeinsamen Positionen festgelegt und das Votum den Einzelnen überlassen.

Tätigkeiten und Einkünfte neben dem Mandat

Das Abgeordnetengesetz bestimmt, dass die Ausübung des Mandats im Mittelpunkt der Tätigkeit eines Mitglieds des Bundestages steht und Tätigkeiten beruflicher oder anderer Art neben dem Mandat grundsätzlich zulässig sind. Das Abgeordnetengesetz sieht auch vor, dass Tätigkeiten und Einkünfte neben dem Mandat, die auf mögliche Interessenverknüpfungen hinweisen können, anzuzeigen und zu veröffentlichen sind. [...] Die Einkünfte müssen für jede einzelne Tätigkeit angezeigt werden, sofern sie mehr als 1000 Euro im Monat bzw. 10 000 Euro im Jahr betragen. [...] Die veröffentlichungspflichtigen Angaben der Abgeordneten werden von der Verwaltung des Deutschen Bundestages im Internet jeweils mit den Abgeordneten-Biografien veröffentlicht und laufend aktualisiert. [...]

Deutscher Bundestag: Tätigkeiten und Einkünfte neben dem Mandat, www.bundestag.de/bundestag/abgeordnete17/nebentaetigkeit/index.html (16.03.2010)

Zwischen Freiheit und Pragmatismus

Bundestagsabgeordnete sind „Vertreter des ganzen Volkes, an Aufträge und Weisungen nicht gebunden und nur ihrem Gewissen unterworfen", heißt es im Art. 38 GG. In der politischen Praxis gibt es aber viele Rücksichtsnahmen, die den Arbeitsalltag eines Abgeordneten prägen. Nicht nur die Fraktions- oder Koalitionsdisziplin setzen der völlig freien Entscheidung des Abgeordneten im Sinne eines ungebundenen, freien Mandats Grenzen: Er muss auch Wählerwünsche erfüllen, da er wiedergewählt werden will.
In die Kritik geraten Abgeordnete, die beachtliche Nebeneinkünfte erzielen. Dies wirft die Frage auf, wie unabhängig sie tatsächlich sind. Verschärfte Transparenzregeln und die Pflicht, Einkünfte offenzulegen, ermöglichen den Wählern heute Einblicke in mögliche Interessenverknüpfungen ihrer Abgeordneten.

Online-Link
800621-3062

2. Bundeskanzler und Minister: Wie sind die Aufgaben im Kabinett verteilt?

Kanzler und Kabinett

Der Kanzler leitet die ➤**Bundesregierung** und bildet mit den Ministern zusammen das Kabinett. Die Auswahl der Minister und Ministerinnen ist nach der Verfassung Sache des Kanzlers. „Auf Vorschlag des Bundeskanzlers" (Art. 64 Abs. 1 GG) ernennt und entlässt sie der Bundespräsident. In der Praxis muss der Kanzler allerdings einige Faktoren berücksichtigen – etwa die Erwartungen der einzelnen Landesverbände seiner Partei, die Aufteilung nach Geschlecht und Konfession und nicht zuletzt die Zuordnung zu unterschiedlichen politischen Gruppierungen oder Flügeln der Regierungsparteien.

Richtlinienkompetenz und Ressortprinzip

Die herausgehobene Stellung des Kanzlers kommt in der **Richtlinienkompetenz** (Art. 65 GG) zum Ausdruck. Nach diesem auch Kanzlerprinzip genannten Grundsatz bestimmt der Kanzler „die Richtlinien der Politik und trägt dafür die Verantwortung". Innerhalb dieser Generalkompetenz wird die Zuständigkeit der einzelnen Minister durch das **Ressortprinzip** bestimmt. Das bedeutet, dass Minister innerhalb ihres Ressorts in eigener Verantwortung entscheiden. Können sich Kabinettsmitglieder nicht einigen, greift das **Kollegial- bzw. Kabinettsprinzip**, indem strittige Fragen im Kabinett gemeinsam entschieden werden. Das letzte Wort hat dabei der Bundeskanzler.

Kanzlerdemokratie: personelle und strukturelle Faktoren

Die Ausgestaltung dieser Verfassungsgrundsätze zwischen Kanzler- und Kabinettsprinzip hängt sowohl von den Personen ab, die die Ämter innehaben, als auch von strukturellen Faktoren, d.h. den Rahmenbedingungen, unter denen Politik heute gestaltet wird. Die Kabinette des ersten Bundeskanzlers Konrad Adenauer (Amtszeit: 1949–1963) waren von dessen starkem Führungsstil geprägt. Folgerichtig wurde in diesen Jahren die Kennzeichnung der Bundesrepublik als **Kanzlerdemokratie** gebräuchlich. Kurt Georg Kiesinger dagegen praktizierte als Kanzler einer großen Koalition von CDU/CSU und SPD zwischen 1966 und 1969 eher einen Führungsstil, der von Diskussion und Konsens bestimmt war.

Für das politische Gewicht eines Kanzlers ist darüber hinaus seine Rolle innerhalb der Regierungspartei von Bedeutung. So fehlte Ludwig Erhard eine stabile „Hausmacht" in der CDU/CSU, was nicht zuletzt ein Grund für seine kurze Regierungszeit von 1963 bis 1966 war.

Eine weitere Einschränkung des Kanzlerprinzips sowohl bei der Besetzung von Ministerämtern als auch der praktischen Politik resultiert daraus, dass **Koalitionsregierungen** heute die Regel sind. Die Koalitionsparteien handeln zwar die Anzahl der Ministerien, die auf die Partner entfallen, gemeinsam entsprechend dem Wahlergebnis aus. Doch über die personelle Besetzung der Ministerien der Koalitionspartner entscheiden diese selber. Zudem werden politische Grundsatzfragen regelmäßig im Koalitionsausschuss beraten und festgelegt. Obwohl dieses Gremium in der Verfassung nicht vorgesehen ist, stellt es heute ein wichtiges Instrument politischer Planung und Steuerung dar.

Steuerungs- und Koordinationszentrale

Trotz dieser Einschränkungen gilt: Insgesamt hat sich in der Bundesrepublik eine Dominanz des Kanzlerprinzips über das Kabinetts- bzw. Ressortprinzip herausgebildet. Seinen Ausdruck findet diese Entwicklung in der zunehmenden Bedeutung des **Kanzleramts** als Steuerungszentrale. Die meisten Abteilungen

und Referate sind – vereinfacht gesagt – mit ihren Fachbereichen spiegelbildlich zu den Ressorts der Ministerien organisiert. Dabei hat der Bereich der Außenpolitik im Kanzleramt ein besonderes Gewicht. Dies hat sachliche Gründe, die nicht nur für Deutschland gelten. So werden grundlegende Entscheidungen in der Europapolitik im ➤ Europäischen Rat (der Staats- und Regierungschefs) verhandelt (Kap. 4.2). Außerdem werden die internationalen Beziehungen zunehmend von der „Gipfeldiplomatie" und in den „Klubs" – bei ➤ G8- bzw. ➤ G20-Treffen – verhandelt (Kap. 6.2).
Zu diesen „Spiegelreferaten" gibt es noch ressortübergreifende Aufgaben. Dazu gehört vor allem die Zuständigkeit des Kanzleramts für den Bundesnachrichtendienst. Außerdem koordiniert das Amt Sicherheitsfragen durch den Bundessicherheitsrat mit dem Kanzler als Vorsitzenden und damit befassten Ministern, vor allem dem Außen-, Verteidigungs-, Innen- und Justizminister.

Vertrauensfrage

Die besondere Stellung des Bundeskanzlers im Kabinett und gegenüber dem Parlament stützt Art. 68 GG. Danach kann er die **Vertrauensfrage** stellen, um im Bundestag eine Bestätigung seiner Politik zu bekommen. Erhält er dabei keine Mehrheit, kann das Parlament einen anderen Kandidaten mit der Mehrheit der Mitglieder des Bundestages zum Kanzler wählen. Gelingt dies nicht, kann der amtierende Kanzler den Bundespräsidenten bitten, den Bundestag aufzulösen und so den Weg für Neuwahlen frei machen. Eine Vertrauensfrage kann auf zweifache Weise gestellt werden:
- sachbezogen in Verbindung mit einer Gesetzesvorlage; so erwirkte Gerhard Schröder im November 2001 die Zustimmung der Koalitionsfraktionen SPD und Bündnis 90/Grüne zum Auslandseinsatz deutscher Truppen im Rahmen der Terrorbekämpfung
- allgemein und unabhängig von einer Sachfrage, wenn der Kanzler gegenüber der Opposition Geschlossenheit demonstrieren oder seine Regierungsfraktionen zu weiterer Unterstützung zwingen will.

Verfassungsrechtlich problematisch ist dieses Vorgehen, wenn der Kanzler die Vertrauensfrage in Absprache mit den Mehrheitsfraktionen stellt, um sie zu verlieren, wie es Willy Brandt (1972), Helmut Kohl (1982) und Gerhard Schröder (2005) taten, um dadurch vorgezogene Neuwahlen zu erreichen.

konstruktives Misstrauensvotum

Die Frage nach dem Vertrauen kann auch vom Parlament gestellt werden. Darin wird deutlich, dass dem Kanzler verfassungsrechtliche Schranken gesetzt sind. Dies geschieht in Form des **konstruktiven Misstrauensvotums** nach Art. 67 GG. Dabei versucht die Opposition einen anderen Kanzler zu wählen. „Konstruktiv" ist dieses Verfahren, weil ein amtierender Kanzler nur gestürzt werden kann, indem mit der Mehrheit der Mitglieder des Bundestages ein Nachfolger gewählt wird. Dies war in der Bundesrepublik bislang nur einmal der Fall – 1982 beim Zerfall der sozialliberalen Regierung Schmidt/Genscher von SPD und FDP. Die FDP-Minister kündigten Helmut Schmidt die weitere Zusammenarbeit auf mit dem Ziel, mit dem erfolgreichen Misstrauensvotum Helmut Kohl (CDU) zum Kanzler zu wählen. Das Beispiel zeigt: Ein konstruktives Misstrauensvotum ist vor allem eine parlamentarische Waffe des kleinen Koalitionspartners im Zusammenspiel mit einer größeren Oppositionspartei.

Bundeskanzler und Kabinett

Für die Arbeit des Bundeskabinetts gelten neben der Richtlinienkompetenz des Bundeskanzlers, dem sogenannten Kanzlerprinzip, das Ressortprinzip, das den Ministern Entscheidungsfreiheit in ihrem Fachgebiet gibt, und das Kollegialprinzip, nach dem das Kollegium der Ministerinnen und Minister bei Streitfällen entscheidet. Nicht nur in der öffentlichen Wahrnehmung, auch de facto hat der Kanzler das herausragende Amt inne. Seine Macht wird allerdings durch den Bundestag begrenzt, indem dieser auf dem Weg des konstruktiven Misstrauensvotums mit der Mehrheit der Mitglieder einen Nachfolger wählen kann. Den Kanzler stürzen, ohne einen Nachfolger zu wählen, ist verfassungsrechtlich ausgeschlossen.

Online-Link
800621-3063

3. Der Bundesrat: Ländervertretung oder Bremser der Bundespolitik?

Aufgaben und Zusammensetzung

In einem föderal gegliederten Staatswesen wie der Bundesrepublik Deutschland ist ein politisches Organ notwendig, das den Länderinteressen auf gesamtstaatlicher Ebene Mitwirkung zusichert. Dies ist die wesentliche Aufgabe des **Bundesrats**, durch ihn „wirken die Länder bei der Gesetzgebung und Verwaltung des Bundes und in Angelegenheiten der EU“ mit (Art. 50 GG). Das Gremium ist also Teil der Legislative des Bundes. Es ist kein Parlament. Seine Mitglieder sind Regierungsvertreter und somit Teil der Exekutive der Länder. Sie haben im Unterschied zu Abgeordneten kein freies, sondern ein imperatives Mandat, weil sich die Vertreter eines Landes geschlossen an die Entscheidung der Landesregierung halten müssen.
Die Länderkammer, wie der Bundesrat auch genannt wird, hat heute 69 Mitglieder. Art. 51 Abs. 2 GG regelt: „Jedes Land hat mindestens drei Stimmen, Länder mit mehr als zwei Millionen Einwohnern haben vier, Länder mit mehr als sechs Millionen Einwohnern fünf, Länder mit mehr als sieben Millionen Einwohnern sechs Stimmen.“ Damit wird die Wohnbevölkerung – unabhängig von der deutschen Staatsbürgerschaft – maßgebend für die Stimmenzahl eines Landes im Bundesrat.

Organ aller Länder

Oftmals wird der Bundesrat als Blockadeinstrument der Opposition betrachtet, besonders, wenn im Bundestag und Bundesrat unterschiedliche Mehrheiten bestehen. Dies war in den letzten Jahrzehnten häufig der Fall. Solche gespaltenen Mehrheitsverhältnisse können gegenüber der Bundesregierung zu einer Blockadepolitik durch die jeweilige Bundestagsopposition führen. Andererseits können sie aus Sicht der beteiligten Länder als Wahrnehmung ihrer Interessen und als Zwang zum Kompromiss betrachtet werden.

Mitwirkung an der Gesetzgebung des Bundes

Die Gesetzesinitiative, also das Recht, eine Gesetzesvorlage in die Gremien einzubringen, liegt bei drei politischen Organen. Rund zwei Drittel der Initiativen gehen von der Bundesregierung aus; die anderen bringen der Bundestag bzw. Fraktionen und der Bundesrat bzw. einzelne Länder auf den Weg. Das Gewicht des Bundesrats bei der Bundesgesetzgebung hängt jeweils vom Inhalt der Gesetzesvorlage ab. Dabei werden zwei Gruppen unterschieden:

- **Zustimmungsgesetze** benötigen eine Mehrheit sowohl im Bundestag als auch im Bundesrat. Ein Nein des Bundesrates führt dann zum Scheitern der Vorlage (siehe unten: Vermittlungsausschuss). Hierzu gehören Gesetze, die Auswirkungen auf die Länderfinanzen haben – in einem doppelten Sinn: Indem sie die Staatseinnahmen (z. B. über die Lohn- und Einkommen- und die Mehrwertsteuer) oder die Ausgabenseite betreffen und den Ländern Kosten verursachen. Zustimmungspflichtig sind auch verfassungsändernde Gesetze. Sie benötigen sowohl im Bundestag als auch im Bundesrat eine Zweidrittelmehrheit.
- Bei **Einspruchsgesetzen** hat der Bundesrat einen geringeren Einfluss. Das Grundgesetz gesteht ein Einspruchsrecht zu, das allerdings das Gesetz nicht grundsätzlich blockieren, sondern nur verzögern kann, weil der Bundestag den Einspruch mit gleicher Mehrheit zurückweisen kann.

Vermittlungsausschuss

Gesetzgebung bedeutet, unterschiedliche Interessen gegeneinander abzuwägen und eine Mehrheit für eine Entscheidung zu finden. Bei manchen Initiativen ist schon anfangs ersichtlich, dass die politischen Gegensätze nur im **Vermittlungsausschuss** aufgelöst werden können. Dieses gemeinsame Gremium von Bundestag und Bundesrat kann bei Zustimmungsgesetzen sowohl von Bundesregierung, Bundestag und Bundesrat angerufen werden, bei Einspruchsgesetzen lediglich vom Bundesrat. Der Ausschuss setzt sich aus jeweils 16 Mitgliedern des Bundestags und Bundesrats zusammen. Die Mitglieder „sind nicht an Weisungen gebunden“ (Art. 77 Abs. 2 GG). Schlägt der Ausschuss mit Mehrheit eine Änderung vor, muss der Bundestag neu beschließen. Kommt keine Einigung mit dem Bundestag zustande, ist bei zustimmungspflichtigen Gesetzen das Verfahren gescheitert.

Der Bundesrat als Gesetzgebungsorgan
Der Bundesrat stellt den Einfluss der Bundesländer auf die Bundespolitik, besonders auf die sie betreffenden Angelegenheiten sicher. Über diese Vertretung wirken die Länder bei der Gesetzgebung des Bundes als drittes Organ neben Bundesregierung und Bundestag mit. Im Vermittlungsausschuss soll bei unterschiedlichen Interessen zwischen Bund und Ländern ein Ausgleich gefunden werden. Dieses Instrument hat vor allem bei zustimmungspflichtigen Gesetzen an Bedeutung gewonnen. Bei Einspruchsgesetzen kann die abweichende Meinung des Bundesrats durch den Bundestag überstimmt werden.

4. Das Bundesverfassungsgericht: Hüter des Grundgesetzes oder Ersatzgesetzgeber?

Online-Link
800621-3064

höchste Rechtsinstanz

Das Bundesverfassungsgericht gilt als Hüter der Verfassung. Als höchste Rechtsinstanz untersteht es keiner anderen politischen Institution; die anderen Verfassungsorgane sind an seine Weisungen gebunden. Das Gericht bildet in den meisten Rechtsfragen gleichsam eine „letzte Instanz“, soweit nicht der Europäische Gerichtshof oder der Europäische Gerichtshof für Menschenrechte angerufen werden.

Das Bundesverfassungsgericht: Organisation und Zuständigkeiten
Art. 93 GG und Gesetz über das Bundesverfassungsgericht

1. Senat

Verfassungsbeschwerden
- Beschwerden von Bürgern, die in der Regel den Rechtsweg bereits ausgeschöpft haben und die sich durch ein Gesetz, Maßnahmen der Verwaltung oder ein Gerichtsurteil in ihren Grundrechten verletzt fühlen.
- Verfassungsbeschwerden von Gemeinden

Verfassungsstreitigkeiten (Organstreitigkeiten)
Streit zwischen
- obersten Bundesorganen (Bundespräsident, Bundesrat, Bundestag, Bundesregierung)
- Bund und Ländern
- einzelnen Bundesländern
- Streit über Rechte und Pflichten nach dem Grundgesetz

2. Senat

Normenkontrollen
(prüfen, ob Gesetze verfassungsgemäß sind)
auf Antrag
- eines Gerichts, das ein Bundes- oder Landesgesetz für verfassungswidrig hält
- eines Drittels der Mitglieder des Bundestages – meist der Opposition
- einer Landesregierung
- der Bundesregierung

sonstige Verfahren
- Wahlprüfung von Bundestagswahl und Wahlen zum Europäischen Parlament in Deutschland
- Entscheidung über die Zulässigkeit von Volksbegehren (Art. 29 Abs. 2–6)
- Verfassungswidrigkeit von Parteien
- Verwirkung von Grundrechten
- Anklage gegen den Bundespräsidenten und Bundesrichter wegen vorsätzlicher Verletzung des Grundgesetzes oder anderer Bundesgesetze

Richterwahl

Verfassungsrichter werden nicht – wie die anderen Richter – ernannt, sondern von besonderen Gremien gewählt. Dabei gelten zwei Grundsätze:
- Die Wahl muss so angelegt sein, dass die Regierungsmehrheit nicht einfach ihren Kandidaten durchsetzen kann. Sie ist auf die Zustimmung der Minderheit, der Opposition angewiesen.
- Bei der Wahl müssen Bund und Länder zusammenwirken, keine Seite darf allein das Sagen haben.

Die Richter eines jeden Senats werden jeweils zur Hälfte vom Bundestag und vom Bundesrat gewählt. Der Bundestag entscheidet über die Richter in indirekter Wahl in einem besonderen Gremium, dem Wahlausschuss: Zwölf Abgeordnete werden entsprechend der Stärke der Fraktionen vom Plenum zu Wahlfrauen bzw. Wahlmännern gewählt. Der Bundesrat entscheidet mit seinem Plenum, also mit allen Ländervertretern. Gewählt ist, wer mindestens zwei Drittel der Stimmen im Bundesrat bzw. im Wahlausschuss des Bundestages erhalten hat. Richter werden für zwölf Jahre gewählt, eine Wiederwahl ist nicht möglich. Sie dürfen keinen anderen Beruf ausüben.

die letzte Instanz

Urteile des Bundesverfassungsgerichts sind Entscheidungen einer letzten Rechtsinstanz. Sie unterscheiden sich von denen anderer Gerichte in einem wesentlichen Punkt: Sie verpflichten alle anderen Verfassungsorgane, also die Legislative (Gesetzgebung), die Exekutive (Regierung und Verwaltung) und die Judikative (Rechtsprechung). Das Gericht kann nicht von sich aus tätig werden, sondern nur dann, wenn es von außen angerufen wird. Je nach Streitfall können sich die Bundesregierung, der Bundesrat oder einzelne Bundesländer, der Bundestag oder einzelne Fraktionen (mit mindestens einem Drittel der Mitglieder des Bundestags) an das Gericht wenden.

Verfassungsbeschwerden können von jedermann angestrengt werden, der sich in seinen Grundrechten verletzt fühlt. Die Zulässigkeit einer Beschwerde wird vom Gericht vorab geprüft.
Für Verfassungsgerichte gilt der Grundsatz der „richterlichen Selbstbeschränkung". Er besagt: Das Gericht urteilt nicht, ob eine politische Entscheidung erwünscht ist oder nicht, sondern ob sie mit der Verfassung in Einklang oder auf verfassungsrechtlich gültige Weise zustande gekommen ist. Die Richter dürfen keine eigene politische Richtungsentscheidung fällen, sind in dieser Hinsicht also nicht Ersatzgesetzgeber.

Das Verfassungsgericht und die Politik

Der Präsident des Bundesverfassungsgerichts Andreas Voßkuhle in einem Interview:
Spannungslagen zwischen Politik und Verfassungsgericht sind in einem demokratischen Verfassungsstaat mit einer starken Verfassungsgerichtsbarkeit angelegt. Man ist immer wieder auf gegenseitiges Verständnis angewiesen, und man muss sich immer wieder um Feinjustierung bemühen. Dass es da bisweilen Urteile gibt, die von der Regierung oder vom Parlament als übergriffig empfunden werden, ist nicht zu vermeiden. Es darf nur nicht der Eindruck entstehen, ein demokratischer Verfassungsstaat sei ohne solche Spannungslagen möglich. Ohne das Verfassungsgericht und seine Entscheidungen sähe die Bundesrepublik heute anders aus – und sicher nicht besser.

Alfred Weinzierl, Dietmar Hipp: „Waffengeklirre im Hintergrund", Der Spiegel, Nr. 11, 15.03.2010, S. 39 f., Auszug

Das Verfassungsgericht und die europäischen Gerichte

Das Bundesverfassungsgericht nimmt die Aufgabe eines Hüters der Verfassung wahr; es soll seine Entscheidungen unabhängig von den anderen Gewalten fällen. Durch die Integration der Bundesrepublik in internationale Abkommen und die Regelungen der EU ergibt sich zum Teil eine Konkurrenz zur Rechtsprechung des ➤ Europäischen Gerichtshofs (der EU) und des ➤ Europäischen Gerichtshofs für Menschenrechte (des Europarats).

5. Der Bundespräsident – ein politisches Amt ohne Einfluss?

Online-Link
800621-3065

Aufgaben

Der Bundespräsident steht als **Staatsoberhaupt** protokollarisch an der Spitze des Staates und repräsentiert die Bundesrepublik nach innen und außen. Er vertritt sie völkerrechtlich, empfängt Staatsgäste und nimmt die Akkreditierung der diplomatischen Vertretungen entgegen.
Von besonderer Bedeutung ist, dass er an der Besetzung hoher Ämter (einschließlich der Entlassung) und an der Gesetzgebung des Bundes beteiligt ist. Bei diesen Aufgaben ist er verfassungsrechtlich eingebunden und muss mit anderen Organen eng kooperieren. Diese Einbindung hat zur Kennzeichnung des Präsidentenamtes als eines „Staatsnotars" geführt, der

nicht autonom und schon gar nicht in eigener politischer Intention handelt, sondern an die Vorgaben der jeweiligen Regierung gebunden ist.
Die meisten Amtsinhaber haben trotz dieser engen Rollenzuschreibung Handlungsspielräume genutzt. Dabei ist unstrittig, dass der Bundespräsident das Recht und die Pflicht hat, Gesetze vor der Unterzeichnung auf ihre Verfassungsmäßigkeit zu prüfen. So hat Bundespräsident Horst Köhler (Amtszeit: 2004–2010) mehrmals die Unterzeichnung von Gesetzen bis zur endgültigen Klärung ihrer Verfassungsmäßigkeit zurückgestellt. Und in den Anfangsjahren der Bundesrepublik hat Theodor Heuss (Amtszeit: 1949–1959) die Ernennung von Ministern abgelehnt, die aus der Zeit des Nationalsozialismus belastet waren. Zu einem echten Konflikt zwischen dem Bundespräsidenten als Verfassungsorgan und anderen Organen (Bundesrat, Bundestag oder Bundesregierung) ist es bislang noch nicht gekommen. In diesem Falle wäre eine Klärung in Form einer Präsidentenanklage vor dem Bundesverfassungsgericht möglich (Art. 61 GG).

Wahl, Aufgaben und Stellung des Bundespräsidenten
Art. 54–61, 63–68, 81 und 82 GG

Der Bundespräsident soll seine Kraft dem Wohle des deutschen Volkes widmen (Art. 56), unabhängig und überparteilich sein. Deshalb darf er:
- **keiner Regierung oder einem gesetzgebenden Organ angehören**
- **keinen Beruf, kein Gewerbe oder Amt ausüben**
- **kein Unternehmen leiten, keinem Aufsichtsrat angehören (Art. 55)**

- indirekte Wahl durch Bundesversammlung auf fünf Jahre (Art. 54)
- Repräsentation des Staates nach innen und außen
- völkerrechtliche Vertretung des Bundes (Art. 59 Abs. 1 u. 2)
- Vorschlag, Ernennung und Entlassung des Bundeskanzlers (Art. 63 Abs. 2)
- Ernennung und Entlassung der Bundesminister auf Vorschlag des Bundeskanzlers (Art. 64 Abs. 1)
- verfassungsrechtliche Prüfung von Bundesgesetzen, Unterzeichnung (Art. 82 Abs. 1)

- Ernennung und Entlassung von Bundesrichtern, Bundesbeamten, Offizieren und Unteroffizieren (Art. 60 Abs. 1)
- Begnadigung Verurteilter (Art. 60 Abs. 2)
- Präsidentenanklage vor Bundesverfassungsgericht (Art. 61)
- Genehmigung der Geschäftsordnung der Bundesregierung (Art. 65)
- Auflösung des Bundestages nach verlorener Vertrauensfrage des Bundeskanzlers (Art. 68)
- Erklärung des Gesetzgebungsnotstands (Art. 81)

Anders als in der Weimarer Republik wird der Bundespräsident nicht direkt vom Volk gewählt. Der Parlamentarische Rat legte sich 1948/49 auf die indirekte Wahl über Wahlleute fest – eine Entscheidung, die heute durchaus kritisch gesehen werden kann. Für die Wahl konstituiert sich alle fünf Jahre ein eigenes Gremium, in dem Bund und Länder zusammenwirken: die ➤ **Bundesversammlung**. Obwohl nicht alle Mitglieder, die von den Landtagen entsandt werden, Parlamentarier sein müssen, bilden die Parteien in der Versammlung Fraktionen, um die Stimmen ihre Kandidaten zu bündeln.

Bundesversammlung

In der Führung des Amtes soll der Präsident unpolitisch sein. Zwar waren alle bisherigen Amtsinhaber Mitglied einer Partei; ihre Mitgliedschaft ruht aber während dieser Zeit. Der Bundespräsident muss aber nicht politisch wirkungslos sein. Trotz seiner starken Einbindung in die Zuständigkeiten der anderen Verfassungsorgane kommt seinem Amt ein eigenständiges Gewicht zu. Dieses drückt sich nicht in der Beschäftigung mit politischen Tagesfragen aus, sondern in der Fähigkeit, grundlegende Fragen der Gegenwart und Zukunft öffentlich anzusprechen und politische Impulse zu setzen. Es hängt von der Autorität der Person ab, ob das Amt zu einem einflussreichen Faktor in der Politik wird. Ein wichtiges Instrument hierzu ist die öffentliche Rede, mit der ein Amtsinhaber Akzente in der politischen Landschaft setzen kann.

Autorität statt Macht

Kontrovers: Soll das Volk den Bundespräsidenten wählen?

Pro Direktwahl: Die Legitimation bei Spitzenämtern lässt in Deutschland zu wünschen übrig. Daher sollte der Bundespräsident direkt gewählt werden. [...] Was gibt es mehr, als sich auf ein direktes Votum der Bürger im Lande berufen zu können? Auf fast allen politischen Ebenen im Lande kennen wir das: Bürgermeister, Landräte sowie die Hälfte der Landtags- und Bundestagsabgeordneten werden direkt gewählt. [...] Natürlich würde eine Direktwahl zu einer Politisierung des Amtes führen. Und ja: Es gäbe dann auch einen Wahlkampf. [...] Ein Wahlkampf sei der Würde des Amtes nicht angemessen, heißt es. Was, bitte, ist unwürdig daran, wenn die 82 Millionen Deutschen im Vorfeld erfahren, welche Akzente ein Bundespräsident in spe gerne setzen möchte und wenn er Missstände beim Namen nennt? [...]

Bernd Oswald: Spitzenfunktion fürs Spitzenamt, sueddeutsche.de, 26.05.2009

Kontra Direktwahl: Wer die Demokratie aufwerten will, muss den Parteien Macht nehmen und nicht einem zahnlosen Tiger noch die Krone aufsetzen. [...] Der Bundespräsident ist auf dem Papier das Staatsoberhaupt, hat aber nur viel zu sagen, doch faktisch nichts zu bestimmen. Er hat keinerlei gestalterische Macht. Und das ist gut so. [...] [Es] spricht viel dafür, das Amt nicht durch eine Direktwahl aufzuwerten. Ein Bundespräsident, der sich auf eine erkleckliche Mehrheit im Volk berufen kann, der könnte, der müsste mehr zu tun haben, als nur die Abteilung „warme Worte" zu verwalten. [...] Die Direktwahl würde somit das politische System der Bundesrepublik auf den Kopf stellen. [...]

Thorsten Denkler: Keine Krone für den zahnlosen Tiger, sueddeutsche.de, 22.05.2009

3.7 Demokratie und politische Kultur

Eine Demokratie lebt von der Akzeptanz durch Bürgerinnen und Bürger. Die politischen Ereignisse sind eine Sache, was die Menschen dabei fühlen und denken, wie sie die Demokratie, die politischen Institutionen, Organisationen und die Politiker selber sehen und beurteilen, eine andere.

1. Was sagt die politische Kultur über die Demokratie in Deutschland aus?
2. Wie gehen wir mit politischen Konflikten um?
3. Extremismus – eine Gefahr für die Demokratie?

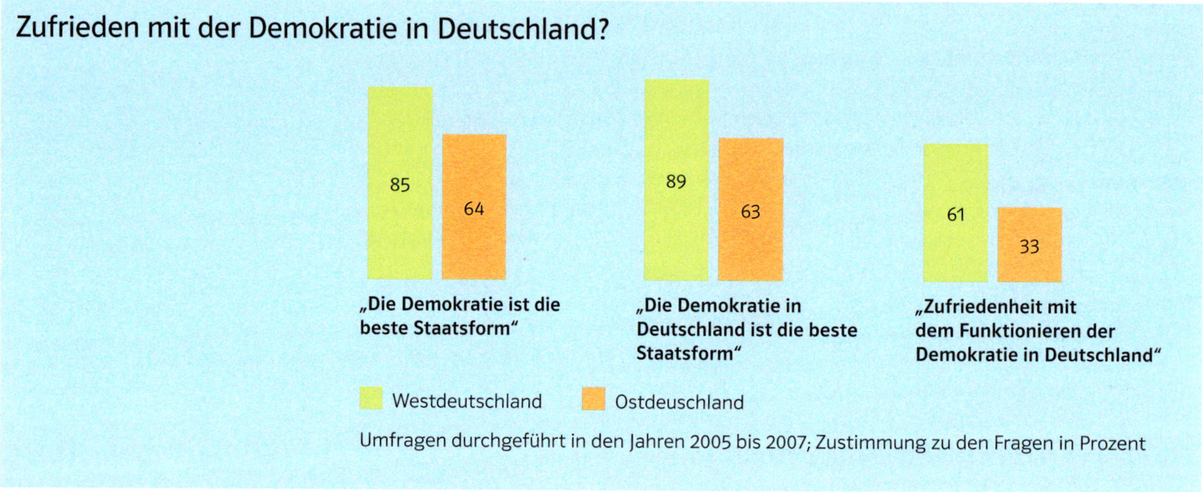

Statistisches Bundesamt (Hg.): Datenreport 2008, S. 399

Online-Link
800621-3071

1. Was sagt die politische Kultur über die Demokratie in Deutschland aus?

Was heißt „politische Kultur"?

Die Einstellungen und Meinungen, mit denen sich die Bürgerinnen und Bürger über die politische Ordnung, einzelne Institutionen wie das Parlament, Parteien, über Politikerinnen und Politiker, aber auch über die eigene Rolle in der Politik äußern, bezeichnen wir als **politische Kultur**. Solche Äußerungen zeigen:

- wie die demokratische Ordnung und das politische Geschehen von den Bürgerinnen und Bürgern beurteilt und eingeschätzt werden
- ob sich die Bevölkerung mit der Demokratie und ihren Einrichtungen identifiziert und ihnen vertraut
- welche Werte und Ziele in unserer Gesellschaft als wichtig erachtet werden
- in welchem Ausmaß diese Werte und Ziele nach Meinung der Befragten verwirklicht sind
- wie Menschen mit der täglichen Politik, also mit den Leistungen des Staates zufrieden sind
- wie sie Parteien und Politikerinnen und Politiker beurteilen.

Politische Kultur in Deutschland

Claus Leggewie ist Professor für Politikwissenschaft:

Als politische Kultur bezeichnet man die „weichen" Faktoren der Politik: politische Meinungen *(beliefs)*, Einstellungen *(attitudes)* und Werte *(values)*, die eine Gesellschaft kennzeichnen. Man hat es hier mit kollektiven Mentalitäten zu tun, die gefühls- oder verstandesmäßig begründet sind und die Identität eines Gemeinwesens markieren. Viele Merkmale reichen über nationale Grenzen hinaus. So gehört die politische Kultur Deutschlands heute zur „Großfamilie" der liberalen westlichen Demokratien, und sie gilt als eine der stabilsten unter ihnen. [...]

Vor allem seit den sechziger Jahren hat eine umfassende Demokratisierung das Erbe des Obrigkeitsstaates durch eine offene, beteiligungsfreundliche Zivilgesellschaft abgelöst. Dies beruhte nicht zuletzt auf dem Erfolg der deutschen Währung und Wirtschaft. Die „soziale Marktwirtschaft" hebt sich von anderen kapitalistischen Ordnungen ab; man spricht vom „rheinischen Kapitalismus", in dem organisierte Interessenverbände und autonome Tarifpartner eine besondere Rolle spielen und eine starke Neigung zum Konsens ausgeprägt ist. Die Macht zu teilen und den sozialen Frieden durch Proporz zu sichern, unterscheidet die politische Kultur Deutschlands von den Wettbewerbsdemokratien etwa der Vereinigten Staaten und Großbritanniens. [...]

Claus Leggewie: Politische Kultur in Deutschland, Goethe-Institut e.V.
www.goethe.de/ges/pok/ein/de13427.htm (29.10.2009)

Zusammengefasst heißt dies: Als politische Kultur bezeichnen wir die grundlegenden Vorstellungen darüber, was Politik heute nach Meinung der Bürgerinnen und Bürger ist, was sie sein kann und sein soll und welche Rolle wir dabei selber spielen wollen. Dabei ist zu beachten: Es handelt sich hier um Meinungen und Urteile über Politik. Ob bzw. in welchem Umfang diese subjektiven Bewertungen auch tatsächlich zutreffen, muss in jedem einzelnen Fall erst noch geklärt werden. Dennoch sind diese Sichtweisen nicht einfach überflüssig: Da es in der Politik immer auch um das Verhalten Einzelner und sozialer Gruppen geht, sagen sie etwas über den Zustand unserer Gesellschaft und ihrer politischen Ordnung aus.

Jugendliche vertrauen politischen Institutionen

Das Vertrauen, das Jugendliche zwischen 15 und 25 Jahren nach der 15. Shell-Studie (2006) in politische Institutionen und gesellschaftliche Gruppen haben, ist Teil der politischen Kultur eines Landes. Am besten schneiden die Gerichte mit einer Note von 3,5 auf einer Skala mit 5 Punkten ab (1 = sehr wenig bis 5 = sehr viel Vertrauen). Die Bundesregierung rangiert mit 2,8 hinter der Bundeswehr mit 3,3, aber noch vor den Parteien mit 2,6. Die Kirchen erreichen 2,8 und Bürgerinitiativen 3,0. Aus diesen Zahlen lässt sich eine relativ hohe Zustimmung der Jugendlichen zu den politischen und gesellschaftlichen Einrichtungen ablesen. Dennoch glauben drei Viertel der Jugendlichen in Deutschland, dass die Politiker nur daran interessiert sind, gewählt zu werden. Sie kümmern sich „nicht viel darum, was Leute wie ich" denken (Das Parlament, Nr. 44, 31.10.2005).

Eine politische Jugend?

Aus einem Interview mit Klaus Hurrelmann, Mitglied im Forschungsteam der Shell-Jugendstudien, auf die Frage, ob die Jugendlichen heute politisch sind:

Hurrelmann: Politisch im klassischen Sinn ist die heutige Jugend nicht. Im Gegenteil. Das Interesse für Politik ist auf einem historischen Tiefpunkt: Heute schätzt sich nur noch ein Drittel als politisch ein, in den siebziger Jahren waren es noch zwei Drittel einer Generation. Aber, meine Hypothese ist: Das Politische wird wieder zunehmen.

Zeit Online: Wieso?

Hurrelmann: Es gibt neuen Zündstoff, etwa durch die doppelten Abiturjahrgänge in Folge der Gymnasial-Verkürzung auf acht Jahre, die jetzt die Schulen verlassen. Dadurch, und durch den Bologna-Hochschul-Prozess, kommt es zu einem großen Konkurrenzkampf und zu einer Verstopfung der Uni-Zugänge. Nicht einmal mehr die Besten eines Jahrgangs können sich sicher sein, den bevorzugten Studienplatz zu erhalten. Das provoziert eine Gegenbewegung. [...] Auch die neu aufgelebten Anti-AKW- und Friedens-Demos, an denen übrigens mehr Frauen als früher teilgenommen haben, sind mögliche erste Signale einer neuen Protestkultur. [...]

Michael Schieben: Die Jugend wird wieder politischer, Zeit online, 30.12.2009

Politische Kultur – kollektive Mentalitäten

Die Einstellungen, Meinungen und Werte, die die Bürgerinnen und Bürger über die politische Ordnung, die Organisationen und Institutionen, über Politikerinnen und Politiker wie auch über ihre eigene Rolle in der Politik haben, werden als politische Kultur bezeichnet. Solche Einstellungen zeigen, wie die demokratische Ordnung und das politische Geschehen von den Bürgerinnen und Bürgern beurteilt und eingeschätzt werden, ob sich die Bevölkerung mit diesem Staat identifiziert und was aus ihrer Sicht in der Politik wichtig ist. Die Demokratie in Deutschland gilt als stabil, wobei es immer noch deutliche Unterschiede in der Beurteilung zwischen West- und Ostdeutschland gibt.

Online-Link
800621-3072

2. Wie gehen wir mit politischen Konflikten um?

Streit in der Politik

In einer Demokratie, die auf Mehrheitsentscheidungen angewiesen ist, sind Konflikte und der Streit um Lösungen ein notwendiger Teil der politischen Kultur. Doch Streit macht Politik für viele verdächtig. Die Mehrzahl der Bürger erwartet die Lösung von „Sachfragen" und keine „Parteipolitik". Konflikte innerhalb von Parteien werden als Zeichen mangelnder Regierungsfähigkeit gewertet. Allerdings ist es für die Demokratie konstitutiv, dass um richtige Lösungen gerungen wird, Mehrheiten entscheiden und Minderheiten das Recht haben, diese zu kritisieren. Die, die heute noch in der Minderheit sind, tun dies auch, um Kraft ihrer Argumente einmal Mehrheit zu werden. Der **politische Streit** braucht aber Regeln, soll nicht das Recht des Stärkeren am Ende entscheiden. Die wichtigsten Grundsätze einer demokratischen Kultur des politischen Streites lassen sich aus der Verfassung ableiten.

Grundsätze des politischen Streits in der Demokratie

Grundsätze	Beispiele
• die Würde des Menschen achten	• den politischen Gegner als Person verstehen, nicht als Feind, der „geschlagen" werden muss
• Menschenrechte anerkennen	• freie Meinungsäußerung • freie Entfaltung der Persönlichkeit
• geregelte Verfahren einhalten, wenn Lösungen gesucht und Entscheidungen getroffen werden	• Mehrheitsprinzip bei Wahlen und Abstimmungen • Aushandeln einer gemeinsamen Lösung, etwa bei Tarifverhandlungen • Anerkennung von Kompromissen, z. B. durch einen Schlichter, wenn Verhandlungen gescheitert sind
• auf Gewalt verzichten, als Einzelner wie als Gruppe	• kein Recht des Stärkeren, z. B. einer Saalschutztruppe • Verzicht auf Drohung, etwa mit wirtschaftlichem Schaden
• Rechte der Minderheiten anerkennen und schützen	• besondere Mehrheiten bei wichtigen Entscheidungen, etwa Zwei-Drittel-Mehrheiten bei Verfassungsänderungen • Kontrolle der Regierung durch die Opposition • Recht auf öffentliche Kritik
• Entscheidungen der Mehrheit überprüfen und kontrollieren	• Klage gegen ein Gesetz vor dem Bundesverfassungsgericht • öffentliche Kritik und Kontrolle durch die Massenmedien

Konflikt und Kompromiss

Eine **demokratische Streitkultur** ist das Pendant einer offenen und pluralistischen Gesellschaft (Kap. 3.5). Dabei stellt der Kompromiss neben dem Konflikt den Alltag der Konfliktlösung dar, denn eine kompromisslose Durchsetzung eigener Vorstellungen ist angesichts der Vielzahl beteiligter Interessen sowie der Komplexität der Probleme moderner Gesellschaften unwahrscheinlich. Während Konflikt und Streit in Diktaturen als Schwächung der Gemeinschaft und damit als Destabilisierung der Ordnung angesehen werden, lebt die parlamentarische Demokratie von der öffentlichen Debatte und dem Wettstreit der Argumente. Das ist die Voraussetzung für politischen Wandel und die Weiterentwicklung der Gesellschaft.
Allerdings zeigt sich seit einigen Jahren eine Tendenz, Konflikte zu entpolitisieren, bevor öffentliche Debatten stattfinden können. Die zahlreichen Beiräte und Expertenrunden der Regierung, in denen politische Fragen vorentschieden werden, verlagern den Streit um Politik aus der Öffentlichkeit des Parlaments heraus in relativ abgeschlossene Zirkel. Deren Ergebnisse werden dann nicht selten als unumstößliche „Sachentscheidungen" präsentiert.

Pluralismus, Konflikt und Kompromiss
Das pluralistische Prinzip der Vielfalt schlägt sich im politischen System der Bundesrepublik Deutschland nieder. Dieses ist so angelegt, dass die offene Auseinandersetzung zwischen den politischen, gesellschaftlichen und wirtschaftlichen Interessen erwünscht und notwendig ist. Konsens- und Koalitionsmöglichkeiten sind ein wesentlicher Aspekt der politischen Willensbildung.

Online-Link
800621-3073

3. Extremismus – eine Gefahr für die Demokratie?

von den Rändern her

Seit es politische Parteien gibt, werden diese umgangssprachlich nach dem Rechts-Links-Schema eingeteilt. Die Linke, die Mitte, die Rechte – das sind die Muster, nach denen politische Gruppierungen mit ihren politischen Programmen und Aussagen „verortet" werden. Seinen Ursprung hat dieses Links-Rechts-Schema in der Sitzordnung der verfasssunggebenden französischen Nationalversammlung von 1789.
Wenn wir von Extremismus sprechen, meinen wir die äußersten Ränder dieses Spektrums, als Rechts- oder als Linksextremismus. Beide Begriffe beschreiben die inhaltlichen Positionen nur annähernd. Zwischen ihnen wie auch innerhalb der extremistischen Linken und Rechten selber gibt es zahlreiche Unterschiede. Gemeinsam ist beiden, dass sie die demokratischen Einrichtungen des pluralistischen Rechtsstaates ablehnen. Dazu zählen vor allem die Bestimmungen der ➤freiheitlich demokratischen Grundordnung, wie sie durch das Bundesverfassungsgericht mehrfach festgelegt wurden (Kap. 3.2). Im Folgenden konzentrieren wir uns auf die wichtigsten Merkmale des linken und rechten Extremismus.

Bedrohung von links

Bereits in den 1970er-Jahren war die Bundesrepublik von Terroristenangst geprägt. Die **Rote Armee Fraktion** (RAF) spielte in Westdeutschland ihre unrühmliche Rolle als linksterroristische Untergrundvereinigung. Sie führte nach eigenem Bekunden eine Art Guerillakrieg gegen die freiheitlich-demokratische Grundordnung. Gruppierungen wie die RAF gingen aus der außerparlamentarischen Opposition und Teilen der Studentenbewegung hervor. Die überwiegende Mehrheit dieser Bewegungen strebte politische und gesellschaftliche Veränderungen an, wollte diese aber nicht durch Gewalt, sondern auf dem Weg einer konsequent basisorientierten Demokratie mit direkten Beteiligungsformen erreichen. Militante Splittergruppen propagierten dagegen Gewalt als Mittel der politischen Auseinandersetzung. Mit gezielten Mordanschlägen auf Führungspersonen aus Politik und Wirtschaft sollte die innere Ordnung destabilisiert werden.
Zur gewaltbereiten, linksextremen Szene zählen heute vor allem relativ unorganisierte, größtenteils anarchistisch orientierte Gruppen. Dazu gehören auch sogenannte gewaltbereite **Autonome**, die vor allem durch Brandanschläge auf Geschäftshäuser, Einrichtungen der Finanzwirtschaft und auf Pkw sowie durch Gegenaktionen bei Aufmärschen von Rechtsextremen auf sich aufmerksam machen.

Bedrohung von rechts

Rechtsextremismus ist eine Bezeichnung, die nur schwer auf einen Nenner zu bringen ist. In der Geschichte der Bundesrepublik gab es immer wieder Phasen, in denen solche politischen Gruppierungen aktiv waren. Anders als der Linksextremismus hat er seine Spuren auch im Parteiensystem hinterlassen. Inzwischen tritt er in Parteien, Vereinen und gewaltbereiten Gruppen in allen Bundesländern auf. Zu den Parteien des rechtsextremen Spektrums, die vom Verfassungsschutz beobachtet werden, gehören mit jeweils rund 7000 Mitgliedern die Nationaldemokratische Partei Deutschlands (NPD) sowie die Deutsche Volksunion (DVU). Sie distanzieren sich zwar offiziell von gewaltbereiten Schlägern, doch in einigen Regionen bilden diese „Autonomen Nationalisten" willkommene Helfer bei Demonstrationen und Aktionen. In der Vergangenheit gelang rechtsextremen Parteien immer wieder der

Einzug in Landesparlamente, so der NPD 2006 in Mecklenburg-Vorpommern, 2004 und 2009 in Sachsen.
Rechtsextreme Ideologien haben viele Schattierungen. Gemeinsam sind ihnen Merkmale wie diese:

- Eine rassistische und nationalistische Perspektive: Deutsche seien aufgrund ihrer Rasse und Geschichte anderen Völkern überlegen.
- Ablehnung des rechtsstaatlichen Prinzips der Gleichheit; vielmehr behaupten sie, Deutschen stünden mehr Rechte zu als anderen Menschen, die Menschenrechte sollten für diese nicht im gleichen Ausmaß gelten.
- Rechtsextreme propagieren das Führerprinzip von Befehl und Gehorsam, das in Staat und Gesellschaft gelten soll.
- Jeder, der nicht für die „nationale Bewegung" ist, wird zum Feind erklärt, das sind vor allem Linke, Ausländer, Zuwanderer und Juden.
- Gewalt gilt als Mittel zur Durchsetzung ihrer Politik, auch vor Mord wird nicht zurückgeschreckt.

rechtsextreme Gewalt: jung und männlich

Auswertungen von Gerichtsakten zeigen, dass rechtsextreme Täter überwiegend junge Männer sind. Der Anteil der Arbeitslosen liegt nur leicht über der Arbeitslosenquote der Jugendlichen insgesamt. Auch gibt es hinsichtlich der familiären Herkunft nicht grundsätzlich größere Probleme als in anderen Familien. Die meisten Gewalttäter kommen aus wirtschaftlich abgesicherten Verhältnissen. Auffallend ist, dass sehr viele Täter rechtsextremen Skins und anderen Gruppen mit fremdenfeindlichen Einstellungen nahe stehen oder ihnen angehören. Rechtsextreme Gewalt ist meist männliche Gruppengewalt. Das bedeutet nicht, dass Rechtsextremismus bei Frauen keine Rolle spielt. Sie drücken diesen nur nicht so häufig in Gewalt aus wie junge Männer.

Frage nach den Ursachen

Nicht nur Deutschland steht vor dem Problem des ➤ Rechtsextremismus, doch angesichts der verheerenden Folgen des Nationalsozialismus in den Jahren zwischen 1933 und 1945 stellt sich bei uns diese Frage in einem viel grundsätzlicheren Sinn. Auch in Italien, Frankreich, Belgien wie auch in den ehemaligen Ostblockstaaten hat die Zahl rechtsextremistischer Parteien und Gruppierungen zugenommen. Zu den Ursachen dieser Entwicklung gibt es unterschiedliche Erklärungen. Unter anderem nennen sozialwissenschaftliche Untersuchungen:

- die Veränderungen in der Wirtschaft durch Globalisierung, gestiegene Anforderungen in der Arbeitswelt und die Angst vor dem Verlust von Arbeitsplätzen
- Zweifel an der Fähigkeit der Politik und der politischen Akteure, aber auch Unzufriedenheit mit den traditionellen demokratischen Parteien, denen man die Lösung der wirtschaftlichen und sozialen Probleme nicht mehr zutraut (Politik- oder Politikerverdrossenheit)
- Verunsicherung durch Zuwanderung, die bei Teilen der Bevölkerung Ängste auslösen.

Für die gesellschaftlichen und politischen Probleme und Zukunftsängste bieten rechtsextreme Gruppen scheinbar einfache Lösungen an, wie ihre plakativen Parolen – etwa „Ausländer raus" – zeigen. In keinem Land wurden aber auf diese Weise Probleme gelöst, sondern nur auf andere verlagert und verschärft.

Was tun?

Radikale politische Ideen sind in einem Rechtsstaat vom Grundrecht der freien Meinungsäußerung geschützt. Nicht von der Verfassung gedeckt ist ein Handeln, das darauf abzielt, diese Ideen politisch umzusetzen und damit die bestehende Verfassungsordnung zu zerstören. Im Sinne einer **wehrhaften Demokratie** (Kap. 3.2) gibt es verfassungsrechtliche Instrumente, um solche Gefährdungen rechtlich abzuwehren. Dazu zählen vor allem das Parteienverbot (Art. 21 Abs. 2 GG) und das Vereinsverbot (Art. 9 Abs. 2 GG). Darüber hinaus können Polizei und Staatsanwaltschaft gegen extremistische Aktivitäten vorgehen, wenn sie gegen Bestimmungen des Strafgesetzbuches verstoßen. So ist es verboten, Symbole und Parolen aus der Zeit des Nationalsozialismus öffentlich zu tragen (§ 86a StGB) oder zum Rassenhass und zur Volksverhetzung aufzurufen (§ 130 StGB).
Effektiver ist es, gegen die demokratie- und menschenrechtsfeindliche Gesinnung durch bürgerschaftliches Engagement vorzugehen. So haben es viele lokale Bürgerbündnisse geschafft, die Ansiedlung rechtsextremer Gruppierungen und Projekte zu verhindern. „Bunt-statt-braun"-Bewegungen sind in vielen Kommunen entstanden, die als Bündnisse für Demokratie und Toleranz auftreten und politische Gegenmodelle zum Rechtsextremismus vorleben.

Extremismus als Bedrohung

Neben der direkten Bedrohung durch gewalttätige Gruppen gefährden extremistische Bewegungen den offenen Charakter von Gesellschaft und Politik. Eine linksextreme Gefährdung wie noch in den 1970er-Jahren existiert heute nicht mehr im gleichen Ausmaß. Gegen rechtsextreme Bedrohungen reichen Parteienverbot und rein juristische oder polizeiliche Maßnahmen nicht aus. Nötig sind zudem bürgerschaftliches Engagement und eine Kultur des Hinsehens. Es gibt zahlreiche Beispiele für eine politische Kultur des Einmischens, die die öffentliche Verbreitung rechtsradikaler Gesinnung einschränkt.

4 Politik in der Europäischen Union

4.1 Die Europäische Union – gemeinsame Politik souveräner Staaten

1. Europabilder: Was halten die Bürger von der Europäischen Union?
2. Der europäische Einigungsprozess: Wie fing er an und wo steht er heute?
3. Integration: Nach welchen Grundsätzen arbeitet die EU?

4.2 Das politische System der Europäischen Union

1. Zuständigkeiten: Wie ist die Arbeitsteilung zwischen Brüssel und den EU-Staaten geregelt?
2. Politische Organe: Wie kommen 27 Staaten zusammen?
3. Gesetzgebung: Wie entsteht europäisches Recht?

4.3 Die Wirtschafts- und Währungsunion

1. Wirtschaftsunion: Binnenmarkt und Außenhandel – wie lassen sich Vielfalt und Einheit verbinden?
2. Währungsunion: Wozu braucht die EU eine gemeinsame Währung?

4.4 Die EU als Rechtsgemeinschaft: Bürgerrechte, politische Mitwirkung und europäische Grundrechte

1. Unionsbürgerschaft: Welche Rechte haben Bürgerinnen und Bürger?
2. Europäische Grundrechte: Welche Bedeutung haben die Schutzrechte der Bürger?

4.5 Die EU in der internationalen Politik

1. Gemeinsame Außen- und Sicherheitspolitik: Mit wie vielen Stimmen spricht die EU?
2. Gemeinsame Sicherheits- und Verteidigungspolitik: Ist die EU ein globaler Akteur?

4.1 Die Europäische Union – gemeinsame Politik souveräner Staaten

Durch die europäische Integration wurde die politische Landschaft Europas nach dem Zweiten Weltkrieg neu geordnet. Nach den Erfahrungen des Krieges und des Ost-West-Konflikts schlossen sich zunächst sechs westeuropäische Staaten zu einer wirtschaftlichen Gemeinschaft zusammen. Der wirtschaftlichen Integration folgte schrittweise die politische. Nach dem Ende des Kalten Kriegs und der Spaltung Europas in zwei Lager ist die Europäische Union zu einer politischen Ordnung geworden, in der die Mitgliedstaaten einen Teil ihrer Souveränität an die übergeordnete Union abgetreten haben.

1. Europabilder: Was halten die Bürger von der Europäischen Union?
2. Der europäische Einigungsprozess: Wie fing er an und wo steht er heute?
3. Integration: Nach welchen Grundsätzen arbeitet die EU?

Europäische Einigung – Politik mit unterschiedlichen Zielen und Interessen

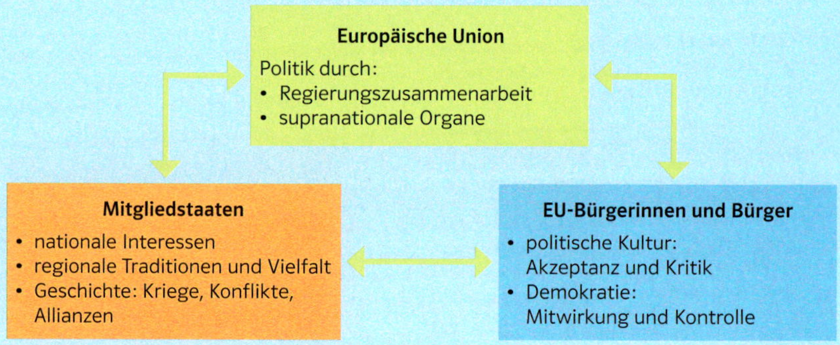

Online-Link
800621-4011

1. Europabilder: Was halten die Bürger von der Europäischen Union?

Stehen die Bürgerinnen und Bürger hinter der europäischen Einigung? Halten sie ein vereintes Europa für ein Ziel, das sie politisch mittragen, für das sie sich engagieren wollen? Solche Fragen wurden und werden immer wieder gestellt. Sie helfen herauszufinden, wie groß die Unterstützung der Bevölkerung für die Europäische Union ist, das heißt,
- ob die Menschen Vertrauen in die EU, ihre Institutionen und ihre Politik haben
- ob sie der Meinung sind, dass eine Mitgliedschaft in der EU für ihr Land von Vor- oder eher von Nachteil ist
- worin sie persönlich den Sinn einer weitergehenden Einigung sehen
- wie stark sie sich als Europäer – neben ihrer Zugehörigkeit zu einem Staat – fühlen.

Unbehagen an Europa

Im politischen Alltag begegnen wir einer Europa-Kritik, die viele Facetten annehmen kann: Landwirte klagen über den Verfall des Milchpreises, schimpfen über rigide Vorschriften im Umgang mit Pflanzenschutzmitteln, Verbraucher kritisieren das Verbot herkömmlicher Glühlampen zum 1. September 2009, in den Euro-Ländern geht die Angst um die Zukunft der gemeinsamen Währung um. Im Mittelpunkt der Kritik stehen Vorwürfe wie diese:

- Die wirklichen Entscheidungen in der europäischen Politik und Wirtschaft können wir immer weniger beeinflussen, sie fallen in Brüssel.
- Von einer demokratischen Mitwirkung und einer Kontrolle der „Eurokraten" sind wir noch weit entfernt.
- Niemand kann durchschauen, was zwischen den 27 Regierungen in langen Nachtsitzungen verhandelt und dann als Kompromiss vereinbart wird.
- Was eines Tages aus einem vereinigten Europa werden soll und wie viel Länder Mitglieder werden, kann uns heute niemand sagen.

Mitglied in der EU – gut für uns?
Antworten in Prozent der Befragten

Mitgliedschaft in der EU	Antworten in	
	Deutschland	EU-27
… ist eine gute Sache	61	53
… nützt meinem Land	57	56

Europäische Kommission: Eurobarometer 71, Frühjahr 2009

Meinungen – nicht einfach Fakten

Kritik dieser Art folgt nicht selten einer eigenen Interessenlogik und ist von subjektiven, oft wirtschaftlichen Motiven geprägt. In dem einen und anderen Fall dient sie auch eigenen politischen Zwecken, wenn etwa Landespolitiker über Verordnungen aus Brüssel klagen und davon ablenken wollen, dass sie diese Politik einstmals selber im Blick auf ihre eigenen Wähler angestoßen hatten. So machten sich Europa-Kritiker nahezu zwanzig Jahre über die sogenannte EU-Gurkenverordnung lustig, die für Gurken, die in den Handel kamen, eine bestimmte Größe und Krümmung vorgeschrieben hatte. Gefordert wurde diese Vorgabe vor allem von den Erzeugerländern, um den Handel und Transport rationalisieren zu können (gleich große Gurken in genormten Transportkisten!). Sie wurden darin tatkräftig von den Regierungen unterstützt. Als dann 2009 die Verordnung zusammen mit anderen Regelungen für Obst und Gemüse abgeschafft wurde, protestierten nicht wenige der einstigen Kritiker. „Allen voran die Agrarminister aus Deutschland, Spanien, Italien und Ungarn", die argumentierten, „der Verbraucher müsste sich dann eventuell mit Waren minderwertiger Qualität begnügen." (Süddeutsche Zeitung, 23.07.2008)

Umfragen

Von solcher vor allem von handfesten Interessen geleiteten Kritik können Ergebnisse wissenschaftlicher Meinungsumfragen unterschieden werden, mit denen Einstellungen der Bevölkerung zur EU ermittelt werden. Dazu zählen die Ergebnisse des **Eurobarometers,** die seit 1973 zweimal im Jahr erhoben werden. Auf ihrer Grundlage kann auch die Entwicklung der Einstellungen zur europäischen Integration allgemein und zu einzelnen Politikbereichen beschrieben werden.

Doch auch bei diesen Erhebungen werden nicht Fakten ermittelt, sondern **Meinungen und Ansichten**. Ob sie die Verhältnisse angemessen wiedergeben, müsste eigentlich in jedem einzelnen Fall ermittelt werden, um falsche Schlüsse zu vermeiden. Vor allem sind viele Ergebnisse von Meinungsumfragen äußerst situationsabhängig. Längerfristige Entwicklungen und strukturelle Veränderungen werden von Befragten nicht sofort erkannt und in ihrer Bedeutung eingeschätzt.

Was Jugendlichen die europäische Einigung bedeutet

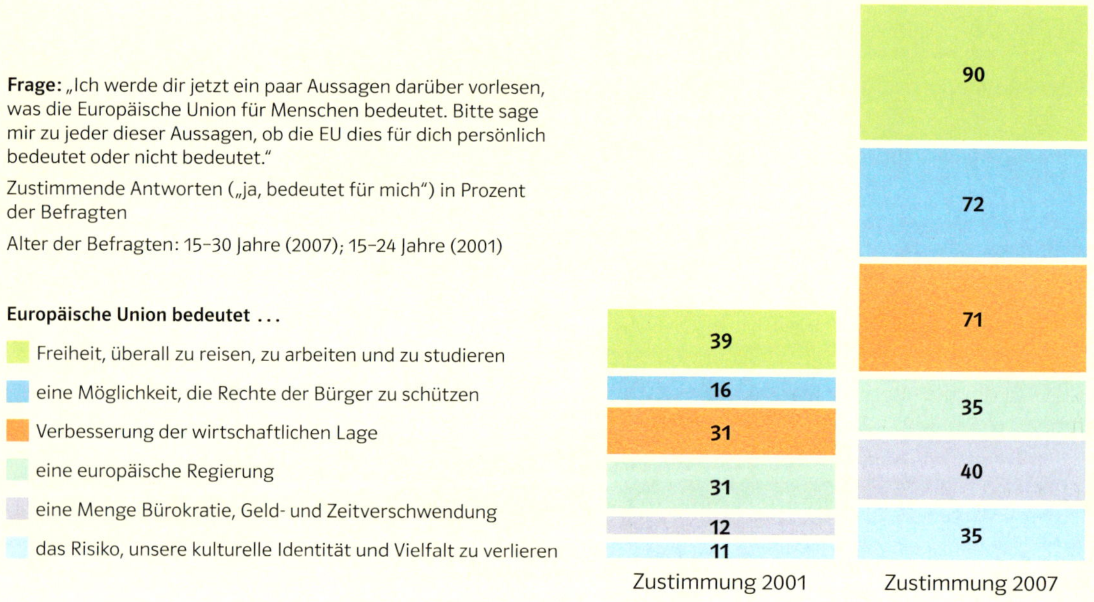

Europäische Kommission: Flash Eurobarometer 202. Young Europeans, A survey among young people aged between 15–30 in the European Union, Analytical Report. Februar 2007

Europa – eine Sache der Eliten?

Der Politikwissenschaftler Max Haller hat Ergebnisse der Meinungsumfragen genauer untersucht. Er wollte herausfinden, ob Antworten unterschiedlich ausfallen, je nach der gesellschaftlichen und politischen Stellung, die die Befragten einnehmen. Er unterschied dabei zwischen der „allgemeinen Bevölkerung" und den „Eliten". Zu Letzteren zählen Personen, die im weitesten Sinne „top decision makers" sind, also Entscheidungsträger und Meinungsbildner in Politik, Wirtschaft, Kultur und Massenmedien. Sein Ergebnis: Die Bevölkerung allgemein beurteilt die europäische Einigung, ihre Bedeutung für Europa wie auch für das eigene Land, wesentlich negativer als Angehörige der Eliten. Während z.B. von der EU-Bevölkerung nur zwischen 40 und 50 Prozent der Befragten in der europäischen Integration einen Vorteil sehen, betonen dies rund 90 Prozent der Eliten. In der Beurteilung der Europäischen Union gibt es – so Haller – deutlich eine Kluft zwischen einer „Sicht von oben" und einer „Sicht von unten" (M. Haller: Die Europäische Integration als Elitenprozess, Wiesbaden 2009, S. 44ff.).

2. Der europäische Einigungsprozess: Wie fing er an und wo steht er heute?

Online-Link
800621-4012

Die Politik der europäischen Integration nach 1945 kann – trotz aller Probleme und Schwierigkeiten – mit Recht als Erfolgsgeschichte bezeichnet werden. Es gibt weltweit kein anderes Beispiel, dass in einer großen Region staatliche Grenzen, die über Jahrhunderte entstanden sind und die Staaten gegeneinander abgrenzten, ihre Bedeutung in der Politik wie im Alltag der Menschen verloren haben. Denn bis dahin waren einzelne Staaten die grundlegende Einheit der Politik nach innen wie nach außen. Im Wesentlichen galt dieser Grundsatz in Europa seit dem Westfälischen Frieden, mit dem 1648 der Dreißigjährige Krieg beendet wurde. Er gestaltete die europäische Landkarte neu und schuf dabei eine Vielzahl kleiner, mittlerer und größerer Staaten. Sie alle erhoben den Anspruch, nach innen und nach außen souverän zu sein, das heißt, ihre Politik nach eigenen Interessen und ohne Einmischung anderer Staaten gestalten zu können.

Motive und Interessen im Integrationsprozess

Die Interessenpolitik der Nationalstaaten hatte im 20. Jahrhundert mit zwei Weltkriegen in die Katastrophe geführt. Durch schrittweise Zusammenarbeit sollte nun eine politische Ordnung entstehen, in der das gegenseitige Misstrauen nach und nach abgebaut und in wichtigen Politikfeldern eine gemeinsame europäische Politik aufgebaut werden konnte. Dieser Weg der ➤ **Integration** konnte nur dann erfolgreich sein, wenn Staaten bereit und in der Lage waren, traditionelle eigene Rechte an eine übergeordnete Gemeinschaft abzutreten. Mit anderen Worten: Durch die politische Integration hören die Staaten nicht auf zu existieren. Sie verzichten aber auf Teile ihrer ➤ **Souveränität** zugunsten der neuen, größeren politischen Gemeinschaft.
In diesem westeuropäischen Integrationsprozess waren unterschiedliche Motive und Interessen ausschlaggebend:

- Seit dem Ende des Zweiten Weltkriegs spitzte sich der Kalte Krieg zwischen den Westmächten einerseits und der UdSSR (mit den von ihr kontrollierten und kommunistisch regierten Staaten Osteuropas) zu.
- Ein einiges West-Europa sollte im Ost-West-Konflikt ein starkes demokratisches Lager gegen eine mögliche Gefährdung aus dem Osten sein. Die europäische Integration war – der damaligen politischen Landkarte entsprechend – also zunächst eine Integration einiger westeuropäischer Staaten. Osteuropa war unter der Herrschaft der UdSSR von dieser Entwicklung ausgenommen. Diese Spaltung Europas konnte erst mit dem Ende des Kalten Kriegs nach 1989 überwunden werden.
- In einer neuen politischen Ordnung musste auch die politische Rolle der Bundesrepublik Deutschland bestimmt werden. Nicht zuletzt Frankreich sah in einem Wiederaufleben des deutschen Nationalismus eine Gefahr. Durch eine wirtschaftliche und politische Einbindung in den gemeinsamen Integrationsprozess konnte eine solche Gefahr vermieden werden.
- Bereits in den Gründungsverträgen der Europäischen Wirtschaftsgemeinschaft wurde 1957 als ein wesentliches Ziel der Integration die Freizügigkeit der Personen festgelegt: Die Bürgerinnen und Bürger sollen sich in Europa frei bewegen und ungehindert Handel treiben können. Wollte man mehr reisen, sich besser kennenlernen, mehr Verständnis füreinander entwickeln, mussten die alten Einschränkungen wie Zollkontrollen, Passvorschriften oder Handelsverbote wegfallen.

- Freizügigkeit wurde zugleich auch als wirtschaftliches Ziel formuliert: Freie Konkurrenz im Inneren und größere Wettbewerbschancen der europäischen Erzeuger auf den Weltmärkten sollen für ein stabiles Wirtschaftswachstum und damit auch für politische Stabilität in den beteiligten Ländern sorgen.
- Durch eine gemeinsame Politik sollte Europa wieder Macht und Einfluss in der Welt zurückgewinnen: Vor 1914 bestimmten Großbritannien, Frankreich und das Deutsche Reich weitgehend die Weltpolitik. Nach zwei Weltkriegen hatten sie ihre Stellung an die damaligen neuen Supermächte USA und Sowjetunion verloren.

Stationen der europäischen Integration

Auf dem „Weg nach Europa" gab es allerdings nicht nur Erfolge, auch Rückschläge traten ein. Auch heute gibt es nicht wenige Probleme, mit denen sich die 27 Mitglieder schwer tun, wenn es um gemeinsame Lösungen geht. Wir haben uns angewöhnt, von der EU als der Europäischen Union zu sprechen. Ursprünglich waren es drei Organisationen: die Europäische Gemeinschaft für Kohle und Stahl (auch Montanunion genannt, seit 1952), die Europäische Atomgemeinschaft (Euratom, seit 1958) und die Europäische Wirtschaftsgemeinschaft (EWG, ebenfalls seit 1958). 1967 kamen diese **drei Gemeinschaften** unter ein Dach. Ihre Aufgaben wurden von da an durch gemeinsame Organe und unter einer gemeinsamen Bezeichnung ausgeübt: Aus den drei Gemeinschaften wurde eine Europäische Gemeinschaft, die EG. Wie die europäische Zusammenarbeit organisiert werden sollte, wurde in den **Gründungsverträgen** (Vertrag von Paris 1951, Römische Verträge 1957) und im Vertrag über die Europäische Union (Maastrichter Vertrag 1992) festgelegt. Dieser Maastrichter Vertrag ging einen entscheidenden Schritt weiter als frühere Vereinbarungen. Er legte fest, dass die bisherige Zusammenarbeit auf den unterschiedlichen, vor allem wirtschaftlichen Gebieten bis zum Ende des Jahrhunderts in eine echte politische Union, die **Europäische Union**, einmünden soll, in der die Mitgliedsstaaten wichtige Aufgaben nur noch gemeinsam lösen werden.

Eine EU-Verfassung?

Um diese Entwicklung zu mehr politischer Gemeinsamkeit innerhalb der EU auf eine auch für die Bürgerinnen und Bürger verständliche Grundlage zu stellen und die politischen Entscheidungswege zu vereinfachen, sollte eine Verfassung der EU ausgearbeitet werden. Der dazu einberufene Verfassungskonvent legte einen Entwurf vor; er wurde am 29. Oktober 2004 in Rom von den Staats- und Regierungschefs der Mitgliedstaaten als „Vertrag über eine Verfassung für Europa" unterzeichnet.
Damit die EU-Verfassung in Kraft treten konnte, musste der Vertrag noch von allen Mitgliedsländern ratifiziert werden. Je nach den nationalen Regelungen konnte dies in einem Referendum oder durch das jeweilige Parlament geschehen. In Volksabstimmungen in Frankreich und den Niederlanden 2005 erhielt der Verfassungsvertrag jedoch keine Mehrheit und somit auch keine Rechtskraft auf der gesamten EU-Ebene. Gleichsam als Ersatz traten an seine Stelle Vereinbarungen, die die Staats- und Regierungschefs im Juni 2007 im **Vertrag von Lissabon** unterzeichneten. Dieser Vertrag, der keine Verfassung sein durfte, trat nach Abschluss eines langen Ratifizierungsverfahrens am 1. Dezember 2009 in den 27 Mitgliedsländern in Kraft.

Neuerungen durch den Lissabonner Vertrag

Im Vertrag von Lissabon wurden die wichtigsten Grundlagenverträge, also der Maastricht-Vertrag von 1992 und der Vertrag über die Arbeitsweise der Europäischen Union (früher: Vertrag zur Gründung der Europäischen Gemeinschaft = Römischer Vertrag von 1957) überarbeitet, zu einem neuen Vertragswerk zusammengefasst und durch einige neue Bestimmungen weitergeführt. Seine wesentlichen Neuerungen sind:

- Die Arbeitsorganisation und die Abstimmungsverfahren in den EU-Gremien werden vereinfacht; ab 1. November 2014 soll die Kommission von 27 Kommissaren auf eine Zahl verkleinert werden, „die zwei Dritteln der Zahl der Mitgliedstaaten entspricht".
- Im Rat der EU (Ministerrat) wird das Prinzip der Mehrheitsentscheidung auf weitere Politikbereiche ausgedehnt; die Zahl der Verfahren, bei denen – meist nach langwierigen Verhandlungen – einstimmig entschieden werden muss, wird weiter verringert.
- Die Mitwirkungsrechte des Europäischen Parlaments in der Gesetzgebung der EU werden auf weitere Politikbereiche ausgedehnt: Das sogenannte Mitentscheidungsverfahren wird zum Verfahren der ordentlichen Gesetzgebung erklärt (S. 255 f.).
- Zudem führt der Vertrag neue Formen demokratischer Bürgerbeteiligung ein: in grundlegenden europäischen Fragen werden europaweite Bürgerbegehren möglich (S. 266 f.).
- Eine neue „Ausstiegsklausel" macht es Mitgliedstaaten möglich, aus der Union wieder auszutreten.
- Das Subsidiaritätsprinzip wird durch ein Widerspruchs- und Klagerecht (beim Europäischen Gerichtshof) nationaler Parlamente und Regierungen gestärkt (S. 248 ff.).
- Ebenso erhalten die nationalen Parlamente vor wichtigen Entscheidungen der EU mehr Mitwirkungsrechte; damit eine Forderung eingelöst, wie sie in den Diskussionen um den Verfassungsvertrag immer wieder erhoben wurden.

Lissabon-Vertrag – wozu?

Die europäische Einigung war von Anfang an auf Zuwachs geplant. Ihre Geschichte lässt sich als ein fortlaufender Prozess zunehmender Integration und der räumlichen Erweiterung verstehen. Mit dem Ende des Kalten Kriegs seit 1989/1990 war abzusehen, dass die nächsten Beitrittsländer vor allem aus dem Kreis ehemaliger Ostblockländer kommen würden. Bis Mitte 2004 hatte die EU 15 Mitglieder. Zwischen dem 1. Mai 2004 und dem 1. Januar 2007 kamen zwölf weitere dazu.

Eine Reform der Institutionen und Entscheidungsverfahren war unumgänglich, wenn die EU nach diesem großen Schritt nicht weiterhin nach Regelungen arbeiten sollte, wie sie in den 1990er-Jahren und teilweise schon früher festgelegt worden waren. Zudem zeigten Konflikte nach 1990, dass die EU in der Außen- und der Sicherheitspolitik nicht geschlossen handlungsfähig war. Auch auf diesem Gebiet mussten europäische Institutionen und Entscheidungsverfahren den neuen Erfordernissen angepasst werden.

Präsenz auf internationaler Ebene

Vom ehemaligen US-Außenminister Henry Kissinger (1973 bis 1977 im Amt) wird das Bonmot überliefert, er glaube an die internationale Rolle Europas erst dann, wenn ihm jemand sagen könne, welche Telefonnummer er anrufen müsse, um den europäischen Außenminister zu erreichen. Durch den Vertrag von Lissabon soll die Union auch in der internationalen Politik personell präsent sein und gemeinsame europäische Position vertreten. Zu diesem Zweck hat der Vertrag neue Führungsämter eingerichtet:

- Der Präsident des Europäischen Rates (der Staats- und Regierungschefs) ist der oberste Repräsentant der EU und vertritt die Union auf den internationalen Spitzentreffen; er leitet die regelmäßigen EU-Gipfel der Staats- und Regierungschefs.
- Der neue Hohe Vertreter für Außen- und Sicherheitspolitik hat die Aufgabe eines EU-Außenministers und vertritt die Union bei internationalen Verhandlungen mit Drittländern und internationalen Organisationen; er hat den Vorsitz im (Minister-)Rat für Außenpolitik und ist zugleich einer der Vizepräsidenten der Kommission. Ein eigener Auswärtiger Dienst der EU wird den Hohen Vertreter bei seiner Arbeit unterstützen.

Von der wirtschaftlichen Zusammenarbeit der 6 zur EU der 27

Der westeuropäische Einigungsprozess ging von den Erfahrungen zweier Weltkriege aus. Durch Zusammenarbeit auf unterschiedlichen Gebieten sollte eine neue politische Ordnung in Europa geschaffen werden, in der Kriege künftig vermieden und der Wohlstand der Bevölkerung gesichert sein würden. Die Entwicklung wurde zudem angestoßen durch den Kalten Krieg: Durch wirtschaftliche und politische Integration sollten die westeuropäischen Staaten ein Gegengewicht gegen das östliche, unter der Führung der UdSSR stehende Lager aufbauen.

Am Beginn standen Vereinbarungen über die Zusammenarbeit der sechs Staaten Belgien, Frankreich, Italien, Niederlande, Luxemburg und Bundesrepublik Deutschland auf wirtschaftlichem Gebiet. Ein Versuch, in der Europäischen Verteidigungsgemeinschaft eine gemeinsame Sicherheits- und Verteidigungspolitik aufzubauen, scheiterte 1954. Auf Grundlage der wirtschaftlichen Integration wurde der Einigungsprozess schrittweise auf andere Bereiche der Politik im Rahmen der heutigen Europäischen Union ausgedehnt. Zu den sechs Gründungsmitgliedern kamen weitere Staaten dazu. 2010 hat die EU 27 Mitglieder; eine Reihe weiterer Staaten haben ihre Mitgliedschaft beantragt.

Die Erweiterung der EU ist nicht abgeschlossen: Kroatien, die Türkei, Mazedonien, Albanien, Island und Serbien haben einen formellen Aufnahmeantrag gestellt (Stand: Juli 2010).

Europäische Integration – von außen betrachtet
Auszug aus einem Interview mit dem peruanischen Schriftsteller Mario Vargas Llosa in der Neuen Zürcher Zeitung (NZZ):
NZZ: Wie nehmen Sie den europäischen Kontinent wahr? Manche sagen, das überalterte Europa werde sich zu einem Museum oder zu „Eurabien" entwickeln.
Llosa: Ich glaube nicht an den Niedergang Europas. Die Europäische Union ist das einzige soziale und politische Projekt, das zutiefst revolutionär und Realität geworden ist. Alle anderen sind verschwunden und Fiktion. Es ist eine außergewöhnliche Revolution, weil sie friedlich ist, und sie wird dem Nationalismus eine Niederlage bereiten, der Ursache war für die größten Katastrophen in der Geschichte Europas. Die EU wird ein Gegengewicht zu den Vereinigten Staaten bilden, und das ist positiv für beide Seiten: ein Wettbewerb in Freundschaft und Zusammenarbeit. Europa ist lebendig und hat eine große Erneuerungskraft. [...]
Andreas Breitenstein, Nicoletta Wagner: Die EU ist ein zutiefst revolutionäres Projekt, NZZ Online, 28.11.2009

3. Integration: Nach welchen Grundsätzen arbeitet die EU?

Online-Link 800621-4013

In ihren Grundzügen kann die europäische Einigung zwar auf mehr als ein halbes Jahrhundert zurückblicken. Trotzdem haben wir es in der EU mit einer politischen Ordnung zu tun, die noch unfertig ist und sich weiterentwickelt. So sind in den letzten Jahren immer wieder neue Staaten hinzugekommen, außerdem müssen Institutionen und Entscheidungsverfahren weiter ausgebaut und neuen Anforderungen entsprechend umgestaltet werden. Bevor wir die Aufgaben und Arbeitsweisen der einzelnen Organe beschreiben, sollen deshalb die Grundsätze, nach denen die EU arbeitet, skizziert werden.

ein politisches Gebilde eigener Art

Die Europäische Union ist – vereinfacht gesagt – eine internationale Organisation, in der sich souveräne Staaten zusammengeschlossen haben, um bestimmte Politikbereiche gemeinsam zu regeln. Die Union ist aber kein Staat mit einer Regierung an der Spitze, die ihre Entscheidungen zentral treffen kann. Sie ist auch kein Bundesstaat, wie etwa Deutschland, mit Bundesländern, die innerhalb des Bundes eigene Kompetenzen haben. Doch sie ist mehr als ein loser Staatenbund, in dem gemeinsame Entscheidungen jeweils durch einzelne zwischenstaatliche Abkommen getroffen werden. Die EU kann vielmehr als eine politische Ordnung eigener Art bezeichnet werden, die mit ihren **Organen** Entscheidungen trifft, die für alle Mitgliedstaaten bindend sind. Diese Organe stehen über den einzelnen Staaten, ersetzen die Staaten aber nicht. Sie können die Politik der Staaten in besonderen Fällen – etwa durch Urteile des Europäischen Gerichtshofs – sogar kontrollieren und bei Verstößen gegen EU-Recht Sanktionen verhängen.
Das Bundesverfassungsgericht hat die EU deshalb als einen ➤ **supranationalen Staatenverbund** bezeichnet und deren besonderen Charakter in einem Urteil zusammenfassend umschrieben: „Der Unionsvertrag (Maastricht-Vertrag) begründet einen Staatenverbund zur Verwirklichung einer immer engeren Union der – staatlich organisierten – Völker Europas, keinen sich auf ein europäisches Staatsvolk stützenden Staat." (Maastricht-Urteil vom 12.10.1993)

Gemeinschaftspolitik und Regierungszusammenarbeit

Die supranationalen Zuständigkeiten sind in Verträgen, die die Mitgliedstaaten vereinbart und in den nationalen Parlamenten gebilligt haben, geregelt. Dazu haben diese einen Teil ihrer nationalen Souveränität an die Union abgetreten. EU-Politik ist also immer ein Zusammenspiel zwischen supranationalen Zielen und einzelstaatlichen Interessen. Dabei unterscheiden wir je nach Politikbereich zwei Grundformen:

- In der **Gemeinschaftspolitik** geht es um Politikbereiche, die nur noch gemeinsam geregelt werden – etwa in allen Fragen des Handels mit Drittländern oder der Gestaltung des Binnenmarktes. Dazu schlägt die Europäische Kommission Regelungen vor, die im Ministerrat und im Europäischen Parlament beraten und als **europäische Gesetze** verbindlich verabschiedet werden (S. 255 f.). Kommt es zu Streitigkeiten über die Auslegung des EU-Rechts, entscheidet letztlich der Europäische Gerichtshof.
- Daneben gibt es Politikbereiche, in denen sich die Staaten letzte Entscheidungen vorbehalten haben. Damit aber auch hier ein abgestimmtes Vorgehen möglich wird, arbeiten sie auf der Ebene der Regierungen, insbesondere durch die betreffenden Fachminister, zusammen. Durch eine solche **Regierungszusammenarbeit** werden – je nach Fall – Rahmenbeschlüsse zu gemeinsamen Standpunkten oder Grundsätzen festgelegt. Die konkrete Ausgestaltung bleibt bei den einzelnen Ländern.
- Die Regierungszusammenarbeit läuft – je nach Politikbereich – nicht immer nach dem gleichen Muster ab. So arbeiten die Staaten in der Außen- und in der Sicherheitspolitik in genau festgelegten Verfahren eng zusammen, bis hin zu Beschlüssen, mit denen einzelne Mitglieder auch überstimmt werden. Dagegen ist die Zusammenarbeit in Fragen der Justiz und der Polizei wesentlich lockerer; hier geht es in den meisten Fällen darum, dass die Mitgliedstaaten ihre Vorgehensweisen – etwa bei der Verbrechensbekämpfung – nach gemeinsamen Richtlinien oder Grundsätzen koordinieren.

Damit haben wir in der EU eine **abgestufte Integration**. Sie reicht von supranationaler Gemeinschaftspolitik durch die dafür vorgesehenen Organe über die enge Kooperation in der Gemeinsamen Außen- und Sicherheitspolitik bis zur Koordination der nationalen Politik der Mitglieder. Seit der Vertrag von Lissabon in Kraft getreten ist, werden schrittweise weitere Politikbereiche, in denen bislang die Regierungen relativ offen zusammengearbeitet haben, in den Bereich der Gemeinschaftspolitik übernommen. Das bedeutet: Die europäische Integration wurde im Laufe ihrer Geschichte und wird auch heute noch schrittweise verdichtet.

offene Fragen

Die globale Wirtschafts- und Finanzkrise seit 2008 gefährdete die Zahlungsfähigkeit einzelner EU-Staaten und die Stabilität des Euro. Dabei zeigte sich, dass die politischen Möglichkeiten der Union nicht ausreichen, um in solchen Krisen schnell zu handeln. Insbesondere fehlten wirkungsvolle gemeinsame Kontrollmöglichkeiten gegenüber Mitgliedstaaten und deren Haushaltspolitik, wenn diese – etwa durch übermäßige Kreditaufnahme und öffentliche Verschuldung – gegen die Regeln der Wirtschafts- und Währungsunion verstoßen. Auf dem Höhepunkt der Krise erklärten deshalb im Frühjahr 2010 die Staats- und Regierungschefs, künftig neue Bestimmungen zur Durchführung einer gemeinsamen Finanz- und Wirtschaftspolitik in der EU zu schaffen (Stand Juli 2010; siehe auch Kap. 4.3).

Demokratie auf mehreren Ebenen

In der Europäischen Union und ihren Mitgliedstaaten haben wir es mit einer politischen Ordnung zu tun, in der Entscheidungen auf mehreren Ebenen angesiedelt sind. Zusammen mit der bundesstaatlichen Ordnung Deutschlands haben wir insgesamt vier Ebenen, auf denen sich Politik abspielt:

- die europäische Ebene, vertreten durch die Europäische Kommission, den Europäischen Rat, den Ministerrat und das Europäische Parlament
- die Ebene der Mitgliedstaaten: 27 nationale Regierungen und 27 nationale Parlamente
- die Ebene der Länder: in Deutschland und Österreich sind dies die Landesregierungen und Landesparlamente
- die Kreise und Kommunen bilden die unterste Ebene, auf der insbesondere Entscheidungen der übergeordneten Ebenen ausgeführt werden, aber auch im Rahmen der kommunalen Selbstverwaltung lokale Politik gemacht wird.

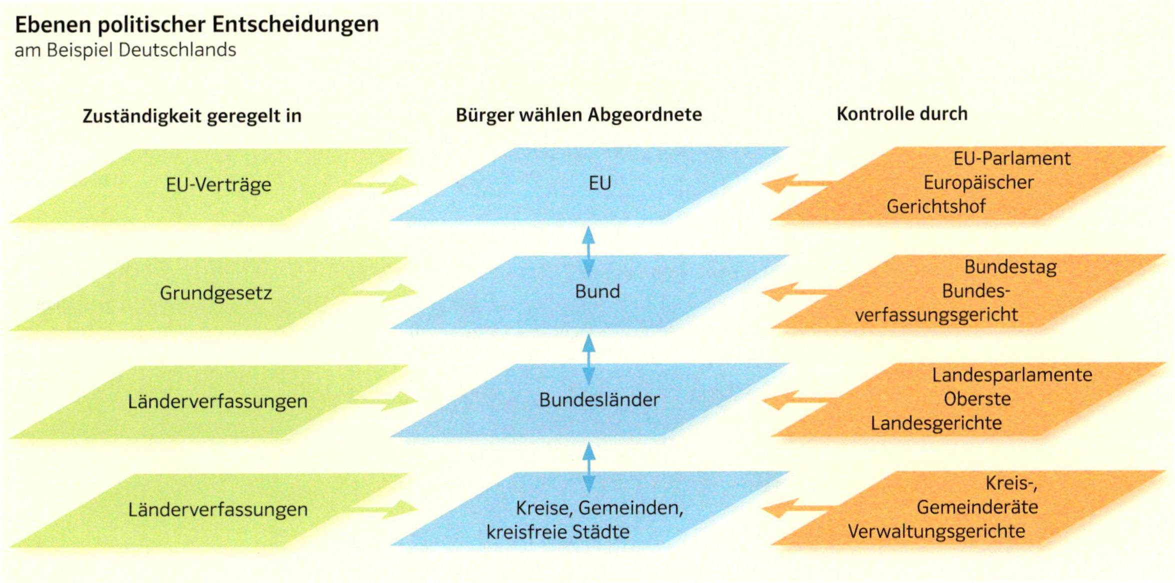

© Klett

Ein supranationaler Staatenverbund

Die EU hat eine politische Ordnung eigener Art: Sie ist weder ein Bundesstaat noch ein loser Staatenbund. Sie kann als ein Staatenverbund bezeichnet werden, in dem die Mitgliedstaaten einen Teil ihrer Souveränität an überstaatliche, supranationale Organe (Europäische Kommission und Europäisches Parlament) abgetreten haben, während in anderen Bereichen die letzten Entscheidungen in den Organen der Staaten (Europäischer Rat und Ministerrat) fallen. Die beiden Grundformen der Politikgestaltung sind demnach die Gemeinschaftspolitik und die Regierungszusammenarbeit.

4.2 Das politische System der Europäischen Union

Die politische Ordnung und die Entscheidungswege der Europäischen Union lassen sich nicht einfach mit denen eines Staates vergleichen. Sie enthalten Elemente, die wir auch auf der Ebene demokratischer Staaten finden, neben solchen, die nur daraus zu erklären sind, dass Entscheidungen durch und für 27 Mitgliedstaaten getroffen und durchgeführt werden.

1. Zuständigkeiten: Wie ist die Arbeitsteilung zwischen Brüssel und den EU-Staaten geregelt?
2. Politische Organe: Wie kommen 27 Staaten zusammen?
3. Gesetzgebung: Wie entsteht europäisches Recht?

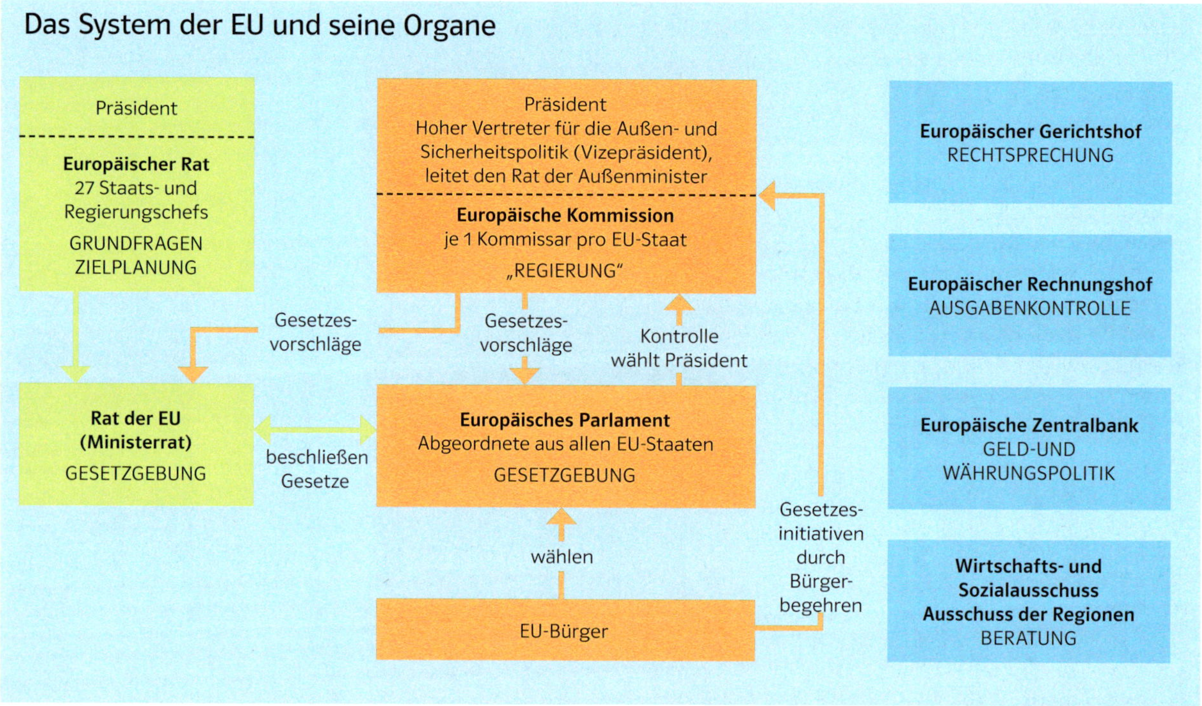

Nach: Lissabonner Vertrag, konsolidierte Fassung vom 30.04.2008

Online-Link
800621-4021

1. Zuständigkeiten: Wie ist die Arbeitsteilung zwischen Brüssel und den EU-Staaten geregelt?

Vorwurf der Zentralisierung

Als die Auseinandersetzung um den (gescheiterten) Verfassungsvertrag ihren Höhenpunkt erreicht hatte, erhob der ehemalige Bundespräsident Roman Herzog (1994–1999) gegenüber der EU den Vorwurf, der „Bundestag sei in die für Deutschland relevante EU-Gesetzgebung nicht so eingebunden, wie es das Grundgesetz für das deutsche Parlament verlange". Er warnte vor einer „schleichenden Zentralisierung". Die EU habe in den zurückliegenden

Jahren immer mehr Kompetenzen an sich gezogen und bestimme direkt und indirekt die bundesdeutsche Gesetzgebung. Rund 84 Prozent aller bundesdeutschen Gesetze würden inzwischen von Entscheidungen auf der EU-Ebene geprägt (Welt am Sonntag, 10.01.2007; Herzog hat zusammen mit anderen diesen Vorwurf in der Frankfurter Allgemeinen Zeitung vom 15.01.2010 wiederholt). Damit gehe der **Souveränitätsverlust** Deutschlands zu weit.
Die von Herzog und anderen angestoßene Debatte zeigte, dass die Zuständigkeiten zwischen Brüssel und den einzelnen Staaten durchaus kontrovers bewertet werden können. Eine differenzierte Nachprüfung dieser Argumentation kommt allerdings zu dem Ergebnis, dass die von Herzog genannte Zahl – mehr als drei Viertel aller bundesdeutschen Gesetze – zu pauschal ist.
Zwei Argumente können gegen Herzogs Vorwurf angeführt werden:

- Zum einen ist die pauschale Zahl von 84 Prozent absolut gesehen zu hoch gegriffen, weil sie nicht für alle Politikbereiche gleichermaßen gilt. Untersuchungen haben ergeben, dass diese Größenordnung etwa für die Agrarpolitik und das deutsche Umweltrecht zutrifft, nicht jedoch für weite Bereiche der inneren Sicherheit, der Arbeits- und der Sozialpolitik. Hier gehen in der Regel weniger als 20 Prozent der deutschen Gesetzgebung auf EU-Recht zurück (Zahlen nach Wissenschaftszentrum Berlin, Mitteilungen Nr. 117, September 2007, S. 7f.).
- Zum andern unterscheidet der pauschale Vorwurf, EU-Recht bestimme zu sehr deutsches Recht, nicht zwischen den unterschiedlichen Formen europäischer Rechtssetzung, vor allem zwischen den Verordnungen, die unmittelbar gelten, und den Richtlinien, bei deren Umsetzung in nationales Recht die Staaten durchaus Spielräume haben.

Es trifft allerdings im Grundsatz zu, dass eine Integration souveräner Staaten in eine übergeordnete Union immer mit der Übertragung nationalstaatlicher Kompetenzen verbunden ist. Wo diese Übertragung an ihre Grenzen stoßen soll, steht nicht generell fest, sondern muss politisch entschieden werden. Dazu hat das ➤ **Bundesverfassungsgericht** inzwischen grundlegende Aussagen gemacht.

übertragene Kompetenzen

Als ein Verbund souveräner Staaten kann sich die EU nicht selbst Kompetenzen zuschreiben, sondern nur solche Aufgaben übernehmen, die ihr von den dazu legitimierten Organen der Mitgliedstaaten übertragen werden. Eine besondere Rolle nehmen dabei die Parlamente der Mitgliedstaaten ein.
Auf der Grundlage des deutschen Verfassungsrechts betonte deshalb das Bundesverfassungsgericht in seinem **Urteil zum Lissabonner Vertrag** vom 30. Juni 2009 die Grenze einer Übertragung nationalstaatlicher Kompetenzen. Eine Übertragung von Souveränitätsrechten an die EU ist nur dann rechtmäßig, wenn

- es sich dabei nicht um eine allgemeine Generalvollmacht, sondern um eine sachlich begrenzte Einzelermächtigung handelt
- ein dafür eigens verabschiedetes Zustimmungsgesetz von Bundestag und Bundesrat mehrheitlich angenommen wurde (BVerfG, BvE 2/08, 30.06.2009, Abs. 239).

ausschließliche und geteilte Zuständigkeit

Der Lissabon-Vertrag regelt die Aufgabenteilung zwischen den Staaten und der EU in seinem zweiten Teil über die „Arbeitsweise der EU". Vereinfacht gesagt unterscheidet der Vertrag Politikbereiche, für die die EU aufgrund der Verträge allein zuständig ist, von solchen, bei denen sich die EU und die Mitgliedstaaten die Zuständigkeit teilen. Eine solche Aufgabenteilung kennen wir auch in der Gesetzgebung der Bundesrepublik mit der Unterscheidung zwischen ➤**ausschließlicher Gesetzgebung** des Bundes – etwa in der Außenpolitik – und der ➤**konkurrierenden Gesetzgebung** zwischen Bund und Bundesländern (GG Art. 70 ff.). Daneben kann die EU nach Maßgabe der Verträge Maßnahmen, die die Mitgliedstaaten selber durchführen, durch eigene Aktivitäten unterstützen, koordinieren oder auch ergänzen, „ohne dass dadurch die Zuständigkeit der Union für diese Bereiche an die Stelle der Zuständigkeit der Mitgliedstaaten tritt" (Art. 2 LV Teil II).

Subsidiarität

Die EU kann jedoch nicht ohne Weiteres Politikbereiche an sich ziehen. Schon immer klagten z. B. deutsche Landesregierungen, im Zuge der Europapolitik immer weitere Kompetenzen an Brüssel zu verlieren. In ähnlicher Weise können wir solche Klagen auch in Regionen anderer EU-Länder hören. Damit Brüssel nicht zum bürokratischen Wasserkopf wird, wurde eine institutionelles Gegengewicht vereinbart: Nach dem **Subsidiaritätsprinzip** sollen öffentliche Aufgaben auf derjenigen poltischen Ebene geregelt werden, die von der Sache her am besten dafür geeignet ist. Das heißt nicht zuletzt: Politik soll – wo immer sachlich möglich – bürgernah sein. Die übergeordnete Ebene soll nur dann – gleichsam ersatzweise und unterstützend – handeln, wenn die untere Ebene eine Aufgabe nicht hinreichend lösen kann. Dadurch sollen eigenständige Kompetenzen der Staaten erhalten und ein Ausweitung der EU-Bürokratie verhindert werden. Dazu gibt es eine Reihe von Regelungen. So schreibt der umfangreiche Artikel 23 des Grundgesetzes die Mitwirkung der Bundesländer und des Bundesrats in EU-Fragen fest.

Zu viel Integration?

Der Vertrag von Lissabon ist ein Beispiel dafür, dass der europäische Integrationsprozess immer wieder durch **einzelstaatliche Blockaden** gefährdet werden kann. Er konnte erst in Kraft treten, nachdem eine nicht geringe Zahl einzelstaatlicher Bedenken – etwa aus Irland, Polen und Tschechien – ausgeräumt und Sonderregelungen oder Ausnahmen in besonderen „Erklärungen" und „Protokollen" als Anhang zum Vertrag festgehalten worden war. In Deutschland hatten unter anderem Abgeordnete der CSU und die Bundestagsfraktion Die Linke gegen den Vertrag und seine Ratifizierung durch den Bundestag beim Bundesverfassungsgericht geklagt. Sie sahen in ihm einen zu weitgehenden Eingriff in die Souveränitätsrechte der Bundesrepublik. Das Gericht erklärte zwar den Vertrag nicht als verfassungswidrig, betonte jedoch in seinem Urteil, künftig müsse bei grundlegenden Entscheidungen die Mitwirkung des Bundestags sichergestellt sein, weil die Verantwortung dafür nach wie vor „in der Hand der für die Völker handelnden nationalen Verfassungsorgane" liege (BVerfG, BvE 2/08, 30.06.2009).

Bundestag und Bundesrat in der EU-Politik

Das erweiterte Mitwirkungsrecht der deutschen Gesetzgebungsorgane, also des Bundestags und des Bundesrats, in der EU-Politik wurde im September 2009 im „Gesetz über die Ausweitung und Stärkung der Rechte des Bundestages und des Bundesrates in Angelegenheiten der Europäischen Union" genauer ausgeführt. Demnach können beide Gremien Gesetzentwürfe der EU überprüfen, ob das Subsidiaritätsprinzip hinreichend beachtet wurde, und das Ergebnis in einer eigenen Stellungnahme den EU-Organen vortragen. Im Konfliktfalle stehen Bundestag und Bundesrat ein Klagerecht beim Europäischen Gerichtshof zu (Subsidiaritätsklage).

Zudem wird die Bunderegierung verpflichtet, Bundestag und Bundesrat über grundlegende politische Initiativen rechtzeitig zu informieren, damit die beiden Organe die Möglichkeit haben, eine mehrheitliche Stellungnahme abzugeben.

Zuständigkeiten der EU nach dem Lissabonner Vertrag

ausschließliche Zuständigkeit Artikel 3	**geteilte Zuständigkeit Artikel 4**	**Unterstützung, Koordination, Ergänzung Artikel 6**
1) Die Union hat ausschließliche Zuständigkeit in folgenden Bereichen:	2) Die von der Union mit den Mitgliedstaaten geteilte Zuständigkeit erstreckt sich auf die folgenden Hauptbereiche:	Die Union ist für die Durchführung von Maßnahmen zur Unterstützung, Koordinierung oder Ergänzung der Maßnahmen der Mitgliedstaaten zuständig. Diese Maßnahmen mit europäischer Zielsetzung können in folgenden Bereichen getroffen werden:
a) Zollunion b) Festlegung der für das Funktionieren des Binnenmarkts erforderlichen Wettbewerbsregeln c) Währungspolitik für die Mitgliedstaaten, deren Währung der Euro ist d) Erhaltung der biologischen Meeresschätze im Rahmen der gemeinsamen Fischereipolitik e) gemeinsame Handelspolitik	a) Binnenmarkt b) Sozialpolitik hinsichtlich der in diesem Vertrag genannten Aspekte c) wirtschaftlicher, sozialer und territorialer Zusammenhalt d) Landwirtschaft und Fischerei, ausgenommen die Erhaltung der biologischen Meeresschätze e) Umwelt f) Verbraucherschutz g) Verkehr h) transeuropäische Netze i) Energie j) Raum der Freiheit, der Sicherheit und des Rechts	a) Schutz und Verbesserung der menschlichen Gesundheit b) Industrie c) Kultur d) Tourismus e) allgemeine und berufliche Bildung, Jugend und Sport f) Katastrophenschutz g) Verwaltungszusammenarbeit Weitere Regelungen in Art. 5 zu Koordinierung von wirtschafts-, beschäftigungs-, sozialpolitischen Maßnahmen der Länder und für Euro-Währungspolitik

Vertrag von Lissabon, Teil II: Vertrag über die Arbeitsweise der Europäischen Union, konsolidierte Fassung, Art. 3, 4, 6 (Auszüge)

Kontrovers:
Grenzen der EU-Zuständigkeiten

Auszug aus dem Lissabon-Urteil des Bundesverfassungsgerichts vom 30. Juni 2009:
Das Grundgesetz ermächtigt die deutschen Staatsorgane nicht, Hoheitsrechte derart zu übertragen, dass aus ihrer Ausübung heraus eigenständig weitere Zuständigkeiten für die Europäische Union begründet werden können. Es untersagt die Übertragung der Kompetenz-Kompetenz [...] Auch eine weitgehende Verselbständigung politischer Herrschaft für die Europäische Union durch die Einräumung stetig vermehrter Zuständigkeiten [...] kann [...] allein aus der Handlungsfreiheit des selbstbestimmten Volkes heraus geschehen. Solche Integrationsschritte müssen von Verfassungswegen durch den Übertragungsakt sachlich begrenzt und prinzipiell widerruflich sein.
BVerfG, BvE 2/08, Abs. 233, 30.06.2009

Kontrovers:
Angst vor Europa?

Der französische Politikwissenschaftler Alfred Grosser sieht in der Betonung der nationalen Souveränitätsrechte durch das Bundesverfassungsgericht eine Abkehr von den Zielen der europäischen Integration:

Der 30. Juni 2009 wird in die Geschichte Europas als ein schwarzer Tag eingehen. Nicht nur wegen des Urteils des Bundesverfassungsgerichts. Auch wegen der Zeitungskommentare, die zeigen, wie weit das Unwissen über die EU [...] in Deutschland nun geht. Das Bundesverfassungsgericht lebt und entscheidet in der Furcht, sich dem Europäischen Gerichtshof unterwerfen zu müssen. Das Urteil vom 30. Juni ist ein Ausdruck dieser Furcht. [...] In Frankreich hingegen haben alle hohen Gerichte klar betont, dass Europarecht jeweils Vorrang vor nationalem Recht hat. [...]

[Nach dem Urteil müssten in Deutschland] Bundestag und Bundesrat entscheiden, wie die Regierung [im EU-Rat] abstimmen soll. In einem Leitartikel der Süddeutschen Zeitung heißt es mit Genuss: „In Brüssel startet ein Güterzug, hat freie Fahrt; wenn er durch Deutschland fährt, gibt es Haltepunkte, an denen das Parlament zuladen kann." Und wenn er durch Griechenland, Rumänien, Lettland fährt? Weil alle Staaten gleich sind, dürfen alle zuladen, das heißt, dass ständig 27 Parlamente befasst werden müssten. [...] Mit solchen Zuladungen würde die EU zerstört. Ist das gewollt? [...]

Alfred Grosser: Deutschland auf dem Sonderweg, Süddeutsche Zeitung, 11.07.2009, S. 2 (gek.)

Debatte um Zuständigkeiten

Für welche Politikbereiche die EU zuständig ist, wurde in den Gründungsverträgen und zuletzt im Lissabonner Vertrag geregelt. Allgemein gilt: Die Union hat keine automatische, sondern eine „übertragene Kompetenz". Nach dem Grundsatz der Subsidiarität sollen politische Aufgaben dort entschieden werden, wo dies sachlich und unter dem Gesichtspunkt der Bürgernähe am besten möglich ist. Dennoch wird um die Frage politisch gestritten, wofür die EU-Organe und die einzelnen Staaten zuständig sein sollen.

Online-Link
800621-4022

2. Politische Organe: Wie kommen 27 Staaten zusammen?

Europa ist ein kompliziertes Gebilde, das ist eine Feststellung, der wir häufig in der Presse wie auch im politischen Alltag begegnen. „Der Bürger", so schrieb der Journalist Stefan Kornelius während der langen Debatten über die Ratifizierung des Lissabon-Vertrags zwischen 2007 und 2009 mit einem vorwurfsvollen Unterton, „hätte es natürlich lieber einfacher, er glaubt den Populisten nur allzu gerne, die ihm versichern, dass es einfach auch geht. Da wäre also dieser Vertrag, hochkompliziert, eine Meisterleistung der politischen Mechanik, austariert zwischen 27 Nationen, 27 nationalen Befindlichkeiten [...], 27 Kommissaren, 785 Europaabgeordneten und Hunderttausenden Bürgerstimmen, Lobbymeinungen und Besserwissereien. Ein Vertrag, der mehr Demokratie bringt, mehr Beteiligung, mehr Kontrolle." (Süddeutsche Zeitung, 16.06.2008)

Die wichtigsten Organe der Europäischen Union
Bestimmungen des Lissabonner Vertrags

Organ	Vertragstext	Kommentar
Europäisches Parlament (EP)	Das **EP** wird gemeinsam mit dem Rat als Gesetzgeber tätig und übt gemeinsam mit ihm die Haushaltsbefugnisse aus. Es erfüllt Aufgaben der politischen Kontrolle und Beratungsfunktionen nach Maßgabe der Verträge. (Art. 14)	Das EP ist neben der Kommission das supranationale Organ der EU. Die maximal 750 Abgeordneten werden direkt von der Bevölkerung auf fünf Jahre gewählt. Jedes Land wendet sein nationales Wahlrecht an. EU-Bürger können in dem Land wählen, in dem sie ihren Wohnsitz haben. Das EP tagt in Straßburg und Brüssel. Die Zahl der Abgeordneten eines Landes liegt zwischen 6 und 99. Abgeordnete sollen nicht in erster Linie Repräsentanten ihres Landes, sondern der EU sein. Sie bilden deshalb europäische Fraktionen nach Parteien. Verfahren, bei denen die beiden Organe EP und R mitentscheiden, werden als „ordentliche Gesetzgebungsverfahren" bezeichnet.
Europäischer Rat (EuR)	Der **EuR** gibt der Union die für ihre Entwicklung erforderlichen Impulse und legt die allgemeinen politischen Zielvorstellungen und Prioritäten hierfür fest. Er wird nicht gesetzgeberisch tätig. (Art. 15)	Die oberste Repräsentation der Länder in der EU durch die Staats- und Regierungschefs. Sie wählen für eine Amtszeit von zweieinhalb Jahren den Präsidenten. Der EuR bestimmt den Kurs und die Prioritäten der EU-Politik und tagt mindestens zweimal im Jahr in Brüssel auf Gipfeltreffen. Dabei legt er die Leitlinien für die Arbeit des Ministerrates fest. Der EuR entscheidet in der Regel einstimmig.
Rat (R) (Ministerrat)	Der **R** wird gemeinsam mit dem EP als Gesetzgeber tätig und übt gemeinsam mit ihm die Haushaltsbefugnisse aus. Zu seinen Aufgaben gehört die Festlegung der Politik und die Koordinierung nach Maßgabe der Verträge. (Art. 16)	Er ist in erster Linie ein Organ der 27 Mitgliedstaaten und setzt sich aus den für das jeweilige Fachgebiet zuständigen Ministern sowie dem Fach-Kommissar zusammen. So gibt es z. B. einen Agrar-, Umwelt-, Finanz- oder Außenministerrat. Gemeinsam mit dem EP übt der R die Gesetzgebung und das Haushaltsrecht aus. Je nach Thema werden Entscheidungen mit einer qualifizierten Mehrheit oder (seltener) einstimmig getroffen. Den Vorsitz hat jeweils ein Land für ein halbes Jahr inne – ausgenommen im Rat der Außenminister; hier hat der Hoher Vertreter für Außen- und Sicherheitspolitik („EU-Außenminister") den Vorsitz. Der Rat tagt in Brüssel.
Europäische Kommission (EuK)	Die **EuK** fördert die allgemeinen Interessen der Union und ergreift geeignete Initiativen zu diesem Zweck. Sie sorgt für die Anwendung der Verträge sowie der von den Organen kraft der Verträge erlassenen Maßnahmen. Sie überwacht die Anwendung des Unionsrechts unter der Kontrolle des EuGH. Sie führt den Haushaltsplan aus und verwaltet die Programme. […] Außer in der Gemeinsamen Außen- und Sicherheitspolitik […] nimmt sie die Vertretung der Union nach außen wahr. (Art. 17)	Sie ist das Organ der Union und hat die Aufgabe, die Interessen der EU als Ganzes zu vertreten. Sie ist dem EP gegenüber rechenschaftspflichtig. Als einziges EU-Organ hat sie eine generelle Befugnis, Gesetzesinitiativen einzubringen. Der Präsident wird auf Vorschlag des EuR vom EP gewählt. In Abstimmung mit dem R schlägt er dem EP die übrigen Mitglieder der Kommission zur Wahl vor. Das EP kann der Kommission als Ganzes sein Misstrauen aussprechen. Die 27 Kommissare sind verpflichtet, ihr Amt unabhängig von ihrer nationalen Regierung auszuüben und die Interessen der Gemeinschaft zu vertreten. Der Präsident teilt die Zuständigkeitsbereiche nach Fachgebieten auf (z. B. Landwirtschaft, Forschung, Bildung, Binnenmarkt oder Erweiterung). Bei strittigen Fragen entscheidet die Kommission mit einfacher Mehrheit. Jeder Kommissar hat eine Stimme. Amtssitz der Kommission ist Brüssel.
Gerichtshof der Europäischen Union (EuGH)	Der **EuGH** umfasst den Gerichtshof, das Gericht und Fachgerichte. Er sichert die Wahrung des Rechts bei der Auslegung und Anwendung der Verträge. (Art. 19)	Die 27 Richter und acht Generalanwälte werden von den Regierungen der Mitgliedstaaten „im gegenseitigen Einvernehmen" auf sechs Jahre ernannt. Der EuGH entscheidet nach europäischem Recht. Bei Rechtsstreitigkeiten kann er direkt von Bürgern angerufen werden. Möglich ist auch, dass ein nationales Gericht einen Streitfall dem EuGH zur Prüfung vorlegt. Sitz des Gerichts ist Luxemburg.

Nach: Lissaboner Vertrag, konsolidierte Fassung vom 30.04.2008 – 6655/1/08 – REV 1

Entscheidungen im Rat

Beratungen auf EU-Ebene können lange dauern, berühmt-berüchtigt sind die Nachtsitzungen des Rats, wenn sich die Fachminister der 27 Regierungen erst nach purer Erschöpfung auf einen gemeinsamen Nenner einigen können.
Im Rat sind Regierungen präsent, die Länder mit weit auseinandergehenden Interessen, aber auch mit unterschiedlichen wirtschaftlichen Möglichkeiten vertreten. Welche Entscheidungswege lassen sich dabei finden, die zu gemeinsamen Beschlüssen führen, ohne dass einige wenige Mitglieder das Sagen haben und andere sich „überfahren" fühlen?
Bis Anfang der 1990er-Jahre wurde im Rat nahezu ausschließlich einstimmig beschlossen. Im Zuge der fortschreitenden Integration wurden zunehmend Entscheidungen mit qualifizierter Mehrheit die Regel. Der **doppelt qualifizierten Mehrheit**, wie sie nach dem Lissabonner Vertrag mit einer Übergangszeit bis 2017 praktiziert wird, liegen zwei Gedanken zugrunde: Einerseits soll verhindert werden, dass Entscheidungen – wie es bei Einstimmigkeit der Fall sein kann – durch einzelne Staaten blockiert werden. Andererseits sollen aber auch Minderheiten oder kleinere Staaten vor einem „Diktat der Großen" geschützt werden.
Dieses Abstimmungsverfahren wird bei rund 70 Prozent der Entscheidungen angewendet. Daneben besteht in einigen Bereichen das Prinzip der **Einstimmigkeit** weiter. Das gilt besonders für den gesamten Bereich der Systemgestaltung, wenn über grundsätzliche Regelungen zur Organisation und Arbeitsweise der Union als Ganzes wie auch über die Aufnahme neuer Mitglieder entschieden wird.

Die doppelt qualifizierte Mehrheit im Rat
Art. 16
(3) Soweit in den Verträgen nichts anderes festgelegt ist, beschließt der Rat mit qualifizierter Mehrheit.
(4) Ab dem 1. November 2014 gilt als qualifizierte Mehrheit eine Mehrheit von mindestens 55 % der Mitglieder des Rates, gebildet aus mindestens 15 Mitgliedern, sofern die von diesen vertretenen Mitgliedstaaten zusammen mindestens 65 % der Bevölkerung der Union ausmachen.
Für eine Sperrminorität sind mindestens vier Mitglieder des Rates erforderlich, andernfalls gilt die qualifizierte Mehrheit als erreicht. [...]
Lissabon-Vertrag, konsolidierte Fassung, Art 16 (Auszug)

Mehr Mitsprache des Parlaments?

Seit die Abgeordneten des Europäischen Parlaments 1979 erstmals in den Mitgliedstaaten direkt gewählt wurden, gibt es die Forderung, dieses repräsentative Organ stärker an den Entscheidungen in der EU zu beteiligen. Bis zum Inkrafttreten des Lissabonner Vertrags im Dezember 2009 wurden diese Rechte auch systematisch ausgeweitet. Dennoch bleibt bei den Abgeordneten ein Unbehagen, wenn es um die Besetzung wichtiger Ämter vor allem in der Kommission geht. Zwar benötigt der Kommissionspräsident das Vertrauen der Parlamentsmehrheit und die Kandidaten für die Kommission müssen vor ihrer Wahl dem Parlament Rede und Antwort stehen. Doch die Abgeordneten haben keine Möglichkeit, aus der Kandidatenliste auszuwählen: Sie können im Konfliktfalle nur die ganze Kommission ablehnen, nicht einzelne Bewerber. Das kann dazu führen, dass Personen in Ämter kommen, die bei Einzelabstimmungen eigentlich keine Mehrheit finden würden.

Parlament will mehr Mitsprache

Anfang 2010 präsentierten die Fraktionen des Parlaments dem Rat und der Kommission sechs Forderungen:

Erstens verlangen die Parlamentarier, dass die Kommission ihre Anregungen für Gesetze binnen eines Jahres aufgreifen muss, und nicht „wie bisher einfach in der Schublade verschwinden lässt“, wie ein Liberaler klagt. Zweitens wollen sie hohe Beamte vor ihrer Berufung etwa zu Generaldirektoren einer Anhörung unterziehen. Drittens verlangen sie den gleichen Zugang zu Kommissionsunterlagen, wie der Rat ihn hat. Viertens wollen sie gleichberechtigt an allen internationalen Verhandlungen beteiligt werden. Fünftens wollen sie die Möglichkeit bekommen, auch einzelnen Kommissaren das Misstrauen aussprechen zu können und nicht immer nur allen oder keinem. Und sechstens erwarten sie von der Kommission eine wirtschaftliche wie soziale Folgenabschätzung aller Gesetze, bevor die in Kraft gesetzt werden.

EU-Abgeordnete suchen Machtprobe mit Barroso, Süddeutsche Zeitung, 14.01.2010, S. 8

Sitzverteilung im Europäischen Parlament

nach den Wahlen vom Juni 2009 (Stand: 16. Juli 2009)

736 Abgeordnete, davon 99 aus Deutschland; in Klammern ihr Anteil an den Fraktionen

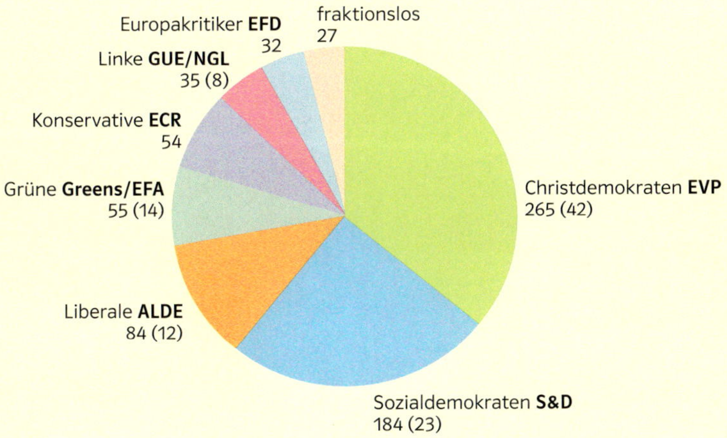

Europäisches Parlament, 2009

3. Gesetzgebung: Wie entsteht europäisches Recht?

Online-Link
800621-4023

Die Politik der Europäischen Union und die Arbeit der politischen Organe ist in ihren Grundzügen durch die Verträge – von den Gründungsverträgen angefangen bis zum Lissabonner Vertrag – geregelt. Sie sind als „Primärrecht“ die eigentliche Grundlage der EU. Zum abgeleiteten oder „sekundären Recht“ gehören die Verordnungen und die Richtlinien, wie sie von den Organen im Rahmen der Gesetzgebung beschlossen werden.
Dazu gibt es in der EU unterschiedliche Wege. Heute werden rund 50 Verfahren praktiziert, um zu gemeinsamen Beschlüssen zu kommen. Die Vielzahl

der Entscheidungswege hat ihre Gründe: Zum einen wirken auf EU-Ebene – noch stärker als in einzelnen Staaten – zahlreiche und unterschiedliche Interessen auf die Politik ein: die der nationalen Regierungen, der Regionen bzw. Bundesländer, der großen Kommunen und nicht zuletzt der Interessengruppen in den Ländern und in der EU insgesamt. Und schließlich sind die Erwartungen in der EU-Bevölkerung mit nicht ganz einer halben Milliarde Menschen nicht einfach unter einen Hut zu bringen. Zudem wird die Gesetzgebung noch dadurch kompliziert, dass die EU als supranationale Organisation nicht für alle Politikbereiche in gleicher Weise zuständig ist, sondern eine abgestufte Kompetenz hat.
Bei der **Gesetzgebung** wirken drei Organe zusammen: die Kommission, der Rat und das Europäische Parlament. Je nach Politikbereich sind deren Kompetenzen unterschiedlich gewichtet. So gelten für das Europäische Parlament drei Formen der Mitwirkung – je nachdem, welches Entscheidungsgewicht dem Parlament gegenüber den beiden anderen Organen zukommt.

Unterschiedliche Entscheidungsverfahren des Europäischen Parlaments

Mitentscheidung	**Zustimmung**	**Anhörung**
Gesetzesvorschläge der Kommission können nur vom Ministerrat und dem Europäischen Parlament gemeinsam angenommen werden. Verfahren erlaubt auch Änderungsvorschläge im Vermittlungsausschuss.	Entscheidungen kommen zustande, wenn das Parlament einer Vorlage der Kommission zustimmt. Es kann eine Vorlage jedoch nicht abändern, sondern nur als Ganzes annehmen oder ablehnen.	Das Parlament wird bei diesen Entscheidungen nur angehört und kann dabei Vorschläge einbringen. Sie müssen jedoch nicht übernommen werden.
Beispiele Freizügigkeit der Arbeitnehmer Ordnung des Binnenmarkts Entscheidungen über die „vier Freiheiten" Haushaltsrecht	Beispiele Aufnahme neuer Mitglieder internationale Abkommen Wahl des Kommissionspräsidenten und der Kommissionsmitglieder	Beispiele Einzelregelungen zum Agrarmarkt Festlegung von Steuern der EU Regelungen zum Wettbewerb im Binnenmarkt Gemeinsame Außen- und Sicherheitspolitik

Parlament und Kommission: kooperativ entscheiden

Das **Mitentscheidungsverfahren**, auf das wir uns im Folgenden konzentrieren, kommt heute in rund 80 Prozent aller Fälle zum Zuge. Dabei geht es nicht zuletzt um die Legitimation der Entscheidungen durch das Parlament und seine Abgeordneten als den demokratisch gewählten Repräsentanten der Bevölkerung. In diesem Abstimmungsverfahren müssen die Europäische Kommission, der Rat und das Europäische Parlament zu einer gemeinsamen Lösung kommen. Dies geschieht in fünf Schritten:

- das **Vorschlags- oder Initiativrecht:** Das Initiativrecht liegt bei der Europäischen Kommission. Andere Organe können die Kommission auffordern, zu einem bestimmten Sachverhalt einen Vorschlag vorzulegen.
- **Beratung und Stellungnahmen:** Der Kommissionsvorschlag geht gleichzeitig zur Beratung und Diskussion an das Europäische Parlament, den Rat, den Wirtschafts- und Sozialausschuss und an den Ausschuss der Regionen. Diese Organe geben Stellungnahmen ab, in der sie entweder der Kommission zustimmen oder Änderungen vorschlagen.

- **parlamentarische Lesungen und Beschluss:** Stimmen Ministerrat und Parlament nach maximal zwei Lesungen dem Kommissionsvorschlag zu, wird dieser zum europäischen Gesetz. Sind sich Parlament und Rat einig, den Kommissionsvorschlag abzuändern, wird die von Parlament und Ministerrat beschlossene Änderung Gesetz.
- **Vermittlungsausschuss und dritte Lesung:** Kompliziert wird es, wenn sich die drei Organe nach den Lesungen im Parlament nicht einigen können und die Vorlage in den Vermittlungsausschuss muss. Ihm gehören in gleicher Zahl Abgeordnete des Parlaments und Vertreter des Rates an. Diese versuchen, den Gesetzestext so zu formulieren, dass beide Organe in einer dritten Lesung zustimmen können, sonst ist der Gesetzentwurf gescheitert. Das Problem lässt sich dann nur lösen, wenn die Kommission erneut von vorne anfängt und einen neuen Vorschlag vorlegt.
- **Veröffentlichung und Inkrafttreten:** Das europäische Gesetz wird im Amtsblatt der EU veröffentlicht und tritt damit in Kraft. Die Regierungen der Mitgliedstaaten sind verpflichtet, es in nationales Recht umzusetzen bzw. ihr eigenes Recht entsprechend anzupassen.

Damit ein Gesetz auch tatsächlich wirksam wird, ist es notwendig, seine Umsetzung in den Mitgliedstaaten zu kontrollieren. Dies ist Aufgabe der Kommission. Sie mahnt säumige Regierungen und kann diese vor dem Europäischen Gerichtshof verklagen.

Verordnungen, Richtlinen, Entscheidungen, Empfehlungen

Was in der EU beschlossen wird, hat als geltendes Recht Bedeutung für die einzelnen Mitgliedsländer. Allerdings gibt es dabei einige Unterschiede:

- Verordnungen gelten unmittelbar und in der ganzen EU und sind in all ihren Teilen verbindlich. Sie stehen über dem nationalen Recht, das die einzelnen Staaten beschließen. Die Staaten dürfen einzelne Verordnungen nicht modifizieren und ihren eigenen Vorstellungen anpassen.
- Richtlinien richten sich an die Mitgliedstaaten und müssen von ihnen erst in ihr eigenes nationales Recht umgesetzt werden. Dabei sind die Ziele, wie sie in den Richtlinien formuliert wurden, verbindlich. Die Staaten haben jedoch bei der Art der Umsetzung gewisse Spielräume.
- Entscheidungen richten sich an besondere Empfänger, zum Beispiel an einzelne Staaten oder Unternehmen. Sie sind in allen Teilen verbindlich.
- Empfehlungen sind unverbindliche Vorschläge, ebenso wie die Stellungnahmen, die die EU zu besonderen Themen abgibt.

Kompetenzen bei der Gesetzgebung

EU-Gesetzgebung spielt sich zwischen den drei Organen Kommission, Rat und Europäisches Parlament ab. Je nach Politikbereich werden unterschiedliche Verfahren angewendet, dabei sind die Kompetenzen der Organe unterschiedlich gewichtet. In rund 80 Prozent der Fälle hat das Parlament im Rahmen des Mitentscheidungsverfahrens ein echtes Mitwirkungsrecht. Im bedeutenden Bereich der Außen- und Sicherheitspolitik hat es allerdings gegenüber dem Rat nur ein Anhörungs- und Informationsrecht.

4.3 Die Wirtschafts- und Währungsunion

Die europäische Einigung hat sich im Bereich der Wirtschaftspolitik schrittweise von einer Zollunion gegenüber Drittstaaten über eine Wirtschaftsgemeinschaft zu einem großen Binnenmarkt mit einheitlicher Währung (für die Mehrzahl der EU-Länder) entwickelt. Die EU ist ein gemeinsamer Markt für rund 500 Millionen Menschen. Mit rund 20 Prozent hat sie als Staatengruppe den größten Anteil am Welthandel. Sie bekennt sich zur weltweiten Abschaffung von Handelsbarrieren und Wettbewerbsverzerrungen. Einzelne Bereiche der eigenen Wirtschaft schützt sie allerdings durch Subventionen und protektionistische Maßnahmen.

1. Wirtschaftsunion: Binnenmarkt und Außenhandel – wie lassen sich Vielfalt und Einheit verbinden?
2. Währungsunion: Wozu braucht die EU eine gemeinsame Währung?

Konvergenz-Kriterien: Richtgrößen für die Wirtschafts- und Währungsunion

Preisstabilität
Inflationsrate darf maximal 1,5 % über den Werten der drei preisstabilsten EU-Staaten liegen

Wechselkurse
nationale Währung des Beitrittskandidaten muss sich 2 Jahre innerhalb der von der EU festgelegten Wechselkurse bewegt haben; Währung darf nicht abgewertet worden sein

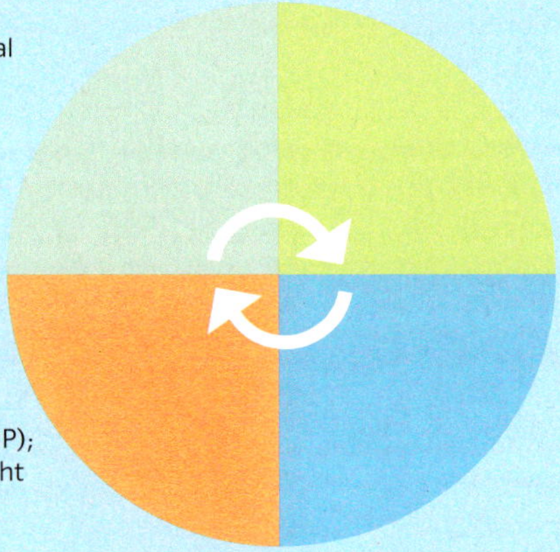

Staatsverschuldung
Neuverschuldung der öffentlichen Haushalte beträgt maximal 3 % des Bruttoinlandsprodukts (BIP); Gesamtschuldenstand nicht größer als 60 % des BIP

Zinssätze
langfristige Zinssätze der letzten 2 Jahre dürfen maximal 2 % höher liegen als in den drei preisstabilsten EU-Staaten

Stabilitäts- und Wachstumspakt: Die Kriterien wurden mit dem Maastricht-Vertrag beschlossen. Sie muss ein Land erfüllen, wenn es der Euro-Zone beitreten will. 1997 legten die EU-Staaten zudem fest, dass die Kriterien zur Preisstabilität und Staatsverschuldung für alle Euro-Länder auch nach dem Beitritt gelten.

Online-Link
800621-4031

1. Wirtschaftsunion: Binnenmarkt und Außenhandel – wie lassen sich Vielfalt und Einheit verbinden?

Die europäische Integration hat in den 1950er-Jahren ihre wichtigsten Impulse von der Wirtschaft bekommen. Mit der Montanunion und der Europäischen Wirtschaftsgemeinschaft wurde der Anstoß gegeben für einen Prozess, der sich im Laufe der Jahre nicht nur auf neue Mitglieder ausdehnte, sondern der auch nach innen schrittweise vertieft wurde. Die Zollunion, also die Einführung eines gemeinsamen Außenzolls, wurde gegenüber Drittstaaten bereits 1968 verwirklicht. Dies war ein entscheidender Schritt zu einem einheitlichen Wirtschaftsgebiet, das am 1. Januar 1993 mit dem Binnenmarkt Realität wurde.

Die vier Freiheiten des Binnenmarktes

freier Personenverkehr
- Wegfall von Grenzkontrollen
- Angleichen der Einreise-, Asyl-, Waffen- und Drogengesetze
- Niederlassungs- und Beschäftigungsfreiheit für EU-Bürger
- verstärkte Außenkontrollen

freier Dienstleistungsverkehr
- Liberalisierung der Finanzdienste
- gemeinsame Regeln für Banken- und Versicherungsaufsicht
- Öffnung der Transport- und Telekommunikationsmärkte

freier Warenverkehr
- Wegfall von Grenzkontrollen
- Angleichen oder gegenseitiges Anerkennen von Normen und Vorschriften
- Angleichen der Steuersätze

freier Kapitalverkehr
- Freizügigkeit für Geld- und Kapitalbewegungen
- Schritte zu einem gemeinsamen Markt für Finanzdienstleistungen
- unbehinderter Handel mit Wertpapieren

Vielfalt und Einheit

Um die Ziele, wie sie in den vier Freiheiten formuliert wurden, einzulösen, war mehr erforderlich, als nur die Zölle innerhalb der EWG abzuschaffen. Der freie Handel kann auch durch andere Hindernisse erschwert werden, etwa durch unterschiedliche Sicherheitsvorschriften beim Gebrauch von Waren, durch mengenmäßige Handelsbeschränkungen, durch Regelungen des Verbraucherschutzes, durch traditionelle Produktionsvorschriften usw. Wollte die EU versuchen, alle nationalen Unterschiede zu vereinheitlichen, um überall die gleichen Regelungen durchzusetzen, würde das nicht nur die Gesetzgebung auf Jahre hinaus überlasten, sondern auch zu unzähligen Streitigkeiten über viele Einzelregelungen führen. Um dies zu verhindern, hat die Gemeinschaft zur Realisierung des freien Warenverkehr eines ihrer zentralen Grundprinzipien durchgesetzt: **gegenseitige Anerkennung**. Das bedeutet: Was in einem Mitgliedstaat legal verkauft werden darf, kann auch im anderen Mitgliedstaat angeboten werden.
Doch nicht in allen Bereichen lässt sich dieser Grundsatz anwenden. Oft müssen Regelungen EU-weit angeglichen, d.h. **harmonisiert** werden, weil sonst neue Probleme entstehen könnten. Dies gilt nicht zuletzt für die Umweltpolitik, weil hier regionale oder nationale Lösungen nur begrenzt oder gar nicht zum Erfolg führen.

Entwicklung des Binnenhandels in der EU
in Milliarden Euro; nur Warenhandel

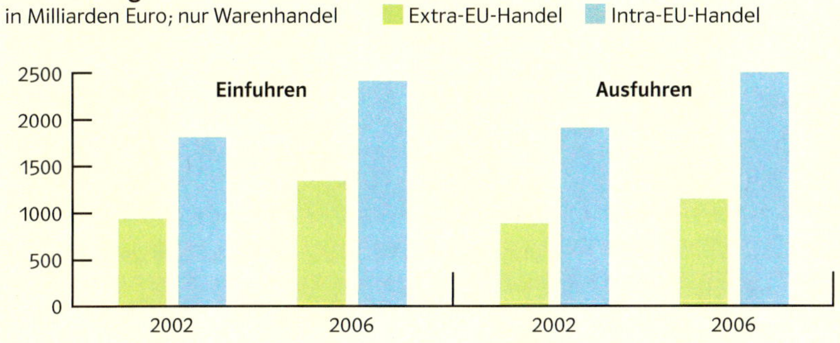

Statistisches Bundesamt, Wiesbaden: Datenreport 2008, Bonn 2008, S. 423

Zur Ergänzung: Der mit Abstand wichtigste Markt für die in den EU-Staaten produzierten Güter war der EU-Binnenmarkt, d.h. der Warenverkehr zwischen den Mitgliedstaaten: Der Wert der Intra-EU-Versendungen betrug 2007 mit 2646 Milliarden Euro mehr als den doppelten Wert der Warenausfuhren in Drittstaaten. In jedem Mitgliedstaat wurde 2007 mit anderen Mitgliedsländern mehr Warenverkehr betrieben (Intra-EU-Handel) als mit Nicht-Mitgliedstaaten (Extra-EU-Handel).
Eurostat-Jahrbuch 2009, S. 386

EU als Dienstleistungsmarkt

Während die Hindernisse im Warenhandel innerhalb des Binnenmarktes schon früh beseitigt wurden, dauerte es im Bereich der Dienstleistungen bis Ende 2009. Bis zu diesem Zeitpunkt musste die **Dienstleistungsrichtlinie** der EU in den Mitgliedstaaten umgesetzt werden. Die Regelung erlaubt es Unternehmen aus EU-Ländern, sich in anderen Mitgliedstaaten niederzulassen sowie auf deren Staatsgebiet – unabhängig vom Firmensitz – Dienstleistungen zu erbringen. In der gesamtwirtschaftlichen Bilanz der EU handelt es sich um den bedeutendsten Sektor; auf ihn entfallen Ende des ersten Jahrzehnts des 21. Jahrhunderts mehr als 70 Prozent der gesamten Wertschöpfung. Etwa gleich groß ist das Gewicht dieses Sektors für die Gesamtbeschäftigung in der EU (Eurostat-Jahrbuch 2009).

Außenhandel

Die Zollunion, wie sie in der Gemeinschaft seit 1968 verwirklicht ist, bedeutet für den Außenhandel: Die Mitglieder treten gegenüber Drittstaaten mit gemeinsamen Regelungen auf. Nach Art. 3 des Vertrags über die Arbeitsweise der Europäischen Union (Lissabon-Vertrag, Teil II) ist für diesen Politikbereich wie auch für die Regelung des Binnenmarktes und der Euro-Währung die EU ausschließlich zuständig. Im Handel mit Drittländern wird sie demnach von der Europäischen Kommission und dem EU-Außenminister vertreten. Sie kann dazu Vereinbarungen mit einzelnen Staaten und Staatengruppen schließen. Zudem beteiligt sich die EU an multilateralen Regelungen der Wirtschafts- und Handelspolitik im Rahmen internationaler Organisationen. So ist sie eigenständiges Mitglied in der ➤ **Welthandelsorganisation (WTO)** und wird dort von dem Präsidenten der Kommission vertreten.
Mit einigen Staaten und Staatengruppen hat die EU Sondervereinbarungen getroffen. Das gilt z. B. für die AKP-Staaten (Afrika, Karibik, Pazifik). Zur Gruppe dieser Staaten zählen überwiegend ehemalige Kolonien europäischer Mächte.

Außenhandel der EU-27 mit Drittländern 2008
Angaben in Milliarden Euro

	Insgesamt		
	Einfuhr	**Ausfuhr**	**Saldo**
Drittländer, insgesamt Veränderung gegen Vorjahr	1566,4 +9,2%	1306,7 +5,3%	–259,4
darunter			
USA Veränderung gegen Vorjahr	186,8 +3,0%	250,1 –4,3%	+63,3
Entwicklungsländer Veränderung gegen Vorjahr	858,2 +8,9%	615,2 +8,2%	–243,0
Russland Veränderung gegen Vorjahr	173,3 +19,9%	105,2 +18,0%	–68,1
China Veränderung gegen Vorjahr	247,7 +6,5%	78,4 +9,1%	–169,3

Europäische Kommission, Eurostat, www.situations-bericht.de/index.asp (20.12.2009)

Vor allem die früheren Kolonialstaaten Frankreich und Großbritannien unterhalten aufgrund historischer, aber auch strategischer und wirtschaftlicher Interessen besondere Beziehungen zu diesen Ex-Kolonien. Diese Staaten haben aufgrund vertraglicher Vereinbarungen – etwa zuletzt 2003 im Abkommen von Cotonou (im afrikanischen Benin) – besondere Rechte, meist in Form von Vorzugszöllen für Einfuhren in das EU-Gebiet. Die WTO kritisiert die Sonderregelungen mit diesen Staaten und verlangt eine Angleichung an globale WTO-Regeln.

Freihandel nach innen – Protektionismus nach außen?

Die AKP-Regelungen mögen für die beteiligten Länder nützlich sein, sie stoßen aber auf Kritik, da sie den globalen Wettbewerb verzerren können. Als Ungleichbehandlung, d.h. als Diskriminierung stehen sie im Widerspruch zur Politik der WTO, deren Ziel die Liberalisierung des globalen Welthandels und der Abbau von Handelsprivilegien ist, während die EU bei vielen Verhandlungen als regionale Organisation auftritt, die die Interessen ihrer Gemeinschaft vertritt.
Darüber hinaus verhält sich die Union auch protektionistisch, dies in mehrfacher Hinsicht. In ihren Gründungsverträgen bekennt sie sich zwar zum freien Welthandel, und im Bereich des Binnenmarktes sind sowohl Zölle wie auch mengenmäßige Ein- und Ausfuhrbeschränkungen verboten. Doch im Handel mit Drittländern hat sich die EU das Recht vorbehalten, Teile ihrer Wirtschaft unter Schutz zu stellen.
Zum einen **subventioniert** sie die eigene Landwirtschaft mit enormem finanziellem Aufwand. Da die meisten Bauern in Ländern der Dritten Welt ohne Subventionen auskommen müssen, kommt es zu einer Verzerrung des Wettbewerbs. Aus Entwicklungsländern kommen Klagen, dass die einheimischen Produkte von den durch Subventionen künstlich verbilligten EU-Produkten auf den eigenen Märkten wie auch im internationalen Handel verdrängt werden.
Zum anderen setzt die EU für bestimmte Produktgruppen nach wie vor **mengenmäßige Einfuhrbeschränkungen** fest. Sie kommt damit immer wieder in Konflikt mit ärmeren Regionen, die auf eine Öffnung der Märkte auch in den Industrieländern drängen. Von einer „harmonischen Entwicklung des Welthandels", wie es im Lissabonner Vertrag heißt, ist die Handelspolitik der Union noch ein Stück weit entfernt.

EU und Weltmarkt
Gesamtausfuhren der wichtigsten Regionen/Länder 2008

	Mrd. Euro	Anteile in Prozent
EU-27	1306	16,7
USA	883	11,3
China (ohne Hongkong)	971	12,4
Japan	531	6,8

Europäische Kommission (Eurostat), http://epp.eurostat.ec.europa.eu (20.12.2009)

Online-Link
800621-4032

2. Währungsunion: Wozu braucht die EU eine gemeinsame Währung?

Im Juni 1988 bestätigte der Europäische Rat der Staats- und Regierungschefs das Ziel, stufenweise die europäische Wirtschaftsunion mit einer Währungsunion zu verbinden. Zum 1. Juli 1990 wurden in der Union sämtliche Richtlinien aufgehoben, die bis dahin noch den Kapitalverkehr regulierten. In drei Schritten wurden die finanzpolitischen Voraussetzungen geschaffen, um den Euro 1999 zunächst als einheitliche Buchwährung und schließlich 2002 als Bargeld in Umlauf zu bringen. Nicht alle Länder haben diesen Schritt sofort vollziehen können, weil ein Beitritt zur **Euro-Zone** von wirtschaftlichen und finanzpolitischen Kriterien abhängig gemacht wurde (die sogenannten Maastricht- oder **Konvergenzkriterien**, S. 258). Es gab aber auch EU-Staaten wie Dänemark und Großbritannien, die sich damals vertraglich das Recht einräumten, den Euro nicht einführen zu müssen.
Der Euro wurde 2002 offizielles Zahlungsmittel in Belgien, Deutschland, Frankreich, Irland, Italien, Finnland, Griechenland, Luxemburg, den Niederlanden, Österreich, Portugal und Spanien. Als weitere Länder traten bis Anfang 2010 Slowenien, Malta, Zypern und die Slowakei der Euro-Zone bei.

Verzicht auf eigenstaatliche Kompetenz

Die Einführung einer gemeinsamen Währung stellt einen tiefgreifenden Einschnitt in die nationale Souveränität dar. Eine Währung ist mehr als ein technisches Zahlungsmittel; sie hat einen symbolischen Wert, der dazu beiträgt, das Vertrauen der Bürgerinnen und Bürger in den Staat und seine Wirtschaft zu stützen. So ist es kein Wunder, dass der Euro nach seiner Einführung zunächst in einem kritischen Licht gesehen wurde.
Wichtiger als die symbolische Bedeutung einer Währung sind deren Funktionen zur **finanz- und wirtschaftspolitischen Steuerung**. Mit dem Verzicht auf eine eigene Währung geben Staaten wichtige Instrumente ihrer eigenen Zentralbanken zur Geldpolitik und damit der Finanz- und Wirtschaftspolitik aus der Hand – so die Festsetzung der Leitzinsen und damit der Kapitalkosten, aber auch die Möglichkeit, auf den Außenwert der Währung durch Ab- bzw. Aufwertung und somit auf den Außenhandel Einfluss zu nehmen (Kap. 2.4). Deshalb war es notwendig, in der Europäischen Zentralbank eine gemeinsame Institution zu schaffen, die diese Funktionen für die Euro-Zone insgesamt übernehmen konnte.

Europäische Zentralbank

Zur Steuerung der gemeinsamen Währung und der Geldpolitik der Union wurde in Frankfurt am Main die **Europäische Zentralbank (EZB)** eingerichtet. Oberstes Entscheidungsorgan ist der EZB-Rat, dem neben den sechs Direktoriumsmitgliedern die Präsidenten der nationalen Zentralbanken aus der Euro-Zone angehören. Sie leiten die Währungspolitik der EU und entscheiden unabhängig von den nationalen Regierungen, ein Grundsatz, der vor allem von deutscher Seite bei der Schaffung der Währungsunion vertreten wurde. Auf diese Weise soll verhindert werden, dass ihre Geldpolitik kurzfristigen wirtschaftlichen Interessen einzelner Staaten oder gar Regierungen untergeordnet wird. Die Staaten haben auch nicht die Kompetenz, die EZB zu kontrollieren; diese Aufgabe kommt vielmehr der Kommission als der supranationalen EU-Institution zu.

An der Einführung einer einheitlichen Währung waren besonders die Länder interessiert, deren Währung gegenüber anderen relativ schwach bzw. instabil war. So mussten besonders Italien und Frankreich in den zurückliegenden Jahrzehnten mit einer Reihe von Nachteilen kämpfen, die aus häufigen **Wechselkursschwankungen** der Lira und des Francs gegenüber der Deutschen Mark resultierten. Mit einem gemeinsamen Euro sollten solche Probleme künftig vermieden werden.

Vorteile einer Währungsunion

Ausschlaggebend waren letztlich auch für die Bundesregierung die **wirtschaftlichen Vorteile**, die mit der Schaffung eines großen und einheitlichen Währungsraumes verbunden sind. Die EU-Kommission formulierte dies in einem Bericht 1990 kurz und knapp: „One market needs one money."

Wozu eine gemeinsame Währung?

Die Befürworter des Euro als gemeinsame Währung sehen in seiner Einführung folgende Vorteile:

- geringere Transaktionskosten: Der Wegfall der Umtauschkosten soll den Handel effizienter machen.
- höhere Investitionsbereitschaft: Der Markt wird für Konsumenten und Investoren transparenter, weil sie die Kosten besser vergleichen können. Dies fördert den Wettbewerb.
- größere wirtschaftliche Sicherheit: Werden die Vorgaben des Stabilitäts- und Wachstumspakts [S. 258] eingehalten, trägt dies zur Stabilität des Euros bei.
- niedrigere Zinssätze: Langfristig kann dies zu niedrigeren Zinssätzen führen, wodurch Investitionen und Wirtschaftswachstum angeregt werden.
- stärkeres Gewicht in der Weltwirtschaft: Der gemeinsame Euro kann langfristig – neben dem US-Dollar – zu einer internationalen Leitwährung werden, wodurch der europäische Wirtschaftsraum in der globalen Finanzwirtschaft an Bedeutung gewinnen kann.
- Vertiefung der Integration: Die gemeinsame Währung kann, wenn sie erfolgreich ist, zu einem Symbol für die europäische Integration werden und die weitere politische Integration unterstützen.

Zusammengestellt nach: Siegmar Schmidt, Wolf J. Schünemann: Europäische Union, Baden-Baden 2009, S. 154f.

Geldwertstabilität in Gefahr?

Den Euro stabil zu halten ist eines der Ziele in der Währungsunion. Deswegen werden die jährlichen Haushaltspläne der Mitglieder daraufhin überprüft, ob sie dem nach den Maastricht-Kriterien formulierten Stabilitätspakt und den für eine öffentliche Schuldenaufnahme genannten Obergrenzen gerecht werden. Ist dies nicht der Fall und überschreiten sie diese auch in weiteren Jahren, kann der Ministerrat ein sogenanntes **Defizitverfahren** gegen das Mitgliedsland einleiten. Mögliche Sanktionen im Rahmen dieses Verfahrens sind Abmahnungen und – in gravierenderen Fällen – Strafzahlungen in den gemeinsamen EU-Haushalt.

offene Fragen: Zukunft der Währungsunion

Die Euro-Länder hielten sich nicht an den Stabilitäts- und Wachstumspakt mit seinen Defizitkriterien (S. 258). Deutlich wurde dies bereits wenige Jahre nach Einführung des Euro. Die Mehrzahl der EU-Länder (einschließlich Deutschlands) hatte sich bereits vor Ausbruch der Finanz- und Wirtschaftskrise 2008

hoch verschuldet. Die globale Krise und die damit verbundenen Rettungsaktionen für überschuldete Banken erhöhten die Schuldenlast weiter. So konnte Griechenland im Frühjahr 2010 nur durch eine gemeinsame Aktion der Euro-Staaten und des IWF vor der Zahlungsunfähigkeit bewahrt werden. Die Krise machte deutlich: Die EU benötigt bessere Instrumente, um solchen Entwicklungen vorzubeugen.
Drei unterschiedliche Vorschläge werden diskutiert:

- stärkere Kontrollen durch die **EU-Kommission:** Im Fall des hoch verschuldeten Griechenlands wurde vereinbart, dass die Kommission die griechische Haushaltspolitik und die Einhaltung der Sparmaßnahmen überwacht.
- Einrichtung eines **Europäischen Währungsfonds** und einer **„Schuldenbremse“:** Mit dem darin angesammelten Kapital sollen Mittel zur Verfügung stehen, um Staaten in künftigen Finanzkrisen zu helfen. Zudem sollen eine Obergrenze für Staatsschulden vertraglich festgelegt und die Defizitkriterien durch die EU-Kommission strenger kontrolliert werden.
- Ausbau der wirtschaftspolitischen Zuständigkeiten der EU in einer **europäischen „Wirtschaftsregierung“:** Eine gemeinsame Währung benötige – so die These – eine gemeinsame Wirtschaftspolitik, die über die Regelungen des Außen- und des Binnenhandels hinausgehe. Dazu zähle auch eine weitergehende Angleichung der nationalen Steuersysteme.

Integration mit unterschiedlichen Geschwindigkeiten?

Der Abschluss der Währungsunion durch die gemeinsame Währung zeigt ein grundsätzliches Problem im europäischen Integrationsprozess. Mit der territorialen Erweiterung durch den Beitritt neuer Staaten nehmen die **strukturellen Unterschiede** – angefangen von ungleicher wirtschaftlicher Leistungsfähigkeit bis hin zu vielfältigen kulturellen und gesellschaftlichen Traditionen – weiter in der Union zu. Diese Heterogenität der Mitgliedsländer kann bei zunehmender Verdichtung der europäischen Integration nicht einfach aufgehoben werden. Wie die Konvergenzkriterien für den Beitritt zur Euro-Zone zeigen, läuft der Integrationsprozess in der Währungsunion mit unterschiedlichen Geschwindigkeiten ab; einige Länder sind dabei, andere nicht.
Darin könnte ein Muster auch für andere Politikbereiche liegen. Das heißt: Einzelne Integrationsschritte werden aufgrund unterschiedlicher Ausgangsbedingungen nicht von allen Mitgliedern gleichzeitig oder gleich schnell vollzogen. Die strukturelle Heterogenität könnte – so eine These in der aktuellen Debatte – zu einem „Europa unterschiedlicher Geschwindigkeiten“ führen. Die These wird zwar in der offiziellen Politik abgelehnt. Doch zeigen die Währungsunion wie auch die nicht wenigen Ausnahmeerklärungen, die einzelne Staaten bei wichtigen vertraglichen Vereinbarungen zu Protokoll geben, dass dieses Problem in der Praxis bereits existiert. Solche **„opting-out-Erklärungen“** werden einem Land zugestanden, das sich in einem bestimmten Bereich nicht vollständig der gemeinschaftlichen Zusammenarbeit anschließen kann (z. B. aus wirtschaftlichen Gründen) oder will (etwa aufgrund eigener rechtlicher Tradition, S. 265 f.). Dadurch soll eine Blockierung des Integrationsprozesses vermieden werden.

4.4 Die EU als Rechtsgemeinschaft: Bürgerrechte, politische Mitwirkung und europäische Grundrechte

Die Europäische Union erhebt den Anspruch, ihre Bürgerinnen und Bürger mit besonderen Rechten auszustatten. Mit dem Lissabonner Vertrag wurden diese Rechte weiter ausgebaut: Zum Unionsbürgerrecht kamen Informations- und Mitwirkungsrechte dazu. Zudem wurden Grundrechte zum einklagbaren Bestand der EU-Rechtsordnung. Kontrovers bleibt die Frage, welche Instanz im Streit über Grundrechte letztlich das Sagen hat: das Bundesverfassungsgericht in Karlsruhe oder der Europäische Gerichtshof in Luxemburg.

1. Unionsbürgerschaft: Welche Rechte haben Bürgerinnen und Bürger?
2. Europäische Grundrechte: Welche Bedeutung haben die Schutzrechte der Bürger?

Unionsbürgerschaft und Grundrechte

Unionsbürgerschaft, Art. 9:
Wer die Staatsangehörigkeit eines EU-Mitgliedstaats besitzt, ist Unionsbürger. Die Unionsbürgerschaft tritt zur nationalen Staatsangehörigkeit hinzu, ohne diese zu ersetzen.

Freizügigkeit bzw. Aufenthaltsrecht
freie Wahl des Aufenthaltsortes und des Wohnsitzes in jedem EU-Land, auch für Personen, die nicht erwerbstätig sind (etwa Auszubildende, Rentner)

politische Beteiligung: öffentliche Beratungen
Wie im Europäischen Parlament sind Sitzungen des Ministerrats, sofern es um Beratung von und Abstimmung über Gesetzesvorlagen geht, öffentlich.

Schutzrechte
EU-Bürger erhalten diplomatischen und rechtlichen Schutz im Ausland (Drittstaaten) in den Vertretungen aller EU-Länder.

politische Beteiligung: Wahlrecht
aktives und passives Wahlrecht bei Kommunal- und bei Europawahlen am jeweiligen Wohnort, unabhängig von der nationalen Staatsbürgerschaft

Petitionsrecht
Jeder EU-Bürger kann sich an den Petitionsausschuss des Europäischen Parlaments wenden, ebenso an den Bürgerbeauftragten der EU.

Grundrechte
Mit dem Inkrafttreten des Lissabonner Vertrags ist die UN-Charta der Grundrechte EU-Recht.*

politische Beteiligung: Bürgerinitiative
Mindestens eine Million Menschen, die aus mehreren Mitgliedstaaten kommen müssen, können die Europäische Kommission auffordern, neue politische Vorschläge für noch nicht behandelte EU-Fragen zu unterbreiten.

Bürgerbeauftragter
Schutz gegen Missstände in EU-Verwaltung. Bürger der Union und jede natürliche oder juristische Person mit Wohnsitz in einem Mitgliedsland kann sich bei ihm über die Tätigkeit der Organe oder Institutionen der EU (Ausnahme: Gerichtshof) beschweren.

Charta der Grundrechte, Art. 6:
Die EU erkennt die Rechte, Freiheiten und Grundsätze an, die in der Charta der Grundrechte der EU niedergelegt sind; die Charta der Grundrechte und die Verträge sind rechtlich gleichrangig.

*Einige Länder haben Rechtsvorbehalte zu Protokoll gegeben.

Nach: Lissabonner Vertrag, konsolidierte Fassungen, Teil I und II

Online-Link
800621-4041

1. Unionsbürgerschaft: Welche Rechte haben Bürgerinnen und Bürger?

Die Europäische Union ist eine Rechtsgemeinschaft mit Bürgerrechten eigener Art. Dies entspricht der Zielsetzung des Integrationsprozesses, über die wirtschaftliche Einigung hinaus einen Raum zu schaffen, in dem Bürgerinnen und Bürger politische Rechte haben, unabhängig von Geburts- oder momentanem Wohnort: „Die Union bietet ihren Bürgerinnen und Bürgern einen Raum der Freiheit, der Sicherheit und des Rechts ohne Binnengrenzen, in dem […] der freie Personenverkehr gewährleistet ist." (LV Art 3 Abs. 2)

Bürger der Europäischen Union

Ein wesentliches Element dieser Rechtsunion ist das **Bürgerschaftsrecht** auf EU-Ebene. Die Unionsbürgerschaft wurde erstmals 1992 in den Vertrag über die Europäische Union (Vertrag von Maastricht) aufgenommen. Sie gilt zusätzlich zur jeweiligen nationalen Staatsbürgerschaft. Ihr Ziel ist es, eine politische Diskriminierung von EU-Bürgern gegenüber Einheimischen bei der Ausübung elementarer politischer Rechte zu verhindern. Allerdings, so kann kritisch angemerkt werden, geht die EU nur einen halben Schritt: Sie beschränkt die politischen Beteiligungsrechte auf das „aktive und passive Wahlrecht bei den Wahlen zum Europäischen Parlament und bei den Kommunalwahlen" (LV Teil II Art. 20 Abs. 2).
Zur Unionsbürgerschaft gehören neben der Freizügigkeit zusätzliche politische **Beteiligungs- und Schutzrechte**: das EU-Wahlrecht, das Recht für EU-Bürger auf diplomatischen Schutz, wenn sie sich außerhalb der Union in einem Drittland aufhalten, und das Petitionsrecht. 1995 wurde nach dem Vorbild skandinavischer Ombudsmänner das Amt eines Bürgerbeauftragten in der EU geschaffen, als Anlaufstelle, die Beschwerden gegen Missstände in der EU-Verwaltung entgegennimmt und prüft.

demokratische Mitwirkung

Die EU hat sich in den letzten beiden Jahrzehnten gravierend verändert. Dies kommt allein schon in der Erweiterung von 15 auf 27 Mitglieder seit den 1990er-Jahren bis 2007 zum Ausdruck. Auch die Einführung des Euro war eine den Alltag prägende Veränderung. In den meisten Ländern geschah dies im Rahmen der repräsentativen Demokratie, mithin auf eine Weise, bei der die Bevölkerungen nur indirekten (über das Wahlrecht) und keinen direkten Einfluss hatten. Nur wenige Länder stellten diese Entwicklungen in Plebisziten zur direkten Entscheidung des Wahlvolks.
In der Öffentlichkeit verfestigte sich so das Bild von einer EU, die vor allem aus einem bürokratischen Großbetrieb und 27 nationalen Regierungen besteht, mit nur wenigen politischen Mitwirkungsrechten. Das **Demokratiedefizit** brachte der EU den Vorwurf ein, ein Vorhaben der politischen und wirtschaftlichen Eliten und nicht der Gesellschaften in den Mitgliedsländern zu sein. Der Sozialwissenschaftler Jürgen Habermas schrieb: „Die politische Union ist über die Köpfe der Bevölkerungen hinweg als ein Eliteprojekt zustande gekommen und funktioniert bis heute mit jenen demokratischen Defiziten, die sich aus dem wesentlich intergouvernementalen und bürokratischen Charakter der Gesetzgebung erklären." (Die Zeit, 29.11.2007)

Bürgerbegehren

Der Vertrag von Lissabon soll dieses partizipatorische Defizit ein Stück weit reduzieren und die demokratische Qualität der Union stärken: Erstmals wurde ein **Bürgerinitiativrecht** aufgenommen. Die Kommission kann auf dem

Weg eines Bürgerbegehrens, im Vertrag „Bürgerinitiative“ genannt, aufgefordert werden, zu Themen aus der EU-Zuständigkeit politische Initiativen zu ergreifen, um die Gesetzgebung auf europäischer Ebene anzustoßen: „Unionsbürgerinnen und Unionsbürger, deren Anzahl mindestens eine Million betragen und bei denen es sich um Staatsangehörige einer erheblichen Anzahl von Mitgliedstaaten handeln muss, können die Initiative ergreifen und die Europäische Kommission auffordern, im Rahmen ihrer Befugnisse geeignete Vorschläge zu Themen zu unterbreiten, zu denen es nach Ansicht jener Bürgerinnen und Bürger eines Rechtsakts der Union bedarf, um die Verträge umzusetzen.“ (LV Art. 11 Abs. 4)

2. Europäische Grundrechte: Welche Bedeutung haben die Schutzrechte der Bürger?

Online-Link
800621-4042

Schutz vor dem Staat

Grundrechte sind ein Produkt der bürgerlichen Revolutionen des späten 18. Jahrhunderts und gehören zum Programm des modernen Verfassungsstaats, der aus diesen hervorging.

Dieter Grimm: Die Zukunft der Verfassung, Frankfurt/M. 1991, S. 97f.

Grundrechte sind kein Geschenk der Obrigkeit, sondern Werk und Ergebnis konkreter politischer Auseinandersetzungen.

Hans-Peter Schneider, in: Joachim Perels (Hg.): Grundrechte als Fundament der Demokratie, Frankfurt/M. 1979, S. 1

Die Feststellungen der Verfassungsrechtler Grimm und Schneider machen ein Problem deutlich: Grundrechte sind in ihrem Kern Schutzrechte gegenüber dem Staat und wurden in der Geschichte der letzten drei Jahrhunderte von Bürgerinnen und Bürgern erkämpft und nicht „von oben“ gegeben. Die Europäische Union ist jedoch kein ➤ **Staat**, sie hat auch keine Verfassung, sondern – als Ersatz – nur den Lissabonner Vertrag. Sie ist eine Rechtsgemeinschaft eigener Art, mit Organen, die demokratisch legitimiert sind, Recht zu setzen – im Parlament und im Ministerrat.

Karlsruhe vs. Luxemburg?

Einige Mitglieder der EU haben auch nach Inkrafttreten des Lissabon-Vertrages Bedenken gegen einen Grundrechtskatalog. Dahinter steckt die grundsätzliche Frage, welche politische Ebene im Konfliktfalle letztlich das Sagen haben soll. Am Beispiel Deutschlands heißt dies: Stehen Entscheidungen des Europäischen Gerichtshofes in Luxemburg (EuGH) über denen des Bundesverfassungsgerichts? Oder behält sich das Karlsruher Gericht das Recht vor, Luxemburger Entscheidungen am deutschen Verfassungsrecht zu überprüfen?
Dieser Konflikt ist derzeit nicht entschieden. Die Rechtsprechung des Bundesverfassungsgerichts hat dazu eine gewisse Wandlung durchgemacht. In den 1980er-Jahren bestätigte das Bundesverfassungsgericht in einem Urteil, dass es darauf verzichte, EU-Recht zu überprüfen, solange der EuGH sicherstelle, dass er „einen wirksamen Schutz der Grundrechte gegenüber der Hoheitsgewalt der Gemeinschaften“ gewährleiste, „der dem vom Grundgesetz als unabdingbar gebotenen Grundrechtsschutz im Wesentlichen gleich

zu achten ist," und besonders „den Wesensgehalt der Grundrechte generell verbürgt" (BVerfG 73, 1986). Die Formulierung zeigt aber auch, dass das Bundesverfassungsgericht diese Position unter einen **Rechtsvorbehalt** stellte: Der Grundrechtsschutz der EU muss dem des deutschen Grundgesetzes entsprechen.
Neuere Entscheidungen des Karlsruher Gerichts sehen die eigene Rolle gegenüber der EU enger. So kann das Lissabon-Urteil auch als ein Schritt interpretiert werden, dass im Konfliktfalle das deutsche Gericht eine verfassungsrechtliche Bewertung oder gar Entscheidung beansprucht: Im Einzelfall könne es sich vorbehalten zu prüfen, „ob und inwieweit ein Absinken des Grundrechtsschutzes auf europäischer Ebene" gegen die Bestimmung des Grundgesetzes in Art. 1, Abs. 1 verstoße, wonach die Achtung und der Schutz der Menschenwürde „Verpflichtung aller staatlichen Gewalt" ist. Denn: „Unabhängig von der Reichweite des Anwendungsbereichs der Grundrechtecharta [der EU] gehören die Grundrechte des Grundgesetzes zu den Verfassungskerngehalten, die die Übertragung von Hoheitsrechten nach Art. 23 Abs. 1 Satz 2 GG auf die Europäische Union begrenzen." (BVerfG, 2 BvE 2/08; zur Kritik siehe Grosser, S. 252)

Charta der Grundrechte und der Lissabon-Vertrag

Der erste Versuch der EU, einen eigenen Katalog an Grundrechten im Rahmen einer Europäischen Verfassung zu geben, scheiterte bekanntlich 2005. Manche Mitgliedsregierung fürchtete, der Europäische Gerichtshof in Luxemburg könne mit seinen Urteilen auf der Basis europäischer Grundrechte Regierungen zu ganz konkreten Maßnahmen zwingen. Besonders die **sozialen Grundrechte**, wie sie Abschnitt IV der Charta enthält, wurden zum Streitpunkt.
Dahinter steckt – neben sozialpolitischen Vorbehalten – auch ein Problem der Grundrechtslehre: Freiheits-, Gleichheits- wie auch bürgerliche Teilhaberechte richten sich als klassische Grundrechte gegen staatliche Willkür und Übergriffe; sie können deshalb auch gegenüber staatlichen Organen eingeklagt werden. Einige soziale Grundrechte – wie ein Recht auf Arbeit – lassen sich nicht einklagen, weil sie nicht allein von staatlichen Stellen abhängen, sondern auch von wirtschaftlichen Entwicklungen wie dem Angebot an Arbeitsplätzen. So gab es innerhalb der Europäischen Gemeinschaft schon seit einiger Zeit eine „Europäische Sozialcharta" (1961) und eine „Unionscharta der sozialen Grundrechte der Arbeitnehmer" (1989). Sie waren jedoch lediglich sozialpolitische Leitlinien und deshalb nicht gerichtsfest. Vor allem Großbritannien lehnte einklagbare soziale Grundrechte als einen zu weitgehenden Eingriff in die britische Rechtstradition ab. Ebenso kündigten Polen und Tschechien Widerstand an. Die übrigen 24 EU-Staaten haben der Grundrechte-Charta vorbehaltlos zugestimmt. Der Lissabonner Vertrag enthält deshalb einen Kompromiss:

- Die Grundrechte sind nicht, wie z. B. im deutschen Grundgesetz, fester Bestandteil des Vertrags. Sie wurden vielmehr in ein separates Dokument als **Charta der Grundrechte der Europäische Union** aufgenommen. Der Lissabon-Vertrag hält in Art. 6 Abs. 1 fest: „Die Union erkennt die Rechte, Freiheiten und Grundsätze an, die in der Charta der Grundrechte der Europäischen Union vom 7. Dezember 2000 in der am 12. Dezember 2007 in Straßburg angepassten Fassung niedergelegt sind; die Charta der Grundrechte und die Verträge sind rechtlich gleichrangig."
- Großbritannien und Polen stimmten dieser Regelung und damit der Charta

erst zu, nachdem in einem **Zusatzprotokoll** festgeschrieben wurde, dass aus den Grundrechten der Charta innerhalb ihres Rechtsgebiets keine einklagbaren Ansprüche abgeleitet werden können.

- Der tschechische Präsident Vaclav Klaus unterschrieb den Lissabon-Vertrag erst, nachdem die **Erklärung** im Anhang des Vertrags aufgenommen worden war, „dass die Bestimmungen der Charta ausschließlich dann für die Mitgliedstaaten gelten, wenn diese Unionsrecht durchführen, nicht aber, wenn sie vom Unionsrecht unabhängige nationale Rechtsvorschriften erlassen und durchführen". Der Hintergrund: Klaus und andere tschechische Politiker wollten so verhindern, dass ehemalige Sudetendeutsche unter Berufung auf die Charta Eigentumsansprüche auf ihren ehemaligen Besitz vor dem Europäischen Gerichtshof einklagen.

Charta der Grundrechte der Europäischen Union vom 12. Dezember 2007

Präambel

[...] Diese Charta bekräftigt unter Achtung der Zuständigkeiten und Aufgaben der Union und des Subsidiaritätsprinzips die Rechte, die sich vor allem aus den gemeinsamen Verfassungstraditionen und den gemeinsamen internationalen Verpflichtungen der Mitgliedstaaten, aus der Europäischen Konvention zum Schutz der Menschenrechte und Grundfreiheiten, aus den von der Union und dem ➤Europarat beschlossenen Sozialchartas sowie aus der Rechtsprechung des Gerichtshofs der Europäischen Union und des Europäischen Gerichtshofs für Menschenrechte ergeben. In diesem Zusammenhang erfolgt die Auslegung der Charta durch die Gerichte der Union und der Mitgliedstaaten [...]

Amtsblatt der EU, 14.12.2007, 2007/C 303/01

Aus der Charta der Grundrechte der Europäischen Union

I. Würde des Menschen Art. 1–5	Würde des Menschen, Recht auf Leben und Unversehrtheit, Verbot der Folter, Sklaverei und Zwangsarbeit
II. Freiheiten Art. 6–19	Schutz von Freiheit, Sicherheit; Privat- und Familienleben; Ehe; Datenschutz, Garantie der Gedanken-, Gewissens- und Religionsfreiheit, freie Meinungsäußerung, Informationsfreiheit, Versammlungs- und Vereinigungsfreiheit, Freiheit der Kunst und Wissenschaft, Recht auf Bildung, Berufsfreiheit , Garantie privaten Eigentums, Asylrecht etc.
III. Gleichheit Art. 20–26	Gleichheit vor dem Gesetz, Nichtdiskriminierung, Vielfalt der Kulturen, Religionen und Sprachen, Gleichheit von Frauen und Männern, Rechte des Kindes und älterer Menschen, Integration Behinderter
IV. Solidarität Art. 27–38	Informations- und Anhörungsrecht der Arbeitnehmer, Koalitionsfreiheit der Tarifpartner, Recht auf kollektive Maßnahmen zur Interessendurchsetzung, Kündigungsschutz, gerechte Regelung der Arbeitsbedingungen, Kündigungsverbot wegen Schwangerschaft, Mutterschafts- und Elternurlaub, soziale Absicherung bei Krankheit, Arbeitslosigkeit und Armut, Gesundheitsschutz, Jugendarbeitsschutz, Verbot von Kinderarbeit, Umwelt- und Verbraucherschutz
V. Bürgerrechte Art. 39–46	Freizügigkeit und Aufenthaltsrecht, aktives, passives Wahlrecht: EU-Parlament, Kommunalwahlen, Informationsrecht: Zugang zu EU-Dokumenten, Bürgerbeauftragter, Petitionsrecht, diplomatischer Schutz
VI. justizielle Rechte Art. 47–50	Recht auf Rechtsbehelf, Zugang zu Gerichten, auf Verteidigung, Unschuldsvermutung, Grundsatz der Gesetzmäßigkeit und Verhältnismäßigkeit in Strafsachen, Verbot der Doppelbestrafung

Nach: Amtsblatt der EU, 14.12.2007, 2007/C 303/01

4.5 Die EU in der internationalen Politik

Die EU will ein globaler Akteur sein. Dieser Anspruch ist in der Praxis der Außenpolitik und der internationalen Beziehungen nur schwer einzulösen. Wie in kaum einem anderen Politikbereich spielen hier nationale Interessen und Traditionen eine Rolle. Mit neuen Ämtern und Zuständigkeiten soll sichergestellt sein, dass die Union auch nach außen hin gemeinsam auftreten und die internationale Politik mitgestalten kann.

1. Gemeinsame Außen- und Sicherheitspolitik: Mit wie vielen Stimmen spricht die EU?
2. Gemeinsame Sicherheits- und Verteidigungspolitik: Ist die EU ein globaler Akteur?

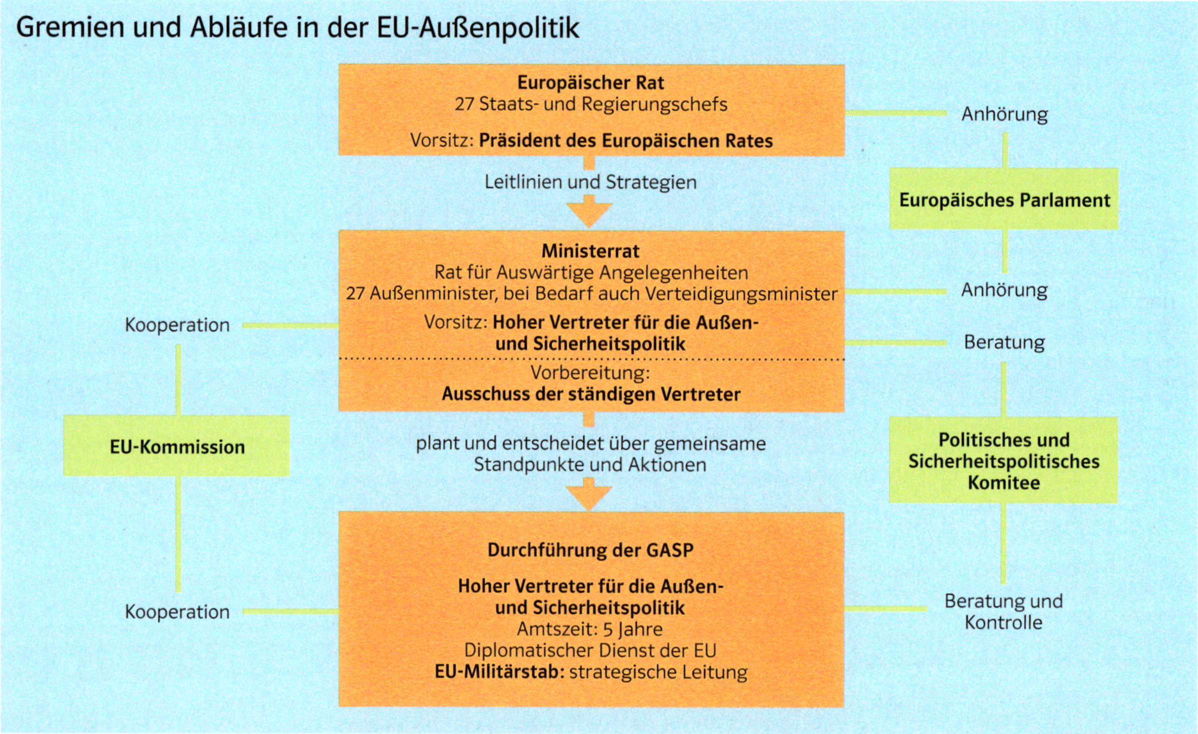

Online-Link
800621-4051

1. Gemeinsame Außen- und Sicherheitspolitik: Mit wie vielen Stimmen spricht die EU?

Zur Außenpolitik der EU im weiteren Sinne gehören Verhandlungen mit Drittstaaten und Staatengruppen im Rahmen der gemeinsamen Außenhandelspolitik, für die die Union nach den Gründungsverträgen der EWG bereits seit 1958 ausschließlich zuständig ist. Darüber hinaus nimmt die EU, vertreten durch die Kommission, an Verhandlungen mit internationalen Handels- und Wirtschaftsorganisationen wie der WTO teil und beteiligt sich

an der Entwicklungspolitik durch Zusammenarbeit mit Staaten der Dritten Welt (Kap. 6.7).
In diesem Abschnitt geht es um Außenpolitik im engeren Sinne, die die Union – unabhängig von der Außenpolitik der Mitgliedstaaten – auf europäischer Ebene als ➤ **Gemeinsame Außen- und Sicherheitspolitik** betreibt, wozu auch die „schrittweise Festlegung einer gemeinsamen Verteidigungspolitik" gehört (Lisabonner Vertrag, Präambel).

Testfall Jugoslawien-Kriege

Warum soll es eine gemeinsame EU-Außenpolitik geben? Eine Antwort auf diese Frage gibt ein Rückblick in die 1990er-Jahre. Nach dem Ende des Ost-West-Konflikts 1989/1990 schien es ausgeschlossen, dass es in Europa wieder Kriege geben könnte. Doch schon wenige Jahre später erwies sich diese Annahme als Illusion. Auf dem nördlichen Balkan, in Jugoslawien, führten politische Auseinandersetzungen zu lang andauernden Kriegen. Die früheren Teilstaaten Jugoslawiens mit ihren unterschiedlichen Volks- und Religionsgruppen in Slowenien, Kroatien, Bosnien-Herzegowina, Mazedonien und Montenegro lösten sich vom Bundesstaat und erklärten sich zu selbstständigen Staaten. Bosnien-Herzegowina mit den drei Volksgruppen der Bosnier, Serben und Kroaten zerfiel nach einem blutigen Krieg (1992 bis 1995) sogar in drei ethnisch unterschiedliche Provinzen. Im Abkommen von Dayton (USA), 2005 auf internationalen Druck von den Konfliktparteien unterzeichnet, erhielten die Provinzen den Status autonomer Teilgebiete.
Der Zerfall Jugoslawiens zeigte, dass die bis dahin geltenden Verfahren und Zuständigkeiten in der EU nicht ausreichen, um bei internationalen Krisen und Konflikten angemessen und rasch reagieren zu können. Als europäische Organisation konnte sie erst sehr spät aktiv werden. So sicherten vor allem NATO-Truppen in den ersten Jahren die Einhaltung des Dayton-Abkommens. Erst im Dezember 2004 übernahm die EU offiziell von der NATO das Kommando über die militärischen Verbände, die seither als **EUFOR-Truppen** weiter aktiv sind (European Union Forces; ursprünglich rund 7000, Ende 2009 noch etwa 2600 Soldaten). Diese sollen zusammen mit multinationalen Polizeikräften und zivilen Beratern in der Bevölkerung „ein Sicherheitsgefühl entstehen lassen und bereit" sein, „auf eventuelle Sicherheitsprobleme im gesamten Land zu reagieren" (Bulletin der EU, Nr. 6/2008, S. 130).

Gemeinsame Außen- und Sicherheitspolitik

Die Außenpolitik ist – mehr als alle anderen Politikbereiche – traditionell von den Interessen der einzelnen Nationalstaaten geprägt. Sie stellt einen Kern der nationalen Souveränität dar. Dennoch ist es für eine Union souveräner Staaten zwingend, mit einer gemeinsamen Außenpolitik nach festen Regeln und Zuständigkeiten handeln zu können. Seit dem Maastricht-Vertrag wurden deshalb schrittweise Instrumente einer europäischen Außenpolitik vereinbart und zum Bestandteil der politischen Ordnung der EU gemacht. Im Lissabonner Vertrag wurden diese Instrumente zur Gemeinsamen Außen- und Sicherheitspolitik (GASP) zusammengefasst.
Damit die EU als politische Organisation auch in den wichtigsten Staaten und Regionen präsent ist, wird seit 2010 ein eigenständiger **Europäischer Auswärtiger Dienst (EAD)** aufgebaut, zusätzlich zu den diplomatischen Vertretungen, die die Mitgliedstaaten in eigener Zuständigkeit weltweit unterhalten. Unter Leitung des EU-Außenministers soll der EAD für eine stärkere Übereinstimmung (Kohärenz) der auswärtigen Politik der Union mit den übrigen Politikfeldern – wie Handelspolitik, Umwelt- und Entwicklungspolitik – sorgen.

GASP-Regeln

Entscheidungen werden in der GASP nach dem Grundsatz der ➤ **Regierungszusammenarbeit** getroffen. Das heißt: Sie liegen letztlich in der Kompetenz des Europäischen Rats der Staats- und Regierungschefs und des Rats (der Minister). Erstere legen die Grundzüge der Außen- und Sicherheitspolitik in sogenannten Leitlinien oder Strategien fest. Der Ministerrat kann auf dieser Grundlage zu aktuellen Konflikten und Problemen gemeinsame Standpunkte oder gemeinsame Aktionen beschließen. Außerdem gehört es zu seinen Aufgaben, Abkommen der EU mit anderen Staaten oder internationalen Organisationen auszuhandeln. Der Ausschuss der Ständigen Vertreter aus hohen Diplomaten der nationalen Außenministerien führt die laufenden Arbeiten und bereitet die Ratsentscheidungen vor. Der Hohe Vertreter für Außen- und Sicherheitspolitik führt den Vorsitz in den Ratssitzungen.
Europäischer Rat und Ministerrat entscheiden in der Regel einstimmig. Die Durchführung der Beschlüsse liegt beim Hohen Vertreter und bei den Mitgliedstaaten (Lissabonner Vertrag (LV), Art. 15). Das Europäische Parlament kann mit Anfragen und Empfehlungen zur GASP aktiv werden; es hat aber lediglich ein Informations- und ein Anhörungsrecht (LV Art. 33). Gegen Beschlüsse im Rahmen der GASP haben die nicht beteiligten Organe – etwa das Parlament – kein Klagerecht beim Europäischen Gerichtshof.

Hoher Vertreter für Außen- und Sicherheitspolitik

Dieses Amt wurde bereits 1999 eingeführt und im Vertrag von Lissabon mit weiteren Kompetenzen ausgestattet. Inoffiziell als **EU-Außenminister** bezeichnet, ist er gleichzeitig einer der Vizepräsidenten der EU-Kommission und übernimmt zudem die Aufgaben, die bis dahin der Außenkommissar in der Europäischen Kommission innehatte. Damit besitzt die Gemeinschaft einen direkten Repräsentanten und Ansprechpartner in allen außen- und sicherheitspolitischen Fragen. Er nimmt an den Sitzungen der Staats- und Regierungschefs teil und führt für die Union internationale Verhandlungen mit Staaten oder internationalen Organisationen.

Verfahren der gemeinsamen EU-Außenpolitik

gemeinsame Leitlinien (Strategie)	gemeinsame Standpunkte	gemeinsame Aktionen
• gemeinsame Zielvorgabe der EU in der Außenpolitik, wenn wichtige Interessen der Gemeinschaft betroffen sind • einstimmige Entscheidung im Europäischen Rat der Staats- und Regierungschefs Beispiele: gemeinsame Strategien gegenüber Russland, der Ukraine und den Staaten im Mittelmeerraum; die wichtigsten Gesichtspunkte der EU-Politik gegenüber diesen Staaten werden festgelegt	• sie drücken die Haltung der EU zu konkreten internationalen Fragen aus • in der Regel ist einstimmige Entscheidung im Ministerrat notwendig • Mehrheitsentscheidungen sind möglich, wenn die praktische Umsetzung einer schon zuvor beschlossenen gemeinsamen Strategie oder Aktion entschieden wird Beispiele: zur Afghanistan-Politik, zur Hilfe für den Kongo bei demokratischen Wahlen, zu Einreiseverboten gegenüber unerwünschten Politikern	• engste Form der Zusammenarbeit, um eine gemeinsame EU-Maßnahme gegenüber anderen oder in anderen Staaten durchzuführen • einstimmiger Beschluss des Ministerrats über Umfang, Ziel und Mittel einer Aktion; ist für die Vertragsstaaten bindend; ermächtigt die EU-Kommission und die teilnehmenden Staaten zu konkreten Maßnahmen, z.B. zum Einsatz von Truppen Beispiel: Entsendung von Wahlbeobachtern

Ein Land kann sich bei diesen Beschlüssen auch enthalten. Es sichert jedoch den anderen EU-Staaten zu, keine Schritte gegen die Verwirklichung der gemeinsam getroffenen Entscheidungen zu unternehmen (sogenannte konstruktive Enthaltung; Lissabonner Vertrag Art. 31).

Handlungsfelder der EU-Außenpolitik

Wichtig sind – neben der Entschärfung politischer und militärischer Konflikte – die unterschiedlichen **Partnerschaftsbeziehungen** zu einzelnen Staaten und Regionen in Asien, Afrika und dem Mittelmeerraum sowie Lateinamerika. Als strategische Partnerschaften werden die politischen Beziehungen mit Ländern gestaltet, die – wie im Falle Russlands und Chinas – in wirtschaftlicher, wissenschaftlich-kultureller und sicherheitspolitischer Hinsicht von besonderem Gewicht sind.
Seit 2003 baut die Union die **Europäische Nachbarschaftspolitik** zu den angrenzenden Staaten in Ost- und Südosteuropa und im Mittelmeerraum aus. Dabei handelt es sich zum Teil um Staaten, die – wie die Ukraine – eine Vollmitgliedschaft in der EU anstreben. Für andere geht es eher darum, als angrenzende Staaten besondere Regelungen für den Handel, die Freizügigkeit von Arbeitnehmern und für kulturelle Kontakte zu vereinbaren. Zur Nachbarschaftspolitik zählen auch gemeinsame politische Vorhaben, die im Rahmen einer „Union für das Mittelmeer“ vor allem von Frankreich und Spanien vorangetrieben werden.
Ein besonderes Feld der EU-Außenpolitik stellt die **transatlantische Partnerschaft** mit den USA dar. Dabei stehen nicht nur wirtschafts- und handelspolitische Fragen auf der Tagesordnung, sondern eine Vielzahl außen- und sicherheitspolitischer Themen, die sich aus der Mitgliedschaft der meisten EU-Staaten im Sicherheitsbündnis der NATO und aus der strategischen Führungsrolle der USA ergeben.

unterschiedliche Interessen in der Außen- und Sicherheitspolitik

Seit der Erweiterung der EU nach Ost- und Südosteuropa zeichnen sich verstärkt außenpolitische Interessengegensätze ab. So haben vor allem Mitglieder, die bis 1990/1991 Teilrepubliken der Sowjetunion waren – wie die baltischen Staaten, aber auch Polen, Tschechien und Ungarn –, ein besonderes **Sicherheitsbedürfnis** gegenüber östlichen Nachbarn wie Russland und Weißrussland. Dies führt dazu, dass für die neuen Mitglieder die sicherheitspolitische Integration in die NATO und ihre politische Hinwendung zur Führungsmacht USA (Kap. 6.9) vorrangig sind gegenüber dem weiteren Ausbau einer gemeinsamen europäischen Sicherheitspolitik. Darin sehen sie einen größeren Gewinn an Sicherheit gegenüber einem Nachbarn Russland, der für sie aufgrund ihrer historischen Erfahrungen in der Zeit der Sowjetunion politisch wie militärisch nur schwer kalkulierbar bleibt. Dagegen ist Deutschland aus wirtschaftlichen wie aus sicherheitspolitischen Gründen an einer intensiven Kooperation mit Russland interessiert.
In Großbritannien gibt es breite politische Strömungen, die aus der Tradition der ehemaligen britischen Weltpolitik (British Empire) einer weiteren Integration in eine gemeinsame Außen- wie auch Sicherheitspolitik ablehnend gegenüberstehen. Zudem spielen die engen historischen Beziehungen Großbritanniens zu den USA nach wie vor eine besondere Rolle. Für britische Regierungen hat eine gemeinsame NATO-Politik ein größeres Gewicht als eine verteidigungspolitische Zusammmenarbeit innerhalb der EU.
Dagegen zielt die französische Außenpolitik seit den 1950er-Jahren darauf ab, ein europäisches Gegengewicht zur Dominanz der USA aufzubauen. Ohne die NATO schwächen zu wollen, zielen französische Regierungen darauf ab, eine starke **europäische Säule in der NATO** aufzubauen, die auch unabhängig von den USA militärisch handlungsfähig ist.

Außenpolitische Dominanz der Mitgliedstaaten
Die Tradition der Außenpolitik souveräner Staaten wie auch die heterogene Interessenlage der Mitglieder bringen es mit sich, dass die GASP auf der Ebene der Union nicht als supranationale Gemeinschaftspolitik organisiert werden kann, sondern nach dem Muster der Regierungszusammenarbeit weitgehend in der Hand der Staaten und ihrer Führungen liegt. Diese haben sich vertraglich auf gemeinsame Ziele und Verfahren geeinigt. Der Hohe Vertreter für die Außen- und Sicherheitspolitik (EU-Außenminister) vertritt zusammen mit den EU-Präsidenten die Union in allen auswärtigen und sicherheitspolitischen Angelegenheiten. Die internationale Präsenz der EU wird durch einen eigenen Auswärtigen Dienst verstärkt.

Online-Link
800621-4052

2. Gemeinsame Sicherheits- und Verteidigungspolitik: Ist die EU ein globaler Akteur?

GSVP – Aufgaben und Instrumente

Gemeinsame Sicherheits- und Verteidigungspolitik

Die ➤Gemeinsame Sicherheits- und Verteidigungspolitik (GSVP) ist ein zentraler Bestandteil der GASP (LV Teil I, Art. 42). Sie wird, wie die Außenpolitik, nach den Grundsätzen und Verfahren der **Regierungszusammenarbeit** organisiert. Die letzte Entscheidungskompetenz liegt beim Europäischen Rat der Staats- und Regierungschefs und den Ministern im Rat. In diesem Gremium der Außen- und, falls erforderlich, der Verteidigungsminister werden auf der Grundlage von Leitlinien der Staats- und Regierungschefs notwendige Entscheidungen zur Sicherheitspolitik getroffen. Die für diesen Politikbereich wichtigen Gremien unterhalb der beiden Führungsorgane sind:

- **Hoher Vertreter für Außen- und Sicherheitspolitik** („EU-Außenminister"): für zweieinhalb Jahre vom Europäischen Rat ernannt und für die Durchführung der Politik insgesamt verantwortlich; leitet den Rat der Außenminister
- **Ausschuss der Ständigen Vertreter:** Botschafter der Mitgliedsländer bei der EU; koordiniert vor allem die Durchführung der politischen Beschlüsse durch die Mitgliedstaaten
- **Politisches und Sicherheitspolitisches Komitee:** setzt sich aus hohen Beamten der Außenministerien in den 27 EU-Mitgliedstaaten zusammen und befasst sich mit laufenden Fragen auswärtiger Politik
- **EU-Militärausschuss:** hier tagen die Generalstabschefs der Mitgliedstaaten bzw. ihrer Vertreter in wöchentlichen Sitzungen
- **EU-Militärstab:** besteht aus rund 150 Militärs, die Einsatzpläne ausarbeiten und deren Durchführung überwachen
- **Ausschuss für zivile Aspekte des Krisenmanagements:** mit Diplomaten und Experten der Mitgliedsländer besetzt

Aspekte der Sicherheit

Für die Sicherheitspolitik der EU sind vier Erfahrungen von besonderer Bedeutung: Die Auflösung des ➤ **Warschauer Pakts** 1991, die **Kriege** als Folge des Zerfalls Jugoslawiens ab 1991 und der **terroristische Angriff** auf das World Trade Center in New York und das US-Verteidigungsministerium in Washington am 11. September 2001. Daneben zeigte sich, dass in nicht wenigen Regionen vor allem der **Dritten Welt** die Zahl offener Konflikte zunimmt. Sicherheitspolitik ist angesichts dieser Herausforderungen mehr als traditionelle Verteidigungspolitik, die einen militärischen Angriff an den Grenzen des eigenen Territoriums zuvorkommen oder ihn abwehren will. Sicherheit ist zu einer vielschichtigen, komplexen Frage geworden, zu deren politischer Bearbeitung unterschiedliche Instrumente erforderlich sind. Die „Europäische Sicherheitsstrategie", die Ende 2003 als gemeinsame Konzeption der EU verkündet wurde, greift diese Entwicklung auf und geht von der Annahme aus, dass größere Angriffe gegen Mitgliedstaaten unwahrscheinlich sind. Dafür sei Europa mit verschiedenartigen, weniger sichtbaren und vorhersehbaren Bedrohungen konfrontiert (Kap. 6.1).

Ziele der GSVP

Xavier Solana, der erste Hohe Vertreter für Außen- und Sicherheitspolitik und frühere NATO-Generalsekretär, legte 2003 folgende drei Ziele vor, die die EU gemeinsam verfolgen soll:

- **Ausdehnung des Sicherheits- und Kooperationsgürtels um Europa:** Um die Entstehung von Spannungen und Konflikten an ihren unmittelbaren Außengrenzen zu verhindern, betreibt die EU eine aktive Nachbarschaftspolitik. Die wirtschaftliche und politische Zusammenarbeit mit den Nachbarn in Ost- und Südosteuropa soll intensiviert werden. Zudem beteiligt sich die EU auch an politischen Friedensbemühungen zum israelisch-arabischen Konflikt und verstärkt die Kooperation mit den Ländern des Mittelmeerraums.
- **Aufbau einer multilateralen Weltordnung:** Die EU unterstützt internationale Beziehungen, die eine funktionsfähige Weltordnung zum Ziel haben, in der internationale Organisationen gestärkt und Politik auf der Basis multinationaler Vereinbarungen gestaltet wird. Im Mittelpunkt stehen die Vereinten Nationen und ihr System der kollektiven Sicherheit (Kap. 6.3). Bei Verstößen gegen Grundsätze und Rechte, wie sie in der UN-Charta vereinbart sind, beteiligt sich die EU an den dort vorgesehenen Maßnahmen.

- **Vorgehen gegen Bedrohungen:** Die EU will verstärkt gegen Terrorismus, Verbreitung von Massenvernichtungswaffen und organisierte Kriminalität vorgehen und an der Lösung regionaler Konflikte mitarbeiten. Sie beteiligt sich an vorbeugenden Aktionen gegen eine drohende Zuspitzung gewaltsamer Konflikte und ist bereit, sowohl zivile als auch militärische Mittel einzusetzen.

GSVP und NATO

21 der heute 27 EU-Staaten sind zugleich Mitglieder der NATO. Österreich, Malta, Zypern, Irland, Schweden und Finnland gehören keinem Militärbündnis an, sie sind neutral. Diese Konstellation bringt es mit sich, dass beim Aufbau einer europäischen Sicherheitspolitik zwei Probleme gelöst werden müssen:

- Welche Rolle spielen die neutralen EU-Staaten im Rahmen der GSVP? Welche Aufgaben können sie übernehmen, wenn der Ministerrat etwa gemeinsame Aktionen auf der Grundlage einer Entscheidung der Staats- und Regierungschefs beschließt?
- In welchem Verhältnis steht die europäische Sicherheitspolitik zur Politik der NATO und möglichen militärischen Aktionen?

Der Lissabonner Vertrag berücksichtigt diese besondere Situation. Er verändert nicht „den besonderen Charakter der Sicherheits- und Verteidigungspolitik bestimmter Mitgliedstaaten" und „achtet die Verpflichtungen einiger Mitgliedstaaten [...] aus dem Nordatlantikvertrag und ist vereinbar mit der in jenem Rahmen festgelegten gemeinsamen Sicherheits- und Verteidigungspolitik" (LV Teil I, Art. 42, Abs. 2). Staaten, die etwa aus ihrer Verpflichtung zur Neutralität heraus eine gemeinsame Aktion nicht mittragen können, dürfen sich „konstruktiv enthalten": Sie nehmen an der Aktion nicht teil, behindern diese aber auch nicht.
Eine Zusammenarbeit mit der NATO ergibt sich nicht nur durch die Mitgliedschaft der Mehrzahl der EU-Staaten. Bei der Durchführung der GSVP sind die Europäer zudem auf die technischen und organisatorischen Möglichkeiten der NATO (insbesondere auf die der USA) angewiesen. Die dafür erforderlichen Regelungen wurden bereits im Juni 1992 zwischen der EU und der NATO vereinbart. Sie beziehen sich auf die Aufklärung durch Satelliten, die Nutzung von militärischen Informations- und Kommandoeinrichtungen und nicht zuletzt die Nutzung von Transporteinrichtungen, die bei der Verlegung von Truppen wie auch der Durchführung ziviler und humanitärer Hilfsprogramme benötigt werden. In diesen Bereichen strebt die EU zwar den Aufbau eigener Kapazitäten an; zumindest für eine längere Übergangszeit ist sie jedoch auf eine Zusammenarbeit mit NATO-Einrichtungen angewiesen.

Ausbau der militärischen Infrastruktur

Die europäische Integration war zunächst eine Bewegung auf wirtschaftlichem und politischem Gebiet. Mit dem Ausbau der GASP und damit verbunden der GSVP gewinnen sicherheitspolitische und militärische Aspekte in der EU zunehmend an Gewicht. Wenn sich die Union als globaler Akteur versteht, so bedeutet dies zugleich, dass sie weltweit aus unterschiedlichen Motiven aktiv werden kann: sei es zur Konfliktschlichtung oder Konfliktlösung in anderen Regionen, zur Kooperation mit Ländern der Dritten Welt in der Entwicklungspolitik, aber auch zur Sicherung eigener wirtschaftlicher Interessen, nicht zuletzt bei der Versorgung mit Energie und Rohstoffen. So beschlossen die Staats- und Regierungschefs der EU 2006, eine eigene **Energieaußenpolitik** aufzubauen, die den Zugang zu den knapper werdenden Energiequellen unter Einsatz auch der Instrumente der GASP und der GSVP sicherstellt.

Instrumente und Maßnahmen der GSVP
Während Sicherheitspolitik in der Zeit des Kalten Kriegs weitgehend auf militärische Mittel der Abschreckung setzte, sind unter gegenwärtigen Bedingungen militärische und zivile Mittel gleichermaßen erforderlich. Die EU versteht sich heute als globaler Akteur, der mit einer „Europäischen Sicherheitsstrategie" im Rahmen der GSVP auf eine Kombination unterschiedlicher politischer, ziviler und militärischer Instrumente bzw. Aktionen setzt:

- Die Weiterverbreitung von Atomwaffen soll durch Ausfuhrkontrollen, notfalls durch politische und wirtschaftliche Druckmittel bekämpft werden.
- Die EU beteiligt sich an multinationalen Bemühungen zur Verhinderung bzw. Beilegung von Konflikten im Rahmen der Vereinten Nationen; sie ist bereit, dabei unter dem Mandat des Sicherheitsrats der UNO sowohl mit zivilen, wirtschaftlichen und militärischen Mitteln aktiv zu werden.
- Die EU erklärt ihre Absicht, sich aktiv an Verhandlungen über Rüstungskontrolle und Abrüstung zu beteiligen.
- Bei der Terrorismusbekämpfung kommen neben militärischen Aktionen der präventiven Aufklärung, der nachrichtendienstlichen Informationsbeschaffung und den Ermittlungsarbeiten der Polizei wichtige Aufgaben zu.
- Organisierte Kriminalität wie auch Internetkriminalität sollen durch den weiteren Ausbau der polizeilichen Zusammenarbeit und der Aufklärung bekämpft werden. Dazu werden Einrichtungen wie Europol (Europäisches Polizeiamt, Den Haag) und Eurojust (Einheit für justizielle Zusammenarbeit der Europäischen Union, Den Haag) weiter ausgebaut.
- Um Abhängigkeiten von wenigen Energielieferländern zu verhindern, soll ein einheitlicher Energiemarkt mit einem größeren Energieverbundnetz aufgebaut werden, der auch auf kurzfristige Lieferunterbrechungen schnell reagieren kann.
- Da Armut und Hunger nicht selten Ursache von gewaltsamen Konflikten sind, beteiligt sich die EU mit eigenen Mitteln an Entwicklungs- und Hilfsprogrammen. Entwicklungspolitik soll präventiv dazu beitragen, dass die Entstehung von Konflikten wie auch die Auslösung globaler Migrationsströme verhindert werden kann.
- Die EU betont ihre Verpflichtung, sich bei der Lösung regionaler Konflikte sowohl politisch und militärisch als auch durch eigene Wiederaufbauprogramme zu beteiligen. Dazu zählt der Einsatz multinationaler Polizeiverbände zur zivilen Konfliktbearbeitung und von Expertengruppen, die bei der Ausbildung einheimischer Sicherheitseinrichtungen und Verwaltungsstrukturen helfen.

Zusammengestellt nach: Europäische Kommission: Bericht über die Umsetzung der Europäischen Sicherheitsstrategie, Brüssel 2008

Kritisch lässt sich fragen, ob dies der Einstieg in eine zunehmende **Militarisierung der Außenpolitik** der EU ist. Diese kann sich zwar zu ihrer Rechtfertigung auf die Zunahme neuer Bedrohungen berufen, doch bleibt fraglich, „inwieweit der Ausbau der militärischen Infrastruktur und die zunehmende Anzahl an Militäreinsätzen nicht den Charakter der EU als Zivilmacht infrage stellen" (S. Schmidt/W. J. Schünemann: Europäische Union. Baden-Baden 2009, S. 317).

fehlende parlamentarische Kontrolle auf EU-Ebene

Das hier diskutierte Problem verschärft sich, weil in Fragen der Außen- und Sicherheitspolitik eine wirkungsvolle parlamentarische Kontrolle auf europäischer Ebene fehlt. Das Europäische Parlament muss sich mit einem Informations- und Anhörungsrecht begnügen. Eine Ausweitung der parlamentarischen Rechte in diesem Politikfeld ist nicht zu erwarten, weil dies die Regierungen der Mitgliedstaaten ablehnen. Es bleibt jedoch in einigen Ländern – so in Deutschland – eine parlamentarische Kontrolle durch die nationalen Parlamente. So hat der Deutsche Bundestag ein effektives Mitspracherecht bei Auslandseinsätzen der Bundeswehr, ein Recht, das wiederholt vom Bundesverfassungsgericht als Bestandteil der deutschen EU-Politik festgestellt wurde.

Kontrovers:
Man muss auch Entscheidungen durchsetzen

Günther Verheugen war zehn Jahre Mitglied der EU-Kommission. Der Spiegel führte mit ihm ein Interview:

Spiegel Online: Sieht die EU sich wirklich als Global Player?

Verheugen: Noch ist sie es nicht. Aber in zehn bis zwanzig Jahren muss Europa mit neuen ökonomischen Supermächten konkurrieren, die auch politische Ansprüche stellen. Und da werden wir keine gleichberechtigte Rolle spielen können, wenn wir [...] etwa im Internationalen Währungsfonds oder im Sicherheitsrat der Vereinten Nationen, nicht als Europäische Union vertreten sind und somit nicht mit einer Stimme reden können. [...] Es ist eine Illusion, Weltpolitik allein mit humanitärer Hilfe und Diplomatie machen zu wollen. Man muss auch Mittel haben, Entscheidungen durchzusetzen.

Spiegel Online: Wie stellen Sie sich das konkret vor?

Verheugen: Ich halte gemeinsame europäische Streitkräfte schon aus Effizienzgründen für notwendig. [...] Wir können nicht auf der einen Seite den Anspruch erheben, auf Augenhöhe mit Amerikanern und Anderen die großen Menschheitsfragen zu entscheiden, wenn wir nicht in der Lage sind, unsere Rolle zu erfüllen, etwa bei Frieden schaffenden Einsätzen, die von der internationalen Gemeinschaft beschlossen werden. [...]

Hans Hoyng, Hans-Jürgen Schlamp: „Die EU ist kein Global Player", Spiegel Online, 08.02.2010, www.spiegel.de/politik/ausland/0,1518,676465-2,00.html (16.04.2010) Auszug

Sicherheitspolitik mit militärischen Mitteln

Die Gemeinsame Sicherheits- und Verteidigungspolitik (GSVP) ist ein zentraler Bestandteil der GASP. Bei ihrer Planung und Durchführung kommt dem Hohen Vertreter wie der GASP insgesamt ein besonderes Gewicht zu. Die Leitlinien werden von den Staats- und Regierungschefs beschlossen. Auf ihrer Grundlage handeln die Minister im Rat der EU. Zur Durchführung der GASP gehören sowohl zivile als auch militärische Instrumente.

Die Union hat keine eigene Armee. Bei militärischen Aktionen stellen Mitglieder Truppenverbände und Material; sie können dabei auf Einrichtungen der NATO zurückgreifen. Das EU-Parlament hat weder in der GSVP noch in der GASP ein wirkungsvolles Mitspracherecht; es besitzt lediglich ein Informations- und Anhörungsrecht. Kritiker sehen im weiteren Ausbau der GSVP die Gefahr, dass die EU-Außenpolitik weiter militarisiert wird.

5 Globalisierung – Politik jenseits der Nationalstaaten

5.1 Erfahrungen mit der Globalisierung: alte und neue Trends

1. Was ist neu an der Globalisierung?
2. Global und lokal – wird das Lokale unterschätzt?
3. Ambivalente Globalisierung – sind Chancen und Risiken ungleich verteilt?

5.2 Die Globalisierung und die Politik

1. Hat die Wirtschaft letztlich das Sagen?
2. Ist Global Governance ein Denkmodell für globale Politik?
3. Gibt es Alternativen zu Global Governance?
4. Weltwirtschaft und Welthandel – eine kooperative Politik im globalen Maßstab?

5.3 Risiken und Bedrohungen: neue Aufgaben für die Politik

1. Klimawandel: Wer ist bedroht, wer handelt, wer zahlt?
2. Migration: Grenzen schließen oder Weltsozialpolitik betreiben?
3. Rüstung: Ist eine Welt ohne Atomwaffen möglich?
4. Internationaler Terrorismus – überforderte Politik?
5. Globale Kriminalität – wie reagieren Staaten darauf?

5.1 Erfahrungen mit der Globalisierung: alte und neue Trends

Globalisierung ist wirtschaftlich gewollt, wurde von neuen Technologien vorangetrieben und durch politische Entscheidungen möglich gemacht. Sie spielt sich nicht nur auf den Weltmärkten ab, sondern greift in die alltäglichen Lebensbedingungen ein. Und nicht alle sehen in der Globalisierung nur Chancen für sich und ihr Land. Beim genaueren Hinsehen stoßen wir auf ein „doppeltes Gesicht".

1. Was ist neu an der Globalisierung?
2. Global und lokal – wird das Lokale unterschätzt?
3. Ambivalente Globalisierung – sind Chancen und Risiken ungleich verteilt?

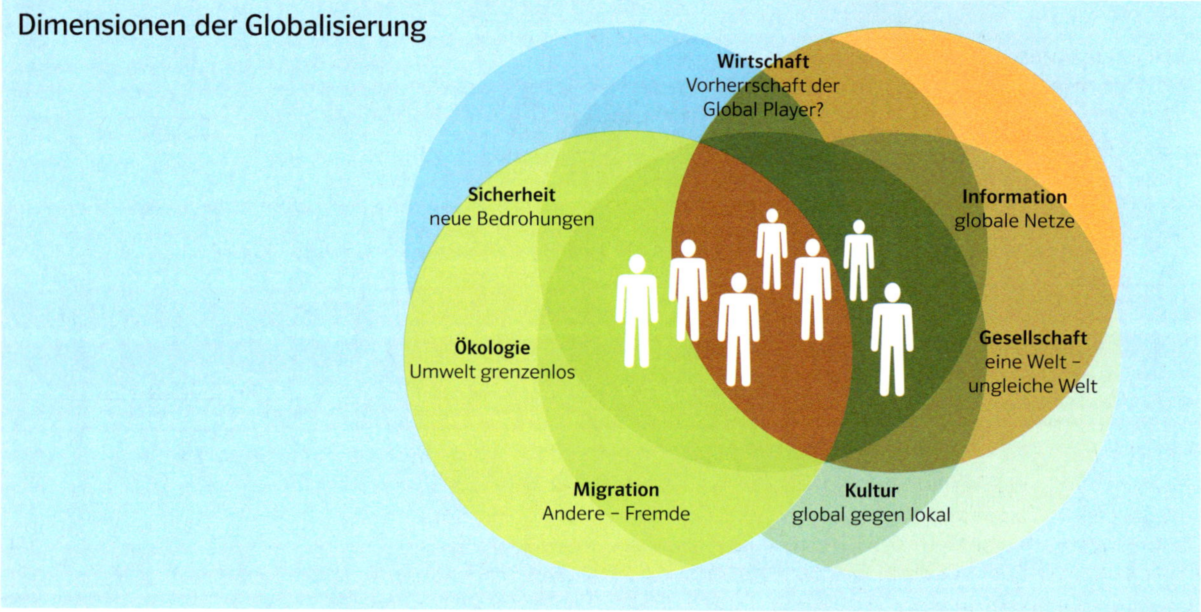

© Klett

Online-Link
800621-5011

1. Was ist neu an der Globalisierung?

Globalisierung: gewollt und politisch vorbereitet

Was wir als Globalisierung bezeichnen, hat seine Vorläufer – und kam nicht von selber. Ihr gingen seit 1945 wichtige wirtschafts- und finanzpolitische Entwicklungen voraus:

- die Liberalisierung des Handels durch Abschaffung von Zoll- und Einfuhrbarrieren
- die Internationalisierung der Unternehmen in multinationalen Konzernen
- der wirtschaftliche Aufstieg von ➤ Schwellenländern wie Brasilien, Indien und China
- das Ende des Kalten Krieges seit 1989/1990
- die Öffnung der Märkte in Mittel- und Osteuropa

Vorangetrieben und begleitet wurden diese Veränderungen durch wissenschaftliche und technische Neuerungen. Vor allem haben die elektronischen Informations- und Kommunikationstechnologien den Austausch von Informationen und Wissen in bislang nicht gekanntem Ausmaß beschleunigt und die Produktions- und Arbeitsbedingungen revolutioniert.

Globalisierungswellen

Die wirtschaftliche Expansion des Industriekapitalismus steigerte sich bis zum Beginn des Ersten Weltkriegs 1914 zu einem Wettlauf der Industrieländer um lukrative Rohstoffvorkommen in Ländern Afrikas und Asiens. Doch in der Vergangenheit hat es zwischen solchen Globalisierungswellen immer auch Perioden der De-Globalisierung gegeben, das heißt Phasen verlangsamter oder gar gegenläufiger Entwicklungen, in denen der Welthandel abnahm. Dies trifft in Europa im 20. Jahrhundert besonders für die Kriegsjahre 1914 bis 1918 sowie 1939 bis 1945 und die darauf folgenden Nachkriegszeiten zu.

Der Container – Symbol der Globalisierung

Das erfolgreichste Produkt, das die Globalisierung hervorgebracht hat, ist der Container. Seine Standardgröße heißt TEU [Twenty-Foot Equivalent Unit]. Der Transport mit Containern ist unschlagbar billig. Die Zeitschrift Mare hat dies mal so beschrieben: „Wer sich in ein Auto setzt, um im 500 Meter entfernten Supermarkt eine Mango zu kaufen, zahlt höhere Transportkosten, als sie auf den 5000 Seemeilen von Caracas angefallen sind." [...]

Arne Boecker: Zukunft gestapelt in Containern, Süddeutsche Zeitung, 28.12.2007, S. 2

aktuelle Trends

Die Internationalisierung der Wirtschaft und Politik hat in der zweiten Hälfte des 20. Jahrhunderts an Tempo zugelegt. Folgende Trends lassen sich beobachten:

- **Verdichtung und Beschleunigung:** Elektronische Medien ermöglichen den schnellen Informations- und Datenaustausch über weite Entfernungen in Echtzeit. Der britische Wissenschaftler David Harvey spricht von der Globalisierung als einer „Raum-Zeit-Verdichtung". Entfernungen verlieren im Handel und Transport an Bedeutung. Mit der Einführung des Containers als Transport- und Lagerinstrument verbilligten sich die Transportkosten.
- **Verflechtung und Expansion:** Märkte für Güter und Dienstleistungen werden global. Der Welthandel mit Waren und Dienstleistungen – einschließlich Kapital – wuchs in den letzten Jahrzehnten wesentlich schneller als die Produktion. Kapital und Finanzmärkte sind immer weniger an feste Orte gebunden; Geld zirkuliert nahezu ohne Schranken und zeitliche Beschränkung. Die wirtschaftliche Konzentration und die Konkurrenz auf den Weltmärkten steigen rapide.
- **kulturelle Globalisierung:** Neue Kommunikationstechnologien und große Medien- und Kulturkonzerne erreichen die abgelegensten Regionen der Erde. Sie verbreiten weltweit Lebensstile, die sich vor allem an der Massenkultur der wohlhabenden Länder, besonders der USA, orientieren. Auf diese Weise formen sich „transnationale Lebensformen" (Ulrich Beck) heraus, die durch globale Freizeit- und Kulturmärkte verbreitet werden. Kritiker sehen darin eine „Amerikanisierung" der Freizeit und Massenkultur.

Doch darin liegt auch eine Chance: Durch kreative Umformung entstehen neue Ausdrucksformen, die einer globalen Vereinheitlichung entgegenwirken. Neue Kontakte über die Grenzen des eigenen gesellschaftlichen oder beruflichen Umfelds hinweg schaffen Begegnung und Austausch – real und virtuell über weltweite Netze. „Netzwerkgesellschaften", wie sie der spanische Sozialwissenschaftler Manuel Castells nennt, machen soziale Beziehungen unabhängig vom Wohnort.

- **vernetzte Politik:** Staaten und Gesellschaften sind keine „geschlossenen Container", schrieb der Soziologe Ulrich Beck. Die Verflechtung der Staaten und Regionen nimmt zu, damit aber auch die Abhängigkeit untereinander. Die Vernetzung der Politik in internationalen und supranationalen Organisationen bietet neue Chancen, politische Probleme schneller anzugehen. Aber: Gegen globalisierte Politik regt sich gleichzeitig Protest und Widerstand. Weltweit agierende neue soziale Bewegungen wehren sich gegen eine Ökonomisierung der internationalen Beziehungen und fordern eine Demokratisierung der globalen Politik.
- **Risiken und neue Abhängigkeiten:** Das Machtverhältnis zwischen der Politik der Staaten und der Wirtschaft verschiebt sich. Internationale Konzerne können sich durch Betriebsverlagerungen der Gesetzgebung von Staaten entziehen. Die Internationalisierung des Kapitalverkehrs erhöht das Risiko, dass aus wirtschaftlichen Fehlentscheidungen Einzelner oder einzelner Konzerne weltweite Krisen entstehen. Globalisierung heißt auch: Risiken und Gefahren werden „entgrenzt". Sie gehen, wie die Finanz- und Wirtschaftskrise 2008 bis 2010 oder die Klimaerwärmung zeigen, über Grenzen der Länder hinweg.

Online-Link
800621-5012

2. Global und lokal – wird das Lokale unterschätzt?

Die große Gleichmacherei?

Die Angst vor der Amerikanisierung geht um: Große US-Produzenten – multinationale Konzerne – streuen ihre Produkte weltweit. Mit den Produkten sollen den Verbrauchern zugleich besondere Lebensstile und Lebensgefühle verkauft werden. Die Musikproduktion liegt heute bei einer Handvoll Konzerne, die sich den Weltmarkt aufteilen. In der Bekleidungsbranche beobachten wir den Siegeszug der großen Handelsketten. Und auf dem Buchmarkt werden globale Figuren geschaffen, wie Harry Potter, die uns nicht nur in Deutschland gleich mehrfach begegnen – in Büchern, auf CDs, im Kino und als DVDs, auch auf T-Shirts, Tassen oder Rucksäcken. Bei all dem handelt es sich nicht einfach um Ge- oder Verbrauchsgüter. Diese Produkte des täglichen Konsums liefern „lebendige Bilder des Menschen von sich selbst – Bilder, in denen heute ein Lebensgefühl" zum Ausdruck kommt (Thomas Steinfeld, Süddeutsche Zeitung, 11.01.2005). Sie stehen für das, was als attraktiv gilt und von vielen nachgeahmt wird. An solchen Waren hängen kulturelle Wertvorstellungen; sie können für die Verbraucher zu alltäglichen Mustern ihres Lebens werden.

die politische Seite: die neue Rolle der Regionen

In einigen europäischen Ländern, die lange Zeit streng zentralistisch verwaltet wurden (z.B. Großbritannien und Frankreich), bekommen Regionen ein neues Gewicht. So erhielten in den 1990er-Jahren in Schottland, Wales und in Nordirland die Regionalverwaltungen neue Zuständigkeiten. Gleichzeitig wurden regionale Parlamente mit einer begrenzten eigenen Gesetzgebung geschaffen. In Frankreich treffen wir in einigen Regionen zweisprachige Ortsschilder an mit den Namen der Kommunen in französischer und in der regionalen Sprache – etwa in der Bretagne im Nordwesten und in der Normandie im Norden. Das Interesse am „Kleinen" wächst trotz – oder gerade wegen – der Globalisierung.

Kontrovers: zwei Gesichter der Globalisierung

	einerseits	andererseits
Wettbewerb und Verdrängung	• Liberalisierung der Märkte steigert die Produktivität: Kapital, Güter und Dienstleistungen werden ohne nationale Schranken und staatliche Vorschriften gehandelt • Wettbewerb bringt Innovation: in der Technik, der Arbeitsorganisation und den Produktionsabläufen • Innovation schafft zukunftssichere Arbeitsplätze	• Liberalisierung und globaler Wettbewerb verdrängen kleine Produzenten • freier Markt erzeugt soziale Probleme, die er selbst nicht löst, sondern der Allgemeinheit aufbürdet: Verschärfung der Arbeitsbedingungen durch Verdichtung der Arbeit, Arbeitslosigkeit durch Unternehmenszusammenbrüche, Auslagerung von Arbeit in Billiglohnländer
kulturelle Vielfalt oder Dominanz	• Globalisierung beschleunigt die Kommerzialisierung von Freizeit, Konsum und Kultur • das führt zur Angleichung der Lebensstile und der Wertvorstellungen (Amerikanisierung) • die Kulturindustrie unterliegt den globalen Konzentrationstendenzen: es gibt daher in der Medienbranche nur wenige Global Player	• Globalisierung erzeugt kulturelle Gegenbewegungen: Lokales und Regionales bekommen neues Gewicht • Globalsisierung bietet Chancen, Fremdes und Eigenes in der Kultur, der Musik und im Alltag vor Ort zusammenzuführen: Stichwort „Glokalisierung"

Lokalkolorit gesucht

[...] die Via Condotti in Rom sieht aus wie die Passeig de Gràcia in Barcelona. Hier wie dort steht die gleiche Zara-Filiale mit ihren glanzpolierten Steinböden, den weiß geputzten Wänden und Kleiderstangen, an denen die Imitate der gängigen Highstreet-Marken hängen. Aber nicht nur das. Die ganze Szenerie wirkt identisch. In Sichtweite liegt, egal ob in Italien oder Spanien, der Burberry-Flagship-Store. Noch eine Firmierung in silbernen Lettern, noch mal Glasfassade, das Personal hier vielleicht ein wenig diskreter. [...] Draußen, auf der Straße, fühlt man sich wie auf der Kölner Ehrenstraße. Denn die Jungs sehen hier genauso aus wie dort. Die gleichen Puma-Turnschuhe, rosafarbene Polo-Shirts mit hochgestellten Kragen, blonde Strähnchen im Haar. [...]

Auf der Torstraße, im Berliner Bezirk Mitte, ist die Welt noch ausreichend vielfältig. Zwar ist der Hackesche Markt mit Filialen von Puma, Tommy Hilfiger und Diesel nur knapp außer Sichtweite, aber hier existieren dunstige Eckkneipen, kleine Galerien, Änderungsschneidereien und ein alteingesessenes Geschäft für Pantoffeln friedlich nebeneinander [...] Wer Lokalkolorit schätzt, muss nicht Mitglied im Heimatverein sein. Es ist beruhigend zu wissen, dass es noch Leute gibt, die diese Erkenntnis teilen. [...]

Alex Bohn: Von der Kette lassen, Süddeutsche Zeitung, 16.08.2008, S. V

Bruce C. Greenwald und Judd Kahn, zwei Autoren aus den USA, gehen in ihrem Buch „Globalization" (2008) noch einen Schritt weiter: Sie gehen davon aus, dass sich die jetzige Globalisierungswelle langsam abschwächen und an Bedeutung verlieren wird, weil die Regionen auch wirtschaftlich wichtiger werden. Zum Beleg verweisen sie auf die wachsende Rolle der Dienstleistungen in der Wirtschaft. Von denen lassen sich zwar auch einige – wie z. B. die PC-Arbeit – auslagern. Doch ein großer Teil von ihnen muss nahe am Wohnort der Menschen erbracht werden. Dazu zählen die meisten medizinischen, pflegerischen und pädagogischen Dienstleistungen, aber auch die Angebote an Verkehrseinrichtungen und deren Serviceleistungen.

Online-Link
800621-5013

3. Ambivalente Globalisierung – sind Chancen und Risiken ungleich verteilt?

Wenn Grenzen fallen, liegen darin Chancen – um ungehindert zu reisen, andere Menschen, Länder und Kulturen kennenzulernen, um aus einem großen und vielseitigen Angebot auf den Märkten auszuwählen. Mit der Globalisierung ist immer auch Entgrenzung verbunden: Grenzen werden aufgehoben, wie besonders am Beispiel der Europäischen Union deutlich wird, oder sie werden – zumindest teilweise – durchlässiger.

Entgrenzung und neue Distanz

„Teilweise durchlässiger" – das bedeutet, nicht für alles und auch nicht für alle. So beschloss die ➤Welthandelsorganisation (WTO) in langen Verhandlungen 1995, den Weltmarkt für den Handel mit Textilien erst zehn Jahre später, zum 1. Januar 2005, zu liberalisieren, d. h. die Zölle und Einfuhrbeschränkungen ganz abzuschaffen. Der Grund für eine solche Übergangsfrist war: Die Industrieländer, aber auch einige Entwicklungsländer sollten Zeit haben, sich auf die neue Konkurrenz einzustellen.

Fremde(s) und Andere(s)

„Teilweise durchlässiger" – das hat noch eine zweite Seite: Wenn Grenzen fallen, eröffnet das auch Chancen für diejenigen, die in ein Land einwandern wollen: Zuwanderer aus armen Ländern, Asylsuchende aus den Krisenregionen, aber auch billigere Arbeitskräfte etwa aus den neuen EU-Ländern in Osteuropa. Angst vor Lohndumping in Zeiten der Arbeitslosigkeit ist einer der Gründe, warum in den Augen vieler Globalisierung als Bedrohung empfunden wird.
Mit dem Nebeneinander der Risiken und Chancen, die Globalisierung mit sich bringt, müssen wir uns erst zurechtfinden. Das geht nicht immer harmonisch ab. Umfragen in der Bevölkerung – bei uns wie in anderen westeuropäischen Ländern – ergeben, dass zwar die meisten die angenehmen Seiten der Globalisierung schätzen, deshalb aber nicht automatisch offen sind für ein Zusammenleben von Menschen unterschiedlicher Herkunft und Kultur. Und die Wahlerfolge rechtsextremer und ausländerfeindlicher Parteien in Deutschland und anderen europäischen Ländern haben in den letzten Jahren gezeigt, dass die Zahl derer beachtlich ist, die eine weitere Öffnung unserer Gesellschaft ablehnen und bereit sind, für diese Haltung auch Gewalt anzuwenden.

Deregulierung: der „freie Markt" als Vorbild

In den letzten Jahren wurden mehr und mehr nationale Beschränkungen für den grenzüberschreitenden Waren-, Dienstleistungs-, und Kapitalverkehr abgebaut (Kap. 2.4). Sie dienten bis dahin dazu, den Wettbewerb zwischen

Staaten politisch zu regulieren. ➤ **Liberalisierung** oder ➤ **Deregulierung** des internationalen Handels sollen mehr Entscheidungsspielräume und Wahlfreiheiten für Unternehmen möglich machen, um technische und wirtschaftliche Innovationen anzuregen und wirtschaftliche Entscheidungen schneller umzusetzen.

Entgrenzung – und neue Grenzen

Der Schriftsteller Héctor Abad Faciolince aus Kolumbien:

[...] Die Globalisierung [...] hat dafür gesorgt, dass zahllose Marken und Produkte bis in die abgelegensten Winkel vorgedrungen sind. Sony, Nestlé, Philips, Samsung oder Siemens findet man heute überall. Und fast alle Waren bewegen sich relativ ungehindert durch die Welt. Das mengenmäßig bedeutendste Produkt der Dritten Welt jedoch (Menschen) genießt die geringste Bewegungsfreiheit [...] Sein Wunsch nach Ortsveränderung hat in den Ländern der Ersten Welt eine Art Paranoia ausgelöst, die sie zu immer strikterer Grenzüberwachung antreibt. [...] Die Bewegungsfreiheit über die jeweiligen Grenzen hinaus ist stark eingeschränkt, die Unterscheidung zwischen „wir" und den „anderen" umso wichtiger geworden. [...]

Héctor Abad Faciolince: Die neuen Pestkranken, Neue Zürcher Zeitung, 19.05.2008, Übersetzung Peter Kultzen, www.nzz.ch/nachrichten/kultur/aktuell/die_neuen_pestkranken_1.737129.html (19.01.2010)

Für Unternehmen eröffnet sich durch Deregulierung zugleich die Chance, die besonderen Vorteile von Wirtschaftsstandorten in anderen Ländern – wie geringe Löhne, liberale Umweltvorschriften, niedrige Sozialabgaben – zu nutzen. Besondere Impulse liefert der Globalisierungsschub seit den 1990er-Jahren Schwellenländern wie Brasilien, China und Indien, die mit steigendem Anteil am Welthandel ein stetiges und relativ hohes Wachstum ihrer Volkswirtschaft verzeichnen können. Sie sind darüber hinaus zunehmend in der Lage, mit dem erwirtschafteten Kapital in Industrie- und Entwicklungsländern zu investieren. So übernahm im Frühjahr 2010 ein chinesischer Konzern den schwedischen Autoproduzenten Volvo.

soziale Schieflage

Unter sozialen Gesichtspunkten geht Deregulierung in den Industrieländern oft mit dem Abbau sozialer Schutzrechte einher, etwa durch die Lockerung oder Abschaffung des Kündigungsschutzes für Arbeitnehmer.
Kritiker der Globalisierung setzen hier an: Eine weltweite Deregulierung baue ökonomische und soziale Schutzrechte ab. Eine globale, nicht weiter durch staatliche Regulierung gesteuerte Marktwirtschaft diene vor allem der Kapitalseite. Ungebremste Entwicklungen seien Ursache für Ausbeutung vor allem in den ärmeren Regionen der Welt.
Es gibt Anzeichen, dass sowohl die Kostenvorteile der sogenannten Billiglohnländer schrumpfen, als auch unsoziale und ausbeuterische Arbeitsbedingungen zunehmend auf Widerspruch stoßen. So bekommen Textilarbeiter in Bangladesch, die auch für europäische Märkte produzieren, Monatslöhne von 20 Euro. Der Monatslohn der Automobilarbeiter in chinesischen Fabriken – etwa bei Honda – liegt bei 100 Euro (Juni 2010). Trotz autoritärer Unterdrückung und polizeilicher Überwachung nehmen Streiks und soziale Unruhen zu.

Genauer betrachtet ist die Weltwirtschaft zwar in den letzten Jahrzehnten deutlich gewachsen. Dies trifft nicht nur für die reichen Regionen der Industrieländer zu, auch Entwicklungsländer haben daran teilgenommen. Doch das Gefälle zu den am wenigsten entwickelten Ländern (Kap. 6.5) hat zugenommen. Betrug das durchschnittliche Pro-Kopf-Einkommen der USA und Großbritanniens 1870 das Neunfache der damals ärmsten Länder, so hat sich die Ungleichheit zwischen armen und reichen Ländern extrem erhöht: Die entsprechende Relation lautet heute etwa für die USA und Äthiopien 45:1.

Chinas Arbeiter spielen ihre Macht aus

Sie haben sich erfolgreich gewehrt – und das dürften demnächst auch Verbraucher in Europa zu spüren bekommen. [...] Unternehmen, die in China produzieren, erwarten für die nächste Zeit Lohnsteigerungen auf breiter Front. Der Grund: Der Apple-Fertiger Foxconn und der Autohersteller Honda haben die Bezahlung ihrer Arbeiter bereits um bis zu 70 Prozent angehoben. Weitere Firmen dürften folgen. Diese Erfolge der chinesischen Arbeiter, die meist zu Billigstlöhnen für die westliche Konsumindustrie schuften, sorgen für Unruhe bei den Abnehmern. [...]

Die billigen Produkte aus Fernost haben zwei Jahrzehnte lang geholfen, die Preise in den Industrieländern niedrig zu halten. [...] Für das Schicksal der Arbeiter in den chinesischen Fabriken haben sich bislang nur Menschenrechtler interessiert. Doch das hat sich in den vergangenen Tagen geändert. [...]

Finn Mayer-Kuckuk, Joachim Hofer: Chinas Arbeiter treiben die Preise, Zeit online, 15.06.2010, www.zeit.de/wirtschaft/2010-06/china-loehne (17.06.2010)

Liberalisierung – wirtschaftspolitisch

Darunter verstehen die Ökonomen die Beseitigung von nationalen Beschränkungen des grenzüberschreitenden Handels mit Waren, Dienstleistung und Kapital. Diese Beschränkungen beruhen auf politischen Regeln, die erlassen wurden, um die Wirtschaft des eigenen Landes vor der billigeren oder günstiger produzierenden Wirtschaft anderer Länder zu schützen.

Ein freier Wettbewerb zwischen den Staaten hat sich erst im Laufe des 20. Jahrhunderts durchgesetzt. Einen besonderen Auftrieb erhielt er in den 1950er- und 1960er-Jahren. Die ➤ Europäische Union, 1957 als Europäische Wirtschaftsgemeinschaft gegründet, ist ein Beispiel für eine regionale Liberalisierung des Handels, die im Laufe der Jahrzehnte schrittweise ausgebaut wurde, bis zur völligen Abschaffung aller Handelsbeschränkungen zwischen ihren Mitgliedstaaten.

5.2 Die Globalisierung und die Politik

Welche Rolle spielen die Staaten bei der Steuerung globaler Politik? Setzt die Wirtschaft mit global agierenden Konzernen und Finanzsystemen die alles entscheidenden Fakten? Während „Globalisten" erwarten, dass die Entwicklung in Richtung auf eine weitere Stärkung überstaatlicher, supranationaler Entscheidungsebenen hinausläuft, klingt diese Vorstellung für „Realisten" zu sehr nach einer Weltregierung. Diese halten sie für eine Utopie; Staaten seien nach wie vor eine bestimmende Größe in einer globalen Weltordnung.

1. Hat die Wirtschaft letztlich das Sagen?
2. Ist Global Governance ein Denkmodell für globale Politik?
3. Gibt es Alternativen zu Global Governance?
4. Weltwirtschaft und Welthandel – eine kooperative Politik im globalen Maßstab?

Globalisierung geht ganz anders – Menschen und Natur vor Profit!

Immer mehr Menschen beschleicht ein ungutes Gefühl, wenn sie die Veränderungen in der Welt um uns herum betrachten:

- die Schere zwischen arm und reich geht immer weiter auf, hierzulande und weltweit
- Millionen Menschen leiden Hunger, Kinder wachsen in Armut auf
- die Unternehmen und Konzerne schreiben Rekordgewinne und entlassen dennoch tausende Mitarbeiterinnen, Politiker und Gewerkschaften scheinen dagegen machtlos zu sein
- Bildung, Wissen, Gesundheit, Altersvorsorge werden privatisiert und damit vom Allgemeingut zum Luxusobjekt
- das Klima verändert sich in rasendem Tempo, aber gegen den Ausstoß von Treibhausgasen scheint kein Kraut gewachsen
- um gefragte Rohstoffe werden Kriege geführt.
- Diese Entwicklungen sind kein Naturgesetz, sondern die Folge politischer Entscheidungen: Entscheidungen, die wir nicht tatenlos hinnehmen; Politik, die auch ganz anders aussehen kann. Eine andere Welt ist möglich.

Kay Oliver Schulze: Was ist Attac?, Attac Deutschland, www.attac.de/was-ist-attac/ (29.01.2010)

1. Hat die Wirtschaft letztlich das Sagen?

Online-Link
800621-5021

Politik und Markt

„Auf dem Feld der Globalisierung werden einige unserer wichtigsten gesellschaftlichen Konflikte – einschließlich der Auseinandersetzung über Grundwerte – ausgetragen, darunter die essenzielle Frage, wie die Aufgaben zwischen Staat und Markt verteilt werden sollen." (Joseph Stiglitz: Die Chancen der Globalisierung. München 2006, S. 14) In diesen Auseinandersetzungen berufen sich die einen auf den Liberalismus und seine Theoretiker,

wonach letztlich das ungehinderte Geschehen auf den Märkten zu größtmöglichem wirtschaftlichem Erfolg führe, und dieser zugleich die Grundlage biete, damit Wohlstand und soziale Sicherheit gewährleistet seien (S. 145). Diesen – vereinfacht formulierten – Grundgedanken wirtschaftsliberalen Denkens finden wir in der Globalisierungsdebatte wieder. Er bestimmte die Politik der Deregulierung (Kap. 5.1), wie sie seit den 1980er-Jahren – ausgehend von den USA und Großbritannien – in den westlichen Marktwirtschaften praktiziert wurde. Diese Liberalisierung führte zu einer ungesteuerten Expansion der Finanzmärkte. Der Handel mit Geld wurde zu einem Sektor der Wirtschaft, der losgelöst von den realen Gütermärkten mehr und mehr eine Eigendynamik entfaltete.
In der Weltfinanzkrise, 2008 durch eine weitgehend unkontrollierte Kreditwirtschaft in den USA ausgelöst, konnten nach dem Zusammenbruch großer Banken die betroffenen Staaten nur durch massive Kredit- und Bürgschaftszusagen einen wirtschaftlichen Kollaps (vorläufig) verhindern – um den Preis eines bis dahin nicht gekannten Anstiegs der öffentlichen Verschuldung (S. 123 ff.). Die Krise zeigte, dass Fehlentscheidungen globaler Märkte letztlich zu Lasten einzelner Volkswirtschaften und ihrer Steuerzahler gehen (Kap. 2.5).

Markt statt Demokratie?

Werden souveräne und demokratische Staaten zu Reparaturwerkstätten der Wirtschaft degradiert, deren eigenständige Gestaltungskraft mehr und mehr durch Fakten eingeschränkt wird, die von einer globalisierten Kapital- und Finanzwirtschaft gesetzt werden? Zwei Thesen werden in diesem Zusammenhang diskutiert:

- **Entdemokratisierung der Politik:** Wenn immer mehr politische Fragen durch internationale Konferenzen und Organisationen verhandelt werden, verlieren die Regierungen und die Parlamente der einzelnen Staaten an Bedeutung. Im Konzert der Gipfeltreffen haben wenige Große das Sagen und die anderen müssen sich deren Entscheidungen weitgehend anschließen.
- **Dominanz der Wirtschaft über die Politik:** Die Volkswirtschaften der Staaten sind anfällig gegenüber Fehlentscheidungen, die auf globalen Finanzmärkten – oft von wenigen – getroffen werden. Wie können einzelne Staaten und internationale Organisationen der globalen Marktmacht des Finanzsektors begegnen?

Diese Thesen und ihre Begründungen werden kontrovers diskutiert. Sie können nicht abschließend beantwortet werden. Einige Erfahrungen zeigen, dass es dabei keine gesetzmäßigen Entwicklungen gibt. Anzeichen sprechen dafür, dass es sowohl politische wie auch gesellschaftliche Spielräume für eigene Prioritäten gibt.

Globalisierung anders

Skepsis gegenüber einer globalisierten Wirtschaft treffen wir bei der Anti-Globalisierungsbewegung an. Beispielhaft sagt das Motto von Attac aus, worum es geht: „Eine andere Welt ist möglich!" Die Politik, vertreten durch Staaten, internationale Organisationen, aber auch durch Initiativen und soziale Bewegungen, soll Globalisierung aktiv gestalten. Ziel ist eine „gerechte Weltordnung", in der es möglich wird, ein weiteres Auseinanderdriften der Lebensbedingungen zwischen den reichen und ärmeren Regionen zu stoppen und globale Ungleichheit schrittweise abzubauen.
Doch derzeit, so die Argumentation, läuft die Politik der Wirtschaft hinterher. Sie ordnet sich Bedingungen unter, die durch globale Finanz- und Gütermärkte

gesetzt werden. Gefordert wird stattdessen, dass die Politik Vorrang vor Interessen der Wirtschaft bekommt. In der Logik der Basisbewegungen liegt es, dass dabei nicht nur liberale Rahmenbedingungen gesetzt, sondern wirtschaftliche Entwicklungen durch konkrete Vorgaben gesteuert werden.
Die Globalisierungskritik hat vor allem die globalen Märkte und ihre Akteure, die Regierungen der reichen Staaten mit ihrer Gipfeldiplomatie, aber auch internationale Organisationen wie die WTO oder den ➤ Internationalen Währungsfonds (IWF) im Blick. Diese tun alles, so der Vorwurf, damit Märkte schrankenlos funktionieren. Von der Liberalisierung des Handels profitierten vor allem Industrieländer. Dazu komme, dass Industrieländer Teile ihrer Wirtschaft – wie die Landwirtschaft – mit staatlichen Mitteln subventionierten und so den internationalen Wettbewerb verzerrten. Der Welthandel ist in dieser Perspektive alles andere als gerecht: Globalisierung nutze bisher vor allem den Starken.

Kontrovers: Schwache Politik – starke Wirtschaft?

Thesen	Gegenthesen
Die zunehmende Internationalisierung der Politik führt zur Entdemokratisierung. • Verlagerung von Entscheidungen auf Weltkonferenzen und internationale Organisationen ohne nennenswerte Beteiligung der Volksvertretungen und der Bevölkerung; Machtzuwachs der Exekutive (Regierungen) und Machtverlust der Legislative (Parlamente) • Trennung zwischen Innen- und Außenpolitik schwindet; Weltgipfeltreffen entscheiden über Lebensbedingungen vor Ort und beeinflussen damit unmittelbar unseren Alltag • politische Entscheidungen finden auf mehreren Ebenen statt, sie werden zunehmend undurchsichtig	Globalisierung kann nicht aufgehalten werden. Sie muss aber demokratisch mitbestimmt und kontrolliert werden. • nationale Regierungen sind aus freien Wahlen hervorgegangen und damit auch in ihrer Außenpolitik demokratisch legitimiert • Parlamente müssen in die Lage versetzt werden, grundsätzliche Fragen der internationalen Politik bereits im Vorfeld zu diskutieren • Medien schaffen kritische globale Öffentlichkeit, die Voraussetzung für Mitbestimmung und Kontrolle sind • in der Zivilgesellschaft nehmen „neue soziale Bewegungen" als Gegenmacht Einfluss – durch Protest, Verweigerung, aber auch Expertenberatung bei wichtigen Konferenzen und Organisationen
Die Wirtschaft schafft Sachzwänge, die die politischen Organe nicht mehr beeinflussen können. • globale Märkte haben ihre eigenen Gesetzmäßigkeiten • Finanzmärkte sind nicht transparent, sie schaffen Fakten, Staaten handeln nur nachträglich • multinationale Konzerne und Interessenverbände bremsen oder blockieren politische Prozesse • Konzerne handeln global; Gesetze der Staaten gelten weitgehend nur national	Globalisierung braucht neue Regeln und schafft Handlungsfelder für die Politik; sie muss sie nur gestalten. • überall gelten Regeln in Gestalt von Menschenrechten, Vertragsrecht, Wettwewerbsrecht usw. • Internationalisierung der Politik erzeugt international angeglichene Rahmenbedingungen für die Wirtschaft • sie richtet übergreifende Kontrollinstrumente ein (Abschn. 6.2) • transnationale soziale Bewegungen und internationale Gewerkschaften sind ein Gegengewicht zu dominierenden Wirtschaftsinteressen

Globale Finanzströme steuern?

Als Beispiel einer politischen Steuerung globaler wirtschaftlicher Abläufe kann die **Tobin-Steuer** gelten. Sie wurde erstmals 1972 von dem US-amerikanischen Wirtschaftswissenschaftler James Tobin vorgeschlagen und stellt eine Finanztransaktionssteuer dar, die auf internationale Devisengeschäfte erhoben werden soll. Dadurch sollen kurzfristige Kapitalspekulationen im Blick auf Währungsschwankungen wenn nicht verhindert, so doch kontrolliert und die internationalen Finanzmärkte enger an langfristige Entwicklungen in der Realwirtschaft gekoppelt werden.
Die Tobin-Steuer wurde bislang nicht realisiert. In den Verhandlungen über die Neuordnung der Finanzmärkte in der Folge der Krise seit 2008 wurde dieses Instrument immer wieder vorgeschlagen. Widerstand kam vor allem aus den großen Finanzzentren der Welt, aus London und New York. Aber auch Schwellenländer wie Brasilien sehen darin ein Hindernis für ihre eigene Entwicklung. Alternativ dazu wurden abgestufte Formen einer Besteuerung wie die Kontrolle der Kapitalströme diskutiert, oder über eine Bankenabgabe, die Banken und andere Finanzinstitute zu leisten hätten.

Online-Link
800621-5022

2. Ist Global Governance ein Denkmodell für globale Politik?

Am 15. November 1975 trafen sich die Staats- und Regierungschefs der USA, Frankreichs, Großbritanniens, Italiens, Japans und Deutschlands in Rambouillet bei Paris, um Fragen der Weltwirtschaft und des Welthandels zu besprechen. Vorausgegangen war 1973/74 die erste große Ölkrise, nachdem die ölexportierenden arabischen Staaten ihre Lieferungen drastisch eingeschränkt hatten. Sie taten dies, weil sie damit die Industriestaaten zwingen wollten, die Politik Israels im Nahen Osten gegenüber den Palästinensern zu verurteilen. Dem Ölboykott folgte eine Wirtschaftskrise mit deutlichen Einbrüchen des Wirtschaftswachstums.

von der Kaminrunde zur Gipfelpolitik

Das zwanglose Treffen im Schloss von Rambouillet, ohne großes Protokoll und im kleinen Kreis der Chefs, kann als erster Weltwirtschaftsgipfel bezeichnet werden. Mit ihm begannen die regelmäßigen Treffen der Staatsspitzen mit dem Ziel, Rahmenbedingungen für die Weltwirtschaft durch politische Entscheidungen zu setzen.
Seither hat sich die Zahl der Weltgipfel drastisch erhöht. Dabei bildeten sich neben offiziellen internationalen Gremien wie der UNO und ihren Organisationen oder der Welthandelsorganisation WTO politische Klubs heraus, in denen sich – je nach Verhandlungsthema – die Staatsspitzen unterschiedlicher Staaten treffen (etwa ➤ **G8-** oder ➤ **G20-Staaten**). So kamen zu Weltwirtschaftsgipfeln andere Themen dazu, etwa Klimawandel, die Welternährung und Regelungen der globalen Finanzwirtschaft.

Hat die Politik die richtigen Instrumente?

Globale Risiken und Probleme nehmen zu. Reichen die vorhandenen Institutionen und Verfahren aus, um diese Probleme politisch anzugehen? Die Vertreter des Denkmodells ➤ **Global Governance** beantworten diese Fragen optimistisch. Ihre These: Die fortschreitende Globalisierung der Probleme wird von einer Globalisierung der Politik begleitet. Dabei verändern sich sowohl die politischen Institutionen wie auch die Verfahren, mit denen Politik gemacht wird.

Global Governance: Modell einer kooperativen Weltordnung – ohne Weltstaat und hegemoniale Supermächte

Ziel: stabile und dauerhafte Regeln, Verfahren und Institutionen zur kooperativen Konfliktbearbeitung und Lösung staatenübergreifender Problemlagen

Akteure auf unterschiedlichen Ebenen	Handlungsfelder
• staatliche • internationale • supranationale • zivilgesellschaftliche Initiativen und Organisationen (als politische Netzwerke)	• Weltwirtschaft und Finanzordnung • Entwicklung und Nord-Süd-Beziehungen • Armut, Ernährung, Gesundheit • Arbeit und Bildung • Sicherheit, Frieden und Abrüstung • Umwelt, Klima und Wasser • Völkerrecht

Zusammenstellung Herbert Uhl in Orientierung an Dirk Messner, Franz Nuscheler: Das Konzept Global Governance, Institut für Entwicklung und Frieden, Duisburg, INEF-Report Nr. 67, 2003

Mit Global Governance ist jedoch keine Weltregierung gemeint. Es gibt keine Institution, die die Weltpolitik zentral steuern könnte. Dagegen geht das Denkmodell von einer anderen Überlegung aus: Globalisierung ist eine vielschichtige Entwicklung, die unterschiedliche Gebiete von Politik und Gesellschaft erfasst hat und nicht nur von Regierungen gestaltet werden kann. Vielmehr nehmen darauf mehrere Akteure Einfluss. Dabei ist es keinesfalls ausgemacht, wer letztlich ausschlaggebend ist. Wer im globalen Kräftespektrum das Sagen hat, ist Teil der politischen Auseinandersetzungen in den Gesellschaften und zwischen den Staaten.
Globale Politik beruht nach diesem Modell auf drei Säulen. Jede von ihnen wird durch besondere Akteure geprägt:

- **Staaten, internationale Institutionen und supranationale Gemeinschaften:** Politische Entscheidungen auf der Ebene der Staaten sind weiterhin wichtig, sie reichen aber nicht aus, um weltweite Aufgaben zu bewältigen. Die Vielzahl internationaler Organisationen (wie die UNO mit ihren Haupt- und Sonderorganisationen), ➤**supranationaler Gemeinschaften** (wie die EU) und internationaler ➤**Regime** (etwa die Weltklimakonferenzen) verdeutlicht dies.
- **Zivilgesellschaften und politische Netzwerke:** Bürgerinnen und Bürger, die als **soziale Bewegungen** in Nichtregierungsorganisationen (NGO) auftreten, erheben Anspruch auf Mitgestaltung. Sie treten nicht nur durch globalen Protest in Erscheinung. Als Experten für eine andere Globalisierung verhandeln sie mit multinationalen Konzernen und mit internationalen Organisationen. So hat Greenpeace gegen Energiekonzerne demonstriert, aber auch mit ihnen über die Entsorgung von Ölplattformen verhandelt.
- **globalisierte Wirtschafts- und Finanzsysteme:** Im Zuge der Globalisierung sind multinationale Konzerne, große Banken und Finanzinstitute und Interessenorganisationen der Wirtschaft zu ➤**Global Players** geworden. Sie entfalten eine Eigendynamik, die für die weitere Entwicklung der internationalen Beziehungen von Bedeutung sind. Dazu zählen auch weltweit arbeitende Medienkonzerne, die mit ihrer Berichterstattung politische Themen setzen und damit politische Weltbilder gestalten.

Akteure auf globaler Ebene: Institutionen, Organisationen, Instrumente

staatlich	
UNO als Weltorganisation	UN-System mit Charta, Sicherheitsrat etc. UN-Organisationen und Unterorganisationen Internationale Gerichte: Schieds- und Strafgerichte
internationale Klubs: Gipfeldiplomatie für Grundsatzfragen und einzelne Politikfelder	„Weltgipfel“: Wirtschaft, Finanzen, Klima etc. G8, G20, G77 regionale Gipfel (z. B. Südamerikagipfel 2009)
internationale Institutionen und Regime: Regelung für einzelne Politikfelder	Finanzen und Welthandel: WTO, IWF, Weltbank Weltklima: Kyoto-Protokoll 1997 (Treibhausgase) Montreal-Protokoll 1987 (Schutz der Ozonschicht) Rüstung: Nichtverbreitung von Atomwaffen 1970
supranationale Gemeinschaften: regionale Integration	EU: Europäische Union Mercosur: Gemeinsamer Markt Südamerikas ASEAN: Verband Südostasiatischer Nationen sicherheitspolitische Integration (z. B. NATO)
Nationalstaaten in der internationalen Politik (eventuell einschließlich staatlicher Gliederungen)	Regierungen von Staaten, Regionen und Länder Diplomatie: bi- und multilaterale Verhandlungen, Verträge Kommunen als Akteure internationaler Politik (z. B. Partnerschaften)
Wirtschafts- und Finanzsystem	
multinationale Konzerne, Global Player	Konzerne, Banken, Finanzinstitutionen internationale Wirtschafts- und Handelskammern Public-Private-Partnership zwischen Unternehmen und öffentlichem Sektor
Zivilgesellschaft, Bürger	
politische Netzwerke mit dem Anspruch auf Teilhabe und Kritik	Nichtregierungsorganisationen Stiftungen, Einrichtungen der Entwicklungshilfe Antiglobalisierungs- und Protestbewegungen

Global Governance

Governance ist ein Begriff, der in den letzten Jahren Einzug in die politische Sprache gehalten hat und für den es noch keine griffige Übersetzung gibt. Damit ist nicht einfach *government*, also eine Regierung und deren Tätigkeit, das Regieren, gemeint. Mit Global Governance wird der Blickwinkel ausgeweitet, indem die besonderen Bedingungen beschrieben werden, unter denen heute angesichts zunehmender internationaler Verflechtung Politik „jenseits des Nationalstaates“ (Michael Zürn) gemacht werden kann oder soll. Es geht um politische Strukturen, d. h. um Akteure, Institutionen, Instrumente und Verfahren, die notwendig sind, um neue Herausforderungen politisch zu „bearbeiten“. Gegenüber dem traditionellen Verständnis von Regieren stehen nicht mehr Nationalstaaten und deren Regierungen allein im Mittelpunkt. Sie bilden lediglich ein Element in einem Geflecht mehrerer Faktoren, durch die Politik gemacht und gegenseitig beeinflusst wird.

Global Governance strebt eine Weltordnung an, die auf Aushandeln und Kooperation grundsätzlich gleichberechtigter und gleichgewichtiger Staaten setzt. Zu diesem Politikverständnis passt nicht das Bild einer hierarchischen Weltpyramide mit einigen Super- und Großmächten an der Spitze. Erst recht passt in dieses Weltbild nicht die Vorstellung eines dominierenden Hegemonialstaats, der auf der Basis eigener militärischer und wirtschaftlicher Macht seine Interessen durchsetzen kann. Vielmehr hat das Denkmodell die entscheidende Voraussetzung, dass zwischen den einzelnen Akteuren und nicht zuletzt zwischen den Staaten – bei allen Sonderinteressen und Interessengegensätzen – ein Grundkonsens besteht: Die eigenen Interessen sollen nur in Abstimmung mit anderen – also kooperativ und multilateral – realisiert werden.

offene Fragen

Über die Bedeutung dieser Idee in der Praxis sind Zweifel angebracht. Nicht nur Großmächte tendieren dazu, im Streitfall eigene Wege zu gehen und nationale Interessen voranzustellen. Das zeigen reale Machtkonflikte, wie sie in der Vergangenheit etwa zwischen der US-Regierung unter George W. Bush (2001–2009) und den Vereinten Nationen beim Vorgehen gegen den Irak seit 2003 ausgetragen wurden. Darüber hinaus lassen zahlreiche regionale Konflikte, die nicht selten zu gewaltsamen und militärischen Auseinandersetzungen eskalieren, an praktischen Realisierungschancen des Denkmodells zweifeln.

Im Rückblick auf die zahlreichen internationalen Treffen fassten zwei journalistische Beobachter das Geschehen zusammen: „So viel gemeinsames Suchen war selten, so viel globales Regieren nie." Wer gehofft habe, angesichts globaler Risiken und Bedrohungen zeichne sich „eine neue globale Ordnung für Kapitalmärkte, Handel und Umweltpolitik" ab, sei enttäuscht worden. Die „eine Welt" habe sich als Illusion herausgestellt (Thomas Fischermann, Petra Pinzler: Die Illusion von der einen Welt, Die Zeit, Nr. 1, 30.12.2009). Mit dieser Feststellung reagierten die beiden Journalisten auf das Scheitern des Kopenhagener Weltklimagipfels Ende 2009.

3. Gibt es Alternativen zu Global Governance?

Online-Link
800621-5023

abgestufte globale Politik

Durch die Weltfinanzkrise seit 2008 angestoßen, wird nach praktikablen Wegen gesucht, im Rahmen internationaler Politik zu gemeinsamen Beschlüssen zu kommen. Fest steht: Auch eine militärische und wirtschaftliche Supermacht wie die USA ist in einzelnen Bereichen ihrer Politik auf Kooperation und gemeinsame Regeln angewiesen. Es sind derzeit eher die kleineren und mittleren Mächte, die sich einer Politik des gemeinsamen Vorgehens in einzelnen Bereichen entziehen. Der Konflikt mit dem Iran über dessen Atompolitik, hinter der die meisten Staaten eine verdeckte atomare Aufrüstung befürchten, ist ein Beispiel dafür. Auch weniger bedrohliche Konstellationen zeigen Grenzen einer auf Gemeinsamkeit ausgerichteten globalen Politik: Nicht nur Skeptiker können deshalb auf den Gedanken kommen, eine „globale Ordnung, in der Staaten gemeinsam die großen Probleme zu lösen versuchen", bleibe ein wünschenswertes, aber noch nicht erreichbares Ziel (Thomas Fischermann, Petra Pinzler: a.a.O.). Nicht zuletzt der internationale Umgang mit der Finanzkrise kann einen Beleg für diese Meinung liefern.

In dieser Konstellation bieten sich alternative Wege an. Sie zielen darauf ab, innerhalb des gesamten Spektrums politischer Aufgaben nach denjenigen Feldern und Regionen zu suchen, in denen Zusammenarbeit jetzt schon möglich ist. Dazu zählen Vorschläge wie die folgenden:

Vorschlag 1: globale Politik dort, wo es geht. Der US-amerikanische Politikwissenschaftler Joseph S. Nye geht davon aus, dass es Politikbereiche gibt, in denen Staaten bereit sind, eigene Souveränitätsrechte abzutreten und sich einer Global Governance unterzuordnen. Dazu zählt er vor allem den Bereich des Welthandels und der Finanzwirtschaft. Hier zeige sich auch für Supermächte wie die USA, dass sie „das Spiel der Wirtschaft" nicht mehr allein dominieren können, weil die Zahl der wichtigen Mitspieler - wie die EU, Japan, China, Indien oder Brasilien - inzwischen angestiegen ist und gerade starke Volkswirtschaften sehr eng in die internationalen Wirtschaftsströme eingebunden sind. Die Erweiterung der G8-Runden auf die G20-Staaten drückt diese Veränderung der wirtschaftlichen Kräfte aus.
Dagegen werde es noch auf längere Sicht Politikbereiche geben, in denen sich große Staaten wie die USA vor allem an ihrem eigenen Interesse ausrichten. Dazu zählt Nye die Politik der militärischen Sicherheit (Joseph S. Nye: Nie mehr allein, Die Zeit, 18.01.2009). Schließlich finden wir Widerstand gegen einen Verzicht auf staatliche Souveränität auch bei den jungen Staaten, die aus ehemaligen Kolonien hervorgegangen sind. „Insbesondere die postkolonialen Staaten des Südens halten an einem [...] Souveränitätsbegriff fest, der vielen geradezu als Inbegriff unabhängiger Staatlichkeit erscheint. Die Abgabe von Souveränitätsrechten zugunsten multilateraler Institutionen wird daher mit Argwohn beobachtet oder als Einfallstor für neokoloniale Eingriffe gänzlich abgelehnt." (Friedrich Ebert Stiftung: Briefing Paper, 04.04.2009, S. 5)

Vorschlag 2: Zusammenarbeit regional statt global. Es gibt Beispiele für regionale Zusammenarbeit, mit denen das alte nationalstaatliche Denken überwunden wurde. Dazu gehört die Europäische Union, in der die Integration einzelner Politikbereiche am weitesten fortgeschritten ist - trotz aller Schwierigkeiten, die sich auch in Brüssel bei der Suche nach einer gemeinsamen Politik für 27 Staaten zeigen (Kap. 4). Regionale Integration finden wir auch in anderen Teilen der Welt, etwa beim Verband Südostasiatischer Nationen (ASEAN) oder dem Gemeinsamen Markt in Südamerika (Mercosur). So sind die asiatischen und lateinamerikanischen Staaten dabei, eigene regionale Institutionen zu schaffen, mit denen sie ihre Finanzbeziehungen regeln wollen. Sie versuchen auf diese Weise, auch dem großen Einfluss der Weltbank und des Internationalen Währungsfonds (IWF) zu entkommen, die, so ihre Kritik, nach wie vor von den westlichen Industriestaaten dominiert werden. Eine Studie der Friedrich-Ebert-Stiftung kommt deshalb zum Schluss: Statt auf eine einheitliche globale Ordnung zu setzen, könnte es realistisch sein, eine „globale Architektur [...] auf mittlere Sicht eher auf einer Mischung aus regionaler Governance und der Einbindung einzelner großer Akteure wie China, Indien, Russland, Brasilien, Mexiko und Südafrika aufzubauen" (Friedrich Ebert Stiftung: Briefing Paper, 04.04.2009, S. 9).

Vorschlag 3: lokales Handeln und globale Politik zusammenbringen. Die amerikanische Politikwissenschaftlerin Elinor Ostrom hält es für falsch, den Blick nur auf die globalen politischen Bühnen zu richten. Globalisierung könne auch als Ausrede dienen, um – in der Hoffnung auf die „große Lösung“ – selber als Staat, Region oder Kommune nicht handeln zu müssen. Das gilt vor allem für die Klima- und Umweltpolitik. Ostrom setzt dagegen „auf eine Art Ideenwettbewerb unter den Regionen und Staaten, mit dem dann Antworten auf die großen Fragen der Menschheit gefunden werden. [...] Die Lösung für weltweite Probleme liege in einer klugen Mischung aus lokalem Engagement und globaler Politik.“ (Zusammenfassung nach Thomas Fischermann, Petra Pinzler: a.a.O.) In diesen Vorstellungen spielen vor allem soziale Bewegungen und Nichtregierungsorganisationen eine besondere Rolle, wenn sie durch Kritik, Protest und eigene Initiativen politischen Druck auf staatliche und internationale Akteure ausüben.

Realistische Wege globaler Politikgestaltung

Die Idee einer Global Governance mag in ihren Grundzügen utopisch klingen. Doch es gibt Aspekte dieses politischen Konzepts, die durchaus realistisch sind. Die schon einige Jahrzehnte anhaltende Auseinandersetzung mit weltweiten Problemen hat in einigen Politikbereichen zu neuen Institutionen und Verfahren geführt. Dort treten die Staaten nach wie vor als wichtige Akteure auf, doch sie beraten und handeln in einem überstaatlichen Rahmen, in dem unterschiedliche und gegensätzliche Interessen in übergreifende Strategien eingebracht werden. Die verschiedenen Politikfelder, die im Kapitel 5.3 dargestellt werden, sind Beispiele dafür.

4. Weltwirtschaft und Welthandel – eine kooperative Politik im globalen Maßstab?

Online-Link
800621-5024

internationale Wirtschaftsordnung

Zu den grundlegenden Institutionen der heutigen Weltwirtschaft gehören die ➤Welthandelsorganisation (WTO), die ➤Weltbank und der ➤Internationale Währungsfonds (IWF). Sie sind die wesentlichen Säulen in der Architektur der globalen Wirtschaftsordnung. Alle drei Organisationen haben ihre Geschichte bzw. Vorläufer, die bis in die letzten Jahre des Zweiten Weltkriegs reichen. Sie sind ein Beispiel dafür, wie Global Governance in einem begrenzten Politikbereich organisiert wird (S. 294, Vorschlag 1).
Die heutigen Instrumente zur Gestaltung der internationalen Wirtschafts- und Handelsbeziehungen gehen direkt und – wie im Fall der WTO – indirekt auf die **Konferenz von Bretton Woods** (New Hampshire, USA) zurück. Im Juli 1944 vereinbarten dort die Regierungen von 44 Staaten eine Neuordnung der internationalen Wirtschafts- und Finanzbeziehungen für die Zeit nach dem Krieg. Zu den Beschlüssen von 1944 gehören – neben der Vereinbarung fester bzw. gemeinsam fixierter Wechselkurse zwischen den Währungen und der Festlegung des US-Dollars als Leitwährung – die Gründung der Weltbank, des IWF und des ➤GATT, das 1948 als „Allgemeines Zoll- und Handelsabkommen“ gegründet wurde und ein Vorläufer der Welthandelsorganisation ist.

Weltbank

Unter der Bezeichnung Weltbank werden fünf Institutionen zusammengefasst. Den Kern dieser Weltbankgruppe bildet die Internationale Bank für Wiederaufbau und Entwicklung (International Bank for Reconstruction and Development (IBRD); auch: World Bank). Nach ihren Statuten sollen im Zentrum ihrer Arbeit **Entwicklungs- und Schwellenländer** stehen. Neben finanziellen und wirtschaftlichen Aktivitäten ist sie in nahezu allen entwicklungsrelevanten Bereichen durch Beratung und Information tätig, so beim Aufbau von Infrastrukturen, der Armutsbekämpfung und im Gesundheits- und Bildungswesen. Eine wichtige Informationsquelle bieten die jährlichen „Weltentwicklungsberichte", die die Weltbank herausgibt.
Sitz der Weltbank ist Washington. Traditionell kommt der Präsident aus den USA. Die Mitgliedsländer sind mit einem bestimmten Kapitalanteil an der Bank beteiligt. Nach diesem Anteil richten sich auch die Stimmrechte in den Entscheidungsgremien, eine Regelung, die auch für den IWF gilt.

Internationaler Währungsfonds

Wie die Weltbank ist der Internationale Währungsfonds (IWF) eine Sonderorganisation der Vereinten Nationen. Er überwacht weltweit die Entwicklung der **Zahlungsbilanzen der Staaten** und die Entwicklung des **internationalen Zahlungsverkehrs**. Kommen Staaten in Zahlungsschwierigkeiten oder droht – wie im Falle Griechenlands im Frühjahr 2010 – Zahlungsunfähigkeit, kann der IWF Kredite vergeben, die in der Regel mit Auflagen für die Gestaltung der Wirtschaft verbunden sind, etwa zur Kürzung der Staatsausgaben oder Streichung von Subventionen. Der IWF hat seinen Sitz ebenfalls in Washington. Traditionell stellt ein europäisches Land den Präsidenten.

Stimmanteile in Weltbank und IWF
in Prozent aller Stimmen, Stand 2010

Mitglieder	Weltbank	IWF
USA	15,90	16,74
Japan	6,84	6,02
China	4,42	3,65
Deutschland	4,00	5,87
Frankreich	3,75	4,85
Großbritannien	3,75	4,85
Schwellen-/Entwicklungsländer insges.	rund 47	rund 42
Mitglieder insges.	186	187

www.worldbank.org sowie www.imf.org (07.08.2010)

Welthandelsorganisation

Bei der Regelung des weltweiten Handels und der Wirtschaftsbeziehungen spielt die Welthandelsorganisation eine zentrale Rolle. Sie nahm am 1. Januar 1995 ihre Arbeit auf. Ihre Zentrale liegt in Genf. Derzeit sind 153 Staaten Mitglieder, 31 weitere haben einen Beobachterstatus. Die WTO ist keine Organisation der UNO, sie ist aus dem GATT hervorgegangen. Die Politik der WTO zielt vor allem auf eine Liberalisierung des Welthandels in seinen unterschiedlichen Bereichen: im Handel mit Gütern (z. B. Textilprodukte), mit Dienstleistungen (z. B. der Versicherungswirtschaft) und mit Patenten (z. B. für neue

Saatzüchtungen). Zum letzten Bereich gehört auch der Schutz des geistigen Eigentums. Dadurch sollen z. B. Markenhersteller vor Produktpiraterie, Verlage und Musikproduzenten vor Raubkopien von DVDs oder Musik-CDs geschützt werden.

wie die WTO funktioniert

Während das GATT ein reines Vertragswerk ohne institutionellen Ausbau war, ist die WTO eine mit eigenen Institutionen ausgestattete zwischenstaatliche Organisation. Das wichtigste Gremium der WTO ist die **Ministerkonferenz** der Wirtschafts- und Handelsminister, die mindestens alle zwei Jahre tagt. Jedes Mitgliedsland hat darin eine Stimme – unabhängig von Bevölkerungsgröße oder wirtschaftlicher Leistungsfähigkeit. Beschlüsse werden nach dem Konsensprinzip gefasst. Dadurch sind zwar die einzelnen Mitglieder davor geschützt, überstimmt zu werden. Zugleich liegt darin aber die Gefahr, dass notwendige Reglungen von einflussreichen Staaten verzögert oder verhindert werden.
Einzelne Fragen des internationalen Handels werden in besonderen **Verhandlungsrunden** beraten. So steht seit 2001 mit der Liberalisierung des Agrarhandels ein besonders konfliktreiches Thema auf der Tagesordnung der sogenannten Doha-Runde (benannt nach der Hauptstadt Katars). Dabei drängen Entwicklungsländer auf eine Senkung der Einfuhrzölle und der Subventionen vor allem in den USA und in der EU, während diese ihre eigene Landwirtschaft gegenüber billigeren Importen schützen wollen. Die Doha-Runde wurde mehrfach unterbrochen und wieder aufgenommen, bislang ohne abschließendes Ergebnis (Stand Sommer 2010).
Bei Handelsstreitigkeiten können Staaten eine **Schlichtungsstelle** anrufen. Das Schlichtungsverfahren soll sicherstellen, dass Konflikte innerhalb der WTO nach deren Regeln beigelegt und „Wirtschaftskriege" zwischen Staaten oder Staatengemeinschaften vermieden werden. Allerdings: Entscheidungen der Schlichtungsstelle können nicht mit Zwangsmitteln gegen einen Staat durchgesetzt werden.

Organisation und Zuständigkeit der Welthandelsorganisation (WTO)

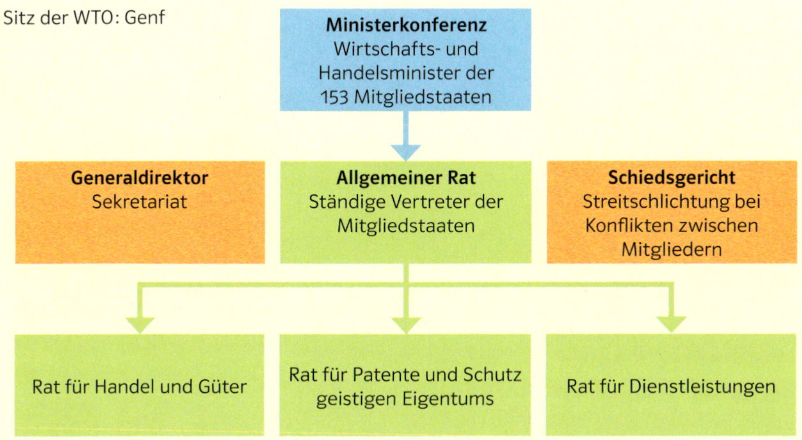

Nach: World Trade Organization: Understanding the WTO, Genf 2005, Kapitel 7, Übersetzung: Herbert Uhl politische Grundsätze

Die Mitgliedstaaten verpflichten sich, bei ihrer Wirtschaftspolitik folgende Grundsätze zu berücksichtigen:
- Meistbegünstigung: Handelsvorteile, die ein WTO-Mitgliedsland einem anderen Land gewährt, muss es auch allen anderen WTO-Mitgliedsländern zusichern.
- Inländerbehandlung/Grundsatz der Nichtdiskriminierung: Waren, die ein Land einführt, dürfen nicht schlechter behandelt werden als gleichartige Waren, die im Lande selber erzeugt werden – etwa durch eine höhere Besteuerung.
- Abbau nicht-tarifärer Handelsschranken: Dazu können z. B. national unterschiedliche Qualitätsnormen und Sicherheitsvorschriften zählen.
- (begrenzte) Sonderstellung der Entwicklungsländer bei der weiteren Liberalisierung des Welthandels: besondere Schutzbestimmungen für Übergangszeiten; Entwicklungsländer stellen etwa zwei Drittel der Mitglieder.

Kritik: Dominanz der Großen?

Internationale Organisationen als Instrumente globaler Politik bauen – im Idealfall – auf dem Prinzip zwischenstaatlicher Kooperation gleichberechtigter Partner auf. So wurden die Organisationen der Weltwirtschaft „in dem Bewusstsein gegründet, dass es zur Wahrung wirtschaftlicher Stabilität kollektiven Handelns auf globaler Ebene" bedarf (Joseph Stiglitz: Die Schatten der Globalisierung. Bonn 2002, S. 26). In der Praxis dominieren jedoch große Staaten oder Staatengruppen mit einem entsprechenden Stimmenanteil. Auch wenn in den letzten Jahren die Stimmanteile der Schwellen- und Entwicklungsländer größeres Gewicht bekommen haben, kommt darin nach wie vor die „alte Weltordnung" zum Ausdruck. Deren wesentliches Merkmal, so die Kritik, ist ein Übergewicht der ➤ **OECD-Staaten**, der westlich orientierten Industrieländer einschließlich Japans.
Beschlüsse des IWF können mit einem Stimmenanteil von 15 Prozent durch ein Veto verhindert werden. Dies ist für die USA und für die EU-Staaten (die zusammen über mehr als 30 Prozent Stimmrechte verfügen) möglich. Zudem gelingt es solchen Stimmenblöcken leichter, in Verbindung mit anderen Staaten Interessenkoalitionen zu bilden, um auf diese Weise Beschlüsse im IWF mit Mehrheit durchzusetzen.

Aufstieg der neuen Wirtschaftsmächte

Politische Entwicklungen der letzten Jahre deuten jedoch auf einen grundlegenden Wandel in der Weltwirtschaftsordnung hin. Vieles spricht dafür, dass die OECD-Ordnung allmählich aufgebrochen wird. So treten **Schwellenländer** im internationalen Raum zunehmend mit größerem Selbstbewusstsein auf. Im Falle Chinas wird dies besonders in der WTO deutlich. Das Verhalten der neuen Wirtschaftsgroßmacht zeigt, dass an die Stelle kooperativer Politik verstärkt Strategien treten, mit denen auf traditionelle nationalstaatliche Weise Interessen realisiert und Macht durchgesetzt werden sollen. Dabei entsteht eine neue Form der **Blockbildung**, die kooperative Politik erschwert.

Demokratiedefizit

Ist Außenpolitik generell eine Domäne der Exekutive, so trifft dies noch mehr für Politik im globalen Maßstab zu. Die Mitwirkung gesetzgebender Organe ist höchstens im Nachhinein möglich, einer direkten Beteiligung etwa in Volksabstimmungen stehen organisatorische Schwierigkeiten im Weg. Im Blick auf den IWF stellt Joseph Stiglitz, von 1997 bis 2000 Chef-Ökonom der Weltbank, fest: Der Fonds ist „weder den Bürgern, die ihn

finanzieren, noch den Menschen, deren Lebensbedingungen er beeinflusst, unmittelbar rechenschaftspflichtig“ (Stiglitz, a.a.O., S. 27).
An diesem Punkt setzen Globalisierungsgegner und Organisationen wie Attac an (S. 287). Weil, so ihre Argumentation, traditionelle Formen politischer Beteiligung und Kontrolle nur unzureichend wirken, wollen sie durch unkonventionelle Formen politischen Einfluss von unten organisieren, um im Vorfeld von WTO-Konferenzen und Weltwirtschaftsgipfeln politische Ziele zu setzen. In der globalen Wirtschaftspolitik dominiere in erster Linie die Orientierung am Markterfolg und nicht an Menschenrechten, sozialen Standards und humanen Arbeitsnormen. Durch Aufklärung, massiven und zum Teil gewaltsamen Protest und in Demonstrationen sollen Gegenpositionen zu dieser Politik der ➤Deregulierung und des ➤Neoliberalismus aufgebaut werden.

China in internationalen Organisationen
In den vergangenen Jahren haben Chinas Machthaber sich [in der WTO] öfter mit der kommenden Großmacht Indien zusammengetan, etwa um gemeinsam die Klimaverhandlungen oder die Doha-Handelsrunde zu torpedieren. Vor allem aber haben sie die afrikanischen, lateinamerikanischen und zentralasiatischen Staaten mit Großprojekten, Geschenken und Goodwill gepflegt. Bevorzugt solche, die über Erdöl und Erdgas verfügen wie Venezuela, Kasachstan, Nigeria. [...]
Anders als Washington, London oder Berlin bei ihrer Entwicklungshilfe stellen die Chinesen keinerlei Bedingungen, was „Good Governance“ betrifft: korruptionsfreies, transparentes, demokratisches Regieren [...] Einige der schlimmsten Problemländer der Welt, gescheiterte oder vom Scheitern bedrohte Staaten wie Simbabwe und der Sudan, Burma und der Jemen, zählen zur liebsten Klientel der Chinesen [...] Die diplomatische Waffe zeigt Wirkung: In der WTO geht schon jetzt nichts mehr gegen den von Afrikanern angeführten prochinesischen Abstimmungsblock. [...]
Erich Follath: Die Umarmung des Drachen, Spiegel Nr. 30, 26.07.2010, S. 92 f., gekürzt

Institutionen der Weltwirtschaft
Die Grundlinien der Weltwirtschaftsordnung haben sich seit der Konferenz von Bretton Woods (1944) herausgebildet: die Weltbankgruppe, der Internationale Währungsfonds (IWF) und die Welthandelsorganisation (WTO). Insbesondere IWF und WTO haben das Ziel, weltweite Wirtschafts- und Handelsbeziehungen offen zu gestalten, Wettbewerbsbeschränkungen zwischen Staaten und Staatengemeinschaften nach dem Grundsatz des Freihandels abzubauen. In diesen Zielsetzungen sehen Kritiker die Ursache für eine weitergehende Ökonomisierung der internationalen Politik mit der Folge, dass vor allem ärmere Regionen unter dem Druck globalen Wettbewerbs ausgebeutet werden. Sie fordern dagegen stärkere Anstrengungen zur Durchsetzung sozialer Standards, humaner Arbeitsnormen sowie der Menschenrechte.

5.3 Risiken und Bedrohungen: neue Aufgaben für die Politik

Die Welt rückt näher zusammen – das ist die eine Seite der Globalisierung. Zugleich steigt auch die Zahl der Probleme, von denen viele Staaten betroffen sind: Klimawandel, Migration, unkontrollierter Waffenhandel, internationaler Terrorismus und global organisierte Kriminalität. Diese Risiken und Bedrohungen fordern von Staaten und internationalen Organisationen neue politische Antworten.

1. Klimawandel: Wer ist bedroht, wer handelt, wer zahlt?
2. Migration: Grenzen schließen oder Weltsozialpolitik betreiben?
3. Rüstung: Ist eine Welt ohne Atomwaffen möglich?
4. Internationaler Terrorismus – überforderte Politik?
5. Globale Kriminalität – wie reagieren Staaten darauf?

Vernetzte Probleme weltweiter Politik: globaler bis lokaler Klimaschutz

Klimapolitik auf unterschiedlichen Ebenen am Beispiel Deutschland

Gemeinden, Kreise, Regionen	kommunale Programme, z.B. „klimaneutrale Kommune"; Förderung erneuerbarer Energien in öffentlichen Einrichtungen, des öffentlichen Personennahverkehrs usw.
Bundesländer	Klima- und Energieprogramme der Länder, z.B: „Klimaschutz 2010 Baden-Württemberg"; CO_2-Reduktion um 2 bis 4 Mio. Tonnen bis 2012; 20 Prozent Stromerzeugung aus erneuerbaren Energiequellen bis 2020 usw.
Bund	Integriertes Energie- und Klimaprogramm (2007/2010) zur Umsetzung der EU-Richtlinien, z.B. Förderung regenerativer Energien, energetische Sanierung von Gebäuden, Umstellung der KFZ-Steuer auf Schadstoffausstoß usw.
Europäische Union	EU-Klimapaket (2000), Grundlage Kyoto-Protokoll; bis zum Jahr 2020 soll der Ausstoß von Treibhausgasen in der EU um 20 Prozent sinken, der Anteil erneuerbarer Energien auf 20 Prozent steigen, die Energieeffizienz um 20 Prozent wachsen; z.B. Richtlinie über erneuerbare Energien, Emmissionsobergrenzen usw.
UNO, internationale Organisationen, Regime	UN-Klimarahmenkonvention (1992), Kyoto-Protokoll (1997) und Fortschreibung über das Jahr 2012 hinaus, Folgekonferenzen

Online-Link
800621-5031

1. Klimawandel: Wer ist bedroht, wer handelt, wer zahlt?

Eines der drängendsten globalen Probleme ist der Umwelt- und Klimaschutz. Dabei geht es um Fragen wie den Rückgang der Artenvielfalt, das Abholzen der Tropenwälder oder den steigenden Energiebedarf. Ganz oben auf der globalen Umweltagenda steht das Problem des Klimawandels. Der vom Menschen verursachte Ausstoß von Treibhausgasen (insbesondere Kohlendioxid und Methan) hat weltweit eine Erwärmung der Atmosphäre zur Folge – den sogenannten ➤**Treibhauseffekt** (Kap. 2.6). Zunehmende Dürre und Wüstenbildung, vermehrte Unwetter und der Anstieg des Meeresspiegels werden als Folgen angenommen.

Folgen des Klimawandels

Seit Beginn des 20. Jahrhunderts ist die globale Jahresmitteltemperatur um gut 0,7 Grad gestiegen, in Deutschland waren es sogar 0,9 Grad. Experten sind sich einig: Selbst wenn rasche und umfassende Schritte zur Senkung der Treibhausgasemissionen eingeleitet werden, ist ein Anstieg der Temperatur um rund 2 Grad nur knapp zu verhindern. Auch diese Schwelle hätte bereits Folgen für Umwelt und Menschen. Ein Bericht des ehemaligen Chefökonomen der Weltbank, Nicholas Stern, aus dem Jahr 2007 zeigt, dass der Weltwirtschaft bei einem ungebremsten Klimawandel jährliche Verluste von etwa fünf Prozent der Weltproduktion, langfristig sogar bis zu 20 Prozent drohen (siehe dazu auch S. 156).
Der Weltklimarat hat Szenarios über die Wirkung des Klimawandels in verschiedenen Weltregionen erstellt. Seinen Berechnungen nach wird bis zum Ende des 21. Jahrhunderts mit einem Anstieg des Meeresspiegels um 18 bis 59 Zentimeter zu rechnen sein. Teile des Staatsgebiets von Küsten- und Inselstaaten, die auf oder unterhalb des Meeresspiegels liegen, wie etwa Bangladesch, werden dadurch nicht mehr bewohnbar sein.
Der Klimawandel ist vor allem für Entwicklungsländer eine Bedrohung. Sie sind aufgrund ihrer geografischen Lage von klimabedingten Veränderungen der Umwelt besonders stark betroffen. Ihnen fehlen häufig die Ressourcen, um wirkungsvoll vorbeugend handeln zu können. In kommenden Jahrzehnten werden in diesen Regionen viele Menschen zur Flucht gezwungen sein, weil ihr Lebensraum als Folge der klimatischen Veränderungen zerstört wird. Nach Schätzungen der UNO wird es mehr als 50 Millionen ➤ **Klimaflüchtlinge** geben, wenn keine effizienten Gegenmaßnahmen gegen die Erderwärmung ergriffen werden.
Auch in Europa werden die Folgen des Klimawandels künftig deutlicher als heute spürbar sein: Durch den abnehmenden Regen und die Austrocknung der Böden wird die Landwirtschaft in den südlichen Ländern Europas leiden, in den Alpen wird der Wintertourismus zurückgehen, in allen Gegenden Europas werden starke Unwetter zunehmen.

Kontrovers: Lösungsansätze

Zur Eindämmung der Erderwärmung werden unterschiedliche politische Vorschläge und Forderungen kritisch diskutiert, z. B. ob

- vor allem die Industrieländer verantwortlich für die Erderwärmung sind und deshalb einen größeren Anteil der Kosten für ihre Eindämmung tragen sollen
- die Schwellen- und Entwicklungsländer ein Recht auf Wachstum haben, das nicht durch Klimaschutzmaßnahmen beschnitten werden darf
- Länder unterschiedliche finanzielle und technologische Möglichkeiten beim Kampf gegen die Erderwärmung haben und deshalb Industrieländer die Schwellen- und Entwicklungsländer finanziell und mit Know-how unterstützen sollen.

Rahmenbedingungen internationaler Klimapolitik

Internationale Klimapolitik hat seit den frühen 1990er-Jahren rasant an Bedeutung gewonnen. Sie findet unter besonderen Rahmenbedingungen statt, die es nicht immer einfach machen, schnell gemeinsame Lösungen zu finden:

- Die Hauptverursacher des Klimawandels sind nicht identisch mit denjenigen Staaten und Regionen, die am meisten unter seinen Folgen leiden (werden): Während Industriestaaten und einige Schwellenländer für drei Viertel der

menschlich verursachten CO_2-Emissionen verantwortlich sind, bekommen ihre Folgen insbesondere die ärmeren Länder zu spüren.
- An Maßnahmen zum Klimaschutz, die rasch umgesetzt werden, sind insbesondere Länder interessiert, die große Nachteile aus der globalen Erwärmung für sich befürchten. Gerade ihnen fehlen jedoch häufig die Ressourcen für einen eigenen umfassenden Klimaschutz sowie Druckmittel, um sich international durchzusetzen.
- Damit Klimaschutzmaßnahmen wirken, müssen sich möglichst viele Staaten beteiligen, auch diejenigen, in denen die Folgen der Erderwärmung gegenwärtig noch nicht spürbar sind.

globale Interessenkonflikte

Die wirtschaftlichen und sozialen Folgen des Klimawandels sind heute noch nicht absehbar. Große Ausgaben, etwa für den Bau von Deichen oder für Bewässerungsanlagen, werden voraussichtlich erforderlich sein. Solche Investitionen werden sich zwar langfristig – national wie international – rechnen. Doch trotz dieser allgemeinen Einsicht ist die Klimapolitik – sowohl innerhalb eines Landes wie auch auf internationaler Ebene – durch massive Interessenkonflikte geprägt. Im globalen Rahmen wird vor allem über eine gerechte Verteilung der Kosten und Nutzen gestritten. Nicht zuletzt fordern ärmere Länder ein „Recht auf Entwicklung" ein und legen zum jetzigen Zeitpunkt bindende Vereinbarungen ab, die ein weiteres wirtschaftliches Wachstum bremsen könnten.

Umwelt und Klima als Feld der internationalen Zusammenarbeit – wichtige Etappen

1988	Das Umweltprogramm der UNO und die Weltorganisation für Meteorologie gründen den Weltklimarat (IPCC). Die regelmäßigen Berichte des Rats bieten den wissenschaftlichen Hintergrund für die Klimakonferenzen der UNO.
1992	Auf der Konferenz der UNO über Umwelt und Entwicklung in Rio de Janeiro vereinbaren die Staaten, den Ausstoß der Treibhausgase so zu begrenzen, dass „sich die Ökosysteme auf natürliche Weise den Klimaänderungen anpassen können". Aus Sicht der Forschung darf die globale Temperatur dazu nicht stärker als zwei Grad Celsius über den Wert vor der Industrialisierung im 19. Jahrhundert ansteigen.
1994	Die Klimarahmenkonvention tritt in Kraft. Ihre heute 194 Vertragsstaaten (Stand Mai 2010) wollen eine Verlangsamung der globalen Erwärmung und eine Milderung der Klimafolgen durchsetzen.
1997	Auf der Klimakonferenz in Kyoto wird das „Kyoto-Protokoll" verabschiedet – der erste Schritt, um die Ziele der Klimarahmenkonvention umzusetzen. Die Industriestaaten verpflichten sich, den Ausstoß der wichtigsten Treibhausgase bis 2012 im Schnitt um mindestens fünf Prozent im Vergleich zu 1990 zu senken. Die Entwicklungsländer erhalten keine Auflagen. Inzwischen haben fast 190 Staaten das Abkommen ratifiziert – nicht jedoch die USA und China (Stand April 2010).
2005	Das Kyoto-Protokoll tritt in Kraft, nachdem zuvor auch Russland den Vertrag gebilligt hat und so die notwendige Anzahl an Staaten erreicht ist, die das Abkommen ratifiziert haben. Das Abkommen läuft bis 2012.
2009	Auf dem Klimagipfel in Kopenhagen gibt es keine Einigung, wie Treibhausgase reduziert und Entwicklungsländer bei der Anpassung an den Klimawandel unterstützt werden können. Die Industrieländer verpflichten sich, die Entwicklungsländer mit 30 Milliarden Dollar zu unterstützen.
2010	Auf der Klimakonferenz in Bonn kommt keine Einigung über eine Verlängerung des Kyoto-Protokolls zustande. Yvo de Boer, Generalsekretär der Klimarahmenkonvention, betont, was Industrieländer bisher freiwillig angeboten habe, reiche nicht aus. Im Schnitt laufe es auf eine Reduzierung um etwa 13 bis 14 Prozent bis 2020 gegenüber 1990 hinaus – das würde eine Erderwärmung um etwa vier Grad bedeuten. Um das Zwei-Grad-Ziel zu erreichen, seien aber rund 25 bis 40 Prozent Minderung nötig.

Zusammengestellt nach: Spiegel online: Klimawandel, www.spiegel.de/thema/klimawandel (15.04.2010); gekürzt und ergänzt

Das gilt vor allem für Verhandlungen auf den **Weltklimakonferenzen** über eine spürbare Verringerung des CO_2-Ausstoßes (S. 157f.). Zwar kann eine politische Steuerung des Klimawandels nur gelingen, wenn alle Staaten – Industrienationen wie Entwicklungs- und Schwellenländer – zusammenarbeiten. Doch um in diesen Prozess überhaupt erfolgreich einzusteigen, werden große Staatengemeinschaften wie die EU vorangehen müssen, auch um internationalen Druck auf große CO_2-Verursacher wie die USA und China auszuüben.

Klimapolitik der EU

Die EU will im Klimaschutz eine Vorreiterrolle einnehmen – trotz der unterschiedlichen Interessen ihrer Mitglieder. 1997 unterzeichneten die damals 15 Staaten der EU das Kyoto-Protokoll (S. 302). Sie haben sich damit verpflichtet, ihren Ausstoß an CO_2 zu verringern. Im Frühjahr 2008 beschloss die EU zudem, die CO_2-Emissionen ihrer Mitgliedstaaten bis zum Jahr 2020 um 20 Prozent im Vergleich zu 1990 zu senken, den Anteil erneuerbarer Energien am Gesamtenergieverbrauch auf 20 Prozent zu steigern und 20 Prozent des Energieverbrauchs einzusparen.

Emissionshandel – ein markwirtschaftliches Instrument

Um den Ausstoß der Treibhausgase zu verringern, hat sich der ➤**Emissionshandel** entwickelt. Innerhalb der EU wurde im Jahr 2005 ein Emissionshandelssystem gestartet. Dabei erhalten Industrieunternehmen vom Staat Gutschriften (Emissionszertifikate), die einem Unternehmen erlauben, eine bestimmte Menge Schadstoffe auszustoßen. Unternehmen, die die festgelegten Grenzen der Schadstoffemission unterschreiten, können mit den nicht in Anspruch genommenen Zertifikaten handeln. Da der Staat die Zahl der ausgegebenen Zertifikate nach und nach reduziert und die Preise dafür steigen, sollen Unternehmen einen Anreiz haben, ihren Schadstoffausstoß zu verringern. So soll auf dem Emissionsmarkt Druck entstehen, um Innovationen für emissionsarmes Wirtschaften und Energieeinsparungen durchzusetzen.

Die zehn größten CO_2-Emittenten und ihr Anteil an der Erdbevölkerung

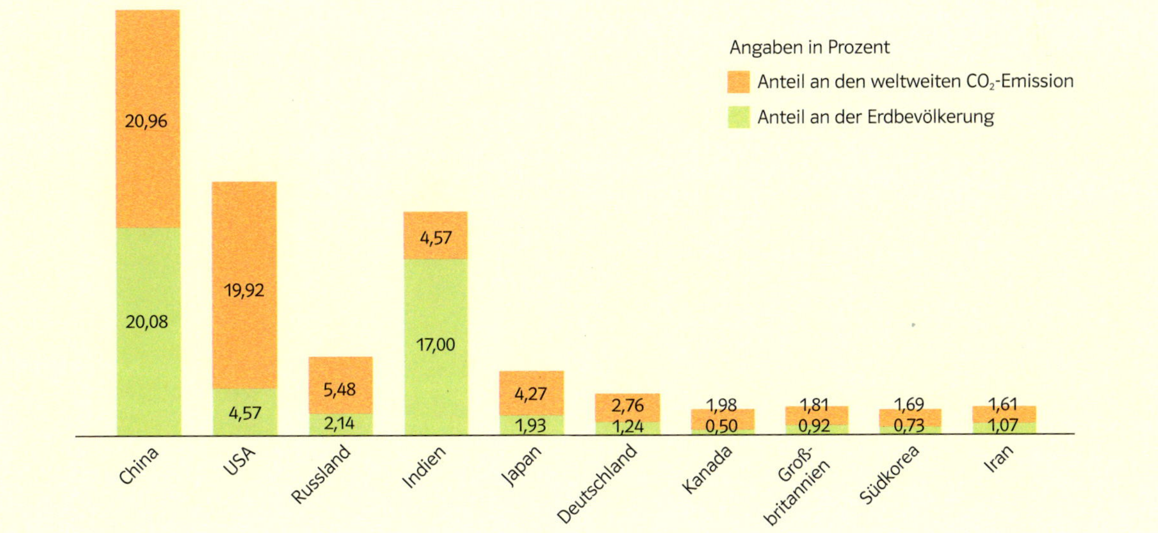

Jan Burck, Christoph Bals, Verena Rossow: Der Klimaschutz-Index – Ergebnisse 2010, Germanwatch, Climate Action Network Europe, Berlin 2009, S. 13

Klimawandel und Klimapolitik
Die Begrenzung des Klimawandels steht oben auf der globalen Umweltagenda. Hauptverursacher des Klimawandels sind Treibhausgase, die zu drei Vierteln von den Industrienationen produziert werden. Die Folgen des Klimawandels tragen insbesondere Entwicklungsländer. Die internationale Klimapolitik hat seit den frühen 1990er-Jahren rasant an Bedeutung gewonnen, sie bleibt aber ein konfliktträchtiges Politikfeld, in dem gemeinsame Lösungen nur schwer zu erreichen sind. Im Rahmen der Klimakonferenzen der UNO versucht die internationale Staatengemeinschaft, eine gemeinsame Politik zur Reduktion der Treibhausgasemissionen zu finden. Zentrales Instrument hierzu ist der Emissionshandel. Die EU will im Klimaschutz eine Vorreiterrolle einnehmen und hat zugesagt, die CO_2-Emissionen ihrer Mitgliedstaaten bis zum Jahr 2020 um 20 Prozent im Vergleich zu 1990 zu senken.

Online-Link
800621-5032

2. Migration: Grenzen schließen oder Weltsozialpolitik betreiben?

eine Milliarde Migranten

Nicht nur die wachsende Mobilität von Waren, Dienstleistungen, Kapital und Informationen ist ein wesentliches Merkmal der Globalisierung, auch die **Mobilität** der Menschen ist in den letzten Jahrzehnten gestiegen. Migrantinnen und Migranten gibt es heute in allen Teilen der Welt. Es gibt unterschiedliche Gründe, warum Menschen ihre Heimat verlassen: Fachkräfte, die eine Stelle im Ausland annehmen – auf Dauer oder vorübergehend, Männer, Frauen und Kinder, die den Familienangehörigen nachziehen, Menschen, die aus ihrer Heimat vertrieben werden und als (vorübergehende) Flüchtlinge oder Asylsuchende Zuflucht in einer anderen Region oder einem anderen Land suchen – sie alle sind Migranten. Das Entwicklungsprogramm der UNO geht von einer Milliarde Migranten weltweit aus, fast die Hälfte von ihnen sind Frauen. Hinzu kommen Menschen, die illegal in ein anderes Land wandern, in keiner Statistik auftauchen und häufig unter besonders prekären Umständen arbeiten und leben.

Binnenmigration: Wanderungen in einem Land

Im Zusammenhang mit ➤Migration denkt man meist an Menschen, die aus Ländern der Dritten Welt in Industrieländer auswandern. In Wirklichkeit bleibt die überwiegende Zahl der Migrantinnen und Migranten jedoch im eigenen Land. Sie sind Binnenmigranten. Nur rund 240 Millionen Menschen oder 3,5 Prozent der Weltbevölkerung wandern in andere Länder, die weitaus meisten von ihnen als Arbeitsmigranten. 1970 waren es erst 82 Millionen. Lediglich ein Drittel der internationalen Migrantinnen und Migranten zieht dabei von Entwicklungsländern in Industrieregionen (zur Zuwanderung nach Deutschland vgl. Kap. 1.1).

Ursachen: Push- und Pull-Faktoren

Die wirtschaftliche, soziale und technologische Entwicklung verläuft in den Regionen der Welt sehr ungleich. Wachsende Unterschiede im Lebensstandard und der Sicherheit der Menschen sind die Folge davon. Sie sind die Hauptursachen für die Zunahme der weltweiten Migration. Bei den Migrationsgründen unterscheidet man sogenannte Push- und Pull-Faktoren.

- Als **Push-Faktoren** werden alle Umstände bezeichnet, die Menschen aus ihrer Heimat vertreiben, wie z. B. Arbeitslosigkeit, Armut, Krieg, Verfolgung oder Umweltprobleme.
- **Pull-Faktoren** sind Merkmale der Zielländer. Sie motivieren Menschen dazu, dorthin zu ziehen. Ein höherer Fachkräftebedarf oder die Aussicht auf einen besseren Lebensstandard sind Beispiele dafür.

Weltbevölkerung: geschätzter Anteil der Migranten und Nicht-Migranten, 1965–2050

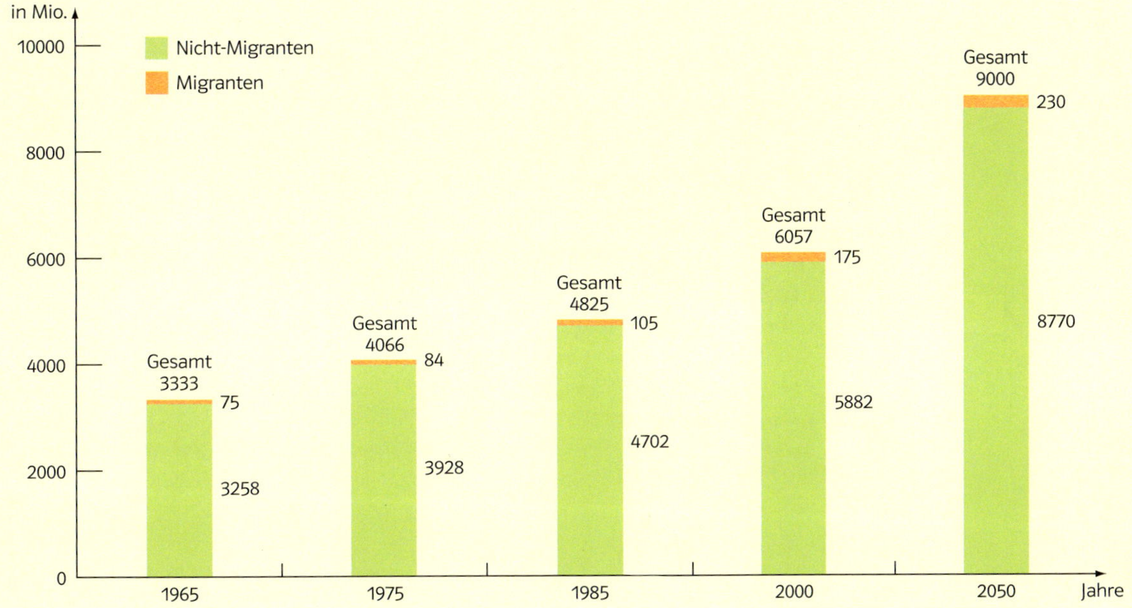

Nach: Bundeszentrale für politische Bildung 2005

Flüchtlinge und Asylsuchende

Um Flüchtlingen besonderen Schutz zu gewähren, haben die meisten Staaten, auch Deutschland, die ➤Genfer Flüchtlingskonvention aus dem Jahr 1951 unterzeichnet. Anerkannte Flüchtlinge können so lange in dem Land bleiben, das sie vorübergehend aufgenommen hat, bis der Grund ihrer Flucht nicht mehr besteht. Nach Schätzungen der UNO waren im Jahr 2009 weltweit 43,3 Millionen Menschen auf der Flucht. Das ist die höchste Zahl seit Mitte der 1990er-Jahre. Darunter waren gut 15 Millionen internationale Flüchtlinge und fast eine Million ➤Asylsuchende, die einen Asylantrag im Ausland gestellt haben – 286700 von ihnen beispielsweise in Europa und 222000 in Südafrika. Gut 27 Millionen Binnenflüchtlinge haben im Jahr 2009 vorübergehend in einer anderen Region im eigenen Land Schutz gesucht, etwa vor gewalttätigen Konflikten in der Demokratischen Republik Kongo, Pakistan oder Somalia. Viele Flüchtlinge nehmen große Strapazen auf sich oder sind von illegalen Schleusern abhängig, die viel Geld verlangen, um sie auf unsicheren Wegen an ihr Ziel zu bringen.

Migration und Entwicklung

Die Arbeitskräftewanderung ist Teil und Folge der weltweiten Globalisierung. Für die Menschen ist es heute viel leichter geworden, sich weltweit auf Arbeitssuche zu begeben und trotzdem Kontakt mit der Heimat zu halten. Viele Unternehmen in den Industrieländern, in denen die Bevölkerung schrumpft und der Bedarf an gut ausgebildeten Fachkräften steigt, suchen heute im Ausland nach Personal. Es hat ein internationaler Wettbewerb um die „besten Köpfe" eingesetzt. Manche Länder - beispielsweise Australien - werben aktiv um qualifizierte Arbeitskräfte aus dem Ausland.
Für Länder, aus denen die angeworbenen Arbeitskräfte stammen, kann diese Entwicklung problematisch sein: Gut ausgebildete, junge Menschen ziehen fort, was die wirtschaftliche und soziale Entwicklung ihres Landes hemmen kann. Andererseits profitieren die Herkunftsstaaten auch von der Migration: In einigen Entwicklungsländern stellen die Überweisungen von Migrantinnen und Migranten an ihre daheimgebliebenen Familienangehörigen mittlerweile eine wichtigere Einkommensquelle dar als die offizielle internationale Entwicklungshilfe oder die ausländischen Investitionen. Im Jahr 2007 beliefen sich diese Überweisungen weltweit auf rund 370 Milliarden US-Dollar.
Letztlich kann internationale Migration aber kein Ersatz für die Verbesserung der Lebensbedingungen in den ärmeren Regionen der Welt sein. Zwischen Entwicklungszusammenarbeit und Migrationspolitik besteht daher ein enger Zusammenhang. Eine **Weltsozialpolitik** mit dem Ziel einer neuen **Weltsozialordnung**, so eine Vorstellung, soll Mindeststandards in den Bereichen Gesundheit und Bildung fördern, sozialen Unruhen entgegenwirken, die wirtschaftliche Entwicklung weniger entwickelter Länder stärken und den Menschen dort eine Perspektive geben (Kap. 6.7).

Industrieländer: abschotten oder öffnen?

Für alle Staaten ist die Steuerung der Migration zu einer wichtigen Aufgabe geworden. Sie versuchen, ein Gleichgewicht zu schaffen zwischen einer notwendigen Öffnung für Zuwanderer einerseits und der Begrenzung ihrer Zahl andererseits. Viele Staaten haben in den letzten Jahren die Zahl der Menschen begrenzt, die jährlich zuziehen dürfen. Besonders hoch sind die Barrieren für Menschen mit geringen Qualifikationen, denn die meisten Staaten zielen darauf, besser ausgebildete Menschen aufzunehmen.

europäische Migrationspolitik

Alle Mitgliedstaaten der EU sind heute Ziel von Migrationsströmen. Seit den 1990er-Jahren, als die Flüchtlings- und Asylbewerberzahlen besonders wegen der Bürgerkriege im zerfallenden Jugoslawien anstiegen, haben die meisten EU-Staaten die rechtlichen Voraussetzungen für Zuwanderer weiter verschärft, so auch Deutschland mit der Asylrechtsreform von 1993.
Heute zeigt sich, dass für die Industriestaaten Einwanderung unter wirtschaftlichen und demografischen Gesichtspunkten unverzichtbar geworden ist und gemeinsame Regelungen notwendig sind (Kap. 1.1). Deshalb haben sich die EU-Staaten darauf geeinigt, eine gemeinsame Strategie zu entwickeln, um mit legaler und illegaler Zuwanderung umzugehen.
Ziel ist ein **europäisches Asylsystem**, mit dem die Anerkennung der Flüchtlinge geregelt wird. Zur gemeinsamen Migrationspolitik der EU gehören darüber hinaus einheitliche Regeln zur Kontrolle der Außengrenzen - zum Schutz vor illegaler Einwanderung - und einheitliche Visa-Vorschriften. Einheitliche Regeln zur Zuwanderung von **Arbeitssuchenden** in die EU sind dagegen in naher Zukunft nicht zu erwarten. Einige EU-Mitgliedsländer,

auch Deutschland, wollen Art und Umfang der Zuwanderung von Arbeitskräften weiterhin eigenständig und nach nationalem Bedarf steuern. Dennoch arbeiten die EU-Mitgliedstaaten auch in diesem Bereich punktuell zusammen, etwa bei der Blue-Card-Initiative, mit der Fachkräften aus Nicht-EU-Ländern der Arbeitsmarkt geöffnet wird, um den Fachkräftemangel in der EU zu verringern.

zukünftige Herausforderungen

Zwei Trends werden mit Blick auf Migration in den nächsten Jahren maßgeblich sein: Auf der einen Seite werden durch die Globalisierung der Märkte die individuelle Mobilität und damit auch die internationalen Wanderungsbewegungen weiter zunehmen. In vielen Industrieländern werden zunehmend qualifizierte Arbeitsmigranten benötigt, um den Fachkräftebedarf zu decken – in Deutschland fehlen heute etwa Ärzte, Ingenieure oder IT-Fachkräfte. Experten aus diesen Branchen sehen in der Zuwanderung von ausländischen Fachkräften eine wichtige Möglichkeit, um Engpässe am Arbeitsmarkt abfedern zu können. In den meisten EU-Mitgliedsländern gibt es bis heute jedoch keine gezielten Strategien zur Zuwanderung von qualifizierten Fachkräften.
Auf der anderen Seite wird in vielen Regionen der Welt der Abwanderungsdruck durch Armut, politische Unruhen und soziale Konflikte weiter steigen. Insbesondere die Verschlechterung der Umweltbedingungen durch den Klimawandel wird zu neuen Migrationsströmen führen. Die meisten Klimaflüchtlinge werden aus den Küsten- und Flussgebieten Asiens, von Inselstaaten und aus Afrika kommen. Bereits heute fliehen mehr Menschen vor Umweltkatastrophen als vor Unruhen und Kriegen.

Migration – ein weltweites Phänomen

Migrantinnen und Migranten gibt es heute in allen Teilen der Welt. Sie verlassen aus unterschiedlichen Gründen teils freiwillig, teils unfreiwillig ihre Heimat: auf der Suche nach Arbeit, um zu ihren Familien nachzuziehen, auf der Flucht vor Unruhen, Verfolgung, Krieg oder Umweltkatastrophen. Das Entwicklungsprogramm der UNO geht von einer Milliarde Migranten weltweit aus, nur ein Viertel von ihnen zieht es in andere Länder, die meisten bleiben innerhalb ihres eigenen Landes. Für alle Staaten ist die Steuerung der Migration zu einer wichtigen Aufgabe geworden. Sie versuchen ein Gleichgewicht zu schaffen zwischen einer notwendigen Öffnung für Zuwanderung einerseits und ihrer Begrenzung andererseits. Besonders hoch sind die Barrieren für Menschen mit geringen Qualifikationen, denn die meisten Staaten wollen nur besser ausgebildete Menschen aufnehmen.

Online-Link
800621-5033

3. Rüstung: Ist eine Welt ohne Atomwaffen möglich?

Entspannung und Abrüstung

Das atomare Gleichgewicht zwischen den USA und der UdSSR war während des ➤Ost-West-Konflikts letztlich ein Gleichgewicht des Schreckens (Kap. 6.8). Die Waffenlager, die in diesen Jahren angehäuft wurden, reichten aus, um die Erde gleich mehrmals zu zerstören. Ein Atomkrieg wäre – auch heute noch – gleichbedeutend mit gegenseitiger Vernichtung.
Die Entspannungspolitik, die in der zweiten Hälfte der 1960er-Jahre einsetzte, war mit einer Politik der schrittweisen Rüstungskontrolle verbunden. Mit einer Reihe von Übereinkommen sollte das Wettrüsten auf politischem Wege gestoppt werden. Für einzelne Waffensysteme wurden Höchstgrenzen festgelegt; in anderen Bereichen wurde vereinbart, vorhandene Waffenbestände zu verringern oder ganz abzubauen.
Die Entspannungs- und Abrüstungspolitik trug dazu bei, das Verhältnis zwischen den beiden politischen und militärischen Lagern – auch zwischen den beiden deutschen Staaten – zu entkrampfen. Doch gleichsam unterhalb des globalen Konflikts vollzog sich eine andere Entwicklung: die Verbreitung von Massenvernichtungswaffen, besonders von Atomwaffen. Obwohl bereits vor Jahrzehnten die damaligen Atommächte USA, UdSSR, Großbritannien, China und Frankreich den ➤**Atomwaffensperrvertrag** unterzeichnet haben, sind bis heute wesentlich mehr Staaten im Besitz solcher Waffen. Und die Gefahr besteht, dass sich diese Zahl weiter erhöht oder Terroristen in den Besitz atomarer Waffen kommen.

- Nordkorea arbeitet offiziell – trotz weltweiter Proteste und Resolutionen des UN-Sicherheitsrates – an der atomaren Rüstung: Das Land hat bereits im Oktober 2006 und im Mai 2009 Atomwaffen getestet und versucht, Trägerraketen zu entwickeln.
- Der Iran wird von der Internationalen Atomenergie Organisation (IAEO) verdächtigt, an Atomwaffen zu arbeiten.
- Al-Qaida und andere islamistische Terrorgruppen stellen eine latente Bedrohung für die pakistanischen Atomwaffendepots dar.

Neue Hochrüstung?

Dem Ende des Ost-West-Konflikts „folgte eine beispiellose Abrüstung, die zeitweise die Möglichkeit einer kooperativen Weltordnung" anzeigte. (Friedensgutachten 2008, S. 30) Doch mit den Anschlägen vom 11. September 2001 wurde diese Entwicklung gestoppt. Die weltweiten Militärausgaben betrugen 2009 rund 1500 Milliarden US-Dollar. Etwas mehr als 600 Milliarden US-Dollar oder rund 42 Prozent entfielen davon auf die USA. Darin spiegeln sich auch die hohen Ausgaben des Landes für die Kriege im Irak und in Afghanistan wieder. Finanziert wurden diese Kosten vor allem durch Kreditaufnahmen, die das Haushaltsdefizit der USA gewaltig in die Höhe trieben – einer der Gründe, die zur Finanzkrise seit 2008 beigetragen haben. Es verwundert deshalb nicht, dass in der US-Politik dieser Zeit Abrüstung keine wesentliche Rolle spielte.

Politikwechsel in den USA?

Präsident Barack Obama setzte sich bei seinem Regierungsantritt im Januar 2009 von der Politik seines Vorgängers ab. In seinen Reden betont er die Notwendigkeit einer **multilateral und kooperativ** ausgerichteten Politik. In einer Rede am 5. April 2009 in Prag stellte er seinen Plan vor, über Abrüstungsverhandlungen langfristig zu einer Abschaffung aller Atomwaffen zu kommen. Der Plan sieht mehrere Schritte vor:

- Verhandlungen zwischen den USA und Russland über die Abrüstung der strategischen Atomwaffen beider Großmächte
- Einbeziehung der übrigen Staaten des atomaren „Fünfer-Klubs", also China, Großbritannien und Frankreich, in diese Verhandlungen
- die weltweite Zustimmung zum Atomwaffensperrvertrag unter Einbeziehung von Israel, Pakistan, Indien und Nordkorea, die faktisch im Besitz nuklearer Waffen sind

Im Herbst 2009 kündigte Obama an, auf die Stationierung der Raketenabwehrsysteme in Polen und Tschechien zu verzichten. Dafür sollten andere Abwehrwaffensysteme – z. B. seegestützte Raketen – ausgebaut werden, die aber nicht unmittelbar im Vorhof Russlands platziert werden müssen.

Atomwaffensperrvertrag
Der Vertrag läuft auch unter der Bezeichnung Nonproliferationsvertrag. Unterzeichnet am 1. Juli 1968 von den damaligen Atommächten USA, UdSSR und Großbritannien, trat er 1970 in Kraft. Das Ziel ist die Nichtweiterverbreitung (englisch: non-proliferation) von Kernwaffen und den dazu notwendigen nuklearen Rohstoffen. Inzwischen wurde der Vertrag von 184 Staaten unterzeichnet. Allerdings verweigern einige Staaten ihre Unterschrift. Dazu zählen solche in Konfliktregionen, die bereits im Besitz von Atomwaffen sind: Israel, Pakistan und Indien. Nordkorea ist aus dem Vertrag ausgetreten. Der Vertrag wird von der Internationalen Atomenergie Organisation (IAEO), einer Unterorganisation der Vereinten Nationen mit Sitz in Wien, überwacht.

Länder im Besitz von Atomwaffen

Staaten	einsatzfähige Sprengköpfe	andere Sprengköpfe	Total
USA	2468	7100	9600
Russland	4630	7300	12000
Großbritannien	160	65	225
Frankreich	300	–	300
China	–	200	240
Indien	–	60–80	60–80
Pakistan	–	70–90	70–90
Israel	–	80	80
Total	**7560**	**14900**	**22600**

Zahlen jeweils Schätzungen, Stand 2010

Stockholm International Peace Research Institute (SIPRI): SIPRI-Yearbook 2010, eigene Übersetzung, www.sipri.org/yearbook/2010/08, Januar 2010 (08.08.2010)

Am 8. April 2010 unterzeichneten die Präsidenten der USA (Barack Obama) und Russlands (Dmitri Medwedew) den neuen START III-Vertrag. START ist die Abkürzung von Strategic Arms Reduction Talks. Diesem Abkommen waren bereits zwei Verträge vorausgegangen: START I von 1991 lief 2009

neuer Abrüstungsvertrag zwischen Russland und USA

aus; START II von 1993 trat nie in Kraft. Der neue Vertrag beinhaltet vor allem drei Regelungen:

- **Trägersysteme:** Statt bislang 1600 Trägersysteme, gemeint sind land- und seegestützte Interkontinentalraketen und Bomber, sollen beide Seiten künftig jeweils nicht mehr als 700 besitzen, mit zusätzlich 100 als Reserve.
- **Sprengköpfe:** Jede Seite darf nicht mehr als 1550 Sprengköpfe auf Trägersysteme montieren. Allerdings: Atomwaffen auf Bombern werden als ein Sprengkopf gezählt.
- **Überprüfung:** START III legt Verfahren zur Kontrolle fest; die Stationierungsorte der Trägersysteme müssen bekannt sein; gegenseitige Inspektionen sollen Offenheit garantieren. Die Zielvereinbarungen müssen innerhalb von sieben Jahren realisiert sein.

Online-Link
800621-5034

4. Internationaler Terrorismus – überforderte Politik?

Unter Terrorismus versteht man in Abgrenzung zu Kriminalität oder Kriegen:

- andauernde und geplante Gewalt, mit der politische Ziele verfolgt werden
- Attentate von nicht-staatlichen Gruppen, die im Untergrund tätig sind
- Anschläge, die sich gegen staatliche Einrichtungen und Zivilisten richten.

Terrorismus ist kein neues Phänomen. Diese Form politischer Gewalt gibt es bereits seit Ende des 19. Jahrhunderts. Bis in die 1980er-Jahre waren insbesondere terroristische Gruppierungen aktiv, die aus dem linksextremen Spektrum kamen, wie die Rote Armee Fraktion (RAF) in Deutschland, oder die für die nationale Unabhängigkeit einer bestimmten Region kämpften, wie die ETA im Baskenland Spaniens oder die IRA in Nordirland.

neue Formen des Terrorismus

Seit der Jahrtausendwende hat sich der Terrorismus gewandelt. Die Terroranschläge von New York und Washington 2001, Madrid 2004, London 2005 oder die vereitelten Bombenattentate in Zügen in Deutschland im Jahr 2006 oder auf dem Times Square in New York im Frühjahr 2010 zeigen: Ein neuer, **globaler Terrorismus** hat sich Anfang des 21. Jahrhunderts etabliert. Die Anschläge in den USA vom 11. September 2001 wurden zum Symbol für eine neuartige Bedrohung und Verletzbarkeit von Staaten und eine bislang nicht gekannte Gefährdung ihrer Bevölkerung.

international aktive Terrorgruppen

Heute sind es zunehmend international agierende terroristische Gruppierungen, die sich gegen die globalisierte westliche Welt wenden. Häufig sind es religiös-fundamentalistische, islamistische Terrorgruppen. Die Attentäter berufen sich auf ihre islamische Religion, die sie verpflichte, gegen die „Vorherrschaft der Ungläubigen" in den westlichen Staaten zu kämpfen. Sie verüben ebenso Terroranschläge in Staaten Asiens und Afrikas, die eine mehrheitlich muslimische Bevölkerung haben, aber keine fundamentalistisch orientierte Regierung. In diesen Staaten werden besonders viele Menschen Opfer von Attentaten.
Mit ihren Aktionen versuchen die Terrorgruppen, Länder dort zu treffen, wo sie am verwundbarsten sind: bei der Verkehrsinfrastruktur, dem Handel oder dem Tourismus. Die Orte und Einrichtungen, gegen die sich ihre Anschläge wenden, und die Gefahr, die von ihnen ausgeht, können nur schwer eingeschätzt werden. Die bekannteste islamistische Terrorgruppe ist die al-Qaida, die für die Anschläge in den USA vom 11. September 2001 verantwortlich ist.

Sie ist eine multinationale Organisation, die ihre Mitglieder weltweit rekrutiert. Neben ihr gibt es jedoch auch weitere Gruppen.

Ursachen des neuen Terrorismus

Was steckt hinter dieser neuen Form des Terrorismus? Zwei Erklärungen werden diskutiert:

- Der neue Terrorismus wird als **Reaktion auf Unterdrückung und weltweite Ungerechtigkeit** interpretiert: Menschen werden gewalttätig, weil sie sich rechtlos und ausgebeutet fühlen und die Ursachen hierfür außerhalb des eigenen Landes, vor allem bei den westlichen Industriestaaten, die die internationale Politik dominieren, suchen. Die Bevölkerung weniger entwickelter Regionen - insbesondere der arabisch-muslimischen Welt - sieht sich vielfach als Verlierer der Globalisierung - eine Haltung, die von Extremisten für terroristische Zwecke genutzt werden kann.
- Der zweite Erklärungsansatz zielt auf die inneren **Verhältnisse in den Staaten des Nahen und Mittleren Ostens**: Diese begünstigten das Aufkommen von politischer Gewalt, weil die meisten Menschen von der politischen Macht ausgeschlossen seien und demokratische Mitbestimmungsrechte weitgehend fehlten.

Terrorismus im Wandel: Merkmale des alten und neuen Terrorismus

der alte Terrorismus	der neue Terrorismus
• Gewaltanwendung innerhalb eines Staates: terroristische Attentäter und Opfer befinden sich im selben Land • zielt auf die Veränderung der nationalen politischen Ordnung • nationale Organisationen, Mitglieder und finanzielle Unterstützung i. d. R. aus demselben Land • offene Konfrontation mit dem politischen System, richtet sich vor allem gegen Repräsentanten der politischen Macht, z. B. Monarchen, Präsidenten oder die Polizei • Ziele der Attentate: Personen, die für das politische System stehen, gegen das sich die Terroristen richten (z. B. Mord der RAF am Generalbundesanwalt Siegfried Buback im Jahr 1977); Gebäude wie Gefängnisse, Regierungssitze, Polizeiwachen, Kasernen etc. • terroristische Angriffe sollen die Unzufriedenheit mit dem politischen System und den Herrschaftsstrukturen unterstreichen und das politische System schwächen	• transnationale Gewaltanwendung: terroristische Netzwerke verüben Anschläge in unterschiedlichen Ländern, die sich auch gegen Ausländer richten • zielt auf die Veränderung der globalen Ordnung, richtet sich gegen die westliche Welt im Allgemeinen • dezentrale Netzwerke, weltweite Rekrutierung von Mitgliedern, Finanzierung aus unterschiedlichen Ländern • greift als „unsichtbare Bedrohung" vor allem die Gesellschaft an, unbeteiligte Menschen sind Opfer terroristischer Angriffe; Einsatz von Selbstmordattentätern • Ziele der Attentate: Orte des öffentlichen Lebens; Einrichtungen, die für die Infrastruktur eines Landes wichtig sind und an denen sich viele Menschen aufhalten (Eisenbahn, U-Bahn, Wasserversorgung etc.) • Ziele mit einer besonderen symbolischen Bedeutung, die die Werte, politischen Systeme und Einstellungen des Gegners repräsentieren (z. B. der Anschlag auf das World Trade Center in New York 2001 durch die al-Qaida) • terroristische Angriffe sollen die Bevölkerung verängstigen, die Hilflosigkeit der Regierung symbolisieren und die Botschaft verkünden: „Niemand ist sicher!"

Zusammengestellt nach: Kai Hirschmann: Arten des Terrorismus, in: Bundeszentrale für politische Bildung (Hg.), Informationen zur politischen Bildung, Bonn 2006, Nr. 291, S. 25 ff.

Antworten auf diese neue Bedrohung

Staaten stehen bei der Terrorbekämpfung vor neuen Herausforderungen. Die bisherigen Mittel der Terrorismusabwehr haben sich gegen diesen oft unbekannten, schwer kalkulierbaren Gegner als wenig effektiv erwiesen. Die Bedrohung durch den neuen Terrorismus kommt häufig von außen, durch eingeschleuste Terroristen. Es werden aber auch Menschen als Attentäter angeworben, die selber in westlichen Ländern leben. Damit verschwimmen die Grenzen zwischen Terrorabwehr im In- und Ausland.
Um den grenzüberschreitend handelnden **Terrornetzwerken** begegnen zu können, wurden in der UNO, in der EU, in der NATO und in vielen anderen Organisationen Maßnahmen beschlossen, um der neuen Bedrohungslage gerecht zu werden. Dazu gehören gemeinsame **militärische Interventionen** – wie z. B. in Afghanistan als Reaktion auf die Anschläge von al-Qaida vom 11. Septemer 2001 –, geheimdienstliche Aufklärungsarbeit oder polizeiliche Maßnahmen (S. 365 f.).
Demokratische Strukturen können jedoch nicht allein mit „harter Macht“ durchgesetzt werden. Um gegen den internationalen Terrorismus anzugehen, muss auch an seinen Ursachen angesetzt werden. **Vorbeugende, politische Strategien** versuchen, regionale Konflikte zu lösen und die Demokratisierung und wirtschaftliche Modernisierung von Staaten und Gesellschaften in den Regionen zu unterstützen, die bisher von den ökonomischen Chancen der Globalisierung kaum profitiert haben. Wenn es gelingt, Länder wie Afghanistan, Pakistan, Irak oder Somalia zu stabilisieren, ihre soziale, demokratische und wirtschaftliche Entwicklung zu unterstützen und den Menschen dort eine Perspektive zu geben, wird ihre Bereitschaft sinken, terroristische Gruppen zu unterstützen.

Sicherheitspolitik gegen Rechtsstaat: der Präventionsstaat

Der neue Präventionsstaat zehrt von den Garantien des Rechtsstaats; er entsteht, indem er sie verbraucht. Das ist – weltweit – das Grundproblem der derzeitigen Politik der inneren Sicherheit: Der Präventionsstaat muss, das liegt in seiner Logik, dem Bürger immer mehr Freiheit nehmen, um ihm dafür Sicherheit zu geben; das trägt den Hang zur Maßlosigkeit in sich, weil es nie genug Sicherheit gibt. [...]
Wer Sicherheit mit allen Mitteln gewährleisten will, der stellt alles zur Disposition, was der Rechtsstaat an Regeln zur Vorbeugung, Aufklärung und Verfolgung von Straftaten eingeführt hat [...] Was die westlichen Demokratien als Kampf gegen den Terrorismus bezeichnen, ist eher eine Flucht vor dem Terrorismus. Sie stellen sich der Bedrohung, indem sie vor ihr davonlaufen und dabei die Werte wegwerfen, auf die sie einst stolz waren. [...] Dem Terrorismus standhalten verlangt aber: an den Grundsätzen des Rechtsstaats festhalten. Der starke Staat ist der Staat, der seine Regeln verteidigt, nicht der, der sie aufgibt. [...]

Heribert Prantl: Der Terrorist als Gesetzgeber, in: NZZ Folio – Die Zeitschrift der neuen Zürcher Zeitung, Nr. 9/2007, www.nzzfolio.ch, gekürzt

Terrorabwehr auf Kosten der Bürgerrechte?

Seit den Terroranschlägen vom September 2001 wurde der Ruf nach schärferen Anti-Terror-Maßnahmen lauter. Ihre Befürworter fordern neue Gesetze und stärkere Kontrollen, auch wenn diese die Freiheit der Bürgerinnen und

Bürger einschränken, beispielsweise den Datenschutz. Der Gesetzgeber hat in den letzten Jahren darauf reagiert: In den Sicherheitsgesetzen wurden Polizei und Ermittlungsbehörden zusätzliche Kompetenzen eingeräumt. Nicht wenige Bürger befürchten, dass diese Maßnahmen auf Kosten der Freiheit und der demokratischen Bürgerrechte gehen. Sie warnen vor einem **Präventionsstaat**, der zum Schutz vor Terrorattentaten vorbeugend Freiheitsrechte einschränkt.
In vielen westlichen Staaten sind die Sicherheitsmaßnahmen zum Schutz vor möglichen Anschlägen bereits verschärft worden, die strengen Sicherheitsbestimmungen bei Flugreisen oder Ausweise mit biometrischen Daten sind hierfür Beispiele. In Deutschland ist eine kontroverse Debatte über die Terrorabwehr im Inland entstanden. Diskutiert wird etwa, ob Telekommunikationsdaten der Bürgerinnen und Bürger gesammelt werden dürfen, um Spuren potenzieller Attentäter zurückverfolgen zu können, oder ob die Bundeswehr auch im Inland zur Terrorabwehr eingesetzt werden darf.

Globaler Terrorismus
Die Attentate in New York und Washington vom 11. September 2001 haben gezeigt: Ein neuer, globaler Terrorismus hat sich Anfang des 21. Jahrhunderts etabliert. Heute sind es zunehmend international agierende terroristische Gruppierungen, die sich gegen die globalisierte westliche Welt wenden, häufig sind die Terrorgruppen religiös-fundamentalistisch orientiert. Mit ihren Attentaten versuchen sie Länder dort zu treffen, wo sie am verwundbarsten sind: bei der Verkehrsinfrastruktur, dem Handel oder dem Tourismus. Die Entwicklung wirkungsvoller Gegenmaßnahmen der Staaten ist schwierig. Militärische Aktionen zur Bekämpfung des Terrorismus, wie der Einsatz in Afghanistan, sind allein nicht in der Lage, dem Terrorismus den Boden zu entziehen. Wichtig sind politische Maßnahmen, welche die Demokratisierung und wirtschaftliche Entwicklung in denjenigen Ländern unterstützen, die Ursprung terroristischer Gruppen sind.

5. Globale Kriminalität – wie reagieren Staaten darauf?

Online-Link
800621-5035

Die Globalisierung hat auch die organisierte Kriminalität erfasst: Die fortschreitende Entwicklung in der Kommunikationstechnologie und die dichten Güterströme zwischen den Wirtschaftszentren eröffnen auch Verbrechern neue Möglichkeiten. Die international tätigen kriminellen Vereinigungen steuern ihre globalen Transaktionen wie Wirtschaftsunternehmen. Sie stellen zunehmend eine Gefahr für die Staaten und die internationale Sicherheit dar. Ihre Bekämpfung ist eine der großen Herausforderungen für die Staatengemeinschaft geworden.
Die UNO schätzt, dass mittlerweile jährlich mehrere hundert Milliarden US-Dollar mit internationaler Kriminalität umgesetzt werden. Hierzu gehören Straftaten wie Drogenhandel, Geldwäsche, Schleusung illegaler Migrantinnen und Migranten, Menschen- und Waffenhandel oder die Verschiebung von Kraftfahrzeugen sowie Luxusgütern.

Zusammenarbeit der EU-Staaten

Die Europäische Union befasst sich seit Mitte der 1990er-Jahre intensiv mit der Bekämpfung der Kriminalität. Seit die Zusammenarbeit in den Bereichen Justiz und Inneres mit dem Vertrag von Amsterdam 1997 intensiviert wurde, haben sich die Möglichkeiten verbessert, gegen die internationale Kriminalität vorzugehen.
Die EU strebt an, das Strafrecht in den Mitgliedstaaten einander anzunähern. Darüber hinaus zielt die EU insbesondere auf die verbesserte **Koordination der Polizeiarbeit** ihrer Mitgliedstaaten. Das Europäische Polizeiamt (Europol) in Den Haag sammelt und analysiert Informationen und Erkenntnisse zur internationalen Kriminalität und unterstützt die nationalen Ermittlungs- und Strafverfolgungsbehörden bei der Bekämpfung von illegalem Drogenhandel und anderen Formen internationaler Kriminalität. 2002 wurde zudem die „Europäische Stelle zur Verstärkung der Bekämpfung der schweren organisierten Kriminalität" ins Leben gerufen, die die Zusammenarbeit der europäischen Staatsanwaltschaften koordinieren soll. Zudem unterstützen die EU und ihre Mitgliedsländer andere Staaten bei der Verfolgung grenzüberschreitender Verbrechen.

Freibeuter des Handels

[...] Die Wirtschaft der Nationen hat sich globalisiert, die Industrie des Verbrechens tut es ebenfalls. Ihr Netz operiert weltumspannend wie multinationale Konzerne. Bekämpfen kann sie nur, wer die ökonomischen Prinzipien versteht, nach denen sie funktioniert. Die Welt des Verbrechens ist ein Mosaik aus Produzentenländern und Absatzmärkten, ein grenzübergreifendes Geflecht schlecht bezahlter Bauern, Kleindealer oder Kuriere und gut verdienender Chefs transnationaler Kartelle [...]
Kooperation, nicht Konkurrenz, lautet die erfolgreiche Devise des globalen Verbrechens. Im Drogengeschäft kommen die Rohstoffe meist aus den armen Ländern, die Absatzmärkte befinden sich hingegen überwiegend in der reichen Welt. Als Kuriere fungieren oft Dutzende von Zwischenhändlern. Auch die Produktpiraten kooperieren fast immer arbeitsteilig: Eine Gruppe sorgt für die Fabrikation, eine zweite für die Logistik, die dritte für den Verkauf. Multi-Länder-Operationen sind die Regel. Üblicherweise ist Fälschung Auftragsarbeit. [...] Die Kaufmänner des Verbrechens gleichen nicht nur normalen Unternehmern, sie arbeiten auch wie sie: Sie beschaffen Waren oder stellen sie her, sorgen für Transport und Verkauf und bemühen sich um die Erschließung von Märkten. Dabei gehe es um „möglichst viel Gewinn bei möglichst geringem Risiko", sagt der Chef der europäischen Polizeibehörde Europol, Max-Peter Ratzel. [...]
Die immensen Profite, die in der illegalen Wirtschaft entstehen, werden angelegt. Sie werden gewaschen, damit man fortan legale Geschäfte machen kann. Die OECD schätzt, dass jährlich 1500 Milliarden Dollar schmutziges Geld gewaschen werden. Spätestens dann, wenn aus illegalem Bargeld legales Buchgeld geworden ist, kann es überall investiert werden. Mit jeder Investition in die legale Wirtschaft wächst auch der ökonomische und politische Einfluss des kriminellen Milieus. [...]

Christian Tenbrock: Freibeuter des Handels, Das Parlament, Nr. 46, 10.11.2008, www.bundestag.de/dasparlament/2008/46/Themenausgabe/22699910.html (23.01.2010)

Auch über die Grenzen der EU hinaus haben sich Formen der Zusammenarbeit zur Bekämpfung der organisierten Kriminalität entwickelt. So arbeiten im Ostseeraum die EU-Mitgliedstaaten und Russland in einer Task Force Organized Crime (Arbeitsstab Organisierte Kriminalität) zusammen. Die UNO hat bereits auf der „Weltministerkonferenz über internationales organisiertes Verbrechen" 1994 eine umfassende Strategie gegen die internationale Kriminalität formuliert und einen „globalen Aktionsplan gegen das organisierte Verbrechen" verabschiedet. Anfang des 21. Jahrhunderts wurden zudem Übereinkommen gegen die grenzüberschreitende Kriminalität, das Schleusen von Migrantinnen und Migranten, den Menschenhandel und die unerlaubte Herstellung von bzw. den Handel mit Feuerwaffen vereinbart.

internationale Zusammenarbeit

Ein besonders wichtiges Feld der grenzüberschreitenden Aktivitäten gegen die internationale Kriminalität ist der Kampf gegen den Drogenhandel, in dem nach Schätzungen der UNO jährlich zwischen 300 und 500 Milliarden US-Dollar umgesetzt werden. Bereits seit 1961 gibt es eine völkerrechtliche Festlegung des Kampfes gegen Drogen, die mit den **Drogenkonventionen** von 1971 und 1988 ergänzt wurde. In ihnen verpflichten sich die beteiligten Staaten, die Herstellung und den Handel von Drogen zu kontrollieren, die Nachfrage zu reduzieren und Drogenmissbrauch und Schmuggel zu bekämpfen. 1998 wurden im Rahmen der UNO sechs **Kernbereiche der Drogenbekämpfung** benannt:

Bekämpfung des Drogenhandels

- Reduzierung der Nachfrage nach Drogen
- Vernichtung illegaler Anbauflächen und Entwicklung wirtschaftlicher Alternativen
- Kontrolle der chemischen Vorläuferstoffe zur Herstellung von Drogen
- Maßnahmen gegen eine Zunahme von synthetischen Drogen
- Geldwäschebekämpfung
- justizielle Zusammenarbeit

Die beteiligten Staaten hatten sich das Ziel gesetzt, Drogenangebot und -nachfrage bis zum Jahr 2008 erheblich zu reduzieren. Heute wird jedoch deutlich: Zwar gab es Fortschritte beim Kampf gegen den internationalen Drogenhandel. Das Ziel, Angebot und Nachfrage deutlich zu verringern, wurde jedoch nicht erreicht. Weitere große Anstrengungen sind notwendig, um die illegale Produktion, den Handel und den Konsum von Drogen zu verringern oder zumindest zu stabilisieren. Neben polizeilichen Maßnahmen ist es wichtig, in den Entwicklungs- und Schwellenländern den Menschen **Alternativen zur Drogenwirtschaft** zu schaffen und der Bevölkerung dieser Länder ausreichende andere Verdienstmöglichkeiten zu geben – dies zeigen gerade die Beispiele Afghanistan oder Kolumbien.

Mit der rasanten technischen Entwicklung und weltweiten Verbreitung von Computern und dem Internet haben sich neue Formen der Kriminalität herausgebildet. In den letzten Jahren ist die Zahl virtueller Straftaten – Cyberkriminalität und computergestützte Kriminalität – drastisch gestiegen. Darunter fallen ganz unterschiedliche Delikte, etwa Angriffe gegen die Vertraulichkeit, das Ausspionieren und der Diebstahl von Computerdaten, das Abfangen von fremden Daten und ihre Zerstörung oder Veränderung, die Verbreitung von Kinderpornografie über das Internet oder auch Kreditkarten- und Kontenbetrug. Angriffe gegen Computersysteme haben gezeigt, wie verletzbar Datennetze sind. Der durch Angriffe von Hackern und

Cyberkriminalität

ausländischen Nachrichtendiensten auf Computer-Netzwerke entstehende Schaden wächst weltweit rasant. Schätzungen gehen von einer Schadenssumme durch Cyber-Kriminalität von rund 100 Milliarden US-Dollar im Jahr aus.
Ein erster Versuch der internationalen Zusammenarbeit, um Cyberkriminalität einzudämmen, war die Budapester **Cybercrime-Konvention**. Sie wurde von der Mehrheit der Mitglieder des Europarats (darunter auch Deutschland) sowie den USA, Kanada, Südafrika und Japan im Jahr 2001 unterzeichnet. Sie definiert Straftaten, die mit dem und durch das Internet begangen werden können, und schreibt Regeln zur internationalen Zusammenarbeit fest. Beim Kampf gegen die Internetkriminalität haben die internationalen Kooperationen relativ schnell zu einer abgestimmten Vorgehensweise und Erfolgen geführt. Mittlerweile wurde ein internationales, ständig besetztes Kontaktstellennetz aufgebaut, an dem für Deutschland das Bundeskriminalamt beteiligt ist. Auch in Zukunft wird dieses Feld zu den Kernaufgaben bei der Bekämpfung der internationalen Kriminalität gehören, weil die Informationsgesellschaft sehr verletztlich ist.

Internationale Kooperation bei der Kriminalitätsbekämpfung
Die Globalisierung hat auch die organisierte Kriminalität erfasst: Die fortschreitende Entwicklungen in der Kommunikationstechnologie eröffnet Verbrechern neue Möglichkeiten. Durch vereinfachte Transportwege können international tätige kriminelle Vereinigungen ihre Transaktionen wie Wirtschaftsunternehmen weltweit steuern. Die Staatengemeinschaft arbeitet insbesondere daran, ihre Polizeiarbeit zu koordinieren. Ein relativ junges Feld der internationalen Kooperation bei der Bekämpfung der organisierten Kriminalität ist die sogenannte Cyberkriminalität, d.h. Straftaten, die meist per Internet und Computer verübt werden. Dieser Bereich ist ein Beispiel dafür, wie internationale Kooperation relativ schnell zu einer abgestimmten Vorgehensweise und Erfolgen führen kann.

6 Internationale Politik in einer globalisierten Welt: Sicherheit, Entwicklung und Frieden

6.1 Sicherheit heute

1. Wovon hängt unsere Sicherheit ab?
2. Konflikte, alte und neue Kriege: Wo liegen die Unterschiede?

6.2 Internationale Politik unter globalisierten Bedingungen

1. Wer macht internationale Politik und worum geht es dabei?
2. Jeder wie er will – oder gibt es Regeln für die internationale Politik?

6.3 Die Vereinten Nationen – Forum für Weltpolitik

1. Was heißt „gemeinsame Sicherheit"?
2. Wie arbeitet die UNO?

6.4 In der Diskussion: die Reform der UNO

1. Ist die Vorherrschaft der „großen Fünf" noch zeitgemäß?
2. Reformen sind notwendig, aber wo soll man beginnen?
3. Gehören Menschenrechte zu den „inneren Angelegenheiten" eines Staates?

6.5 Entwicklungsländer – Ungleichheit global

1. Wie groß ist die Ungleichheit zwischen Nord und Süd?
2. Wie lässt sich Unterentwicklung bestimmen?
3. Kann der Teufelskreis der Armut durchbrochen werden?

6.6 Ursachen von Unterentwicklung

1. Abhängigkeit: Verhindert der Weltmarkt Entwicklung?
2. Rückständigkeit: Wie ist Modernisierung möglich?

6.7 Ziele, Strategien und Akteure der Entwicklungspolitik

1. Ist nachhaltige Entwicklung ein erreichbares Ziel?
2. Entwicklungsstrategien: Wo kann die Politik ansetzen?
3. Entwicklungspolitik: Wer ist daran beteiligt?

6.8 Sicherheits- und Verteidigungspolitik nach dem Ost-West-Konflikt

1. Der Ost-West-Konflikt: Sicherheit durch Abschreckung?
2. Kann Wettrüsten kontrolliert werden?

6.9 NATO und Bundeswehr in Zeiten der Globalisierung

1. Die NATO heute: Verteidigungsbündnis oder Weltpolizei?
2. Welche Aufgaben soll die Bundeswehr in Zukunft übernehmen?

6.1 Sicherheit heute

Was wir von der Welt, auch von den politischen Ereignissen weltweit wissen, hängt davon ab, worüber uns die Medien informieren. Und da stehen Naturkatastrophen und Unfälle, Hunger und Armut, Konflikte, Terroranschläge und Kriege im Vordergrund. Liegt das nur an der Auswahl, die die Medien treffen? Oder leben wir tatsächlich in „unsicheren Zeiten"?

1. Wovon hängt unsere Sicherheit ab?
2. Konflikte, alte und neue Kriege: Wo liegen die Unterschiede?

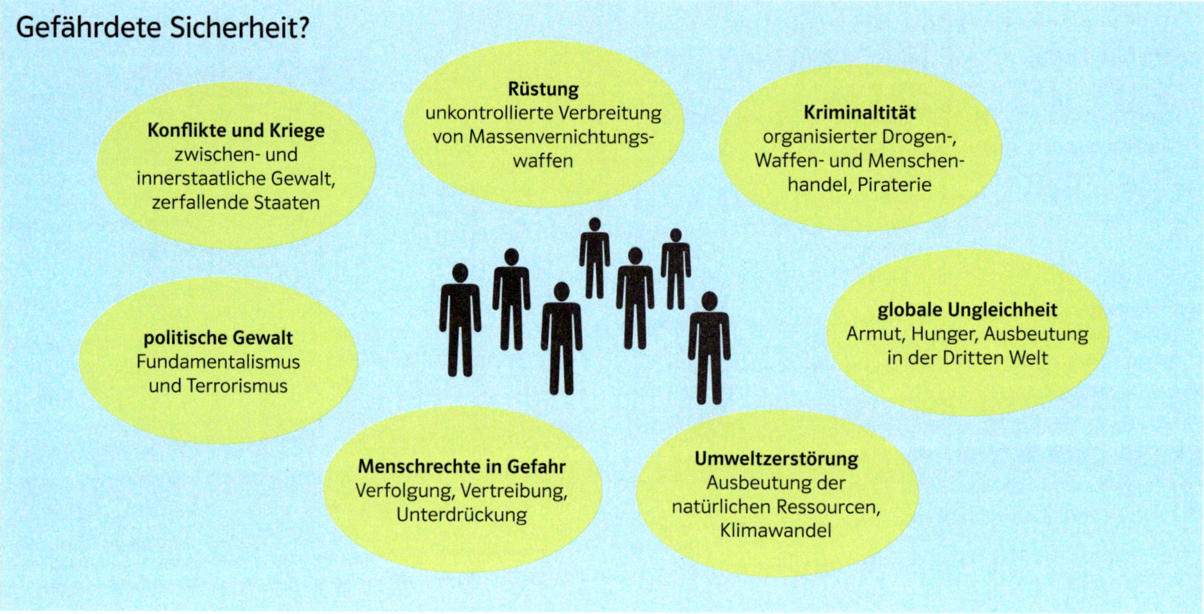

© Klett

Online-Link
800621-6011

1. Wovon hängt unsere Sicherheit ab?

Fragen nach der Sicherheit kommen in unserem Buch mehrfach vor. Hier gehen wir ihnen vor allem mit dem „Blick nach außen" nach – ohne dabei zu vergessen, dass unsere Sicherheit in Deutschland nicht nur von Risiken und Gefahren, die von außen kommen können, abhängen. Aber fest steht: Wie wir in Deutschland und Europa leben, hängt auch davon ab, wie wir mit den weltweiten Problemen umgehen (siehe dazu auch S. 45, Zukunftssorgen Jugendlicher sowie Kap. 5.3).

Weltprobleme

Eine umfassende Liste mit Aufgaben für die internationale Politik haben die ➤**Vereinten Nationen** erstellt. Darin werden weltweit Ereignisse und Entwicklungen aufgeführt, durch die Menschen bedroht und an Leib und Leben gefährdet, in denen Menschenrechte missachtet und Chancen auf eine sichere Zukunft vernichtet werden. Aus solchen Risiken und Gefahren können Konflikte entstehen, die nicht an den Grenzen der Staaten halt, machen. Dazu zählen:

- Spannungen zwischen Staaten, die zu gewaltsamen Konflikten oder „alten“ Kriegen führen können
- „neue“ Kriege, zerfallende Staaten und Bürgerkriege, in denen die Regierungen entmachtet werden und nichtstaatliche Gewalt rivalisierender Stammes- oder Bandenführer zunimmt
- Verletzung der Menschenrechte: politische Verfolgung, Flucht und Vertreibung
- unkontrollierte Entwicklung und Verbreitung atomarer, biologischer und chemischer Massenvernichtungswaffen
- Terrorismus und Gewalt religiöser und politischer Fundamentalisten
- grenzüberschreitende, organisierte Kriminalität, z. B. im Drogen-, Waffen- und Menschenhandel sowie in der Piraterie
- Nord-Süd-Konflikt, der sich vor allem in der Benachteiligung armer Länder und Regionen im Welthandel zeigt
- Armut, Hunger und Ausbeutung in Krisenregionen der Entwicklungsländer
- globale Umweltrisiken, wie die fortschreitende Erwärmung der Erdatmosphäre und die Veränderungen des Weltklimas
- Verknappung der natürlichen Ressourcen, nicht zuletzt der Vorräte an sauberem Trinkwasser.

Vernetzte Sicherheit

Sicherheit ist heute nur als gemeinsame Sicherheit möglich. Dahinter stecken Aufgaben, die ein Land nicht allein bewältigen kann – etwa im Innern mit Hilfe seiner Polizei und der Justiz oder nach außen durch seine Armee. Vielmehr sind Staaten auf Zusammenarbeit angewiesen – durch gemeinsame Verhandlungen und Abmachungen mit anderen Staaten, auf internationalen Konferenzen und in internationalen Organisationen.
Zum andern bündeln sich in diesen Weltproblemen politische Aufgaben, die nicht als einzelne und isoliert gelöst werden können, weil sie miteinander vernetzt sind. Dies gilt vor allem für:

- die Außenpolitik und die militärische Sicherheits- und Verteidigungspolitik der Staaten und Bündnisse
- die Entwicklungspolitik und die internationale Wirtschaftspolitik, wenn es um die Neuordnung des Welthandels zwischen reichen und armen Regionen geht
- die Wirtschafts- und die Umweltpolitik bei der Regelung der globalen Energie- und Klimapolitik.

2. Konflikte, alte und neue Kriege: Wo liegen die Unterschiede?

Online-Link
800621-6012

Als Kriege werden vor allem Kampfhandlungen bezeichnet, an denen zwei oder mehr bewaffnete Streitkräfte beteiligt sind und die eine gewisse Zeit andauern. Auf mindestens einer Seite kämpft eine reguläre, staatliche Armee. Alle anderen gewaltsamen Auseinandersetzungen – wie Zusammenstöße einzelner Guerilla-Organisationen, rivalisierender Warlords, nicht dauerhaft anhaltende Attacken Aufständischer – werden zu den bewaffneten Konflikten gezählt. Allerdings: Die Unterscheidung ist nicht in jedem Fall eindeutig.

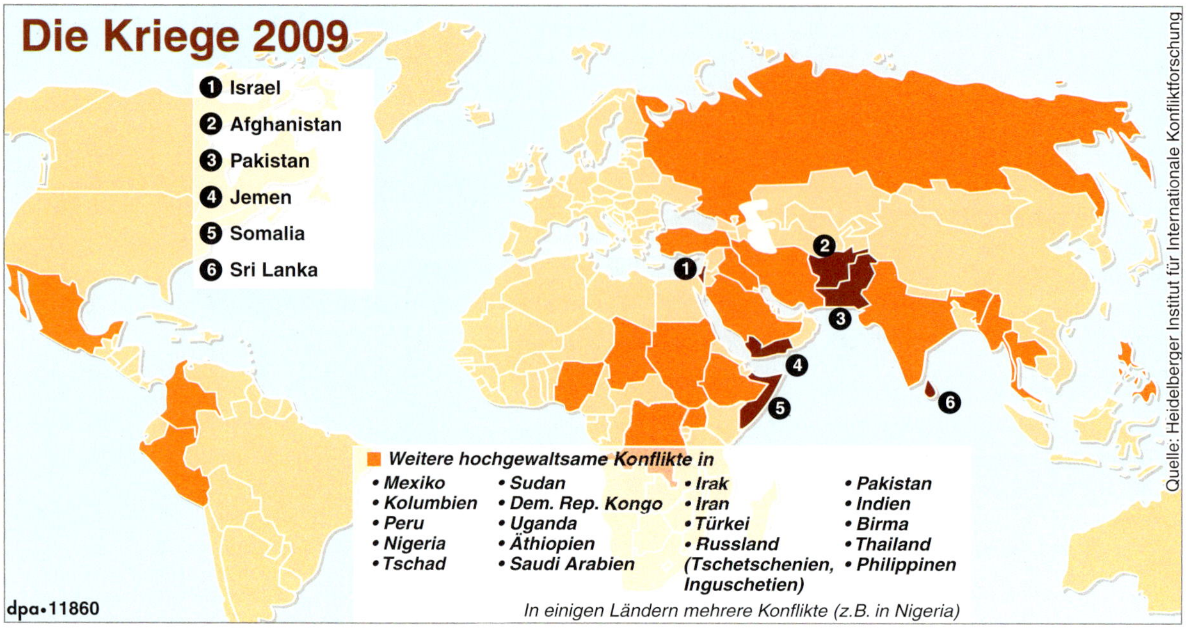

nach wie vor Kriege

Mit dem Ende des ➤**Kalten Krieges** seit Beginn der 1990er-Jahre (S. 360 ff.) endete die große Konfrontation der Supermächte USA und Sowjetunion (UdSSR). Doch damit war noch lange keine Epoche des Friedens angebrochen. So waren der Zerfall der Bundesrepublik Jugoslawien und die Entstehung neuer Staaten auf dem Balkan zwischen 1991 und 1999 mit schweren militärischen Auseinandersetzungen zwischen Serben, Kroaten, Bosniern und Kosovaren verbunden. Völkermord und schwerste Menschenrechtsverletzungen wurden begangen.
Auch die Auflösung der UdSSR, in deren Folge frühere Teilrepubliken autonome Staaten wurden, verlief in einigen Regionen nicht ohne militärische Gewalt. Ein Beispiel: Georgien wurde 1991 selbstständig. Mit Unterstützung Russlands lösten sich jedoch drei Regionen aus dem neuen Staatsgebiet Georgiens: Abchasien, Südossetien und Adscharien. Im Sommer 2008 versuchte der georgische Präsident Micheil Saakaschwili, Südossetien militärisch zurückzuerobern. Der Versuch misslang, nicht zuletzt, weil die abgespaltene Region von russischen Truppen unterstützt wurde, die weit auf georgisches Gebiet vordringen konnten.

Privatisierung von Kriegen

Nicht wenige Konflikte etwa in Afrika haben ihre Ursache in der Rivalität zwischen politischen Machtgruppen und wirtschaftlichen Führungscliquen. Oft nutzen sie dabei alte ethnische Gegensätze propagandistisch für ihre eigenen Zwecke. Militärisch mit Waffen und Söldnern gerüstet, führen sie private Armeen, mit denen sie ihre politische und ökonomische Vormachtstellung absichern.
Eine solche **Privatisierung von Kriegen** beobachten wir vor allem dort, wo die Autorität der Staaten und ihrer Regierungen durch innere Konflikte geschwächt wird. Die „Warlords", die Anführer der Privatarmeen, beherrschen einzelne Gebiete solcher schwachen oder ➤**zerfallenden Staaten**

militärisch, politisch und auch wirtschaftlich. Diese Konflikte können zu einem profitablen Geschäft für die Warlords werden. Ohne staatliche Zentralgewalt zwingen sie die Bevölkerung zur direkten Unterstützung – als Söldner und Kindersoldaten – und zu Zwangsabgaben (z.B. in Somalia am Horn von Afrika, in Afghanistan und im Sudan).
Eine besondere Rolle spielen dabei Rohstoffvorkommen – etwa Erdölvorkommen in Nigeria und im Sudan, Diamantenminen im Kongo. Wer über sie verfügt, wer die Abbaustätten und den Handel kontrolliert, kann die Verwaltung in den Ländern in seine Abhängigkeit bringen. In anderen Regionen, wie in Kolumbien und in Afghanistan, finanzieren sich aufständische Guerillatruppen und Milizen vor allem durch den Drogenhandel (Kap. 5.3). Auf diese Weise erreichen die Konflikte dieser Länder letztlich die Gesellschaften der reichen Staaten in Europa und Nord-Amerika.

Kontrovers: Neue Kriege – ein umstrittener Begriff

Gewaltsame innerstaatliche Konflikte werden auch als neue Kriege bezeichnet. Damit sollen besonders die Unterschiede zu traditionellen Staatenkriegen betont werden. Folgende Merkmale werden für diese Form der innerstaatlichen Gewalt betont:

- die Existenz von privaten Armeen bewaffneter Gruppen – Aufständische, wirtschaftliche Cliquen, Söldnerarmeen – statt regulärer staatlicher Armeen
- Warlords, die sich durch Ausbeutung von Rohstoffvorkommen und durch Zwangsabgaben aus der beherrschten Bevölkerung finanzieren
- der Einsatz von Söldnern und zunehmend auch von Kindersoldaten
- Guerilla- oder Partisanenkampf gegen Einrichtungen der Infrastruktur eines Landes statt offene Konfrontation mit der Armee des Gegners
- Terror gegen Zivilbevölkerung zur Schwächung und Erpressung der Staaten (Destabilisierung).

Dagegen führen Kritiker an, dass solche Konflikte so neu nicht sind:

- Von den Kriegen seit 1945 bis heute waren etwa ein Drittel solche, die zwischen Staaten geführt wurden. In rund zwei Dritteln der Fälle handelte es sich um innerstaatliche Konflikte, in denen sich politische oder ethnische Gruppen eines Landes bekämpften. So machen etwa Bürgerkriege und gewaltsame Stammeskonflikte den Hauptteil der militärischen Auseinandersetzungen in Afrika seit 1945 aus.
- Was als neuer Krieg bezeichnet werde, komme eher einem Rückfall in alte Zeiten gleich und habe seine Vorläufer in den Söldnerkriegen des 16. und 17. Jahrhunderts, etwa im Dreißigjährigen Krieg von 1618 bis 1648. Kriege zwischen Staaten und deren regulären Armeen kommen in der Neuzeit erst im Zeitalter des Absolutismus (17. und 18. Jahrhundert) auf. Sie werden zum Instrument der Nationalstaaten, mit dem sie ihre Interessen durchsetzen – vor allem im 19. und 20. Jahrhundert.

6.2 Internationale Politik unter globalisierten Bedingungen

Traditionell vertreten Staaten ihre Interessen nach außen, indem sie mit anderen Staaten verhandeln, Verträge abschließen und Abkommen treffen. Bis ins 20. Jahrhundert hinein galt Krieg als eine legitime Fortsetzung der Politik mit anderen Mitteln. Außenpolitik war immer eine Domäne der Diplomaten und Regierungen. Heute wollen auch andere mitreden. Und kein Staat ist eine Insel. Alle sind auf Zusammenarbeit mit anderen angewiesen.

1. Wer macht internationale Politik und worum geht es dabei?
2. Jeder wie er will – oder gibt es Regeln für die internationale Politik?

Internationale Politik

Internationale Beziehungen
- das Geflecht der politischen, wirtschaftlichen, kulturellen und militärischen Beziehungen zwischen Staaten und internationalen Organisationen – auch als „internationales System" bezeichnet

Außenpolitik von 193 souveränen Staaten
- die Politik eines souveränen Staates nach außen, gegenüber anderen Staaten und internationalen Organisationen

Völkerrecht
- Rechtsvorschriften regeln das Verhältnis der souveränen Staaten untereinander und die Beziehungen zwischen ihnen und den internationalen Organisationen wie z. B. UNO, IWF, WTO, NATO usw.

Online-Link
800621-6021

1. Wer macht internationale Politik und worum geht es dabei?

internationale Beziehungen

Um die Beziehungen der Staaten untereinander geht es in der internationalen Politik. Die Gesamtheit dieser Politik wird als ➤**internationale Beziehungen** bezeichnet. Dabei betrachten wir die Politik aus der Perspektive nicht eines einzelnen Landes, sondern mehrerer Staaten, von Staatengemeinschaften (z. B. der Europäischen Union; Kap. 4.5) und von internationalen Organisationen (etwa der UNO; Kap. 6.3). Es geht um Aktivitäten, mit denen auf unterschiedlichen Ebenen Aufgaben und Probleme gelöst werden sollen, von denen viele Staaten oder gar alle betroffen sind. Dabei geht es nicht nur um politische Probleme im engeren Sinne, auch militärische, wirtschaftliche, ökologische und kulturelle Fragen müssen heute durch internationale Kooperation geregelt werden.
Instrumente der internationalen Politik können von gegenseitigen Konsultationen, Abstimmungen und Verhandlungen bis hin zu festen Verträgen,

dauerhaften Bündnissen und der Einrichtung internationaler ➤**Regime** und ➤supranationaler Organisationen reichen.

Außenpolitik

Wenn wir von der **Außenpolitik** eines Staates – etwa Deutschlands – reden, betrachten wir dessen politische Handlungen über seine Grenzen hinaus. Wir unterscheiden zwischen bilateraler, d.h. zweiseitiger, und multilateraler, mehrseitiger Politik, wenn mehr als zwei Staaten beteiligt sind.
In Deutschland ist nach dem Grundgesetz der Bund für die Außenpolitik zuständig: „Die Pflege der Beziehungen zu auswärtigen Staaten ist Sache des Bundes." (Art. 32 GG) Der Bund – das heißt zuerst die Bundesregierung. Dieser Politikbereich ist in einem eigenen Ministerium, dem Außenministerium, auch Auswärtiges Amt genannt, angesiedelt. Das schließt jedoch nicht aus, dass – je nach Thema – auch andere Fachministerien, z.B. der Bundesminister für Verteidigung, herangezogen werden. Und da der Bundeskanzler nach der Verfassung die „Richtlinien der Politik" (Art. 65 GG) bestimmt, werden zunehmend wichtige außenpolitische Grundfragen im Kanzleramt mitentschieden. Dies gilt besonders für die Europapolitik: Im Europäischen Rat tagen die Staats- und Regierungschefs der 27 EU-Mitglieder mindestens zweimal pro Jahr in Brüssel, um die Grundlinien der EU-Politik zu besprechen (Kap. 4.2). Und seit die sogenannten Gipfeltreffen zur Regel geworden sind, ist das Bundeskanzleramt auch in anderen internationalen Politikbereichen – etwa der Umweltpolitik – zu einer zentralen Schaltstelle geworden.

Souveränität nach innen und außen

Der Begriff Souveränität kommt aus dem Französischen. Er bezeichnet die höchste, nach innen und außen unabhängige staatliche Herrschaftsmacht und Entscheidungsgewalt.

- **innere Souveränität:** In modernen Demokratien verfügt die Staatsgewalt über sämtliche Hoheitsrechte. Sie ist dazu berechtigt, weil sie in allgemeinen und freien Wahlen damit beauftragt wurde (Volkssouveränität). Dieser Auftrag ist entsprechend der Wahlperiode zeitlich begrenzt. Mit der Ausübung der Staatsgewalt werden besondere Institutionen (z.B. die Polizei) und deren Amtsträger beauftragt. Sie müssen durch die Verfassung und durch Gesetze dazu bestimmt sein.
- **äußere Souveränität, Staatssouveränität:** Bedeutet nach dem Völkerrecht, dass ein Staat frei und unabhängig von Fremdherrschaft handeln kann und gegenüber anderen Staaten gleich ist, ohne Rücksicht auf wirtschaftliche, militärische oder sonstige Unterschiede. In internationalen und supranationalen Vereinbarungen können Staaten einen Teil ihrer Souveränität an eine übergeordnete Gemeinschaft abtreten. Dies ist z.B. in der Europäischen Union der Fall (Kap. 4.2).

die Akteure

Die internationalen Beziehungen haben sich im Laufe des 20. Jahrhunderts bis heute in dreifacher Hinsicht grundlegend verändert:

- **Demokratisierung durch Mitsprache und Kontrolle:** War die Außenpolitik der Staaten bis zum Ende des Ersten Weltkriegs 1918 noch weitgehend Sache der Regierungen und ihrer Diplomaten, so erhoben mit Einführung der parlamentarischen Demokratie die Parlamente als Volksvertretungen mehr und mehr den Anspruch, bei ihrer Gestaltung mitzureden. Nach Art. 45a GG bildet der Bundestag einen „Ausschuss für auswärtige Angelegenheiten", der als Kontrollinstrument das parlamentarische Gegenüber zur Bundesregierung und zum Auswärtigen Amt ist. Die **Parlamentarisierung der Außenpolitik** hält bis heute an. So entschied das Bundesverfassungsgericht im Sommer 2009 in seinem Urteil über den ➤ Lissabonner Vertrag, dass bei wichtigen Entscheidungen der EU-Gremien zuvor der Deutsche Bundestag beteiligt werden muss.

- **Zunahme der Akteure:** Seit den 1970er-Jahren ist ein zweiter Schritt in Richtung Demokratisierung und Mitsprache – außerhalb der Parlamente – zu erkennen: Interessenverbände (etwa nationale Unternehmensverbände und Gewerkschaften), politische Parteien, Bürgerinitiativen und andere gesellschaftliche Organisationen haben sich auf internationaler Ebene zusammengeschlossen. Sie wollen ihre Ziele unabhängig von den Regierungen – und oft auch gegen diese – verfolgen.
  Vor allem überstaatliche Zusammenschlüsse von Bürgerinitiativen und sozialen Bewegungen melden sich als ➤ **Nichtregierungsorganisationen** (engl. Non-Governmental Organizations, NGO) durch Protest und Demonstrationen, aber auch als unabhängige Sachverständige bei internationalen Konferenzen zu Wort. Sie tun dies, weil immer mehr politische Aufgaben – etwa die Umweltpolitik – nicht mehr mit Maßnahmen gelöst werden können, die in einem Land allein getroffen werden. Werden die Probleme zunehmend global, müssen auch die Politik und die Öffentlichkeit global reagieren.
- **internationale Kooperation und supranationale Integration:** Noch in der ersten Hälfte des 20. Jahrhunderts war die Außenpolitik der Staaten weitgehend von den Interessen der einzelnen Nationalstaaten bestimmt. Wichtige Mittel dieser Politik waren bilaterale Verträge oder militärische Beistandsabkommen. Seit dem Ende des Zweiten Weltkrieges hat die ➤ **Regierungszusammenarbeit** auf internationaler Ebene an Gewicht gewonnen. Dies zeigen die **internationalen Gremien**, deren Zahl seither sprunghaft gestiegen ist. Zurzeit sind weltweit rund 250 internationale Organisationen tätig. Zudem schätzt man, dass es etwa 6000 nicht-staatliche internationale Vereinigungen – von Verbänden und Parteien bis zu Aktionsbündnissen und Bürgerinitiativen – gibt (nach: Union of International Associations).

Klubs und Gemeinschaften

Der Regierungszusammenarbeit dienen auch **Gipfeltreffen**, bei denen Staats- und Regierungschefs bestimmter Länder zusammenkommen. In solchen politischen Klubs treffen sich z. B. die ➤ **G8-Staaten**, die Runde der acht führenden Industriestaaten. In erweitertem Kreis verhandeln die ➤ **G20-Staaten**, wenn zum G8-Klub weitere Industrieländer und ➤ Schwellenländer dazukommen.
In einigen Regionen der Welt haben sich Staaten zu ➤ **supranationalen Gemeinschaften** zusammengeschlossen. Um gemeinsame wirtschaftliche und politische Ziele zu verwirklichen, sind sie bereit, eigene souveräne Rechte an die Gemeinschaft abzutreten. Am weitesten ist dieser Prozess der wirtschaftlichen und politischen Integration in der Europäischen Union als einer supranationalen Gemeinschaft gediehen (S. 245 ff.). Sie dient anderen Zusammenschlüssen als Vorbild.

Akteure der internationalen Politik

Akteure	Mittel	Beispiele
Nationalstaaten – einzelne Staaten und Regierungen	• Vereinbarungen und Verträge • Einsatz politischer und militärischer Macht und Gewaltanwendung (Krieg)	• Deutsch-Französischer Freundschaftsvertrag, 1963 • Falkland-Krieg Großbritannien – Argentinien, 1982
Staaten, Staatengruppen und politische Klubs	• militärische Verträge und Bündnisse • zwischenstaatliche Abkommen zur Wirtschafts- und Handelspolitik • internationale Regime zu einzelnen Politikbereichen	• NATO (z. B. in Afghanistan oder in den Jugoslawienkriegen in den 1990er-Jahren) • regionale Handels- und Zollabkommen, z. B. Nordamerik. Freihandelsabkommen (NAFTA) zwischen USA, Kanada und Mexiko • Kyoto-Protokoll (UN-Regime) von 1997 zur CO_2-Verringerung • Gipfeltreffen der politischen Klubs – z. B. G8- oder G20-Staaten
internationale Organisationen und supranationale Gemeinschaften	• überstaatliche Politik durch gemeinsame Gremien	• UNO: Entscheidungen des Sicherheitsrats • Beschlüsse der Welthandelskonferenz der UNO oder der Welthandelsorganisation (WTO) • Gesetzgebung der Europäischen Union für bestimmte Politikbereiche – z. B. in der Landwirtschafts- und der Handelspolitik
internationale Gerichtshöfe und Schiedsgerichte	• Schiedssprüche (friedliche Einigung der streitenden Staaten) • Gerichtsurteile	• Schlichtungsverfahren bei Handelsstreitigkeiten zwischen Staaten durch das WTO-Schiedsgericht • Internationaler Gerichtshof der UNO in Den Haag bei Streitigkeiten zwischen Staaten • Internationaler Strafgerichtshof in Den Haag gegen Kriegs- und Menschenrechtsverbrechen (Personen)
internationale Nichtregierungsorganisationen (NGO/INGO)	• Lobby-Arbeit, Öffentlichkeitsarbeit, Aufklärung • Aktionen: vom Protest bis zu zivilem Ungehorsam (Blockaden, Gewaltanwendung) • Massenmedien einschl. Internet zur Mobilisierung der Öffentlichkeit	• internationale Verbände (z. B. Gewerkschaften, Arbeitgeberverbände) • internationale Parteienzusammenschlüsse • NGOs und ihre internationalen Netzwerke: z. B. Attac, Greenpeace, Amnesty International • kirchliche Organisationen: z. B. Caritas, Brot für die Welt

2. Jeder wie er will – oder gibt es Regeln für die internationale Politik?

Online-Link
800621-6022

Nach den Erfahrungen zweier Weltkriege nahm die Bereitschaft zu, Kriege als Instrument der Politik politisch und rechtlich zu ächten. Dies drückte sich auch im Völkerrecht aus. Nicht zuletzt führte dieser Gedanke nach 1945 zur Gründung der ➤ **Vereinten Nationen** und machte den Weg frei für weitere internationale Vereinbarungen zur Vermeidung von Kriegen und zur Sicherung des Friedens. So wird in der UNO-Charta (S. 328 ff.) der Einsatz militärischer Gewalt nur im Falle eines Angriffs von außen zur „individuellen oder kollektiven Selbstverteidigung“ erlaubt (Art. 51). Global gesehen gibt es nach wie vor

eine Vielzahl bewaffneter Konflikte und Kriege. Doch zeigt gerade die Entwicklung in Europa seit 1945, dass Fortschritte auf dem Weg zur Ächtung von Kriegen durchaus möglich sind.
1920 wurde zwar mit der Gründung des ➤**Völkerbunds** in Genf ein erster Anlauf genommen. Doch dieser Bund unabhängiger Staaten überstand die Konflikte und Spannungen der darauf folgenden Jahre nicht. Vor allem die aggressive Kriegspolitik des nationalsozialistischen Deutschlands machte den Völkerbund zu einem wirkungslosen Gremium, das spätestens Mitte der 1930er-Jahre ohne nennenswerten Einfluss auf die Politik der Staaten war.

Konflikte vor Gericht

Der Gedanke, bei Streitfällen im internationalen Raum wie im Innern der Staaten Gerichte entscheiden zu lassen, ist schon ziemlich alt. Seine Verwirklichung war jedoch mit Schwierigkeiten verbunden: Woher sollen die obersten Richter kommen? Nach welchem Recht sollen sie richten? Können Staaten gezwungen werden, sich einem Gerichtsurteil zu unterwerfen, das zu ihrem Nachteil ist? Und welches Land wird seine Bürger, die wegen Kriegsverbrechen angeklagt sind, einem überstaatlichen Gericht ausliefern? Trotz solcher Fragen wird dieser Weg seit einigen Jahrzehnten beschritten – durch **Schiedsgerichte** einerseits und durch **internationale Gerichtshöfe** andererseits. Schrittweise umgesetzt wurde der Gedanke seit dem Ende des 19. Jahrhunderts, allerdings gab es dabei immer wieder Rückschläge.

- Das erste Schiedsgericht wurde 1899 in Den Haag (Niederlande) gegründet. Nach dem Ersten Weltkrieg wurde es 1922 vom „Ständigen Internationalen Gerichtshof" des Völkerbunds abgelöst. Dessen Nachfolger wurde nach Gründung der UNO 1945 der ➤**Internationale Gerichtshof** (IGH), ebenfalls mit Sitz in Den Haag (S. 331).
- Das Schiedsgericht der ➤Welthandelsorganisation (WTO) ist ein Gremium, das aus Vertretern der Mitgliedstaaten der WTO besteht. Seine Aufgabe ist es, Handelsstreitigkeiten zwischen Staaten oder Staatengruppen zu klären, sofern in bilateralen Gesprächen keine Einigung erzielt werden kann. Geprüft wird, ob die angeklagte Partei im Handel mit anderen Ländern Regeln des Welthandels verletzt hat. Ist dies der Fall, kann die WTO Sanktionen gegen den oder die Angeklagten verhängen. So wurde der „Bananenkrieg" zwischen lateinamerikanischen Staaten und der EU (diese begünstigte Bananen-Einfuhren aus ehemaligen Kolonien von EU-Mitgliedern) im Dezember 2009 nach 16 Jahren durch einen Kompromiss beigelegt.
- 1998 verabschiedeten in Rom Mitgliedstaaten der UNO das Statut zur Gründung eines ➤**Internationalen Strafgerichtshofs** (IStG). Obwohl einige große Länder – wie die USA, China, Indien, Türkei und Russland – noch nicht Mitglied dieses Gerichts sind, nahm der IStG im März 2003 in Den Haag seine Arbeit auf. Anfang 2010 hatten von den 192 Mitgliedstaaten der UNO 110 das Gericht anerkannt und sich bereit erklärt, seine Urteile zu akzeptieren (S. 331 f.).

regionale Menschen- und Bürgerrechtsgerichte

Eine wichtige Rolle spielen auch Gerichtshöfe, vor denen Personen und nichtstaatliche Organisationen (etwa NGOs) klagen können, wenn sie zu dem Ergebnis kommen, ihre Menschen- und Bürgerrechte seien durch staatliche Entscheidungen verletzt worden. Ein solches Gericht ist z. B. der ➤**Europäische Gerichtshof für Menschenrechte** (EGMR) des Europarats mit Sitz in Straßburg. Der Europarat ist eine internationale Organisation, die vor allem dem Schutz der Menschenrechte und der Sicherung der Demokratie

in den europäischen Staaten dient. Die heute 47 Mitgliedsländer haben die „Konvention zum Schutze der Menschenrechte und Grundfreiheiten" unterzeichnet und sich damit verpflichtet, in ihrem Land die Bürger- und Menschenrechte zu achten. Die Konvention trat 1953 in Kraft.
Vor dem EGMR können auch Staaten klagen, wenn der Verdacht besteht, dass ein anderer Staat dauerhaft gegen die Konvention verstößt. Das Urteil bindet den beklagten Staat zwar nicht automatisch. Die Gerichte in Deutschland und anderen Ländern orientieren sich jedoch bei ihrer Rechtsprechung in der Regel an Entscheidungen des EGMR.

Völkerrecht
Zum Völkerrecht gehören alle Rechtsnormen, die die Beziehungen zwischen einzelnen Staaten wie auch internationalen Organisationen regeln. Damit es wirksam werden kann, muss es von den Staaten vertraglich – in Abkommen, Bündnissen, Konventionen (Übereinkünften) usw. – anerkannt werden. Es gibt keine globale oberste Gewalt, die die Einhaltung des Völkerrechts allein erzwingen könnte. Seine Durchsetzung ist auf den politischen Willen der Staaten und der Vereinten Nationen angewiesen. Die Bundesrepublik hat sich zur Beachtung des Völkerrechts verpflichtet: „Die allgemeinen Regeln des Völkerrechts sind Bestandteil des Bundesrechtes. Sie gehen den Gesetzen vor und erzeugen Rechte und Pflichten unmittelbar für die Bewohner des Bundesgebietes" (Art. 25 GG). Gleiches gilt für die Europäische Union (Art. 3, Abs. 5 des Vertrags über die Europäische Union).

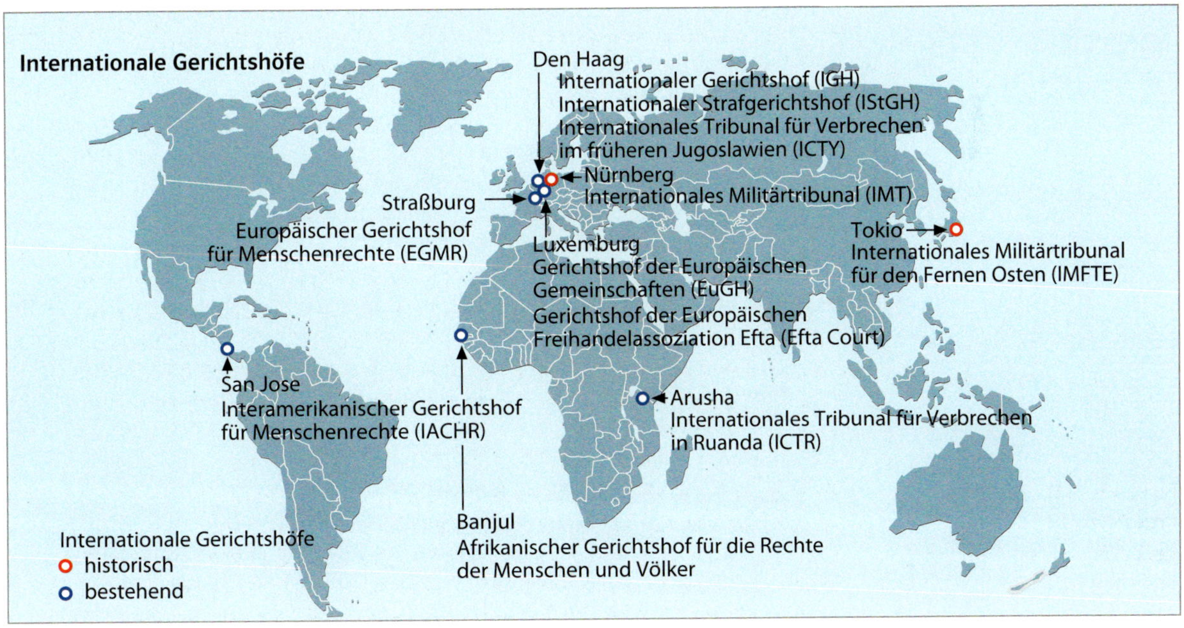

Le monde diplomatique: Atlas der Globalisierung, Berlin 2007, S. 94

6.3 Die Vereinten Nationen – Forum für Weltpolitik

Seit mehr als sechzig Jahren arbeitet die UNO auf zahlreichen Feldern globaler Politik. Wie erfolgreich sie ist, hängt davon ab, ob die Mitgliedstaaten bereit sind, nach den Grundsätzen des Multilateralismus und der kollektiven Sicherheit eigene Interessen zugunsten gemeinsamer Politik zurückzustellen.

1. Was heißt „gemeinsame Sicherheit“?
2. Wie arbeitet die UNO?

Online-Link
800621-6031

1. Was heißt „gemeinsame Sicherheit“?

Zwei Weltkriege im 20. Jahrhundert und eine Vielzahl weiterer Konflikte und regionaler Kriege – die zurückliegenden Jahrzehnte können mit Fug und Recht als ein „Zeitalter der Extreme“ genannt werden. Das ist die zentrale Aussage des englischen Historikers Eric Hobsbawm in seinem Ende der 1990er-Jahre erschienenen Buch gleichen Titels. Der Autor war sich am Schluss dieses Buches keinesfalls sicher, ob die Staaten daraus die richtigen politischen Folgerungen gezogen haben. Denn den beiden „heißen Kriegen“, die ihren Anfang in Europa genommen hatten, folgte ein „Kalter Krieg“ zwischen den beiden Weltblöcken (Kap. 6.8). An dessen Ende stand eine Zusammenbruchsphase, in der sich die bisherige Weltordnung auflöste. Daraus ist bislang keine neue und dauerhafte Stabilität hervorgegangen, und die Frage, wie die Beziehungen zwischen den Staaten zu gestalten seien, bleibt auf der Tagesordnung. Dabei soll die UNO eine wichtige Rolle spielen.

eine neue Weltordnung

Noch während des Zweiten Weltkrieges, im Oktober 1943, verkündeten die Regierungen der USA, Großbritanniens, der UdSSR und Chinas ihren Plan, die politische Ordnung nach der Niederlage des nationalsozialistischen Deutschlands und Japans neu zu gestalten. Aus der Schwäche des Völkerbundes wollten sie Konsequenzen ziehen und eine neue Weltorganisation schaffen,

um die Beziehungen zwischen Staaten künftig ohne Gewaltanwendung zu regeln. Am 26. Juni 1945 unterzeichneten 51 Staaten die **Charta der Vereinten Nationen**. Heute gehören nahezu alle Staaten der UNO an. Erst 1973 wurden die Bundesrepublik Deutschland und die Deutsche Demokratische Republik gleichzeitig Mitglieder, nachdem beide deutsche Staaten ihre besonderen Beziehungen im ➤ **Grundlagenvertrag** geregelt hatten.
Hauptsitz der UNO ist New York. Wichtige Einrichtungen der Weltorganisation sind auch in Europa angesiedelt, so in Genf, Rom, Wien und in Bonn (z. B. das „Internationale Zentrum der UNESCO für Berufsbildung").

vier Grundsätze

Unmittelbar nach dem Weltkrieg lag es nahe, die Hauptaufgabe der UNO zunächst mit den Begriffen „Frieden und Sicherheit" zu umschreiben. In der Charta werden vier Grundsätze einer „neuen Weltordnung" formuliert:
- **Gleichberechtigung, Souveränität und Selbstbestimmung der Völker:** Alle Staaten sind souverän, sie haben die gleichen Rechte und bestimmen ihre Politik nach innen und außen selbstständig. Kein Staat darf einem anderen seine Politik aufzwingen. Die Grenzen der Staaten sind unverletzlich.
- **internationale Zusammenarbeit:** Die Regierungen treffen sich regelmäßig, um über wichtige politische Aufgaben zu beraten und gemeinsame Maßnahmen zu beschließen. Jährlich findet zumindest eine Sitzung der Generalversammlung der UNO statt; regelmäßig tagt der Sicherheitsrat der UNO.
- **Friedenssicherung durch Gewaltverzicht und Gewaltverbot:** Gewalt als Mittel der Politik gegen andere Staaten wird verboten. Kommt es dennoch zu zwischenstaatlichen Konflikten, so sollen diese friedlich gelöst werden – z. B. durch einen neutralen Schlichter, den die Streitenden anrufen, oder durch den Urteilsspruch eines neutralen Gerichts.
- **gemeinsame, kollektive Sicherheit:** Das Völkerrecht steht über der Anwendung von Gewalt durch aggressive Staaten. Versagen friedliche Mittel, dann kann die internationale Gemeinschaft der Vereinten Nationen die Streitenden unter Androhung oder Anwendung von Gewalt zum Frieden zwingen.

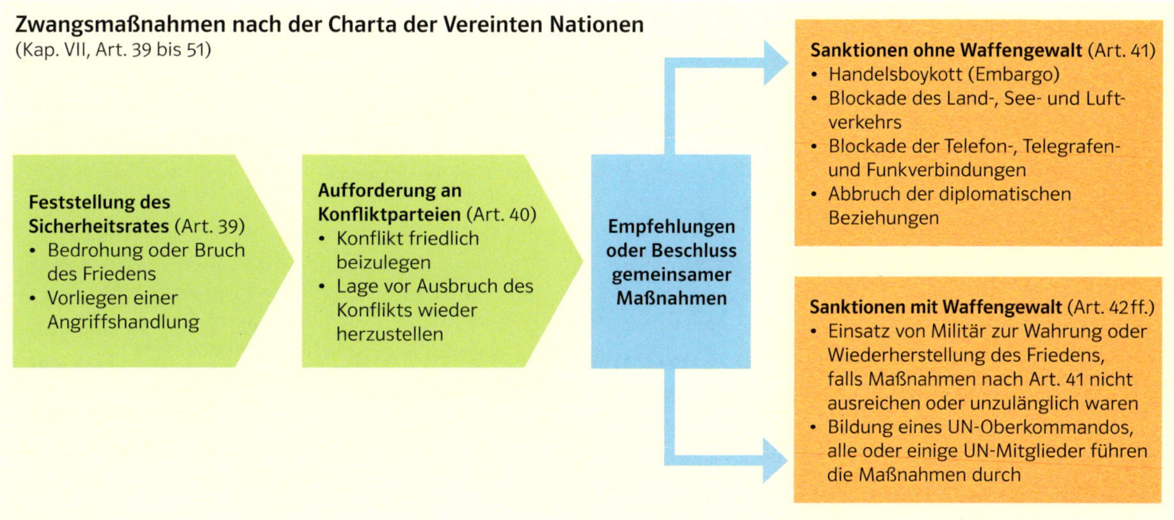

Kollektive Sicherheit
Der Grundgedanke der kollektiven Sicherheit besagt: Staaten schließen sich zum Zweck zusammen, nichts zu unternehmen, was den Frieden untereinander gefährden oder zu einem Krieg führen könnte. Jedes Mitglied verpflichtet sich, nach gemeinsam festgelegten Regeln einer Bedrohung oder einem Bruch des Friedens entgegenzutreten. Gemeinsam wollen sie gegen die Politik eines Landes vorgehen, das den Frieden gefährdet oder bricht. Dazu vereinbaren sie in Kapitel VI und VII der Charta eine Reihe von Maßnahmen gegen mögliche Angreifer. Diese Sanktionen reichen von wirtschaftlichen Blockaden, etwa durch Einschränkung des Handels, über den Abbruch der diplomatischen Beziehungen (Abberufung der Botschafter, Schließung der Botschaften) bis hin zur gemeinsamen Anwendung militärischer Gewalt. Dazu bedarf es allerdings eines Beschlusses im Sicherheitsrat, dem alle ständigen Mitglieder zustimmen müssen (S. 333 f.).

Online-Link
800621-6032

2. Wie arbeitet die UNO?

Gründungsphase

Seit Gründung der Weltorganisation sind neue Aufgaben dazugekommen. Aus diesem Grund hat die UNO heute weitere Organisationen und Unterorganisationen. Darin spiegeln sich die neuen Probleme wieder, mit der es die Politik in Zeiten der Globalisierung mehr und mehr zu tun hat. Zur Friedenspolitik gehört auch der Schutz der Menschenrechte. In dieser Absicht verabschiedete die UNO-Generalversammlung im Dezember 1948 die ➤ **Allgemeine Erklärung der Menschenrechte**, ein Dokument, das für die Mitgliedstaaten verbindlich und inzwischen durch weitere Rechtserklärungen ergänzt worden ist.
Seit den 1950er-Jahren kamen die Probleme der **Entkolonialisierung** dazu. Die europäischen Kolonialmächte – vor allem Großbritannien, Frankreich, Spanien, Portugal, Belgien und die Niederlande – hatten in Afrika und Asien teilweise seit Jahrhunderten große Gebiete in Besitz, die sie wirtschaftlich ausbeuteten. Aufstands- und Unabhängigkeitsbewegungen kämpften in diesen Kolonien für die politische Selbstständigkeit. Sie beriefen sich auf das **Selbstbestimmungsrecht der Völker**, wie es in der Charta der UNO (Art. 1) als politischer Leitsatz formuliert ist. Die Entwicklung verlief in den meisten Fällen nicht friedlich und die jungen Staaten Afrikas und Asiens konnten ohne internationale Hilfe nicht vorankommen.

neue Aufgaben

Mit den jungen Staaten kamen auch wirtschaftliche und soziale Fragen auf die Tagesordnung der UNO. Dabei ging und geht es heute vor allem darum, die internationalen Handelsbeziehungen zwischen den Ländern, besonders zwischen den reichen Industrieländern im Norden und den armen Ländern in den südlichen Regionen neu zu regeln. Dabei stellt sich die Frage, wie eine gerechte und funktionierende **Weltwirtschaftsordnung** auf der Grundlage internationaler Organisationen gestaltet werden kann.
Seit den 1970er-Jahren ist der **Umweltschutz** als globale Aufgabe immer mehr ins Blickfeld der Politik geraten. Die zunehmende Industrialisierung der Erde und die Ausbeutung der Rohstoffvorkommen und fossilen Energievorräte bringen schwerwiegende Umweltzerstörungen mit sich. Hier ist internationale

Zusammenarbeit notwendig. Dies geschieht z. B. in den Unterorganisationen und auf den großen UN-Konferenzen für Umwelt und Entwicklung (engl. abgekürzt: UNCED), die in regelmäßigen Abständen tagen (Kap. 5.3).

Hauptorgane und ihre Aufgaben

Für die unterschiedlichen Aufgaben hat die UNO besondere Organe und Gremien. Zu den Hauptorganen zählen:

- **die General- oder Vollversammlung:** Sie tagt immer im Herbst eines jeden Jahres, sofern nicht aus besonderen Gründen Sondersitzungen notwendig werden. Formal betrachtet ist sie das höchste Gremium der Weltorganisation. Allerdings hat sie nur wenige Entscheidungsrechte. So kann sie z. B. Änderungen der UN-Charta mit einer Mehrheit von zwei Dritteln der Mitglieder beschließen. Jedes Mitgliedsland hat in dieser Versammlung eine Stimme, unabhängig von Größe, Einwohnerzahl oder politischer und wirtschaftlicher Macht.
- **der Sicherheitsrat:** Er ist das eigentliche Macht- und Entscheidungszentrum. Ihm gehören seit 1965 15 Staaten an; bis dahin hatte er elf Mitglieder. Allerdings gibt es in diesem Gremium – anders als in der Vollversammlung – Mitglieder mit unterschiedlichen Rechten:
  ständige Mitglieder: China, Frankreich, Großbritannien, Russland, USA. Diese fünf Staaten waren zur Zeit der Gründung der UNO die führenden Großmächte der Welt (statt Russland damals: Sowjetunion bzw. UdSSR.) Sie besitzen mit dem **Vetorecht** ein besonderes Gewicht: Wenn ein ständiges Mitglied Einspruch einlegt, kommt kein Beschluss zustande, auch dann nicht, wenn alle anderen Mitglieder zustimmen.
  Mitglieder auf Zeit: Zehn Mitglieder werden von der Vollversammlung für jeweils zwei Jahre gewählt. Bei der Auswahl wird darauf geachtet, dass die Regionen der Welt gleichermaßen zum Zuge kommen.
- **der Generalsekretär:** Mit allen ihren Unterorganisationen beschäftigt die UN weltweit etwa 50 000 Menschen. An der Spitze der Verwaltung steht das Sekretariat mit dem Generalsekretär. Er wird von der Vollversammlung auf Vorschlag des Sicherheitsrats auf fünf Jahre gewählt. Auch hier gibt es ein Vetorecht der ständigen Mitglieder des Sicherheitsrats. Bei der Wahl des Generalsekretärs sollen die fünf Kontinente abwechselnd zum Zuge kommen. So folgte 2007 auf den Afrikaner Kofi Annan (aus Ghana) der Südkoreaner Ban Ki Moon.
- **die Gerichtshöfe:** Der Internationale Gerichtshof in Den Haag besteht aus 15 Richtern, die aus verschiedenen Ländern kommen. Sie werden gemeinsam von der Vollversammlung und dem Sicherheitsrat auf neun Jahre gewählt. Das Gericht kann nur von Staaten, nicht von Einzelpersonen angerufen werden. Um in einem Streitfall Recht sprechen zu können, ist es notwendig, dass alle Streitparteien vor Beginn der Verhandlungen dem Verfahren zustimmen. Entscheidungen sind dann für die betroffenen Staaten bindend. Allerdings: Wenn eine der beiden Parteien die Gerichtsentscheidung im Nachhinein nicht akzeptiert, kann der Haager Gerichtshof die Durchsetzung seiner Entscheidung nicht erzwingen.

Internationaler Strafgerichtshof

Relativ jung und noch nicht von allen Staaten akzeptiert ist der **Internationale Strafgerichtshof** (IStG) in Den Haag. Obwohl 1998 von zahlreichen UN-Staaten formell gegründet, ist er kein offizielles UN-Gericht, sondern völkerrechtlich eigenständig. Vor dem IStG mit seinen 18 Richtern werden nicht Staaten, sondern einzelne Personen angeklagt, die im begründeten Verdacht stehen,

Verbrechen gegen die Menschlichkeit, Völkermord oder Kriegsverbrechen begangen zu haben. Urteile des Gerichts müssen mit Hilfe der Mitgliedstaaten vollstreckt werden. Im Jahr 2003 nahm das Gericht seine Arbeit auf, 2009 fand die erste Verhandlung statt.

den Frieden erzwingen – UN-Missionen

Um ihre erstes Ziel – Frieden und Sicherheit – einlösen zu können, hat die UNO in den zurückliegenden Jahrzehnten unterschiedliche Instrumente entwickelt, die in Krisen- und Konfliktregionen eingesetzt werden mit dem Ziel, die Einhaltung eines Waffenstillstandes zu kontrollieren, erneute Gewaltausbrüche zu verhindern, Kontakte zwischen den Streitparteien oder humanitäre Aktionen über die Konfliktlinien hinaus möglich zu machen. Gegenwärtig sind rund 110000 Soldaten und Zivilkräfte in verschiedenen Konfliktregionen für die UNO im Einsatz. Zu diesen Kräften zählen:

- **Blauhelm-Einsätze und Beobachtermissionen:** Soldaten aus Mitgliedstaaten – erkennbar an ihren blauen UNO-Helmen – und zivile Beobachter werden seit 1948 in Krisenregionen im Auftrag der Vereinten Nationen und mit Zustimmung der Konfliktparteien stationiert. Die Soldaten sind nur zu ihrem eigenen Schutz leicht bewaffnet.
- **Konfliktverhütung:** Durch politische Verhandlungen, humanitäre Hilfsaktionen oder auch durch die präventive, d.h. vorbeugende Stationierung von Truppen soll eine gewaltsame Eskalation verhindert werden.
- **Friedenserzwingung:** Mit dem Einsatz bewaffneter Kräfte soll ein Konflikt – etwa ein Krieg zwischen zwei Staaten oder ein Bürgerkrieg – beendet und die politische Lage stabilisiert werden. Für militärische Einsätze hat die UNO jedoch keine eigenen Truppen. Auch hier ist sie auf die Unterstützung der Mitglieder angewiesen.

Die UNO – multilaterale Politik und kollektive Sicherheit

Seit ihrer Gründung hat die UNO ihre Aufgabenfelder ausgeweitet. Die kollektive Friedenspolitik in Krisen- und Konfliktregionen und der Schutz der Menschenrechte und Bürgerfreiheiten sind die traditionellen Aufgaben. Neu hinzu kamen vor allem die Entwicklungspolitik in den jungen Staaten der Dritten Welt, die multilaterale Regelung globaler Handelsbeziehungen im Rahmen einer veränderten Weltwirtschaftsordnung sowie Verhandlungen über eine globale Umweltpolitik mit dem Ziel, gemeinsame Regelungen zum Schutz des Klimas und der Erdatmosphäre auszuhandeln.
Die Praxis multilateraler Politik wird von globaler Ungleichheit und damit verbundenen vielschichtigen Interessenkonflikten geprägt. Zum Gegensatz zwischen Industrieregionen und Entwicklungsländern kam in den letzten Jahren der Anspruch von Schwellenländern auf Wachstum ihrer Volkswirtschaften, dem globale ökologische Ziele wie die Verringerung des CO_2-Ausstoßes untergeordnet werden (S. 342). Das Prinzip der kollektiven Sicherheit wird nicht selten durch strategische Interessen einzelner Großmächte – wie der USA oder Russlands – und deren isolierte militärische Aktionen in Konfliktregionen in Frage gestellt (S. 334).

6.4 In der Diskussion: die Reform der UNO

Wie die UNO organisiert ist und wie sie arbeitet, darin spiegeln sich die politischen Verhältnisse der Zeit wieder, als sie gegründet wurde. Das zeigt vor allem die Zusammensetzung des Sicherheitsrats, in dem die „großen Fünf" eine besondere Stellung haben. Reformen sind langwierig. Das Beispiel der Menschenrechtspolitik zeigt aber, dass sich die Weltorganisation auf veränderte Anforderungen einstellen kann.

1. Ist die Vorherrschaft der „großen Fünf" noch zeitgemäß?
2. Reformen sind notwendig, aber wo soll man beginnen?
3. Gehören Menschenrechte zu den „inneren Angelegenheiten" eines Staates?

Wichtige Organe der Vereinten Nationen

Internationaler Gerichtshof
- Hauptrechtsprechungsorgan der UNO
- bei Streitigkeiten zwischen Staaten zuständig
- verfasst völkerrechtliche Gutachten

Sicherheitsrat
- 5 ständige Mitglieder mit Vetorecht: China, Frankreich, Großbritannien, Russland, USA
- 10 nichtständige Mitglieder, von der Generalversammlung gewählt

Sekretariat; Generalsekretär
- von der Generalversammlung gewählt
- koordiniert die Arbeit der Hauptorgane
- repräsentiert die UNO

UN-Spezialorgane
- sind rechtlich nicht eigenständig
- berichten der Generalversammlung, z.B.
  Abrüstungskonferenz (UNCD)
  Entwicklungsprogramm (UNDP)
  Hochkommissar für Menschenrechte (UNHCHR)
  Kinderhilfswerk (UNICEF)
  Konferenz für Handel und Entwicklung (UNCTAD)
  Umweltprogramm (UNEP)
  Welternährungsprogramm (WFP)
  Welternährungsrat (WFC)

General- oder Vollversammlung
- 192 Mitglieder
- mindestens 1 Sitzung jährlich
- jeder Mitgliedstaat hat eine Stimme

Wirtschafts- und Sozialrat
- 54 Mitglieder aus allen Erdteilen
- von der Vollversammlung gewählt
- koordiniert die Arbeit der rechtlich selbstständigen 16 UN-Sonderorganisationen

Sonderorganisationen
Internationale Arbeitsorganisation (IAO)
Internationale Atomenergie-organisation (IAEO)
Internationaler Währungsfonds (IWF)
Organisation für Erziehung, Wissenschaft und Kultur (UNESCO)
Weltbank-Gruppe
Weltgesundheitsorganisation (WHO)

1. Ist die Vorherrschaft der „großen Fünf" noch zeitgemäß?

Online-Link
800621-6041

Die UN-Charta räumt den fünf Siegermächten des Zweiten Weltkriegs – USA, UdSSR (heute Russland), Großbritannien, Frankreich und China – eine besondere Stellung als ständige Mitglieder mit Vetorecht ein. Dadurch sollte die Handlungsfähigkeit der Weltorganisation gesichert werden. Durch den sich ab 1947 verschärfenden Kalten Krieg zwischen den Supermächten USA und UdSSR und ihren jeweiligen Bündnispartnern (Kap. 6.8) wurde aus dem besonderen Recht jedoch ein Instrument zur gegenseitigen Blockade. Der Sicherheitsrat war in vielen Fällen eher eine Plattform des ➤**Ost-West-Konflikts** als ein kollektives Entscheidungsinstrument.

Rückblick: der Kalte Krieg und danach

Mit dem Ende der Konfrontation der beiden Blöcke seit 1989/1990 trat dieser globale Gegensatz in der Arbeit des Sicherheitsrats in den Hintergrund. Es konnten eine Reihe von Entscheidungen getroffen werden, die früher langer Verhandlungen bedurft hätten. So wurden z. B. Internationale Strafgerichte wie das Jugoslawien-Tribunal (1993) und das Ruanda-Tribunal (1994) eingerichtet.

neue Interessenkonflikte

Trotz solcher Erfolgsmeldungen ist der Sicherheitsrat kein harmonischer Klub. Gegensätzliche Interessen treten vor allem zwischen den Großmächten auf, nicht zuletzt, wenn es um aktuelle Konfliktregionen geht. Ein Beispiel ist der Georgien-Konflikt. Im Juni 2009 scheiterte eine Resolution des Sicherheitsrats, mit dem die Beobachtermission der UNO in Georgien verlängert werden sollte, am Veto Russlands. Die Beobachter hatten die Aufgabe, den Konflikt zwischen Georgien und den abtrünnigen Provinzen Abchasien und Südossetien zu überwachen (S. 320). Die Resolution war unter anderem von den USA, Frankreich, Großbritannien und Deutschland eingebracht worden. Die Politik des georgischen Präsidenten Micheil Saakashwili zielte darauf ab, das Land möglichst bald in die NATO zu bringen. Er wurde darin vom damaligen US-Präsident George W. Bush unterstützt. Eine Ausdehnung der NATO bis an die Südgrenze Russlands kann jedoch nicht in dessen Interesse sein: Dies würde Russlands Einfluss in dieser Region weiter schwächen. Die Haltung der US-Regierung in der Georgienfrage wurde allerdings von den meisten NATO-Mitgliedern nicht geteilt.

neue Bedrohungen

Es ist fraglich, ob den Bedrohungen durch internationale Terrorgruppen oder Privatarmeen mit Regelungen der kollektiven Sicherheit, wie sie in der UN-Charta festgelegt sind, begegnet werden kann. Wenn der Gegner nicht erkennbar und lokalisierbar ist, sind Sanktionen und andere gemeinsame Maßnahmen der Staaten wirkungslos. Noch ist unklar, wie die Politik handeln soll, wenn die eigentlichen Gegner, etwa international agierende Terrorgruppen oder kriminelle Netzwerke des Drogenhandels, nicht genau ermittelt und identifiziert werden können.
Wie die Kriege seit 2001 in Afghanistan und seit 2003 im Irak zeigen, greifen in solchen Fällen die USA und verbündete Staaten **vorbeugend** zu den Waffen. Sie begründen dies damit, auf diese Weise die globalen Bedrohungen rechtzeitig bekämpfen zu können. Das Konfliktpotenzial verschärft sich heute zudem, weil nicht ausgeschlossen werden kann, dass terroristische Organisationen in den Besitz von Massenvernichtungswaffen kommen und diese auch einsetzen.

die UNO und die USA

Bei Aktionen gegen terroristische Bedrohungen berufen sich die Staaten auf Art. 51 der UN-Charta und das **Recht zur Selbstverteidigung**. Das Prinzip der kollektiven Sicherheit wird dadurch allerdings weitgehend außer Kraft gesetzt, wenn solchen militärischen Einsätzen nicht ein Beschluss des UN-Sicherheitsrats vorausgeht. So betonte der frühere US-Präsident George W. Bush im März 2003, kurz bevor der Krieg gegen den Irak begann, die USA würden nicht weitere terroristische Bedrohungen durch Massenvernichtungswaffen, die vom Irak ausgehen könnten, abwarten. Als Präsident der Vereinigten Staaten sei er verpflichtet, zuerst die Bevölkerung seines Landes zu schützen. Dazu brauche er nicht die Zustimmung der UNO.

Anders sein Nachfolger Barack Obama. Nach seinem Amtsantritt erklärte er am 23. September 2009 vor den Vereinten Nationen, die Politik der USA ziele auf eine neue Ordnung des Weltfriedens. Nach den Prinzipien der UNO könne diese Ordnung nicht durch ein einzelnes Land oder eine Regierung allein geschaffen werden. Friede setze gemeinsame Anstrengungen voraus, wie sie in der Charta der UNO festgelegt seien. Die USA würden künftig eine kollektive Sicherung des Friedens im Rahmen der Vereinten Nationen unterstützen.

2. Reformen sind notwendig, aber wo soll man beginnen?

Online-Link
800621-6042

Die Entwicklung der Staatenwelt und der aktuellen Konflikte wirft Fragen auf, mit denen vor allem der Sicherheitsrat und die Generalversammlung ins Blickfeld rücken:
- Entspricht die Zusammensetzung der UNO-Gremien heute noch der veränderten Staatenwelt und der Rolle, die einzelne Mitglieder politisch und wirtschaftlich spielen?
- Ist die UNO geeignet, mit ihren bisherigen Instrumenten und Verfahren auch die neuen globalen Probleme zu lösen, bei denen Bedrohungen nicht nur von Staaten, sondern von terroristischen Gruppen, rivalisierenden Bürgerkriegsparteien und Warlords ausgehen?

Während die Entscheidungen im Sicherheitsrat immer wieder durch gegensätzliche Interessen einzelner Mitglieder und Blockaden der Veto-Mächte erschwert werden, gestalten sich die Verhandlungen in der Generalversammlung oft zeitraubend. Die Vollversammlung wird von Repräsentanten einiger Staaten auch als Plattform zur politischen Selbstdarstellung genutzt.

eine Machtfrage

In den letzten Jahren haben die jährlichen Generalversammlungen mehrfach über die Reform der Weltorganisation diskutiert. Arbeitsgruppen haben – erstmals 1979 – Empfehlungen ausgearbeitet, um geeignete Schritte vorzubereiten. Vor allem von Schwellenländern, aber auch aus Industriestaaten kamen und kommen Forderungen, die die **Zusammensetzung des Sicherheitsrats** ändern wollen. Bislang ist eine solche Reform am Widerstand aus dem Kreis der Vetomächte gescheitert. Änderungen der UN-Charta treten nur in Kraft, wenn ihr in der Generalversammlung zwei Drittel der Mitglieder zustimmen und sie anschließend „von zwei Dritteln der Mitglieder der Vereinten Nationen einschließlich aller ständigen Mitglieder des Sicherheitsrats nach Maßgabe ihres Verfassungsrechts ratifiziert", also (in den meisten Fällen) von den nationalen Parlamenten angenommen werden (UN-Charta, Art. 108).

Verhalten bei innerstaatlichen Konflikten

Auch die **Zuständigkeit der UNO** und ihrer Gremien steht angesichts veränderter Risiken und Bedrohungen zur Diskussion. Fraglich ist, ob sie in ausreichendem Maße handlungsfähig sind. Zwar ist die Rolle der UNO bei Konflikten zwischen Staaten im Grundsatz unumstritten, doch bei Konflikten im Innern von Staaten sind die Möglichkeiten der Weltorganisation nicht so eindeutig geregelt. Die UN-Charta hat hier eine hohe Hürde aufgebaut. Sie betont in Art. 1(2) den Grundsatz der „Gleichberechtigung und Selbstbestimmung der Völker". Das heißt: Ein Hineinregieren von außen ist eigentlich nicht erlaubt. Was aber bedeutet das, wenn ein Staat mit seiner Politik die

Sicherheit von Leib und Leben seiner Bürger gefährdet, wenn in einem Bürgerkrieg Tausende umkommen oder vertrieben werden? In solchen Konfliktregionen fehlen oft die Voraussetzungen, die Gewaltausbrüche durch Verhandlung oder Schlichtung zu beenden.
Einigkeit besteht darüber, dass Staaten und zivile Organisationen berechtigt sind, humanitäre Hilfsaktionen in Krisen- und Konfliktregionen durchzuführen. Ebenso ist der Einsatz von zivilen und polizeilichen Beobachtermissionen nicht umstritten, sofern die Konfliktparteien zustimmen. Darüber hinaus kann die UNO in solchen Fällen Soldaten und Polizeitruppen entsenden, wenn der Sicherheitsrat feststellt, dass von einem Konflikt „eine Bedrohung des Weltfriedens und der internationalen Sicherheit" ausgeht (Beispiel Darfur).

Ein neuer Sicherheitsrat?

In der aktuellen Debatte werden vor allem drei Änderungen vorgeschlagen:
- **Erhöhung der Zahl der Mitglieder im Sicherheitsrat:** Dabei sollen vor allem Staaten berücksichtigt werden, die zur Wahrung des Weltfriedens und der internationalen Sicherheit einen besonderen Beitrag leisten. Ferner soll die Unterrepräsentierung der Entwicklungsländer und der kleinen Staaten im Sicherheitsrat schrittweise abgebaut werden.
- **ausgewogene Vertretung der Regionen und Staaten im Sicherheitsrat:** Vorgeschlagen wurde (bislang), den Sicherheitsrat nicht nur zu vergrößern, sondern auch die Gruppe der Ständigen mit Vetorecht zu erweitern. Alternativer Vorschlag: Eine Zwischengruppe mit ständigen Mitgliedern ohne Vetorecht. Staaten, die einen ständigen Sitz anstreben: Brasilien, Mexiko, Indien und Südafrika, Japan und Deutschland.
- **bessere Einbeziehung von Nichtmitgliedern in die Beratungen:** Nichtmitglieder sollen im Rat und in anderen Gremien angehört werden, wenn sie von einer Entscheidung betroffen sind.

Zusammenstellung nach: Vereinte Nationen: Bericht der Offenen Arbeitsgruppe zur Frage der ausgewogenen Vertretung und der Erhöhung der Zahl der Mitglieder im Sicherheitsrat, Generalversammlung, New York 2007, deutscher Übersetzungsdienst

Die Großen und die Anderen in der UNO

Vom 24. bis 26. Juni 2009 fand in New York eine UN-Konferenz zur Auswirkung der Wirtschaftskrise auf die Entwicklungsländer statt. Das Ergebnis wurde im Ausschuss für wirtschaftliche Zusammenarbeit und Entwicklung des Deutschen Bundestags diskutiert. Beobachtungen des Vorsitzenden Thilo Hoppe (Bündnis 90/Die Grünen):
- Die Konferenz habe nur „magere Ergebnisse" hervorgebracht, weil die Interessen von Industrieländern einerseits und Entwicklungsländern andererseits weit auseinandergegangen seien.
- Die Entwicklungsländer hätten mehr Mitsprachemöglichkeiten und eine neue globale Finanzarchitektur gefordert.
- Die Forderungen seien jedoch „ziemlich arrogant abgebügelt" worden.
- Bestimmte Länder seien der Ansicht, die Musik spiele in der G8, im Internationalen Währungsfonds und in der Weltbank, bestenfalls noch in der G20, aber „die UNO soll sich da heraushalten".

Deutscher Bundestag: Kritik an UN-Konferenz zu den Auswirkungen der Wirtschaftskrise, Parlamentskorrespondenz, 01.07.2009 www.bundestag.de gekürzt und zusammengefasst

Neue Mitglieder, heterogene Interessen
Die Zahl der Mitgliedstaaten der UNO ist von ursprünglich 51 (1945) auf heute 192 angewachsen. Die größere Zahl allein ist dabei nicht das Problem. Mit den neuen Staaten kamen auch neue und zunehmend unterschiedliche Interessen an den Verhandlungstisch. So wurde die UNO seit den 1950er-Jahren mit der Entkolonialisierung zum Forum, auf dem die Entwicklungsländer ihre Ziele vortragen konnten. Mit der Auflösung der Sowjetunion und dem Zerfall des jugoslawischen Bundesstaates in den 1990er-Jahren kamen weitere Staaten dazu, deren Beziehungen untereinander bis heute nicht frei von Spannungen sind.

3. Gehören Menschenrechte zu den „inneren Angelegenheiten" eines Staates?

Online-Link 800621-6043

Aufgabe aller Staaten

Der Schutz der Menschenrechte ist eine der Hauptaufgaben der UNO. Dabei stößt sie allerdings an die Grenze ihrer Kompetenzen, weil zwei Grundsätze der Politik aufeinandertreffen: die Souveränität der Staaten und die weltweite Wahrung der Menschen- und Bürgerrechte. In der **Allgemeinen Erklärung der Menschenrechte (AEMR)** von 1948 wurde erstmals der Schutz dieser Rechte als gemeinsame Aufgabe aller Staaten festgestellt. Die Erklärung legt fest, dass
- ihre Anerkennung „die Grundlage von Freiheit, Gerechtigkeit und Frieden in der Welt bildet"
- sie „durch die Herrschaft des Rechtes" geschützt werden müssen, „damit der Mensch nicht gezwungen wird, als letztes Mittel zum Aufstand gegen Tyrannei und Unterdrückung zu greifen"
- sich die Mitgliedstaaten „verpflichtet haben, in Zusammenarbeit mit den Vereinten Nationen auf die allgemeine Achtung und Einhaltung der Menschenrechte und Grundfreiheiten hinzuwirken" (Art. 1, AEMR).

In der Praxis sind diese Forderungen keinesfalls überall verwirklicht. In zahlreichen Ländern werden politisch Oppositionelle verfolgt, Minderheiten in Politik und Gesellschaft benachteiligt, die freie Religionsausübung behindert, Medien zensiert. In Kriegs- und Krisenregionen der Welt ist die Zivilbevölkerung bedroht, Frauen werden von Soldaten und Miliztruppen vergewaltigt, Kinder und Jugendliche in Bürgerkriegsarmeen gepresst.

Weiterentwicklung der Menschenrechte

Trotz aller vermeintlichen Rückschläge sind seit 1948 zahlreiche neue Vereinbarungen zum Schutz der Menschenrechte getroffen worden und in Kraft:
- Internationaler Pakt über bürgerliche und politische Rechte, seit 1976
  Internationaler Pakt über wirtschaftliche, soziale und kulturelle Rechte, seit 1976
- Internationales Übereinkommen zur Beseitigung von Rassendiskriminierung, seit 1969
- Konvention gegen die Diskriminierung der Frau, seit 1981
- Konvention über die Rechte des Kindes, seit 1990
- Konvention gegen die Folter, seit 1987

Staaten, die diese Verträge ratifiziert haben, sind völkerrechtlich daran gebunden.

Menschenrechtsrat

Um diesen Schutz dauerhaft in der Organisation der UNO zu verankern, wurde 2006 der **Menschenrechtsrat** in Genf ins Leben gerufen. Er ist kein Gericht, sondern eine Unterorganisation der Vollversammlung der UNO, die regelmäßig über die Lage der Menschenrechte berichten muss. Der Rat löste die Menschenrechtskommission der UNO ab und hat gegenüber dieser etwas erweiterte Rechte. So können Mitglieder des Rats abgewählt werden, wenn bei ihnen Verletzungen der Menschenrechte festgestellt werden. Weitergehende Maßnahmen, vor allem Sanktionen, sind aber dem Sicherheitsrat vorbehalten. Neben den unmittelbaren Befugnissen liegt die Bedeutung solcher Einrichtungen darin, dass sie ein Forum sind, auf dem Vertreter von Staaten und Nichtregierungsorganisationen Verstöße gegen Menschenrechte öffentlich darstellen und diskutieren können.

Probleme der Praxis – z.B. im Nahost-Konflikt

Eine Kommission des Menschenrechtsrates unter dem früheren südafrikanischen Richter Richard Goldstone untersuchte Vorwürfe gegen Israel und die Palästinenser: Beide Seiten sollen im Gaza-Konflikt vom 27. Dezember 2008 bis zum 18. Januar 2009 in erheblichem Maße die Rechte der Zivilbevölkerung verletzt haben.

Israel gerät in den UN unter massiven Druck: Ermittler des UN-Menschenrechtsrates drängen auf die Bestrafung von Israelis, die für Kriegsverbrechen im Gaza-Konflikt verantwortlich sind. Die Experten drängen auch auf eine Ahndung palästinensischer Kriegsverbrechen. „Jetzt ist die Zeit zum Handeln", sagte der Chef der Kommission, Richard Goldstone. [...] Laut Goldstone haben weder die Israelis noch die Palästinenser Verfahren gegen mögliche Kriegsverbrecher in ihren Reihen eingeleitet. Der frühere südafrikanische Richter und Strafverfolger für die internationalen Jugoslawien- und Ruandatribunale beklagte: Israelis und Palästinenser hätten nie den nötigen „politischen Willen" gezeigt. Da beide Seiten weiter untätig seien, solle der UN-Menschenrechtsrat die Angelegenheit an den UN-Sicherheitsrat überweisen. [...]

Jan Herbermann: UN-Bericht fordert Strafe für Verbrechen im Gazakrieg, Tagesspiegel, 30.09.2009, www.tagesspiegel.de/politik/international/Israel-Palaestina-Gaza-Krieg-UN;art123,2912004 (20.01.2010)

Menschenrechte schützen

Mit dem Menschenrechtsrat und den Internationalen Strafgerichten steht der UNO ein abgestuftes System der Menschenrechtspolitik zur Verfügung. Es reicht von der regelmäßigen Veröffentlichung von Berichten über die Lage der Menschenrechte in einzelnen Ländern und der öffentlichen Debatte über Verletzungen bis zu Sanktionen gegen Staaten, auf deren Territorium gravierende Verstöße gegen Menschenrechte festgestellt wurden und von denen Gefahren für den Frieden und die Sicherheit ausgehen. Vor dem Internationalen Strafgerichtshof können Personen angeklagt werden, die Verbrechen gegen die Menschlichkeit, Völkermord oder Kriegsverbrechen begangen haben.

6.5 Entwicklungsländer – Ungleichheit global

Globalisierung verläuft nicht gleichförmig; nicht alle Länder und Regionen profitieren davon, einige werden im globalen Wettlauf abgehängt. Die Weltordnung und die Beziehungen zwischen Industrieländern und Entwicklungsländern sind durch Ungleichheit geprägt. In vielem ähnelt die Lage der armen Länder einem Teufelskreis. Kann er aufgebrochen werden?

1. Wie groß ist die Ungleichheit zwischen Nord und Süd?
2. Wie lässt sich Unterentwicklung bestimmen?
3. Kann der Teufelskreis der Armut durchbrochen werden?

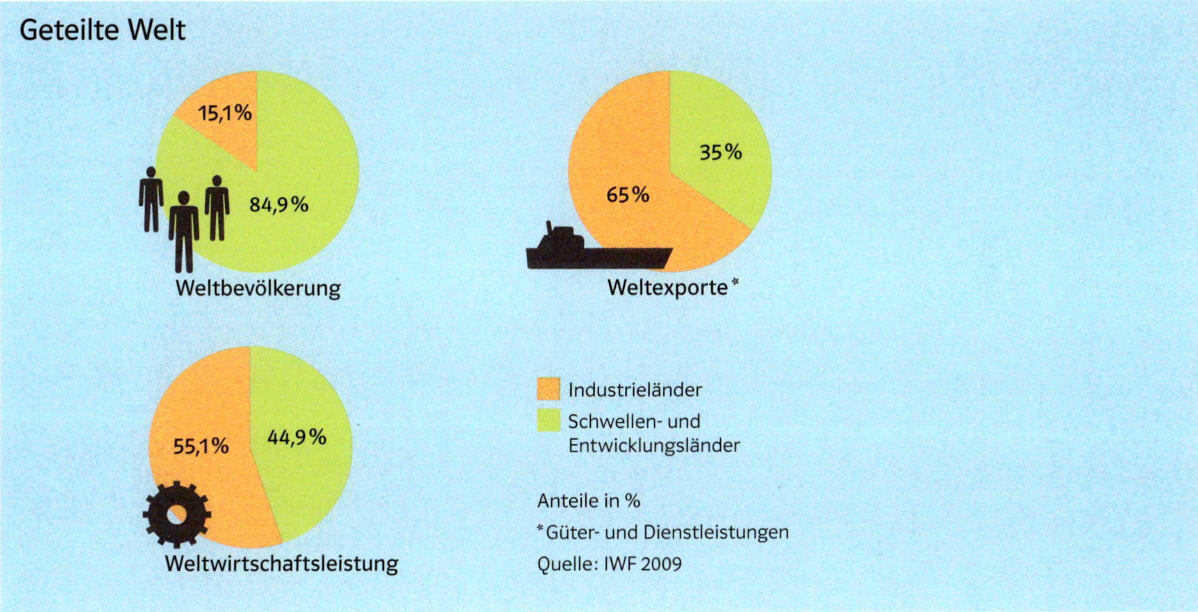

Nach: Globus-Grafik 3255

1. Wie groß ist die Ungleichheit zwischen Nord und Süd?

Online-Link
800621-6051

Die Rede vom „globalen Dorf" leuchtet zunächst ein: Neue Informations- und Kommunikationstechnologien, moderne und kostengünstige Transportmittel holen die Ferne ins eigene Haus; die internationale wirtschaftliche und politische Verflechtung – so die These – kommt letztlich allen zugute, und von der Öffnung der Märkte profitieren auf Dauer gesehen alle.
Die Wirklichkeit sieht jedoch für einige Regionen anders aus, denn Globalisierung ist kein geradliniger, auch kein gleichförmiger Prozess, der alle erreicht. Im Blick auf die Nord-Süd-Politik sprechen viele Zeichen dafür, dass die ärmsten Länder im Zuge der rapiden technologischen Entwicklung und der zunehmenden wirtschaftlichen Konzentration in den reichen Ländern weiter abgehängt werden. Dies gilt besonders für Länder Afrikas südlich der Sahara. Die Schere der globalen Ungleichheit wird sich hier noch stärker öffnen.

starke und schwache Regionen

Europa, vor allem die 27 Länder der Europäischen Union, Nordamerika mit den USA und Kanada und Ost-Asien (besonders Japan, Taiwan, Südkorea, Singapur und inzwischen auch China) stellen die drei großen **Welthandelsregionen** dar. Sie werden auch unter der Bezeichnung „Triade" zusammengefasst. Die 16 führenden Exportländer, die aus diesen Regionen kommen, bestreiten rund 70 Prozent des gesamten Welt-Warenhandels.
Der Blick auf die Triade-Regionen klammert allerdings das gesamte Gebiet Lateinamerika aus – und übersieht mit Brasilien ein wirtschaftlich dynamisches **Schwellenland**. Aber trotz solcher Ungenauigkeit machen Einteilungen dieser Art eines deutlich: In globaler Perspektive haben wir es mit extremer Ungleichheit zu tun. Das ist zunächst nicht verwunderlich. Ungleichheit ist ein Strukturmerkmal aller Gesellschaften in allen Ländern (Kap. 1.6). Warum sollte es dies nicht auch zwischen den Ländern geben. Die Frage ist nur:

- Welches Ausmaß hat die Ungleichheit im globalen Maßstab inzwischen angenommen?
- Was bedeutet dies für die Länder, die auf den unteren Stufen der Weltpyramide stehen?
- Was folgt daraus für die Sicherheit und die Zukunft der internationalen Politik, für die Gestaltung einer Weltordnung?

Fragmentierte Welt

1952 machte der französische Wissenschaftler Alfred Sauvy erstmals auf ein Problem aufmerksam, das sich seither noch verschärft hat: das Nebeneinander der „drei Welten" in der „einen Welt". In jeder dieser „Welten", so Sauvy, leben Menschen in ganz unterschiedlichen Verhältnissen – ähnlich wie zu Beginn des 19. Jahrhunderts die Adligen, die Bürgerlichen und der „dritte Stand" der Arbeiter und Armen in den damaligen europäischen Gesellschaften. Mit Alfred Sauvy ist das Bild von den drei Welten in die politische Sprache eingegangen – als Ausdruck weltweiter Ungleichheit, die gleichsam gegen den „Megatrend Globalisierung" läuft.
Dieser Trend hat sich bis heute noch verschärft. Während reiche und entwickelte Länder und einige Schwellenländer von der Globalisierung profitieren, gibt es andere Regionen, die damit nicht Schritt halten können, benachteiligt oder gar abgehängt werden. Diese Entwicklung wird als Fragmentierung bezeichnet (Fragment: Bruchstück, Teil, fragmentieren: zerteilen, zerlegen). Ihren deutlichsten Ausdruck findet die globale Ungleichheit in den Beziehungen zwischen den Industrie- und den Entwicklungsländern, zu denen heute etwas mehr als 140 Staaten zählen.

Entwicklungsländer – die Dritte und die Vierte Welt

Seit den 1950er-Jahren und während des Ost-West-Konflikts wurde die politische Staatenwelt in die „Erste Welt" der westlich orientierten Industriestaaten, die „Zweite Welt" der Industriestaaten des kommunistischen Lagers und die Staaten der „Dritten Welt", der blockfreien Entwicklungsländer, eingeteilt. Nach dem Zerfall der Sowjetunion und des kommunistischen Staatenblocks stimmt diese Gliederung nicht mehr; dennoch werden weiterhin die Entwicklungsländer mit dem Begriff Dritte Welt bezeichnet.

Innerhalb der UNO werden Entwicklungsländer noch weiter unterschieden. Dies ist notwendig, damit Entwicklungsprogramme genauer auf die besonderen Bedingungen der Länder zugeschnitten werden können. So unterscheidet die UNO seit den 1970er-Jahren die Gruppe der weniger entwickelten Länder *(less developed countries)* von den am wenigsten entwickelten Ländern *(least developed countries)*. Letztere werden gelegentlich auch als „Vierte Welt" zusammengefasst.

Schwellenländer

Die englische Bezeichnung beschreibt diese Länder treffender als die deutsche: Newly Industrialized Countries sind Staaten mit einer dynamischen Industrialisierung, die allerdings nicht das ganze Land erfasst. Ein besonderes Merkmal ist die **ungleiche Entwicklung**. Das bedeutet: Schwellenländer sind von starken wirtschaftlichen, sozialen und kulturellen Gegensätzen geprägt. Ökonomische Zentren verfügen über moderne Produktionsanlagen und Infrastruktureinrichtungen. Die dort erzeugten Produkte sind auf dem Weltmarkt mit denen der Industrieländer konkurrenzfähig. In rückständigen Regionen – insbesondere auf dem Land – treffen wir traditionelle Lebens- und Arbeitsformen mit unzureichender Infrastruktur (z. B. in der medizinischen sowie schulischen Versorgung) und große Armut an. Zu den Schwellenländern zählen heute z. B. die Volksrepublik China, Südafrika, Indien, Brasilien, Argentinien und Mexiko. Eine verbindliche und einheitliche Liste existiert nicht. Die wirtschaftlich stärksten unter ihnen nehmen seit 2008 mit den führenden Industriestaaten (G8-Staaten) an den Weltwirtschaftsgipfeln teil (zusammen als G20-Staaten bezeichnet).

Auch ein Ausdruck von Ungleichheit: Klimakatastrophen und ihre Folgen

Neun der zehn schwersten Naturkatastrophen der vergangenen Jahre – gemessen an der Zahl der Todesopfer – waren wetterbedingt, und die Opfer waren überwiegend in Entwicklungs- und Schwellenländern zu beklagen. [...] Daten von IPCC wie Weltbank belegen, dass die Folgen der Klimaänderung Entwicklungsländer sowie generell arme Bevölkerungsschichten unverhältnismäßig stark treffen. Ihre Chancen auf Zugang zu Nahrung, sauberem Wasser und anderen Ressourcen schwinden, ihr Gesundheitszustand wird sich verschlechtern. Sich an veränderte Bedingungen anzupassen, wird für sie immer schwerer, schon jetzt ist ihre Ausgangslage ungünstig. Gleichzeitig steigen die durch Wetterkatastrophen hervorgerufenen Schäden, weil anfällige Regionen aufgrund des Bevölkerungswachstums immer dichter besiedelt werden. [...] Klimaschutz und Armutsbekämpfung sind in vielerlei Hinsicht komplementäre Ziele. Dennoch sind sie nicht leicht vereinbar. [...] Wesentlich ist zudem, dass volkswirtschaftlicher Erfolg allen Menschen gleichermaßen zugute kommt. Den geeigneten Ausgangspunkt bilden die Menschenrechte. Aus ihnen lässt sich der Grundsatz ableiten, dass allen ein menschenwürdiges Dasein zusteht.

Ottmar Edenhofer u. a.: Gerechte Lösung, in: Entwicklung und Zusammenarbeit (E+Z), Heft 10, 2009, S. 366

IPCC = Intergovernmental Panel on Climate Change; deutsch: Zwischenstaatlicher Ausschuss für Klimaänderungen, auch als Weltklimarat bezeichnet; gemeinsam vom Umweltprogramm der Vereinten Nationen (UNEP) und der Weltorganisation für Meteorologie (WMO) getragen

Kontrovers: Das Recht auf Entwicklung – und mögliche ökologische Folgen

Im Vorfeld des Weltklimagipfels in Kopenhagen im Dezember 2009 wurde darüber gestritten, welche Verpflichtungen zur Reduzierung des CO_2-Ausstoßes die einzelnen Ländergruppen eingehen sollen. Entwicklungsländer wehrten sich vor allem gegen solche Festlegungen, die sie in ihrer Entwicklung behindern könnten. Sie fordern ein Recht auf wirtschaftliche Entwicklung ein:

[...] In einem wütenden Manifest hatte die Präsidentin der ugandischen Gruppe für Menschenrechte und wirtschaftliche Entwicklung, Fiona Kobusingye, kürzlich gegen die westliche Moral polemisiert, die Unterstützung bei ökologischen Projekten im Tausch gegen das Versprechen anbietet, sich nicht weiterzuentwickeln: „Diese Politik tötet." Wer den Afrikanern vorschreiben wolle, keine Kohle- oder Erdgaskraftwerke zu errichten, nehme Hunger, Krankheit und Tod in Kauf. „Wir brauchen nicht noch mehr Hilfe", lautet die antieuropäische Pointe am Ende des Textes. „Wir müssen tun, was China und Indien tun: uns entwickeln und mehr Handel mit ihnen treiben. Nur so erreichen wir Arbeitsplätze, Wohlstand, Gesundheit und auch Umweltqualität, die wir verdient haben." [...]

Mark Siemons: China – der neue Moralapostel, FAZNet, 04.12.2009

Online-Link
800621-6052

2. Wie lässt sich Unterentwicklung bestimmen?

Bei der Vielzahl der Länder, ihrer unterschiedlichen Geschichte, den besonderen natürlichen Gegebenheiten wie Bodenschätzen, eigenen Traditionen und kulturellen Bedingungen ist es nahezu ausgeschlossen, von „den" Entwicklungsländern zu sprechen. Zwei Einschränkungen sind notwendig, wenn im Folgenden nach **Merkmalen von Unterentwicklung und Entwicklung** gefragt werden soll.

Unterschiede zwischen Ländern und Regionen

Was die Entwicklung etwa von lateinamerikanischen Staaten beeinflusst hat, muss nicht unbedingt auf Länder in Afrika oder Asien zutreffen. Dies gilt z.B. für die Rolle der Regierungen in der Entwicklungspolitik ihrer Länder. So zeigten asiatische Staaten wie Südkorea und Taiwan noch in den 1950er-Jahren deutliche Merkmale von am wenigsten entwickelten Ländern. Inzwischen gehören diese „Tigerstaaten" zu den stärksten Volkswirtschaften der Region. Ihre forcierte Entwicklung wurde durch politische Vorgaben und Initiativen der autoritären Staatsführungen gesteuert. Die Länder profitierten dabei während des Kalten Kriegs auch von der Zusammenarbeit mit den USA; als Gegenmodelle zu den kommunistischen Diktaturen in China und Nordkorea hatten sie politisch und militärisch ein besonderes Gewicht im globalen Ost-West-Konflikt.

Mit fortgeschrittener wirtschaftlicher Entwicklung kam es in beiden Ländern seit Ende der 1980er-Jahre schrittweise zu demokratischen Reformen. In deren Verlauf erhielten z.B. Arbeiter in Südkorea weitergehende Rechte. Sie konnten sich nun in einer von der Regierung unabhängigen Gewerkschaft organisieren und ihren Lohnforderungen notfalls mit Streik Nachdruck verleihen. Doch diese Entwicklung verlief nicht geradlinig. Ende der 1990er-Jahre versuchte die Regierung, einige der Arbeitsschutzrechte – wie den Kündigungsschutz – wieder teilweise zurückzunehmen.

Auch in lateinamerikanischen Ländern gab es bis in die letzten Jahrzehnte des 20. Jahrhunderts autoritäre bzw. diktatorische Staatsführungen. Hier jedoch führte der „starke Staat" dazu, dass in vielen Fällen enorme Bürokratien aufgebaut wurden, die zudem die gesellschaftliche und wirtschaftliche Entwicklung durch eine korrupte Verwaltung blockierten.

ungleiche Entwicklung innerhalb der Länder

Merkmale für Unterentwicklung, wie sie die folgende Übersicht zeigt, können innerhalb eines Landes unterschiedliche Gewichte haben. Das erdölexportierende Saudi-Arabien etwa kann wirtschaftliche Kennziffern, d.h. Messgrößen wie das Bruttonationaleinkommen aufweisen, mit denen allein genommen es zu den reichsten Staaten gezählt werden müsste. Auf das gesamte Land bezogen treffen wir aber Bereiche an, die von der ökonomischen Modernisierung noch nicht erfasst sind. Hier wird deutlich: Wirtschaftliche Erfolge allein machen noch keine umfassende Entwicklung aus; oder anders ausgedrückt: Unterentwicklung bedeutet ein Zusammenspiel mehrerer Faktoren.

Ursachen von Unterentwicklung (Beispiele)

wirtschaftliche und sozialpolitische Faktoren	**gesellschaftliche und kulturelle Faktoren**	**politische Faktoren**
• geringes Pro-Kopf-Einkommen der Bevölkerung • Unterbeschäftigung und hohe Arbeitslosigkeit • ungenügende Infrastruktur mit starkem Stadt-Land-Gefälle • Kapitalmangel für wirtschaftliche Investitionen in Produktion und Infrastruktur • Abhängigkeit von internationalen Kapitalmärkten oder globalen Wirtschafts- und Finanzorganisationen (wie dem IWF) • geringer Industrialisierungsgrad; Export v.a. von Rohstoffen und Zulieferprodukten für Industrieländer • eingeschränkte Exportchancen für landwirtschaftliche Produkte durch Handelshemmnisse in Industrieländern • Umweltbelastungen durch Ausbeutung der Rohstoffe und durch mangelnde Energieeffizienz	• traditionelle Gesellschaftsstrukturen und Orientierungen • relativ hohes Bevölkerungswachstum • Unterernährung und Hunger • hohe Kindersterblichkeit • niedrige Lebenserwartung • nicht flächendeckende medizinische Infrastruktur und hygienische Versorgung • unzureichende Einrichtungen für Schul- und Berufsausbildung • hohe Analphabetenrate bei der erwachsenen Bevölkerung • fehlende soziale Absicherung gegen Krankheit, Arbeitslosigkeit und im Alter • soziale Ungleichheit und Spaltung: kleine Oberschicht, schwach ausgebildete Mittelschicht, große Unterschicht	• einerseits junge Staaten im Prozess der Demokratisierung: Aufbau demokratischer Institutionen und Verfahren (z.B. freie Wahlen, Mehrparteiensystem) • andererseits autoritäre politische Systeme: Einfluss des Militärs, traditioneller Gruppen und Clans auf die Politik; Dominanz einer Staatspartei • aber auch: zerfallende Staaten durch Bürgerkriege und Konflikte zwischen machtpolitischen Cliquen • Zivilgesellschaft: Bürgerbeteiligung und kritische Öffentlichkeit durch freie Medienberichterstattung noch schwach • politische Instabilität: Krisen und innere Konflikte • rechtsstaatliche Defizite: kein ausreichender Rechtsschutz, Verletzung der Menschenrechte • Korruption in staatlicher Verwaltung und unter Wirtschaftseliten

Diese Übersicht orientiert sich an dem „Syndrom der Unterentwicklung", wie es von Franz Nuscheler in seinen Veröffentlichungen beschrieben wird; siehe ders.: Entwicklungspolitik, Bonn 2005

menschliche Entwicklung

Entwicklung bezeichnet einen langen sozialen Wandels (Kap. 1.2), in dessen Verlauf sich eine Gesellschaft insgesamt verändert. Dabei unterstellen wir meist, dass es ein Wandel zum Besseren ist. In einer optimistischen Weltsicht mag dies auch zutreffen. Dies ist jedoch nicht überall so; Erfolge gehen durch Rückschläge wieder verloren. So stieg z.B. die durchschnittliche Lebenserwartung der südafrikanischen Bevölkerung keinesfalls kontinuierlich

an – eine rückläufige Entwicklung, die in Afrika nicht zuletzt auf die Verbreitung der HIV-Seuche und der Tuberkulose zurückzuführen ist.
Die Zahl der Hungernden ging weltweit seit 1970 langsam zurück. Sie erreichte aber 2009 mit 1,02 Mrd. Menschen einen neuen Höhepunkt. Ursache war die Finanz- und Wirtschaftskrise seit 2008, die durch die globale Vernetzung auch die Entwicklungsländer traf, ohne dass diese – wie Industrieländer – mit besonderen Konjunkturprogrammen die schlimmsten Auswirkungen abfangen konnten. Damit wird ein wichtiges „Millenniumsziel" der Entwicklungspolitik bis 2015 nicht erreicht (S. 351 f.).

Entwicklungsstand feststellen

Um sozialen Wandel in seiner Breite zu erfassen, verwendet die UNO seit 1990 den ➤ **Index menschlicher Entwicklung** (Human Development Index, S. 139). Darin werden einzelne Faktoren nach drei Merkmalen zusammengefasst, um mit ihnen eine Aussage über den Entwicklungsstand eines Landes zu machen:
- die durchschnittliche Lebenserwartung bei der Geburt
- das Bildungsniveau, ausgedrückt durch den Anteil der Erwachsenen (ab 15 Jahre), die schreiben und lesen können (Alphabetisierungsgrad), sowie durch den Anteil derjenigen, die eingeschult werden (im Primär-, Sekundärbereich) bzw. die eine Ausbildung oder ein Studium absolvieren
- der Lebensstandard, erfasst als reale Kaufkraft pro Kopf (mit der Unterschiede zwischen Ländern festgestellt werden können)

Online-Link
800621-6053

3. Kann der Teufelskreis der Armut durchbrochen werden?

Armut in den Teufelskreisen von Unterentwicklung

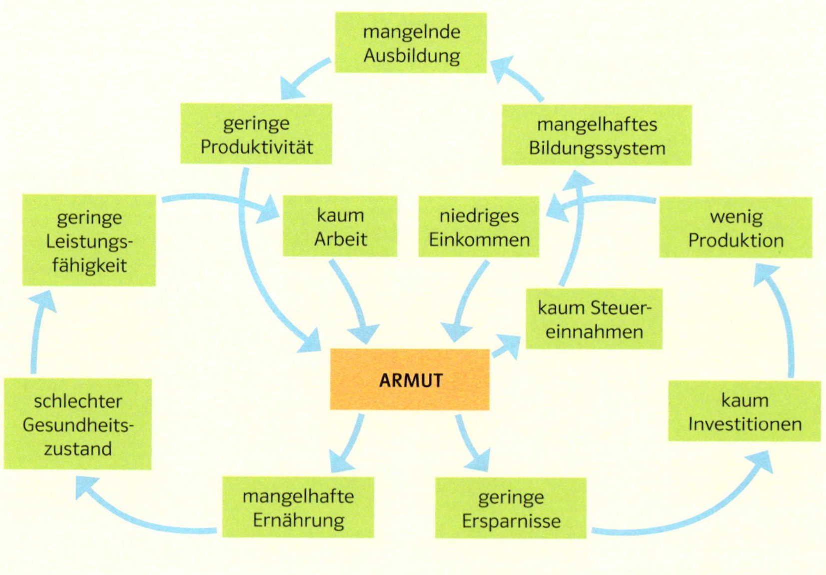

© Klett

Die jährlichen Berichte über die menschliche Entwicklung, die vom Entwicklungsprogramm der Vereinten Nationen (UNDP) veröffentlicht werden, zeigen, dass Armut ein globales Problem ist, das nicht nur in der Dritten Welt anzutreffen ist. Auch in mittel- und osteuropäischen Ländern, die nach dem Zerfall des früheren Ostblocks und der Zentralverwaltungswirtschaften im Übergang zur Marktwirtschaft sind (Transformationsländer), lebt ein beachtlicher Teil der Bevölkerung unter der Armutsgrenze. Und schließlich haben auch etablierte Industrieländer damit zu tun, auch wenn sich Armut hier in anderer Weise zeigt (zu den Armutsbegriffen siehe Kap. 1.6).

relative Armut

Als arm können – allgemein formuliert – Menschen bezeichnet werden, die in einer Gesellschaft am unteren Ende der Wohlstandspyramide stehen. Ihr Einkommen reicht nicht aus, um sich mit dem Notwendigen – vor allem mit Nahrung, Wohnung, Kleidung und Gesundheit – selber zu versorgen. Die statistische Armutsgrenze richtet sich nach einem Wert, der auf der Grundlage der Einkommensverteilung berechnet wird. Für Deutschland heißt dies: Wer weniger als 50 Prozent des vergleichbaren Durchschnittseinkommens bezieht, wird zu den Armen gerechnet. Armut wird hier also relativ zum Durchschnittseinkommen der Gesellschaft bestimmt. Das Statistische Amt der Europäischen Union legt seinen Berechnungen die Armutsgrenze von 60 Prozent der vergleichbaren Durchschnittseinkommen zugrunde.

absolute Armut

Es ist ein Kennzeichen der meisten Entwicklungsländer, dass ein Netz zur sozialen Sicherung fehlt. Deshalb finden wir dort extreme Armut, die nicht mehr im Verhältnis zum durchschnittlichen Lebensstandard eines Landes gemessen werden kann. Dieser Teil der Bevölkerung lebt am Rand der Existenz in absoluter Armut. Die Weltbank benutzt in ihren Armutsberichten für Entwicklungsländer zwei Grenzmarken: Danach leben Menschen in absoluter Armut, wenn ihnen pro Tag nicht mehr als ein bis zwei US-Dollar zur Verfügung stehen. Nach Schätzungen des Bundesministeriums für wirtschaftliche Zusammenarbeit und Entwicklung sind davon weltweit rund 1,2 Milliarden Menschen betroffen. Fast die Hälfte von ihnen lebt in Afrika südlich der Sahara: Die Mehrzahl sind Mädchen und Frauen.

Den Teufelskreis der Armut durchbrechen

Die Bilder und Nachrichten aus Krisenregionen des Südens drängen die Vorstellung vom „Teufelskreis der Armut" auf, einem Kreislauf, aus dem – so scheint es – die betroffenen Länder und Menschen nicht ausbrechen können. Entwicklungspolitik wäre in dieser Perspektive sinnlos. So anschaulich das Bild auch sein mag, darin liegt eine gedankliche Falle. Die Kreise konstruieren eine Kette von Ursachen und Wirkungen, einen Kreislauf, der am Ende wieder zum Ausgangspunkt zurückkehrt. Richtig daran ist, dass einzelne Merkmale von Unterentwicklung miteinander zusammenhängen, sich beeinflussen, gegenseitig verstärken. Doch es unterstellt, Armut sei unentrinnbares Schicksal. Richtig gelesen zeigt das Bild auf, dass Entwicklungspolitik notwendig ist, um die Ketten an der einen oder anderen Stelle aufzubrechen – durch eine Bekämpfung der Ursachen von Armut, aber auch durch direkte Hilfe für Länder, die davon betroffen sind (Kap. 6.7).

6.6 Ursachen von Unterentwicklung

In der Politik und in den Wissenschaften treffen wir auf unterschiedliche Aussagen, wenn es um die Ursachen von Unterentwicklung geht. Wir wählen im Folgenden zwei Erklärungsversuche aus: Der erste richtet den Blick gleichsam von den betroffenen Ländern nach außen und auf ihre Rolle in der Welt; der zweite fragt danach, welche Faktoren im Innern der Staaten Entwicklung erschweren oder gar behindern.

1. Abhängigkeit: Verhindert der Weltmarkt Entwicklung?
2. Rückständigkeit: Wie ist Modernisierung möglich?

Online-Link
800621-6061

1. Abhängigkeit: Verhindert der Weltmarkt Entwicklung?

Seit den 1950er-Jahren hat sich – gleichsam parallel zum Ost-West-Konflikt des Kalten Kriegs – die Rede vom Nord-Süd-Konflikt in der politischen Sprache eingebürgert. Mit dem Süden sind jene Länder gemeint, die in direkter und indirekter Weise von den industrialisierten Ländern des Nordens abhängig sind.

Entkolonialisierung

Die Kolonien in Afrika und Asien sahen seit den 1950er-Jahren in der Charta der Vereinten Nationen ein völkerrechtliches Dokument, auf das sie sich berufen konnten, wenn sie die Loslösung von den Kolonialmächten forderten. Das erste Ziel der Entkolonialisierung, die in den Jahren nach dem Zweiten Weltkrieg einsetzte, war die staatliche Selbstständigkeit.
Diese Entwicklung verlief keinesfalls gewaltfrei; in manchen Regionen – wie in Vietnam und in Algerien – war sie mit lang anhaltenden Befreiungskriegen

verbunden. Nach dem Abzug der Kolonialmächte blieben in vielen Fällen Länder zurück, in denen tiefgreifende Gegensätze und Konflikte – machtpolitische, wirtschaftliche, kulturelle und ethnische – einer Entwicklung im Wege standen. So ist die Geschichte der Demokratischen Republik Kongo seit der politischen Unabhängigkeit im Jahr 1960 von einer Kette von Bürgerkriegen geprägt, die auch von auswärtigen Interessen angeheizt wurden.

ungleiche Chancen auf dem Weltmarkt

Am Beispiel der mittel- und südamerikanischen Staaten lässt sich zeigen, dass staatliche Unabhängigkeit nicht zwangsläufig politische und wirtschaftliche Unabhängigkeit nach sich zieht. Diese Erfahrung machten diese Länder seit rund 200 Jahren. Die meisten von ihnen wurden bereits in der ersten Hälfte des 19. Jahrhunderts selbstständig. Ihre Geschichte macht zweierlei deutlich:

- Mit dem Rückzug der Europäer wurden in den ehemaligen Kolonien die alten gesellschaftlichen Verhältnisse nicht grundlegend verändert. An die Stelle der Herrschaft der Kolonialmächte traten in Lateinamerika **einheimische Eliten** aus dem Großbürgertum, vor allem die großen Grundbesitzer und das Militär. Soziale Reformen, etwa eine gerechtere Verteilung des Bodens unter der Landbevölkerung, blieben bis in die Gegenwart hinein weitgehend aus.
- Es entstand eine neue Form der **äußeren Abhängigkeit** von den Industrieländern und dem von ihnen dominierten Welthandel. Dessen Regeln wurden weitgehend vom Norden bestimmt. Zudem überlagerte der Ost-West-Konflikt den Nord-Süd-Konflikt. Die beiden Supermächte USA und UdSSR verfolgten in Entwicklungsländern, die für sie wirtschaftlich und strategisch wichtig waren, ihre eigenen weltpolitischen Interessen. Innere Konflikte und Bürgerkriege wurden – wie in Angola (ab 1975) oder in Afghanistan (ab 1973) – als Stellvertreterkriege von den Großmächten angeheizt. Jede Seite unterstützte die ihr politisch nahestehenden Bürgerkriegsgruppen, um einen eigenen politischen, wirtschaftlichen und oft auch militärischen Stützpunkt in diesen Regionen zu haben.

Vom Weltmarkt abkoppeln?

Diese vielschichtigen Erscheinungsformen alter und neuer Abhängigkeiten stehen im Zentrum von Überlegungen, die als ➤ **Dependenztheorien** zusammengefasst werden. Den Grundgedanken dieser Erklärungen treffen wir auch in der aktuellen Politik lateinamerikanischer Staaten an. Er kommt insbesondere in der Kritik an der ➤ Welthandelsorganisation (WTO), der ➤ Weltbank und dem ➤ Internationalen Währungsfonds (IWF) zum Ausdruck. Politiker wie die Präsidenten Venezuelas und Boliviens, Hugo Chávez und Evo Morales, wollen ihre Länder von den Festsetzungen des Welthandels und den großen Wirtschaftsblöcken der Wirtschaftszentren in Nordamerika und Europa zumindest teilweise abkoppeln. Dazu sollen gezielt die eigenen Rohstoffe und Produkte auf den regionalen und globalen Märkten eingesetzt werden. Im Falle Venezuelas ist dies der Reichtum an Rohöl. Zudem streben sie eine intensivere Zusammenarbeit unter den Entwicklungsländern an.
Die Umsetzung dieser Strategie setzt voraus, dass – wie China, das von den Abkopplungsanhängern als positives Beispiel angeführt wird, zeigt – Entwicklungsländer mit genügend natürlichen Ressourcen ausgestattet sind und der eigene Binnenmarkt eine ausreichend große Nachfrage sicherstellt. Diese Voraussetzungen sind aber gerade bei den meisten der ärmsten Länder nicht gegeben.

Dependenz: Metropolen und Peripherie

Unterentwicklung ist – so die Kernthese der Dependenztheorien – nicht primär das Ergebnis innerer Ursachen (endogener Faktoren), sondern muss auf äußere, exogene Faktoren zurückgeführt werden. Sie ist eine Folge vor allem wirtschaftlicher und politischer Abhängigkeit (Dependenz) einzelner Regionen und Staaten von reichen Industriestaaten und den von diesen beherrschten globalen Märkten. Unterentwicklung entsteht durch die Einbindung der ärmeren, oft auch rohstoffreichen Regionen in die nach den Interessen der wirtschaftlich wohlhabenden Staaten gestaltete internationale Politik und globale Weltwirtschaftsordnung. Sie muss also auf äußere, exogene Faktoren zurückgeführt werden.

Den Dependenztheorien liegt das Bild einer Welt zugrunde, in der die reichen Industriestaaten die politischen und wirtschaftlichen Zentren, die Metropolen, darstellen, während die armen Regionen der Entwicklungsländer gleichsam am Rande liegen, also die Peripherie bilden. Wie sich die Beziehungen zwischen ihnen gestalten, darauf haben die Länder der Peripherie keinen nennenswerten Einfluss.

Diese Überlegungen wurden nicht zufällig – seit den 1960er-Jahren – in Lateinamerika formuliert. Denn die Länder dieser Region waren zwar seit mehr als einhundert Jahren formal selbstständige Staaten. In Wirklichkeit zählten sie zum Interessen- und Einflussgebiet der USA. Die ausländischen Interessen konnten sich dabei auf politische und wirtschaftliche Eliten, etwa die Großgrundbesitzer, das unternehmerische Großbürgertum und die militärischen Führungen in den lateinamerikanischen Ländern stützen.

Kontrovers: Vom Weltmarkt abkoppeln?

These: Wenn die enge Einbindung in den Weltmarkt und das Weltfinanzsystem die Ursache der Abhängigkeit ist, ist es nur konsequent, die eigene Volkswirtschaft nach Möglichkeit davon abzukoppeln.

Voraussetzungen	Probleme
• eigene Ressourcen (Rohstoffe) nutzen und im Land verarbeiten • regionale Produktion und Binnenmärkte fördern – z. B. durch Steuererleichterungen oder Subventionen • Außenhandel fördern – vor allem mit Entwicklungsländern durch Süd-Süd-Kooperation • Wirtschaft durch eigene Banken mit Kapital versorgen – für das Kleingewerbe und Handwerk, um unabhängig von globalen Finanzinstitutionen zu sein • allmählicher Export nur solcher Produkte, mit denen das Land nach Kosten und Qualität auf dem Weltmarkt wettbewerbsfähig ist • Exporterlöse zur gezielten Modernisierung von Gesellschaft (z. B. Bildungssystem) und Wirtschaft einsetzen	Eine vollständige Abkoppelung bietet der Mehrzahl der Entwicklungsländer keine ausreichenden Perspektiven. Gründe: • die eigene Produktion ist nicht in der Lage, eine wirtschaftlich rentable Versorgung der Bevölkerung aufzubauen • die Binnenmärkte sind oft zu klein, um für die eigene Produktion genügend Absatz zu schaffen • es besteht wenig Anreiz zu effizienter und kostengünstiger Produktion ohne internationale Konkurrenz • abgekoppelte Länder können mit den technologischen Innovationen der Industrieländer nicht Schritt halten und fallen weiter in eine technologische Lücke • vom Weltmarkt isolierte Länder tendieren dazu, sich gesellschaftlich und kulturell abzuschotten

Abhängigkeit – Dependenz
Dependenztheorien orientieren sich an Erfahrungen lateinamerikanischer Länder. Unterentwicklung ist danach nicht ein vorübergehendes Durchgangsstadium zu einer kapitalistisch-industriellen Entwicklung nach dem Modell der Marktwirtschaft. Sie ist eher eine Folge der wirtschaftlichen, politischen und kulturellen Abhängigkeit von den Industrieländern im Rahmen des bestehenden Systems der internationalen Politik und der Weltwirtschaftsordnung. Um sich aus dieser Abhängigkeit zu befreien, ist es notwendig, schrittweise die eigenen Möglichkeiten einer inneren Entwicklung zu nutzen und auszubauen und nur so weit am Weltmarkt teilzunehmen, wie es die eigenen wirtschaftlichen Ressourcen erlauben.

2. Rückständigkeit: Wie ist Modernisierung möglich?

Online-Link
800621-6062

Kritiker der Dependenztheorien und der Strategie der Abkoppelung weisen darauf hin, dass sich die Lage zahlreicher Entwicklungsländer auf dem Weltmarkt schrittweise zum Besseren verändert hat. Nicht zuletzt sei in den Welthandel Bewegung gekommen; er werde nicht mehr einseitig von den Industriestaaten dominiert.

gegenläufige Trends

Erkennbar ist, dass der Anteil der Industrieländer am Welthandel zurückgeht, der Anteil der Entwicklungs- und Schwellenländer dagegen steigt – von 25 Prozent in den 1990er-Jahren auf heute rund 40 Prozent (BMZ: Medienhandbuch Entwicklungspolitik 2008/2009, S. 322). Doch es gibt erhebliche regionale Unterschiede. Vor allem die ärmsten Länder, ein Großteil davon in Afrika und Mittelamerika, werden weiter abgehängt. Das zeigt: Innerhalb der Entwicklungsländer existieren zwei gegenläufige Trends. Insbesondere Schwellenländer, aber auch Regionen mit einer angestoßenen Entwicklung, profitieren von der Globalisierung und der Teilnahme am Welthandel. Die schwächsten Länder fallen ohne Hilfe von außen weiter zurück.

Wachstum anstoßen

„Raus aus dem Weltmarkt" lautet das Motto der Anhänger der Dependenztheorien. Diese Botschaft sei falsch, sagen die Befürworter einer **Modernisierung der Entwicklungsländer**. Unterentwicklung ist nach ihrer Auffassung nur ein Durchgangsstadium von einer Gesellschaft, die nach traditioneller Weise lebe und wirtschafte – mit nur geringen privaten Investitionen, einem Bildungssystem, das nur wenigen Entwicklungschancen biete und einer mangelhaften medizinischen Versorgung und Infrastruktur. Diese inneren, endogenen Faktoren der Unterentwicklung sollen durch einen schrittweisen Übergang in moderne Wirtschafts- und Lebensformen aufgehoben werden. Die gedanklichen Leitbilder der vor allem ökonomisch argumentierenden Befürworter der Modernisierung liegen auf der Hand – die Industrieländer und deren Entwicklung seit dem 19. Jahrhundert. Im Mittelpunkt der Veränderung steht der Aufbau einer Marktwirtschaft, die in der Lage ist, Wachstum anzustoßen und Kapital für den Ausbau der Infrastruktur zu erwirtschaften. In diesen Überlegungen spielen Investitionen mit Hilfe ausländischen Kapitals – als „big push" – eine wichtige Rolle. Sie sollen die Voraussetzungen schaffen, um Wachstum und letztlich auch soziale Veränderungen in Gang zu setzen.

Wohlstand von oben nach unten

Der Kerngedanke dieser marktwirtschaftlichen Argumentation ist: Wirtschaftswachstum bildet die Grundlage für Wohlstand in einer Gesellschaft. Dieser beschränkt sich zwar in den Anfängen der Modernisierung auf kleine gesellschaftliche Gruppen, erhöht also zunächst die soziale Ungleichheit im Land. Doch Wohlstand erzeugt nach dieser Vorstellung einen „trickle-down-Effekt": Er sickert mit zunehmender Entwicklung in der sozialen Pyramide allmählich von oben nach unten und erfasst so weitere gesellschaftliche Schichten.
Was für die Verteilung des Wohlstands gilt, zeigt sich auch – so die Argumentation – in der Gesellschaft insgesamt. Von den entwickelten Inseln gehe eine Dynamik aus, die mit der Zeit auch die übrigen Bereiche und Regionen erfassen soll.

offene Fragen

Globalisierungskritiker bestreiten diese Auswirkungen. Investitionen, die am größtmöglichen wirtschaftlichen Nutzen orientiert sind, gehen – so die Kritik – an den Bedürfnissen der breiten Bevölkerung vorbei, führen also zu einer Verfestigung der sozialen Ungleichheit und nicht zu ihrer Überwindung. Zudem nehme die Auslandsverschuldung weiter zu, die den politischen Spielraum der Entwicklungsländer weiter einschränke. Am deutlichsten zeigt sich diese Problematik an der Gruppe der am wenigsten entwickelten Länder.
Es gibt einige – durchaus spektakuläre – Beispiele, die die Wirkung ausländischer Direktinvestitionen für die eigene Entwicklung belegen. So zählt Indien heute zu den bedeutendsten Staaten, in denen Software entwickelt und exportiert wird. Damit ist aber nicht zwangsläufig eine Modernisierung verbunden, die in die Breite geht. Zudem gehen wirtschaftliche Veränderungen nicht unmittelbar mit einer Demokratisierung und der Durchsetzung von Bürgerrechten einher. Sie können politische Veränderung anstoßen, notwendig machen oder beschleunigen. Doch sowohl die europäische Geschichte wie aktuelle Beispiele in Entwicklungsländern zeigen, dass für demokratische Veränderungen soziale und politische Bewegungen notwendig sind, die Bürgerrechte und Mitbestimmung erstreiten.

Folgen der Modernisierung

Die Entwicklung eines Landes kann als Prozess der Modernisierung bezeichnet werden, durch den sich traditionelle Merkmale einer Gesellschaft verändern. Darin einbezogen sind Veränderungen

- der Technik und der Arbeits- und Produktionsmittel
- der Organisation der Wirtschaft
- der Struktur der Gesellschaft, z. B. durch die Entstehung einer Arbeiterklasse und der bürgerlichen Mittelschicht
- der Wirtschaftssektoren, etwa durch den Bedeutungsverlust landwirtschaftlicher Produktion im Zuge der Industrialisierung
- der Stadt-Land-Verteilung und der Verstädterung (Urbanisierung)
- des Bildungssystems und der Berufsausbildung
- des Freizeit- und Konsumverhaltens.

6.7 Ziele, Strategien und Akteure der Entwicklungspolitik

Entwicklungspolitik ist eines der wichtigsten Felder globaler Politik, nicht zuletzt in der UNO. Obwohl sich Industrie- wie auch Entwicklungsländer daran beteiligen, zeigen sich nur allmählich dauerhafte Erfolge. Es besteht zwar Konsens, dass Entwicklung nachhaltig sein soll. Die praktische Umsetzung trifft sowohl bei Industrie- wie auch Entwicklungsländern auf Schwierigkeiten.

1. Ist nachhaltige Entwicklung ein erreichbares Ziel?
2. Entwicklungsstrategien: Wo kann die Politik ansetzen?
3. Entwicklungspolitik: Wer ist daran beteiligt?

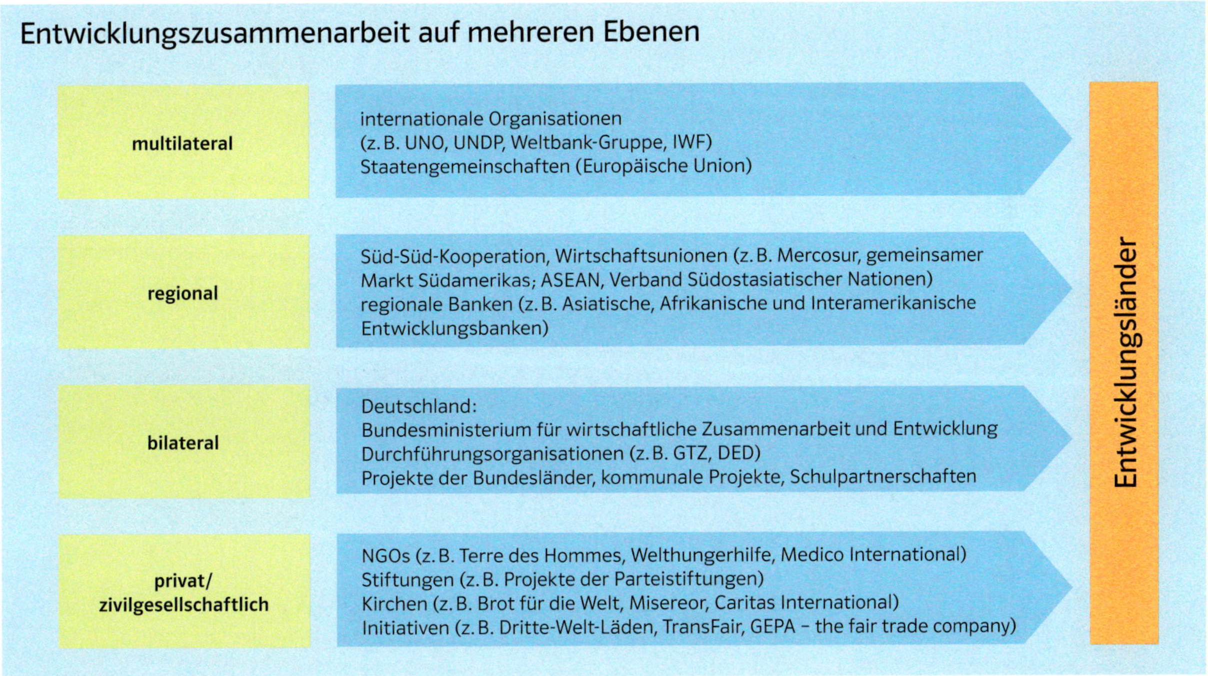

© Klett

1. Ist nachhaltige Entwicklung ein erreichbares Ziel?

Online-Link
800621-6071

Millenniumsziele der UNO

Die UNO erklärte im September 2000, es müsse das Ziel der Entwicklungspolitik aller Staaten sein, dazu beizutragen, den Anteil der Weltbevölkerung, der unter extremer Armut und Hunger leidet, bis zum Jahr 2015 zu halbieren. Im Einzelnen bedeutet das:

- Industrieländer und internationale Organisationen sollen ihre Entwicklungspolitik und ihre Hilfe auf die Bekämpfung der Ursachen von Armut konzentrieren. So hat die Bundesregierung (2005–2009) die Armutsbekämpfung zum vorrangigen Ziel ihrer Entwicklungspolitik im ersten Jahrzehnt des 21. Jahrhunderts erklärt.

- Entwicklungsländer müssen selber notwendige Reformen durchführen. Gerade die erfolgreichen Länder Afrikas zeigen, dass eine demokratische Politik und der Schutz der Menschen- und Bürgerrechte wichtige Voraussetzungen auch für die Bekämpfung der Armut sind.

Zu diesen Millenniumszielen der UNO gehört es, bis 2015 eine neue **Weltsozialordnung** aufzubauen. Ihre Einlösung ist keinesfalls gesichert. Trotz offizieller Erklärungen der Staaten sieht es am Ende des ersten Jahrzehnts im neuen Jahrhundert so aus, als würden sich die Fortschritte in engen Grenzen halten. Die Finanz- und Wirtschaftskrise hat seit 2008/09 dazu beigetragen, dass gerade Industriestaaten die finanziellen Prioritäten anders setzen und Entwicklungspolitik nachrangig bleibt.

Nachhaltigkeit als Leitbild

Seit dem sogenannten Erdgipfel von Rio de Janeiro im Jahr 1992 ist Nachhaltigkeit das Leitbild der internationalen Umwelt- und Entwicklungspolitik. Allen Ländern und Völkern sollen demnach gleiche Entwicklungschancen gegeben und dabei die Interessen nachfolgender Generationen berücksichtigt werden. Als Ergebnis der UN-Tagung verabschiedeten die 178 teilnehmenden Staaten die „Rio-Erklärung über Umwelt und Entwicklung" sowie die „Agenda 21". Sie ist ein Aktionsprogramm mit konkreten Handlungsempfehlungen, die auf globaler, nationaler und lokaler Ebene umgesetzt werden sollen. Nachhaltige Entwicklung (engl. *sustainable development*) verlangt Veränderungen in der Wirtschafts-, Umwelt- und Entwicklungspolitik. Ökologische, soziale und ökonomische Aspekte sind dabei gleichrangig.

Grundsatz der Nachhaltigkeit

Woran kann gemessen werden, ob sich ein Land entwickelt, ob sich die Verhältnisse bessern? Einen Weg dazu – neben anderen – hat die UNO mit ihrem „Programm für menschliche Entwicklung" vorgeschlagen. Es zeigt, dass zur Entwicklung der Dritten Welt Veränderungen in vielen Bereichen gehören und Entwicklungspolitik gleichzeitig an mehreren Punkten ansetzen muss, wenn sie von Dauer, d.h. nachhaltig sein soll. Zu den Merkmalen einer solchen Politik zählen vor allem Entwicklungen in folgenden Bereichen:

- **Gesundheit:** flächendeckende medizinische Versorgung, sauberes Trinkwasser, Senkung der Sterblichkeitsrate von Kindern und Bekämpfung von Seuchen und Infektionskrankheiten wie Aids oder Malaria
- **Arbeit und Beschäftigung:** Ausbau der heimischen Wirtschaft, unmittelbare Versorgung der eigenen Bevölkerung hat Vorrang vor der Ansiedlung großer exportorientierter Unternehmen, Unterstützung des Handwerks und des Kleingewerbes bei der Schaffung von wohnortnahen Arbeitsplätzen
- **Bildung:** Ausbau des Schulsystems auch in ländlichen Regionen (flächendeckendes Grundschulsystem), gleiche Chancen bei der Wahl der Schulen und der Ausbildung
- **Ernährung:** Versorgung mit Nahrungsmitteln, Eindämmung von Hunger und Unterernährung, insbesondere Versorgung der Kleinkinder
- **Lage der Frauen:** Schulbesuch von Mädchen in Primar- und Sekundarschulen, gleiche Entlohnung der Frauen bei der Arbeit, gleichberechtigter Zugang zu öffentlichen Ämtern und zu Führungsaufgaben in der Wirtschaft
- **Umweltschutz:** Verringerung der Schadstoff-Belastung der Böden, des Wassers und der Luft, Aufforstungsprogramme und Schutz des Waldes
- **soziale Sicherheit:** Politik gegen die Armut; Sicherung der Grundbedürfnisse wie Wohnung, Kleidung, Nahrung, der Versorgung im Alter, Schutz der Rechte am Arbeitsplatz

- **demokratische Politik:** mehr politische Mitwirkung und Durchsetzung der Bürger- und Menschenrechte, politische Meinungsvielfalt, freie Bildung von Parteien, demokratische Wahlen, friedliche Regelung politischer Konflikte

Entwicklung – Erfolge und offene Aufgaben

Bereiche	Erfolge	Defizite
Armutsbekämpfung und Ernährung	130 Millionen Menschen wurden aus extremer Armut befreit.	1,2 Milliarden leben von weniger als einem US-Doller pro Tag. Die Zahl der Hungernden wird nicht, wie angestrebt, bis 2015 halbiert werden. 2008/09 erreichte sie sogar mit mehr als 1 Milliarde Menschen einen neuen Höchststand seit 1970.
Gesundheit/Medizin	Die Kindersterblichkeit wurde in allen Entwicklungsregionen erfolgreich bekämpft. 1990 starben von 1000 Kindern bis zum 5. Lebensjahr 106 Kinder; heute sind es noch 87.	Die Kindersterblichkeit soll bis 2015 um zwei Drittel verringert werden. Berücksichtigt man die bisherigen Maßnahmen, wird dieses Ziel allerdings nicht 2015, sondern voraussichtlich erst 2045 erreicht werden.
Bildung und Schule	Die Zahl der Kinder, die regelmäßig zur Schule gehen können, ist seit der Jahrtausendwende um 30 Millionen gestiegen.	115 Millionen Kinder haben heute keinen regelmäßigen Unterricht. Nach jetzigen Berechnungen werden 2015 immer noch rund 50 Millionen Kinder nicht zur Schule gehen.
Versorgung mit Trinkwasser	1,2 Milliarden Menschen erhielten Zugang zu sauberem Wasser.	1,1 Milliarden Menschen haben noch keinen Zugang zu sauberem Trinkwasser; 2,6 Milliarden haben keinen Zugang zu Sanitäranlagen (Toiletten, Waschgelegenheiten).
Gleichberechtigung der Geschlechter	In mehr als 80 Entwicklungsländern wurden besondere Anstrengungen unternommen, um die politische Mitwirkung von Frauen zu verbessern (z. B. bei Parlamentswahlen).	Die Mehrzahl der Frauen verdient – bei gleicher Arbeit – wesentlich weniger als die Männer; sie sind öfter arbeitslos und haben weniger Führungsposten in der Wirtschaft und in der Politik.
Politik	Von den nicht ganz 200 Staaten der Welt finden heute in rund 140 politische Wahlen mit mehreren Parteien statt. Die meisten der 33 Militärregime wurden seit 1980 durch zivile Regierungen ersetzt; in 81 Ländern wurden Schritte in Richtung Demokratie unternommen.	Nur etwas mehr als die Hälfte der 81 „neuen Demokratien" sind tatsächlich demokratisch. Nur etwas mehr als die Hälfte der Weltbevölkerung lebt in Staaten, die als demokratisch bezeichnet werden können.
Umweltschutz	In vielen Regionen konnte das Abholzen von Wäldern verlangsamt oder durch neue Aufforstung ausgeglichen werden.	Jedes Jahr werden immer noch mehr als 7 Millionen Hektar Wald vernichtet. Das entspricht der Fläche des Staates Sierra Leone. Täglich gehen 200 Quadratkilometer Wald verloren.

United Nations: UNDP-Berichte über die menschliche Entwicklung 2002, 2005, 2006 und 2007/08, The Millennium Development Goals Report 2006, New York 2006

Online-Link
800621-6072

2. Entwicklungsstrategien: Wo kann die Politik ansetzen?

In den Beziehungen zwischen dem Norden und dem Süden sind viele aktiv: Staaten und ihre Regierungen, multinationale Unternehmen und Banken, internationale Organisationen, kirchliche und karitative Organisationen, Initiativen und Nichtregierungsorganisationen. Weder ihre Ziele noch ihre Mittel lassen sich alle unter eine Überschrift stellen, nicht zuletzt, weil sie unterschiedliche Interessen verfolgen. Angesichts der Vielzahl der Akteure übersehen wir leicht, dass den Hauptbeitrag zur Entwicklung die betroffenen Länder selber leisten müssen.
Im Folgenden sollen zwei Strategien modellhaft beschrieben werden, wobei allerdings gilt: Modelle werden nie lupenrein umgesetzt; es gibt zahlreiche Mischformen und unterschiedliche Wege, und nicht zuletzt bleibt den ärmsten Ländern oft wenig Spielraum für eigene Entscheidungen. Doch die beiden Modelle sind geeignet, exemplarische Fragen der Entwicklungspolitik aufzugreifen.

Grundbedürfnis-Strategie

„Entwicklung bedeutet in Afrika etwas anderes als z. B. in Lateinamerika oder in Südasien." (Franz Nuscheler) Ob sie erfolgreich sein wird, hängt auch davon ab, ob es gelingt, die betroffenen Länder und Menschen selber an den Veränderungen zu beteiligen. Erfolgreiche Projekte orientieren sich deshalb an den **Grundbedürfnissen** der Menschen und setzen deren Fähigkeiten und Möglichkeiten ein, ihre Befriedigung möglich zu machen. Das bedeutet:

- vorrangig sind die alltäglichen Lebensbedürfnisse
- die Bevölkerung soll an den Entscheidungen und Veränderungen beteiligt werden
- dabei produktive Erfahrungen in ihrem unmittelbaren Umfeld machen
- neue Formen des Zusammenlebens ausprobieren können, damit der soziale Wandel nicht als Bedrohung erlebt wird.

Entwicklungs-zusammenarbeit

Aus dieser Überlegung heraus ist Entwicklungspolitik in erster Linie **Entwicklungszusammenarbeit** – eine Zusammenarbeit, bei der nicht nur Regierungen und staatliche Stellen aktiv werden. In gleicher Weise sind hier die zahlreichen Projekte der internationalen Nichtregierungsorganisationen (NGOs) wichtig, aber auch Initiativen, die vor Ort in den Ländern selber entstehen.
Projekte, die der Strategie der Grundbedürfnisse folgen, müssen nicht das Ziel haben, die Entwicklung eines Landes von der internationalen Wirtschaft abzukoppeln (Kap. 6.6). Vorrangig ist vielmehr, die Grundversorgung mit elementaren Gütern und Einrichtungen (z. B. sauberes Trinkwasser, sanitäre Einrichtungen) durch eigene Initiativen aufzubauen und sicherzustellen. Damit können Veränderungen in Gang gesetzt werden, die zugleich einen Wandel der sozialen Verhältnisse anstoßen. Das Beispiel der Grameen-Bank zur Kapitalversorgung kleiner Gewerbebetriebe dokumentiert diesen Effekt: Wirtschaftliche Selbstständigkeit erzeugt gleichsam einen sozialen und kulturellen Überschuss – als Weg aus gesellschaftlicher Abhängigkeit.

Überlebenswirtschaft

In Entwicklungsländern fehlen Arbeitsplätze. Große Teile der Bevölkerung leben von dem, was sie auf einem kleinen Stück Land selber erwirtschaften oder durch unregelmäßige Aushilfsarbeiten verdienen. Was in einer solchen

➤ **Subsistenzwirtschaft** erzeugt wird, ist nicht in erster Linie für den Markt bestimmt, weder im eigenen Land noch für den Export. Ziel ist es vielmehr, das Überleben mit einfachen Arbeiten und durch eigene Vorsorge zu sichern. In nicht wenigen armen Ländern ist sie oft wichtiger als die formelle, marktorientierte Wirtschaft. Die Werte, die durch Subsistenzwirtschaft geschaffen werden, tauchen in keiner Wirtschaftsstatistik auf, auch nicht in der Berechnung des Bruttoinlandsprodukts.
Das besagt aber nicht, dass diese Form des Wirtschaftens nichts zur Entwicklung beiträgt. In sich entwickelnden Ländern leistet Subsistenzwirtschaft die Grundversorgung für einen Teil der Gesellschaft und trägt so zur selbstbestimmten Bekämpfung von Armut bei. Nach Schätzungen der Vereinten Nationen sichert sie die wirtschaftliche Existenz der Mehrheit in afrikanischen Ländern.

Grameen-Bank: Kleinkredite für Arme

Der Friedensnobelpreis ging 2006 an den Wirtschaftsfachmann Mohammed Junus und seine Organisation „Microcredit" aus Bangladesch. Junus hatte die Grameen-Bank Anfang der 1980er-Jahre gegründet. Sie vergibt Kleinkredite an arme Menschen. „Grameen" heißt übersetzt „dörflich". Die Kredite sollen den Weg in die wirtschaftliche Unabhängigkeit möglich machen – durch Gründung einer Nähstube, einer Straßenküche, kleinerer Werkstätten. Also Betriebe, die sich im Laufe der Jahre selber tragen. Nur ganz wenige, die einen Kredit bekommen, scheitern bei dem Versuch, sich wirtschaftlich auf eigene Beine zu stellen. In Bangladesch hat die Bank schon rund acht Milliarden Dollar an Mikrokrediten vergeben (Stand 2009) – in Summen von wenigen Dollar bis einigen tausend pro Person. Empfänger sind Millionen von Menschen, fast ausschließlich Frauen. Die Kredite sind zu 98 Prozent zurückgezahlt worden. Inzwischen arbeitet die Grameen-Bank auch in Industrieländern: So vergab die Bank auch Kleinkredite für Miniprojekte an Frauen in New York.

Subsistenzwirtschaft

Einzelne oder kleinere Betriebe erzeugen Güter. Der Erlös dient der Selbstversorgung und der Sicherung des Lebensunterhaltes – vom Garten- und Ackerbau über Nähwerkstätten und Suppenküchen bis zu kleinen Handwerksbetrieben. Subsistenzwirtschaft wird in Entwicklungsländern insbesondere von Frauen und Kindern erbracht. Sie wird als informeller Sektor vom formellen Sektor der organisierten und marktorientierten Wirtschaft unterschieden und existiert nicht nur in der Dritten Welt.
In den Transformationsländern Mittel- und Osteuropas spielt sie seit den 1990er-Jahren ebenfalls eine Rolle. In Industrieländern treffen wir sie vor allem in Zeiten anhaltender und hoher Arbeitslosigkeit als sogenannte Schattenwirtschaft („Schwarzarbeit") an.

Industrialisierung: exportorientierte Strategie

Abgesehen von einigen dynamischen Schwellenländern sind nur wenige Entwicklungsländer in der Lage, Investitionen aus dem im Lande erwirtschafteten Kapital zu finanzieren. Sie sind auf Kredite von Banken (in der Regel aus Industrieländern) und internationalen Finanzorganisationen wie der Weltbank und dem Internationalen Währungsfonds angewiesen. So hat Mexiko vom IWF bis April 2009 Kredite in einem Volumen von 47 Milliarden US-Dollar erhalten. In Kolumbien waren es mehr als 10 Milliarden und in Pakistan knapp 8 Milliarden US-Dollar (Spiegel Wissen, 01.10.2009). Investitionen, die auf diese Weise zustande kommen, sollen als Anstoß („take-off") für Innovation und Wachstum wirken. Der Erfolg dieser **exportorientierten Strategie** hängt davon ab, ob es einem Land gelingt, zumindest mit einzelnen Branchen oder Produktsegmenten auf dem Weltmarkt wettbewerbsfähig aufzutreten. Befürworter dieser Strategie sehen für einen größer werdenden Teil der Länder eine Chance, die letztlich in der fortschreitenden Globalisierung liegt: In der internationalen Arbeitsteilung können sie ihre Kostenvorteile ausspielen. Ihre Produkte – leichtindustrielle und arbeitsintensive Halb- und Fertigprodukte – sind attraktiv für den Weltmarkt und damit auch für den Absatz in Industrieländern.

Gegenbewegungen

Nicht in allen Entwicklungsländern gelingt der „take off". In nicht wenigen Fällen hat die Exportorientierung zu einem drückenden Anstieg der **Auslandsverschuldung** geführt – mit der Folge, dass die betroffenen Länder einen großen Teil ihrer Einnahmen in den Schuldendienst stecken müssen. Zudem sind Kreditzusagen oft mit Auflagen verbunden, die sich nicht zuletzt für die Armen und die unteren Einkommensbezieher nachteilig auswirken. Modernisierung dieser Art ruft deshalb auch soziale und kulturelle Gegenbewegungen hervor. Gelingt die Politisierung dieser Bewegungen, können daraus politische Proteste und Konflikte entstehen.

Gegenbewegungen: Der „Wasserkrieg" von Cochabamba

Ein Beispiel, wie kapitalorientierte Entwicklung zu sozialen und politischen Konflikten führen kann, zeigt der sogenannte Wasserkrieg von Cochabamba. Bolivien sollte Ende der 1990er-Jahre auf Drängen des IWF eine Sondersteuer einführen, um den Staatshaushalt zu sanieren und die Wasserversorgung zu privatisieren. Auf diese Weise sollte der Staat Kapital für notwendige Investitionen in die Infrastruktur bekommen. Dabei kam der US-Konzern Bechtel zum Zuge. Gegen beide Maßnahmen richteten sich politische Proteste und soziale Unruhen, die vor allem von den Quechua und Aymará, Nachkommen der vorkolonialen, indigenen Bevölkerung, ausgingen. Die Unruhen wurden als „Wasserkrieg von Cochabamba" bekannt. 2002 erzwangen sie den Rücktritt des Staatspräsidenten und die teilweise Rücknahme der Gesetze, mit denen die Auflagen des IWF umgesetzt werden sollten. Zudem führten die Unruhen zur Vertreibung des US-Wasserkonzerns aus Bolivien.
Bolivien ist kein Einzelfall. Die Kritik am IWF und an US-amerikanischen Konzernen ist heute nahezu durchgehend ein Merkmal der politischen Entwicklung in Lateinamerika. Regierungen wie die des venezolanischen Präsidenten Hugo Chávez propagieren eine eigenständige Entwicklung in der Form eines „lateinamerikanischen Sozialismus".

Nach: Hans Huber Abendroth: Der „Wasserkrieg" von Cochabamba, Wien 2004

Eigeninitiativen: Süd-Süd-Kooperation

Wichtige Impulse für Veränderungen in den Regionen des Südens kommen aus der politischen und wirtschaftlichen Zusammenarbeit, wie sie von Entwicklungsländern selber organisiert wird. Bereits 1969 schlossen sich Bolivien, Kolumbien, Ecuador und Peru im „Andenpakt" zusammen. Venezuela trat 1974 bei. Argentinien, Brasilien, Paraguay, Uruguay und Venezuela gründeten 2001 den „Mercosur", einen gemeinsamen Markt in Lateinamerika. Sie bauten Handelsschranken untereinander ab und versuchen seither, gemeinsame Institutionen für einen eigenständigen lateinamerikanischen Finanzmarkt einzurichten. Ihr politisches Ziel, einen gemeinsamen Markt ganz ohne Binnenzölle – wie etwa in der Europäischen Union – zu schaffen, haben sie bislang noch nicht erreicht. Ähnliche Entwicklungen zur Zusammenarbeit und Integration gibt es auch in anderen Regionen der Welt.

3. Entwicklungspolitik: Wer ist daran beteiligt?

Online-Link
800621-6073

Was für die Internationalisierung der Politik generell gilt, zeichnet die Entwicklungspolitik ganz besonders aus: Sie ist in die globalen Rahmenbedingungen eingebunden.

staatliche Akteure: Bund und Länder

Auf der Ebene des Bundes gibt es seit 1961 ein eigenständiges **Ministerium für Entwicklungspolitik**. Dem Bundesministerium für wirtschaftliche Zusammenarbeit und Entwicklung (BMZ) zugeordnet ist eine Reihe von Organisationen, die für die Durchführung konkreter Entwicklungsprojekte zuständig sind: z. B. der Deutsche Entwicklungsdienst (DED), die Deutsche Investitions- und Entwicklungsgesellschaft (DEG), die Deutsche Gesellschaft für technische Zusammenarbeit (GTZ, Stand Juli 2010).
Entwicklungspolitik wird auch im **Parlament** gemacht. Der Ausschuss für wirtschaftliche Zusammenarbeit und Entwicklung bereitet Verhandlungen und Entscheidungen des Parlaments vor und setzt sich mit den entwicklungspolitischen Konzepten der Regierung auseinander. Als parlamentarisches Gremium hat er zudem die Aufgabe, die Arbeit des Ministeriums als Teil der Exekutive zu kontrollieren.
An den Parlamentsausschüssen lässt sich auch zeigen, dass Entwicklungspolitik nicht ausschließlich im Fachministerium und dem ihm zugeordneten Bundestagsausschuss angesiedelt ist. So geht es – direkt und indirekt – um diesen Politikbereich auch

- im Haushaltsausschuss des Bundestags, wenn er das Budget und damit die politischen Handlungsspielräume des Ministeriums festlegt
- im Ausschuss für Menschenrechte und humanitäre Hilfe, wenn Menschenrechte in Entwicklungsländern auf der Tagesordnung stehen
- im Auswärtigen Ausschuss des Bundestags wie auch im Auswärtigen Amt, da Entwicklungspolitik auch Teil der Außenpolitik ist
- im Bundessicherheitsrat, weil seit den Anschlägen auf das New Yorker World Trade Center und das US-Verteidigungsministerium in Washington am 11. September 2001 Terrororganisationen in den Krisenregionen vermehrt ins Blickfeld geraten sind.

Zu den staatlichen Trägern der Entwicklungspolitik gehören auch die **Bundesländer**. Sie fördern vor allem Projekte in Schulen und in der Aus- und Weiterbildung etwa technischer und landwirtschaftlicher Berufe.

Europäische Union

Obwohl nach den vertraglichen Grundlagen der EU Entwicklungspolitik in die Verantwortung der einzelnen Mitgliedstaaten fällt, kann dieser Politikbereich auf europäischer Ebene nicht ausgeklammert werden. Entscheidungen etwa in der Handels-, Agrar- und Fischereipolitik geraten nicht selten mit erklärten entwicklungspolitischen Zielen in Konflikt. Deshalb werden diese und weitere Politikfelder auf mögliche Überschneidungen oder Konflikte mit der Entwicklungspolitik hin überprüft.
Das Interesse der EU-Länder an der Entwicklungspolitik ist nicht zuletzt durch den Handel mit den Ländern des Südens bestimmt. Zudem haben die ehemaligen Kolonialmächte innerhalb der EU zu einzelnen Staaten und Regionen besondere Beziehungen, mit denen über die Wirtschaft hinaus auch weiterhin ein politischer Einfluss aufrechterhalten werden soll. Dies gilt besonders für die sogenannten **AKP-Staaten** (Kap. 4.3). Dafür stehen der EU außerhalb des offiziellen Haushalts im Europäischen Entwicklungsfonds Mittel zur Verfügung. Für die Jahre von 2008 bis 2013 sind dies rund 23 Milliarden Euro. Ferner werden im offiziellen EU-Haushalt (2009 insgesamt: 134 Milliarden Euro) etwas mehr als acht Prozent des Gesamtbudgets für Entwicklungszusammenarbeit bereitgestellt.

internationale Entwicklungszusammenarbeit

Die Bundesrepublik beteiligt sich an **Entwicklungsprojekten internationaler Organisationen**. So unterstützt sie personell und finanziell das Entwicklungsprogramm der Vereinten Nationen (United Nations Development Programme, UNDP). In bi- und multinationale Projekte fließt ein großer Teil der Haushaltsmittel, die das Entwicklungsministerium zur Verfügung hat.
Eine wichtige Ebene der Entwicklungspolitik stellen die internationalen ➤**Regime** dar, in denen über Grundsätze des Welthandels und der Finanzordnung beraten und entschieden wird. Hier kommen vor allem WTO, IWF und die Weltklimakonferenz ins Spiel (Kap. 5.3). Diese Orgnisationen halten regelmäßig Konferenzen ab, auf denen angesichts fortschreitender Globalisierung über Chancen der Entwicklungsländer auf den Weltmärkten, ihr Verhältnis zu den Industrieländern und Auflagen zum Schutz der natürlichen Ressourcen und des Klimas entschieden wird.

Mangelnde Kohärenz als Problem

Alle Bundesregierungen betonen bisher, dass sie eine abgestimmte, d. h. kohärente Politik „aus einem Guss" in Sachen Entwicklungsländer betreiben wollen. Kohärenz bedeutet hier, dass bei politischen Entscheidungen insgesamt darauf geachtet wird, ob sie mit den entwicklungspolitischen Zielvorstellungen in Einklang sind. Die Praxis zeigt allerdings, dass häufig Rivalitäten und Konflikte zwischen den einzelnen Ministerien auftreten. Nicht selten werden z. B. Forderungen nach mehr Schutz von Menschenrechten zugunsten wirtschaftlicher Interessen zurückgestellt.
Mangelnde Kohärenz tritt erst recht auf internationaler Ebene – vor allem in der EU oder der UNO – auf. Dort geht es nicht nur um Ausgleich zwischen nationalen Interessen; die Konflikte und Widersprüche zeigen sich sowohl zwischen den Entwicklungs- und den Industrieländern als auch innerhalb der beiden Gruppen, sodass Entscheidungen oft gegenseitig blockiert werden.

Wie kaum ein anderes Politikfeld sind in der Entwicklungszusammenarbeit Organisationen und Institutionen der ➤**Zivilgesellschaft** tätig. Sie führen in eigener Verantwortung, aber auch in Zusammenarbeit mit staatlichen Stellen und internationalen Organisationen Projekte in Entwicklungsländern durch. Das ist die eine Zielrichtung ihrer Arbeit. Die andere ist auf das eigene Herkunftsland gerichtet: Durch Information, Schulung und Öffentlichkeitsarbeit wollen sie für ein Verständnis der Entwicklungspolitik werben, in deren Zentrum Bekämpfung der Armut, die Bürger- und Menschenrechte sowie der Aufbau demokratischer Ordnungen und Hilfe zur Selbsthilfe stehen.

solidarisches Handeln

In vielen Fällen arbeiten die **Nichtregierungsorganisationen** (NGOs) näher an den konkreten Problemen der Menschen in Entwicklungsländern, als dies staatliche Stellen oder internationale Organisationen tun. Ihre Arbeit finanzieren deutsche NGOs überwiegend aus Spenden, aus den Beiträgen ihrer Mitglieder und vereinzelt auch aus Mitteln des Bundesministeriums für wirtschaftliche Zusammenarbeit und Entwicklung.
1995 schlossen sich die deutschen NGOs, die in der Entwicklungsarbeit aktiv sind, zum Verband Entwicklungspolitik deutscher Nichtregierungsorganisationen (VENRO) zusammen. Er soll die NGO-Arbeit zwischen den einzelnen Organisationen wie auch mit den staatlichen Stellen abstimmen und koordinieren.
Auch die Kirchen beteiligen sich an der Entwicklungszusammenarbeit mit eigenen Aktionen – Misereor und Adveniat von den katholischen, Brot für die Welt von den protestantischen Kirchen. Kirchliche Organisationen engagieren sich seit den 1990er-Jahren besonders in der Entschuldungsbewegung. Ziel ist ein Schuldennachlass für die ärmsten Entwicklungsländer, wie er erstmals 1999 beschlossen wurde.

Nichtregierungsorganisationen

Für die armen Länder des Südens stellt sich der Weltmarkt in seiner jetzigen Ordnung als unfair dar. Dessen nachteiligen Bedingungen zu entgehen, ist das Ziel von **Initiativen und Solidaritätsbewegungen**, den Dritte-Welt-Initiativen oder Eine-Welt-Läden. Sie werden meist von örtlichen Organisationen, etwa von Kirchengemeinden, betrieben. Ihre fair gehandelten Produkte, vor allem Nahrungsmittel, Spielzeug und Kleidung, kommen von Kleinbauern und kleinen Erzeuger-Genossenschaften. Der Zwischenhandel wird übergangen, damit die Erzeuger selbst ein ausreichendes Einkommen haben. Diese Arbeit hat zwei Ziele. So soll in den Entwicklungsländern ein wohnortnahes Kleingewerbe aufgebaut und die Existenz der Erzeuger gesichert werden. Daneben geht es darum, das Verhalten der Verbraucher bei uns zu verändern.

Erzeugerinitiativen

6.8 Sicherheits- und Verteidigungspolitik nach dem Ost-West-Konflikt

Ein Blick zurück in die Entwicklung der internationalen Politik während des Kalten Kriegs: Sicherheit nach außen wurde weitgehend als militärische Sicherheit zwischen zwei rivalisierenden Lagern verstanden. Erst der lange Prozess der Entspannungspolitik führte zu einer Aufweichung der Gegensätze. Mit dem Zusammenbruch der Sowjetunion zerfiel auch die bipolare Weltordnung.

1. Der Ost-West-Konflikt: Sicherheit durch Abschreckung?
2. Kann Wettrüsten kontrolliert werden?

Doppelstrategie der NATO: Sicherheit im Ost-West-Konflikt – Abschreckung und Entspannung

militärische Strategie: Abschreckung und Verteidigung
- militärische Stärke schreckt die gegnerische Seite von einem Angriff auf einen NATO-Staat bzw. das NATO-Gebiet ab
- eine enge politische Zusammenarbeit zwischen den NATO-Staaten trägt zur Sicherheit bei
- zwischen den Militärblöcken wird Offenheit und gegenseitige Information angestrebt, um Fehleinschätzungen des gegnerischen Bedrohungspotenzials zu vermeiden

politische Strategie: Entspannung und Abrüstung
- Konflikte und Spannungen zwischen den Staaten und Blöcken werden durch Verhandlungen friedlich bearbeitet bzw. beigelegt
- in internationalen Vereinbarungen werden Waffen, vor allem nukleare Waffen und Raketen, dauerhaft verringert oder ganz abgebaut
- sogenannte vertrauensbildende Maßnahmen – sie sollen Gegensätze entschärfen

Beschlossen von den NATO-Staaten im Dezember 1967, Harmel-Bericht. Sie galt bis zum Ende des Ost-West-Konflikts.

Online-Link
800621-6081

1. Der Ost-West-Konflikt: Sicherheit durch Abschreckung?

Rückblick

Der Zweite Weltkrieg ging in Europa am 8. Mai 1945 mit der bedingungslosen Kapitulation des Deutschen Reiches zu Ende. Auf den letzten Kriegskonferenzen der Siegermächte USA, Sowjetunion (UdSSR), Großbritannien und Frankreich zeichneten sich innerhalb der einstigen Kriegsallianz zunehmend unterschiedliche Auffassungen über die Nachkriegsordnung und die Behandlung Deutschlands ab. Der Interessengegensatz vor allem zwischen den westlichen Staaten und der UdSSR trat in den ersten Nachkriegsjahren offen zu Tage und prägte als **Ost-West-Konflikt** die folgenden Jahrzehnte. Es herrschte zwar kein offener, „heißer" Krieg zwischen beiden Lagern, doch angesichts der beiderseitigen Drohungen sprach man ab 1947 bis 1989/90 vom Kalten Krieg.

Teilung Deutschlands und Europas

Die politischen Gegensätze hatten drei Konsequenzen:
- Auf der Potsdamer Konferenz einigten sich die Siegermächte, Deutschland zwar in vier Besatzungszonen einzuteilen, das Land aber trotzdem

wirtschaftlich soweit als möglich gemeinsam zu verwalten. Diese Absichtserklärung wurde angesichts der unterschiedlichen machtpolitischen Interessen zwischen der UdSSR und den Westmächten nicht realisiert. Unter den Westmächten, voran den USA, wurde spätestens seit 1946 – angesichts der sowjetischen Politik in der deutschen Ostzone und in Osteuropa – der Plan verfolgt, einen provisorischen deutschen Weststaat ins Leben zu rufen. Mit der Gründung der **Bundesrepublik Deutschland** (BRD) und der **Deutschen Demokratischen Republik** (DDR) wurde die politische Teilung Deutschlands 1949 endgültig vollzogen.
- Beide Seiten nahmen kurz nach dem Ende eines Krieges die Produktion von Waffen wieder verstärkt auf. Das **militärische Wettrüsten** setzte wie eine fortlaufend nach oben steigende Spirale ein. Keine Seite wollte der anderen unterlegen sein. Ihren Höhepunkt erreichte diese Entwicklung in der atomaren Rüstung, in der Entwicklung interkontinentaler Raketen als Trägerwaffen und der „Eroberung" des Weltalls.
- Die politischen Lager schlossen sich militärisch enger zusammen: Die UdSSR stationierte auf der Grundlage schon bestehender Freundschafts- und Beistandspakte starke Armeen in Ostdeutschland und in Osteuropa. Westliche Staaten schlossen sich 1949 unter der Führung der USA in der Nordatlantischen Vertragsorganisation, ➤ **NATO** (engl. North-Atlantic Treaty Organization), zusammen. Die bilateralen Pakte der UdSSR mit den osteuropäischen Staaten gingen im Mai 1955 in der Warschauer Vertragsorganisation, dem sogenannten ➤ **Warschauer Pakt**, auf. Beide deutschen Staaten wurden jeweils 1955 Mitglied in dem ihnen zugeordneten Militärbündnis.

Sicherheit durch Bündnispolitik

Beide Militärbündnisse bezeichneten sich als Verteidigungs- und Beistandspakte. Die Mitglieder sicherten sich jeweils politische und militärische Hilfe bei einer Bedrohung oder einem Angriff von außen zu. Für jede Seite kam es darauf an, über genügend militärische Potenziale zu verfügen, um eine Bedrohung von außen abwehren zu können. In der Logik dieses Konzepts lag es, dass das Wettrüsten vor allem mit Atomwaffen in bislang nicht geahntem Ausmaße zunahm. Die **Strategie der Abschreckung** drehte die Spirale des Wettrüstens weiter nach oben.

bipolare Welt

Die **Blockbildung** zeigte sich nicht nur in Deutschland und in Europa; sie wurde seit dem Ende der 1940er-Jahre zu einem globalen Strukturmerkmal. Vereinfacht gesagt: Die Welt war nun bipolar geordnet. Sie hatte – wie in einem Magnetfeld – zwei politische und militärische Pole. Um sie herum lagerten sich die anderen Staaten. Zwei Supermächte, die USA und die UdSSR, waren die eigentlichen Machtzentren.

Bewegung der Blockfreien

So ganz stimmt das Bild von den beiden Polen allerdings nicht. Es gab auch in dieser Zeit Staaten, die versuchten, sich von diesen beiden gegnerischen Lagern abzukoppeln. Dazu zählte etwa Indien, das 1947 von der britischen Kolonialmacht unabhängig geworden war. Auch Länder wie Jugoslawien, Ägypten oder Indonesien gehörten zu diesen neutralen Staaten. Sie schlossen sich 1955 auf einer Konferenz in Bandung (Hauptstadt von Westjava in Indonesien) zur **Gruppe der Blockfreien** zusammen. Die meisten von ihnen waren ehemalige Kolonien, die gerade ihre politische Unabhängigkeit erreicht hatten.

Trotz dieser Bewegung der Blockfreien bleibt für die Zeit bis 1989/90, als die hermetisch abgeriegelten Grenzen nach Osteuropa geöffnet wurden und die kommunistische Staatenordnung zusammenbrach, die bipolare Ordnung das dominierende Merkmal dieser Jahrzehnte.

Online-Link
800621-6082

2. Kann Wettrüsten kontrolliert werden?

Was geschieht, wenn die Abschreckungspolitik nicht funktioniert und es zum atomaren Zusammenstoß kommt? Diese Gefahr war in den Jahren des Kalten Krieges stets vorhanden. Und das Wettrüsten verschlang in beiden Lagern unvorstellbare Mittel, die für andere Bereiche nicht zur Verfügung standen.

Kooperation im Ost-West-Konflikt

Auf dem Höhepunkt des Ost-West-Konflikts setzten erste Schritte zu einer neuen Politik ein. Mit der **Entspannungs- und Abrüstungspolitik** zeichneten sich zu Beginn der 1970er-Jahre zwei Veränderungen ab, die durch Verhandlungen die Beziehungen zwischen den Supermächten USA und UdSSR wie auch zwischen den beiden deutschen Staaten flexibler gestalten sollten. Diese Politik vollzog sich in mehreren Etappen; beispielhaft seien drei Stationen genannt:

- Veränderung der **NATO-Strategie**: Sicherheit sollte nicht mehr nur allein durch militärische Abschreckung erreicht werden. Angestrebt wurde nun eine Doppelstrategie, die das Ziel verfolgte, die unmittelbare Konfrontation durch eine Politik der Entspannung auf unterschiedlichen Ebenen und durch Rüstungskontrolle (von Rüstungsbegrenzung bis Abrüstung) aufzubrechen.
- **Ostpolitik** und **Deutschlandpolitik**: Verträge, die die Bundesregierung seit 1970 mit der UdSSR, mit Polen, der Tschechoslowakischen Republik und mit der DDR schloss. In ihrem Zentrum stand ein gegenseitiger Verzicht auf Anwendung von Gewalt und die Anerkennung der bestehenden Grenzen.
- **Zusammenarbeit:** 1973 tagte die Konferenz über Sicherheit und Zusammenarbeit in Europa (KSZE) zum ersten Mal. In der KSZE-Schlussakte von Helsinki wurde 1975 eine Grundlage geschaffen, um Entspannung zwischen den Lagern und Staaten schrittweise umzusetzen. Aus der Konferenz wurde im Laufe der Jahre eine dauerhafte Staatenkonferenz zur Entspannung und zur Friedenssicherung, die wesentlich zu den Veränderungen in den Ostblockstaaten beigetragen hat. Am 1. Januar 1995 wurde sie in **Organisation für Sicherheit und Zusammenarbeit in Europa** (OSZE) umbenannt.

Wandel im Ostblock

In der UdSSR und den anderen Staaten des Warschauer Pakts zeigten sich wirtschaftliche Schwierigkeiten. Der Abstand zu den westlichen Staaten wurde zunehmend größer. Die Bevölkerung bekam die Nachteile einer solchen Verschwendung direkt zu spüren – etwa durch mangelhafte Versorgung mit den notwendigen Gütern des täglichen Lebens und mit Wohnungen.
In den 1980er-Jahren nahmen in den östlichen Staaten Unzufriedenheit und Kritik zu. Trotz der ständigen Kontrolle durch die herrschenden Staatsapparate formierte sich eine **politische Opposition**: In Polen streikten Arbeiter für bessere Löhne und mehr Rechte. Aus den Streiks heraus bildete sich die erste freie Gewerkschaft in einem Ostblock-Land, die Solidarność (Solidarität). In der Tschechoslowakischen Republik forderten oppositionelle

Schriftsteller, Künstler, Arbeiter und Studenten, voran die Gruppe Charta 77, die Achtung der Menschenrechte und mehr Demokratie. In der DDR entstanden Bürgerrechts- und Umweltgruppen, die für eine andere Politik in der DDR eintraten.
Dass Veränderungen möglich wurden, lag auch am Verzicht der UdSSR auf die politische und militärische Vorherrschaft im Bereich des Warschauer Pakts. Maßgeblich war dabei die neue Politik von **Michail Gorbatschow**, seit 1985 Vorsitzender der Kommunistischen Partei der UdSSR und Staatspräsident. Er wollte schrittweise die politische Ordnung reformieren und umbauen und die UdSSR gegenüber dem Westen öffnen. Perestroika (Umbau) und Glasnost (Offenheit) waren dabei die Schlagworte. Waren noch 1968 Truppen des Warschauer Pakts in die Tschechoslowakei einmarschiert, um den „Prager Frühling", einen freiheitlichen sozialistischen Reformversuch, mit Gewalt zu unterdrücken, so erklärte Gorbatschow jetzt, jedes Land entscheide selber, welchen Weg es gehen wolle.

Protest im Westen

Auch in westlichen Staaten regte sich Kritik und Widerstand gegen die Politik des Wettrüstens. Gruppen aus der ➤ **Friedensbewegung** bekamen regen Zulauf; auf vielen Demonstrationen verlangten mehrere hunderttausend Teilnehmer ein Ende des Rüstungswettlaufs. Zahlreiche Friedensaktivisten gründeten in der Bundesrepublik zusammen mit Teilen der Anti-Atomkraft- und Umweltbewegung eine neue Partei, **die Grünen**. Die Partei zog 1979 in Bremen erstmals in ein Landesparlament ein; 1980 gründete sich die Bundespartei, der drei Jahre später der Sprung in den Bundestag gelang (Kap. 3.5).

Entspannungspolitik

Durch die Entspannungspolitik sollten mögliche Konflikte mit der UdSSR und den mittel- und osteuropäischen Staaten vermieden werden. Dazu sollten politische und militärische Interessengegensätze durch Verhandlungen reduziert oder ganz abgebaut werden. Sie setzte in den 1960er-Jahren ein und prägte – mit einigen Rückschlägen – das Verhältnis zwischen West und Ost bis zur Auflösung des Warschauer Pakts 1991. Dazu wurden in Verhandlungen und Verträgen Vereinbarungen über wirtschaftliche und politische Zusammenarbeit, über Abrüstung und Rüstungsbegrenzung, die Beachtung der Menschenrechte, die gegenseitige Anerkennung bestehender Grenzen und den Verzicht von Gewalt in der internationalen Politik getroffen. Eine wichtige Rolle spielten die sogenannten vertrauensbildenden Maßnahmen. Darunter fallen vor allem der Austausch von Informationen, Experten und militärischen Beobachtern bei Manövern. Wichtig für den Entspannungsprozess war seit 1969 die neue Deutschland- und Ostpolitik der Bundesrepublik Deutschland unter Bundeskanzler Willy Brandt (SPD) und Außenminister Walter Scheel (FDP). Folgende Abkommen wurden geschlossen: „Moskauer Vertrag" mit der UdSSR und „Warschauer Vertrag" mit Polen (beide 1970), „Grundlagenvertrag" mit der DDR (1972), „Prager Vertrag" mit der Tschechoslowakei (1973).

Ende des Warschauer Pakts

Die Oppositionsbewegungen in der DDR und den anderen Staaten des Ostblocks bekamen gegen Ende der 1980er-Jahre mehr und mehr Zulauf. Sie verlangten politische und wirtschaftliche Reformen. Aus den ersten freien Wahlen gingen zu Beginn der 1990er-Jahre in Osteuropa und in der DDR (18. März 1990) Regierungen hervor, die sich an den westlichen liberalen und pluralistischen Demokratien orientierten. Die Staaten nutzten zugleich die Chance zur Unabhängigkeit von Moskau und traten aus dem Warschauer Pakt aus. Dieser wurde zum 1. Juli 1991 offiziell aufgelöst, die sowjetischen Truppen in den darauf folgenden Jahren aus den Mitgliedstaaten abgezogen. Die meisten sowjetischen Teilrepubliken riefen ihre Selbstständigkeit aus. Der Nachfolgestaat der UdSSR ist heute die Russische Föderation (Russland). Das Ende des Warschauer Pakts und der Sowjetunion 1991 war zugleich das Ende der bipolaren Weltordnung.

atomare Abrüstung: Perspektiven

Auch nach dem Ende des Warschauer Pakts gingen die Abrüstungsverhandlungen weiter. Seit den 1990er-Jahren haben sich die USA und Russland in mehreren Verträgen verpflichtet, die Anzahl der strategischen Atomwaffen zu veringern. Im April 2010 unterzeichneten US-Präsident Barack Obama und sein russischer Amtskollege Dmitri Medwedew eine weitere Vereinbarung zur Verringerung und Begrenzung der Anzahl strategischer Atomwaffen. Nach diesem Abkommen soll die Zahl der Atomsprengköpfe von 2200 auf je 1550 reduziert und die Anzahl der Raketen (Trägersysteme) von 1600 auf 800 halbiert werden (Stand Juni 2010). Politisch dient dieser Vertrag dazu, andere Staaten vom Bau von Atomwaffen abzuhalten (Kap. 5.3). Das Abkommen soll zeigen, dass die USA und Russland beim Atomwaffenabbau mit gutem Beispiel vorangehen.

Rüstungskontrolle: Abrüstung und Rüstungsbegrenzung

Zur Rüstungskontrolle gehören Maßnahmen, die dazu beitragen, militärische Rüstung politisch zu steuern. Dazu dienten in der Vergangenheit z. B. Verträge zwischen den NATO- und den Warschauer-Pakt-Staaten, die bei bestimmten Waffen – etwa bei weitreichenden Interkontinentalraketen – eine Obergrenze festlegten.

Abrüstung bedeutet die völlige oder die teilweise Abschaffung von Waffen und Truppen mit dem Ziel, Gewalt zwischen Staaten einzudämmen bzw. zu vermeiden. Abrüstungspolitik will Art. 2 (4) der Charta der Vereinten Nationen sowie Regeln des Völkerrechts – wie das Gewaltverbot – zum Grundsatz der Internationalen Beziehungen machen. Sie schließt jedoch nicht das Recht der Staaten auf Selbstverteidigung nach Art. 51 der UN-Charta aus (zur aktuellen Abrüstungspolitik Kap. 5.3).

6.9 NATO und Bundeswehr in Zeiten der Globalisierung

Sowohl die NATO als auch die Bundeswehr sind Geschöpfe des Ost-West-Konflikts. Ihre Rolle als Instrumente der Sicherheitspolitik hat sich seither verändert. Vor welchen Aufgaben stehen sie heute? Und wie werden diese Aufgaben in der politischen Öffentlichkeit beurteilt?

1. Die NATO heute: Verteidigungsbündnis oder Weltpolizei?
2. Welche Aufgaben soll die Bundeswehr in Zukunft übernehmen?

Sicherheit dreifach

Kooperation/Konfliktprävention
- Vereinte Nationen
- NATO: Euro-Atlantischer-Partnerschaftsrat, NATO-Russland-Rat
- Europäische Union
- Organisation für Sicherheit und Zusammenarbeit in Europa (OSZE)

Entspannungs- und Abrüstungspolitik
- Fortsetzung des Sicherheitsdialogs
- vertrauensbildende Maßnahmen (Transparenz)
- Rüstungskontrolle: Abrüstung und Rüstungsbegrenzung

militärische Sicherheitspolitik
- Beistandspflicht nach Art. 5 NATO-Vertrag
- militärische Einsätze out of area – mit UN-Mandat
- militärische Einsätze out of area – ohne UN-Mandat

1. Die NATO heute: Verteidigungsbündnis oder Weltpolizei?

Online-Link
800621-6091

Situation 1949

Die Gründungsmitglieder der NATO unterschrieben am 4. April 1949 in Washington ein Vertragswerk, das auf die besonderen Herausforderungen des Ost-West-Konflikts zugeschnitten war. Das militärische Bündnis geht – wie die UNO – von dem Gedanken der kollektiven Sicherheit aus, ihr Handlungsfeld ist aber – anders als bei der UNO – regional eingegrenzt. In Art. 6 des Vertrags (in der Fassung von 1949) wird der NATO-Bereich bestimmt:
- das Gebiet der Mitgliedstaaten und den ihnen unterstehenden Inseln im Nordatlantik „nördlich des Wendekreises des Krebses" – sowie der Türkei (seit 1952 NATO-Mitglied)
- die „Streitkräfte, Schiffe oder Flugzeuge" der Mitglieder, „wenn sie sich in oder über diesen Gebieten oder irgendeinem anderen europäischen Gebiet, in dem eine der Parteien bei Inkrafttreten des Vertrags eine Besatzung unterhält, oder wenn sie sich im Mittelmeer oder im nordatlantischen Gebiet nördlich des Wendekreises des Krebses" aufhalten.

Gegenwart

Die große atomare Konfrontation zwischen dem Westen und dem Osten ist heute unwahrscheinlich. Russland arbeitet in vielen Bereichen mit den NATO-Staaten zusammen. An die Stelle eines antagonistischen Nebeneinanders zweier Militärbündnisse innerhalb einer bipolaren Weltordnung sind eine Vielzahl **regionaler Konflikte und Bedrohungen** getreten, auf die mit den Vorgaben des NATO-Vertrags von 1949 nicht reagiert werden kann.

Seit den 1990er-Jahren wurde die NATO-Strategie in der politischen und militärischen Praxis schrittweise verändert, ohne dass der Vertrag geändert wurde. Die Mitglieder sehen ihre Aufgabe nicht mehr in erster Linie darin, potenzielle Gegner durch atomare Waffen von einem Atomkrieg abzuschrecken. Es gibt vielmehr zunehmend Konflikte in einzelnen Regionen, die außerhalb des vertraglichen NATO-Gebiets, also „out of area" liegen. Von ihnen, so die Sicherheitsperspektive heute, könnten Gefahren auch für NATO-Staaten ausgehen. Vor allem seit dem 11. September 2001 zählt zu diesen Gefahren der internationale Terrorismus.
Deshalb wurden in den letzten Jahren militärische Spezialkräfte – z. B. die Krisen-Reaktionskräfte der NATO oder die schnellen Eingreiftruppen der Europäischen Union – aufgebaut. Auch die Bundeswehr ist in diese neuen Aufgaben eingebunden, so in Afghanistan oder bei der Bekämpfung der Piraterie am Horn von Afrika.

NATO-Einsätze mit UN-Mandat

Die Beistandspflicht, wie sie der NATO-Vertrag in Art. 5 festgelegt hatte, ist bislang einmal ausgelöst worden. Nach den Terroranschlägen der al-Qaida am 11. September 2001 auf New York und Washington beschloss der NATO-Rat am 2. Oktober 2001 den **Bündnisfall**, nachdem die US-Regierung den Nachweis erbracht hatte, dass die Angriffe auf das World Trade Center in New York und das Verteidigungsministerium in Washington von terroristischen Organisationen außerhalb der USA initiiert und gesteuert worden waren.

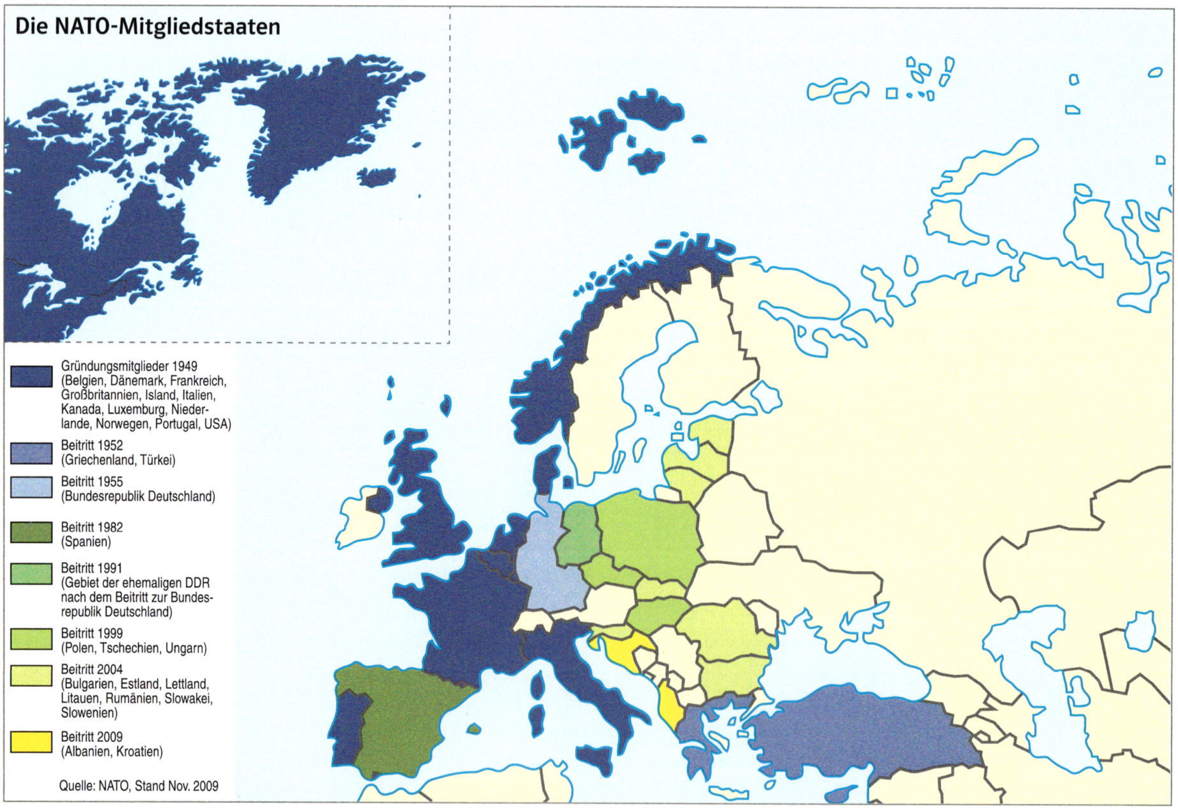

Für militärische Einsätze bei weiteren Konflikten wurden diese Vorgaben des NATO-Vertrags – der Bündnisfall – nicht zugrunde gelegt. Vielmehr wurden Einsätze der NATO bzw. ihrer Mitglieder auf der Grundlage von Resolutionen des ➤ **Sicherheitsrates** der UNO durchgeführt. So im Nahen Osten: Im Juli 2006 überfielen Hisbollah-Milizen (Hisbollah = die islamische Partei Gottes) aus dem Süden des Libanon israelische Grenzsoldaten und entführten zwei Israelis. Als Reaktion bombardierte die israelische Luftwaffe Orte und Stellungen im Libanon, in denen Milizen vermutet wurden. Es kam zu einem wochenlangen blutigen Krieg mit zahlreichen Toten und Hunderttausenden Menschen auf der Flucht.

Auf der Grundlage eines von den USA und Frankreich erarbeiteten Entwurfs beschloss der Sicherheitsrat der UNO, Truppen in diese Region zu entsenden, um einen Waffenstillstand zu sichern und nach einer Lösung des Konflikts zu suchen. In der Resolution 1701 stellten die 15 Mitglieder der Sicherheitsrats fest, dass

- die Kämpfe zwischen Israel und der Hisbollah eingestellt werden müssen
- israelische Truppen aus dem Libanon zurückgezogen werden, sobald internationale Truppen im Auftrag der UNO in der Lage sind, die Hisbollah-Milizen zu kontrollieren.

Die UNO forderte dazu die Unterstützung der NATO an. Truppen aus NATO-Staaten kontrollierten in den folgenden Monaten die Kriegsregion zwischen Israel und dem Libanon. Die deutsche Marine übernahm den Auftrag, vor der Küste des Libanon zu patrouillieren, um Waffenlieferungen für die Miliztruppen zu unterbinden.

Die NATO-Einsätze in diesem Konflikt erhielten ihre **Legitimation** durch den Beschluss des Sicherheitsrats. Keiner der NATO-Staaten war unmittelbar in seiner eigenen Sicherheit bedroht. Das Bündnis ordnete sich den Regeln kollektiver Sicherheit, wie sie in der UNO-Charta vorgegeben sind, unter.

NATO-Einsätze ohne UN-Mandat

Nicht alle militärischen Einsätze der NATO waren völkerrechtlich durch einen Beschluss des UNO-Sicherheitsrats legitimiert. So flog die Luftwaffe von 13 NATO-Staaten – unter anderem Deutschlands – im Frühjahr 1999 mehrere Wochen Bombenangriffe auf die serbische Hauptstadt Belgrad und ihre Umgebung. Die serbische Regierung des Präsidenten Milosevic sollte gezwungen werden, ihre Angriffe auf die albanische Bevölkerung in der damaligen serbischen Provinz Kosovo einzustellen. Die NATO rechtfertigte ihre Angriffe: Es habe unmittelbar die Gefahr eines Völkermords an Albanern im Kosovo bestanden. Trotz dieses Arguments bleiben solche Einsätze, bei denen keine unmittelbare Bedrohung des NATO-Gebietes bestand, politisch und völkerrechtlich umstritten.

schwierige Partnerschaft mit Russland

Auch wenn der Kalte Krieg zu Ende ist, bestehen weiterhin gegensätzliche Sicherheitsinteressen zwischen Russland und den westlichen Staaten. Deutlich treten solche Gegensätze bei der **NATO-Erweiterung** zutage. Inzwischen sind ehemalige Republiken der UdSSR – wie die baltischen Staaten Litauen, Lettland und Estland – NATO-Mitglieder. Die Ukraine und Georgien streben eine Mitgliedschaft an. Russland sieht in der Ausdehnung des NATO-Einflusses bis vor seine Haustür eine Beeinträchtigung seiner Sicherheit und einen Versuch der NATO, jenseits ihrer ursprünglichen Zielsetzung als Weltpolizist aufzutreten.

Das Verhältnis zu Russland ist aber nicht nur durch Konflikte geprägt. Auf vielen Feldern der Sicherheitspolitik gibt es Konsultationen und Kooperationen. Dazu wurde 1997 der **Euro-Atlantische Partnerschaftsrat** gegründet. Ihm gehören die NATO-Staaten und weitere 23 Staaten – auch Mitglieder des früheren Warschauer Paktes – an. Zu monatlichen Konsultationen treffen sich in Brüssel die Botschafter, jährlich kommen die Außen- und Verteidigungsminister zusammen. Seit 2002 tauschen sich NATO und Russland im Rahmen des **NATO-Russland-Rates** aus.
Für Deutschland hat Russland eine besondere Bedeutung: Es ist der größte Rohöllieferant; etwa ein Drittel des in Deutschland verbrauchten Erdgases stammt ebenfalls aus russischen Vorkommen. Deutschland ist u.a. deshalb Russlands größter Handelspartner.

Kritik an der NATO

Die von der NATO propagierte Partnerschaft und Kooperation mit Russland wurde in der Vergangenheit durch eine demonstrative Politik der Stärke, wie sie in der Amtszeit des US-Präsidenten George W. Bush zwischen 2001 und 2009 praktiziert wurde, unterlaufen. Diese Politik widersprach demonstrativ dem Gedanken des ➤Multilateralismus und der kollektiven Sicherheit. Mit seinem Plan, in Polen und in Tschechien Raketenabwehrsysteme aufzubauen, mit denen mögliche Angriffe aus dem Iran abgewehrt werden sollten, forderte Bush die Kritik Russlands heraus.

Kontrovers: Russland in die NATO?

Ein Beitrag von Volker Rühe (Verteidigungsminister 1992–1998), Klaus Naumann (ehemaliger Generalinspekteur der Bundeswehr), Frank Elbe (Diplomat) sowie Ulrich Weisser (Vizeadmiral a.D.):

Europas Sicherheit bleibt [...] eine ständige Aufgabe, und neue Herausforderungen verlangen andere Antworten als bisher. Der euroatlantische Raum braucht Frieden und Stabilität im Inneren und zugleich Schutz gegen Gefahren von außen. [...] Die NATO ist diesen Aufgaben so, wie sie jetzt beschaffen ist, nicht gewachsen. Das Bündnis sollte sich künftig als strategische Klammer der drei Mächtegruppierungen Nordamerika, Europa, Russland verstehen. Diese Dreiergruppe hat gemeinsame Interessen, die durch dieselben Herausforderungen gefährdet sind und deshalb gemeinsame Antworten verlangen. Wenn das Bündnis dem Anspruch genügen will, das Primärforum für die Behandlung aller krisenhaften Entwicklungen zu sein – weil nur dort Amerika, Europa und Russland an einem Tisch sitzen –, dann muss es jetzt die institutionellen Voraussetzungen dafür schaffen. Russland sollte die Tür der NATO zum Beitritt geöffnet werden. [...]
Russland wird sicher einen langen Weg gehen müssen, ehe alle Voraussetzungen zum Beitritt erfüllt sind. Aber der Washingtoner NATO-Vertrag steht dem nicht entgegen. [...] Dabei gilt im 21. Jahrhundert gewiss ein Sicherheitsbegriff, der den Schutz der Menschenrechte ebenso einschließt wie den Respekt vor den Prinzipien des Rechtsstaates, zu denen politischer Pluralismus, freie Marktwirtschaft, Pressefreiheit und andere Grundrechte gehören. [...]

Volker Rühe, Klaus Naumann, Frank Elbe, Ulrich Weisser: Die Tür öffnen, Der Spiegel, Nr. 10, 08.03.2010, S. 100

Russland warnt vor der NATO als Weltpolizei

Interview im Deutschlandradio mit dem russischen Botschafter Vladimir Kotenev in Berlin über die Aufnahme Georgiens und der Ukraine in die NATO:

[...] Zurzeit können wir bei der NATO ernsthafte Anzeichen der Unberechenbarkeit beobachten. Es gibt Ansprüche auf globales Engagement in Sicherheitsfragen. Es gibt Einsätze außerhalb des Bündnisgebietes. Es gibt Überlegungen, die Aktivitäten auf solche für die Allianz unübliche Bereiche wie Energiesicherheit oder Cyberspace auszuweiten. Ich glaube, deswegen ist es an der Zeit, dass die NATO selbst endlich mal entscheidet, was sie eigentlich sein will: Bleibt sie ein militärisches, oder wird sie zu einem vorwiegend politischen Bündnis? Will die Allianz die Rolle eines Weltpolizisten, eines Richters und Vollstreckers eigener Urteile in einem spielen, oder will sie eigentlich eine multilaterale Institution sein und werden, die nach dem Völkerrecht verfährt und Gewalt nur als letztes Mittel und nur unter UNO-Mandat anwendet? [...]

Elke Durak: Russland warnt vor NATO als Weltpolizei, Deutschlandfunk, 03.04.2008, www.dradio.de/dlf/sendungen/interview_dlf/763670, (01.10.2009) Auszug

2. Welche Aufgaben soll die Bundeswehr in Zukunft übernehmen?

Online-Link 800621-6092

Aufgaben

Die Bundeswehr wurde 1955, in der Hochzeit des Kalten Kriegs, gegründet. Der westdeutsche Staat verpflichtete sich, seine Streitkräfte dem Kommando der NATO zu unterstellen. Zudem wurde die neue Armee der politischen Kontrolle in der parlamentarischen Demokratie untergeordnet. Ihre Aufgaben sind deshalb im **Grundgesetz** genau festgelegt:

- In der Präambel verpflichtet sich die Bundesrepublik, durch ihre Politik dem Frieden zu dienen.
- Art. 25 legt fest, dass die allgemeinen Regeln des Völkerrechts Teil des deutschen Rechts sind: Die Grundsätze des Völkerrechts sind somit Bestandteil der innerdeutschen Rechtsordnung.
- Art. 26 GG verbietet es, einen Angriffskrieg vorzubereiten und durchzuführen oder an solchen Aktivitäten teilzunehmen. Und in Art. 87a GG wird dies noch genauer gesagt: Die Streitkräfte sollen – im Normalfall – allein der Verteidigung dienen.

Rechtmäßigkeit von Einsätzen out-of-area

Wen oder was soll die Bundeswehr aber verteidigen? Die Antwort darauf könnte heißen: das Gebiet des deutschen Staates und des NATO-Bündnisses. Dies ist rechtlich und politisch nicht umstritten, denn die Bundeswehr war von Anfang an als Armee innerhalb eines militärischen Bündnisses gedacht. Die Bundesrepublik kann einer überstaatlichen Organisation beitreten. Sie ist dann in die Planungen des Bündnisses – hier der NATO – eingebunden. Damit ist sie Teil einer solchen Organisation.
Mit der Ausweitung der NATO-Aktivitäten im Zuge der neuen Konflikte stand die deutsche Politik erstmals vor der Frage, ob sich deutsche Soldaten an solchen erweiterten militärischen Einsätzen beteiligen dürfen. Diese Frage wurde inzwischen mehrfach durch das **Bundesverfassungsgericht** geklärt – erstmals in einem Urteil am 12. Juli 1994. Geklagt gegen Einsätze out-of-area im damaligen Jugoslawien-Konflikt hatten die Bundestagsfraktionen der SPD und der FDP. Das Gericht bestätigte die Rechtmäßigkeit solcher Einsätze,

verlangte aber die **Zustimmung des Bundestags** bei solchen Einsätzen. 2007 bestätigte das Gericht diese Haltung nochmals und erlaubte damit der Bundeswehr, zur Luftaufklärung in Afghanistan Tornado-Kampfflugzeuge einzusetzen (Tornado-Urteil).

Die Aufgaben der Bundeswehr laut Grundgesetz
Einsatz im Verteidigungs- und im Spannungsfall: Art. 87 a GG

(1) Der Bund stellt Streitkräfte zur Verteidigung auf. [...]
(2) Außer zur Verteidigung dürfen die Streitkräfte nur eingesetzt werden, soweit dieses Grundgesetz es ausdrücklich zulässt.
(3) Die Streitkräfte haben im Verteidigungsfalle und im Spannungsfalle die Befugnis, zivile Objekte zu schützen und Aufgaben der Verkehrsregelung zu übernehmen [...]
(4) Zur Abwehr einer drohenden Gefahr für den Bestand oder die freiheitliche demokratische Grundordnung des Bundes oder eines Landes kann die Bundesregierung, wenn die Voraussetzungen des Artikels 91 Abs. 2 vorliegen und die Polizeikräfte sowie der Bundesgrenzschutz nicht ausreichen, Streitkräfte [...] einsetzen. Der Einsatz von Streitkräften ist einzustellen, wenn der Bundestag oder der Bundesrat es verlangen.

Mitwirkung bei der gemeinsamen Friedenssicherung: Art. 24 GG

(2) Der Bund kann sich zur Wahrung des Friedens einem System gegenseitiger kollektiver Sicherheit einordnen; er wird hierbei in die Beschränkungen seiner Hoheitsrechte einwilligen, die eine friedliche und dauerhafte Ordnung in Europa und zwischen den Völkern der Welt herbeiführen und sichern.

Grundgesetz der Bundesrepublik Deutschland, Auszüge

Rolle der Bundeswehr out-of-area und im Inneren

Was verfassungsrechtlich erlaubt ist, muss noch nicht politisch begründet sein. So gibt es gegen Einsätze der Bundeswehr – wie in Afghanistan im Rahmen der ISAF – innerhalb der Parteien wie auch in der Öffentlichkeit Kritik. Anfang 2010 waren rund 7500 Soldaten in verschiedenen Konfliktregionen im Einsatz, die meisten in Afghanistan (ca. 4400) und dem Kosovo (ca. 1500).

Die Zahl der im Ausland eingesetzten Soldaten ist im Laufe der letzten Jahre kontinuierlich gestiegen. In der Öffentlichkeit wie auch unter den Parteien ist diese Entwicklung umstritten. Die Partei Die Linke insgesamt und Teile der Grünen/Bündnis 90 wie auch der SPD lehnen eine weitere Ausdehnung der militärischen Auslandseinsätze ab. Sie kritisieren eine **zunehmende Militarisierung der deutschen Außenpolitik**, die keinen Beitrag zur Behebung der eigentlichen Ursachen der Konflikte leiste. So sei z. B. in Afghanistan dringend eine Strategieänderung notwendig. Statt weitere Soldaten dorthin zu entsenden, wird ein entschiedeneres Engagement in der friedlichen Aufbauhilfe verlangt.

Noch breiter werden Pläne kritisiert, die **Bundeswehr im Innern** der Bundesrepublik – über bislang vorgesehene Regelungen hinaus – einzusetzen. Nach Art. 35 Abs. 2 GG ist dies nur bei einer Naturkatastrophe oder bei einem besonders schweren Unglücksfall rechtlich möglich. Die Armee hat dann die Aufgabe einer Hilfstruppe zur Versorgung der Bevölkerung, der Bergung von

Verletzten und zu ihrer medizinischen Betreuung. Art. 87a GG sieht darüber hinaus in Absatz 4 vor, dass die Bundeswehr unter eng umschriebenen Bedingungen im Falle eines „inneren Notstandes" eingesetzt werden kann, wenn die demokratische Grundordnung auf gewaltsamem Wege beseitigt werden soll und die Polizeikräfte nicht ausreichen.
Im Zuge der Bekämpfung möglicher **terroristischer Bedrohungen** wird von der CDU/CSU und von Teilen der SPD vorgeschlagen, die Bundeswehr auch zur Gewährleistung der inneren Sicherheit einzusetzen. Dazu müsste das Grundgesetz geändert werden. Kritiker einer solchen Änderung fürchten, dass die Armee als eine Polizeitruppe im Innern missbraucht - und die bisherige Trennung zwischen der Polizei (Sicherheit im Innern) und der Armee (Sicherheit nach außen) verwischt wird.

Ein Freibrief für Einsätze out-of-area?

Heribert Prantl kritisierte das Tornado-Urteil des Bundesverfassungsgerichts vom Juli 2007:

Wer darüber urteilen darf, was Politik machen darf und was nicht, macht Politik; also macht das Bundesverfassungsgericht Politik. Selten hat es so viel und so große Politik gemacht, wie mit dieser „Tornado"-Entscheidung [...] Die Richter haben der Politik, der NATO und der Bundeswehr eine Carte Blanche ausgestellt. [...] Sie haben solchen Militär-Aktionen keine Grenzen gesetzt. Die dritte Gewalt zieht sich zurück und überlässt der exekutiven Gewalt und dem Militär das Terrain und die Offensive.
Das Karlsruher Urteil [...] ist eine unbeschränkte Vollmacht, ein Blankoscheck für die Außenpolitik und für fast jedwede NATO-Strategie – und eine Niederlage für das Parlament, das zu einer „Fortentwicklung" des NATO-Vertrags nicht gehört wird. [...]

Heribert Prantl: Die Aale von Karlsruhe, Süddeutsche Zeitung, 03.07.2007, S. 4

Bundeswehr im Umbruch

Aufbau und Aufgaben der Bundeswehr haben sich immer wieder den veränderten politischen Bedingungnen angepasst. In der Zeit des Ost-West-Konflikts lag die Mannschaftsstärke bei 500 000 Soldaten. Mit der deutschen Einigung wurden Teile der Volksarme der DDR in die Bundeswehr integriert. Zur Bundeswehr gehören 247 000 Soldatinnen und Soldaten: 188 000 sind Berufs- und Zeitsoldaten (76 %), 26 000 freiwillig länger Wehrdienstleistende (11 %), 33 000 Grundwehrdienstleistende (13 %) (Stand Juni 2010). Seit 2001 stehen Frauen alle militärischen Laufbahnen offen. Heute sind rund 17 000 Soldatinnen in der Armee tätig.
Im Jahr 2010 wurde der Grundwehrdienst auf sechs Monate verkürzt. In den politischen Parteien wird über die Abschaffung bzw. Aussetzung der Wehrpflicht und der Übergang zu einer Berufsarmee diskutiert.
Die Bundeswehr soll eine „Parlamentsarmee" sein: Ihr militärischer Auftrag und ihre Organisation stehen unter Kontrolle des Bundestags. So sind für Auslandseinsätze Beschlüsse des Parlaments erforderlich, und der Wehrbeauftragte ist „als Hilfsorgan des Bundestages" Beschwerdestelle zum „Schutz der Grundrechte" der Soldaten (Art. 45b GG).

Glossar

Abrüstung, Vereinbarungen zwischen Staaten mit dem Ziel, militärische Waffen- und Trägersysteme sowie Truppen zu verringern oder bestimmte Waffen zu verbieten (z.B. Verbot der Streubomben ab 1. August 2010). A. kann sich auf konventionelle, chemische, bakteriologische und nukleare Waffen beziehen. Zur A. im weiteren Sinne zählt auch ➤ Rüstungskontrolle, wenn sie mit einer Reduzierung der militärischen Potenziale verbunden ist.

Aktiengesellschaft (AG), Kapitalgesellschaft, sie unterscheidet sich von der ➤ Personengesellschaft. Das Kapital einer AG ist in gleich große Anteile (Aktien) aufgeteilt, die in der Regel an Börsen gehandelt werden. Die Anteilseigner (Aktionäre) sind die Gesellschafter der AG. Die neue Europäische Aktiengesellschaft (Societas Europaea, abgekürzt SE) ermöglicht es Unternehmen, EU-weit als rechtliche Einheit aufzutreten.

Allgemeine Erklärung der Menschenrechte, am 10. Dezember 1948 von der Generalversammlung der UNO verkündet, verpflichtet die Staaten, ➤ Grundrechte zu schützen und einzuhalten, die jedem Menschen „ohne irgendeinen Unterschied, etwa nach Rasse, Hautfarbe, Geschlecht, Sprache, Religion, politischer oder sonstiger Überzeugung, nationaler oder sozialer Herkunft, Vermögen, Geburt oder sonstigem Stand" (Art. 2) zustehen.

Allgemeines Zoll- und Handelsabkommen, (engl. General Agreement on Tariffs and Trade (GATT), 1947 von 23 Staaten beschlossen; war der erste Versuch, nach dem Zweiten Weltkrieg, internationalen Freihandel umzusetzen. Im Laufe der Jahre wurden Zölle auf Waren erheblich gesenkt; ➤ Welthandelsorganisation.

Altbewerber, Bewerberinnen und Bewerber für Ausbildungsstellen, die ihren Schulabschluss in einem früheren als dem laufenden Jahr erworben haben.

Altersarmut, betroffen ist, wer im Alter nach Ende seiner Berufstätigkeit seinen Lebensunterhalt aus den Leistungen der gesetzlichen und privaten Rentenversicherung nicht ausreichend decken kann. Frauen sind von Altersarmut durchschnittlich häufiger betroffen als Männer.

Altersquotient, bezeichnet das zahlenmäßige Verhältnis der Menschen im erwerbsfähigen Alter zu denen, die nicht mehr im erwerbsfähigen Alter sind.

Altersstruktur, Zusammensetzung nach Altersgruppen, z.B. einer Gesellschaft.

Arbeitskampf, Streiks und Aussperrungen sind in Deutschland durch das Grundgesetz bzw. durch die Rechtsprechung des Bundesverfassungsgerichts geschützt. Als Formen der staatsfernen Auseinandersetzung zwischen den Tarifparteien sind sie konstitutiver Bestandteil der sozialen Marktwirtschaft. Den Tarifparteien sind aber auch Grenzen gesetzt: So ist der Generalstreik als politischer Streik verboten, weil seine Auswirkungen über den Rahmen der Tarifauseinandersetzung hinausgehen und die Stabilität der sozialen und politischen Ordnung gefährden können. Die Aussperrung von Arbeitnehmern als Arbeitskampfmittel der Arbeitgeber darf nur dazu dienen, das Verhandlungsgleichgewicht (Verhandlungsparität) zwischen den Tarifparteien wiederherzustellen und muss in einem auf den spezifischen Streik antwortenden angemessenen Rahmen bleiben (Verhältnismäßigkeit).

Arbeitslose, Personen, die keine bezahlte Beschäftigung finden; Definition nach deutscher Arbeitslosenstatistik: Personen zwischen 15 und 65 Jahren, die vorübergehend nicht in einem Beschäftigungsverhältnis stehen, sich bei der Agentur für Arbeit arbeitslos gemeldet haben und eine versicherungspflichtige Beschäftigung suchen; ➤ Erwerbslose.

Arbeitslosengeld, Lohnersatzleistung aus den Mitteln der Arbeitslosenversicherung, auf die Personen Anspruch haben, die sich bei der Agentur für Arbeit arbeitslos gemeldet haben, der Arbeitsvermittlung zur Verfügung stehen, mindestens zwölf Monate in die Arbeitslosenversicherung einbezahlt und das 65. Lebensjahr noch nicht vollendet haben.

Arbeitslosenquote, prozentualer Anteil der Arbeitslosen an allen Erwerbspersonen.

Arbeitsmigration, Aus- und Einwanderung von Menschen, um in einem anderen als ihrem Herkunftsland eine Erwerbstätigkeit aufzunehmen.

Armut, in **absoluter A.** leben nach der Definition der ➤Weltbank Menschen, die mit einem Einkommen von ein bis zwei US-Dollar oder weniger pro Tag auskommen müssen. Als von **relativer A.** betroffen gelten Menschen, die über so geringe Mittel verfügen, dass sie von der Lebensweise ausgeschlossen sind, die in der Gesellschaft, in der sie leben, als annehmbares Minimum angesehen wird. Als relativ arm gilt in der EU, wessen Einkommen weniger als 60 Prozent des Durchschnittseinkommens beträgt.

Armutsgefährdung, armutsgefährdet ist in der EU, wer mit weniger als 60 Prozent des mittleren Einkommens der Bevölkerung auskommen muss.

Asyl, Zufluchtsstätte. Schutz, den ein Staat Menschen aus einem anderen Land auf seinem Hoheitsgebiet gewährt. A. wird einer Person gegeben, die ihr Heimatland aus Angst vor politischer, rassischer, religiöser oder ethnischer Verfolgung verlassen hat. In Deutschland ist das Recht auf A. in Art. 16a GG verankert und damit ein einklagbarer Rechtsanspruch. Es ist das einzige Grundrecht, das nur Ausländern zusteht; es wurde allerdings in den letzten Jahren deutlich eingeschränkt.

Asylsuchende, auch Asylbewerber, Personen, die in einem fremden Land um Aufnahme und Schutz vor politischer oder sonstiger Verfolgung ersuchen.

Atom-Konsens, Vereinbarung zwischen der Bundesregierung (Koalition aus SPD und Grünen) und Energieversorgungssunternehmen (EVU) im Jahr 2000, in der der Ausstieg aus der Nutzung der Kernenergie verbindlich vereinbart wurde. Sie sieht Restlaufzeiten für die bestehenden Kernkraftwerke vor. Nach Bildung der Bundesregierung aus CDU/CSU und FDP im Jahr 2009 ist dieser Konsens infrage gestellt worden. Die betroffenen EVU und insbesondere die FDP, aber auch große Teile von CDU und CSU setzen sich für längere Laufzeiten der Atomkraftwerke ein.

Atomwaffensperrvertrag, abgeschlossen 1968, in Kraft getreten 1970. Er verbietet den Unterzeichnerstaaten die Produktion von Atomwaffen und die Weitergabe atomwaffenfähigen Materials. Die Kontrolle liegt bei der Internationalen Atomenergiebehörde. Der Vertrag sichert Nichtkernwaffenstaaten Hilfe bei der zivilen Nutzung der Kerntechnik zu. Kernwaffenstaaten waren bereits vor Vertragsabschluss die USA, UdSSR, Frankreich, Großbritannien und China. Heute besitzen eine Reihe weiterer Staaten Atomwaffen, so Indien, Israel, Nordkorea und Pakistan. Sie haben bislang den Vertrag nicht unterzeichnet.

Aufenthaltsgesetz, Gesetz über den Aufenthalt, die Erwerbstätigkeit und die Integration von Ausländern im Bundesgebiet, am 1. Januar 2005 in Kraft getreten. Regelt die Zuwanderung nach Deutschland und beinhaltet erstmals auch ein staatliches Grundangebot zur Integrationsförderung.

Aufsichtsrat, Gremium in ➤Aktiengesellschaften und großen GmbHs mit mehr als 500 Beschäftigten. Der Aufsichtsrat besteht aus Vertretern der Anteilseigner und Arbeitnehmer; seine Aufgabe ist es, den Vorstand (AG) bzw. die Geschäftsführung (GmbH) zu bestellen und diese zu kontrollieren. Bedeutende Unternehmensentscheidungen müssen vom Aufsichtsrat gebilligt werden.

Ausbildungsordnung, regelt die Bezeichnung eines Ausbildungsberufs, die Dauer der Ausbildung, die Mindestanforderungen der typischen Fertigkeiten und Kenntnisse, die Auszubildende erwerben müssen, den Ausbildungsrahmenplan und die Prüfungsanforderungen.

Aussperrung ➤Arbeitskampf

Bevölkerungsdichte, mittlere Anzahl der Einwohner pro Fläche für ein bestimmtes Gebiet (Staat, Bundesland, Region etc.). Sie wird i.d.R. angegeben in Einwohner pro Quadratkilometer.

Bevölkerungsvorausberechnungen, statistische Berechnungen, die zeigen, wie sich die Bevölkerungszahl und die Struktur der Bevölkerung unter bestimmten Annahmen (z.B. Geburtenhäufigkeit, Sterblichkeit und Wanderungen) innerhalb eines festgelegten Zeitraums (i.d.R. zwischen 30 und 50 Jahren) verändern.

Bildungsbudget, fasst die öffentlichen und privaten Bildungsausgaben zusammen (einschließlich Ausgaben der Unternehmen für die betriebliche Aus- und Weiterbildung). Es umfasst Ausgaben für öffentliche und private Kindergärten, Schulen und Hochschulen (ohne Forschungsausgaben), für die betriebliche Ausbildung im Rahmen des dualen

Systems, betriebliche Weiterbildung, sonstige Bildungseinrichtungen (z. B. der Jugendarbeit), Ausgaben für Nachhilfe, Lernmittel etc. und für Förderung von Schülern oder Studenten z. B. durch BAföG.

Bildungsinstitutionen, Bildungs- und Ausbildungseinrichtungen, die Bildungsgänge anbieten, die zu anerkannten Abschlüssen führen, zählen zu den **formalen B.**. Einrichtungen, etwa der Kinder- und Jugendhilfe, die nicht zu den o.g. Einrichtungen gehören, an denen sich aber dennoch Bildungsprozesse vollziehen, gehören zu den **nonformalen B.**

Binnenmarkt, der zum 1. Januar 1993 verwirklichte gemeinsame Wirtschaftsraum in der Europäischen Union, in der die „vier Freiheiten" verwirklicht sind: Freizügigkeit von Personen, freier Waren- und Kapitalverkehr, freier Markt für Dienstleistungen. Gegenüber Drittstaaten gelten einheitliche Außenzölle (Zollunion); ➤ Wirtschafts- und Währungsunion.

Brain Drain, Abwanderung hochqualifizierter Fach- und Führungskräfte ins Ausland. Hiervon sind insbesondere Entwicklungsländer betroffen.

Bruttoinlandsprodukt, die in Geld gemessene Wirtschaftsleistung einer Volkswirtschaft innerhalb eines Jahres. Ausgangspunkt ist der Bruttoproduktionswert einer Volkswirtschaft, der Geldwert aller handelbaren Sachgüter und Dienstleistungen, die innerhalb eines Jahres produziert worden sind. In diesem sind jedoch Doppelzählungen enthalten: Der Geldwert der von Firma X produzierten Fahrradbremse steckt ebenso darin wie der Wert des von Firma Y gelieferten kompletten Fahrrads. Die Bremse wird also doppelt gezählt, wie es bei allen weiterverarbeiteten Gütern der Fall ist. Diese Vorleistungen müssen vom Wert des Endprodukts abgezogen werden. Aus dieser Umrechnung ergibt sich die Bruttowertschöpfung in einer Volkswirtschaft. Sie wird immer in Geld ausgedrückt. Geht es um die Wertschöpfung, die im Inland (z. B. in Deutschland) innerhalb eines Jahres erwirtschaftet worden ist, dann wird diese Summe als Bruttoinlandsprodukt (BIP) bezeichnet. Man unterscheidet nominales und reales BIP. Das nominale entspricht dem BIP in Preisen des jeweiligen Jahres. Bei der Berechnung des realen BIP wird die Preissteigerungsrate gegenüber dem Vorjahr abgezogen, weil Inflation ja keinen tatsächlichen Wertzuwachs bedeutet.

Bundespräsident, politisches Organ, Staatsoberhaupt der Bundesrepublik Deutschland, wird von der ➤ Bundesversammlung auf fünf Jahre gewählt. Wählbar ist jeder Deutsche, der das Wahlrecht besitzt und mindestens 40 Jahre alt ist (Art. 54 bis 61 GG).

Bundesrat, politisches Organ, mit dem die 16 Bundesländer an der Gesetzgebung des Bundes mitwirken (Art. 50 bis 53 GG). Die Stimmen der Länder richten sich nach der jeweiligen Bevölkerungszahl; ➤ Bundesstaat.

Bundesregierung, politisches Organ der Exekutive, das sich aus dem Bundeskanzler und den Bundesministern zusammensetzt. Für die Arbeit der B. gelten zwei Grundsätze: das Kanzlerprinzip, wonach der Kanzler „die Richtlinien der Politik" bestimmt (Richtlinienkompetenz), und das Ressortprinzip, nach dem jeder Minister innerhalb der Richtlinien „seinen Geschäftsbereich selbständig und unter eigener Verantwortung leitet" (Art. 65 GG).

Bundesstaat, auch föderaler Staat (lat. *foedus*, Bündnis), der aus mehreren Teilstaaten – in Deutschland die Bundesländer – besteht, mit einer Bundesregierung an der Spitze. Die Länder haben eigene Regierungen und in bestimmten Bereichen eigene Gesetzgebung. Zuständigkeiten und Arbeitsteilung sind in der Verfassung geregelt (Art. 70 bis 82 GG). Eine föderale Ordnung haben z. B. auch Österreich, die USA und die Schweiz; ➤ Bundesrat.

Bundestag ➤ Deutscher Bundestag

Bundesverfassungsgericht, oberstes Organ der Rechtsprechung in der Bundesrepublik und Hüter der Verfassung (Art. 93 und 94 GG). Die Richter beider Senate werden je zur Hälfte vom Wahlausschuss des Bundestags und vom Bundesrat mit Zweidrittelmehrheit auf zwölf Jahre gewählt. Wiederwahl ist nicht möglich. Zu den Aufgaben des B. gehören u. a. der Schutz der Grundrechte und die Überprüfung von Gesetzen auf ihre Übereinstimmung mit der Verfassung. Es kann nur auf Antrag tätig werden.

Bundesversammlung, Organ, dessen einzige Aufgabe die Wahl des ➤ Bundespräsidenten ist und das sich aus den Abgeordneten des Bundestags und einer gleich großen Anzahl von Mitgliedern zusammensetzt, die von den Landtagen entsprechend den dortigen Mehrheitsverhältnissen entsandt werden (Art. 54 GG).

Bürgerinitiative, mehr oder weniger loser Zusammenschluss von Personen, die gemeinsame Interessen umsetzen, ein Vorhaben verwirklichen oder verhindern wollen – durch eigene Aktivitäten wie durch Druck auf politische Gremien. Einzelne B. können sich in größeren regionalen oder nationalen Dachorganisationen zusammenschließen.

Bürgerinitiative in der Europäischen Union, im ➤ Vertrag von Lissabon (2009) erstmals festgelegtes Recht, auf dem Weg eines Bürgerbegehrens die ➤ Europäische Kommission zu veranlassen, in einer politischen Angelegenheit, die in die Zuständigkeit der EU fällt, im Rahmen der EU-Gesetzgebung aktiv zu werden.

Demokratie, politische Ordnung, in der die Willensbildung nach dem Grundsatz der Volkssouveränität organisiert ist. Nach Art. 20, Abs. 2 GG geht alle Staatsgewalt „vom Volke aus. Sie wird in Wahlen und Abstimmungen und durch besondere Organe der Gesetzgebung, der vollziehenden Gewalt und der Rechts prechung ausgeübt." Politische Entscheidungen und Handlungen der Amtsträger sind dann demokratisch gerechtfertigt, also legitimiert, wenn sie auf den Willen des Volkes zurückgeführt werden können. D. kann auf unterschiedliche Weise organisiert werden: als **direkte D.**, durch unmittelbare Abstimmungen in Form von Plebisziten; als **repräsentative D.**, durch die Wahl von Abgeordneten der Parlamente (Repräsentanten), die ihr Mandat (lat. *mandatum*, Auftrag) für die Dauer der Wahlperiode ausüben. Beide Formen können kombiniert werden. So sehen alle deutschen Landesverfassungen und Gemeindeordnungen neben der Wahl von Repräsentanten auch Formen der direkten Demokratie durch Bürger- bzw. Volksbegehren und -entscheide vor. Auf Bundesebene ist eine direktdemokratische Mitwirkung nur bei der Neugliederung von Bundesländern möglich (Art. 29 GG). In der Europäischen Union können Bürger seit 2009 auf dem Weg eines Volksbegehrens (dort ➤ Bürgerinitiative genannt) verlangen, dass die EU-Organe sich mit einer politischen Frage befassen.

Dependenztheorie, span. *dependencia*, Abhängigkeit; eine Erklärung der Unterentwicklung von Entwicklungsländern durch wirtschaftliche Abhängigkeit von Industrieländern, einer ungerechten Weltwirtschaftsordnung und dem Übergewicht globaler Finanzmärkte.

Deregulierung, oft gleichbedeutend mit Liberalisierung verwendet, als Abbau staatlicher Vorgaben mit dem Ziel, den ➤ Wettbewerb zu stärken und bessere Rahmenbedingungen für Innovation und Investition in der Wirtschaft und in gesellschaftlichen Einrichtungen zu schaffen. D. wird auch auf bestimmte Bereiche eingeschränkt, etwa als D. der Finanzmärkte oder des Arbeitsmarktes; ➤ Liberalisierung.

Deutsche Bundesbank, bis 1999 als von politischen Weisungen unabhängige staatliche Institution für die Geld- und Währungspolitik der Bundesrepublik zuständig und der Stabilität der Währung (D-Mark) verpflichtet; seit der Gründung der Europäischen ➤ Wirtschafts- und Währungsunion Teil des europäischen Systems der Zentralbanken und Mitglied der ➤ Europäischen Zentralbank, die nun in der Europäischen Währungsunion für die Geld- und Währungspolitik und damit die Stabilität des Euro zuständig ist.

Deutscher Bundestag, einziges direkt vom Volk gewähltes politisches Organ auf Bundesebene. Seine Mitglieder (mindestens 598) werden in allgemeiner, unmittelbarer, freier, gleicher und geheimer Wahl (Art. 38 GG) auf fünf Jahre gewählt. Es gibt insgesamt 299 Wahlkreise. Jeder Wähler hat zwei Stimmen, die Direktstimme für den Wahlkreisabgeordneten, die zweite für die Landesliste einer Partei. Die wichtigsten Aufgaben sind die öffentliche Diskussion politischer Grundfragen, die Gesetzgebung, die Wahl des Bundeskanzlers und die Kontrolle der Exekutive (Regierung). Mit dem konstruktiven Misstrauensvotum (Art. 67 GG) kann ein Kanzler vom D. B. durch die Wahl eines Nachfolgers gestürzt werden.

Dienstleistungsberufe, Berufe, in denen keine Güter produziert, sondern Leistungen für andere Menschen oder Unternehmen erbracht werden, beispielsweise Berufe im Gesundheitswesen, bei Banken und Versicherungen, im Bildungswesen oder der öffentlichen Verwaltung.

Dienstleistungsgesellschaft, Gesellschaftsform, in der der größte Teil der Wertschöpfung im Dienstleistungssektor, also von Wirtschaftsbereichen wie Handel, Verkehr, Tourismus, Banken und Versicherungen erbracht wird; ➤ Industriegesellschaft.

duale Berufsausbildung, das Nebeneinander von betrieblicher und schulischer Ausbildung in Deutschland, wobei das Verhältnis etwa vier zu eins ist. Die betriebliche Ausbildung erfolgt im jeweiligen Ausbildungsbetrieb, die schulische in einer Berufsschule.

Eigenkapital, der Teil des Kapitals, mit dem Unternehmen arbeiten, welcher von den Eigentümern gestellt wird, also nicht aus Krediten und Anleihen (Fremdkapital) besteht. Der Anteil des Eigenkapitals am Gesamtkapital wird auch als Eigenkapitalquote bezeichnet. Je höher die Eigenkapitalquote, umso besser ist ein Unternehmen auf wirtschaftlich schwierige Zeiten vorbereitet, weil es leichter Kredite bekommt. Bei zu geringer Eigenkapitalausstattung kann es in Krisenzeiten geschehen, dass ein Unternehmen Konkurs anmelden muss, weil es Zahlungsverpflichtungen (Rechnungen, Zinszahlungen, Tilgungszahlungen) nicht nachkommen kann. In der internationalen Finanzkrise 2008 bis 2010 gerieten viele Banken deshalb in eine Schieflage, gingen Konkurs oder mussten staatlich gestützt werden, weil sie mit einer zu niedrigen Eigenkapitalquote ausgestattet waren.

Einbürgerung, Ausländerinnen und Ausländer, die dauerhaft in Deutschland leben, können die deutsche Staatsbürgerschaft erwerben. Dazu müssen sie bestimmte Auflagen erfüllen; sie müssen sich z. B. selbst versorgen können und dürfen nicht vorbestraft sein; ➤ Integration.

eingetragene Lebenspartnerschaft, nach dem Lebenspartnerschaftsgesetz (Fassung von 2009) können zwei Personen gleichen Geschlechts standesamtlich eine e. L. eingehen. Beide Partner sind wie Eheleute dann zum gemeinsamen Lebensunterhalt verpflichtet und in die Familienversicherung bei der Kranken- und Pflegeversicherung einbezogen, sofern sie kein eigenes Einkommen haben, und als Erben ihrer Lebenspartner eingesetzt.

Einwanderungsland, ein Staat, dessen Bevölkerung durch Zuzüge aus anderen Ländern anwächst, weil es im E. einen Bedarf an Arbeitskräften gibt. Klassiche E. im 20. Jahrhundert waren z. B. die USA und Kanada. In Deutschland ist das Thema, ob die Bundesrepublik ein E. sein soll, politisch umstritten; ➤ Migration, ➤ Integration.

Emissionshandel, Handel mit Rechten zum Ausstoß von Treibhausgasen. Die Treibhausgasemissionen von Industrieunternehmen werden auf eine Gesamtmenge begrenzt und in Form handelbarer Rechte ausgegeben. Unternehmen, die die festgelegten Grenzen der Schadstoffemission unterschreiten, können mit den nicht in Anspruch genommenen Zertifikaten handeln. Da der Staat die Emissionsmengen nach und nach reduziert, steigen die Preise dafür – ein Anreiz für Unternehmen, den Ausstoß zu verringern.

Entspannungspolitik, schrittweise Verhandlungen seit Ende der 1960er-Jahre zwischen den politischen Blöcken über Rüstungskontrolle und Abrüstung, Gewaltverzicht und Anerkennung bestehender Grenzen, Beachtung der Menschenrechte, Stärkung wirtschaftlicher Beziehungen und kultureller Kontakte; ➤ Kalter Krieg.

Erwerbsarbeit, wird an einem bestimmten Arbeitsplatz gegen Entgelt geleistet und dient zur Herstellung von Gütern oder Erbringung von Dienstleistungen. Man unterscheidet zwischen selbstständiger und nichtselbstständiger E..

Erwerbsfähige, nach amtlicher deutscher Statistik i. d. R. Personen von 15 bis 65 Jahren, unabhängig davon, ob sie einer Erwerbstätigkeit nachgehen oder erwerbslos sind.

Erwerbslose, nach der Internationalen Arbeitsorganisation (ILO) Personen im Alter von 15 bis 74 Jahren, die keiner Erwerbstätigkeit nachgehen, aber eine solche suchen, unabhängig davon, ob sich die betreffenden Personen amtlich als Arbeitslose gemeldet haben. Auch das Statistische Bundesamt orientiert sich an der Definition der ILO. Diese umfasst aber eine größere Anzahl von Personen, als die von der Bundesagentur für Arbeit verwendete; ➤ Arbeitslose.

Erwerbslosenquote, prozentualer Anteil der Erwerbslosen an den Erwerbspersonen.

Erwerbspersonen, Erwerbstätige und Erwerbslose zusammengezählt.

Erwerbsquote, prozentualer Anteil der Personen, die Arbeit haben oder suchen, an der gleichaltrigen Gruppe in der Gesamtbevölkerung.

Erwerbstätige, Personen im Alter von 15 und mehr Jahren, die in einem Arbeitsverhältnis stehen oder selbstständig sind, einen freien Beruf ausüben oder eine Landwirtschaft betreiben oder als mithelfende Familienangehörige mitarbeiten, einschließlich Personen mit geringfügiger Tätigkeit oder als Aushilfe Beschäftigte.

Erwerbstätigenquote, prozentualer Anteil der Erwerbstätigen an der Gesamtbevölkerung bezogen auf die der 15- bis 64-Jährigen. Sie darf nicht mit der Erwerbsquote verwechselt werden.

Europäische Kommission (EuK), Organ der Europäischen Union, das die gemeinsamen europäischen Interessen vertreten soll. Es besitzt das Initiativrecht zur Gesetzgebung, bereitet Verfahren für den ➤Rat der EU (Ministerrat) und das Parlament vor, überwacht und kontrolliert die Durchführung der Gesetze in den Mitgliedstaaten, setzt den EU-Haushalt um und verwaltet die Gemeinschaftsprogramme der EU. Als Hüterin der Verträge kontrolliert die EuK die Anwendung des Gemeinschaftsrechts. Bei Verstößen kann sie den Europäischen Gerichtshof anrufen.
Den Vorsitz führt der Präsident, der mit den Kommissaren vom Rat der EU auf fünf Jahre ernannt wird. Die EuK benötigt als Ganzes die Zustimmung des ➤Europäischen Parlaments, dem sie auch rechenschaftspflichtig ist.

Europäische Union (EU), Staatenverbund von 27 Ländern (2010); durch den Vertrag über die Europäische Union (Maastricht, 1993) gegründet, führt sie die Integration weiter zu einer Wirtschafts- und Währungsunion sowie einer politischen Union. Eine weitere Etappe auf diesem Weg war der ➤Lissabonner Vertrag.

Europäische Zentralbank (EZB), gegründet am 30. Juni 1998 in Frankfurt/M., ist für die Durchführung der Geldpolitik in den Ländern des Euroraums zuständig. Die EZB soll die Preisstabilität sicherstellen, eine gemeinsame europäische Währungspolitik betreiben, die Devisengeschäfte führen sowie die Währungsreserven der Mitgliedstaaten verwalten. Die EZB ist unabhängig von Weisungen nationaler Regierungen; ➤Wirtschafts- und Währungsunion.

Europäischer Gerichtshof (EuGH), gemeinsamer Gerichtshof der Europäischen Union mit Sitz in Luxemburg; seine Urteile sind für die Mitgliedstaaten bindend. Er soll die Anwendung des EU-Rechts und der EU-Verträge durch die Mitglieder und die EU-Organe sichern und kann von einem Mitgliedstaat, einem Organ der EU sowie von unmittelbar betroffenen Bürgern und Unternehmen angerufen werden. Nationale Gerichte können in Fällen, in denen EU-Recht tangiert ist, vom EuGH eine Vorabentscheidung verlangen, die dann bindend ist.

Europäischer Gerichtshof für Menschenrechte (EGMR), Einrichtung des Europarats zum Schutz der in der Europäischen Menschenrechtskonvention von 1950 verbrieften Grundrechte der Bürger. Er prüft Beschwerden gegen Menschenrechtsverstöße und wacht darüber, dass die Mitgliedstaaten des Europarats die aus der Konvention abgeleiteten Verpflichtungen einhalten.
Der EGMR setzt sich aus Richterinnen und Richtern aus allen Vertragsstaaten zusammen. Er verhandelt zweierlei Verfahren: die Individualbeschwerde einzelner Personen gegen einen Vertragsstaat; die Staatenbeschwerde, mit der Staaten Grundrechtsverletzungen durch einen anderen Staat zur Anklage bringen können.

Europäischer Rat (ER), Organ der EU, in dem die Staats- oder Regierungschefs der Mitgliedstaaten, der Präsident der Kommission und der Hohe Vertreter der Union für Außen- und Sicherheitspolitik unter dem Vorsitz des auf zweieinhalb Jahre gewählten Präsidenten tagen. Das Gremium legt die Leitlinien der EU-Politik fest und formuliert die Positionen der EU zu wichtigen politischen Fragen. In der Regel entscheidet der ER einstimmig.

Europäisches Parlament (EP), Organ der EU, das alle fünf Jahre direkt in den Mitgliedstaaten gewählt wird. Seine maximal 750 Abgeordneten tagen im Plenum in Straßburg und in Brüssel. Dort treffen sich auch die Ausschüsse und Fraktionen. Der größte Teil der Parlamentsverwaltung ist in Luxemburg. Die Abgeordneten sind nicht Repräsentanten ihres Landes; sie sollen gesamteuropäische Interessen vertreten. Dies kommt auch in der Organisation zum Ausdruck: Fraktionen setzen sich nach politischen Parteien und nicht nach Herkunftsländern zusammen.
Das EP ist mit dem ➤ Rat der EU (Ministerrat) das zweite Gesetzgebungsorgan. In der Mehrzahl der Fälle hat es ein echtes Mitentscheidungsrecht, das heißt: Eine Gesetzesinitiative der ➤ Europäischen Kommission ist nur erfolgreich, wenn das EP zusammen mit dem Rat zustimmt. Dazu zählt auch die Verabschiedung des Haushalts der EU. Auf Vorschlag des Rats wählt das EP den Präsidenten und die übrigen Mitglieder der Kommission. Es kann der Kommission als Ganzes sein Misstrauen aussprechen.

Europarat, gegründet am 5. Mai 1949; heute sind 47 Staaten Mitglied. Im Mittelpunkt seiner Aufgaben stehen der Schutz der Menschenrechte und die Sicherung freiheitlicher und rechtsstaatlicher Ordnungen in Europa. Dazu hat die parlamentarische Versammlung völkerrechtlich verbindliche Konventionen verabschiedet, so die Europäische Konvention zum Schutz der Menschenrechte und Grundfreiheiten (1950), die Europäische Sozialcharta (1961) und das Europäische Übereinkommen zur Verhütung von Folter und unmenschlicher oder erniedrigender Behandlung oder Strafe (1989).

Existenzminimum, Mittel, die zur Befriedigung der materiellen Bedürfnisse notwendig sind, um physisch zu überleben. Dies sind vor allem Nahrung, Kleidung, Wohnung und eine medizinische Notfallversorgung; ➤ Armut.

Externalitäten, entstehen bei der Produktion wie auch beim Konsum z. B. durch die Verschmutzung von Gewässern, der Luft oder in Form von Lärmbelästigung. Es handelt sich um Folgen und Auswirkungen, die Kosten bzw. Unannehmlichkeiten für Dritte oder die Allgemeinheit bedeuten (soziale Kosten), ohne dass die Verursacher dieser Kosten etwa in Form höherer Produktionskosten und Verkaufspreise zur Kasse gebeten werden. Hier sind verbindliche staatliche Regelungen notwendig, um die Entstehung solcher E. entweder zu verhindern, die Verursacher für die Folgekosten aufkommen zu lassen oder eine Regelung zu finden, wie die Vermeidungs- oder Reparaturkosten auf die Allgemeinheit verteilt werden sollen.

Familienpolitik, politische und gesetzgeberische Maßnahmen zum Schutz sowie zur wirtschaftlichen und sozialen Förderung von Familien. F. ist vor allem Teil der Sozialpolitik, umfasst aber auch Maßnahmen aus den Bereichen Steuer-, Wohnungsbau-, Kultur- und Bildungspolitik.

Föderalismus ➤ Bundesstaat

freiheitlich demokratische Grundordnung, die grundlegenden Merkmale der politischen Ordnung der Bundesrepublik, wie sie das Grundgesetz formuliert bzw. aus ihm abgeleitet werden können: Achtung der Grundrechte (Art. 1 bis 19 GG), Volkssouveränität, Gewaltenteilung, Gesetzmäßigkeit der Verwaltung und Unabhängigkeit der Gerichte (Art. 20), Verantwortlichkeit der Regierung (Art. 63 und 67), Mehrparteienprinzip mit dem Recht auf Opposition (Art. 21) sowie eine freie Presse (Art. 5).

Fremdkapital ➤ Eigenkapital

Friedensbewegung, soziale Bewegung seit dem 19. Jahrhundert, richtete sich in der Bundesrepublik in den 1950er-Jahren gegen die Wiederbewaffnung und atomare Rüstung (Ostermarschbewegung), in den 1960er-Jahren gegen den Vietnamkrieg und in den 1970er- und 1980er-Jahren gegen die Stationierung amerikanischer Mittelstreckenraketen in der Bundesrepublik.

Fusionen, Unternehmenszusammenschlüsse, z. T. auch durch Unternehmensübernahmen herbeigeführt, denen die Gefahr innewohnt, dass die ➤ wirtschaftliche Konzentration in einem Maße erhöht wird, dass sie den marktwirtschaftlichen ➤ Wettbewerb beeinträchtigt oder ausschaltet. Deshalb gibt es für Deutschland eine Fusionskontrolle mit Genehmigungsverfahren durch das Bundeskartellamt und innerhalb der Europäischen Union durch die ➤ Europäische Kommission.

G8-Staaten (G8), Gruppe der acht größten Industrienationen: Deutschland, Frankreich, Großbritannien, Italien, Japan, Kanada, Russland und die USA. Sie treffen sich jährlich auf den Weltwirtschaftsgipfeln. Dabei wird die Europäische Union durch den Präsidenten der Kommission als Beobachter vertreten. Die G8 bestreiten zwei Drittel des gesamten Welthandels.

G20-Staaten, die G8-Staaten, die Europäische Union und elf Schwellenländer wie Brasilien, China, Indien, Mexiko, Südafrika. Sie bestreiten zusammen 80 Prozent des Welthandels.

GATT ➤ Allgemeines Zoll- und Handelsabkommen

Geburtenziffer, Zahl der Kinder, die eine Frau im Laufe ihres Lebens bekommen würde, wenn ihr Geburtenverhalten so wäre wie das aller Frauen zwischen 15 und 49 Jahren im jeweils betrachteten Jahr. Die durchschnittliche Kinderzahl wird als zusammengefasste G. berechnet.

Gemeinsame Außen- und Sicherheitspolitik (GASP) der Europäischen Union, mit dem Maastrichter Vertrag (1993) eingerichtet und mit dem ➤ Lissabonner Vertrag (2009) mit dem Amt des Hohen Vertreters der Union für Außen- und Sicherheitspolitik („EU-Außenminister") ausgestattet. Dieser ist zugleich Vizepräsident der Europäischen Kommission. Er wird vom Europäischen Rat für die Dauer von zweieinhalb Jahren bestimmt. Ihm untersteht der Europäische Diplomatische Dienst als ständige Vertretung der EU in Drittstaaten. Zentrales Entscheidungsgremium ist der Rat für Auswärtige Beziehungen (Außenminister der EU-Staaten). Er entscheidet auf der Grundlage der vom Europäischen Rat festgelegten politischen Leitlinien. Den Vorsitz hat der Hohe Vertreter.

Gemeinsame Sicherheits- und Verteidigungspolitik (GSVP) der Europäischen Union, schafft zivile und militärische Voraussetzungen für Operationen der EU zur Friedenssicherung, Konfliktverhütung und zur internationalen Sicherheit. Entscheidungen zur GSVP werden nach dem Verfahren der ➤ Gemeinsamen Außen- und Sicherheitspolitik getroffen.

Gemeinschaftspolitik, Politikbereiche innerhalb der Europäischen Union, in denen die Nationalstaaten ihre Zuständigkeit den EU-Organen übertragen haben. Dies gilt z. B. für den gemeinsamen Binnenmarkt, den Außenhandel und die Geldpolitik.

Generation, in der Demografie und den Sozialwissenschaften verwendeter Begriff, um Menschen eines bestimmten Lebensalters oder eines bestimmten geschichtlichen Zeitabschnitts zu bezeichnen. G. wird zudem verwendet, um lebensprägende Trends einzelner gesellschaftlicher Schichten darzustellen, etwa die „Generation Golf" oder die „Generation Praktikum".

Generationengerechtigkeit, Verteilung der Lasten (Kosten) und Leistungen (Gewinne) einer Gesellschaft unter den Altersgenerationen. Der Lebensstandard der einen Generation soll nicht zu Lasten anderer Generationen gehen. Dies betrifft z. B. die Finanzierung des Rentenaufkommens, die ➤ Staatsverschuldung, den Umgang mit natürlichen Ressourcen oder endlichen Energievorkommen.

Generationenvertrag, Grundprinzip der gesetzlichen Rentenversicherung in Deutschland, wonach derjenige Teil der Gesellschaft, der aktuell erwerbstätig ist und Beiträge in die Sozialversicherung einbezahlt, damit die Altersversorgung des nicht mehr erwerbstätigen Bevölkerungsteils finanziert; ➤ Umlageverfahren.

Genfer Flüchtlingskonvention, internationales Abkommen von 1951 zum Schutz von Flüchtlingen. Es legt fest, wer ein Flüchtling ist und welchen rechtlichen Schutz er genießt. Inzwischen von 147 Staaten unterzeichnet (2010).

Gesetzgebung, 1. die Kompetenz eines politischen Organs, bestimmte Politikbereiche in alleiniger Zuständigkeit durch Gesetze zu regeln, wird als **ausschließliche G.** bezeichnet. Nach Art. 73 GG werden dem Bund u. a. die auswärtigen Angelegenheiten, die Verteidigung, das Postwesen oder der Luftverkehr zugeordnet. Die Länder haben eine ausschließliche Gesetzgebung u. a. im Bereich der Schulpolitik und des Rundfunks.
2. als **konkurrierende G.** werden Politikbereiche bezeichnet, in denen die Länder gesetzgeberisch tätig werden dürfen, „solange und soweit der Bund von seiner Zuständigkeit keinen Gebrauch gemacht hat" (Art. 72 GG) – etwa im Straf- oder Arbeitsrecht. Die einzelnen Bereiche fasst Art. 74 GG zusammen.

Gesetz gegen Wettbewerbsbeschränkungen, auch Kartellgesetz genannt, letzte Fassung von 2005. Es regelt die Überwachung und Sicherung des Wettbewerbs in Deutschland. Dazu gehören die Kontrolle von Unternehmenszusammenschlüssen (➤ Fusionen), die Zerschlagung und Bestrafung nicht erlaubter ➤ Kartelle sowie die Unterbindung von Marktverhalten, durch das eine marktbeherrschende Stellung missbraucht wird. Für die Durchführung des Gesetzes ist das Bundeskartellamt zuständig, das weit reichende Kontrollrechte hat und unter anderem Geldbußen verhängen kann.

Gewaltenteilung, in der Bundesrepublik Verfassungsprinzip (Art. 20, Abs. 2 GG) zur Aufteilung der Staatsgewalt auf unterschiedliche Organe, um politische Herrschaft zu begrenzen und Konzentration oder Missbrauch von Macht zu verhindern.
1. **horizontale G.** verteilt Staatsaufgaben auf derselben politischen Ebene – etwa dem Bund – auf besondere Organe: in Legislative (Gesetzgebung), Exekutive (ausführende Gewalt/Verwaltung) und Judikative (Rechtsprechung). Die Organe sind zwar voneinander unabhängig, aber bei der Erfüllung ihrer Aufgaben auf Zusammenarbeit angewiesen.
2. **vertikale G.** stellt die bundesstaatliche Ordnung dar, in der einzelne Aufgaben auf unterschiedliche Ebenen des politischen Systems zwischen Bund und Ländern aufgeteilt werden.

Gewaltmonopol, Prinzip des Rechtsstaates, wonach zur Ausübung von Gewalt – von Notwehr abgesehen – ausschließlich der demokratisch legitimierte ➤ Staat und die dazu bestimmten Institutionen berechtigt sind.

Global Governance, theoretisches Konzept internationaler Weltordnungspolitik, um globale Probleme und Ordnungsfragen zu lösen, ohne auf die Vorstellung einer Weltregierung (*global government*) oder einer dominierenden Supermacht (hegemoniale Weltmacht) zurückzugreifen. G.G. will die bestehenden politischen Institutionen, Organisationen und Verfahren auf der Basis des Völkerrechts zu einem System der kooperativen Politikgestaltung erweitern, bei dem auch Akteure der Zivilgesellschaften – wie ➤ Nichtregierungsorganisationen, Interessenverbände und soziale Bewegungen – auf internationaler, nationaler und lokaler Ebene beteiligt werden; ➤ Regime.

Globalisierung, ursprünglich Bezeichnung für den fortschreitenden Prozess der weltweiten Internationalisierung der Wirtschaft. Inzwischen wird der Begriff im weiteren Sinne für die zunehmende internationale Verflechtung in unterschiedlichen Bereichen von Politik, Gesellschaft, Kommunikation und Kultur benutzt. Als wesentliche Ursachen gelten der technische Fortschritt, insbesondere in den Kommunikations- und Transporttechniken, politische Entscheidungen zur ➤ Liberalisierung des Welthandels und des Finanzwesens.

Global Player, international bzw. multinational agierendes Unternehmen. Dazu zählen nicht nur Industrieunternehmen, sondern auch Handels- und Dienstleistungskonzerne sowie Unternehmen des Versicherungs- und Finanzwesens. Aufgrund ihrer Marktstellung und ihrer Investitionskraft haben sie besonderen Einfluss auf den weltweiten Wettbewerb wie auch auf die Politik betroffener Länder.

Grundlagenvertrag, Vertrag über die Grundlagen der Beziehungen zwischen der Bundesrepublik Deutschland und der Deutschen Demokratischen Republik. Am 21. Dezember 1972 geschlossen, trat er nach heftigen innenpolitischen Konflikten am 21. Juni 1973 in Kraft. Ziel waren friedliche Beziehungen zwischen beiden deutschen Staaten, kultureller Austausch und die Erleichterung privater Begegnungen aus Ost und West; ➤ Entspannungspolitik.

Grundrechte, elementare Rechte der Menschen, die sie vor unrechtmäßigen Übergriffen des Staates schützen, gleiche Behandlung vor dem Gesetz und Mitwirkung bei der Gestaltung von Politik und Gesellschaft zusichern. Die G. im Grundgesetz (Art. 1 bis 17) können eingeteilt werden in Freiheits-, Gleichheits- und Teilhaberechte. Sie sind „unmittelbar geltendes Recht", das vor Gericht eingeklagt werden kann (Art. 1, Abs. 3 GG). Sie gelten nicht unbeschränkt, sondern können unter besonderen Voraussetzungen eingeschränkt (Art. 17a und Art. 19 GG) oder durch das Bundesverfassungsgericht verwirkt werden (Art. 18 GG).
Man unterscheidet Bürgerrechte, die nur für deutsche Staatsangehörige gelten, von ➤ Menschenrechten, die alle schützen, die sich unabhängig von ihrer Nationalität im Geltungsbereich des Grundgesetzes aufhalten.

Human Development Index ➤ Index menschlicher Entwicklung

Index menschlicher Entwicklung, (engl. Human Development Index, HDI), eine Messzahl der ➤ Vereinten Nationen für den Entwicklungsstand eines Landes. Der Index, der jährlich seit 1990 veröffentlicht wird, fasst Daten aus drei Bereichen zusammen: Lebenserwartung, Bildungs- und Ausbildungsgrad sowie Kaufkraft in einem Land. Er ermöglicht es, den Stand der durchschnittlichen Entwicklung eines Landes darzustellen. Norwegen belegt Platz eins von 182 Staaten, Deutschland liegt auf Rang 22, Afghanistan und Niger haben die niedrigsten Werte (Stand 2009).

Industriegesellschaft, Gesellschaftsform, in der der überwiegende Teil der Bevölkerung in industriellen Berufen tätig ist. Historisch gesehen löste die I. landwirtschaftlich geprägte Gesellschaften ab; ➤ Dienstleistungsgesellschaft.

Integration, 1. **soziale I.;** Eingliederung von Migranten in die Gesellschaft, um ihnen die gleichberechtigte Teilnahme am gesellschaftlichen, politischen, kulturellen und wirtschaftlichen Leben zu ermöglichen; ➤ Einbürgerung.
2. **politische I.**; die freiwillige Eingliederung eines Staates in eine größere Staatengemeinschaft oder einen Staatenverbund, wie dies bei der EU der Fall ist. Sie kann sich auf Teilbereiche wie die Wirtschaft im Sinne eines gemeinsamen Marktes beziehen, aber auch eine umfassende politische Union anstreben, in der die einzelnen Mitglieder bestimmte Politikbereiche nur noch gemeinsam regeln, also vollständig integrieren; ➤ Gemeinschaftspolitik; ➤ Regierungszusammenarbeit.

Interessenverbände, Zusammenschlüsse von Personen, Gruppen und Unternehmen mit dem Ziel, ihre Interessen in Politik und Gesellschaft zur Geltung zu bringen. Besondere Bedeutung haben I. „zur Wahrung und Förderung der Arbeits- und Wirtschaftsbedingungen" (Art. 9 GG). Danach können Gewerkschaften und Arbeitgeberverbände die Arbeitsbeziehungen ohne staatliche Einmischung regeln (Tarifautonomie).

internationale Beziehungen, Gesamtheit der politischen, militärischen, wirtschaftlichen und kulturellen Beziehungen zwischen Staaten, internationalen Organisationen einschließlich nichtstaatlichen Akteuren (z.B. ➤ Nichtregierungsorganisationen), auch als internationales System bezeichnet.

Internationaler Gerichtshof (IGH), Gericht der UNO mit Sitz in Den Haag (Niederlande). 1945 gegründet, ist er das Hauptrechtsprechungsorgan der Vereinten Nationen (Art. 92 UN-Charta). Klagen können nur Staaten, die UN-Mitglieder sind oder die das Statut des IGH ratifiziert haben. Voraussetzung ist, dass alle beteiligten Parteien die Zuständigkeit anerkannt haben.

Internationaler Strafgerichtshof (IStGH), Sitz in Den Haag (Niederlande), für drei Delikte des Völkerstrafrechts zuständig: Völkermord, Verbrechen gegen die Menschlichkeit und Kriegsverbrechen. Der IStGH ist unabhängig von der UNO und arbeitet nach dem 1998 in Rom unterzeichneten Statut, das von 111 Staaten anerkannt ist (2010). Er wird aktiv, sofern Staaten, in denen Verbrechen begangen wurden, nicht selber Anklage erheben.

Internationaler Währungsfonds (IWF), engl. International Monetary Fund (IMF); die Gründung der Sonderorganisation der ➤ Vereinten Nationen wurde 1944 auf der Konferenz von Bretton Woods (USA) beschlossen. Der Fonds nahm im März 1947 seine Arbeit auf. Aufgaben sind vor allem die Förderung internationaler Zusammenarbeit in der Währungspolitik, die Stabilisierung der Wechselkurse als der Auslandspreis von Währungen, die Unterstützung des Welthandels, Vergabe von Krediten und die Kontrolle der Geldpolitik der Empfängerländer. Hauptsitz des IWF ist Washington. Wie bei der ➤ Weltbank wird auch hier die Dominanz der großen Industriestaaten in den Entscheidungsgremien kritisiert.

internationales System ➤ internationale Beziehungen

IWF ➤ Internationaler Währungsfonds

Kalter Krieg, Phase der politischen und militärischen Spannungen und der forcierten wirtschaftlichen Konkurrenz während des Ost-West-Konflikts zwischen den rivalisierenden Supermächten USA und UdSSR sowie ihren jeweiligen Bündnispartnern in der ➤ NATO und dem ➤ Warschauer Pakt. Seinen Ausdruck fand der K. K. seit dem Ende des Zweiten

Weltkriegs (1945) über Deutschland und Europa hinaus in einer bipolaren Weltordnung. Er endete mit der politischen Wende in der UdSSR und den Ostblockstaaten seit 1989/90 und der Auflösung des Warschauer Pakts 1991.

Kapitalgesellschaft, Unternehmensform, meist Gesellschaft mit beschränkter Haftung (GmbH), ➤Aktiengesellschaft (AG) oder Aktiengesellschaft nach EU-Recht (SE), bei der die Eigentümer nur mit einem bestimmten Kapitalanteil am Unternehmen beteiligt sind. Ihr Unternehmensrisiko ist auf diesen Anteil beschränkt.

Kapitalismus, Wirtschafts- und Gesellschaftsordnung, in der die Eigentümer von Kapital (Geldkapital oder Sachkapital, speziell von Produktionsmitteln) das Recht haben, über dieses frei zu verfügen und es zum Zwecke der Gewinnerzielung einzusetzen. Nach dieser Definition ist auch Staatskapitalismus möglich, aber seine wirtschaftliche und gesellschaftliche Dynamik erhielt der Kapitalismus durch die Verbindung mit einer auf Privateigentum basierenden ➤Marktwirtschaft; ➤Wettbewerb.

Kartelle, entstehen, wenn Unternehmen sich untereinander über ihr Verhalten am Markt absprechen. Gegenstand solcher Absprachen können Preise, Produktions- und Liefermengen, die Qualität von Produkten, die Abgrenzung von Vertriebsgebieten und anderes mehr sein. In Marktwirtschaften sind Kartellbildungen in der Regel verboten, weil sie den ➤Wettbewerb außer Kraft setzen und zu höheren Preisen bzw. schlechterer Qualität der Produkte oder Dienstleistungen als bei funktionierendem Wettbewerb führen.
In Deutschland sieht das ➤Gesetz gegen Wettbewerbsbeschränkungen die Zerschlagung und Bestrafung von Kartellen vor. Kontrollbehörde ist das Bundeskartellamt. Eine vergleichbare Kontrolle gibt es in der Europäischen Union durch die EU-Kommission, wenn Kartelle grenzüberschreitend organisiert sind bzw. grenzüberschreitende, den Wettbewerb in der EU behinderte Auswirkungen haben.
Kartelle können ihre Berechtigung haben, wenn sie z. B. ruinösen Wettbewerb verhindern, eine stabile Wirtschaftsentwicklung oder auch eine kontrollierte Nutzung der Natur ermöglichen. Vom Anspruch her ist das internationale Kartell der Erdöl exportierenden Länder (Organization of Petroleum Exporting Countries, OPEC,) ein solches Kartell.

Klasse, beschreibt die hierarchische, vertikale Gliederung der Gesellschaft in Gruppen, die bestimmte Merkmale gemeinsam haben. Personen, die gemeinsame wirtschaftliche und soziale Lebensbedingungen und sozialstrukturelle Faktoren teilen, etwa Einkommen oder Besitz an Geld- und Sachkapital, Bildungsabschlüsse, berufliches Qualifikationsniveau, können als soziale Klasse zusammengefasst werden. Der Begriff wurde zur Beschreibung sozialer Verhältnisse im 19. Jahrhundert mit der Entstehung der Industriegesellschaft entwickelt.

Klimaflüchtling, Menschen die zur Flucht gezwungen werden, weil ihr Lebensraum als Folge klimatischer Veränderungen zerstört wird; ➤Migration.

Konjunktur, K.-zyklen; das Auf und Ab der wirtschaftlichen Entwicklung. Vier Phasen im K.-zyklus werden unterschieden: Aufschwung – Boomphase – Abschwung – Rezession. Im Durchschnitt dauert ein voller K.-zyklus vier bis sieben Jahre. Mit wirtschaftspolitischen Maßnahmen (K.-politik) wird versucht, so auf die Wirtschaftsentwicklung einzuwirken, dass übergroße Ausschläge im Wirtschaftswachstum und damit auch Krisen vermieden werden.

Liberalisierung, im wirtschaftlichen Sinn die Befreiung der Wirtschaft von staatlichen Eingriffen in das Wirtschaftsgeschehen. Maßnahmen, die diesem Ziel dienen sollen, sind: a) die Privatisierung von Leistungen, die zuvor in staatlicher bzw. kommunaler Hand lagen; b) die Deregulierung, d. h. die Rücknahme oder Abmilderung von staatlichen Vorschriften für wirtschaftliches Handeln; c) die Reduzierung von Steuern und Abgaben; d) international der Abbau von Barrieren für den Wirtschaftsaustausch (Waren, Dienstleistungen, Kapital, Personen) zwischen Staaten bzw. Volkswirtschaften.
Ziel ist die Freisetzung der Marktkräfte. L. kann sich sowohl auf einzelne Volkswirtschaften als auch auf die Gestaltung der Weltwirtschaft im Sinne ungehinderter Marktbeziehungen erstrecken; ➤Deregulierung, ➤Globalisierung.

Lissabonner Vertrag bzw. Vertrag von Lissabon, EU-Vertrag, der am 1. Dezember 2009 in Kraft trat; schreibt frühere EU-Verträge fort mit dem Ziel, die Institutionen und die Verfahren der größeren EU anzupassen. Zudem führt er weitere Mitbestimmungsrechte des Europäischen Parlaments ein und erweitert die Mitwirkungsrechte der EU-Bevölkerung durch die ➤ Bürgerinitiative.

Lobbyismus, Aktivitäten von Interessenverbänden und -gruppen, um auf politische und Verwaltungsentscheidungen Einfluss zu nehmen. Lobbyisten versuchen, direkt auf Parlamentsabgeordnete, Regierungsmitglieder, Ministerialbeamte oder Verwaltungspersonal einzuwirken oder deren Entscheidungen indirekt über Medien und öffentliche Meinung zu beeinflussen. Da der Wirkungserfolg von Lobbyisten nicht zuletzt von den einsetzbaren Mitteln (finanzielle und personelle Ressourcen) abhängt, wird hier die demokratietheoretisch problematische Beziehung zwischen wirtschaftlicher und politischer Macht deutlich.

Marktmacht, kann eingesetzt werden, um marktwirtschaftlichem ➤ Wettbewerb einzuschränken oder zu verhindern und so den ➤ Preismechanismus als koordinierendes Element zwischen Angebot und Nachfrage außer Kraft zu setzen.

Marktpreis, in der ökonomischen Theorie der Preis, zu dem in einem funktionierenden Markt alle angebotenen Güter Käufer finden, der Markt also geräumt wird.

Marktwirtschaft, Wirtschaftsordnung, in der die wirtschaftlich Handelnden frei auf der Basis ihrer Interessen im ➤ Wettbewerb miteinander agieren und in der die Koordination wirtschaftlichen Handelns durch den Ausgleich von Angebot und Nachfrage über den ➤ Preismechanismus stattfindet.

Menschenrechte, jedem Einzelnen zustehende Rechte, die ihn vor Eingriffen des Staates und Übergriffen mächtiger gesellschaftlicher Gruppen schützen sollen. Sie wurden seit dem 17. Jahrhundert gegenüber absolutistischen Staaten als angeborene oder unveräußerliche Rechte gefordert. Ihre Durchsetzung musste in den darauf folgenden Jahrhunderten schrittweise erkämpft werden. Durch internationale Vereinbarungen sind sie Bestandteil des Völkerrechts geworden (➤ Allgemeine Erklärung der Menschenrechte 1948 durch die UNO). Damit ist jedoch keinesfalls sichergestellt, dass sie überall eingelöst werden; ➤ Grundrechte.

Migration, Wanderung von Individuen und Gruppen innerhalb eines Landes (Binnenm.), ebenso die Einwanderung in ein anderes als das eigene Herkunftsland (internationale M.). Unter den Begriff M. fällt auch die Rückwanderung von Menschen an ihren Herkunftsort bzw. in ihr Herkunftsland.

Migrationshintergrund, Personen, die selbst oder deren Eltern oder Großeltern nach Deutschland zugewandert sind und hier ungeachtet ihrer gegenwärtigen Staatsangehörigkeit leben.

Milieu, soziales Umfeld, in dem eine Person aufwächst (Herkunftsmilieu) oder lebt. Erklärungsmodelle von M. nutzen Faktoren wie Alter und Geschlecht sowie Lebensbedingungen und -stile, um unterschiedliche gesellschaftliche Gruppen zu beschreiben.

Mittelschicht, Begriff zur Beschreibung einer großen Bevölkerungsgruppe. Zur M. gehören Personen, die sich in Bezug auf Einkommen und Vermögen weder der Oberschicht noch der besitz- und einkommensschwachen Unterschicht zuordnen lassen. Zur Abgrenzung nach Einkommens- und Vermögensgruppen werden unterschiedliche Größen verwendet.

Monopol ➤ wirtschaftliche Konzentration

Multilateralismus, mehrseitige Politik, bei der Staaten nicht allein und einseitig (unilateral) oder in Absprache mit einem anderen Staat (bilateral), sondern gemeinsam mit mehreren handeln. Als gleichberechtigte Partner vereinbaren sie gemeinsame Regelungen, um übergreifende Probleme zu lösen; ➤ Vereinte Nationen.

NATO, Nordatlantische Vertragsorganisation, auch Nordatlantikpakt, engl. North Atlantic Treaty Organization (NATO); Bündnis der westlichen Staaten unter Führung der USA. Gegründet 1949 als militärischer Beistandspakt gegen eine mögliche Bedrohung durch die kommunistische UdSSR und ihre Verbündeten in Mittel- und Osteuropa. Nach dem Ende des ➤ Ost-West-Konflikts seit 1989/90 erweiterte sich das Bündnis durch den Beitritt ehemaliger Mitglieder des ➤Warschauer Pakts auf 28 Staaten.

natürliche Monopole, entstehen aus rein wirtschaftlicher Logik von selbst; denn für mögliche Konkurrenten lohnt sich der Einstieg in einen solchen Markt nicht und Konkurrenz würde nicht zu niedrigeren, sondern zu höheren Preisen führen. Beispiel: Wasserversorgung in einer Gemeinde, bei der es unwirtschaftlich wäre, wenn mehrere Versorger parallel Wasserleitungen zu allen Häusern legen würden. Da die fixen Kosten sehr hoch und die variablen Kosten vergleichsweise niedrig sind, hat derjenige, der die meisten Kunden gewinnen kann, die niedrigsten Produktions- und Vertriebskosten je Kunden und kann so Wettbewerber aus dem Feld schlagen. Übrig bleibt ein natürlicher Monopolist.
Im Falle solcher n. M. werden in der Regel öffentliche Unternehmen mit der Versorgung betraut oder private Unternehmen werden politisch reguliert und überwacht. Beides garantiert allerdings nicht automatisch eine besonders effiziente Versorgung oder Leistungserbringung, denn es gibt nicht nur Marktversagen, sondern auch Staatsversagen.

Neoliberalismus, im aktuellen Verständnis mit marktradikaler Ideologie gleichgesetzt, die fast jeglichen staatlichen Einfluss auf die Wirtschaft ablehnt und ausschließlich auf die Selbststeuerung durch Märkte setzt. Neoliberalem Marktradikalismus wird deshalb auch die Finanz- und Wirtschaftskrise 2008 bis 2010 angelastet. Noch zu Beginn des 20. Jahrhunderts verstanden viele Wirtschaftstheoretiker N. im Gegensatz dazu als Korrektur eines radikalen Wirtschaftsliberalismus. Aus dieser früheren Denkschule leitet sich auch die Vorstellung von ➤sozialer Marktwirtschaft als einer geregelten oder koordinierten Marktwirtschaft ab.

NGO ➤Nichtregierungsorganisation

Nichtregierungsorganisation, engl. Non-Governmental Organization (NGO); gesellschaftliche Organisation, Initiative, Verein oder Gruppe, die gemeinsame Interessen durch eigene Aktivitäten und durch Druck auf staatliche Institutionen und internationale Organisationen durchsetzen will. Größere NGOs nehmen an internationalen Konferenzen, vor allem der ➤Vereinten Nationen, teil mit dem Anspruch, übergeordnete Interessen zu vertreten. Beispiele sind Amnesty International, Attac, Ärzte ohne Grenzen, Greenpeace.

Normalarbeitsverhältnis, auf Dauer angelegtes, tarif- und sozialversicherungsrechtlich reguliertes Vollzeitarbeitsverhältnis (Achtstundentag, Fünf-Tage-Woche, Jahresvollzeitbeschäftigung, Dauerarbeitsvertrag).

OECD ➤Organisation für wirtschaftliche Zusammenarbeit und Entwicklung

öffentliche Güter, nicht oder nur schwer teilbare Dinge (Unteilbarkeitsproblem), von deren Konsum oder Gebrauch niemand ausgeschlossen werden kann (Nichtauschlussproblematik oder Trittbrettfahrerproblem). Die Luft ist z. B. ein ö. G., sie lässt sich nicht in Portionen aufteilen und verkaufen, weshalb auch nicht spontan ein Markt für sie entsteht. Das einzelne Unternehmen oder der einzelne Konsument hat deshalb keinen ökonomischen Anreiz, für möglichst reine, wenig verschmutzte Luft zu sorgen. Letztlich muss der Staat oder das öffentliche Gemeinwesen für die Luftreinhaltung sorgen und Regeln aufstellen, wie mit dem ö. G. Luft umgegangen werden soll.

öffentliche Haushalte, die staatlichen H. des Bundes und der Länder, die Finanzanteile der Europäischen Union, die kommunalen H. und die gesetzliche Sozialversicherung. Wenn von ➤Staatsverschuldung die Rede ist, dann bezieht sich diese entweder auf einzelne dieser H. oder auf alle zusammen, den öffentlichen Gesamthaushalt.

Ökosysteme, mehr oder weniger komplexe, offene Systeme, in denen lebende Organismen aufeinander reagieren und mit ihrem Lebensraum in Verbindung stehen. Wegen der komplexen Abhängigkeiten und Zusammenhänge von Ö. sind Eingriffe nur mit schwer vorhersehbaren langfristigen Folgen verbunden.

Oligopol ➤wirtschaftliche Konzentration

Organisation für wirtschaftliche Zusammenarbeit und Entwicklung, engl. Organization for Economic Cooperation and Development (OECD); 1960 als Nachfolgerin der Organisation für europäische

wirtschaftliche Zusammenarbeit und des Marshallplans (amerikanische Wiederaufbauhilfe für Europa nach dem Zweiten Weltkrieg) gegründet. Bei den heute 32 Mitgliedstaaten handelt es sich überwiegend um hoch entwickelte Industriestaaten und zunehmend auch um ➤ Schwellenländer. Sitz der Organisation ist Paris.
Sie verfolgt das Ziel, die Entwicklung der Wirtschaft und des Wohlstands in den Mitgliedstaaten und die internationale wirtschaftliche Zusammenarbeit – gerade auch mit den Entwicklungsländern – zu fördern. Die Organisation hat keine Entscheidungsmacht. Sie wirkt vor allem durch vergleichende Berichte über den Entwicklungsstand in unterschiedlichen Bereichen der einzelnen Länder *(benchmarking)*, das Herausstellen als besonders erfolgreich erachteter Maßnahmen *(best practice)*, durch öffentliche Diskussion und Erfahrungsaustausch zwischen den Regierungen und Behörden *(policy learning)*. Besondere Aufmerksamkeit hat in den letzten Jahren der Vergleich der nationalen Bildungssysteme und deren Leistungsfähigkeit gefunden (PISA-Studien).

Ost-West-Konflikt ➤ Kalter Krieg

Parlamentarischer Rat, Versammlung mit 65 Mitgliedern aus den Parlamenten der westdeutschen Länder; erarbeitete von September 1948 bis Mai 1949 das Grundgesetz der Bundesrepublik Deutschland und verabschiedete die Verfassung.

Parteien, Vereinigungen, in denen sich Personen organisieren, die gleichgerichtete politische Interessen vertreten. Stellung und Aufgaben werden im Grundgesetz und im Parteiengesetz beschrieben. Danach „wirken sie bei der politischen Willensbildung des Volkes mit" (Art. 21 GG).
P. sind – anders als Bürgerinitiativen – auf Dauer angelegt, müssen ihre Ziele in Programmen veröffentlichen, stellen Kandidaten für Wahlen auf und stehen mit anderen P. im Wettbewerb um politische Macht. Volksp. wollen Massenp. sein mit dem Anspruch, alle oder möglichst viele Gruppen der Gesellschaft – unabhängig von ihrem sozialen Stand – zu vertreten. Dagegen konzentrieren sich Interessenp. – auch Klientelp. genannt – auf einzelne soziale Gruppen, deren Anliegen sie mit ihrem Programm besonders ansprechen wollen.

Patchworkfamilie, Familie, die vom klassischen Vater-Mutter-Kind(er)-Schema abweicht, etwa Pflege-, Adoptiv- und Scheidungsfamilie oder gleichgeschlechtliches Paar mit Kindern.

Peergroup, soziale Gruppe von gleichaltrigen, meist jungen Menschen, in der der Einzelne soziale Orientierung sucht und die als Bezugsgruppe dient.

Personengesellschaft, Unternehmensform, bei der mindestens zwei Personen Eigentümer eines Unternehmens sind (z. B. Gesellschaft des bürgerlichen Rechts) und mit ihrem Vermögen haften. Davon zu unterscheiden sind Einzelunternehmer, die allein Inhaber eines Unternehmens sind und mit ihrem gesamten Vermögen haften, z. B. kleine Handwerksbetriebe oder Freiberufler.

Pflegeversicherung, jüngste Säule der Sozialversicherung in Deutschland, die 1994 mit dem „Gesetz zur sozialen Absicherung des Risikos der Pflegebedürftigkeit" geschaffen und organisatorisch in die Krankenkassen eingegliedert wurde. Aus der Pflegeversicherung werden Geld- und Sachleistungen für pflegebedürftige Menschen übernommen.

Plebiszit, politische Willensbildung durch direkte Demokratie – in Volks- und Bürgerbegehren sowie Volks- und Bürgerentscheiden; ➤ Bürgerinitiative in der EU.

Pluralisierung, beschreibt den Umstand, dass Gesellschaften vielfältiger werden und die Zahl der Lebensformen, Einstellungen, Werte und Verhaltensweisen, die gleichzeitig in einer Gesellschaft vorhanden sind, zunimmt.

politische Einstellungen ➤ politische Kultur

politische Kultur, die subjektive Seite der Politik; p. K. drückt sich zum einen in Einstellungen Einzelner und Gruppen aus, mit denen sie die Leistungen der aktuellen Politik, die Institutionen, Organisationen und Akteure (Politiker) bewerten. Zum anderen gehören zur p. K. die grundsätzlichen Vorstellungen der Bürger über die ➤ Demokratie als politische Ordnung, ihre eigenen Wertvorstellungen, die sie in der Politik verwirklicht sehen wollen, und nicht zuletzt die Einschätzung der eigenen Rolle, die sie in der Politik spielen können oder wollen. Politische Einstellungen drücken Präferenzen für und Bindungen an bestimmte politische Richtungen aus. Sie verändern sich schneller als längerfristig gültige ➤Werte.

Preismechanismus, in ➤Marktwirtschaften ist der ➤Marktpreis und dessen Entwicklung ein Signal für Anbieter und Nachfrager, ob es sich für sie lohnt zu produzieren bzw. zu konsumieren. Bei steigendem Preis wird weniger nachgefragt und mehr angeboten, was letztlich zu sinkenden Preisen führt. Umgekehrt sind sinkende Preise ein Signal, das zu niedrigerem Angebot und höherer Nachfrage führt – mit der Folge steigender Preise.

Produktionsfaktoren, volkswirtschaftlich werden in der Regel drei bis vier Kategorien von Produktionsfaktoren unterschieden, die zur Wertschöpfung in einer Volkswirtschaft beitragen: Arbeit – als zusätzliche oder darin aufgehende Kategorie Wissen –, Kapital in Form von Finanz- und Sachkapital (Gebäude, Maschinen etc.) und Natur in Form der natürlich Ressourcen, die eingesetzt bzw. genutzt werden.
Betriebswirtschaftlich lässt sich das detaillierter aufspalten und betrieblich berechenbar machen als in Produktion, Verwaltung und Vertrieb einzusetzende finanzielle Mittel, personelle Ausstattung sowie Betriebs- und Arbeitsmittel. Dort, wo Produktionsfaktoren eingesetzt werden, verursachen diese Kosten (Faktorkosten), die bei denen, die Produktionsfaktoren zur Verfügung stellen, zu Einkommen (Faktoreinkommen) führen.

Produktivkräfte, spielen bereits in den Theorien von Karl Marx und Friedrich Engels im 19. Jahrhundert eine herausragende Rolle für die Organisation von Arbeit (Produktionsweise), für die Produktivität der Arbeit sowie für den wirtschaftlichen Fortschritt und die gesellschaftliche Entwicklung (Produktionsverhältnisse) überhaupt. Als P. werden vor allen Dingen die Fertigkeiten und die Einsetzbarkeit der Arbeitskräfte gesehen, die Nutzungsmöglichkeit natürlicher Ressourcen und nicht zuletzt die Arbeitsmittel in Form von Werkzeugen und Maschinen, die sich auch auf die Organisation der Arbeitsprozesse und die Produktivität der Arbeit auswirken. Angesichts der Bedeutung von Erfindungen, technischen Entwicklungen und der Notwendigkeit, komplexe Produktions- und Organisationsstrukturen zu beherrschen, wird zunehmend auf die Produktivkraft Wissen in den ➤Wissens- und Informationsgesellschaften hingewiesen, die sich aus Entwicklungen in Wissenschaft, Technik und im Bildungswesen speist.

Rat der Europäischen Union, Organ der Europäischen Union, in dem die Mitgliedstaaten vertreten sind durch die Minister (je nach Fachgebiet). Der „Rat für allgemeine Angelegenheiten und Außenbeziehungen" behandelt die Beziehungen der EU zu Drittländern sowie allgemeine politische Fragen. Die übrigen acht Räte behandeln: Wirtschaft und Finanzen; Justiz und Inneres; Beschäftigung, Sozialpolitik, Gesundheit und Verbraucherschutz; Wettbewerbsfähigkeit; Verkehr, Telekommunikation und Energie; Landwirtschaft und Fischerei; Umwelt; Bildung, Jugend und Kultur.
Der Rat beschließt per Abstimmung. Das Stimmengewicht der Minister richtet sich nach der Einwohnerzahl ihres Staates. In einigen Bereichen wie der ➤Gemeinsamen Außen- und Sicherheitspolitik müssen Beschlüsse einstimmig gefasst werden. Ansonsten ist eine qualifizierte Mehrheit erforderlich. Diese ist erreicht, wenn eine Mehrheit (in der Regel 55 Prozent der Mitglieder), die aus mindestens 15 EU-Ländern mit einem Mindestbevölkerungsanteil von 65 Prozent kommt, zustimmt (Regelung ab 1. November 2014).

Rechtsextremismus, politische Einstellungen und Haltungen, die sich gegen eine freiheitliche Ordnung auf der Basis demokratischer und rechtsstaatlicher Grundsätze richtet, Gewalt als Mittel der Politik nicht ausschließt, die Gültigkeit des Gleichheitsgrundsatzes ablehnt und der eigenen ethnischen Gruppe bzw. Nationalität Vorrechte zuschreibt; ➤freiheitlich demokratische Grundordnung.

Rechtsstaat, eine politische Ordnung, in der staatliches Handeln an Verfassung und Recht gebunden ist, Grundrechte garantiert, politische Herrschaft durch den Volkswillen legitimiert, durch Gewaltenteilung begrenzt und zeitlich befristet ist.

Regierungszusammenarbeit, neben der Gemeinschaftspolitik die zweite Form der Politikgestaltung innerhalb der Europäischen Union, bei der EU-Organe zwar beteiligt sind, Entscheidungen aber bei den Nationalstaaten im Rat der EU liegen. Auf diese Weise kommen gemeinsame Beschlüsse in der EU zustande (➤Gemeinsamen Außen- und

Sicherheitspolitik sowie ➤ Gemeinsame Sicherheits- und Verteidigungspolitik). Auch die polizeiliche und justizielle Zusammenarbeit in Strafsachen wird auf diesem Wege abgestimmt.

Regime, internationale, franz. *régime*, Herrschaft, Regelung; Vereinbarungen internationaler Akteuren (z. B. Staaten, UNO), mit denen Ziele, Maßnahmen und dazu erforderlichen Institutionen und Verfahren festgelegt werden, um überstaatliche (transnationale) politische Aufgabenfelder gemeinsam zu regeln. So wurden z. B. 1997 im Kyoto-Protokoll Ziele, Schritte und Maßnahmen zur Verringerung des CO_2-Ausstoßes festgelegt.

Rentenalter, Alter, bei dem der Übergang vom Beruf in die nachberufliche Lebensphase erfolgt (die Rente bei Rentenversicherten oder Pension bei Beamten). Durch Bundesgesetz wurde 2007 beschlossen, das gesetzliche R. in Deutschland schrittweise vom vollendeten 65. Lebensjahr auf 67 Jahre anzuheben. Das Renteneintrittsalter liegt heute im Durchschnitt unter der gesetzlichen Altersgrenze, d. h. die Personen gehen früher in den Ruhestand, als vom Gesetzgeber vorgesehen.

Rüstungskontrolle, zwischenstaatliche Vereinbarungen zur mengenmäßigen oder technologischen Begrenzung militärischer Waffensysteme und Truppen. Zur R. zählt auch die Überwachung, ob die Regelungen politisch umgesetzt werden. R. kann sich auch auf dazugehörende Einrichtungen und Truppenstärken beziehen. Dabei können bestimmte Formen der Kriegsführung und des Waffeneinsatzes verboten werden (z. B. Verbot bakteriologischer und chemischer Waffen 1972); ➤ Abrüstung, ➤ Atomwaffensperrvertrag.

Schicht, Begriff aus den Sozialwissenschaften, der den sozialen Aufbau einer Gesellschaft beschreibt. Es gibt unterschiedliche S.-modelle. S. wird oft als Synonym für ➤ Klasse verwendet.

Schule, allgemeinbildende und berufsbildende;
1. **allgemeinbildende S.** sind insbesondere Grundschulen, Haupt- und Realschulen, Sekundarschulen etc., Gymnasien, Gesamtschulen sowie Förderschulen. Sie vermitteln keine Berufsausbildung. Die Abschlüsse an diesen S. qualifizieren je nach Schulart zu einer Berufsausbildung oder einem Studium.
2. **berufsbildende S.** ermöglichen den Erwerb beruflicher und berufsübergreifender Kompetenzen und vermitteln Abschlüsse, die zu einer qualifizierten Berufstätigkeit oder in weiterführende berufsbezogene oder studienbezogene Bildungsgänge führen.

Schulsystem, Organisation des Schulwesens nach unterschiedlichen Schulformen. Die Entscheidung für eine Schulform fällt i. d. R. nach dem vierten Schuljahr (in einigen Bundesländern nach dem fünften oder sechsten). Die Schularten ermöglichen jeweils spezifische Qualifikationen und Bildungsabschlüsse; ➤ Schule.

Schwellenländer, Staaten, die aufgrund ihrer wirtschaftlichen Leistungskraft nicht mehr zu den Entwicklungsländern zählen, aber noch nicht zu den Industrieländern gerechnet werden. Sie sind von einem Nebeneinander leistungsstarker industrialisierter Zentren einerseits und Regionen mit geringer Entwicklung und traditionellen Wirtschafts- und Lebensformen andererseits geprägt. Beispiele: Brasilien, Indien, Malaysia, Mexiko, Südafrika; ➤ Subsistenzwirtschaft.

Segregation, Trennung von sozialen Gruppen in einer Stadt oder Region; besonders betroffen sind ➤ soziale Brennpunkte.

Sektoren, primäre, sekundäre oder tertiäre ➤ Wirtschaftssektoren.

Sicherheitsrat, Organ der ➤ Vereinten Nationen, in dem die eigentlichen politischen Entscheidungen fallen. Neben den fünf ständigen Mitgliedern China, Frankreich, Großbritannien, Russland und USA werden zehn weitere Mitglieder des S. auf zwei Jahre gewählt. Hauptaufgabe ist die Verhütung internationaler Konflikte bzw. deren Lösung durch gemeinsame Maßnahmen. Beschlüsse sind für alle UNO-Mitglieder verbindlich.

Solidarprinzip, Grundprinzip der gesetzlichen Krankenversicherung, wonach Beiträge nach der wirtschaftlichen Leistungsfähigkeit des Versicherten entrichtet, Leistungen unabhängig davon nach dem medizinischen Bedarf des Versicherten erbracht werden.

Souveränität, eine nach innen und außen unabhängige staatliche Herrschaft und Entscheidungsgewalt. In Demokratien liegt die S. beim Volk. **Innere S.** bedeutet, dass die Staatsgewalt, die über die auf Zeit begrenzten politischen Hoheitsrechte verfügt, Volkssouveränität ist. Ihre Legitimation geht aus freien, geheimen und gleichen Wahlen hervor. **Äußere S.**, auch als Staatssouveränität bezeichnet, ist völkerrechtlich definiert und bedeutet, dass ein Staat selbstbestimmt, unabhängig und frei von Fremdherrschaft ist; ➤Gewaltmonopol.

Sozialausgaben, staatliche Leistungen im Sozialbereich, insbesondere zur Arbeitslosenversicherung, zur Grundsicherung, zur Renten-, Kranken- und Pflegeversicherung.

Sozialbudget, Darstellung aller in einem bestimmten Zeitraum erbrachten sozialen Leistungen und ihrer Finanzierung in einem regelmäßigen Bericht der Bundesregierung.

soziale Brennpunkte, räumlich abgegrenzte städtische Wohngebiete mit erschwerten Lebensbedingungen: hohe Arbeitslosigkeit, geringe Durchschnittseinkommen, fehlende soziale Netzwerke oder Verwahrlosung der öffentlichen Räume. Kinder und Jugendliche leiden hier oft unter mangelnden Entwicklungschancen; ➤Segregation.

soziale Kosten ➤Externalitäten

soziale Marktwirtschaft, eine Wirtschaftsordnung – salopp auch „rheinischer Kapitalismus" genannt –, die einerseits auf marktwirtschaftlichem ➤Wettbewerb und zugleich auf ➤Sozialpartnerschaft beruhen soll. Ökonomische Effizienz des Wettbewerbs soll mit einem durch staatliche Politik und dem Zusammenwirken der Tarifparteien erreichten sozialen Ausgleich verbunden werden.

soziale Selektivität, beschreibt den Umstand, dass der Zugang etwa zu Bildung oder zum Arbeitsmarkt nicht allein von Leistung und Qualifikationen, sondern von sozialen Faktoren abhängt.

soziale Sicherung, Maßnahmen, die dem Schutz des Menschen vor individuellen Lebensrisiken und dem Ausgleich ihrer wirtschaftlichen Folgen dienen. In Deutschland geschieht dies durch das System der gesetzlichen Sozialversicherung.

Sozialhilfe, dient der Existenzsicherung für nicht (mehr) erwerbsfähige Menschen. Zur Sozialhilfe zählen insbesondere die Hilfe zum Lebensunterhalt, die Grundsicherung im Alter und bei Erwerbsunfähigkeit.

Sozialisation, Entwicklung einer Person in einer Gesellschaft, indem sie sich mit ihrer sozialen und natürlichen Umwelt auseinandersetzt und dabei eigene Welt- und Persönlichkeitsbilder aufbaut.

Sozialpartnerschaft, strukturelles Merkmal der ➤sozialen Marktwirtschaft als einer Wirtschaftsordnung, in der sich Kapital und Arbeit als Sozialpartner gegenüberstehen. Trotz Auseinandersetzungen über die Tarifpolitik, in Fragen der Mitbestimmung oder in anderen Politikbereichen, steht hinter dem Bild der S. die Vorstellung harmonischer Zusammenarbeit im Sinne des Gemeinwohls. Deshalb wird S. bisweilen von Kitikern auch als irreführender ideologischer Begriff gesehen, der die tatsächlichen Interessengegensätze zwischen Kapital und Arbeit verschleiere.

Sozialstaat, Gesamtheit aller politischen Zielvorstellungen, staatlichen Instrumente, Institutionen und Leistungen, mit denen soziale Sicherheit gewährleistet und auf dem Weg sozialen Ausgleichs Benachteiligungen abgebaut bzw. vermindert werden. Das Sozialstaatsprinzip nach Art. 20 GG ist im Grundsatz unbestritten. Seine Umsetzung in konkreter Sozialpolitik und der Umfang sozialstaatlicher Leistungen ist Gegenstand politischen Streits.

Sozialstruktur, Begriff der Sozialwissenschaften, mit dem die Gliederung einer Gesellschaft in ihre Teilbereiche und die Beziehungen dieser Teile untereinander beschrieben wird (etwa Familien-, Bildungs-, Wirtschafts-, Vermögens-, Bevölkerungsstruktur etc.).

Sozialversicherung, gesetzliches Versicherungssystem in Deutschland, das als Teil der sozialen Sicherung finanziellen Schutz vor Lebensrisiken und deren Folgen wie Krankheit, Arbeitslosigkeit, Alter, Arbeitsunfällen und Pflegebedürftigkeit bietet.

Spätaussiedler, Personen deutscher Herkunft aus den Nachfolgestaaten der ehemaligen Sowjetunion und den übrigen ehemaligen Ostblockstaaten. Sie können in einem speziellen Aufnahmeverfahren die deutsche Staatsangehörigkeit erwerben.

Staat, gebietsmäßig begrenzter politischer Verband, der vor allem drei Aufgaben für seine Bürger leisten muss: Sicherheit, Wohlfahrt und rechtsstaatliche Ausübung von Herrschaft. Entscheidungen staatlicher Organe sind verbindlich; ihre Durchsetzung kann mit rechtlichen Sanktionen erzwungen werden. Damit kommt dem Staat ein ➤ Gewaltmonopol zu, das durch freie Wahlen und Abstimmungen legitimiert und deren Ausübung durch Amtsträger zeitlich befristet ist.

Staatsverschuldung, entsteht, wenn die öffentliche Hand im Haushaltsjahr mehr Geld ausgibt, als durch Steuern, Abgaben, Gebühren und andere öffentliche Einnahmen eingenommen wird. Das dadurch entstehende Haushaltsdefizit eines Jahres muss durch Kreditaufnahme ausgeglichen werden. Diese Nettoneuverschuldung lässt eine bereits bestehende S. weiter anwachsen. Folgende Betrachtungsweisen sind üblich: a) Nettoneuverschuldung in einem Haushaltsjahr in Relation zum ➤ Bruttoinlandsprodukt (BIP), also der Wirtschaftskraft eines Landes; b) über die Jahre entstandene öffentliche Gesamtschuld ebenfalls in Relation zum BIP; c) öffentliche Gesamtschuld pro Einwohner.
S. belastet zukünftige Generationen. Gerechtfertigt wird S. häufig damit, dass der Staat Krisensituationen begegnen muss, z.B. einer Wirtschaftskrise, oder Investitionen tätigt, die sich erst in der Zukunft auszahlen (Zukunftsinvestitionen); ➤ Generationengerechtigkeit

Stabilitäts- und Wachstumspakt, Teil der dritten Stufe der Europäischen Wirtschafts- und Währungsunion (seit 01.01.1999) innerhalb der Europäischen Union; hat vor allem zum Ziel, die europäische Währung (Euro) stabil, d.h. die Inflationsrate im Euroraum niedrig zu halten. Zu diesem Zweck überwacht die EU-Kommission die Haushaltsführung der Mitgliedsländer und kann bei zu hoher ➤ Staatsverschuldung (Konvergenzkriterien) ein Defizitverfahren gegen die betreffenden Mitgliedsländer einleiten, die bis hin zu empfindlichen Geldbußen führen können. Zugleich enthält der Pakt die Aufforderung an die Mitgliedstaaten, ihre nationalen Wirtschafts- und Finanzpolitiken mit dem Ziel stetigen Wirtschaftswachstums zu koordinieren. Eine solche gemeinsame Europäische Wirtschafts- und Finanzpolitik gibt es bislang nicht.

Status, Position oder Stellung, die einer Person innerhalb der Gesellschaft aufgrund von beruflicher Qualifikation, sozialem Ansehen und gesellschaftlichem Einfluss, Einkommen und Vermögen oder Alter zugewiesen wird.

Strukturwandel, Veränderungen in einer Gesellschaft und einzelnen Bereichen, z.B. in der Wirtschaft, die sich über lange Zeit erstrecken. Folgen des S. zeigen sich im gesellschaftlichen Zusammenleben, im Bildungsverhalten oder auf dem Arbeitsmarkt.
S. in der Wirtschafts- und Arbeitswelt entsteht insbesondere durch veränderte Nachfrage, den internationalen Wettbewerb und technische Neuerungen. Dabei kann sich die Bedeutung einzelner Sektoren und Branchen wie auch einzelner Regionen verschieben; ➤ Wirtschaftssektoren.

Subsistenzwirtschaft, auch als informelle Wirtschaft bezeichnet, in der Haushalte überwiegend für den Eigenbedarf und nicht für den Markt (als formelle oder organisierte Wirtschaft) produzieren oder durch einfache handwerkliche Dienstleistungen ein Minimaleinkommen sichern.

supranationale Gemeinschaften ➤ supranationale Organisation

supranationale Organisation, auch als transnationale, überstaatliche Organisation bezeichnet. Darin treffen Staaten auf der Grundlage völkerrechtlicher Verträge in gemeinsamen politischen Organen Regelungen, die über nationalem Recht stehen und für die Mitglieder verbindlich sind. So haben die Mitgliedstaaten der ➤ Europäischen Union in einzelnen Politikbereichen einen Teil ihrer ➤ Souveränität zugunsten gemeinsamer Politik an die Union abgetreten; ➤ Integration.

supranationaler Staatenverbund ➤ supranationale Organisation

Treibhauseffekt, Sonnenstrahlung wird in der Erdatmosphäre teilweise absorbiert. Dieser natürliche T. bewirkt ein ausgeglichenes Klima auf der

Erde. Menschliche Aktivitäten wie Produktion, Konsum, Verkehr verändern die Zusammensetzung der Erdatmosphäre und tragen zu einem erhöhten Ausstoß sogenannter Treibhausgase (insbesondere Kohlendioxid) bei. Dadurch wird zusätzliche Wärme in der Atmosphäre gespeichert. Es kommt zu einem kontinuierlichen Temperaturanstieg. Dieser anthropogene T. ist hauptverantwortlich für den Klimawandel.

Umlageverfahren, Methode zur Finanzierung der Sozialversicherung, speziell der Altersvorsorge, aber auch von Kranken- und Arbeitslosenversicherung. Die Beiträge der Versicherten werden unmittelbar für die Finanzierung der aktuellen Leistungen, etwa der Renten, herangezogen; ➤ Generationenvertrag.

UNO ➤ Vereinte Nationen

Verbände ➤ Interessenverbände

Vereinte Nationen, engl. United Nations Organization (UNO, auch UN); internationale Organisation mit globaler Mitgliedschaft von heute 192 Staaten. Gegründet 1945 von 51 Staaten. Ihre Beschlüsse sind völkerrechtlich uneingeschränkt rechtskräftig. Zu den Aufgaben gehören die Sicherung des Weltfriedens, die Einhaltung des Völkerrechts, der Schutz der Menschenrechte, Förderung internationaler Zusammenarbeit und nachhaltiger Entwicklung in der Dritten Welt sowie der Aufbau einer weltweiten Umweltpolitik. Das wichtigste Beschlussorgan ist der ➤ Sicherheitsrat. In der Voll- oder Generalversammlung sind alle Mitgliedstaaten vertreten. Hauptsitz der UNO ist New York.

Versicherungspflicht, -grenze, besteht für die Unfall-, Kranken-, Renten- und Pflegeversicherung. Die V. ist die Einkommensgrenze, bis zu der Arbeitnehmer in der gesetzlichen Krankenversicherung versichert sein müssen. Wer mehr verdient, hat die Wahl, sich freiwillig gesetzlich oder privat zu versichern.

Verteilungsgerechtigkeit, Begriff, der in der sozialpolitischen Diskussion kontrovers ist und sich vor allem auf die Verteilung von Vermögen und Einkommen in einer Gesellschaft richtet. Er thematisiert dabei nicht vollständige Gleichheit in den Ergebnissen, sondern zielt als Forderung vielmehr in zwei Richtungen: Zum einen geht es zwischen Arbeitnehmern und Kapitaleignern bzw. Unternehmen um angemessene Verteilung des Erwirtschafteten. Zum anderen richtet sich V. an den Sozialstaat, der insbesondere durch das Steuersystem (Einkommens- und Vermögenssteuer) Mittel für öffentliche Güter – z. B. Schulen, soziale Sicherheit – für alle, unabhängig von Einkommen und Vermögen, zur Verfügung stellen soll.

Vertrag von Lissabon ➤ Lissabonner Vertrag

Vetospieler, Person, Institution oder Organisation, von deren Zustimmung es abhängt, ob eine politische Entscheidung getroffen wird. Ein Beispiel für V. sind die Parteien einer Regierungskoalition.

Völkerbund, ehemalige internationale Organisation zur Sicherung des Friedens; Vorläufer der ➤ Vereinten Nationen. 1920 auf Anregung des US-Präsidenten Wilson mit Sitz in Genf gegründet. Deutschland wurde 1926 Mitglied, trat aber mit der Machtübernahme der Nationalsozialisten 1933 aus. Da jedes Mitglied ein Vetorecht hatte, war der V. in wichtigen Fragen nicht handlungsfähig. Er löste sich mit der Gründung der Vereinten Nationen auf.

Völkerrecht, überstaatliche Rechtsordnung, die die Beziehungen zwischen Staaten als Völkerrechtssubjekte nach dem Grundsatz der Gleichrangigkeit regelt. Wichtigste Rechtsquelle des Völkerrechts ist die Charta der ➤ Vereinten Nationen.

Volksgesetzgebung ➤ Plebiszit ➤ Demokratie

Volksparteien ➤ Parteien

Volkssouveränität ➤ Souveränität

Wanderungsbilanz, statistischer Vergleich der Zu- oder Abnahme der Bevölkerung durch Wanderung. Er wird ermittelt als Differenz aus Zu- und Fortzügen.

Warschauer Pakt, auch „Vertrag über Freundschaft, Zusammenarbeit und gegenseitigen Beistand"; ehemaliges Militärbündnis kommunistischer Staaten Europas unter der Führung der Sowjetunion (UdSSR), das 1955 als Gegenbündnis zur NATO gegründet wurde und ältere bilaterale Militärbündnisse zwischen der UdSSR und Staaten des Ostblocks ablöste. Mitglieder waren ab 1955 Albanien, Bulgarien, die DDR, die Tschechoslowakei, Ungarn, Polen, Rumänien und die UdSSR. 1961 trat Albanien aus; mit der Auflösung des Ostblocks wurde 1991 auch das Bündnis aufgelöst.

Weltbank, 1944 auf der Konferenz von Bretton Woods (USA) beschlossen, nahm sie im Juni 1946 als Sonderorganisation der ➤ Vereinten Nationen ihre Arbeit auf. Zur Weltbankgruppe gehören die Internationale Bank für Wiederaufbau und Entwicklung (International Bank for Reconstruction and Development; der Kern der Weltbank); die Internationale Entwicklungsorganisation (International Development Association); die Internationale Finanz-Korporation (International Finance Corporation); die Multilaterale Investitionsgarantie-Agentur (Multilateral Investment Guarantee Agency) und das Internationale Zentrum für die Beilegung von Investitionsstreitigkeiten (International Centre for Settlement of Investment Disputes). Vorrangiges Ziel war zur Zeit der Gründung die finanzielle Hilfe beim Wiederaufbau Europas nach dem Zweiten Weltkrieg. Heute ist es gemeinsame Aufgabe der fünf Institutionen, weniger entwickelte Mitgliedstaaten durch Kredite, politische Beratung und technische Hilfe zu fördern. Kritiker betonen vor allem das westliche Übergewicht in Weltbankgremien und verlangen eine stärkere Berücksichtigung der Entwicklungs- und Schwellenländer. Hauptsitz der Weltbank ist Washington.

Welthandelsorganisation, engl. World Trade Organization (WTO), 1995 in Genf als Nachfolgerin des ➤ GATT etabliert. W. umfasst drei Verträge, die sich auf die bestehenden GATT-Regelungen (Waren), auf den Handel mit Dienstleistungen (General Agreement on Trade in Services, GATS) und auf urheberrechtliche Fragen in Handelsangelegenheiten (Agreement on Trade-Related Aspects of Intellectual Property Rights, TRIPS) beziehen. Damit sollen internationale Handelsbarrieren abgebaut werden. Der W. gehören 153 Staaten an. Sie repräsentieren über 90 Prozent des weltweiten Handelsvolumens. China ist seit 2001 Vollmitglied, die Russische Föderation hat bislang Beobachterstatus. Im Unterschied zum GATT-Vertrag ist die W. eine Organisation, die aktiv die internationale Handelspraxis beobachtet, Streit zwischen Mitgliedsländern zu schlichten versucht und Länder, die einen Rechtsbruch durch ein anderes Land erlitten haben, dazu autorisieren kann, darauf mit Gegensanktionen zu reagieren.

Werte, innere Haltungen, die psychologisch tief verankert und in vielen Lebensbereichen wirksam sind. Sie verändern sich nur langsam, dennoch kann man in längerer Perspektive einen Wandel der Werte in einer Gesellschaft beobachten.

Wertpapiere, als Anlageform kann man grob zwischen Anleihen, Aktien und Derivaten unterscheiden. Bei Anleihen geht es meist um fest verzinste Geldanlagen, bei Aktien um Anteile an Unternehmen. Festverzinsliche Anlagen bergen weniger Risiken als Aktien. Davon zu unterscheiden sind Derivate, abgeleitete W., deren Basis ganz unterschiedliche Dinge sein können (Anleihen, Aktien, Aktienindizes, Währungen, Rohstoffe, andere konkrete Güter usw.). Im Grunde geht es um eine Wette über die zukünftige Preisentwicklung der in einem Derivat enthaltenen W. oder Werte. Sie sind häufig wenig transparent und ihre Risiken für Anleger kaum kalkulierbar. Solche intransparenten und hoch riskanten Derivate – vor allem basierend auf undurchsichtigen, wild zusammengewürfelten Hypothekenkrediten – standen im Mittelpunkt der internationalen Finanzkrise von 2008.

Wettbewerb, Kernbestandteil einer ➤ Marktwirtschaft. Nur wenn Unternehmen in Konkurrenz um Kunden zueinander stehen und auch Nachfrager keine Wettbewerb ausschaltende ➤ Marktmacht haben, lassen sich in der Idealvorstellung die Vorzüge einer Marktwirtschaft realisieren: ständige Arbeit an Innovationen im Bereich der Güterentwicklung und bei den Produktionsverfahren, in der Verwaltung von Unternehmen und im Vertrieb von Gütern, um den Nachfragern (Kunden, Verbrauchern) fortwährend neue oder verbesserte Produkte zu möglichst günstigen Preisen anbieten zu können. Das Versprechen der Marktwirtschaft: effizienter Einsatz der Mittel (Ressourcen), optimale Versorgung der Gesellschaft mit Gütern und größtmöglicher wirtschaftlicher Wohlstand. Dieser Idealvorstellung steht die Realität von Marktmängeln und Marktversagen gegenüber, zu denen u. a. fehlende Markttransparenz, Wettbewerb behindernde Marktmacht und wirtschaftlich irrationales Verhalten von Marktteilnehmern gehören.

wirtschaftliche Konzentration, bemisst sich danach, wie viel Marktmacht einzelne oder wenige Unternehmen einer Branche haben. Konzentriert sich Marktmacht auf ein Unternehmen, spricht man von einem Monopol, im Falle einiger weniger Unternehmen von einem Oligopol. Marktmacht gibt es auf der Seite von Anbietern wie auch auf der Seite von Nachfragern. Wirtschaftliche Konzentration gefährdet den für Marktwirtschaften notwendigen ➤ Wettbewerb.

Wirtschaftssektoren, unterschiedliche Bereiche einer Volkswirtschaft. Üblich ist die Einteilung in drei W.: den **primären** mit Landwirtschaft, Forstwirtschaft und Fischerei; den **sekundären** mit verarbeitendem Gewerbe, Industrie, Handwerk, Energiewirtschaft, Energie- und Wasserversorgung, Bergbau und Baugewerbe; den **tertiären** Dienstleistungssektor, zu dem neben Handel, Verkehr, Logistik, Tourismus, Banken und Versicherungen auch die öffentlichen Verwaltungen gerechnet werden.

Wirtschafts- und Währungsunion der Europäischen Union, im Vertrag von Maastricht (1993) in drei Stufen vereinbarter Abschluss der wirtschaftlichen Integration: Bis Ende 1993 wurden alle Hindernisse für den freien Kapitalverkehr abgebaut, zum Ende des Jahres 1998 mussten alle EU-Mitglieder ihre Haushalts- und Finanzpolitik auf die Konvergenzkriterien ausgerichtet haben. Am 1. Juni 1998 nahm die ➤ Europäische Zentralbank ihre Arbeit auf. Mit der dritten Phase seit 1. Januar 1999 begannen die Vorbereitungen zur Einführung des Euro als offizielles Zahlungsmittel (1. Januar 2002). Zum Euroraum gehören 16 EU-Mitglieder (2010).

Wissens- und Informationsgesellschaft, die fortgeschrittene Entwicklung der Informations- und Kommunikationstechnologien in einer Gesellschaft und deren breite Anwendung in Wirtschaft, Bildung, Kultur und Freizeit. Dabei bekommt die Kompetenz, über Informationen und Wissen zu verfügen und mit ihnen produktiv umzugehen, sowohl für Einzelne wie auch für Gesellschaft und Wirtschaft insgesamt ein zunehmend größeres Gewicht.

Working Poor, Menschen, die wegen gering entlohnter Erwerbsarbeit unter der Armutsgrenze leben.

WTO ➤ Welthandelsorganisation

zerfallende Staaten, auch als fragile (brüchige) oder gescheiterte Staaten bezeichnet. Staaten, in denen die politische Zentralgewalt regional geschwächt oder ganz zerfallen ist, einschließlich der Einrichtungen, die notwendig sind, um die innere Ordnung, die Befehlsgewalt über Polizei und Militär, die Versorgung der Bevölkerung und die Wirtschaft aufrechtzuerhalten. Beispiele sind Afghanistan, Haiti, Somalia oder der Tschad. Als Konfliktherde stellen sie eine Bedrohung des Friedens in den weiteren Regionen dar; ➤ Staat; ➤ Gewaltmonopol.

Zivilgesellschaft, im Unterschied zum engeren politischen Bereich staatlicher Institutionen der gesellschaftlich-private Sektor, in dem sich Einzelne und Gruppen an der Organisation des Zusammenlebens in Vereinen oder Initiativen beteiligen und ohne Hilfe des Staates engagieren, um gesellschaftliche Probleme zu lösen.

Zollunion, Form der wirtschaftlichen Integration mit einer Freihandelszone, in der alle Binnenzölle abgeschafft sind. Gegenüber Waren aus Drittländern werden einheitliche Außenzölle erhoben. Die Zollunion war ein erster Schritt zum europäischen Binnenmarkt.

Register

Personen

Bildquellennachweis

14 Statistisches Bundesamt – DESTATIS, Wiesbaden; **20** Picture-Alliance (dpa-infografik), Frankfurt/M; **27** Sinus Sociovision GmbH (SevenOne Media GmbH Communications), Heidelberg; **30** ddp images GmbH (Sascha Schuermann), Hamburg; **31** Picture-Alliance (Globus-Infografik), Frankfurt/M; **34** Statistisches Bundesamt – DESTATIS, Wiesbaden; **43** Shell Deutschland Holding GmbH, 15. Shell Jugendstudie 2006; **45** Picture-Alliance (Globus-Infografik), Frankfurt/M; **49** nach OECD, Organisation für Wirtschaftliche Zusammenarbeit und Entwicklung; **54** Picture-Alliance (Globus-Infografik), Frankfurt/M; **58** Picture-Alliance (dpa-infografik), Frankfurt/M; **68** Picture-Alliance (Frank Leonhardt), Frankfurt/M; **71** Picture-Alliance (Globus-Infografik), Frankfurt/M; **73** Bundesministerium für Arbeit und Soziales (Sozialbericht 2009), Berlin; **77** Picture-Alliance (Globus-Infografik), Frankfurt/M; **82** Picture-Alliance (dpa-infografik), Frankfurt/M; **91.links** AKG, Berlin; **91.rechts** shutterstock (Robert Spriggs), New York, NY; **120** Le Monde diplomatique, Berlin; **142** Bundesagentur für Arbeit, Nürnberg; **147** Picture-Alliance (dpa-infografik), Frankfurt/M; **150** Picture-Alliance (dpa-infografik), Frankfurt/M; **154** Climate Change 2007: Synthesis Report. Contribution of Working Groups I, II and III to the Fourth Assessment Report of the Intergovernmental Panel on Climate Change, Figure SPM.4. IPCC, Geneva, Switzerland.; **204** aus: Elmar Wiesendahl, Parteien (Fischer Kompakt), Frankfurt/M 2006 © Elmar Wiesendahl, Hamburg; **208** Bundeszentrale für Politische Bildung, CC-BY-SA 3.0, Quelle: 1946–1969: Recker/Tenfelde (2005), 1970–1989: Jesse (1997), 1990–2008: Niedermayer (2009), Angaben der Parteien; **218** Quelle: Zusammensetzung der Ausschüsse im Bundestag © DBT/Karl-Heinz Döring; **287** Picture-Alliance (Godong), Frankfurt/M; **305** Bundeszentrale für politische Bildung, Bonn; **320** Picture-Alliance (dpa-Infografik), Frankfurt/M; **327** Le Monde diplomatique, Berlin; **339** Picture-Alliance (Globus-Infografik), Frankfurt/M; **346** Gerhard Mester, Wiesbaden

Sollte es in einem Einzelfall nicht gelungen sein, den korrekten Rechteinhaber ausfindig zu machen, so werden berechtigte Ansprüche selbstverständlich im Rahmen der üblichen Regelungen abgegolten.